THUCYDIDE

LA GUERRE DU PÉLOPONNÈSE

LIVRES IV et V

COLLECTION DES UNIVERSITÉS DE FRANCE
publiée sous le patronage de l'ASSOCIATION GUILLAUME BUDÉ

THUCYDIDE

LA GUERRE DU PÉLOPONNÈSE

TOME III

LIVRES IV et V

TEXTE ÉTABLI ET TRADUIT
PAR
JACQUELINE DE ROMILLY
Professeur à la Sorbonne

Cinquième tirage

PARIS
LES BELLES LETTRES
2021

Conformément aux statuts de l'Association Guillaume Budé, ce volume a été soumis à l'approbation de la commission technique, qui a chargé M. Raymond Weil d'en faire la révision et d'en surveiller la correction en collaboration avec Mme Jacqueline de Romilly.

95 boulevard Raspail, 75006 Paris
www.lesbelleslettres.com

Premier tirage 1968

ISBN : 978-2-251-00328-3
ISSN : 0184-7155

INDEX SIGLORUM

A = *Parisinus Suppl. Gr. 255*, saeculi XI.

B = *Vaticanus Gr. 126*, saeculi XI.

C = *Laurentianus LXIX-2*, saeculi X, parte priore.

E = *Palatinus (Heidelbergensis) Gr. 252*, saeculi XI.

F = *Monacensis 430*, saeculi XI.

M = *Britannicus (Londinensis) add. 11.727*, saeculi XI ineuntis.

G = *Monacensis 228*, saeculi XIII exeuntis.

H = *Parisinus Gr. 1734* (post VII.49 desinit), saeculi XIV, parte priore.

J = *Basileensis E. III. 4*, saeculi XIV, parte priore.

K = *Graevianus : Utrecht Gr. 13*, saeculi XV exeuntis.

S = *Cassellanus Ms. hist. fol. 3*, anni 1252 (manus recentior saeculi XIII exeuntis).

T = *Turonensis 980*, saeculi XI.

Z = *Membranae Mutinenses*, saeculi X exeuntis (cont. V.6.3-30.4 et V.76.3-VI.16.4).

PAPYRI AD LIBROS IV ET V PERTINENTES

Π² = P. Oxy. 16 + 696, saeculi I (cont. IV.28-41).

Π⁶ = P. Oxy. 452, saeculi II-III (cont. IV.87).

Π¹¹ = P. Oxy. 880, saeculi II (cont. V.32-34, 39-40, 96-98, 103-105, 111).

Π¹³ = P. Oxy. 1180, saeculi III (cont. V.60-63).

Π²⁴ = P. Oxy. 2100, saeculi II (cont. IV.15 sq.; V. 4, 18, 42 sq., 72 sq.).

Aliae notae

A^2 = cod. A, manus posterior.

A* = cod. A, qui et ceterorum scripturam prima aut posteriore manu praebet.

A^{pc} = cod. A, post correctionem prima manu allatam.

$A^{\gamma\rho}$ = scriptura in cod. A adscripta signo γρ(άφεται) addito.

A^{mg} = scriptura in margine cod. A adscripta.

A^{sl} = scriptura supra lineam in cod. A adscripta.

codd. = consensus codicum A B C E F M.

rec., recc. = unus vel plures e codicibus recentioribus.

vet., vett. = aliorum scriptorum testimonium unum vel plura.

Hoc ordine codices in apparatu reperies :
A B C... A^2 B^2 C^2... G H J... G^2 H^2 J^2...

De apparatu critico vide infra, p. 175.

NOTICE

LA FIN DE LA GUERRE D'ARCHIDAMOS
(IV.1-V.24)

I. — Le livre IV

Le livre IV, comme le livre II et comme le livre III, contient le récit de trois années de guerre ; ce sont la septième (425-424), qui s'achève au paragraphe 51, la huitième (424-423), qui s'achève au paragraphe 116, et la neuvième (423-422), qui occupe les dix-huit paragraphes de la fin du livre. Cette dernière année est, en effet, peu chargée en opérations puisque, dès le début du printemps, les deux adversaires concluent un armistice d'un an, qui prélude à la paix de l'année suivante.

Les événements rapportés dans le livre se déroulent sur divers théâtres ; mais, dans l'ensemble, l'attention se répartit entre quatre épisodes majeurs, qui sont traités avec plus d'ampleur et fournissent tous l'occasion de discours : ils ont pour centre Pylos (sur la côte ouest du Péloponnèse), la Sicile, la Béotie et les régions de la côte thrace.

I. Composition et analyse

En fait, bien que la division en livres, on le sait, ne remonte nullement à Thucydide, les circonstances ont fait qu'une sorte d'équilibre s'établit dans la structure

du livre IV. Les deux épisodes les plus importants en occupent le début et la fin. Le premier relate un succès des Athéniens ; la conséquence en sera de laisser entre leurs mains des otages précieux, sous la forme de prisonniers spartiates que Sparte ne cessera de vouloir récupérer et dont le souci la contraindra finalement à traiter. L'épisode final, au contraire, relate les succès du Lacédémonien Brasidas dont la campagne audacieuse en bordure de la Thrace amène une vague de soulèvements chez les alliés d'Athènes et, en ébranlant l'Empire, inquiète assez les Athéniens pour les amener à traiter. Entre le premier de ces succès et l'autre, la fortune change de camp et le sort de la guerre se joue.

A) *L'épisode de Pylos.*

L'épisode de Pylos occupe les paragraphes 2 à 41, à l'exception d'une courte interruption relative à la Sicile (24-25). Celle-ci distingue deux temps, qui, précisément, correspondent à deux batailles différentes. Par la première, les Athéniens repoussent les Lacédémoniens de Pylos et ceux-ci se trouvent isolés dans la petite île de Sphactérie ; par la seconde, les Athéniens prennent pied dans cette île et s'emparent des soldats lacédémoniens qui s'y trouvaient.

Ces deux récits de bataille sont faits avec le soin et la rigueur des meilleurs récits de bataille de Thucydide.

Le premier (8-14) nous présente un combat organisé par Démosthène (celui-là même qui, depuis le début, avait eu l'idée d'occuper Pylos et avait insisté pour le faire) ; resté à Pylos avec de petits effectifs, il doit garder la place jusqu'au retour de la flotte. Le principe de la bataille, dégagé dans un bref discours, consiste à tenir bon contre un débarquement. La lutte au bord de l'eau est évoquée avec force, et c'est l'occasion de voir paraître en pleine action le Lacédémonien qui remplira la

fin du livre, Brasidas. Sur quoi, la flotte athénienne revient à temps et emporte la victoire[1].

Le deuxième récit (29-39) met en scène deux chefs athéniens, dont l'un, Démosthène, a fait les plans, mais dont l'autre, Cléon, a pris l'initiative. Tout nous est expliqué : les conditions de la lutte, rendues meilleures par un récent incendie, la disposition des troupes lacédémoniennes occupant l'île, la surprise du débarquement athénien, et la méthode de combat, qui consiste à paralyser systématiquement les hoplites lacédémoniens, cernés de tous côtés par les troupes légères.

Cependant, ces deux beaux succès sont surtout, aux yeux de Thucydide, l'occasion d'une grave faute politique. Et c'est ce que font ressortir deux groupes de paragraphes dont la scène se place à Athènes. Le principal est lié au premier récit : c'est le discours des ambassadeurs de Sparte offrant la paix aux Athéniens.

Dès que leurs hoplites se trouvent isolés dans l'île, en effet, les Lacédémoniens songent à traiter ; ils envoient des ambassadeurs ; et tout le récit de Thucydide semble fait pour suggérer avec force que l'on eût dû les écouter. Il reproduit leur discours (17-20)[2], ne leur oppose aucune réponse[3], se contentant de dire que les Athéniens « aspiraient à plus » et que « celui qui les poussait surtout était Cléon » (21.2-3) — deux remarques qui ne suggèrent pas des mobiles bien raisonnables. Enfin, il prend soin de mettre le texte même du discours lacédémonien en rapport étroit avec son récit. C'est ainsi que, dans le premier succès, il souligne lui-même le rôle de la chance ; or, ses Lacédémoniens mettent Athènes en garde contre l'exal-

1. A vrai dire, la défaite lacédémonienne reste, à certains égards, un peu surprenante ; mais, justement, Thucydide semble avoir voulu marquer le rôle de la chance : cf. ci-dessous.

2. Denys d'Halicarnasse (*Sur Thucydide*, XIV-XV) l'en blâme, faisant remarquer qu'il a négligé des ambassades athéniennes !

3. Ceci n'est pas une preuve (cf. Gomme, *Commentary*, p. 460) ; mais c'est au moins un signe qui se joint à d'autres.

tation due à la chance[1] ; d'autre part, dans ses commentaires ultérieurs, il emploie pour décrire l'attitude athénienne les termes mêmes qu'employaient les ambassadeurs pour décrire l'attitude à ne pas avoir (17.4 : τοῦ πλέονος ἐλπίδι ὀρέγονται, cf. 21.2 : τοῦ δὲ πλέονος ὠρέγοντο, et 41.4 : μειζόνων τε ὠρέγοντο).

On peut ajouter à cela que Thucydide a pris soin de marquer, à différentes reprises, le regret qu'eurent les Athéniens de s'être alors laissé guider par leur ambition (27.2 : καὶ μετεμέλοντο τὰς σπονδὰς οὐ δεξάμενοι ; V.14.2 : μετεμέλοντό τε ὅτι μετὰ τὰ ἐν Πύλῳ καλῶς παρασχὸν οὐ ξυνέβησαν[2]).

Tout semble donc suggérer que l'épisode a été composé de manière à mettre en lumière l'erreur politique commise par les Athéniens, qui n'ont pas accepté de traiter lors de cette ambassade, à un moment où une réconciliation sans arrière-pensée était encore possible entre les deux peuples qui se seraient partagé l'hégémonie en Grèce (20.4). Le récit traduirait donc une certaine sympathie pour cet idéal de partage d'influence, qui n'avait guère cessé d'avoir des défenseurs, et auquel la situation pouvait — à tort ou à raison — paraître se prêter[3].

En tout cas, Thucydide ne fait pas mystère de son opinion en ce qui concerne l'homme qui poussa les Athéniens à refuser alors la paix — à savoir Cléon. Et c'est ce que marque bien le second groupe de paragraphes

1. Cf., pour le récit : 3.1 ; 5.1 ; 9.1 ; 13.4 ; 14.3 ; pour le discours : 17.4 (*bis*) ; 18.3 ; 18.4 (*bis*) ; 18.5 ; voir d'ailleurs notre *Thucydide et l'impérialisme athénien*, p. 151. A. W. Gomme (*Commentary*, p. 488) signale à juste titre que le verbe τυγχάνειν est, par lui-même, faible ; mais les coïncidences qu'il évoque restent fortuites et la répétition, ici, est caractéristique.

2. Il peut s'agir alors des propositions faites après la victoire de Sphactérie (cf. V.15.2 : μετὰ τὴν ἅλωσιν) ; mais le motif de leur refus est le même (IV.41.4 : μειζόνων τε ὠρέγοντο).

3. Gomme (*Commentary*, p. 459) expose des objections qui, même si on les admet, ne permettent de rien inférer sur ce que pensait Thucydide.

dont la scène se passe à Athènes : car l'évocation de l'assemblée au cours de laquelle Cléon se fait envoyer à Pylos (27-28) semble écrite tout exprès pour noircir le personnage. Le récit, habituellement si sobre, prend ici des allures de comédie : hâblerie, improvisation, impudence, tout s'y trouve. Et la promesse que fait Cléon de s'emparer de Sphactérie — comme il fit en effet — est en toutes lettres qualifiée d'étourdie et de folle (28.5 : κουφολογίᾳ ; 39.3 : μανιώδης). Thucydide ne laisse nulle part entrevoir que Cléon connaissait le plan de Démosthène — ce qui ressort pourtant de ses demandes en armements. Et il attribue à ce dernier toute la responsabilité d'une tactique[1] qui n'eût pourtant pas été possible sans l'impulsion que le nouveau chef sut donner à l'entreprise.

Cette sévérité si systématique a paru à beaucoup friser la partialité. Mais encore faut-il préciser de quelle partialité il s'agit. Il n'y a, en réalité, nulle raison d'évoquer ici une rancune personnelle due à des circonstances biographiques. Le jugement de Thucydide, en effet, n'est pas isolé. Il coïncide même exactement avec celui que reflètent les *Cavaliers* d'Aristophane : là aussi, Cléon a volé le succès de Démosthène ; là aussi, c'est un démagogue sans pudeur, un impérialiste sans frein ; et, quand enfin on fait la paix, Aristophane formule, lui aussi, le rêve d'une paix durable, fondée sur un partage d'influence — partage comparable à ce que suggéraient les Lacédémoniens de Thucydide[2]. Si le jugement de l'historien est forcé ou injuste, cela ne saurait donc être qu'en vertu d'une option politique. Et si ce jugement est si franchement affirmé, il faut bien reconnaître que l'auteur n'avait guère le choix : il ne pouvait, ici, laisser parler les faits ; le succès remporté par Cléon eût risqué de le justifier, comme l'échec final de la guerre risquait de peser contre

1. Cf. 29.2 ; 32.3 ; 32.4.
2. *Paix*, 1082 : ἐξὸν σπεισαμένοις κοινῇ τῆς Ἑλλάδος ἄρχειν.

Périclès ; et ce sont justement les deux occasions où Thucydide sort de son habituelle réserve : il raille la folie de l'un comme il exalte l'intelligence de l'autre. Dans ces deux cas, plutôt que de dire qu'il est partial, il faudrait dire qu'il prend parti. Et, finalement, la clarté de son verdict est pour beaucoup dans la rare qualité littéraire que revêt cet épisode.

Il convient du reste d'ajouter que, s'il insiste tellement sur les risques que le succès de Pylos fait courir à Athènes en stimulant son ambition, c'est que cette ambition va remplir le reste du livre et susciter contre cette ville des résistances de plus en plus fortes. Ceci se traduit dans la suite du livre, où la situation d'Athènes va se détériorant.

B) *Les autres épisodes.*

Les quelques épisodes majeurs qui remplissent la seconde moitié du livre représentent tous, en effet, des revers pour Athènes, et des revers de plus en plus graves[1].

Les affaires de **Sicile** ne sont qu'un coup pour rien ; et elles ne comportent guère d'événements : divers incidents, auxquels participent plus ou moins les Athéniens (1 ; 24-25), aboutissent à la conclusion d'un accord entre Siciliens et au retrait des troupes athéniennes (58-65). Tout l'intérêt de l'affaire réside dans le discours que Thucydide, à cette occasion, prête au Syracusain Hermocrate — discours qui est une dénonciation en forme de l'impérialisme athénien. L'intention de l'historien est là clairement perceptible. Elle l'est encore plus si l'on compare le discours qu'il nous a laissé avec celui que, d'après Polybe, Timée prêtait à Hermocrate dans la même circonstance, et qui se serait composé de deux ou trois lieux communs, après lesquels, nous dit ironiquement Polybe (XII, 25 K 7), « il déclare qu'il ne lui

1. Entre la fin de l'affaire de Pylos et le début des affaires de Sicile se situe une série d'initiatives de la part des Athéniens : elles rendent bien sensible l'effet de leur succès, mais restent des entreprises isolées.

reste plus qu'à montrer à son auditoire combien la guerre et la paix sont choses différentes[1] ». Le discours composé par Thucydide tend, lui, à montrer comment la conscience d'une menace commune peut amener les peuples à se réconcilier, puis à se grouper pour mieux résister. A l'horizon de ce premier discours du chef qui devait jouer un tel rôle lors de la grande expédition contre Syracuse se profile déjà le futur échec qu'Athènes devait essuyer.

Et, pour qu'aucune erreur ne soit possible, à l'issue de ce bref épisode, Thucydide, évoquant la colère du peuple au retour de la flotte, ne manque pas d'y faire reconnaître la même exaltation que dans son attitude à propos de Pylos (65.4 : « C'est ainsi que, tout à l'heureuse fortune qui était alors la leur, les Athéniens entendaient aboutir en tout état de cause... la faute en était aux succès imprévisibles qu'ils connaissaient dans tant de cas, et qui prêtaient de la force à leurs espérances »).

Peut-être est-ce parce qu'il n'offrait pas matière à la dénonciation de semblables ambitions que l'épisode de **Mégare** (66-74) ne fait l'objet d'aucun discours. On voit seulement se mesurer dans cette ville Athéniens et Péloponnésiens, qui luttent d'influence devant une population divisée. Du moins est-ce l'occasion d'analyses précises, montrant le progrès des divisions et des guerres civiles dans une Grèce désormais scindée en deux camps. Et c'est aussi l'occasion de voir se dessiner de plus en plus nettement la figure de Brasidas.

L'affaire de Mégare s'était soldée par un échec, mais celui-ci était surtout moral : il n'y avait presque pas eu de combat. Au contraire, la campagne de **Béotie** fut un échec qui coûta de nombreuses vies athéniennes[2] et

1. On comparera, pour le contraste, Thucydide IV.59.2.
2. 101.2 : « Un peu moins de mille, dont le stratège Hippocrate, sans compter un grand nombre de soldats des troupes légères et de valets d'armée. »

s'accompagna de divers scandales : occupation d'un lieu sacré par les Athéniens, difficultés et longs retards (seize jours !) avant de pouvoir reprendre les morts et les ensevelir. Tout cela, sans nul doute, frappa vivement l'opinion[1].

Mais Thucydide n'a consacré aucun discours à ces débats[2]. Il n'a prêté la parole qu'à un chef béotien, avant la bataille ; et c'est une fois de plus pour lui faire dénoncer l'impérialisme athénien et en tirer une raison de mieux résister : « Avec ces gens-là, qui tâchent de porter l'esclavage non pas autour d'eux, mais même au loin, comment ne faudrait-il pas pousser la lutte jusqu'à l'extrême ? » (92.4.)

Or, cette triste aventure où Athènes s'était lancée, puis obstinée, avec tant de malheur, se heurtant à une résistance qui, selon Thucydide, est la réponse inévitable que s'attire toute ambition, prend ici un sens d'autant plus frappant que les phases du récit alternent avec celles d'un autre récit[3] : celui de l'offensive dirigée par Brasidas contre les villes de la côte thrace soumises à l'empire d'Athènes.

Sans doute, on pourrait croire que, pour des raisons personnelles, Thucydide a eu tendance à grossir les affaires de la **côte thrace** : c'est en luttant, comme stratège, contre Brasidas, qu'il subit l'échec d'Amphipolis, échec qui eut pour conséquence de le faire dorénavant

1. On peut voir un écho de cette affaire dans les *Suppliantes* d'Euripide, où il s'agit aussi de reprendre des morts pour les ensevelir ; pour des rapprochements de détail, voir la notice de l'édition donnée dans cette collection.

2. On remarquera qu'il n'a pas insisté non plus sur les responsabilités expliquant l'échec athénien ; deux tentatives devaient être menées en même temps et il y eut décalage ; mais il ne nous dit pas par la faute de qui. Ces explications de détail auraient atténué la grande explication qui est la résistance aux ambitions athéniennes.

3. Les paragraphes 78-88 séparent en deux le récit des affaires de Béotie. Sur la signification que prend cette alternance, cf. Gomme, *Commentary*, *ad* 78.1.

vivre en exil. Mais, en réalité, quand il parle de sa part dans les événements, il le fait avec une telle sobriété que son récit commande, à cet égard, un respect plein d'étonnement. Il se nomme, mais le moins possible[1]. Et parmi toutes les tentatives pour chercher dans le texte des traits par où il se justifierait, ou se flatterait, ou embellirait les choses, aucune n'est arrivée au moindre résultat[2]. Il traite la campagne de Brasidas exactement comme il l'aurait fait s'il n'y avait point été mêlé[3].

L'intérêt qu'il lui porte vient des principes qui animèrent cette campagne et des résultats qu'elle obtint. Bien qu'ils ne soient pas énoncés dès le début[4], ces principes sont clairement mis en lumière et ils sont de la plus haute importance : la campagne de Brasidas est la première vraie tentative pour lutter contre Athènes au nom de la liberté, en faisant faire sécession aux villes de l'empire et en les enrôlant dans la guerre. Thucydide a soin de dégager ces idées dans le discours que tient Brasidas à Acanthe (85-87) : ce discours est construit sur l'idée d'une guerre de libération[5] ; et il apporte des promesses d'un esprit nouveau : Brasidas entend ne point être l'homme d'une faction contre une autre[6] ; il entend être accueilli par tous et offre à tous un traitement égal.

1. Cf. le ὁ μὲν de 107.1. On notera également qu'il ne mentionne son exil qu'ailleurs (V. 26.5).

2. Cf. la discussion dans Gomme, *Commentary*, p. 585-587.

3. On remarquera d'ailleurs que nulle rancune ne se mêle à son admiration pour Brasidas : cf. ci-dessous, p. XVIII.

4. Ils ne sont énoncés que dans le discours ; on remarque d'ailleurs que seul le but géographique de la campagne est donné à 70.1 : le motif réel suit à 79.2. A. W. Gomme explique ce décalage par un souci de présenter les nouvelles comme elles arrivent à Athènes. En fait, une analyse des motifs eût été déplacée à 70.1, en prélude aux opérations de Mégare.

5. 85.1 : ἐλευθεροῦντες τὴν Ἑλλάδα. On retrouve presque à chaque phrase les mots signifiant libérer ou liberté (cinq emplois sur trente-deux, pour ce dernier).

6. Il va sans dire, cependant, qu'il s'appuie en général, pour pénétrer dans les villes, sur un parti antiathénien qui travaille pour lui de façon cachée (84.2 ; 103.3-5 ; 110.1-2 et 113.1-2).

Pour plus de clarté, Thucydide précise encore que ces mêmes principes guident ailleurs les proclamations de Brasidas[1], comme ses autres discours, dont le contenu est rappelé au style indirect (pour Toronè, à 114.3-4; pour Skionè, à 120).

Cette politique, où se combinent pressions et promesses, ne tarde pas à porter ses fruits. Plus ou moins facilement, plus ou moins volontairement, les villes se rallient à Brasidas les unes après les autres : Acanthe (88.1), Stagiros (88.2), Amphipolis (106.2), Myrcinos, Galepsos et Oisymè (107.3), plusieurs villes de l'Actè (109.5), Toronè (112.3), et enfin, après l'armistice, Skionè (120.1) et Mendè (123.1).

De ces villes, deux allaient être bientôt reprises par Athènes, et la sévérité des représailles permet de mesurer avec quelle angoisse elle avait ressenti ces défections. Mais, de toutes, la perte la plus grave était celle d'Amphipolis — Thucydide ne le dissimule pas. Non seulement il en commente la portée en un long paragraphe d'analyse (108), mais il ne manque jamais de signaler, tout au long du livre V, la part que devait tenir, dans toutes les négociations ultérieures, le désir de la récupérer[2].

De ce résultat si spectaculaire, bien des causes d'ordre général sont suggérées dans le texte : les unes et les autres se ramènent à l'impérialisme athénien, puisque la hâte des sujets, et même leur imprudence (108.4), s'explique en réalité par leur hostilité envers la ville-tyran, contre qui agissait Sparte. Mais ces causes d'ordre général n'ont, en fait, abouti que grâce aux qualités personnelles de ce Lacédémonien hors de pair qu'était Brasidas. Thucydide insiste sur ses mérites (81.1), sur son influence personnelle (81.2-3; 117.1), sur les honneurs dont on le comble (121.1; cf. V.11). Il lui prête aussi bien des discours

1. Ainsi à Amphipolis (105.2) et Toronè (114.1).

2. Cléon était, à ce moment, au moins aussi responsable que Thucydide, puisqu'il n'avait pas réussi à la reprendre (V.2-11).

d'ordre militaire (126) que politique (85-87). En fait, ce chef audacieux, qui allait se faire tuer l'année suivante, a bien été, à cette époque, un adversaire digne d'Athènes ; en frappant où il fallait, il a su compenser l'échec de Pylos et donner aux Lacédémoniens une monnaie d'échange suffisante pour en effacer les effets[1].

II. État d'achèvement et date de rédaction

Une composition si claire et si forte est, à certains égards, un indice d'achèvement. Cependant, on pourrait supposer que l'ensemble est fortement charpenté, mais que le détail laisse voir des traces d'imperfection ou de remaniements.

En fait, ce n'est pas le cas.

Si l'on écarte, d'une part, les difficultés qu'entraîne toujours l'insertion de textes de traités (cf. ci-dessous, p. IX*-X*) et, d'autre part, les omissions habituelles chez Thucydide (comme il néglige les affaires intérieures, il ne mentionne pas l'augmentation du tribut qui semble avoir eu lieu dans ces années-là), la critique la plus sévère ne retient après tant d'années qu'un nombre fort modeste d'erreurs ou d'obscurités. Encore ces dernières ne sont-elles pas toutes le fait de Thucydide.

Dans l'épisode de Pylos, on a relevé des inexactitudes d'ordre géographique, qui ont été longuement discutées[2] ;

1. Dans le livre IV, la prise de Pylos et celle d'Amphipolis occupent des positions symétriques. On relève, en général, le parallélisme des conséquences (55.1 Πύλου δὲ ἐχομένης ; 108.1 : ἐχομένης δὲ τῆς Ἀμφιπόλεως).

2. Voir en particulier Grundy, *Thucydides*, II (1948), 122-133, et Gomme (*Commentary*, p. 482-487). Au total, d'après ce dernier, le port aurait été un peu plus grand que ne croit Thucydide, Pylos un peu moins accessible de l'est ; d'autre part, l'île était sensiblement plus longue qu'il ne dit, et la passe sud était beaucoup trop large et trop profonde pour le projet évoqué à 8.7.

mais elles permettent seulement de supposer que Thucydide n'a point lui-même examiné les lieux[1].

Quant aux questions de chiffres, il est habituel qu'elles soulèvent des difficultés, le plus souvent dues à des erreurs de transmission[2]. Le livre IV en offre d'ailleurs assez peu. Les deux principales se trouvent à 13.2, où le chiffre de quarante navires, donné par les manuscrits, est manifestement inexact[3], et à 54.1, où le chiffre de deux mille hoplites ne l'est pas moins[4].

D'autre part, les obscurités de fait portent en général sur des détails si minces qu'elles sont fort excusables[5], et les bizarreries de présentation peuvent aisément correspondre à des habitudes qui ne sont plus les nôtres[6]. En gros, le livre se présente comme un modèle de clarté et d'exactitude.

En ce qui concerne sa date de rédaction, on a relevé depuis longtemps certains indices[7] pouvant suggérer un *terminus post quem*. Mais ils sont rarement précis, et, pour les deux premiers tiers du livre, restent passablement incertains.

— A 12.3, ἐν τῷ τότε suggère que pas mal de temps

1. En revanche, certains ont pensé qu'il avait dû assister à la bataille en Corinthie (42-44).

2. Il en est de même pour une erreur d'ordre géographique qui lui est difficilement imputable : c'est à 45.2, où le texte des manuscrits place Méthana sur l'isthme même ; il s'agit là, apparemment, d'une erreur de scribe.

3. Cf. note complémentaire, *ad loc.*

4. Les troupes employées ne sont qu'une fraction des troupes envoyées, qui comptaient, précisément, deux mille hoplites ; le chiffre à restituer, en revanche, est incertain.

5. Ainsi à 54, on remarque que Thucydide ne parle pas du rôle joué par la garnison lacédémonienne dont il a signalé l'existence à 53.2.

6. Ainsi pour la répétition relative à Pylos et la Messénie (3.2-3 = 41.2) : en fait, c'est une prévision qui se vérifie ; de même les deux présentations de Cléon (III.36.6 = IV.21.3) : chacune est liée à une intervention décisive.

7. Nous écartons des indices purement imaginaires, comme 18.5 (cf. notre *Thucydide et l'impérialisme athénien*, p. 165, et Gomme, *Commentary, ad loc.*) et 108.6 : τὸ πρῶτον.

s'est écoulé depuis 425, et surtout que les Lacédémoniens ont acquis une puissance maritime ; mais n'importe quelle date est possible, à partir d'environ 414[1].

— A 48.5, l'allusion aux troubles de Corcyre qui s'arrêtèrent ὅσα γε κατὰ τὸν πόλεμον τόνδε semble s'expliquer par les désordres qui reprirent en 410 (Diodore, XIII, 48) ; mais la chose n'est nullement certaine[2].

— Tout le discours d'Hermocrate (59-64) et la phrase de 60.2, sur la possibilité d'un effort plus massif des Athéniens en Sicile, s'expliquent sans doute mieux en fonction de la grande expédition.

— A 74.4, l'allusion à la longue durée de l'oligarchie établie à Mégare implique une date relativement tardive, mais que nous n'avons aucun moyen de préciser.

Aucun de ces indices ne suppose donc ni une rédaction ni une revision postérieures à 404. Au reste, la pensée qui inspire le récit relatif à Pylos ne semble rien devoir aux préoccupations de Thucydide après 404.

Vers la fin du livre, en revanche, les indices se font, sinon plus précis, du moins plus assurés.

— A IV.81, faisant l'éloge de Brasidas, Thucydide écrit : « Pour les hostilités qui reprirent plus tard, après les affaires de Sicile, le mérite et l'intelligence dont Brasidas avait alors fait preuve... contribuèrent particulièrement à donner aux alliés d'Athènes de l'empressement pour Sparte. » Ceci est nettement postérieur à 412 et pourrait être postérieur à 404.

— A 108.4, de même, il est fait allusion à la longue résistance que devait fournir Athènes : « Ils méconnaissaient la puissance athénienne, se trompant dans toute la mesure où se manifesta plus tard son ampleur. » Le passage ne peut avoir été écrit avant les dernières années

1. Gomme, toutefois (*Commentary, ad loc.*), croit que la phrase pourrait avoir été écrite plus tôt.

2. Inversement, il n'est nullement certain non plus de dire, comme le suggère Gomme, que le passage porterait quelque écho de la réconciliation et de l'amnistie de 403 s'il avait été écrit après cette date.

de la guerre ; il est parallèle à des analyses comme II.65 et VII.28.3 ; son contenu s'expliquerait bien après 404.

Ces deux indices appartiennent à l'épisode de Brasidas : le problème est, alors, de savoir dans quelle mesure ils sont nécessairement liés à leur contexte, ou peuvent correspondre à des additions tardives. On se l'est demandé surtout à propos de 81, mais sans arriver à un résultat certain : A. W. Gomme a estimé que le jugement sur Brasidas était ajouté dans un contexte plus ancien — ce qui expliquerait le double emploi avec 108.2-6[1]. Nous croyons toutefois plus raisonnable d'admettre que l'ensemble de l'épisode a été soit écrit soit revu[2] à une date assez tardive : il a été pensé et présenté en fonction de la suite des événements : en fonction des défections qui allaient reprendre plus tard en Ionie, et en fonction aussi de ce Lysandre qui devait plus tard faire un contraste si grand avec Brasidas.

On ne saurait être surpris que cette inspiration se fasse surtout sentir dans certains paragraphes écrits plus librement : quand l'auteur n'est pas lié par des indications de fait consignées sur le moment, quand il commente, il laisse percer son expérience ; c'est là un trait qui se rencontre à plusieurs reprises — ainsi à II.65, VI.15, VII.28, et en d'autres passages d'analyse personnelle.

II. — **Le début du livre V (1-24)**

Le début du livre V prolonge le livre IV et se soude étroitement avec lui. Il contient le récit de la dixième

1. Cf. *J. H. S.*, 71, 1951, 72-73. Le caractère tardif de 108.4 complique cette hypothèse. Il n'y a pas lieu de s'arrêter à l'idée que l'addition aurait été constituée par 79.2-81, idée dont Gomme montre lui-même la gratuité.

2. L'admiration franche qui s'y traduit à l'égard de Brasidas, dans la mesure où elle tranche avec les analyses de V.16.1, pourrait faire pencher pour la seconde interprétation.

année de guerre. Et il est occupé, presque exclusivement[1], par deux centres d'intérêt : d'abord, les deux protagonistes qui avaient dominé, séparément, le livre IV, s'affrontent, directement cette fois, dans la lutte pour Amphipolis ; puis, après leur mort à tous les deux, on aboutit à la signature d'une paix et d'une alliance entre Athéniens et Lacédémoniens.

1) *Cléon et Brasidas sur la côte de Thrace.*

Les succès de Brasidas sur la côte thrace appelaient une action athénienne. Celle-ci commença par un succès, puisque Toronè fut reprise (3) ; mais la bataille la plus importante allait s'engager pour la place la plus importante, Amphipolis.

La bataille d'Amphipolis, où devaient mourir Cléon et Brasidas, fait l'objet d'un récit détaillé (6-11), qui contient diverses analyses au style indirect et un discours d'ordre militaire, prononcé par Brasidas (9).

Dans l'ensemble, c'est, en effet, Brasidas qui apparaît comme ayant l'initiative.

Brasidas sait prévoir les sentiments de Cléon et ses erreurs[2] : les uns expliquent les autres. Car Cléon, trop confiant[3], commence par marcher en direction d'Amphipolis sans attendre les renforts prévus[4] ; puis il néglige de se garder contre une surprise possible[5]. Le récit marque clairement ces fautes ; le discours les précise encore. Dès

1. Divers petits faits sont consignés à leur place chronologique, sans que Thucydide semble craindre de rompre ainsi la continuité du récit : voir surtout, en dehors de 1 et de 4-5, la mention faite à 3.5.

2. Thucydide n'hésite pas à placer le mot dans la bouche de Brasidas : 9.4.

3. Cette confiance est dénoncée avec force : 6.3 : ὑπεριδόντα ; 7.3 : ἐπίστευσέ τι φρονεῖν ; et, dans 9 : καταφρονήσει, ὀλιγωρεῖν, θαρσοῦσι, sans compter les exposés de 7.5.

4. 6.3 : ὅπερ προσεδέχετο ποιήσειν αὐτόν, ἐπὶ τὴν Ἀμφίπολιν... τῇ παρούσῃ στρατιᾷ ἀναβήσεσθαι = 7.1 : ἠναγκάσθη ποιῆσαι ὅπερ ὁ Βρασίδας προσεδέχετο... ἀναλαβὼν ἦγεν.

5. Cf. 7.3 : κατὰ θέαν, et 7.4 : ἐθεᾶτο, commentés par 9.3 : ἀτάκτως κατὰ θέαν τετραμμένους ὀλιγωρεῖν.

lors, la tactique de Brasidas tend à tirer le meilleur parti de cette circonstance en créant, par une ruse, un effet de surprise : pour cela, il divise ses troupes et les engage en deux temps successifs, de façon que le second groupe vienne parachever l'affolement suscité par le premier.

D'autre part, dans l'application, l'imprudence de Cléon se traduit de façon plus précise encore. Voyant le danger, il pouvait encore tenter de couvrir la retraite de ses troupes vers la côte ; mais, « jugeant que rien ne pressait » (10.4), il renonça à cette élémentaire précaution et fit tranquillement demi-tour[1], offrant ainsi son flanc nu à l'ennemi et exposant par là ses hommes à un désordre d'autant plus grand lorsque soudain Brasidas attaque[2].

Cette erreur, si clairement analysée par Thucydide, n'a cependant pas toujours été bien comprise. Comme on ne sait pas exactement la manœuvre que vise Thucydide par l'expression ἐπὶ τὸ εὐώνυμον κέρας... ὑπάγειν[3], on ne se rend pas exactement compte de la faute que commet Cléon en y renonçant ; en conséquence, l'on a parfois supposé que l'aile gauche se retirait avant la droite[4] et qu'il se créait ainsi un vide au milieu dont profitait Brasidas. Mais Thucydide ne le dit pas : les mots κατὰ μέσον τὸ στράτευμα, à 10.6, ne font que reprendre ceux de 9.6 : προσπεσοῦμαι δρόμῳ κατὰ μέσον τὸ στράτευμα. En fait, l'imprudence de Cléon consiste non pas à créer un vide, mais à présenter des troupes non protégées, non tournées vers l'ennemi : cette absence de toute formation

1. Il fallait ὑπάγειν (ce qui n'est pas ἀπάγειν, cf. *ad loc.*). Or, il a fait demi-tour (ἐπιστρέψας τὸ δεξιόν) : c'est ce mouvement de marche en campagne qui donne à Brasidas son occasion (10.5 : κινούμενον ; οὐ μένουσιν).

2. Cf. 10.6 : πεφοβημένοις τε ἅμα τῇ σφετέρᾳ ἀταξίᾳ καὶ τὴν τόλμαν αὐτοῦ ἐκπεπληγμένοις.

3. Cf. note complémentaire *ad loc.*

4. Selon M. D. K. Anderson, *Cleon's orders at Amphipolis*, *J. H. S.*, 1965, 1-4, tout serait venu de ce que signaux et explications verbales furent concomitants : certains n'auraient pas attendu ces dernières ; mais rien, dans le texte, ne dégage le rôle joué par cette circonstance.

de bataille et la difficulté d'en improviser une sur-le-champ constituent l'ἀταξία guettée par Brasidas et mentionnée par le récit à 10.6.

Tout est donc clairement démonté et analysé en ce qui concerne Thucydide. Les seules difficultés que présente l'exposé viennent de notre ignorance technique. Et il en est de même dans l'ordre de la topographie. Thucydide connaît bien la région, pour l'avoir vue de ses propres yeux[1]. Et, si parfois il est obscur pour nous, c'est précisément parce que tout cela lui paraît trop connu, trop familier, et qu'il n'explique pas toujours tout ce que nous aimerions savoir[2].

L'exposé ne souffre donc d'aucune négligence. Au contraire, le reproche que l'on pourrait lui adresser (et qu'on lui a souvent adressé) consisterait à en avoir dit trop, à avoir trop voulu expliquer. Par conséquent, ce reproche vise non la clarté, mais l'intention : il consiste à dire que le récit de cette lutte est trop systématique, trop orienté, et, en un mot, partial.

Il s'agit, comme au livre IV, de Cléon ; et, de façon aussi nette qu'au livre IV, Thucydide intervient pour le condamner. Il ne relève de sa part que des fautes ; il le ridiculise chaque fois qu'il peut ; et il laisse toute l'intelligence, toute la gloire à Brasidas[3]. Or, il est manifeste que, d'une part, les résultats de la campagne de Cléon en Thrace furent loin d'être tous négatifs[4] et, d'autre

1. Cf. d'ailleurs 10.6 : « par la route où, aujourd'hui, quand on suit la partie la mieux défendue du terrain, on voit se dresser... » (la traduction par « on voit » renforce le côté visuel ; mais celui-ci est impliqué par le datif ἰόντι).

2. C'est le cas pour 10.6 : « la porte qui donnait sur la palissade », cf. Notes compl. Nous ne parlons pas de difficultés qui viennent presque certainement des manuscrits ; ainsi pour les cent cinquante hommes de 8.4, cf. *ad loc.*

3. Cette inégalité ressort bien d'une comparaison avec Diodore, XII, 74, qui, laissant de côté la stratégie, dresse deux figures symétriques des deux protagonistes.

4. Cf. West et Meritt, *A. J. A.*, 1925, 59-69.

part, que certaines des ironies de Thucydide respirent une hostilité peut-être injuste[1]. De là à penser que la stratégie de Cléon est également, du point de vue technique, jugée avec sévérité, il n'y a qu'un pas.

Peut-être, donc, est-il vrai qu'on sent ici percer, chez notre historien qui se veut si détaché, une animosité qui colore son jugement d'une sorte de passion. Cependant, l'on retiendra que cela même ne le pousse jamais à falsifier les faits : les éléments de son récit sont parfois utilisés contre lui. L'hostilité la plus violente ne va jamais, chez lui, à l'encontre de la véracité.

2) *La paix de 421.*

L'hostilité contre Cléon se retrouve dans les chapitres relatifs à la conclusion de la paix, puisque celui-ci y avait toujours été opposé et que sa mort rend les négociations possibles. Mais, sur ce point, les deux adversaires — Brasidas et Cléon — se retrouvent dans le même cas.

L'exposé, pour ces chapitres, présente des difficultés.

Les premières ont trait à l'analyse des négociations (14-17). On a d'abord trouvé cette analyse peu cohérente, parce que Thucydide fait alterner, dans un apparent désordre, Sparte et Athènes, les motifs généraux et les questions de personnes. Les commentateurs en ont été gênés, au point que certains, comme Steup, ont parlé d'interpolation pour une partie importante de l'exposé[2]. Mais il semble que ce soit mal connaître les habitudes de composition qui sont celles de Thucydide. En fait, son premier développement porte sur les motifs généraux : ceux d'Athènes (14.1-2) et ceux de Sparte (14.3-4). Mais, voulant alors montrer que ces derniers sont les plus forts, il le prouve par une analyse historique, dans

1. Ainsi 7.2 (sur l'opinion défavorable des soldats, qui semble unanime) et surtout 10.9 (qui semble lui dénier même le courage : ὡς τὸ πρῶτον οὐ διενοεῖτο μένειν, εὐθὺς φεύγων...) : ce dernier trait est d'autant plus sensible que la phrase aboutit à la mort du stratège.

2. 15.1 à 17.1, fin.

laquelle l'attitude des Lacédémoniens est contrastée avec celle d'Athènes : l'évolution d'Athènes le mène à rappeler la bataille d'Amphipolis et le changement du personnel politique qui a lieu dans les deux cités. Autrement dit, la parenthèse historique introduite à 15.1 par καὶ οὐχ ἧσσον se soude, vers sa fin, avec le second développement (16.1-17.1, fin), relatif aux questions de personnes[1]. Mais cela n'est pas pour surprendre. Qu'une parenthèse ou un retour en arrière s'enchaîne avec un nouveau terme sans coupure franche est, chez Thucydide, une habitude — qui n'a pas été sans embarrasser souvent les critiques, entre autres au livre VIII.

En revanche, si la structure extérieure de l'analyse peut se justifier, son contenu laisse quelque surprise.

D'abord, l'influence qu'eurent les révoltes de Thrace et la crainte d'autres soulèvements, tout en étant mentionnée à 14.2[2], s'efface bientôt au profit de celle qu'eut l'échec de Délion, seul mentionné à 15.2. Il n'y a pas contradiction entre une explication et l'autre, mais il y a différence d'orientation.

D'autre part, l'analyse des mobiles individuels traduit un réalisme et un pessimisme dans l'interprétation psychologique qui tranchent également avec d'autres passages. Certes, pour Cléon, les formules sévères ne surprennent pas. Mais, pour Brasidas et pour Nicias, on s'attendrait à autre chose. A vrai dire, il n'y a pas, là non plus, contradiction ; et, s'il est vrai que l'ambition de ces personnages ne pouvait se satisfaire qu'avec le succès de leurs deux cités, on comprendra qu'elle se confonde avec leurs desseins politiques ; dans ce cas, l'apparent égoïsme de leurs mobiles est surtout affaire de présentation[3]. Toute-

1. On rapprochera de I.8.1, où la parenthèse sur les Cariens est de même introduite par καὶ οὐχ ἧσσον et se soude de même avec la suite.

2. Cf. IV.117. Les raisons au nom desquelles Steup déclare la phrase de 14.2 interpolée sont sans aucun fondement.

3. Thucydide cherche ici à distinguer ce qui est individuel de ce

fois, ce réalisme un peu étroit correspond, ici encore, à une différence d'orientation.

Bien que toute cette partie de l'œuvre n'ait pu être écrite très tôt[1], il se pourrait que les vues plus larges de certains passages ne se soient librement exprimées qu'à une époque plus tardive et en fonction des leçons ultérieures.

La même explication ne vaut pas pour l'autre difficulté relative à la paix, à savoir la façon dont Thucydide la date. Ici, aucune évolution n'est en question. Thucydide précise que le traité fut signé « sur la fin de l'hiver, avec le printemps, tout de suite après les Dionysies urbaines » (20.1) ; et il ajoute immédiatement : « Il s'était écoulé juste dix ans, plus quelques jours de différence, depuis que ὡς τὸ πρῶτον ἡ ἐσϐολὴ ἡ ἐς τὴν 'Αττικὴν καὶ ἡ ἀρχὴ τοῦ πολέμου τοῦδε ἐγένετο. » A première vue, ces mots sont en contradiction avec tout ce que dit le livre II sur la date de la première invasion en Attique — date qui ne peut guère se placer qu'à la fin de mai, en été. Aussi a-t-on procédé soit à des interprétations bizarres[2] soit à des corrections énergiques[3]. Elles deviennent inutiles si l'on donne à la phrase le sens que nous lui avons donné, et si l'on considère que Thucydide télescope deux événements distincts, mais compte, en fait, par rapport au plus ancien des deux (d'où la traduction, un peu libre : « depuis le début de cette guerre, amenant la première invasion de l'Attique »). Mais, dans ce cas, la maladresse d'expression est indéniable ; et elle décèle une tentation, à laquelle il est amusant de voir céder l'austère Thucydide : manifestement, ce contemporain

qui est national. Cette psychologie de tour utilitariste semble d'ailleurs liée aux habitudes de la rhétorique contemporaine.

1. Cf. d'ailleurs V.24.2 : ὁ πρῶτος πόλεμος.

2. Cf. notice au livre II, p. XIV, n. 4.

3. Les mots ἡ ἐσϐολὴ ἡ ἐς τὴν 'Αττικὴν ont été supprimés, depuis E. Müller, par de nombreux éditeurs, au nombre desquels Stahl et Steup.

de tant de pythagoriciens s'est plu à ce compte de dix ans. Et, au risque d'une gaucherie, il s'est arrangé pour faire apparaître ce résultat. Le même souci se traduit dans la curieuse expression « sur la fin de l'hiver, avec le printemps ». Et il se traduit encore dans la façon même dont la fin de l'hiver est, cette fois, omise et dont le changement d'année est reporté à 24.2. Thucydide a employé ces menus artifices pour que l'on trouvât là une limite claire, un compte rond, une coupure nette et franche entre la fin de la guerre d'Archidamos et ce qui allait suivre.

Son mérite à avoir poursuivi plus loin n'en ressort que plus fortement. Mais l'existence de cette coupure explique la division adoptée ici comme dans le commentaire d'A. W. Gomme[1].

1. On trouvera donc une seconde Notice (dont les pages sont numérotées de I* à XIII*) avant le chapitre 25 du livre V.

LIVRE IV

LIVRE IV

La septième année de la guerre.

I. L'été suivant, vers le temps où le blé forme ses épis, dix navires de Syracuse prirent la mer et, avec dix autres de Locres, allèrent occuper Messine en Sicile, à l'appel des habitants : Messine, alors, se détacha d'Athènes. **2** Ce qui avait surtout poussé les Syracusains était la constatation que l'endroit commandait l'accès de la Sicile, et la crainte de voir les Athéniens utiliser un jour cette base pour venir les attaquer avec des forces plus importantes ; pour les Locriens, c'était leur haine envers les gens de Rhégion qu'ils voulaient écraser par une guerre menée des deux côtés à la fois. **3** Aussi les Locriens avaient-ils en même temps lancé en masse une invasion sur le territoire des Rhégiens pour les empêcher de se porter au secours de Messine et pour obéir, du même coup, aux instances des bannis de Rhégion qui se trouvaient chez eux. La ville de Rhégion, en effet, était depuis longtemps divisée, et il lui était impossible, en l'occurrence, de résister aux Locriens, ce qui était une raison de plus pour l'attaquer. **4** Après des ravages, les Locriens retirèrent leurs troupes de terre, tandis que les navires montaient la garde à Messine ; d'autres, que l'on était en train d'équiper, devaient venir mouiller au même endroit pour participer, de là, à la guerre.

L'affaire de Pylos.

II. Vers la même époque du printemps, avant le moment où le blé est mûr, les Péloponnésiens et leurs alliés firent invasion en Attique, sous le commandement d'Agis, fils d'Archidamos, roi de Lacédémone ; et, s'y installant, ils ravageaient le pays.

ΘΟΥΚΥΔΙΔΟΥ ΙΣΤΟΡΙΩΝ Δ

I. Τοῦ δ' ἐπιγιγνομένου θέρους περὶ σίτου ἐκβολὴν Συρακοσίων δέκα νῆες πλεύσασαι καὶ Λοκρίδες ἴσαι Μεσσήνην τὴν ἐν Σικελίᾳ κατέλαβον, αὐτῶν ἐπαγαγομένων, καὶ ἀπέστη Μεσσήνη 'Αθηναίων. 2 Ἔπραξαν δὲ τοῦτο μάλιστα οἱ μὲν Συρακόσιοι ὁρῶντες προσβολὴν ἔχον τὸ χωρίον τῆς Σικελίας καὶ φοβούμενοι τοὺς 'Αθηναίους μὴ ἐξ αὐτοῦ ὁρμώμενοί ποτε σφίσι μείζονι παρασκευῇ ἐπέλθωσιν, οἱ δὲ Λοκροὶ κατὰ ἔχθος τὸ 'Ρηγίνων, βουλόμενοι ἀμφοτέρωθεν αὐτοὺς καταπολεμεῖν. 3 Καὶ ἐσεβεβλήκεσαν ἅμα ἐς τὴν 'Ρηγίνων οἱ Λοκροὶ πανστρατιᾷ, ἵνα μὴ ἐπιβοηθῶσι τοῖς Μεσσηνίοις, ἅμα δὲ καὶ ξυνεπαγόντων 'Ρηγίνων φυγάδων, οἳ ἦσαν παρ' αὐτοῖς· τὸ γὰρ 'Ρήγιον ἐπὶ πολὺν χρόνον ἐστασίαζε καὶ ἀδύνατα ἦν ἐν τῷ παρόντι τοὺς Λοκροὺς ἀμύνεσθαι, ᾗ καὶ μᾶλλον ἐπετίθεντο. 4 Δῃώσαντες δὲ οἱ μὲν Λοκροὶ τῷ πεζῷ ἀπεχώρησαν, αἱ δὲ νῆες Μεσσήνην ἐφρούρουν· καὶ ἄλλαι [αἱ] πληρούμεναι ἔμελλον αὐτόσε ἐγκαθορμισάμεναι τὸν πόλεμον ἐντεῦθεν ποιήσεσθαι.

II. 'Υπὸ δὲ τοὺς αὐτοὺς χρόνους τοῦ ἦρος, πρὶν τὸν σῖτον ἐν ἀκμῇ εἶναι, Πελοποννήσιοι καὶ οἱ ξύμμαχοι ἐσέβαλον ἐς τὴν 'Αττικὴν (ἡγεῖτο δὲ Ἆγις ὁ 'Αρχιδάμου, Λακεδαιμονίων βασιλεύς), καὶ ἐγκαθεζόμενοι ἐδῄουν τὴν γῆν.

Θουκυδίδου ἱστοριῶν δ ex libris aliis edd. : Θουκυδίδου συγγραφῆς δ ABEFM, om. C.

I. 1 2 πλεύσασαι : ἐσπλεύσασαι B || 2 2 προσβολὴν : προβ- E || 3 6 ᾗ CM : ἡ E ἧ ABF* || καὶ μᾶλλον : μᾶλλον καὶ M || 4 2 αἱ del. Classen, ante ἄλλαι habet K, forte ἔτι scribendum.

II. 1 3 δὲ : δὲ ὁ B.

2 Les Athéniens, eux, firent partir pour la Sicile les quarante navires prévus[1], avec les stratèges encore présents, Eurymédon et Sophocle (le troisième, Pythodore, les avait déjà précédés en Sicile). **3** Ils leur dirent de s'occuper aussi, en passant à Corcyre, du parti de la ville, soumis aux brigandages des exilés installés dans la montagne ; de fait, les Péloponnésiens avaient dirigé là soixante navires en croisière, avec l'intention d'assister ce parti de la montagne, et avec l'espoir qu'une grave famine, qui sévissait dans la ville, les rendrait facilement maîtres de la situation. **4** D'autre part, comme Démosthène, qui était sans titre depuis son retour d'Acarnanie, en avait fait lui-même la demande, ils lui dirent de disposer de ces navires, s'il le voulait, sur le pourtour du Péloponnèse.

III. Au moment, donc, où ces navires furent parvenus à la hauteur de la Laconie, comme l'on apprenait, à bord, l'arrivée à Corcyre de la flotte péloponnésienne, Eurymédon et Sophocle n'avaient, eux, qu'une hâte, qui était de gagner Corcyre, mais Démosthène les invitait à s'arrêter d'abord à Pylos et à y prendre les mesures opportunes avant de poursuivre l'expédition. Il se heurtait à leur opposition quand le hasard voulut qu'une tempête survint et poussa la flotte dans le port de Pylos : **2** sur quoi Démosthène voulait aussitôt fortifier l'endroit (c'était, disait-il, pour cela qu'il avait pris la mer avec eux) ; et il faisait voir la facilité qu'il y aurait à se procurer bois et pierres, la force naturelle de la position, enfin l'absence de troupes, là et sur une large distance (il y a, autant que l'on puisse dire, quatre cents stades de Sparte à Pylos : celle-ci est située dans l'ancienne Messénie, et on l'appelle, à Lacédémone, Coryphasion) ; **3** les autres déclaraient qu'il ne manquait pas de promontoires déserts dans le Péloponnèse s'il voulait les occuper et créer des dépenses pour l'État ; mais lui trouvait à cet endroit des avantages particuliers qui le distinguaient des autres : d'abord, la présence voisine d'un port, puis le fait que les Messéniens, qui étaient

1. Cf. III. 115. 4-5.

2 Ἀθηναῖοι δὲ τάς τε τεσσαράκοντα ναῦς ἐς Σικελίαν ἀπέστειλαν, ὥσπερ παρεσκευάζοντο, καὶ στρατηγοὺς τοὺς ὑπολοίπους Εὐρυμέδοντα καὶ Σοφοκλέα· Πυθόδωρος γὰρ ὁ τρίτος αὐτῶν ἤδη προαφῖκτο ἐς Σικελίαν. **3** Εἶπον δὲ τούτοις καὶ Κερκυραίων ἅμα παραπλέοντας τῶν ἐν τῇ πόλει ἐπιμεληθῆναι, οἳ ἐληστεύοντο ὑπὸ τῶν ἐν τῷ ὄρει φυγάδων· καὶ Πελοποννησίων αὐτόσε νῆες ἑξήκοντα παρεπεπλεύκεσαν τοῖς ἐν τῷ ὄρει τιμωροὶ καὶ λιμοῦ ὄντος μεγάλου ἐν τῇ πόλει νομίζοντες κατασχήσειν ῥᾳδίως τὰ πράγματα. **4** Δημοσθένει δὲ ὄντι ἰδιώτῃ μετὰ τὴν ἀναχώρησιν τὴν ἐξ Ἀκαρνανίας αὐτῷ δεηθέντι εἶπον χρῆσθαι ταῖς ναυσὶ ταύταις, ἢν βούληται, περὶ τὴν Πελοπόννησον.

III. Καὶ ὡς ἐγένοντο πλέοντες κατὰ τὴν Λακωνικὴν καὶ ἐπυνθάνοντο ὅτι αἱ νῆες ἐν Κερκύρᾳ ἤδη εἰσὶ τῶν Πελοποννησίων, ὁ μὲν Εὐρυμέδων καὶ Σοφοκλῆς ἠπείγοντο ἐς τὴν Κέρκυραν, ὁ δὲ Δημοσθένης ἐς τὴν Πύλον πρῶτον ἐκέλευε σχόντας αὐτοὺς καὶ πράξαντας ἃ δεῖ τὸν πλοῦν ποιεῖσθαι· ἀντιλεγόντων δὲ κατὰ τύχην χειμὼν ἐπιγενόμενος κατήνεγκε τὰς ναῦς ἐς τὴν Πύλον. **2** Καὶ ὁ Δημοσθένης εὐθὺς ἠξίου τειχίζεσθαι τὸ χωρίον (ἐπὶ τοῦτο γὰρ ξυνεκπλεῦσαι), καὶ ἀπέφαινε πολλὴν εὐπορίαν ξύλων τε καὶ λίθων καὶ φύσει καρτερὸν ὂν καὶ ἐρῆμον αὐτό τε καὶ ἐπὶ πολὺ τῆς χώρας· ἀπέχει γὰρ σταδίους μάλιστα ἡ Πύλος τῆς Σπάρτης τετρακοσίους καὶ ἔστιν ἐν τῇ Μεσσηνίᾳ ποτὲ οὔσῃ γῇ, καλοῦσι δὲ αὐτὴν οἱ Λακεδαιμόνιοι Κορυφάσιον. **3** Οἱ δὲ πολλὰς ἔφασαν εἶναι ἄκρας ἐρήμους τῆς Πελοποννήσου, ἢν βούληται καταλαμβάνων τὴν πόλιν δαπανᾶν. Τῷ δὲ διάφορόν τι ἐδόκει εἶναι τοῦτο τὸ χωρίον ἑτέρου μᾶλλον, λιμένος τε προσόντος καὶ τοὺς

II. 3 2 παραπλέοντας : -ντες A^{ac} || **4** 3 ἢν : ἂν (ut vid.) E^{ac} || βούληται : -λεται M (η in ras. F^2) || τὴν om. A.

III. **1** 4 ἐς : ἐπὶ C || τὴν om. C* || **2** 3 ξυνεκπλεῦσαι : ξυνέπλευσαν EH ξυνέπλευσε ABFM || 4 τε C : τότε || **3** 2 ἢν : ἂν (ut vid.) E^{ac} || 3 τῷ $F^{pc}MA^2C^2$: τὸ cett.

familiers avec le pays de toute antiquité et parlaient le même dialecte que les Lacédémoniens, pourraient exercer de graves dommages en le prenant pour base, tout en le gardant de façon sûre.

IV. Comme il ne pouvait convaincre ni les stratèges ni les taxiarques auxquels il s'ouvrit par la suite, ils restèrent sans rien faire*, faute de pouvoir naviguer, jusqu'au jour où, d'eux-mêmes, les soldats inoccupés furent pris du brusque désir d'entourer l'endroit par une fortification. **2** Et, se mettant à l'œuvre, ils procédèrent aux travaux : ils ne disposaient pas d'instruments de fer pour tailler les pierres, mais choisissaient celles à apporter et les ajustaient ensuite selon que chaque bloc s'y prêtait ; fallait-il, par places, du mortier, ils le portaient, faute de récipients, sur leur dos, en se courbant pour que la charge s'y maintînt autant que possible, et en croisant les bras par derrière pour l'empêcher de se déverser. **3** De toute manière, enfin, ils se hâtaient, voulant prévenir les Lacédémoniens, et achever, avant qu'ils n'aient envoyé des secours, les points les plus vulnérables (en effet, la majeure partie de la place se trouvait naturellement forte et ne réclamait aucun rempart). V. Mais ceux-ci célébraient justement une fête, et de plus les nouvelles reçues ne les frappaient guère : ils pensaient qu'à leur départ en campagne l'ennemi ou bien ne les attendrait pas, ou bien serait pour eux aisé à réduire par la force ; dans une certaine mesure, aussi, le fait que leur armée était encore autour d'Athènes les retenait. **2** Cependant les Athéniens, après avoir fortifié la place du côté de l'arrière-pays et partout où c'était le plus nécessaire, en six jours de temps, laissent Démosthène, avec cinq navires, pour la garder, tandis que la plus grande partie de la flotte poursuivait sa route pour Corcyre et la Sicile, en hâte.

VI. Quant aux Péloponnésiens qui étaient en Attique, à la nouvelle de l'occupation de Pylos, ils faisaient rapidement retraite vers leur pays : le roi Agis et les Lacédémoniens considéraient que l'affaire de Pylos les concernait de près ; en même temps, leur invasion s'étant faite tôt, au temps où les blés sont encore verts, ils

Μεσσηνίους οἰκείους ὄντας αὐτῷ τὸ ἀρχαῖον καὶ ὁμοφώνους τοῖς Λακεδαιμονίοις πλεῖστ' ἂν βλάπτειν ἐξ αὐτοῦ ὁρμωμένους καὶ βεβαίους ἅμα τοῦ χωρίου φύλακας ἔσεσθαι.

IV. Ὡς δὲ οὐκ ἔπειθεν οὔτε τοὺς στρατηγοὺς οὔτε [τοὺς στρατιώτας] ὕστερον καὶ τοῖς ταξιάρχοις κοινώσας, ἡσύχαζον ὑπὸ ἀπλοίας, μέχρι αὐτοῖς τοῖς στρατιώταις σχολάζουσιν ὁρμὴ ἐνέπεσε περιστᾶσιν ἐκτειχίσαι τὸ χωρίον. **2** Καὶ ἐγχειρήσαντες εἰργάζοντο, σιδήρια μὲν λιθουργὰ οὐκ ἔχοντες, λογάδην δὲ φέροντες λίθους, καὶ ξυνετίθεσαν ὡς ἕκαστόν τι ξυμβαίνοι· καὶ τὸν πηλόν, εἴ που δέοι χρῆσθαι, ἀγγείων ἀπορίᾳ ἐπὶ τοῦ νώτου ἔφερον ἐγκεκυφότες τε, ὡς μάλιστα μέλλοι ἐπιμένειν, καὶ τὼ χεῖρε ἐς τοὐπίσω ξυμπλέκοντες, ὅπως μὴ ἀποπίπτοι. **3** Παντί τε τρόπῳ ἠπείγοντο φθῆναι τοὺς Λακεδαιμονίους τὰ ἐπιμαχώτατα ἐξεργασάμενοι πρὶν ἐπιβοηθῆσαι. Τὸ γὰρ πλέον τοῦ χωρίου αὐτὸ καρτερὸν ὑπῆρχε καὶ οὐδὲν ἔδει τείχους.

V. Οἱ δὲ ἑορτήν τινα ἔτυχον ἄγοντες, καὶ ἅμα πυνθανόμενοι ἐν ὀλιγωρίᾳ ἐποιοῦντο, ὡς, ὅταν ἐξέλθωσιν, ἢ οὐχ ὑπομενοῦντας σφᾶς ἢ ῥᾳδίως ληψόμενοι βίᾳ· καί τι καὶ αὐτοὺς ὁ στρατὸς ἔτι ἐν ταῖς Ἀθήναις ὢν ἐπέσχεν. **2** Τειχίσαντες δὲ οἱ Ἀθηναῖοι τοῦ χωρίου τὰ πρὸς ἤπειρον καὶ ἃ μάλιστα ἔδει ἐν ἡμέραις ἓξ τὸν μὲν Δημοσθένη μετὰ νεῶν πέντε αὐτοῦ φύλακα καταλείπουσι, ταῖς δὲ πλείοσι ναυσὶ τὸν ἐς τὴν Κέρκυραν πλοῦν καὶ Σικελίαν ἠπείγοντο.

VI. Οἱ δ' ἐν τῇ Ἀττικῇ ὄντες Πελοποννήσιοι ὡς ἐπύθοντο τῆς Πύλου κατειλημμένης, ἀνεχώρουν κατὰ τάχος ἐπ' οἴκου, νομίζοντες μὲν οἱ Λακεδαιμόνιοι καὶ Ἆγις ὁ βασιλεὺς οἰκεῖον σφίσι τὸ περὶ τὴν Πύλον· ἅμα δὲ πρῴ ἐσβαλόντες καὶ τοῦ σίτου ἔτι χλωροῦ ὄντος ἐσπάνιζον τρο-

IV. **1** 1-2 τοὺς στρατιώτας secl. Köstlin || 2 ταξιάρχοις... αὐτοῖς τοῖς (3) om. M || ἡσύχαζον Dobrée : -ζε(ν) codd. || 4 ἐνέπεσε Poppo : ἐσέπ- codd. ἐπέπ- K || **2** 3 που : ποι BE.

V. **1** 3 alt. καὶ om. CEM.

VI. **1** 4 πρῴ ἐσβαλόντες : προεσβαλόντες E.

manquaient de vivres pour la masse des troupes ; enfin l'apparition d'un froid exceptionnel pour la saison avait éprouvé l'armée. **2** Si bien que plusieurs motifs s'unirent pour brusquer leur retraite et faire de cette invasion la plus courte de toutes : ils ne restèrent en Attique que quinze jours.

VII. A la même époque, Simonide, un des stratèges athéniens, réunit contre la ville d'Éion sur la côte thrace, colonie de Mendè et cependant ville ennemie[1], quelques Athéniens des postes de garde et un gros d'alliés des environs : grâce à des trahisons il s'en empara. Puis, aussitôt, un renfort de Chalcidiens et de Bottiéens survint ; Simonide fut chassé et perdit bon nombre de ses soldats.

VIII. Après la retraite des Péloponnésiens qui étaient en Attique, les Spartiates, avec les périèques les plus proches de la place, partirent sur-le-champ au secours de Pylos, tandis que les autres Lacédémoniens apportaient plus de lenteur à se mettre en campagne, juste au retour d'une autre expédition. **2** On publiait également par tout le Péloponnèse d'avoir à secourir Pylos au plus tôt, et la flotte péloponnésienne alors à Corcyre avec ses soixante navires fut mandée : ceux-ci, transportés par-dessus l'isthme de Leucade, esquivèrent la flotte athénienne alors à Zacynthe et arrivèrent devant Pylos : l'armée de terre, de son côté, était déjà là.

3 Mais Démosthène, pendant que les vaisseaux péloponnésiens étaient encore en route, eut le temps d'expédier sous main deux navires pour avertir Eurymédon et la flotte athénienne de Zacynthe de venir, la place étant en danger. **4** La flotte arrivait donc[2] rapidement comme l'avait fait demander Démosthène, cependant que les Lacédémoniens se préparaient à attaquer le fortin par terre et par mer, espérant prendre facilement une construction faite en hâte et où la garnison était peu

1. A distinguer d'Éion sur le Strymon, qui devait jouer un rôle si important dans les événements de la fin du livre (102-108).

2. Certains comprennent : « Ces deux navires faisaient donc route... », ce qui donne un sens faible. — La phrase met en parallèle les deux actions qu'oppose une lutte de vitesse ; la flotte arrivera à 13.2.

φῆς τοῖς πολλοῖς, χειμών τε ἐπιγενόμενος μείζων παρὰ τὴν καθεστηκυῖαν ὥραν ἐπίεσε τὸ στράτευμα. **2** Ὥστε πολλαχόθεν ξυνέβη ἀναχωρῆσαί τε θᾶσσον αὐτοὺς καὶ βραχυτάτην γενέσθαι τὴν ἐσβολὴν ταύτην· ἡμέρας γὰρ πέντε καὶ δέκα ἔμειναν ἐν τῇ Ἀττικῇ.

VII. Κατὰ δὲ τὸν αὐτὸν χρόνον Σιμωνίδης Ἀθηναίων στρατηγὸς Ἠιόνα τὴν ἐπὶ Θρᾴκης Μενδαίων ἀποικίαν, πολεμίαν δὲ οὖσαν, ξυλλέξας Ἀθηναίους τε ὀλίγους ἐκ τῶν φρουρίων καὶ τῶν ἐκείνῃ ξυμμάχων πλῆθος προδιδομένην κατέλαβεν. Καὶ παραχρῆμα ἐπιβοηθησάντων Χαλκιδέων καὶ Βοττιαίων ἐξεκρούσθη τε καὶ ἀπέβαλε πολλοὺς τῶν στρατιωτῶν.

VIII. Ἀναχωρησάντων δὲ τῶν ἐκ τῆς Ἀττικῆς Πελοποννησίων οἱ Σπαρτιᾶται αὐτοὶ μὲν καὶ οἱ ἐγγύτατα τῶν περιοίκων εὐθὺς ἐβοήθουν ἐπὶ τὴν Πύλον, τῶν δὲ ἄλλων Λακεδαιμονίων βραδυτέρα ἐγίγνετο ἡ ἔφοδος, ἄρτι ἀφιγμένων ἀφ' ἑτέρας στρατείας. **2** Περιήγγελλον δὲ καὶ κατὰ τὴν Πελοπόννησον βοηθεῖν ὅτι τάχιστα ἐπὶ Πύλον καὶ ἐπὶ τὰς ἐν τῇ Κερκύρᾳ ναῦς σφῶν τὰς ἑξήκοντα ἔπεμψαν, αἳ ὑπερενεχθεῖσαι τὸν Λευκαδίων ἰσθμὸν καὶ λαθοῦσαι τὰς ἐν Ζακύνθῳ Ἀττικὰς ναῦς ἀφικνοῦνται ἐπὶ Πύλον· παρῆν δὲ ἤδη καὶ ὁ πεζὸς στρατός.

3 Δημοσθένης δὲ προσπλεόντων ἔτι τῶν Πελοποννησίων ὑπεκπέμπει φθάσας δύο ναῦς ἀγγεῖλαι Εὐρυμέδοντι καὶ τοῖς ἐν ταῖς ναυσὶν ἐν Ζακύνθῳ Ἀθηναίοις παρεῖναι ὡς τοῦ χωρίου κινδυνεύοντος. **4** Καὶ αἱ μὲν νῆες κατὰ τάχος ἔπλεον κατὰ τὰ ἐπεσταλμένα ὑπὸ Δημοσθένους· οἱ δὲ Λακεδαιμόνιοι παρεσκευάζοντο ὡς τῷ τειχίσματι προσβαλοῦντες κατά τε γῆν καὶ κατὰ θάλασσαν, ἐλπίζοντες ῥᾳδίως αἱρήσειν οἰκοδόμημα διὰ ταχέων εἰργασμένον καὶ

VI. **1** 6 τε : δὲ C.
VII. **1** 2 τὴν AC : τῆς cett. || 3 πολεμίαν : -μίων M.
VIII. **2** 1 καὶ om. A.

nombreuse ; **5** toutefois, comme ils s'attendaient bien à voir arriver la flotte athénienne de Zacynthe, ils avaient l'intention, au cas où ils n'auraient pas pris la place auparavant, d'obstruer en plus les passes du port, pour interdire aux Athéniens de venir mouiller vis-à-vis **6** (en effet, l'île de Sphactérie, qui s'allonge devant le port, à courte distance, le rend sûr et en réduit les passes : de celles-ci, l'une donne voie à deux navires du côté du fortin athénien et de Pylos ; l'autre, vers le reste du rivage, à huit ou neuf ; l'île, étant inhabitée, se trouvait entièrement boisée et sans chemins tracés ; comme dimension elle mesurait, autant que l'on puisse dire, une quinzaine de stades[1]). **7** Les Lacédémoniens devaient donc mettre aux deux passes un barrage massif de navires, la proue vers l'extérieur[2]. Quant à l'île, craignant qu'elle ne servît à les combattre, ils y firent passer des hoplites ; d'autres furent disposés le long de la côte. **8** De la sorte, la flotte athénienne devait avoir contre elle à la fois l'île et la côte, où elle ne pourrait aborder (pour ce qui est de Pylos, les parties extérieures à la passe n'offraient, du côté de la mer, aucun port et ne lui fourniraient par suite aucune base d'où venir aider le parti athénien*) ; eux-mêmes, alors, sans combat naval ni risques à courir, pourraient, selon toute vraisemblance, faire avec succès le siège de la place, où il n'y avait pas de vivres en réserve, et qui avait été occupée sans grande préparation. **9** Telle était donc leur idée, et aussitôt ils faisaient passer les hoplites dans l'île, en les tirant au sort parmi toutes les compagnies. Il en passa ainsi un certain nombre, qui se succédèrent d'abord à tour de rôle ; les derniers, qui y furent faits prisonniers, étaient au nombre de quatre cent vingt, plus leurs hilotes : à leur tête était Épitadas, fils de Molobros.

IX. Démosthène, voyant que les Lacédémoniens allaient l'attaquer à la fois par mer et par terre, faisait,

1. En fait, vingt-quatre stades. Plusieurs renseignements donnés ici sont inexacts : cf. Notice, p. XIX, n. 2, et, pour les détails, Gomme, *ad loc.*

2. Au § 13.4, on a la surprise de voir que ce projet, exposé avec tant de soin, « ne se trouva pas » réalisé !

ἀνθρώπων ὀλίγων ἐνόντων. **5** Προσδεχόμενοι δὲ καὶ τὴν ἀπὸ τῆς Ζακύνθου τῶν Ἀττικῶν νεῶν βοήθειαν ἐν νῷ εἶχον, ἢν ἄρα μὴ πρότερον ἕλωσι, καὶ τοὺς ἔσπλους τοῦ λιμένος ἐμφάρξαι, ὅπως μὴ ᾖ τοῖς Ἀθηναίοις ἐφορμίσασθαι ἐς αὐτόν. **6** Ἡ γὰρ νῆσος ἡ Σφακτηρία καλουμένη τόν τε λιμένα, παρατείνουσα καὶ ἐγγὺς ἐπικειμένη, ἐχυρὸν ποιεῖ καὶ τοὺς ἔσπλους στενούς, τῇ μὲν δυοῖν νεοῖν διάπλουν κατὰ τὸ τείχισμα τῶν Ἀθηναίων καὶ τὴν Πύλον, τῇ δὲ πρὸς τὴν ἄλλην ἤπειρον ὀκτὼ ἢ ἐννέα· ὑλώδης δὲ καὶ ἀτριβὴς πᾶσα ὑπ' ἐρημίας ἦν καὶ μέγεθος περὶ πέντε καὶ δέκα σταδίους μάλιστα. **7** Τοὺς μὲν οὖν ἔσπλους ταῖς ναυσὶν ἀντιπρῴροις βύζην κλῄσειν ἔμελλον· τὴν δὲ νῆσον ταύτην φοβούμενοι μὴ ἐξ αὐτῆς τὸν πόλεμον σφίσι ποιῶνται, ὁπλίτας διεβίβασαν ἐς αὐτὴν καὶ παρὰ τὴν ἤπειρον ἄλλους ἔταξαν· **8** οὕτω γὰρ τοῖς Ἀθηναίοις τήν τε νῆσον πολεμίαν ἔσεσθαι τήν τε ἤπειρον ἀπόβασιν οὐκ ἔχουσαν (τὰ γὰρ αὐτῆς τῆς Πύλου ἔξω τοῦ ἔσπλου πρὸς τὸ πέλαγος, ἀλίμενα ὄντα, οὐχ ἕξειν ὅθεν ὁρμώμενοι ὠφελήσουσι τοὺς αὑτῶν), σφεῖς δὲ ἄνευ τε ναυμαχίας καὶ κινδύνου ἐκπολιορκήσειν τὸ χωρίον κατὰ τὸ εἰκός, σίτου τε οὐκ ἐνόντος καὶ δι' ὀλίγης παρασκευῆς κατειλημμένον. **9** Ὡς δ' ἐδόκει αὐτοῖς ταῦτα, καὶ διεβίβαζον ἐς τὴν νῆσον τοὺς ὁπλίτας ἀποκληρώσαντες ἀπὸ πάντων τῶν λόχων. Καὶ διέβησαν μὲν καὶ ἄλλοι πρότερον κατὰ διαδοχήν, οἱ δὲ τελευταῖοι καὶ ἐγκαταληφθέντες εἴκοσι καὶ τετρακόσιοι ἦσαν καὶ Εἵλωτες οἱ περὶ αὐτούς· ἦρχε δ' αὐτῶν Ἐπιτάδας ὁ Μολόβρου.

IX. Δημοσθένης δὲ ὁρῶν τοὺς Λακεδαιμονίους μέλλοντας προσβάλλειν ναυσί τε ἅμα καὶ πεζῷ, παρεσκευάζετο

VIII. **5** 1 καὶ om. C ‖ 2 τῆς om. ABF* ‖ **6** 5 δὲ Krueger : τε codd. ‖ **7** 2 ἀντιπρώ(ι)ροις A^pc^FM : -ρους C -ρεις E -ροι B ‖ βύζην κλῄσειν : συγκλήσειν AB ‖ **8** 7 δι' : μετ' schol.γρ ‖ παρασκευῆς : κατασκ- M ‖ κατειλημμένον Dobrée : κατειλημμένου ABCEF προκατειλημμένου M ‖ **9** 4 ἐγκαταληφθέντες CEF : -λειφ- ABM.

lui aussi, ses préparatifs : il fit haler au pied du rempart les trières qui lui restaient de celles qu'on lui avait laissées et les rattacha par des pieux au système de défense ; leurs équipages furent armés de boucliers médiocres et, pour la plupart, en osier ; car il était impossible de se procurer des armes dans ce pays désert : celles-là mêmes étaient venues d'un navire à trente rames équipé en course et d'une chaloupe appartenant à des Messéniens qui s'étaient justement trouvés là[1]. Ces Messéniens donnèrent encore des hoplites, au nombre d'une quarantaine, qu'il employa avec les autres. **2** Prenant alors le gros des hommes, plus ou moins complètement armés, il les posta aux points les mieux fortifiés et les plus sûrs de la place, vers l'arrière-pays, avec ordre de repousser l'armée de terre en cas d'attaque, tandis que lui-même, après avoir choisi sur l'ensemble soixante hoplites et quelques archers, se dirigeait hors du rempart, vers la mer, du côté où il s'attendait le plus à une tentative de débarquement[2] : c'était une région difficile et hérissée de rochers, qui regardait le large, mais, comme c'était par là que leur mur était le plus faible, il considérait que l'ennemi y serait attiré ; **3** eux-mêmes, ne s'attendant pas à être jamais en infériorité sur mer, n'y prévoyaient point de rempart solide, et, du coup, si l'ennemi arrivait par force à débarquer, la place était pour lui possible à prendre. **4** En conséquence, il gagna, de ce côté, le bord même de la mer, y disposa ses hoplites de manière à arrêter autant que possible toute tentative, et leur adressa, en substance, les exhortations suivantes.

X. « Soldats qui vous risquez ici avec moi, que nul d'entre vous ne veuille, dans une telle urgence, faire l'homme avisé, en analysant tout ce qui nous entoure de redoutable, au lieu de se donner, les yeux fermés, à l'espérance, et de courir d'un seul élan à l'ennemi, avec l'idée que, même dans ces circonstances, il peut l'emporter. Car tout ce qui comporte une fois urgence, comme la si-

1. Encore une circonstance due au hasard : cf. Notice, p. XII et n. 1.

2. Tout repose sur l'art de prévoir ce que va faire l'adversaire : cf. le même mot à 8.5. Cette prévision sera confirmée à 11.2.

καὶ αὐτός, καὶ τὰς τριήρεις αἳ περιῆσαν αὐτῷ ἀπὸ τῶν καταλειφθεισῶν ἀνασπάσας ὑπὸ τὸ τείχισμα προσεσταύρωσε, καὶ τοὺς ναύτας ἐξ αὐτῶν ὥπλισεν ἀσπίσι τε φαύλαις καὶ οἰσυΐναις ταῖς πολλαῖς· οὐ γὰρ ἦν ὅπλα ἐν χωρίῳ ἐρήμῳ πορίσασθαι, ἀλλὰ καὶ ταῦτα ἐκ λῃστρικῆς Μεσσηνίων τριακοντέρου καὶ κέλητος ἔλαβον, οἳ ἔτυχον παραγενόμενοι. Ὁπλῖταί τε τῶν Μεσσηνίων τούτων ὡς τεσσαράκοντα ἐγένοντο, οἷς ἐχρῆτο μετὰ τῶν ἄλλων. **2** Τοὺς μὲν οὖν πολλοὺς τῶν τε ἀόπλων καὶ ὡπλισμένων ἐπὶ τὰ τετειχισμένα μάλιστα καὶ ἐχυρὰ τοῦ χωρίου πρὸς τὴν ἤπειρον ἔταξε, προειπὼν ἀμύνασθαι τὸν πεζόν, ἢν προσβάλῃ· αὐτὸς δὲ ἀπολεξάμενος ἐκ πάντων ἑξήκοντα ὁπλίτας καὶ τοξότας ὀλίγους ἐχώρει ἔξω τοῦ τείχους ἐπὶ τὴν θάλασσαν, ᾗ μάλιστα ἐκείνους προσεδέχετο πειράσειν ἀποβαίνειν, ἐς χωρία μὲν χαλεπὰ καὶ πετρώδη πρὸς τὸ πέλαγος τετραμμένα, σφίσι δὲ τοῦ τείχους ταύτῃ ἀσθενεστάτου ὄντος ἐπισπάσεσθαι αὐτοὺς ἡγεῖτο [προθυμήσεσθαι]· **3** οὔτε γὰρ αὐτοὶ ἐλπίζοντές ποτε ναυσὶ κρατήσεσθαι οὐκ ἰσχυρὸν ἐτείχιζον, ἐκείνοις τε βιαζομένοις τὴν ἀπόβασιν ἁλώσιμον τὸ χωρίον γίγνεσθαι. **4** Κατὰ τοῦτο οὖν πρὸς αὐτὴν τὴν θάλασσαν χωρήσας ἔταξε τοὺς ὁπλίτας ὡς εἴρξων, ἢν δύνηται, καὶ παρεκελεύσατο τοιάδε.

X. « Ἄνδρες οἱ ξυναράμενοι τοῦδε τοῦ κινδύνου, μηδεὶς ὑμῶν ἐν τῇ τοιᾷδε ἀνάγκῃ ξυνετὸς βουλέσθω δοκεῖν εἶναι, ἐκλογιζόμενος ἅπαν τὸ περιεστὸς ἡμᾶς δεινόν, μᾶλλον ἢ ἀπερισκέπτως εὔελπις ὁμόσε χωρῆσαι τοῖς ἐναντίοις ⟨ὡς⟩ καὶ ἐκ τούτων ἂν περιγενόμενος. Ὅσα γὰρ ἐς

IX. **1** 3 αἳ περιῆσαν Classen (ex schol.) : αἵπερ ἦσαν codd. || 4 καταλειφθεισῶν CF^pc^M : -ληφ- ABEF^ac^ || 5 τε om. Souda, post φαύλαις transp. Campe || **2** 4 προσβάλῃ : προβάλλῃ A^pc^B προσβάλλῃ F || 10 ἐπισπάσεσθαι Dobrée : ἐπισπάσασθαι codd., ἐσβιάσασθαι Van Leeuwen, alii alia || προθυμήσεσθαι del. Dobrée || **3** 2 κρατήσεσθαι C : κρατηθήσεσθαι.

X. **1** 4 ἢ EF^ac^ : om. cett. || 5 ὡς add. Stahl.

tuation présente, ne laisse aucune place à l'analyse, et réclame qu'on risque tout au plus vite.

2 « Pour moi, je vois même que les avantages sont en majorité de notre côté, si nous sommes résolus à tenir bon* et à ne pas nous laisser épouvanter par leur nombre au point de trahir la supériorité qui nous appartient. **3** D'abord, en effet, la place même, par la difficulté d'accès qu'elle présente, nous est à mon sens favorable : nous n'avons qu'à tenir bon, et c'est une alliée pour nous, mais, en cas de recul, le passage, si malaisé soit-il, sera sans encombre, personne n'y faisant obstacle ; dès lors, nous aurons devant nous un ennemi plus redoutable, car il ne lui sera plus aisé de faire retraite, en admettant même qu'il cède à nos forces (sur leurs navires, ils sont très faciles à repousser, mais, si une fois ils débarquent, c'est alors l'égalité). **4** Ensuite leur importance numérique ne doit pas vous effrayer à l'excès, car c'est par petits groupes qu'ils combattront, en dépit de leur nombre, vu la difficulté d'aborder ; il ne s'agit pas ici d'une armée combattant sur terre, dont la supériorité numérique s'exerce à conditions égales : il s'agit d'une armée combattant sur des vaisseaux, et à qui il faut, en mer, tout un ensemble de conditions favorables. **5** Si bien que ces difficultés qui les attendent me paraissent compenser notre condition numérique. Et en même temps, vous qui êtes Athéniens, vous qui savez par expérience ce qu'est un débarquement devant l'ennemi, et comment, si l'on tient bon, si la peur causée par le ressac ou par l'approche redoutable des navires ne vous fait pas reculer, ce débarquement ne saurait être enlevé de vive force, je vous demande à votre tour aujourd'hui de tenir bon, de lutter à la limite des vagues et d'assurer votre salut en sauvant la place. »

XI. Démosthène arrêta là ses exhortations et les Athéniens sentirent leur confiance grandir : descendant jusqu'au rivage, ils prirent position sur le bord même de la mer. **2** Les Lacédémoniens, de leur côté, se mettant en mouvement, commençaient l'attaque du fortin à la fois avec l'armée de terre et avec la flotte, formée de

ἀνάγκην ἀφῖκται ὥσπερ τάδε, λογισμὸν ἥκιστα ἐνδεχόμενα κινδύνου τοῦ ταχίστου προσδεῖται.

2 « Ἐγὼ δὲ καὶ τὰ πλείω ὁρῶ πρὸς ἡμῶν ὄντα, ἢν ἐθέλωμέν τε μεῖναι καὶ μὴ τῷ πλήθει αὐτῶν καταπλαγέντες τὰ ὑπάρχοντα ἡμῖν κρείσσω καταπροδοῦναι. 3 Τοῦ τε γὰρ χωρίου τὸ δυσέμβατον ἡμέτερον νομίζω, ⟨ὃ⟩ μενόντων μὲν ἡμῶν ξύμμαχον γίγνεται, ὑποχωρήσασι δὲ καίπερ χαλεπὸν ὂν εὔπορον ἔσται μηδενὸς κωλύοντος, καὶ τὸν πολέμιον δεινότερον ἕξομεν μὴ ῥᾳδίας αὐτῷ πάλιν οὔσης τῆς ἀναχωρήσεως, ἢν καὶ ὑφ' ἡμῶν βιάζηται (ἐπὶ γὰρ ταῖς ναυσὶ ῥᾷστοί εἰσιν ἀμύνεσθαι, ἀποβάντες δ' ἐν τῷ ἴσῳ ἤδη). 4 Τό τε πλῆθος αὐτῶν οὐκ ἄγαν δεῖ φοβεῖσθαι· κατ' ὀλίγον γὰρ μαχεῖται καίπερ πολὺ ὂν ἀπορίᾳ τῆς προσορμίσεως, καὶ οὐκ ἐν γῇ στρατός ἐστιν ἐκ τοῦ ὁμοίου μείζων, ἀλλ' ἀπὸ νεῶν, αἷς πολλὰ τὰ καίρια δεῖ ἐν τῇ θαλάσσῃ ξυμβῆναι. 5 Ὥστε τὰς τούτων ἀπορίας ἀντιπάλους ἡγοῦμαι τῷ ἡμετέρῳ πλήθει, καὶ ἅμα ἀξιῶ ὑμᾶς, Ἀθηναίους ὄντας καὶ ἐπισταμένους ἐμπειρίᾳ τὴν ναυτικὴν ἐπ' ἄλλους ἀπόβασιν ὅτι, εἴ τις ὑπομένοι καὶ μὴ φόβῳ ῥοθίου καὶ νεῶν δεινότητος κατάπλου ὑποχωροίη, οὐκ ἄν ποτε βιάζοιτο, καὶ αὐτοὺς νῦν μεῖναί τε καὶ ἀμυνομένους παρ' αὐτὴν τὴν ῥαχίαν σῴζειν ὑμᾶς τε αὐτοὺς καὶ τὸ χωρίον. »

XI. Τοσαῦτα τοῦ Δημοσθένους παρακελευσαμένου οἱ Ἀθηναῖοι ἐθάρσησάν τε μᾶλλον καὶ ἐπικαταβάντες ἐτάξαντο παρ' αὐτὴν τὴν θάλασσαν. 2 Οἱ δὲ Λακεδαιμόνιοι ἄραντες τῷ τε κατὰ γῆν στρατῷ προσέβαλλον τῷ τειχίσματι καὶ ταῖς ναυσὶν ἅμα οὔσαις τεσσαράκοντα καὶ τρισί,

X. **2** 2 τε : γε conj. Elmsley ‖ **3** 2 ὃ Dion. 801 : ante νομίζω J, om. cett. ‖ 3 μὲν E, Dion : om. cett. ‖ 4 ἔσται : ἅτε A ‖ 5 ῥᾳδίας CpcF[2], Dion. 798 : ῥᾳδίως cett. ‖ αὐτῷ πάλιν : πάλιν αὐτῷ B ‖ **4** 4 ἀλλ' ἀπὸ : ἀλλὰ τῶν C ‖ **5** 2 τῷ ἡμετέρῳ : τῶν ἡμετέρων E ‖ 7 ὑμᾶς Bekker : ἡμᾶς.

quarante-trois navires[1]; le Spartiate Thrasymélidas, fils de Cratésiclès, était à bord en qualité de navarque. Son attaque était dirigée contre le point même que prévoyait Démosthène. **3** Alors, tandis que les troupes athéniennes résistaient des deux côtés, sur terre et sur mer[2], eux répartirent leurs navires en petits groupes — puisqu'il n'était pas possible d'aborder à plus à la fois — et ceux-ci se lançaient de l'avant et se reposaient à tour de rôle ; ils n'épargnaient ni l'ardeur ni les encouragements mutuels pour s'ouvrir le passage et prendre le rempart. **4** Mais nul ne se signala autant que Brasidas ; commandant une trière et voyant que, par suite des difficultés du terrain, triérarques et pilotes, là même où il pouvait sembler possible d'aborder, hésitaient à le faire et s'inquiétaient pour leurs navires qu'ils craignaient de démolir, il leur criait que « l'on ne pouvait, pour épargner des planches, tolérer sans réagir que l'ennemi eût établi dans le pays un ouvrage fortifié : ils devaient enlever de force le débarquement, quitte à briser leurs navires ; quant aux alliés, pas d'hésitations : pour prix de tant de bienfaits, qu'ils sacrifient à cette heure leurs navires aux Lacédémoniens, qu'ils s'échouent et débarquent à tout prix, pour s'emparer des hommes et de la place. » XII. Lui, cependant, tout en enflammant les autres, avait contraint son pilote à s'échouer et courait à l'échelle. Mais, comme il tentait de débarquer, il fut jeté à la renverse par les Athéniens ; criblé de coups, il perdit connaissance et tomba lui-même dans l'avant du navire, tandis que son bouclier lui glissait du bras dans la mer : porté à terre et recueilli par les Athéniens, ce bouclier servit plus tard au trophée qu'ils élevèrent à l'occasion de cette attaque. **2** Quant aux autres, ils avaient beau montrer de l'ardeur, ils étaient incapables de débarquer, et par suite de la difficulté des lieux, et parce que les Athéniens tenaient bon sans reculer d'un pas.

3 Ainsi le sort avait à ce point renversé les situations

1. Elle en comptait soixante : les autres devaient monter la garde.
2. Entendons : contre les attaques venues de la terre et de la mer.

ναύαρχος δὲ αὐτῶν ἐπέπλει Θρασυμηλίδας ὁ Κρατησικλέους, Σπαρτιάτης. Προσέβαλλε δὲ ᾗπερ ὁ Δημοσθένης προσεδέχετο. 3 Καὶ οἱ μὲν Ἀθηναῖοι ἀμφοτέρωθεν, ἔκ τε γῆς καὶ ἐκ θαλάσσης, ἠμύνοντο· οἱ δὲ κατ' ὀλίγας ναῦς διελόμενοι, διότι οὐκ ἦν πλείοσι προσσχεῖν, καὶ ἀναπαύοντες ἐν τῷ μέρει τοὺς ἐπίπλους ἐποιοῦντο, προθυμίᾳ τε πάσῃ χρώμενοι καὶ παρακελευσμῷ, εἴ πως ὠσάμενοι ἕλοιεν τὸ τείχισμα. 4 Πάντων δὲ φανερώτατος Βρασίδας ἐγένετο. Τριηραρχῶν γὰρ καὶ ὁρῶν τοῦ χωρίου χαλεποῦ ὄντος τοὺς τριηράρχους καὶ κυβερνήτας, εἴ που καὶ δοκοίη δυνατὸν εἶναι σχεῖν, ἀποκνοῦντας καὶ φυλασσομένους τῶν νεῶν μὴ ξυντρίψωσιν, ἐβόα λέγων ὡς οὐκ εἰκὸς εἴη ξύλων φειδομένους τοὺς πολεμίους ἐν τῇ χώρᾳ περιιδεῖν τεῖχος πεποιημένους, ἀλλὰ τάς τε σφετέρας ναῦς βιαζομένους τὴν ἀπόβασιν καταγνύναι ἐκέλευε καὶ τοὺς ξυμμάχους μὴ ἀποκνῆσαι ἀντὶ μεγάλων εὐεργεσιῶν τὰς ναῦς τοῖς Λακεδαιμονίοις ἐν τῷ παρόντι ἐπιδοῦναι, ὀκείλαντας δὲ καὶ παντὶ τρόπῳ ἀποβάντας τῶν τε ἀνδρῶν καὶ τοῦ χωρίου κρατῆσαι. XII. Καὶ ὁ μὲν τούς τε ἄλλους τοιαῦτα ἐπέσπερχε καὶ τὸν ἑαυτοῦ κυβερνήτην ἀναγκάσας ὀκεῖλαι τὴν ναῦν ἐχώρει ἐπὶ τὴν ἀποβάθραν· καὶ πειρώμενος ἀποβαίνειν ἀνεκόπη ὑπὸ τῶν Ἀθηναίων, καὶ τραυματισθεὶς πολλὰ ἐλιποψύχησέ τε καὶ πεσόντος αὐτοῦ ἐς τὴν παρεξειρεσίαν ἡ ἀσπὶς περιερρύη ἐς τὴν θάλασσαν, καὶ ἐξενεχθείσης αὐτῆς ἐς τὴν γῆν οἱ Ἀθηναῖοι ἀνελόμενοι ὕστερον πρὸς τὸ τροπαῖον ἐχρήσαντο ὃ ἔστησαν τῆς προσβολῆς ταύτης. 2 Οἱ δ' ἄλλοι προυθυμοῦντο μέν, ἀδύνατοι δ' ἦσαν ἀποβῆναι τῶν τε χωρίων χαλεπότητι καὶ τῶν Ἀθηναίων μενόντων καὶ οὐδὲν ὑποχωρούντων.

3 Ἐς τοῦτό τε περιέστη ἡ τύχη ὥστε Ἀθηναίους μὲν

XI. 2 4 Θρασυμηλίδας : -ηδίδας conj. Cobet ‖ 3 3 προσσχεῖν G : προσχεῖν cett. ‖ 4 3 που C : πῃ.

XII. 1 4 ἐλιποψύχησέ CEFM, Pollux : ἐλειποψύχησέ ABC²F² ἐλειποθύμ[ησέ] G.

qu'on voyait les Athéniens lutter sur terre, et sur une terre laconienne, pour écarter une flotte de Lacédémone, tandis que les Lacédémoniens tentaient, avec des navires, et dans leur propre pays, alors pays ennemi, d'opérer un débarquement contre les Athéniens. Ce qui, en effet, faisait à cette date[1] l'essentiel de leur renom était pour les uns d'être principalement des continentaux, supérieurs par leurs armées de terre, et, pour les autres, d'être un peuple maritime, l'emportant avant tout par sa flotte.

XIII. Après avoir tout ce jour-là et une partie du jour suivant poursuivi leurs assauts, ils avaient cessé; le surlendemain, ils détachèrent quelques navires vers Asinè, en quête de bois pour faire des machines ; car, si le mur face au port était haut, l'abordage y était aussi particulièrement facile, et ils espéraient pouvoir le prendre avec des machines. **2** Sur ces entrefaites, les navires athéniens de Zacynthe se présentent au nombre de cinquante* (il s'était joint à eux quelques-uns des bâtiments en station à Naupacte et quatre de Chios). **3** Voyant la rive du continent remplie d'hoplites ainsi que l'île, et la flotte installée dans le port sans en sortir, ils ne surent où mouiller ; sur le moment, ils gagnèrent Protè, une île inhabitée située à peu de distance, et y bivouaquèrent ; mais le lendemain ils reprenaient la mer, prêts à combattre si l'ennemi acceptait de sortir au-devant d'eux dans un champ plus large, ou, sinon, à foncer eux-mêmes à l'intérieur. **4** De fait, l'ennemi s'abstint de prendre la mer de son côté et se trouva précisément n'avoir pas non plus donné suite à son projet d'obstruer les passes : il restait sans rien faire à terre, se contentant d'embarquer les hommes et de se préparer, s'il entrait quelqu'un, à livrer combat dans le port, où la place ne manquait pas. XIV. Quand les Athéniens s'en furent rendu compte, ils foncèrent sur eux par les deux passes ; trouvant la plupart des navires déjà en mer et la proue en avant, ils les attaquèrent et les mirent en fuite ; puis, se lançant à leur poursuite sur une si courte distance, ils en endommagèrent plusieurs, en prirent cinq,

1. Cf. Notice, p. xx.

ἐκ γῆς τε καὶ ταύτης Λακωνικῆς ἀμύνεσθαι ἐκείνους ἐπιπλέοντας, Λακεδαιμονίους δὲ ἐκ νεῶν τε καὶ ἐς τὴν ἑαυτῶν πολεμίαν οὖσαν ἐπ' Ἀθηναίους ἀποβαίνειν· ἐπὶ πολὺ γὰρ ἐποίει τῆς δόξης ἐν τῷ τότε τοῖς μὲν ἠπειρώταις μάλιστα εἶναι καὶ τὰ πεζὰ κρατίστοις, τοῖς δὲ θαλασσίοις τε καὶ ταῖς ναυσὶ πλεῖστον προύχειν.

XIII. Ταύτην μὲν οὖν τὴν ἡμέραν καὶ τῆς ὑστεραίας μέρος τι προσβολὰς ποιησάμενοι ἐπέπαυντο· καὶ τῇ τρίτῃ ἐπὶ ξύλα ἐς μηχανὰς παρέπεμψαν τῶν νεῶν τινας ἐς Ἀσίνην, ἐλπίζοντες τὸ κατὰ τὸν λιμένα τεῖχος ὕψος μὲν ἔχον, ἀποβάσεως δὲ μάλιστα οὔσης ἑλεῖν μηχαναῖς. **2** Ἐν τούτῳ δὲ αἱ ἐκ τῆς Ζακύνθου νῆες τῶν Ἀθηναίων παραγίγνονται πεντήκοντα· προσεβοήθησαν γὰρ τῶν τε φρουρίδων τινὲς αὐτοῖς τῶν ἐκ Ναυπάκτου καὶ Χῖαι τέσσαρες. **3** Ὡς δὲ εἶδον τήν τε ἤπειρον ὁπλιτῶν περίπλεων τήν τε νῆσον, ἔν τε τῷ λιμένι οὔσας τὰς ναῦς καὶ οὐκ ἐκπλεούσας, ἀπορήσαντες ὅπῃ καθορμίσωνται, τότε μὲν ἐς Πρωτὴν τὴν νῆσον, ἣ οὐ πολὺ ἀπέχει ἐρῆμος οὖσα, ἔπλευσαν καὶ ηὐλίσαντο, τῇ δ' ὑστεραίᾳ παρασκευασάμενοι ὡς ἐπὶ ναυμαχίαν ἀνήγοντο, ἢν μὲν ἀντεκπλεῖν ἐθέλωσι σφίσιν ἐς τὴν εὐρυχωρίαν, εἰ δὲ μή, ὡς αὐτοὶ ἐπεσπλευσούμενοι. **4** Καὶ οἱ μὲν οὔτε ἀντανήγοντο οὔτε ἃ διενοήθησαν, φάρξαι τοὺς ἔσπλους, ἔτυχον ποιήσαντες, ἡσυχάζοντες δ' ἐν τῇ γῇ τάς τε ναῦς ἐπλήρουν καὶ παρεσκευάζοντο, ἢν ἐσπλέῃ τις, ὡς ἐν τῷ λιμένι ὄντι οὐ σμικρῷ ναυμαχήσοντες. XIV. Οἱ δ' Ἀθηναῖοι γνόντες καθ' ἑκάτερον τὸν ἔσπλουν ὥρμησαν ἐπ' αὐτούς, καὶ τὰς μὲν πλείους καὶ μετεώρους ἤδη τῶν νεῶν καὶ ἀντιπρῴρους προσπεσόντες ἐς φυγὴν κατέστησαν, καὶ ἐπιδιώκοντες ὡς διὰ βραχέος ἔτρωσαν μὲν πολ-

XII. **3** 5 τῆς : τὰ τῆς conj. Herw. (ex schol.).

XIII. **1** 4 ἔχον legisse videtur Valla, conj. Ullrich : ἔχειν ‖ 5 ἑλεῖν : ἑλεῖν ἂν conj. Madvig ‖ **2** 1 ἐν τούτῳ : ἐκ τούτου C ‖ 3 πεντήκοντα recc. : τεσσαράκοντα codd., *sexaginta* Valla ‖ 4 τέσσαρες : τέσσαρες νῆες M.

dont l'un avec son équipage, et se jetèrent sur les autres, qui avaient pu se réfugier à terre ; quant à ceux dont l'embarquement n'était pas terminé, ils étaient brisés avant d'avoir pris la mer, et certains même tirés en remorque, vides, après la fuite de l'équipage. **2** Ce que voyant, les Lacédémoniens, accablés de douleur devant ce désastre, qui isolait leurs hommes dans l'île, venaient à la rescousse : s'avançant en armes dans la mer, ils tiraient eux aussi, en s'agrippant aux vaisseaux : chacun se sentait impuissant chaque fois qu'il n'était pas lui-même mêlé à l'action[1]. **3** Le tumulte, enfin, devint terrible, les deux peuples ayant en particulier échangé leur manière de combattre par rapport aux navires : les Lacédémoniens, sous l'empire de l'ardeur et de l'affolement, étaient pour ainsi dire en train de livrer un véritable combat naval sur terre*, tandis que les Athéniens, vainqueurs et désireux de pousser leur chance présente le plus loin possible, livraient, du haut des vaisseaux, un combat de terre. **4** Enfin, après beaucoup de mal de part et d'autre, et de blessures, ils se séparèrent ; les Lacédémoniens purent conserver leurs navires vides, sauf ceux qui avaient été saisis dès le début. **5** Chacun prit alors position dans son camp : les Athéniens élevèrent un trophée, rendirent les morts, s'assurèrent les débris de navires ; et aussitôt ils entreprirent de croiser autour de l'île et de la tenir en observation, considérant les hommes comme désormais isolés. Quant aux Péloponnésiens de la côte, avec les renforts maintenant arrivés de partout, ils demeuraient au poste à Pylos.

XV. A Sparte, quand on apprit les événements de Pylos, il fut décidé, vu la gravité du désastre, que les autorités se rendraient au camp pour examiner sans délai et de leurs yeux les décisions à prendre. **2** Voyant alors qu'il était impossible d'exercer des représailles pour libérer leurs hommes, et ne voulant pas courir le risque qu'il leur arrivât malheur par suite de la faim ou bien qu'écrasés par le nombre ils dussent finalement céder,

1. On trouve une formule équivalente (à un détail d'expression près) à II.8.4, pour le zèle de tous contre Athènes.

λάς, πέντε δὲ ἔλαβον καὶ μίαν τούτων αὐτοῖς ἀνδράσιν· ταῖς δὲ λοιπαῖς ἐν τῇ γῇ καταπεφευγυίαις ἐνέβαλλον. Αἱ δὲ καὶ πληρούμεναι ἔτι πρὶν ἀνάγεσθαι ἐκόπτοντο· καί τινας καὶ ἀναδούμενοι κενὰς εἷλκον τῶν ἀνδρῶν ἐς φυγὴν ὡρμημένων. 2 Ἃ ὁρῶντες οἱ Λακεδαιμόνιοι καὶ περιαλγοῦντες τῷ πάθει, ὅτιπερ αὐτῶν οἱ ἄνδρες ἀπελαμβάνοντο ἐν τῇ νήσῳ, παρεβοήθουν, καὶ ἐπεσβαίνοντες ἐς τὴν θάλασσαν ξὺν τοῖς ὅπλοις ἀνθεῖλκον ἐπιλαμβανόμενοι τῶν νεῶν· καὶ ἐν τούτῳ κεκωλῦσθαι ἐδόκει ἕκαστος ᾧ μή τινι καὶ αὐτὸς ἔργῳ παρῆν. 3 Ἐγένετό τε ὁ θόρυβος μέγας, καὶ ἀντηλλαγμένου τοῦ ἑκατέρων τρόπου περὶ τὰς ναῦς· οἵ τε γὰρ Λακεδαιμόνιοι ὑπὸ προθυμίας καὶ ἐκπλήξεως ὡς εἰπεῖν ἄλλο οὐδὲν ἢ ἐκ γῆς ἐναυμάχουν, οἵ τε Ἀθηναῖοι κρατοῦντες καὶ βουλόμενοι τῇ παρούσῃ τύχῃ ὡς ἐπὶ πλεῖστον ἐπεξελθεῖν ἀπὸ νεῶν ἐπεζομάχουν. 4 Πολύν τε πόνον παρασχόντες ἀλλήλοις καὶ τραυματίσαντες διεκρίθησαν, καὶ οἱ Λακεδαιμόνιοι τὰς κενὰς ναῦς πλὴν τῶν τὸ πρῶτον ληφθεισῶν διέσωσαν. 5 Καταστάντες δὲ ἑκάτεροι ἐς τὸ στρατόπεδον οἱ μὲν τροπαῖόν τε ἔστησαν καὶ νεκροὺς ἀπέδοσαν καὶ ναυαγίων ἐκράτησαν, καὶ τὴν νῆσον εὐθὺς περιέπλεον καὶ ἐν φυλακῇ εἶχον, ὡς τῶν ἀνδρῶν ἀπειλημμένων· οἱ δ᾽ ἐν τῇ ἠπείρῳ Πελοποννήσιοι καὶ ἀπὸ πάντων ἤδη βεβοηθηκότες ἔμενον κατὰ χώραν ἐπὶ τῇ Πύλῳ.

XV. Ἐς δὲ τὴν Σπάρτην ὡς ἠγγέλθη τὰ γεγενημένα περὶ Πύλον, ἔδοξεν αὐτοῖς ὡς ἐπὶ ξυμφορᾷ μεγάλῃ τὰ τέλη καταβάντας ἐς τὸ στρατόπεδον βουλεύειν παραχρῆμα ὁρῶντας ὅ τι ἂν δοκῇ. 2 Καὶ ὡς εἶδον ἀδύνατον ὂν τιμωρεῖν τοῖς ἀνδράσι καὶ κινδυνεύειν οὐκ ἐβούλοντο ἢ ὑπὸ λιμοῦ τι παθεῖν αὐτοὺς ἢ ὑπὸ πλήθους βιασθέντας κρατηθῆ-

XIV. **1** 7 ἐνέβαλλον : -αλον E ‖ 9 εἷλκον : εἷλον M ‖ **2** 5 τινι : τις conj. Poppo, τι Wilamowitz (cf. II.8.4) ‖ **3** 2 ἀντηλλαγμένου recc., conj. Classen : -μένος codd. ‖ **5** 2 post στρατόπεδον habet βουλεύειν παραχρῆμα ὁρῶν ἦσαν M (cf. 15.1).

XV. **1** 3 παραχρῆμα : πρὸς τὸ χρῆμα E (discrep. notavit schol.) ‖ **2** 3 κρατηθῆναι C : ἢ κρατηθῆναι ABFM ἢ κρατηθέντας EHpc.

ils décidèrent, si les généraux athéniens le voulaient, de conclure une trêve pour l'affaire de Pylos : alors, ils enverraient des ambassadeurs à Athènes pour envisager un accord, et s'efforceraient de recouvrer les hommes au plus vite.

XVI. Les stratèges ayant accepté ces propositions, on conclut, en substance, la trêve suivante. Les Lacédémoniens rassembleraient à Pylos les navires avec lesquels ils avaient combattu et tout ce qu'ils avaient en Laconie comme vaisseaux longs, et ils les livreraient aux Athéniens ; ils ne porteraient pas les armes contre la place, par terre ni par mer. Les Athéniens laisseraient expédier aux hommes de l'île par les Lacédémoniens de la côte une ration fixe et déjà pétrie (deux chénices attiques de farine d'orge par personne, avec deux cotyles de vin et de la viande[1] ; pour les serviteurs, ce serait moitié moins) ; ces envois se feraient sous les yeux des Athéniens et aucun transport ne passerait en cachette ; la surveillance des Athéniens continuerait aussi à s'exercer sur l'île, autant qu'avant, sous réserve de n'y pas débarquer ; ils ne porteraient pas les armes contre le camp péloponnésien, par terre ou par mer. **2** En cas d'infraction, quelle qu'elle fût, à l'un de ces points, la trêve se trouvait dès lors rompue. Elle était conclue jusqu'au retour des ambassadeurs lacédémoniens à Athènes ; ceux-ci seraient transportés sur une trière athénienne, à l'aller et au retour. A leur arrivée la trêve expirerait et les Athéniens restitueraient les navires, en l'état où ils les avaient reçus. **3** La trêve fut donc conclue selon ces termes ; les navires furent livrés, au nombre d'une soixantaine, et les ambassadeurs partirent.

Arrivés à Athènes, ils tinrent, en substance, le discours suivant.

XVII. « Lacédémone nous envoie, Athéniens, à propos des hommes de l'île, pour déterminer les mesures qui tout à la fois obtiendront votre agrément comme étant conformes à vos intérêts et seront susceptibles de sauvegarder pour nous, dans notre malheur, tout l'hon-

1. Ration large (plus que pour les rois à Sparte : Hérodote, VI, 57).

ναι, ἔδοξεν αὐτοῖς πρὸς τοὺς στρατηγοὺς τῶν Ἀθηναίων, ἢν ἐθέλωσι, σπονδὰς ποιησαμένους τὰ περὶ Πύλον ἀποστεῖλαι ἐς τὰς Ἀθήνας πρέσβεις περὶ ξυμβάσεως καὶ τοὺς ἄνδρας ὡς τάχιστα πειρᾶσθαι κομίσασθαι.

XVI. Δεξαμένων δὲ τῶν στρατηγῶν τὸν λόγον ἐγίγνοντο σπονδαὶ τοιαίδε, Λακεδαιμονίους μὲν τὰς ναῦς ἐν αἷς ἐναυμάχησαν καὶ τὰς ἐν τῇ Λακωνικῇ πάσας, ὅσαι ἦσαν μακραί, παραδοῦναι κομίσαντας ἐς Πύλον Ἀθηναίοις, καὶ ὅπλα μὴ ἐπιφέρειν τῷ τειχίσματι μήτε κατὰ γῆν μήτε κατὰ θάλασσαν, Ἀθηναίους δὲ τοῖς ἐν τῇ νήσῳ ἀνδράσι σῖτον ἐᾶν τοὺς ἐν τῇ ἠπείρῳ Λακεδαιμονίους ἐσπέμπειν τακτὸν καὶ μεμαγμένον, δύο χοίνικας ἑκάστῳ Ἀττικὰς ἀλφίτων καὶ δύο κοτύλας οἴνου καὶ κρέας, θεράποντι δὲ τούτων ἡμίσεα· ταῦτα δὲ ὁρώντων τῶν Ἀθηναίων ἐσπέμπειν καὶ πλοῖον μηδὲν ἐσπλεῖν λάθρᾳ· φυλάσσειν δὲ καὶ τὴν νῆσον Ἀθηναίους μηδὲν ἧσσον, ὅσα μὴ ἀποβαίνοντας, καὶ ὅπλα μὴ ἐπιφέρειν τῷ Πελοποννησίων στρατῷ μήτε κατὰ γῆν μήτε κατὰ θάλασσαν. **2** Ὅ τι δ' ἂν τούτων παραβαίνωσιν ἑκάτεροι καὶ ὁτιοῦν, τότε λελύσθαι τὰς σπονδάς. Ἐσπεῖσθαι δὲ αὐτὰς μέχρι οὗ ἐπανέλθωσιν οἱ ἐκ τῶν Ἀθηνῶν Λακεδαιμονίων πρέσβεις· ἀποστεῖλαι δὲ αὐτοὺς τριήρει Ἀθηναίους καὶ πάλιν κομίσαι. Ἐλθόντων δὲ τάς τε σπονδὰς λελύσθαι ταύτας καὶ τὰς ναῦς ἀποδοῦναι Ἀθηναίους ὁμοίας οἵασπερ ἂν παραλάβωσιν. **3** Αἱ μὲν σπονδαὶ ἐπὶ τούτοις ἐγένοντο, καὶ αἱ νῆες παρεδόθησαν οὖσαι περὶ ἑξήκοντα, καὶ οἱ πρέσβεις ἀπεστάλησαν.

Ἀφικόμενοι δὲ ἐς τὰς Ἀθήνας ἔλεξαν τοιάδε.

XVII. « Ἔπεμψαν ἡμᾶς Λακεδαιμόνιοι, ὦ Ἀθηναῖοι, περὶ τῶν ἐν τῇ νήσῳ ἀνδρῶν πράξοντας ὅ τι ἂν ὑμῖν τε ὠφέλιμον ὂν τὸ αὐτὸ πείθωμεν καὶ ἡμῖν ἐς τὴν ξυμφορὰν

XVI. **1** 1 στρατηγῶν : στρατιωτῶν C || 7 ἐσπέμπειν Dobrée : ἐκπ- codd. || 10 τῶν om. M || 13 ἐ]πιφέρειν incip., καὶ (2.5) des. Π^{24} || Πελοποννησίων CE : -σίῳ ABFM || **2** 2 τότε? om. Π^{24} || 5 τε om. B.

XVII. **1** 2 πράξοντας : -ξαντας ABF*.

neur que permettent les circonstances. 2 Et nos paroles auront une relative étendue sans violer nos habitudes : il est d'usage chez nous, là où la brièveté suffit*, de ne pas être abondant, mais de l'être davantage quand s'offre une occasion de mettre en lumière un point important et d'obtenir par la parole le résultat qu'il faut. 3 N'accueillez pas ces avis en ennemis, ou comme une leçon faite à des esprits sans jugement : n'y voyez qu'un rappel des meilleures maximes, adressé à qui les connaît.

4 « Vous êtes à même de faire de votre fortune présente un bel usage, en gardant ce dont vous êtes maîtres, et en y joignant la considération et la gloire : vous éviterez ainsi le sort des hommes à qui un bonheur arrive sans qu'ils en aient l'habitude : toujours, l'espoir les fait aspirer à plus, parce qu'une fois déjà, c'est de façon inattendue que la fortune leur a souri ; 5 mais ceux qui ont connu le plus de vicissitudes, en mal et en bien, doivent en bonne justice se défier le plus du succès. Or votre ville, de par l'expérience acquise, a, ainsi que la nôtre, toutes raisons pour être spécialement dans ce cas.

XVIII. « Pour vous en rendre compte, voyez seulement notre malheur actuel : nous, un peuple renommé entre tous parmi les Grecs, nous voici venus vous trouver, alors que nous pensions naguère être plutôt maîtres d'accorder ce qu'aujourd'hui nous sommes là pour vous demander. 2 Cependant, ce qui nous est arrivé ne vient ni d'une insuffisance de nos forces ni d'une insolence née de leur accroissement ; partant des éléments habituels, nous avons vu nos calculs déjoués — ce qui est un cas où les conditions sont les mêmes pour tous sans distinction. 3 Il n'est donc pas normal que, pour vous, la vigueur actuelle de votre cité, avec ses accroissements, vous fasse imaginer que du même coup le sort vous sera toujours favorable. 4 C'est être sage que de faire du bonheur, en se réglant sur l'incertain, un usage sûrement calculé* (dans le malheur, de même, on est susceptible de se comporter avec plus de jugement) et de se dire une chose sur la guerre : c'est que le lien noué avec elle n'est pas fonction du fait que l'on désire la pratiquer dans telles ou telles limites, mais dépend du sort qui

ὡς ἐκ τῶν παρόντων κόσμον μάλιστα μέλλῃ οἴσειν. 2 Τοὺς δὲ λόγους μακροτέρους οὐ παρὰ τὸ εἰωθὸς μηκυνοῦμεν, ἀλλ' ἐπιχώριον ὂν ἡμῖν οὗ μὲν βραχεῖς ἀρκῶσι μὴ πολλοῖς χρῆσθαι, πλείοσι δὲ ἐν ᾧ ἂν καιρὸς ᾖ διδάσκοντάς τι τῶν προύργου λόγοις τὸ δέον πράσσειν. 3 Λάβετε δὲ αὐτοὺς μὴ πολεμίως μηδ' ὡς ἀξύνετοι διδασκόμενοι, ὑπόμνησιν δὲ τοῦ καλῶς βουλεύσασθαι πρὸς εἰδότας ἡγησάμενοι.

4 « Ὑμῖν γὰρ εὐτυχίαν τὴν παροῦσαν ἔξεστι καλῶς θέσθαι, ἔχουσι μὲν ὧν κρατεῖτε, προσλαβοῦσι δὲ τιμὴν καὶ δόξαν, καὶ μὴ παθεῖν ὅπερ οἱ ἀήθως τι ἀγαθὸν λαμβάνοντες τῶν ἀνθρώπων· αἰεὶ γὰρ τοῦ πλέονος ἐλπίδι ὀρέγονται διὰ τὸ καὶ τὰ παρόντα ἀδοκήτως εὐτυχῆσαι. 5 Οἷς δὲ πλεῖσται μεταβολαὶ ἐπ' ἀμφότερα ξυμβεβήκασι, δίκαιοί εἰσι καὶ ἀπιστότατοι εἶναι ταῖς εὐπραγίαις· ὃ τῇ τε ὑμετέρᾳ πόλει δι' ἐμπειρίαν καὶ ἡμῖν μάλιστ' ἂν ἐκ τοῦ εἰκότος προσείη.

XVIII. « Γνῶτε δὲ καὶ ἐς τὰς ἡμετέρας νῦν ξυμφορὰς ἀπιδόντες, οἵτινες ἀξίωμα μέγιστον τῶν Ἑλλήνων ἔχοντες ἥκομεν παρ' ὑμᾶς, πρότερον αὐτοὶ κυριώτεροι νομίζοντες εἶναι δοῦναι ἐφ' ἃ νῦν ἀφιγμένοι ὑμᾶς αἰτούμεθα. 2 Καίτοι οὔτε δυνάμεως ἐνδείᾳ ἐπάθομεν αὐτὸ οὔτε μείζονος προσγενομένης ὑβρίσαντες, ἀπὸ δὲ τῶν αἰεὶ ὑπαρχόντων γνώμῃ σφαλέντες, ἐν ᾧ πᾶσι τὸ αὐτὸ ὁμοίως ὑπάρχει. 3 Ὥστε οὐκ εἰκὸς ὑμᾶς διὰ τὴν παροῦσαν νῦν ῥώμην πόλεώς τε καὶ τῶν προσγεγενημένων καὶ τὸ τῆς τύχης οἴεσθαι αἰεὶ μεθ' ὑμῶν ἔσεσθαι. 4 Σωφρόνων δὲ ἀνδρῶν οἵτινες τἀγαθὰ ἐς ἀμφίβολον ἀσφαλῶς ἔθεντο (καὶ ταῖς ξυμφοραῖς οἱ αὐτοὶ εὐξυνετώτερον ἂν προσφέροιντο), τόν τε πόλεμον νομίσωσι μὴ καθ' ὅσον ἄν τις αὐτοῦ μέρος βούληται μεταχειρίζειν, τούτῳ ξυνεῖναι, ἀλλ' ὡς ἂν αἱ τύχαι αὐτῶν

XVII. 2 2 μακροτέρους del. Cobet.

XVIII. 1 1 γνῶτε... ἀπιδόντες om. B || νῦν C : om. cett. || 2 2 αὐτὸ : τὸ αὐτὸ M || 4 2 ἀμφίβολον : ἀναμφίβολον conj. Hude, ἀμφίβολον ⟨τὸ μέλλον⟩ Steup || 4 αὐτοῦ : αὐτὸς conj. Gertz || 5 τούτῳ : οὕτω conj. Dobrée || ξυνεῖναι : ἐξεῖναι rec., Herwerden || ὡς : ὅσον M.

nous conduit. Les hommes de cette sorte sont moins que personne sujets à broncher, car ils ne s'exaltent pas, confiants dans ses réussites : c'est quand la fortune leur sourit qu'ils seraient le plus susceptibles de traiter. **5** Et cela, vous avez, Athéniens, une belle occasion de le faire avec nous : vous éviterez ainsi plus tard, si jamais, faute de nous écouter, vous voyez vos calculs déjoués (ce qui peut arriver en bien des cas), de laisser croire que déjà dans vos succès actuels votre supériorité était due au sort — vous qui êtes à même, sans rien risquer, de laisser derrière vous un renom de puissance et de jugement dans les temps futurs.

XIX. « Les Lacédémoniens vous invitent à traiter et à cesser la guerre ; ils vous offrent d'établir entre nos peuples paix et alliance, ainsi que des liens d'amitié étroite et de fraternité ; en échange, ils vous demandent les hommes de l'île, et ils pensent qu'il vaut mieux de part et d'autre éviter de courir ses risques, soit que ceux-ci viennent à s'échapper de force, si le hasard leur offre un moyen de salut, soit qu'une capitulation doive achever de les livrer entre vos mains. **2** A notre avis, les grandes hostilités trouvent leur règlement le plus stable, non pas quand l'un des deux, acharné à des représailles et ayant en majeure partie dominé son ennemi, l'enferme par contrainte dans des serments et conclut un accord sur un pied d'inégalité, mais quand, pouvant arriver au même résultat de façon raisonnable, il triomphe encore de lui par sa générosité et trompe son attente par un arrangement modéré. **3** Car dès lors l'adversaire est obligé de lui répondre, non par des représailles pour des violences subies, mais par d'autres preuves de générosité : il est alors plus disposé à respecter, au nom de l'honneur, les termes de la convention. **4** C'est même plutôt pour les hostilités graves que les hommes agissent ainsi, non pas pour les conflits de médiocre importance ; et leur nature les pousse, si l'on cède spontanément, à faire aussi, bien volontiers, des concessions, mais, devant l'arrogance, à courir leur risque sans seulement s'arrêter aux réflexions.

XX. « Or, nous avons ici, les uns comme les autres, une belle occasion, s'il en fut, de nous réconcilier, sans

ἡγήσωνται, καὶ ἐλάχιστ' ἂν οἱ τοιοῦτοι πταίοντες διὰ τὸ μὴ τῷ ὀρθουμένῳ αὐτοῦ πιστεύοντες ἐπαίρεσθαι ἐν τῷ εὐτυχεῖν ἂν μάλιστα καταλύοιντο· 5 ὃ νῦν ὑμῖν, ὦ Ἀθηναῖοι, καλῶς ἔχει πρὸς ἡμᾶς πρᾶξαι, καὶ μήποτε ὕστερον, ἢν ἄρα μὴ πειθόμενοι σφαλῆτε, ἃ πολλὰ ἐνδέχεται, νομισθῆναι τύχῃ καὶ τὰ νῦν προχωρήσαντα κρατῆσαι, ἐξὸν ἀκίνδυνον δόκησιν ἰσχύος καὶ ξυνέσεως ἐς τὸ ἔπειτα καταλιπεῖν.

XIX. « Λακεδαιμόνιοι δὲ ὑμᾶς προκαλοῦνται ἐς σπονδὰς καὶ διάλυσιν πολέμου, διδόντες μὲν εἰρήνην καὶ ξυμμαχίαν καὶ ἄλλην φιλίαν πολλὴν καὶ οἰκειότητα ἐς ἀλλήλους ὑπάρχειν, ἀνταιτοῦντες δὲ τοὺς ἐκ τῆς νήσου ἄνδρας, καὶ ἄμεινον ἡγούμενοι ἀμφοτέροις μὴ διακινδυνεύεσθαι, εἴτε βίᾳ διαφύγοιεν παρατυχούσης τινὸς σωτηρίας εἴτε καὶ ἐκπολιορκηθέντες μᾶλλον ἂν χειρωθεῖεν. 2 Νομίζομέν τε τὰς μεγάλας ἔχθρας μάλιστ' ἂν διαλύεσθαι βεβαίως, οὐκ ἢν ἀνταμυνόμενός τις καὶ ἐπικρατήσας τὰ πλείω τοῦ πολεμίου κατ' ἀνάγκην ὅρκοις ἐγκαταλαμβάνων μὴ ἀπὸ τοῦ ἴσου ξυμβῇ, ἀλλ' ἤν, παρὸν τὸ αὐτὸ δρᾶσαι πρὸς τὸ ἐπιεικές, καὶ ἀρετῇ αὐτὸν νικήσας παρὰ ἃ προσεδέχετο μετρίως ξυναλλαγῇ. 3 Ὀφείλων γὰρ ἤδη ὁ ἐναντίος μὴ ἀνταμύνεσθαι ὡς βιασθείς, ἀλλ' ἀνταποδοῦναι ἀρετήν, ἑτοιμότερός ἐστιν αἰσχύνῃ ἐμμένειν οἷς ξυνέθετο. 4 Καὶ μᾶλλον πρὸς τοὺς μειζόνως ἐχθροὺς τοῦτο δρῶσιν οἱ ἄνθρωποι ἢ πρὸς τοὺς μέτρια διενεχθέντας· πεφύκασί τε τοῖς μὲν ἑκουσίως ἐνδοῦσιν ἀνθησσᾶσθαι μεθ' ἡδονῆς, πρὸς δὲ τὰ ὑπεραυχοῦντα καὶ παρὰ γνώμην διακινδυνεύειν.

XX. « Ἡμῖν δὲ καλῶς, εἴπερ ποτέ, ἔχει ἀμφοτέροις ἡ ξυναλλαγή, πρίν τι ἀνήκεστον διὰ μέσου γενόμενον ἡμᾶς

XIX. 1 5 ἀμφοτέροις : ἀμφότεροι EHpc || 6 post βίᾳ add. ἂν Krueger || παρατυχούσης : παρασχούσης G (ut cett. GγρP) || 2 3 πολεμίου Stahl : πολέμου codd. || 6 αὐτὸν K : αὐτὸ cett. || 3 2 ἀνταμύνεσθαι : -νασθαι B || 4 3 μέτρια C : τὰ μέτρια || 4 ἑκουσίως : ἑκοῦσιν Bekker *An.*

attendre qu'un mal irréparable vienne entre temps nous accabler : car alors il devient inévitable qu'à notre hostilité nationale envers vous s'en joigne une autre, personnelle, qui soit définitive, et que vous perdiez, vous, les avantages qu'aujourd'hui nous vous proposons. **2** Tant que rien n'est tranché, il nous faut : vous, en recueillant la gloire en même temps que notre alliance, nous, en évitant la honte par un règlement modéré de notre malheureuse situation, prendre d'autres sentiments, choisir nous-mêmes la paix au lieu de la guerre, et par là mettre un terme aux maux de tous les Grecs ; de cela, en plus, ils vous attribueront le principal mérite, car ils ont la guerre sans qu'on sache clairement qui des deux l'a commencée, mais si cela cesse, ce qui aujourd'hui dépend surtout de vous, c'est à vous qu'ils s'en tiendront obligés. **3** Ainsi décidez-le, et vous pouvez vous lier d'une amitié ferme avec les Lacédémoniens, sur leur propre invitation, en les obligeant au lieu de leur faire violence. **4** Et dans un tel geste, songez combien d'avantages vous devez normalement trouver : il suffit en effet que, vous et nous, nous tenions le même langage, et le reste de ce qui est grec, vous le savez, se trouvant alors en infériorité, nous portera la plus grande considération. »

XXI. Voilà tout ce que dirent les Lacédémoniens ; dans leur esprit, Athènes, par le passé, désirait traiter et n'en était empêchée que par leur propre opposition : si donc on lui offrait la paix, elle l'accueillerait avec joie et leur rendrait leurs hommes. **2** Mais les Athéniens, maintenant qu'ils tenaient les hommes dans l'île, pensaient que la trêve était désormais acquise, pour le moment où ils voudraient la conclure* ; et ils aspiraient à plus. **3** Celui qui les poussait surtout était Cléon, fils de Cléainétos, qui était le chef populaire de l'époque, et fort écouté de la foule*. Sur ses avis, ils répondirent que les hommes de l'île devaient avant tout se rendre, avec leurs armes, pour être acheminés à Athènes ; à leur arrivée, les Lacédémoniens auraient à restituer Nisée, Pèges, Trézène et l'Achaïe (pays qu'ils n'avaient

καταλαβεῖν, ἐν ᾧ ἀνάγκη ἀίδιον ὑμῖν ἔχθραν πρὸς τῇ κοινῇ καὶ ἰδίαν ἔχειν, ὑμᾶς δὲ στερηθῆναι ὧν νῦν προκαλούμεθα. 2 Ἔτι δ' ὄντων ἀκρίτων καὶ ὑμῖν μὲν δόξης καὶ ἡμετέρας φιλίας προσγιγνομένης, ἡμῖν δὲ πρὸ αἰσχροῦ τινος ⟨τῆς⟩ ξυμφορᾶς μετρίως κατατιθεμένης διαλλαγῶμεν, καὶ αὐτοί τε ἀντὶ πολέμου εἰρήνην ἑλώμεθα καὶ τοῖς ἄλλοις Ἕλλησιν ἀνάπαυσιν κακῶν ποιήσωμεν· οἳ καὶ ἐν τούτῳ ὑμᾶς αἰτιωτέρους ἡγήσονται· πολεμοῦνται μὲν γὰρ ἀσαφῶς ὁποτέρων ἀρξάντων· καταλύσεως δὲ γενομένης, ἧς νῦν ὑμεῖς τὸ πλέον κύριοί ἐστε, τὴν χάριν ὑμῖν προσθήσουσιν. 3 Ἤν τε γνῶτε, Λακεδαιμονίοις ἔξεστιν ὑμῖν φίλους γενέσθαι βεβαίως, αὐτῶν τε προκαλεσαμένων χαρισαμένοις τε μᾶλλον ἢ βιασαμένοις. 4 Καὶ ἐν τούτῳ τὰ ἐνόντα ἀγαθὰ σκοπεῖτε ὅσα εἰκὸς εἶναι· ἡμῶν γὰρ καὶ ὑμῶν ταὐτὰ λεγόντων τό γε ἄλλο Ἑλληνικὸν ἴστε ὅτι ὑποδεέστερον ὂν τὰ μέγιστα τιμήσει. »

XXI. Οἱ μὲν οὖν Λακεδαιμόνιοι τοσαῦτα εἶπον, νομίζοντες τοὺς Ἀθηναίους ἐν τῷ πρὶν χρόνῳ σπονδῶν μὲν ἐπιθυμεῖν, σφῶν δὲ ἐναντιουμένων κωλύεσθαι, διδομένης δὲ εἰρήνης ἀσμένους δέξεσθαί τε καὶ τοὺς ἄνδρας ἀποδώσειν. 2 Οἱ δὲ τὰς μὲν σπονδάς, ἔχοντες τοὺς ἄνδρας ἐν τῇ νήσῳ, ἤδη σφίσιν ἐνόμιζον ἑτοίμους εἶναι, ὁπόταν βούλωνται ποιεῖσθαι πρὸς αὐτούς, τοῦ δὲ πλέονος ὠρέγοντο. 3 Μάλιστα δὲ αὐτοὺς ἐνῆγε Κλέων ὁ Κλεαινέτου, ἀνὴρ δημαγωγὸς κατ' ἐκεῖνον τὸν χρόνον ὢν καὶ τῷ πλήθει πιθανώτατος· καὶ ἔπεισεν ἀποκρίνασθαι ὡς χρὴ τὰ μὲν ὅπλα καὶ σφᾶς αὐτοὺς τοὺς ἐν τῇ νήσῳ παραδόντας πρῶτον κομισθῆναι Ἀθήναζε, ἐλθόντων δὲ ἀποδόντας Λακεδαιμονίους Νίσαιαν καὶ Πηγὰς καὶ Τροζῆνα καὶ Ἀχαΐαν,

XX. 1 4 ὑμᾶς : ἡμᾶς C* || 2 1 ἡμετέρας : ὑμ- B || 2 τῆς add. Stahl || 5 ποιήσωμεν : -σομεν EMF² || 7 γενομένης C : γιν- || 3 3 βιασαμένοις : -νων C || 4 2 ταὐτὰ G : ταῦτα cett. || 3 γε : τε ABF*M.

XXI. 1 2 post ἐν add. μὲν Hude || 4 δέξεσθαί G²HΥρJK : δέχεσθαί AB δέξασθαί CEFM || 2 3 ποιεῖσθαι post αὐτούς hab. G^acH.

pas conquis à la guerre, mais acquis en vertu du traité antérieur, accepté par Athènes lors d'une situation malheureuse et à un moment où elle avait un plus grand besoin de la paix) : alors, leurs hommes leur seraient rendus et l'on conclurait un traité, pour la durée que décideraient les deux peuples.

XXII. Les autres ne firent, sur cette réponse, aucune observation : ils demandèrent que l'on désignât une commission pour procéder à un échange de vues point par point et arriver tranquillement à un accord réciproque. **2** Mais Cléon, alors, insistait de façon pressante : déjà avant, disait-il, il se rendait compte que leurs intentions n'avaient rien de juste, mais cela était clair, entre autres, dans le cas présent, avec ce refus de rien dire à la foule et ce désir de siéger dans une commission formée d'un petit nombre : s'ils avaient des vues saines, ils devaient, leur dit-il, les exposer à tous ! **3** Les Lacédémoniens virent la situation : d'une part ils ne pouvaient parler devant la foule, en supposant même que leur malheur les décidât à quelque concession, car ils risquaient de se compromettre vis-à-vis de leurs alliés, en parlant sans obtenir d'effet ; d'autre part, Athènes n'accepterait pas de conditions modérées pour ce qu'ils lui proposaient ; ils quittèrent donc Athènes sans avoir abouti.

XXIII. Aussitôt après leur retour, la trêve relative à Pylos prenait fin, et les Lacédémoniens réclamaient leurs navires, comme convenu. Mais les Athéniens se plaignaient d'une incursion lancée contre leur rempart au mépris du traité ainsi que d'autres écarts ne paraissant pas mériter mention : aussi ne les rendaient-ils pas, forts de la clause disant qu'en cas d'infraction, quelle qu'elle fût, la trêve se trouvait rompue. Les Péloponnésiens, alors, protestaient et, après s'être retirés en dénonçant l'affaire des navires comme une atteinte au droit, ils reprenaient les hostilités. **2** Et des deux côtés, à propos de Pylos, celles-ci étaient menées énergiquement : les Athéniens ne cessaient, dans la journée, de faire le tour de l'île avec deux navires allant en sens contraire (la nuit, tous, cette fois, mouillaient

ἃ οὐ πολέμῳ ἔλαβον, ἀλλ' ἀπὸ τῆς προτέρας ξυμβάσεως Ἀθηναίων ξυγχωρησάντων κατὰ ξυμφορὰς καὶ ἐν τῷ τότε δεομένων τι μᾶλλον σπονδῶν, κομίσασθαι τοὺς ἄνδρας καὶ σπονδὰς ποιήσασθαι ὁπόσον ἂν δοκῇ χρόνον ἀμφοτέροις.

XXII. Οἱ δὲ πρὸς μὲν τὴν ἀπόκρισιν οὐδὲν ἀντεῖπον, ξυνέδρους δὲ σφίσιν ἐκέλευον ἑλέσθαι οἵτινες λέγοντες καὶ ἀκούοντες περὶ ἑκάστου ξυμβήσονται κατὰ ἡσυχίαν ὅ τι ἂν πείθωσιν ἀλλήλους· **2** Κλέων δὲ ἐνταῦθα δὴ πολὺς ἐνέκειτο, λέγων γιγνώσκειν μὲν καὶ πρότερον οὐδὲν ἐν νῷ ἔχοντας δίκαιον αὐτούς, σαφὲς δ' εἶναι καὶ νῦν, οἵτινες τῷ μὲν πλήθει οὐδὲν ἐθέλουσιν εἰπεῖν, ὀλίγοις δὲ ἀνδράσι ξύνεδροι βούλονται γίγνεσθαι· ἀλλὰ εἴ τι ὑγιὲς διανοοῦνται, λέγειν ἐκέλευσεν ἅπασιν. **3** Ὁρῶντες δὲ οἱ Λακεδαιμόνιοι οὔτε σφίσιν οἷόν τε ὂν ἐν πλήθει εἰπεῖν, εἴ τι καὶ ὑπὸ τῆς ξυμφορᾶς ἐδόκει αὐτοῖς ξυγχωρεῖν, μὴ ἐς τοὺς ξυμμάχους διαβληθῶσιν εἰπόντες καὶ οὐ τυχόντες, οὔτε τοὺς Ἀθηναίους ἐπὶ μετρίοις ποιήσοντας ἃ προυκαλοῦντο, ἀνεχώρησαν ἐκ τῶν Ἀθηνῶν ἄπρακτοι.

XXIII. Ἀφικομένων δὲ αὐτῶν διελύοντο εὐθὺς αἱ σπονδαὶ αἱ περὶ Πύλον, καὶ τὰς ναῦς οἱ Λακεδαιμόνιοι ἀπῄτουν, καθάπερ ξυνέκειτο· οἱ δ' Ἀθηναῖοι ἐγκλήματα ἔχοντες ἐπιδρομήν τε τῷ τειχίσματι παράσπονδον καὶ ἄλλα οὐκ ἀξιόλογα δοκοῦντα εἶναι οὐκ ἀπεδίδοσαν, ἰσχυριζόμενοι ὅτι δὴ εἴρητο, ἐὰν καὶ ὁτιοῦν παραβαθῇ, λελύσθαι τὰς σπονδάς. Οἱ δὲ Λακεδαιμόνιοι ἀντέλεγόν τε καὶ ἀδίκημα ἐπικαλέσαντες τὸ τῶν νεῶν ἀπελθόντες ἐς πόλεμον καθίσταντο. **2** Καὶ τὰ περὶ Πύλον ὑπ' ἀμφοτέρων κατὰ κράτος ἐπολεμεῖτο, Ἀθηναῖοι μὲν δυοῖν νεοῖν ἐναντίαιν αἰεὶ τὴν νῆσον περιπλέοντες τῆς ἡμέρας (τῆς δὲ νυκτὸς καὶ ἅπασαι περιώρμουν, πλὴν τὰ πρὸς τὸ πέλαγος, ὁπότε

XXII. **2** 2-3 οὐδὲν... οἵτινες om. M ‖ **3** 2 εἴ τι Poppo : εἴτε codd.
XXIII. **1** 1 διελύοντο : διελέλυντο conj. Cobet ‖ **2** 2 νεοῖν C²F²G : οἷν C, om. cett.

autour, sauf du côté du large en cas de vent ; et vingt autres navires étaient arrivés d'Athènes pour garder la place, si bien qu'il y en avait en tout soixante-dix) ; quant aux Péloponnésiens, ils avaient leur camp sur la côte et donnaient des assauts au rempart, guettant le moment où une occasion pourrait se présenter de sauver leurs hommes.

En Sicile.

XXIV. En Sicile*, pendant ce temps, les Syracusains et leurs alliés, ayant réuni aux navires en faction à Messine le reste de la flotte qu'ils étaient en train d'équiper, menaient la guerre depuis Messine **2** (ceux qui les poussaient le plus étaient les Locriens, par haine envers Rhégion : Locres, d'ailleurs, avait effectué une invasion en masse sur le territoire de cette ville) ; **3** et ils voulaient faire l'essai d'un combat naval, puisque, en fait de flotte athénienne, ils voyaient les effectifs présents très réduits et apprenaient que les navires plus nombreux qui devaient arriver étaient occupés au blocus de l'île. **4** En cas de victoire sur mer, ils espéraient arriver aisément, avec leurs troupes de terre et leur flotte mouillée vis-à-vis, à réduire Rhégion ; et, dès lors, leur situation devenait forte ; car, vu la proximité entre Rhégion, pointe de l'Italie, et Messine, pointe de la Sicile, les Athéniens ne pourraient, en ce cas, venir mouiller en face et dominer le détroit. — **5** Ce détroit est constitué par le bras de mer qui sépare Rhégion et Messine, au point où la distance est la moindre entre la Sicile et le continent ; c'est là ce que l'on a appelé la Charybde, que la tradition fait franchir à Ulysse : étant donné son étroitesse, étant donné que deux grandes mers, celles de Tyrrhénie et de Sicile, y précipitent leurs eaux, et qu'elle a des courants, il n'est pas étonnant que cette passe ait eu la réputation d'être redoutable. — XXV. Or, c'est dans ce bras de mer que les Syracusains et leurs alliés, avec un peu plus de trente navires, furent contraints*, tard dans le jour, de livrer bataille pour le passage d'un navire marchand, en faisant face à seize navires

ἄνεμος εἴη· καὶ ἐκ τῶν Ἀθηνῶν αὐτοῖς εἴκοσι νῆες ἀφίκοντο ἐς τὴν φυλακήν, ὥστε αἱ πᾶσαι ἑβδομήκοντα ἐγένοντο), Πελοποννήσιοι δὲ ἔν τε τῇ ἠπείρῳ στρατοπεδευόμενοι καὶ προσβολὰς ποιούμενοι τῷ τείχει, σκοποῦντες καιρὸν εἴ τις παραπέσοι ὥστε τοὺς ἄνδρας σῶσαι.

XXIV. Ἐν τούτῳ δὲ οἱ ἐν τῇ Σικελίᾳ Συρακόσιοι καὶ οἱ ξύμμαχοι πρὸς ταῖς ἐν Μεσσήνῃ φρουρούσαις ναυσὶ τὸ ἄλλο ναυτικὸν ὃ παρεσκευάζοντο προσκομίσαντες τὸν πόλεμον ἐποιοῦντο ἐκ τῆς Μεσσήνης **2** (καὶ μάλιστα ἐνῆγον οἱ Λοκροὶ τῶν Ῥηγίνων κατὰ ἔχθραν, καὶ αὐτοὶ δὲ ἐσεβεβλήκεσαν πανδημεὶ ἐς τὴν γῆν αὐτῶν), **3** καὶ ναυμαχίας ἀποπειρᾶσθαι ἐβούλοντο, ὁρῶντες τοῖς Ἀθηναίοις τὰς μὲν παρούσας ναῦς ὀλίγας, ταῖς δὲ πλείοσι καὶ μελλούσαις ἥξειν πυνθανόμενοι τὴν νῆσον πολιορκεῖσθαι. **4** Εἰ γὰρ κρατήσειαν τῷ ναυτικῷ, τὸ Ῥήγιον ἤλπιζον πεζῇ τε καὶ ναυσὶν ἐφορμοῦντες ῥᾳδίως χειρώσεσθαι, καὶ ἤδη σφῶν ἰσχυρὰ τὰ πράγματα γίγνεσθαι· ξύνεγγυς γὰρ κειμένου τοῦ τε Ῥηγίου ἀκρωτηρίου τῆς Ἰταλίας τῆς τε Μεσσήνης τῆς Σικελίας, τοῖς Ἀθηναίοις [τε] οὐκ ἂν εἶναι ἐφορμεῖν καὶ τοῦ πορθμοῦ κρατεῖν. **5** Ἔστι δὲ ὁ πορθμὸς ἡ μεταξὺ Ῥηγίου θάλασσα καὶ Μεσσήνης, ᾗπερ βραχύτατον Σικελία τῆς ἠπείρου ἀπέχει· καὶ ἔστιν ἡ Χάρυβδις κληθεῖσα τοῦτο, ᾗ Ὀδυσσεὺς λέγεται διαπλεῦσαι. Διὰ στενότητα δὲ καὶ ἐκ μεγάλων πελαγῶν, τοῦ τε Τυρσηνικοῦ καὶ τοῦ Σικελικοῦ, ἐσπίπτουσα ἡ θάλασσα ἐς αὐτὸ καὶ ῥοώδης οὖσα εἰκότως χαλεπὴ ἐνομίσθη. XXV. Ἐν τούτῳ οὖν τῷ μεταξὺ οἱ Συρακόσιοι καὶ οἱ ξύμμαχοι ναυσὶν ὀλίγῳ πλείοσιν ἢ τριάκοντα ἠναγκάσθησαν ὀψὲ τῆς ἡμέρας ναυμαχῆσαι περὶ πλοίου διαπλέοντος, ἀντεπαναγόμενοι πρὸς

XXIII. **2** 7 τε om. M.

XXIV. **3** 3 ναῦς post ὀλίγας codd., transp. Cobet ‖ **4** 2 χειρώσεσθαι CE : -σασθαι ABFM ‖ 5 τε om. recc. ‖ **5** 6 ἡ θάλασσα om. M.

XXV. **1** 4 ἀντεπαναγόμενοι CE : ἀντεπαγ- ABFM.

athéniens et huit de Rhégion. **2** Vaincus par les Athéniens, ils se retirèrent en hâte, comme chacun put [...][1], avec un navire de perte ; et la nuit vint mettre fin aux opérations.

3 A la suite de cela, les Locriens quittèrent le pays de Rhégion, et il se fit à Péloris, dans le territoire de Messine, un rassemblement des flottes de Syracuse et de ses alliés, qui s'y mirent au mouillage ; l'armée de terre se trouvait là aussi. **4** S'étant alors approchés, les Athéniens et les Rhégiens, voyant les navires vides, poussèrent une attaque : une « main » de fer jetée par l'ennemi leur fit perdre un navire, dont les hommes se sauvèrent à la nage. **5** Après quoi, comme les Syracusains s'étaient embarqués sur leurs navires et longeaient la côte en se faisant haler vers Messine, les Athéniens lancèrent une nouvelle attaque : l'adversaire ayant viré court[2] et foncé lui-même à l'attaque, ils perdent alors un second navire. **6** Dans le trajet et la bataille ainsi menés, il n'y avait pas eu infériorité du côté des Syracusains, qui gagnèrent le port de Messine.

7 Alors, les Athéniens, à la nouvelle que Camarine était en voie de passer aux Syracusains par les menées d'Archias et de ses partisans, s'y rendirent ; et, pendant ce temps, les Messéniens en masse firent à la fois par terre et avec la flotte une expédition contre Naxos la Chalcidienne, qui leur est limitrophe. **8** Le premier jour, ayant poussé les Naxiens dans leurs remparts, ils ravagèrent le pays ; le lendemain, tandis que la flotte, ayant contourné la ville, ravageait le pays près du fleuve Acésinès, l'armée de terre faisait irruption contre la ville. **9** Mais, là-dessus, les Sikèles des montagnes descendirent à l'aide en grand nombre contre les Messéniens. Et les Naxiens, à cette vue, reprenant confiance et s'encourageant mutuellement de l'idée que les Léontins et leurs autres alliés grecs arrivaient pour les défendre, se

1. On trouve dans les manuscrits une mention qui convient mal : « dans leurs camps respectifs de Messine et Rhégion ».

2. La manœuvre désignée par le mot grec (tiré de σιμός = camus) est incertaine (cf. Gomme, *ad loc.*). Il pourrait s'agir de virer sur son mouvement, en enfonçant la rame.

τε Ἀθηναίων ναῦς ἑκκαίδεκα καὶ Ῥηγίνας ὀκτώ. 2 Καὶ νικηθέντες ὑπὸ τῶν Ἀθηναίων διὰ τάχους ἀπέπλευσαν ὡς ἕκαστοι ἔτυχον [ἐς τὰ οἰκεῖα στρατόπεδα τό τε ἐν τῇ Μεσσήνῃ καὶ ἐν τῷ Ῥηγίῳ], μίαν ναῦν ἀπολέσαντες· καὶ νὺξ ἐπεγένετο τῷ ἔργῳ.

3 Μετὰ δὲ τοῦτο οἱ μὲν Λοκροὶ ἀπῆλθον ἐκ τῆς Ῥηγίνων, ἐπὶ δὲ τὴν Πελωρίδα τῆς Μεσσήνης ξυλλεγεῖσαι αἱ τῶν Συρακοσίων καὶ ξυμμάχων νῆες ὥρμουν καὶ ὁ πεζὸς αὐτοῖς παρῆν. 4 Προσπλεύσαντες δὲ οἱ Ἀθηναῖοι καὶ Ῥηγῖνοι ὁρῶντες τὰς ναῦς κενὰς ἐνέβαλον, καὶ χειρὶ σιδηρᾷ ἐπιβληθείσῃ μίαν ναῦν αὐτοὶ ἀπώλεσαν τῶν ἀνδρῶν ἀποκολυμβησάντων. 5 Καὶ μετὰ τοῦτο τῶν Συρακοσίων ἐσβάντων ἐς τὰς ναῦς καὶ παραπλεόντων ἀπὸ κάλω ἐς τὴν Μεσσήνην, αὖθις προσβαλόντες οἱ Ἀθηναῖοι, ἀποσιμωσάντων ἐκείνων καὶ προεμβαλόντων, ἑτέραν ναῦν ἀπολλύουσιν. 6 Καὶ ἐν τῷ παράπλῳ καὶ τῇ ναυμαχίᾳ τοιουτοτρόπῳ γενομένῃ οὐκ ἔλασσον ἔχοντες οἱ Συρακόσιοι παρεκομίσθησαν ἐς τὸν ἐν τῇ Μεσσήνῃ λιμένα.

7 Καὶ οἱ μὲν Ἀθηναῖοι, Καμαρίνης ἀγγελθείσης προδίδοσθαι Συρακοσίοις ὑπ' Ἀρχίου καὶ τῶν μετ' αὐτοῦ, ἔπλευσαν ἐκεῖσε· Μεσσήνιοι δ' ἐν τούτῳ πανδημεὶ κατὰ γῆν καὶ ταῖς ναυσὶν ἅμα ἐστράτευσαν ἐπὶ Νάξον τὴν Χαλκιδικὴν ὅμορον οὖσαν. 8 Καὶ τῇ πρώτῃ ἡμέρᾳ τειχήρεις ποιήσαντες τοὺς Ναξίους ἐδῄουν τὴν γῆν, τῇ δ' ὑστεραίᾳ ταῖς μὲν ναυσὶ περιπλεύσαντες κατὰ τὸν Ἀκεσίνην ποταμὸν τὴν γῆν ἐδῄουν, τῷ δὲ πεζῷ πρὸς τὴν πόλιν ἐσέβαλλον. 9 Ἐν τούτῳ δὲ οἱ Σικελοὶ ⟨οἱ⟩ ὑπὲρ τῶν ἄκρων πολλοὶ κατέβαινον βοηθοῦντες ἐπὶ τοὺς Μεσσηνίους. Καὶ οἱ Νάξιοι ὡς εἶδον, θαρσήσαντες καὶ παρακελευόμενοι ἐν ἑαυτοῖς ὡς οἱ Λεοντῖνοι σφίσι καὶ οἱ ἄλλοι Ἕλληνες ξύμ-

XXV. 2 2 διὰ τάχους om. M ‖ 3 ἐς τὰ... Ῥηγίῳ del. Steup (τό τε... Ῥηγίῳ deleverat Herw.) ‖ 4 3 αὐτοὶ C : αὐτοῖς ‖ 5 2 ἐσβάντων : ἐμβ- M ‖ 8 4 ἐσέβαλλον : ἐσέβαλον G προσέβαλλον conj. Poppo ‖ 9 1 οἱ add. Krueger ‖ 3 οἱ om. ABF*.

précipitent subitement hors de la ville et fondent sur les Messéniens : les ayant mis en fuite, ils en tuèrent plus de mille, et les autres eurent peine à rentrer chez eux ; en effet les barbares, tombant sur eux dans les chemins, les détruisirent pour la plupart. **10** La flotte, après s'être arrêtée à Messine, se sépara dans la suite, chacun rentrant dans son pays.

Mais aussitôt les Léontins et leurs alliés, en compagnie des Athéniens, profitaient de ce que Messine avait été éprouvée pour faire contre elle une expédition : une double attaque était tentée, les Athéniens agissant du côté du port avec la flotte tandis que l'armée de terre agissait contre la ville. **11** Alors les Messéniens firent une sortie, avec quelques Locriens, commandés par Démotélès et laissés dans la ville après le désastre pour la garder : ils attaquèrent inopinément et mirent en fuite le gros de l'armée des Léontins, où ils firent beaucoup de morts. A cette vue, les Athéniens quittèrent leurs navires pour venir à l'aide : ils poursuivirent à nouveau jusque dans leur ville les Messéniens, que ce nouvel assaut trouva en plein désordre. Alors ils dressèrent un trophée et rentrèrent à Rhégion. **12** Par la suite, les Grecs de Sicile devaient faire sans les Athéniens des expéditions sur terre les uns contre les autres.

Suite de l'affaire de Pylos.

XXVI. A Pylos, cependant, les Athéniens continuaient à assiéger les Lacédémoniens de l'île, et l'armée péloponnésienne du continent restait sur ses positions. **2** Mais les Athéniens éprouvaient mille difficultés dans leur surveillance, dépourvus qu'ils étaient et de vivres et d'eau ; il n'y avait en effet pas de source, si ce n'est une sur l'acropole même de Pylos, et encore peu riche : il leur fallait, en général, creuser dans les galets du bord de la mer pour boire on peut imaginer quelle eau. **3** De plus, le manque de place se faisait sentir dans

μαχοι ἐς τιμωρίαν ἐπέρχονται, ἐκδραμόντες ἄφνω ἐκ τῆς πόλεως προσπίπτουσι τοῖς Μεσσηνίοις, καὶ τρέψαντες ἀπέκτεινάν τε ὑπὲρ χιλίους καὶ οἱ λοιποὶ χαλεπῶς ἀπεχώρησαν ἐπ' οἴκου· καὶ γὰρ οἱ βάρβαροι ἐν ταῖς ὁδοῖς ἐπιπεσόντες τοὺς πλείστους διέφθειραν. **10** Καὶ αἱ νῆες σχοῦσαι ἐς τὴν Μεσσήνην ὕστερον ἐπ' οἴκου ἕκασται διεκρίθησαν.

Λεοντῖνοι δὲ εὐθὺς καὶ οἱ ξύμμαχοι μετὰ Ἀθηναίων ἐς τὴν Μεσσήνην ὡς κεκακωμένην ἐστράτευον, καὶ προσβάλλοντες οἱ μὲν Ἀθηναῖοι κατὰ τὸν λιμένα ταῖς ναυσὶν ἐπείρων, ὁ δὲ πεζὸς πρὸς τὴν πόλιν. **11** Ἐπεκδρομὴν δὲ ποιησάμενοι οἱ Μεσσήνιοι καὶ Λοκρῶν τινες μετὰ τοῦ Δημοτέλους, οἳ μετὰ τὸ πάθος ἐγκατελείφθησαν φρουροί, ἐξαπιναίως προσπεσόντες τρέπουσι τοῦ στρατεύματος τῶν Λεοντίνων τὸ πολὺ καὶ ἀπέκτειναν πολλούς. Ἰδόντες δὲ οἱ Ἀθηναῖοι καὶ ἀποβάντες ἀπὸ τῶν νεῶν ἐβοήθουν, καὶ κατεδίωξαν τοὺς Μεσσηνίους πάλιν ἐς τὴν πόλιν, τεταραγμένοις ἐπιγενόμενοι· καὶ τροπαῖον στήσαντες ἀνεχώρησαν ἐς τὸ Ῥήγιον. **12** Μετὰ δὲ τοῦτο οἱ μὲν ἐν τῇ Σικελίᾳ Ἕλληνες ἄνευ τῶν Ἀθηναίων κατὰ γῆν ἐστράτευον ἐπ' ἀλλήλους.

XXVI. Ἐν δὲ τῇ Πύλῳ ἔτι ἐπολιόρκουν τοὺς ἐν τῇ νήσῳ Λακεδαιμονίους οἱ Ἀθηναῖοι, καὶ τὸ ἐν τῇ ἠπείρῳ στρατόπεδον τῶν Πελοποννησίων κατὰ χώραν ἔμενεν. **2** Ἐπίπονος δ' ἦν τοῖς Ἀθηναίοις ἡ φυλακὴ σίτου τε ἀπορίᾳ καὶ ὕδατος· οὐ γὰρ ἦν κρήνη ὅτι μὴ μία ἐν αὐτῇ τῇ ἀκροπόλει τῆς Πύλου καὶ αὕτη οὐ μεγάλη, ἀλλὰ διαμώμενοι τὸν κάχληκα οἱ πλεῖστοι ἐπὶ τῇ θαλάσσῃ ἔπινον οἷον εἰκὸς ὕδωρ. **3** Στενοχωρία τε ἐν ὀλίγῳ στρατοπεδευομένοις

XXV. **10** 5 προσβάλλοντες AEF : προσβαλλόντες B^{pc}C προσβαλόντες B^{ac}M || 6 ἐπείρων : ἐπειρῶντο schol. (ut codd. schol.γρ) || **11** 1 δὲ post ποιησάμενοι hab. C.

XXVI. **2** 2 ἀπορίᾳ M : -ρία A?B[C]EF

leur camp à l'étroit ; et, comme les navires manquaient d'un bon mouillage, ils allaient à tour de rôle prendre leur nourriture à terre, tandis que les autres mouillaient au large. **4** Enfin ils se décourageaient surtout de voir le temps se prolonger plus que de raison ; car, dans leur esprit, le siège ne devait durer que quelques jours[1] dans cette île inhabitée et où les hommes n'avaient que de l'eau salée à leur disposition. **5** Mais c'est que les Lacédémoniens avaient invité par des proclamations les volontaires à faire passer dans l'île du blé moulu, du vin, du fromage, et tout autre aliment devant aider à soutenir un siège : ils avaient fixé pour cela de grosses récompenses en argent, et promis la liberté à tout hilote qui y parviendrait. **6** Aussi les gens en faisaient-ils passer au prix des plus grands risques, et les hilotes les premiers, en prenant la mer en n'importe quel point du Péloponnèse, pour venir aborder, avant la fin de la nuit, sur la côte de l'île qui regardait le large. **7** De préférence ils guettaient le moment où le vent les porterait ; car il leur était plus facile d'éviter la surveillance des trières par vent de mer : mouiller autour de l'île devenait alors impraticable, tandis qu'eux-mêmes n'avaient pas de ménagements à prendre pour accoster ; ils faisaient échouer leurs barques, d'avance évaluées en argent, et les hoplites se tenaient aux points d'accostage de l'île à les guetter. Au contraire, ceux qui se risquaient par temps calme étaient pris. **8** A la nage, aussi, des plongeurs passaient le port entre deux eaux, traînant par une corde dans des outres du pavot au miel et de la graine de lin pilée ; inaperçus au début, ils furent dans la suite l'objet d'une surveillance[2]. **9** Ainsi tous les moyens étaient, de part et d'autre, mis en œuvre, ici pour expédier les vivres, là pour éviter leur entrée clandestine.

XXVII. A Athènes, cependant, on recevait les nouvelles de l'armée, disant qu'elle était éprouvée et que des vivres parvenaient aux hommes de l'île : par suite, les Athéniens étaient perplexes et redoutaient que l'hiver vînt

1. Les Lacédémoniens avaient eu le même vain espoir à 8.8.
2. On pense aux parachutages clandestins de notre temps.

ἐγίγνετο, καὶ τῶν νεῶν οὐκ ἐχουσῶν ὅρμον αἱ μὲν σῖτον ἐν τῇ γῇ ᾑροῦντο κατὰ μέρος, αἱ δὲ μετέωροι ὥρμουν. 4 Ἀθυμίαν τε πλείστην ὁ χρόνος παρεῖχε παρὰ λόγον ἐπιγιγνόμενος, οὓς ᾤοντο ἡμερῶν ὀλίγων ἐκπολιορκήσειν, ἐν νήσῳ τε ἐρήμῃ καὶ ὕδατι ἁλμυρῷ χρωμένους. 5 Αἴτιον δὲ ἦν οἱ Λακεδαιμόνιοι προειπόντες ἐς τὴν νῆσον ἐσάγειν σῖτόν τε τὸν βουλόμενον ἀληλεμένον καὶ οἶνον καὶ τυρὸν καὶ εἴ τι ἄλλο βρῶμα, οἷ' ἂν ἐς πολιορκίαν ξυμφέρῃ, τάξαντες ἀργυρίου πολλοῦ καὶ τῶν Εἱλώτων τῷ ἐσαγαγόντι ἐλευθερίαν ὑπισχνούμενοι. 6 Καὶ ἐσῆγον ἄλλοι τε παρακινδυνεύοντες καὶ μάλιστα οἱ Εἵλωτες, ἀπαίροντες ἀπὸ τῆς Πελοποννήσου ὁπόθεν τύχοιεν καὶ καταπλέοντες ἔτι νυκτὸς ἐς τὰ πρὸς τὸ πέλαγος τῆς νήσου. 7 Μάλιστα δὲ ἐτήρουν ἀνέμῳ καταφέρεσθαι· ῥᾷον γὰρ τὴν φυλακὴν τῶν τριήρων ἐλάνθανον, ὁπότε πνεῦμα ἐκ πόντου εἴη· ἄπορον γὰρ ἐγίγνετο περιορμεῖν, τοῖς δὲ ἀφειδὴς ὁ κατάπλους καθειστήκει· ἐπώκελλον γὰρ τὰ πλοῖα τετιμημένα χρημάτων, καὶ οἱ ὁπλῖται περὶ τὰς κατάρσεις τῆς νήσου ἐφύλασσον. Ὅσοι δὲ γαλήνῃ κινδυνεύσειαν, ἡλίσκοντο. 8 Ἐσένεον δὲ καὶ κατὰ τὸν λιμένα κολυμβηταὶ ὕφυδροι, καλῳδίῳ ἐν ἀσκοῖς ἐφέλκοντες μήκωνα μεμελιτωμένην καὶ λίνου σπέρμα κεκομμένον· ὧν τὸ πρῶτον λανθανόντων φυλακαὶ ὕστερον ἐγένοντο. 9 Παντί τε τρόπῳ ἑκάτεροι ἐτεχνῶντο, οἱ μὲν ἐσπέμπειν τὰ σιτία, οἱ δὲ μὴ λανθάνειν σφᾶς.

XXVII. Ἐν δὲ ταῖς Ἀθήναις πυνθανόμενοι περὶ τῆς στρατιᾶς ὅτι ταλαιπωρεῖται καὶ σῖτος τοῖς ἐν τῇ νήσῳ ὅτι ἐσπλεῖ, ἠπόρουν καὶ ἐδεδοίκεσαν μὴ σφῶν χειμὼν τὴν φυ-

XXVI. 5 3 ἀληλεμένον ACF : -λεσμένον BM -λησμένον E || 4 οἷ' C : οἷον (ut cett. C²γρ) || ξυμφέρῃ ABF² : -ρει CEFM -ροι GJK || 7 7 δὲ : δ' ἐν conj. Krueger || 8 1 δὲ C : om. cett. || κολυμβηταὶ F², Suda : -τοὶ codd. || 9 1 τε CMF² : γε ABE δὲ F || 2 ἐτεχνῶντο : ἐχρῶντο C.

les surprendre dans leur surveillance ; car, ils le voyaient bien, le transport du ravitaillement autour du Péloponnèse serait impossible, dans un pays lui-même inhabité et où, déjà en été, ils ne pouvaient envoyer des convois suffisants ; et, d'autre part, exercer un blocus maritime, dans ce pays sans ports, serait exclu ; dès lors, ou bien le relâchement de leur surveillance permettrait aux hommes de s'en tirer, ou bien les barques qui les ravitaillaient leur serviraient, s'ils guettaient un jour de gros temps, à s'enfuir. **2** Mais, avant tout, leur crainte venait des Lacédémoniens, qui devaient, pensaient-ils, avoir de fortes assurances pour cesser de leur envoyer des hérauts. Aussi se repentaient-ils de n'avoir pas accepté la trêve.

3 Cléon, lui, comprenant qu'il leur était suspect pour avoir empêché la conclusion du traité, déclarait que les nouvelles transmises étaient fausses. Alors, ceux qui les avaient apportées conseillèrent, si l'on n'avait pas confiance en eux, d'envoyer des enquêteurs ; et il fut lui-même élu enquêteur, avec Théagénès, par les Athéniens. **4** Comprenant donc qu'il serait obligé, ou bien de tomber d'accord avec ceux qu'il tentait de compromettre, ou bien, en les contredisant, d'être ouvertement confondu, il donna un autre conseil aux Athéniens — qu'il voyait déjà plus enclins, psychologiquement, à faire une expédition : on ne devait pas envoyer d'enquêteurs, ni tarder, en laissant passer l'occasion ; si vraiment les nouvelles semblaient exactes, on devait cingler contre les assiégés. **5** Et, visant par là Nicias, fils de Nicératos, alors stratège, dont il était l'ennemi et qu'il cherchait à incriminer, il déclarait qu'avec des troupes c'était chose facile, si seulement les stratèges étaient des hommes, que d'aller par mer prendre les gens de l'île : lui, en tout cas, s'il avait le commandement, il l'aurait fait. XXVIII. Nicias, cependant, comme les Athéniens commençaient à s'agiter contre Cléon et demandaient pourquoi il n'embarquait pas sur-le-champ si cela lui semblait si facile, se voyant ainsi incriminé, lui dit de prendre les forces qu'il voulait, et, en ce qui les concernait, il pouvait tenter l'entreprise. **2** Cléon, s'imaginant d'abord que cette autorisation n'était qu'un mot, s'y montrait tout

λακὴν ἐπιλάβοι, ὁρῶντες τῶν τε ἐπιτηδείων τὴν περὶ τὴν Πελοπόννησον κομιδὴν ἀδύνατον ἐσομένην, ἅμα ἐν χωρίῳ ἐρήμῳ καὶ οὐδ' ἐν θέρει οἷοί τε ὄντες ἱκανὰ περιπέμπειν, τόν τε ἔφορμον χωρίων ἀλιμένων ὄντων οὐκ ἐσόμενον, ἀλλ' ἢ σφῶν ἀνέντων τὴν φυλακὴν περιγενήσεσθαι τοὺς ἄνδρας ἢ τοῖς πλοίοις ἃ τὸν σῖτον αὐτοῖς ἦγε χειμῶνα τηρήσαντας ἐκπλεύσεσθαι. **2** Πάντων τε ἐφοβοῦντο μάλιστα τοὺς Λακεδαιμονίους, ὅτι ἔχοντάς τι ἰσχυρὸν αὐτοὺς ἐνόμιζον οὐκέτι σφίσιν ἐπικηρυκεύεσθαι· καὶ μετεμέλοντο τὰς σπονδὰς οὐ δεξάμενοι.

3 Κλέων δὲ γνοὺς αὐτῶν τὴν ἐς αὐτὸν ὑποψίαν περὶ τῆς κωλύμης τῆς ξυμβάσεως οὐ τἀληθῆ ἔφη λέγειν τοὺς ἐξαγγέλλοντας. Παραινούντων δὲ τῶν ἀφιγμένων, εἰ μὴ σφίσι πιστεύουσι, κατασκόπους τινὰς πέμψαι, ᾑρέθη κατάσκοπος αὐτὸς μετὰ Θεαγένους ὑπὸ Ἀθηναίων. **4** Καὶ γνοὺς ὅτι ἀναγκασθήσεται ἢ ταὐτὰ λέγειν οἷς διέβαλλεν ἢ τἀναντία εἰπὼν ψευδὴς φανήσεσθαι, παρῄνει τοῖς Ἀθηναίοις, ὁρῶν αὐτοὺς καὶ ὡρμημένους τι τὸ πλέον τῇ γνώμῃ στρατεύειν, ὡς χρὴ κατασκόπους μὲν μὴ πέμπειν μηδὲ διαμέλλειν καιρὸν παριέντας, εἰ δὲ δοκεῖ αὐτοῖς ἀληθῆ εἶναι τὰ ἀγγελλόμενα, πλεῖν ἐπὶ τοὺς ἄνδρας. **5** Καὶ ἐς Νικίαν τὸν Νικηράτου στρατηγὸν ὄντα ἀπεσήμαινεν, ἐχθρὸς ὢν καὶ ἐπιτιμῶν, ῥᾴδιον εἶναι παρασκευῇ, εἰ ἄνδρες εἶεν οἱ στρατηγοί, πλεύσαντας λαβεῖν τοὺς ἐν τῇ νήσῳ, καὶ αὐτός γ' ἄν, εἰ ἦρχε, ποιῆσαι τοῦτο. XXVIII. Ὁ δὲ Νικίας τῶν τε Ἀθηναίων τι ὑποθορυβησάντων ἐς τὸν Κλέωνα, ὅ τι οὐ καὶ νῦν πλεῖ, εἰ ῥᾴδιόν γε αὐτῷ φαίνεται, καὶ ἅμα ὁρῶν αὐτὸν ἐπιτιμῶντα, ἐκέλευεν ἥντινα βούλεται δύναμιν λαβόντα τὸ ἐπὶ σφᾶς εἶναι ἐπιχειρεῖν. **2** Ὁ δὲ τὸ μὲν πρῶτον οἰόμενος αὐτὸν λόγῳ μόνον ἀφιέναι, ἑτοῖμος ἦν,

XXVII. **1** 4 alt. τὴν om. C || **2** 1 τε CE : δὲ ABFM || **3** 1 αὐτὸν : αυτὸν CE αὑτὸν ABFM || 5 Θεαγένους GB² : Θεογ- cett. || **4** 2 ταὐτὰ CF : ταῦτα ABEM ταυτα E² || 3 φανήσεσθαι : γενήσεσθαι B.

disposé ; puis, comprenant que l'autre voulait réellement lui passer le commandement, il reculait : ce n'était pas lui qui était stratège, disait-il, c'était Nicias ; car il avait peur, maintenant, et il ne supposait pas que celui-ci oserait lui céder sa charge*. **3** Mais Nicias répétait son offre, se démettait de son commandement pour Pylos, et en prenait à témoin les Athéniens. — Pour eux, comme le fait volontiers une foule, plus Cléon se dérobait à partir et cherchait à reculer devant ce qu'il avait dit, plus ils se faisaient pressants, invitant Nicias à passer son commandement, criant à l'autre d'embarquer. **4** Si bien que, n'ayant plus la possibilité de se libérer de ce qu'il avait dit, il accepte de partir ! S'avançant, il vint déclarer qu'il n'avait pas peur des Lacédémoniens, et ferait l'expédition sans prendre personne de la cité, mais seulement les Lemniens et les Imbriens qui étaient là, avec des peltastes qui étaient arrivés à l'aide, d'Énos et d'ailleurs, ainsi que quatre cents archers* ; avec cela, ajouté aux soldats de Pylos, il affirmait que, d'ici moins de vingt jours, ou bien il ramènerait les Lacédémoniens vivants, ou bien il les tuerait sur place. **5** Les Athéniens furent pris de quelque hilarité devant ces propos étourdis ; mais ceux-ci n'étaient pas sans réjouir les hommes sages, qui se disaient que, de deux biens, ils obtiendraient en tout cas l'un : ou bien d'être débarrassés de Cléon, ce qui leur paraissait l'espoir le plus probable[1], ou bien, s'ils étaient trompés dans leurs pronostics, de voir les Lacédémoniens tomber entre leurs mains.

XXIX. Lorsqu'il eut tout réglé dans l'assemblée, qu'il eut reçu des Athéniens, par un vote, la charge de cette campagne et retenu comme adjoint, parmi les stratèges de Pylos, le seul Démosthène, Cléon se hâta de procéder au départ. **2** S'il s'était attaché Démosthène, c'est qu'il avait appris que celui-ci méditait de débarquer dans l'île : d'abord, les soldats, éprouvés par le manque de ressources du pays, et faisant plutôt figure d'assiégés que d'assiégeants, aspiraient à risquer la partie ; et lui-même trouvait une force accrue dans le

1. *Cavaliers*, 973 : « Bien douce sera la lumière..., si Cléon est perdu. »

γνοὺς δὲ τῷ ὄντι παραδωσείοντα ἀνεχώρει καὶ οὐκ ἔφη αὐτὸς ἀλλ' ἐκεῖνον στρατηγεῖν, δεδιὼς ἤδη καὶ οὐκ ἂν οἰόμενός οἱ αὐτὸν τολμῆσαι ὑποχωρῆσαι. 3 Αὖθις δὲ ὁ Νικίας ἐκέλευε καὶ ἐξίστατο τῆς ἐπὶ Πύλῳ ἀρχῆς καὶ μάρτυρας τοὺς Ἀθηναίους ἐποιεῖτο. Οἱ δέ, οἷον ὄχλος φιλεῖ ποιεῖν, ὅσῳ μᾶλλον ὁ Κλέων ὑπέφευγε τὸν πλοῦν καὶ ἐξανεχώρει τὰ εἰρημένα, τόσῳ ἐπεκελεύοντο τῷ Νικίᾳ παραδιδόναι τὴν ἀρχὴν καὶ ἐκείνῳ ἐπεβόων πλεῖν· 4 ὥστε οὐκ ἔχων ὅπως τῶν εἰρημένων ἔτι ἐξαπαλλαγῇ, ὑφίσταται τὸν πλοῦν, καὶ παρελθὼν οὔτε φοβεῖσθαι ἔφη Λακεδαιμονίους πλεύσεσθαί τε λαβὼν ἐκ μὲν τῆς πόλεως οὐδένα, Λημνίους δὲ καὶ Ἰμβρίους τοὺς παρόντας καὶ πελταστὰς οἳ ἦσαν ἔκ τε Αἴνου βεβοηθηκότες καὶ ἄλλοθεν ⟨καὶ⟩ τοξότας τετρακοσίους· ταῦτα δὲ ἔχων ἔφη πρὸς τοῖς ἐν Πύλῳ στρατιώταις ἐντὸς ἡμερῶν εἴκοσιν ἢ ἄξειν Λακεδαιμονίους ζῶντας ἢ αὐτοῦ ἀποκτενεῖν. 5 Τοῖς δὲ Ἀθηναίοις ἐνέπεσε μέν τι καὶ γέλωτος τῇ κουφολογίᾳ αὐτοῦ, ἀσμένοις δ' ὅμως ἐγίγνετο τοῖς σώφροσι τῶν ἀνθρώπων, λογιζομένοις δυοῖν ἀγαθοῖν τοῦ ἑτέρου τεύξεσθαι, ἢ Κλέωνος ἀπαλλαγήσεσθαι, ὃ μᾶλλον ἤλπιζον, ἢ σφαλεῖσι γνώμης Λακεδαιμονίους σφίσι χειρώσεσθαι.

XXIX. Καὶ πάντα διαπραξάμενος ἐν τῇ ἐκκλησίᾳ καὶ ψηφισαμένων Ἀθηναίων αὐτῷ τὸν πλοῦν, τῶν τε ἐν Πύλῳ στρατηγῶν ἕνα προσελόμενος Δημοσθένη, τὴν ἀναγωγὴν διὰ τάχους ἐποιεῖτο. 2 Τὸν δὲ Δημοσθένη προσέλαβε πυνθανόμενος τὴν ἀπόβασιν αὐτὸν ἐς τὴν νῆσον διανοεῖσθαι. Οἱ γὰρ στρατιῶται κακοπαθοῦντες τοῦ χωρίου τῇ ἀπορίᾳ καὶ μᾶλλον πολιορκούμενοι ἢ πολιορκοῦντες ὥρμηντο διακινδυνεῦσαι. Καὶ αὐτῷ ἔτι ῥώμην καὶ ἡ νῆσος

XXVIII. 3 3 ὄχλος : ὅχλος B || 4 4 τε : τῆς recc. || 6 καὶ ante τοξότας addendum conj. Aem. Portus || 7 ἔφη om. M || 5 2 μέν om. C || 5 μᾶλλον : μάλιστα B || 6 χειρώσεσθαι CE : -σασθαι ABFM.

XXIX. 1 1 ante ἐν add. ὁ Κλέων E || 3 ἀναγωγὴν C : ἀγωγήν.

fait que l'île avait brûlé. **3** Auparavant, les bois qui la couvraient en majeure partie et l'absence de chemins, due au fait qu'elle n'avait jamais été habitée, lui inspiraient de la crainte et lui semblaient constituer un avantage pour l'ennemi : en supposant que des troupes importantes[1] aient débarqué, celui-ci pourrait les attaquer sans qu'on l'ait repéré et leur faire du mal ; car pour eux, Athéniens, la forêt rendrait les fautes de l'ennemi et ses préparatifs moins distincts, mais leur propre armée révélerait ouvertement toutes ses fautes, permettant ainsi à l'ennemi de foncer à l'improviste où il voudrait : celui-ci disposerait de l'initiative ; **4** et si, en revanche, lui-même arrivait à forcer l'entrée du sous-bois pour y affronter les autres, il pensait qu'une troupe moins nombreuse, mais connaissant le pays, avait l'avantage sur une plus nombreuse, qui ne le connaissait pas : et son armée à lui, si nombreuse, pourrait bien se faire massacrer sans que l'on s'en avise, faute de visibilité pour juger où il aurait fallu de l'aide. XXX. Sa défaite d'Étolie[2], qui avait été en partie provoquée par la forêt, n'était pas la moindre raison expliquant ce sentiment chez Démosthène. **2** Mais les soldats ayant dû, faute de place, toucher aux extrémités de l'île pour y déjeuner, sous la garde de leurs sentinelles, l'un d'eux mit par mégarde le feu à une petite portion de forêt et le vent se prit à souffler de cette direction*, si bien que la plus grande partie de l'île brûla sans que l'on s'en avisât. **3** Dès lors, Démosthène voyait deux choses : il percevait mieux la véritable supériorité numérique des Lacédémoniens (il pensait, auparavant, que les vivres transportés étaient destinés à moins d'hommes) de sorte que*, maintenant, un zèle plus grand était justifié de la part des Athéniens ; et il voyait l'île plus accessible à un débarquement : aussi préparait-il sa tentative, en demandant des renforts aux alliés du voisinage et en s'apprêtant dans tous les

1. Il faut donner au mot une valeur concessive et entendre : « des troupes, même importantes ». La correction proposée par Gomme (cf. app. crit.) donne un texte plus aisé : πολλὰ se construit avec βλάπτειν.

2. Elle a été relatée à III.97-98.

ἐμπρησθεῖσα παρέσχεν. **3** Πρότερον μὲν γὰρ οὔσης αὐτῆς ὑλώδους ἐπὶ τὸ πολὺ καὶ ἀτριβοῦς διὰ τὴν αἰεὶ ἐρημίαν ἐφοβεῖτο καὶ πρὸς τῶν πολεμίων τοῦτο ἐνόμιζε μᾶλλον εἶναι· πολλῷ γὰρ ἂν στρατοπέδῳ ἀποβάντι ἐξ ἀφανοῦς χωρίου προσβάλλοντας αὐτοὺς βλάπτειν. Σφίσι μὲν γὰρ τὰς ἐκείνων ἁμαρτίας καὶ παρασκευὴν ὑπὸ τῆς ὕλης οὐκ ἂν ὁμοίως δῆλα εἶναι, τοῦ δὲ αὐτῶν στρατοπέδου καταφανῆ ἂν εἶναι πάντα τὰ ἁμαρτήματα, ὥστε προσπίπτειν ἂν αὐτοὺς ἀπροσδοκήτως ᾗ βούλοιντο· ἐπ' ἐκείνοις γὰρ εἶναι ἂν τὴν ἐπιχείρησιν. **4** Εἰ δ' αὖ ἐς δασὺ χωρίον βιάζοιτο ὁμόσε ἰέναι, τοὺς ἐλάσσους, ἐμπείρους δὲ τῆς χώρας, κρείσσους ἐνόμιζε τῶν πλεόνων ἀπείρων· λανθάνειν τε ἂν τὸ ἑαυτῶν στρατόπεδον πολὺ ὂν διαφθειρόμενον, οὐκ οὔσης τῆς προσόψεως ᾗ χρῆν ἀλλήλοις ἐπιβοηθεῖν.

XXX. Ἀπὸ δὲ τοῦ Αἰτωλικοῦ πάθους, ὃ διὰ τὴν ὕλην μέρος τι ἐγένετο, οὐχ ἥκιστα αὐτὸν ταῦτα ἐσῄει. **2** Τῶν δὲ στρατιωτῶν ἀναγκασθέντων διὰ τὴν στενοχωρίαν τῆς νήσου τοῖς ἐσχάτοις προσίσχοντας ἀριστοποιεῖσθαι διὰ προφυλακῆς καὶ ἐμπρήσαντός τινος κατὰ μικρὸν τῆς ὕλης ἄκοντος καὶ ἀπὸ τούτου πνεύματος ἐπιγενομένου τὸ πολὺ αὐτῆς ἔλαθε κατακαυθέν. **3** Οὕτω δὴ τούς τε Λακεδαιμονίους μᾶλλον κατιδὼν πλείους ὄντας, ὑπονοῶν πρότερον ἐλάσσοσι τὸν σῖτον αὐτοὺς ἐσπέμπειν, ⟨ὥστε⟩ τότε ὡς ἐπ' ἀξιόχρεων τοὺς Ἀθηναίους μᾶλλον σπουδὴν ποιεῖσθαι, τήν τε νῆσον εὐαποβατωτέραν οὖσαν, τὴν ἐπιχείρησιν παρεσκευάζετο, στρατιάν τε μεταπέμπων ἐκ τῶν ἐγγὺς ξυμ-

XXIX. **2** 6 παρέσχε(ν) : παρεῖχε GM (ut cett. Gγρ) || **3** 1 οὔσης post αὐτῆς hab. AB || 3 καὶ πρὸς CEMF² : πρὸς ABF || 4 πολλῷ : πολλὰ conj. Gomme || 5 προσβάλλοντας : προσβαλλόντας C προσβαλόντας G || 8 ἁμαρτήμ[ατα incip., ἐπιχείρη]σιν (10) des. Π² || 9 ἀπροσδοκήτως : -τοι Π²sl || 10 εἶναι ἂν CEMF² : ἂν εἶναι ABF || **4** 1 αὖ : ἂν C οὖν K || 5 προσόψεως : προόψεως conj. Poppo || χρῆν : χρὴ rec., conj. Poppo.

XXX. **2** 3 προσίσχοντας (var. acc.) CF² : προισχ- cett. || 4 τῆς om. C || 5 τούτου : τούτου τοῦ M || **3** 3 αὐτοὺς Bauer : αὐτοῦ codd. αὐτόσε Krueger || ὥστε addidi, ὥστε ὡς ἐπ' conjecerat Gomme, alii alia.

domaines. **4** Cependant, Cléon, après lui avoir député un messager annonçant sa venue, arrive à Pylos, avec les troupes qu'il avait demandées[1]. Une fois réunis, ils commencent par envoyer un héraut à l'armée du continent : selon son appel, les Lacédémoniens devaient, s'ils le voulaient, sans courir le risque du combat, inviter les hommes de l'île à se rendre avec leurs armes, pour être gardés sous surveillance dans les meilleures conditions, jusqu'à ce que les suites aient été réglées. XXXI. N'ayant pas été écoutés, ils laissèrent passer un jour et, le lendemain, ils prirent la mer, de nuit, après avoir embarqué sur quelques navires tous les hoplites ; un peu avant l'aube, ils débarquaient sur les deux côtés de l'île (par la haute mer et du côté du port), au nombre approximatif de huit cents hoplites, et ils s'élançaient au pas de course vers le premier poste de l'île.

2 Voici en effet la disposition observée : ce premier poste de garde contenait quelque trente hoplites ; celui du milieu, qui était le plus en plaine et avait accès à l'eau, était occupé par le groupe le plus nombreux, avec leur chef, Épitadas ; enfin une fraction peu importante gardait l'extrémité même de l'île du côté de Pylos : celle-ci était taillée à pic sur la mer et particulièrement peu vulnérable de la terre ; en effet, il y avait même là un genre de retranchement ancien, fait de pierres empilées, qui, pensaient-ils, pourrait leur servir, au cas où interviendrait une retraite forcée.

Telle était donc leur disposition. XXXII. Or les Athéniens font des hommes du premier poste, contre lesquels ils avaient foncé, un massacre immédiat : ceux-ci, encore au lit, cherchaient à ramasser leurs armes, et ils ne s'étaient pas aperçus du débarquement[2], croyant seulement que les navires allaient, comme à l'ordinaire, prendre leur mouillage de nuit. **2** Puis, avec la venue

1. Le sujet est certainement Cléon et il s'agit des demandes en effectifs faites à 28.4. Ces demandes se fondaient, de toute évidence, sur le plan de Démosthène : cf. Notice, p. XIII.

2. Le tour employé en grec est rude, car il joint des participes de cas différents ; mais aucune correction n'est vraiment satisfaisante.

μάχων καὶ τὰ ἄλλα ἑτοιμάζων. 4 Κλέων δὲ ἐκείνῳ τε προπέμψας ἄγγελον ὡς ἥξων καὶ ἔχων στρατιὰν ἣν ᾐτήσατο, ἀφικνεῖται ἐς Πύλον. Καὶ ἅμα γενόμενοι πέμπουσι πρῶτον ἐς τὸ ἐν τῇ ἠπείρῳ στρατόπεδον κήρυκα, προκαλούμενοι, εἰ βούλοιντο, ἄνευ κινδύνου τοὺς ἐν τῇ νήσῳ ἄνδρας σφίσι τά τε ὅπλα καὶ σφᾶς αὐτοὺς κελεύειν παραδοῦναι, ἐφ' ᾧ φυλακῇ τῇ μετρίᾳ τηρήσονται, ἕως ἄν τι περὶ τοῦ πλέονος ξυμβαθῇ. XXXI. Οὐ προσδεξαμένων δὲ αὐτῶν μίαν μὲν ἡμέραν ἐπέσχον, τῇ δ' ὑστεραίᾳ ἀνηγάγοντο μὲν νυκτὸς ἐπ' ὀλίγας ναῦς τοὺς ὁπλίτας πάντας ἐπιβιβάσαντες, πρὸ δὲ τῆς ἕω ὀλίγον ἀπέβαινον τῆς νήσου ἑκατέρωθεν, ἔκ τε τοῦ πελάγους καὶ πρὸς τοῦ λιμένος, ὀκτακόσιοι μάλιστα ὄντες ὁπλῖται, καὶ ἐχώρουν δρόμῳ ἐπὶ τὸ πρῶτον φυλακτήριον τῆς νήσου.

2 Ὧδε γὰρ διετετάχατο. Ἐν ταύτῃ μὲν τῇ πρώτῃ φυλακῇ ὡς τριάκοντα ἦσαν ὁπλῖται, μέσον δὲ καὶ ὁμαλώτατόν τε καὶ περὶ τὸ ὕδωρ οἱ πλεῖστοι αὐτῶν καὶ Ἐπιτάδας ὁ ἄρχων εἶχε, μέρος δέ τι οὐ πολὺ αὐτὸ τὸ ἔσχατον ἐφύλασσε τῆς νήσου τὸ πρὸς τὴν Πύλον, ὃ ἦν ἔκ τε θαλάσσης ἀπόκρημνον καὶ ἐκ τῆς γῆς ἥκιστα ἐπίμαχον· καὶ γάρ τι καὶ ἔρυμα αὐτόθι ἦν παλαιὸν λίθων λογάδην πεποιημένον, ὃ ἐνόμιζον σφίσιν ὠφέλιμον ἂν εἶναι, εἰ καταλαμβάνοι ἀναχώρησις βιαιοτέρα.

Οὕτω μὲν τεταγμένοι ἦσαν. XXXII. Οἱ δὲ Ἀθηναῖοι τοὺς μὲν πρώτους φύλακας, οἷς ἐπέδραμον, εὐθὺς διαφθείρουσιν, ἔν τε ταῖς εὐναῖς ἔτι ἀναλαμβάνοντας τὰ ὅπλα καὶ λαθόντες τὴν ἀπόβασιν, οἰομένων αὐτῶν τὰς ναῦς κατὰ τὸ ἔθος ἐς ἔφορμον τῆς νυκτὸς πλεῖν. 2 Ἅμα δὲ ἕῳ

XXX. 4 3 ἅμα : ὁμοῦ conj. Krueger ‖ 8 τοῦ om. B.

XXXI. 1 2 αὐτῶν : αὖ CE ‖ 5 πρὸς : πρὸ C ‖ 2 4 αὐτὸ Bauer : αὐτοῦ codd. ‖ 5 τε : τε τῆς M ‖ 9 βιαιοτέρα : βεβαιοτέρα A*C.

XXXII. 1 2 π]ρώτους incip., πε]λτασταὶ (2.4) des. Π² ‖ 3 ἔτι post ἀναλαμβάνοντας Π²(m1) ‖ ante ἀναλαμβάνοντας add. καὶ Abresch, ex l. 4 transp. Haase ‖ 4 τὰς ναῦς om. Π²(m1) ‖ 5 ἔθος : εἰω[θὸς Π².

de l'aube, le reste de l'armée débarquait à son tour ; il comprenait tout l'équipage de soixante-dix et quelques navires (sauf les thalamites[1]), le tout diversement armé, avec, en outre, huit cents archers, autant de peltastes, les Messéniens venus à l'aide et tous les occupants de Pylos, hormis ceux qui gardaient le mur. **3** Selon le plan de Démosthène, ils se divisèrent en groupes de deux cents ou plus — parfois moins — qui occupèrent les hauteurs* ; cela devait causer aux ennemis les plus grandes difficultés, car ceux-ci seraient enveloppés de toutes parts et ne sauraient contre quoi faire face : à cause du nombre, ils seraient visés de divers côtés ; qu'ils attaquent en avant, ils seraient frappés par derrière ; qu'ils attaquent de flanc, ils le seraient par les hommes placés sur leurs deux côtés ; **4** enfin ils devaient toujours avoir derrière eux, quoi qu'ils fissent, des troupes légères ennemies, c'est-à-dire les plus difficiles à combattre, puisque, avec leurs arcs, leurs javelots, leurs pierres, leurs frondes, elles pouvaient exercer leur action à distance, sans qu'il fût même possible de les attaquer : en fuyant, elles prenaient l'avantage, et, dès que l'on reculait, vous harcelaient[2]. — Telle était l'idée selon laquelle Démosthène concevait primitivement le débarquement et prit ses dispositions tactiques le moment venu.

XXXIII. Lorsque les soldats d'Épitadas, qui formaient le gros des hommes de l'île, virent le premier poste massacré et des troupes en marche contre eux, ils se rangèrent en ordre et s'avancèrent contre les hoplites athéniens, contre qui ils voulaient se battre : ceux-ci se trouvaient en face d'eux ; sur leurs flancs, c'étaient des troupes légères, derrière eux de même. **2** Si bien que, contre les hoplites, ils ne purent engager de mêlée ni faire usage de leur expérience : les troupes légères, dont ils subis-

1. C'est-à-dire les rameurs du rang inférieur.

2. Le récit confirmera le plan de Démosthène par ses mots mêmes. Les hommes d'Épitadas cèdent parce qu'ils sont « exposés aux coups des deux côtés » (33.2 = 32.3) et en butte aux troupes légères, avec leurs projectiles divers (34.1 = 32.4). Le dernier poste est plus difficile à « envelopper » (κυκλοῦν, à 35.3-4 = 32.3) ; mais, une fois « visés de tous côtés » (ἀμφίβολοι ἤδη, à 36.3 = 32.3), les hommes cèdent.

γιγνομένῃ καὶ ὁ ἄλλος στρατὸς ἀπέβαινεν, ἐκ μὲν νεῶν ἑβδομήκοντα καὶ ὀλίγῳ πλειόνων πάντες πλὴν θαλαμιῶν, ὡς ἕκαστοι ἐσκευασμένοι, τοξόται δὲ ὀκτακόσιοι καὶ πελτασταὶ οὐκ ἐλάσσους τούτων, Μεσσηνίων τε οἱ βεβοηθηκότες καὶ οἱ ἄλλοι ὅσοι περὶ Πύλον κατεῖχον πάντες πλὴν τῶν ἐπὶ τοῦ τείχους φυλάκων. **3** Δημοσθένους δὲ τάξαντος διέστησαν κατὰ διακοσίους καὶ πλείους, ἔστι δ' ᾗ ἐλάσσους, τῶν χωρίων τὰ μετέωρα καταλαβόντες, ὅπως ὅτι πλείστη ἀπορία ᾖ τοῖς πολεμίοις πανταχόθεν κεκυκλωμένοις καὶ μὴ ἔχουσι πρὸς ὅ τι ἀντιτάξωνται, ἀλλ' ἀμφίβολοι γίγνωνται τῷ πλήθει, εἰ μὲν τοῖς πρόσθεν ἐπίοιεν, ὑπὸ τῶν κατόπιν βαλλόμενοι, εἰ δὲ τοῖς πλαγίοις, ὑπὸ τῶν ἑκατέρωθεν παρατεταγμένων. **4** Κατὰ νώτου τε αἰεὶ ἔμελλον αὐτοῖς, ᾗ χωρήσειαν, οἱ πολέμιοι ἔσεσθαι ψιλοί, καὶ οἱ ἀπορώτατοι, τοξεύμασι καὶ ἀκοντίοις καὶ λίθοις καὶ σφενδόναις ἐκ πολλοῦ ἔχοντες ἀλκήν· οἷς μηδὲ ἐπελθεῖν οἷόν τε ἦν· φεύγοντές τε γὰρ ἐκράτουν καὶ ἀναχωροῦσιν ἐπέκειντο. Τοιαύτῃ μὲν γνώμῃ ὁ Δημοσθένης τό τε πρῶτον τὴν ἀπόβασιν ἐπενόει καὶ ἐν τῷ ἔργῳ ἔταξεν.

XXXIII. Οἱ δὲ περὶ τὸν Ἐπιτάδαν καὶ ὅπερ ἦν πλεῖστον τῶν ἐν τῇ νήσῳ, ὡς εἶδον τό τε πρῶτον φυλακτήριον διεφθαρμένον καὶ στρατὸν σφίσιν ἐπιόντα, ξυνετάξαντο καὶ τοῖς ὁπλίταις τῶν Ἀθηναίων ἐπῇσαν, βουλόμενοι ἐς χεῖρας ἐλθεῖν· ἐξ ἐναντίας γὰρ οὗτοι καθειστήκεσαν, ἐκ πλαγίου δὲ οἱ ψιλοὶ καὶ κατὰ νώτου. **2** Τοῖς μὲν οὖν ὁπλίταις οὐκ ἐδυνήθησαν προσμεῖξαι οὐδὲ τῇ σφετέρᾳ ἐμπει-

XXXII. **2** 2 ἀπέβαινεν Π² : ἐπέβαινεν vel ἀπέβαινον recc. ἐπέβαινον codd. || 3 ἑβδομήκοντα (sic et Π²) : ὀγδοήκοντα G (ut cett. Gγρ) || 4 δὲ Krueger : τε codd. || 6 οἱ C : om. cett. || **3** 2 καὶ C : τε καὶ cett. || 3 μετέωρα καταλαβόντες scripsi : μετεωρότατα λαβόντες codd. μετεωρότατα καταλαβόντες conj. Cobet || 4 κεκυκλωμένοις A^{s1}B^{s1}M : κεκωλυμένοις cett. || 5 ἔχουσι : ἔχωσι F || **4** 2 χωρήσ]ειαν incip., ἐπέ[κειντο (5) des. Π² || 5 ἐκράτουν : ἐκρότουν K ἐκρατοῦντο conj. Hude.

saient les coups sur les deux côtés, les paralysaient, sans compter que les hoplites eux-mêmes, loin de répondre à leur attaque, demeuraient sans bouger. Et, quant à ces troupes légères, ils arrivaient bien, là où leurs assauts les pressaient le plus, à les refouler : alors, faisant demi-tour, elles revenaient à la charge, avec leurs hommes dont l'équipement n'avait pas de poids et qui prenaient aisément de l'avance à la fuite, sur ce terrain accidenté et que son caractère jusque-là inhabité rendait peu praticable ; aussi les Lacédémoniens ne pouvaient-ils les poursuivre avec leur armement lourd. XXXIV. Pendant un petit moment, donc, ils combattirent ainsi à distance. Puis, comme les Lacédémoniens n'étaient plus capables de charger avec vigueur là où l'on venait donner contre eux, les troupes légères se rendirent compte qu'ils étaient maintenant plus lents à la riposte ; or elles-mêmes avaient été très largement encouragées par la vue directe de la situation, où apparaissait leur grande supériorité numérique, et elles s'étaient mieux habituées à ce que l'ennemi n'apparût plus si redoutable, puisqu'il ne leur avait pas d'emblée infligé un traitement en rapport avec leur attente (car d'abord, au moment du débarquement, elles étaient subjuguées par l'idée d'affronter des Lacédémoniens) : assurés de l'avantage et poussant des cris, tous ensemble, les hommes s'élancèrent contre eux, leur lançant des pierres, des traits, des javelots, selon ce qu'ils avaient sous la main. **2** Ces cris, accompagnant cette attaque au pas de course, semèrent la panique parmi les soldats, peu habitués à ce genre de combat, cependant que la cendre du récent incendie de l'île s'élevait en masse dans l'air et que l'on n'arrivait pas à voir ce que l'on avait devant soi, à cause des traits et des pierres lancés par tant de mains et volant en même temps que la cendre. **3** L'affaire, alors, se présentait mal pour les Lacédémoniens : d'une part, leurs casques de feutre ne les garantissaient pas des traits, et les javelines qu'on leur lançait, se brisant, restaient accrochées à eux ; d'autre part, ils n'avaient aucun moyen d'action personnelle : si, pour la vue, toute possibilité de distinguer les choses devant eux leur était interdite, de même, les cris de l'ennemi étaient trop forts pour leur permettre d'en-

ρίᾳ χρήσασθαι· οἱ γὰρ ψιλοὶ ἑκατέρωθεν βάλλοντες εἶργον, καὶ ἅμα ἐκεῖνοι οὐκ ἀντεπῇσαν, ἀλλ' ἡσύχαζον. Τοὺς δὲ ψιλούς, ᾗ μάλιστα αὐτοῖς προσθέοντες προσκέοιντο, ἔτρεπον, καὶ οἳ ὑποστρέφοντες ἠμύνοντο, ἄνθρωποι κούφως τε ἐσκευασμένοι καὶ προλαμβάνοντες ῥᾳδίως τῆς φυγῆς χωρίων τε χαλεπότητι καὶ ὑπὸ τῆς πρὶν ἐρημίας τραχέων ὄντων, ἐν οἷς οἱ Λακεδαιμόνιοι οὐκ ἐδύναντο διώκειν ὅπλα ἔχοντες. XXXIV. Χρόνον μὲν οὖν τινα ὀλίγον οὕτω πρὸς ἀλλήλους ἠκροβολίσαντο· τῶν δὲ Λακεδαιμονίων οὐκέτι ὀξέως ἐπεκθεῖν ᾗ προσπίπτοιεν δυναμένων, γνόντες αὐτοὺς οἱ ψιλοὶ βραδυτέρους ἤδη ὄντας τῷ ἀμύνασθαι, καὶ αὐτοὶ τῇ τε ὄψει τοῦ θαρσεῖν τὸ πλεῖστον εἰληφότες πολλαπλάσιοι φαινόμενοι καὶ ξυνειθισμένοι μᾶλλον μηκέτι δεινοὺς αὐτοὺς ὁμοίως σφίσι φαίνεσθαι, ὅτι οὐκ εὐθὺς ἄξια τῆς προσδοκίας ἐπεπόνθεσαν, ὥσπερ ὅτε πρῶτον ἀπέβαινον τῇ γνώμῃ δεδουλωμένοι ὡς ἐπὶ Λακεδαιμονίους, καταφρονήσαντες καὶ ἐμβοήσαντες ἀθρόοι ὥρμησαν ἐπ' αὐτοὺς καὶ ἔβαλλον λίθοις τε καὶ τοξεύμασι καὶ ἀκοντίοις, ὡς ἕκαστός τι πρόχειρον εἶχεν. **2** Γενομένης δὲ τῆς βοῆς ἅμα τῇ ἐπιδρομῇ ἔκπληξίς τε ἐνέπεσεν ἀνθρώποις ἀήθεσι τοιαύτης μάχης καὶ ὁ κονιορτὸς τῆς ὕλης νεωστὶ κεκαυμένης ἐχώρει πολὺς ἄνω, ἄπορόν τε ἦν ἰδεῖν τὸ πρὸ αὑτοῦ ὑπὸ τῶν τοξευμάτων καὶ λίθων ἀπὸ πολλῶν ἀνθρώπων μετὰ τοῦ κονιορτοῦ ἅμα φερομένων. **3** Τό τε ἔργον ἐνταῦθα χαλεπὸν τοῖς Λακεδαιμονίοις καθίστατο. Οὔτε γὰρ οἱ πῖλοι ἔστεγον τὰ τοξεύματα, δοράτιά τε ἐναπεκέκλαστο βαλλομένων, εἶχόν τε οὐδὲν σφίσιν αὐτοῖς χρήσασθαι ἀποκεκλῃμένοι μὲν τῇ ὄψει τοῦ προορᾶν, ὑπὸ δὲ τῆς μείζονος βοῆς τῶν πολεμίων

XXXIII. **2** 4 οὐκ ἀντεπή(ι)σαν BC : οὐκατεπ- cett. ‖ 5 προσθέοντες : ἐπιθ- MG ‖ 6 οἳ : οἱ C ‖ 7 χωρί]ων incip. Π[2].

XXXIV. **1** 3 ἐπεκθεῖν : ἐπέχειν Π[2] ‖ 4 ἀμύνασθαι : ἀμύνεσθαι Π[2] (ut codd. Π[2 81]) ‖ 5 τοῦ : τῷ Π[2 81] ‖ πλεῖστον (π[λ]εῖστον Π[2]) : πιστὸν conj. Dobrée ‖ 8 ante πρῶτον hab. τὸ M (ut cett. Π[2]) ‖ ἀπέβαινον : ἐπέβαινον A[2] ‖ **2** 4 αὑτοῦ edd. : αυτοῦ M αὐτοῦ cett. ‖ **3** 4 μὲν : δὲ C.

tendre les consignes qui leur étaient données; enfin le danger les guettait de toutes parts et ils n'avaient pas d'espoir de trouver dans le combat un moyen de salut. XXXV. Pour finir, comme ils voyaient bientôt le nombre de leurs blessés se multiplier, à force de rester entre les mêmes limites, ils serrèrent les rangs et rejoignirent le dernier retranchement de l'île, qui n'était pas très loin, et ceux des leurs qui l'occupaient. **2** Au moment où ils lâchèrent pied, ce fut, cette fois, avec encore bien plus de cris que les troupes légères, mises en confiance, les pressèrent : tous ceux d'entre les Lacédémoniens qui, dans leur retraite, se laissaient couper des autres, se faisaient tuer; le gros des hommes, cependant, réussit à gagner le retranchement et prit position, avec les hommes du poste, pour assurer la défense de tous les points vulnérables. — **3** Or, les Athéniens qui avaient suivi ne pouvaient, étant donné la force naturelle de l'emplacement, ni les tourner ni les envelopper : ils les abordaient donc de front pour tenter de les déloger. **4** Et pendant longtemps — pendant la plus grande partie du jour — éprouvés de part et d'autre par la lutte, la soif et le soleil, les hommes tinrent bon, s'efforçant, d'un côté, de chasser l'ennemi de la hauteur, de l'autre, de ne pas lâcher pied; mais les Lacédémoniens avaient plus de facilité qu'auparavant pour se défendre, puisqu'on ne pouvait les envelopper sur les flancs.

XXXVI. Comme cela s'éternisait, le chef des Messéniens vint trouver Cléon et Démosthène et leur dit qu'ils perdaient leur peine : s'ils voulaient lui donner un détachement d'archers et de troupes légères pour tourner l'ennemi par derrière, par un chemin qu'il trouverait lui-même, il pensait s'ouvrir l'accès du fort. **2** Il obtint ce qu'il avait demandé et, partant d'un endroit à couvert, d'où il ne devait pas être vu de l'ennemi, il s'avança en suivant, chaque fois, les parties praticables de l'escarpement, dans une région que les Lacédémoniens, confiants dans la force naturelle de l'emplacement, ne gardaient pas : difficilement et à grand'peine, il réussit à les tourner sans attirer leur attention et apparut sou-

τὰ ἐν αὐτοῖς παραγγελλόμενα οὐκ ἐσακούοντες, κινδύνου τε πανταχόθεν περιεστῶτος καὶ οὐκ ἔχοντες ἐλπίδα καθ' ὅ τι χρὴ ἀμυνομένους σωθῆναι. XXXV. Τέλος δὲ τραυματιζομένων ἤδη πολλῶν διὰ τὸ αἰεὶ ἐν τῷ αὐτῷ ἀναστρέφεσθαι, ξυγκλῄσαντες ἐχώρησαν ἐς τὸ ἔσχατον ἔρυμα τῆς νήσου, ὃ οὐ πολὺ ἀπεῖχε, καὶ τοὺς ἑαυτῶν φύλακας. **2** Ὡς δὲ ἐνέδοσαν, ἐνταῦθα ἤδη πολλῷ ἔτι πλέονι βοῇ τεθαρσηκότες οἱ ψιλοὶ ἐπέκειντο, καὶ τῶν Λακεδαιμονίων ὅσοι μὲν ὑποχωροῦντες ἐγκατελαμβάνοντο, ἀπέθνῃσκον, οἱ δὲ πολλοὶ διαφυγόντες ἐς τὸ ἔρυμα μετὰ τῶν ταύτῃ φυλάκων ἐτάξαντο παρὰ πᾶν ὡς ἀμυνούμενοι ᾗπερ ἦν ἐπίμαχον. **3** Καὶ οἱ Ἀθηναῖοι ἐπισπόμενοι περίοδον μὲν αὐτῶν καὶ κύκλωσιν χωρίου ἰσχύι οὐκ εἶχον, προσιόντες δὲ ἐξ ἐναντίας ὤσασθαι ἐπειρῶντο, **4** καὶ χρόνον μὲν πολὺν καὶ τῆς ἡμέρας τὸ πλεῖστον ταλαιπωρούμενοι ἀμφότεροι ὑπό τε τῆς μάχης καὶ δίψης καὶ ἡλίου ἀντεῖχον, πειρώμενοι οἱ μὲν ἐξελάσασθαι ἐκ τοῦ μετεώρου, οἱ δὲ μὴ ἐνδοῦναι· ῥᾷον δ' οἱ Λακεδαιμόνιοι ἠμύνοντο ἢ ἐν τῷ πρίν, οὐκ οὔσης σφῶν τῆς κυκλώσεως ἐς τὰ πλάγια.

XXXVI. Ἐπειδὴ δὲ ἀπέραντον ἦν, προσελθὼν ὁ τῶν Μεσσηνίων στρατηγὸς Κλέωνι καὶ Δημοσθένει ἄλλως ἔφη πονεῖν σφᾶς· εἰ δὲ βούλονται ἑαυτῷ δοῦναι τῶν τοξοτῶν μέρος τι καὶ τῶν ψιλῶν περιιέναι κατὰ νώτου αὐτοῖς ὁδῷ ᾗ ἂν αὐτὸς εὕρῃ, δοκεῖν βιάσεσθαι τὴν ἔφοδον. **2** Λαβὼν δὲ ἃ ᾐτήσατο, ἐκ τοῦ ἀφανοῦς ὁρμήσας ὥστε μὴ ἰδεῖν ἐκείνους, κατὰ τὸ αἰεὶ παρεῖκον τοῦ κρημνώδους τῆς νήσου προσβαίνων καὶ ᾗ οἱ Λακεδαιμόνιοι χωρίου ἰσχύι πιστεύσαντες οὐκ ἐφύλασσον, χαλεπῶς τε καὶ μόλις περιελθὼν

XXXV. **1** 3 ἐχώρησαν : ἀνεχ- Π^{2sl} || 4 ὃ om. Π^2 || ἀπεῖχε : ἀπέχον Π^2 || **2** 1 ἤδη : δὴ Π^2 || 4 διαφυγόντες ἐς : διαφεύγοντες πρὸς Π^2 || 5 ἀμυνούμενοι CΠ^2 : -νόμενοι cett. || **3** 1 καὶ οἱ : οἱ δ' Π^2 || **4** 3 δίψης EM : δίψους ABCF || 4 τοῦ om. C || 5 ἠμύνοντο C : -ναντο.

XXXVI. **1** 3 ἑαυτῷ : αὐτῷ E || 5 βιάσεσθαι Madvig : -σασθαι codd. || **2** 3 παρεῖκον $F^{pc}MA^2C^2$: παρῆκον $ABCEF^{ac}$ || 4 προσβαίνων : προβαίνων B (ut cett. Π^2) || 5 μόλις : μόγις Π^{2sl}.

dain sur la hauteur derrière eux, amenant ainsi chez les uns, pour qui c'était une surprise, la panique, et chez les autres, qui voyaient leur attente réalisée, un grand sursaut d'énergie. **3** Les Lacédémoniens, doublement exposés, désormais, aux coups de l'ennemi, se trouvaient, toutes proportions gardées, dans la même conjoncture qu'aux Thermopyles — puisque là les hommes avaient péri parce que les Perses, utilisant le sentier, les avaient tournés ; et de même alors*, visés désormais de divers côtés, ils ne pouvaient plus tenir : se battant à peu contre beaucoup, physiquement affaiblis par le manque de nourriture, ils cédaient du terrain ; et les Athéniens possédaient maintenant l'accès du fort.

XXXVII. Alors, Cléon et Démosthène, se rendant compte qu'à perdre encore tant soit peu de terrain les Lacédémoniens seraient massacrés par l'armée, firent cesser la lutte et arrêtèrent leurs hommes : ils souhaitaient ramener les Lacédémoniens vivants à Athènes, si l'on pouvait obtenir, par la proclamation d'un appel, qu'ils brisent leur orgueil, en faisant remise de leurs armes, et cèdent au danger devant lequel ils se trouvaient. **2** Par une proclamation, ils les invitèrent donc, s'ils le voulaient, à se rendre avec leurs armes aux Athéniens, en leur laissant prendre les décisions qu'ils voudraient[1]. XXXVIII. A cet appel, ceux-ci, pour la plupart, laissèrent tomber leurs boucliers, et agitèrent les bras en signe d'acceptation. Après quoi, les hostilités ayant été arrêtées, il y eut des pourparlers réunissant Cléon et Démosthène, d'une part, et, pour les autres, Styphon, fils de Pharax (des chefs précédents, le premier était mort, c'était Épitadas, et son remplaçant, Hippagrétas[2], quoique encore vivant, gisait, tenu pour mort, au milieu des cadavres ; celui-ci avait été désigné en troisième, régulièrement, au cas où il arriverait malheur aux deux autres). **2** Or, Styphon, avec ceux qui l'entouraient, déclara vouloir consulter par voie de héraut les Lacédémoniens du con-

1. La soumission demandée est bien plus entière qu'à 30.4.

2. A ne pas confondre avec l'hippagrète, fonctionnaire de Sparte cité dans Xénophon.

ἔλαθε, καὶ ἐπὶ τοῦ μετεώρου ἐξαπίνης ἀναφανεὶς κατὰ νώτου αὐτῶν τοὺς μὲν τῷ ἀδοκήτῳ ἐξέπληξε, τοὺς δὲ ἃ προσεδέχοντο ἰδόντας πολλῷ μᾶλλον ἐπέρρωσεν. 3 Καὶ οἱ Λακεδαιμόνιοι βαλλόμενοί τε ἀμφοτέρωθεν ἤδη καὶ γιγνόμενοι ἐν τῷ αὐτῷ ξυμπτώματι, ὡς μικρὸν μεγάλῳ εἰκάσαι, τῷ ἐν Θερμοπύλαις, ἐκεῖνοί τε γὰρ τῇ ἀτραπῷ περιελθόντων τῶν Περσῶν διεφθάρησαν, οὗτοί τε ἀμφίβολοι ἤδη ὄντες οὐκέτι ἀντεῖχον, ἀλλὰ πολλοῖς τε ὀλίγοι μαχόμενοι καὶ ἀσθενείᾳ σωμάτων διὰ τὴν σιτοδείαν ὑπεχώρουν· καὶ οἱ Ἀθηναῖοι ἐκράτουν ἤδη τῶν ἐφόδων.

XXXVII. Γνοὺς δὲ ὁ Κλέων καὶ ὁ Δημοσθένης, εἰ καὶ ὁποσονοῦν μᾶλλον ἐνδώσουσι, διαφθαρησομένους αὐτοὺς ὑπὸ τῆς σφετέρας στρατιᾶς, ἔπαυσαν τὴν μάχην καὶ τοὺς ἑαυτῶν ἀπεῖρξαν, βουλόμενοι ἀγαγεῖν αὐτοὺς Ἀθηναίοις ζῶντας, εἴ πως τοῦ κηρύγματος ἀκούσαντες ἐπικλασθεῖεν τῇ γνώμῃ τὰ ὅπλα παραδοῦναι καὶ ἡσσηθεῖεν τοῦ παρόντος δεινοῦ, 2 ἐκήρυξάν τε, εἰ βούλονται, τὰ ὅπλα παραδοῦναι καὶ σφᾶς αὐτοὺς Ἀθηναίοις ὥστε βουλεῦσαι ὅ τι ἂν ἐκείνοις δοκῇ. XXXVIII. Οἱ δὲ ἀκούσαντες παρεῖσαν τὰς ἀσπίδας οἱ πλεῖστοι καὶ τὰς χεῖρας ἀνέσεισαν δηλοῦντες προσίεσθαι τὰ κεκηρυγμένα. Μετὰ δὲ ταῦτα γενομένης τῆς ἀνοκωχῆς ξυνῆλθον ἐς λόγους ὅ τε Κλέων καὶ ὁ Δημοσθένης καὶ ἐκείνων Στύφων ὁ Φάρακος, τῶν πρότερον ἀρχόντων τοῦ μὲν πρώτου τεθνηκότος, Ἐπιτάδου, τοῦ δὲ μετ' αὐτὸν Ἱππαγρέτου ἐφῃρημένου ἐν τοῖς νεκροῖς ἔτι ζῶντος κειμένου ὡς τεθνεῶτος, αὐτὸς τρίτος ἐφῃρημένος ἄρχειν κατὰ νόμον, εἴ τι ἐκεῖνοι πάσχοιεν. 2 Ἔλεγε δὲ ὁ Στύφων καὶ οἱ μετ' αὐτοῦ ὅτι βούλονται διακηρυκεύσασθαι πρὸς τοὺς ἐν τῇ ἠπείρῳ Λακεδαιμονίους

XXXVI. 3 4 τε om. E ‖ 8 ἐκράτουν ἤδη : transp. Π[2s1].

XXXVII. 1 1 εἰ Π[2] : ὅτι εἰ codd. ‖ 2 μᾶλλον ἐνδώσουσι : transp. Π[2s1] ‖ 2 1 βούλονται Π[2] : βούλοιντο codd.

XXXVIII. 1 6 πρότερον : προτέρων Π[2] (ut codd. Π[2s1]) ‖ 2 1 ἔλεγε : ἔλεξεν Π[2].

tinent sur la conduite à observer. **3** En fait, ils ne firent eux-mêmes sortir personne, mais les Athéniens se chargèrent pour eux de convoquer des hérauts du continent et ils consultèrent ainsi les leurs à deux ou trois reprises : le dernier qui arriva de chez les Lacédémoniens du continent transmit cette réponse : « Les Lacédémoniens vous invitent à décider vous-mêmes de votre sort, sans rien faire de déshonorant. » Après en avoir donc délibéré entre eux, ils se rendirent avec leurs armes. **4** Ce jour-là et la nuit suivante les Athéniens les tinrent sous surveillance ; le lendemain, ils dressèrent un trophée dans l'île, réglèrent tout en vue du départ et remirent les hommes à la garde des triérarques ; les Lacédémoniens, eux, envoyèrent un héraut pour reprendre leurs morts.

5 Le chiffre des hommes tués dans l'île ou faits prisonniers fut le suivant : il était passé quatre cent vingt hoplites en tout ; sur ce nombre, on en ramena vivants deux cent quatre-vingt-douze[1] : le reste avait été tué ; quelque cent vingt d'entre ces survivants étaient des Spartiates. Du côté athénien, il n'y avait pas eu beaucoup de morts, car ce n'avait pas été une bataille rangée.

XXXIX. Le temps pendant lequel les hommes avaient été assiégés dans l'île, depuis le combat naval jusqu'au combat dans l'île, fut au total de soixante-douze jours[2]. **2** Sur ce nombre, il y eut environ vingt jours, durant l'absence des ambassadeurs partis négocier la paix, où ils touchèrent une ration de vivres : le reste du temps, ils étaient ravitaillés par les passeurs clandestins ; or, il y avait du blé dans l'île, et d'autres aliments qu'ils laissèrent après eux : leur chef, Épitadas, faisait des répartitions individuelles moins larges que ses disponibilités ne le permettaient.

3 Les Athéniens et les Péloponnésiens quittèrent donc

1. Ces prisonniers devaient constituer un gage de première importance entre les mains d'Athènes ; Thucydide précise, à V.15.1, que beaucoup appartenaient aux principales familles de Sparte. Aristophane évoque leur triste état dans les *Nuées*, 186.

2. L'expédition était partie « avant le moment où le blé est mur » (2.1) et le combat avait dû prendre place environ trois semaines après. A. W. Gomme place la victoire finale dans la première quinzaine d'août.

ὅ τι χρὴ σφᾶς ποιεῖν. 3 Καὶ ἐκείνων μὲν οὐδένα ἀφέντων, αὐτῶν δὲ τῶν Ἀθηναίων καλούντων ἐκ τῆς ἠπείρου κήρυκας καὶ γενομένων ἐπερωτήσεων δὶς ἢ τρίς, ὁ τελευταῖος διαπλεύσας αὐτοῖς ἀπὸ τῶν ἐκ τῆς ἠπείρου Λακεδαιμονίων ἀνὴρ ἀπήγγειλεν ὅτι « Λακεδαιμόνιοι κελεύουσιν ὑμᾶς αὐτοὺς περὶ ὑμῶν αὐτῶν βουλεύεσθαι μηδὲν αἰσχρὸν ποιοῦντας. » Οἱ δὲ καθ' ἑαυτοὺς βουλευσάμενοι τὰ ὅπλα παρέδοσαν καὶ σφᾶς αὐτούς. 4 Καὶ ταύτην μὲν τὴν ἡμέραν καὶ τὴν ἐπιοῦσαν νύκτα ἐν φυλακῇ εἶχον αὐτοὺς οἱ Ἀθηναῖοι· τῇ δ' ὑστεραίᾳ οἱ μὲν Ἀθηναῖοι τροπαῖον στήσαντες ἐν τῇ νήσῳ τἆλλα διεσκευάζοντο ὡς ἐς πλοῦν καὶ τοὺς ἄνδρας τοῖς τριηράρχοις διέδοσαν ἐς φυλακήν, οἱ δὲ Λακεδαιμόνιοι κήρυκα πέμψαντες τοὺς νεκροὺς διεκομίσαντο.

5 Ἀπέθανον δ' ἐν τῇ νήσῳ καὶ ζῶντες ἐλήφθησαν τοσοίδε· εἴκοσι μὲν ὁπλῖται διέβησαν καὶ τετρακόσιοι οἱ πάντες· τούτων ζῶντες ἐκομίσθησαν ὀκτὼ ἀποδέοντες τριακόσιοι, οἱ δὲ ἄλλοι ἀπέθανον. Καὶ Σπαρτιᾶται τούτων ἦσαν τῶν ζώντων περὶ εἴκοσι καὶ ἑκατόν. Ἀθηναίων δὲ οὐ πολλοὶ διεφθάρησαν· ἡ γὰρ μάχη οὐ σταδία ἦν. XXXIX. Χρόνος δὲ ὁ ξύμπας ἐγένετο ὅσον οἱ ἄνδρες ἐν τῇ νήσῳ ἐπολιορκήθησαν, ἀπὸ τῆς ναυμαχίας μέχρι τῆς ἐν τῇ νήσῳ μάχης, ἑβδομήκοντα ἡμέραι καὶ δύο. 2 Τούτων περὶ εἴκοσιν ἡμέρας, ἐν αἷς οἱ πρέσβεις περὶ τῶν σπονδῶν ἀπῇσαν, ἐσιτοδοτοῦντο, τὰς δὲ ἄλλας τοῖς ἐσπλέουσι λάθρᾳ διετρέφοντο· καὶ ἦν σῖτός τις ἐν τῇ νήσῳ καὶ ἄλλα βρώματα ἐγκατελείφθη· ὁ γὰρ ἄρχων Ἐπιτάδας ἐνδεεστέρως ἑκάστῳ παρεῖχεν ἢ πρὸς τὴν ἐξουσίαν.

3 Οἱ μὲν δὴ Ἀθηναῖοι καὶ οἱ Πελοποννήσιοι ἀνεχώρη-

XXXVIII. **3** 5 ἀπήγγειλεν : -γγελλεν Π^{2sl} || ὅτι Π^2 : ὅτι οἱ codd. || **4** 2 τὴν ἡμέραν καὶ om. Π^2, καὶ add. Π^{2sl} || 5 διέδοσαν JKΠ^2 : διεδίδοσαν cett. || **5** 6 σταδία : σταδαία Π^{2sl}.

XXXIX. **1** 2 ἐν MJKΠ^2 : οἱ ἐν cett. || **2** 4 τις Π^2 : om. codd. || 5 ἐγκατελείφθη ABΠ^2 : -λήφθ- cett. et Π^{2sl} || **3** 1 alt. οἱ del. Π^2.

Pylos avec leurs troupes, pour rentrer chez eux ; et la promesse de Cléon, toute folle qu'elle était, se trouva réalisée : en moins de vingt jours, il ramena les hommes, comme il s'y était engagé. XL. Ce fut là l'événement le plus inattendu de la guerre aux yeux des Grecs ; car l'opinion sur les Lacédémoniens était que ni la faim ni aucune extrémité ne leur ferait livrer leurs armes, mais qu'ils les garderaient et qu'en combattant comme ils pouvaient ils se feraient tuer. **2** Aussi doutait-on[1] que ceux qui avaient livré leurs armes fussent de même qualité que les morts ; et quelqu'un des alliés d'Athènes, par la suite, demanda un jour à l'un des prisonniers de l'île, en manière de vexation, si ceux des leurs qui avaient été tués étaient des braves : l'autre lui répondit que l'instrument serait bien précieux — il voulait dire la flèche[2] — s'il faisait le départ des gens braves ; il voulait montrer par là que les pierres ou les traits tuaient quiconque se trouvait là.

XLI. Après avoir ramené les prisonniers, les Athéniens décidèrent de les garder enchaînés jusqu'à la conclusion d'un accord, et, au cas où les Péloponnésiens feraient entre temps invasion sur leur territoire, de les tirer de prison pour les mettre à mort. **2** A Pylos, ils établirent un poste de surveillance ; les Messéniens de Naupacte, considérant qu'il s'agissait de leur patrie (puisque Pylos fait partie de l'ancienne Messénie), y envoyèrent les plus indiqués d'entre eux et, mettant la Laconie au pillage, ils y exerçaient de grands dommages du fait qu'ils parlaient le même dialecte. **3** Quant aux Lacédémoniens, qui avaient jusqu'alors ignoré les pillages et ce genre de guerre, victimes maintenant de la désertion des hilotes et craignant de voir les désordres se multiplier contre eux dans le pays, ils ne le supportaient pas sans peine : bien que peu désireux de le laisser voir aux

1. Le texte est corrigé : autrement, on se trouverait avec un participe au nominatif ne se rapportant pas au sujet.

2. La traduction n'a pu conserver le double sens du grec : le mot ἄτρακτος veut dire normalement « le fuseau » et s'emploie en poésie, mais non en prose, pour désigner la flèche. Le choix du mot traduit le mépris du Spartiate pour ce genre de combat.

σαν τῷ στρατῷ ἐκ τῆς Πύλου ἑκάτεροι ἐπ' οἴκου, καὶ τοῦ Κλέωνος καίπερ μανιώδης οὖσα ἡ ὑπόσχεσις ἀπέβη· ἐντὸς γὰρ εἴκοσιν ἡμερῶν ἤγαγε τοὺς ἄνδρας, ὥσπερ ὑπέστη.

XL. Παρὰ γνώμην τε δὴ μάλιστα τῶν κατὰ τὸν πόλεμον τοῦτο τοῖς Ἕλλησιν ἐγένετο· τοὺς γὰρ Λακεδαιμονίους οὔτε λιμῷ οὔτ' ἀνάγκῃ οὐδεμιᾷ ἠξίουν τὰ ὅπλα παραδοῦναι, ἀλλὰ ἔχοντας καὶ μαχομένους ὡς ἐδύναντο ἀποθνῄσκειν· 2 ἀπιστούντων τε μὴ εἶναι τοὺς παραδόντας τοῖς τεθνεῶσιν ὁμοίους, καί τινος ἐρομένου ποτὲ ὕστερον τῶν Ἀθηναίων ξυμμάχων δι' ἀχθηδόνα ἕνα τῶν ἐκ τῆς νήσου αἰχμαλώτων εἰ οἱ τεθνεῶτες αὐτῶν καλοὶ κἀγαθοί, ἀπεκρίνατο αὐτῷ πολλοῦ ἂν ἄξιον εἶναι τὸν ἄτρακτον, λέγων τὸν οἰστόν, εἰ τοὺς ἀγαθοὺς διεγίγνωσκε, δήλωσιν ποιούμενος ὅτι ὁ ἐντυγχάνων τοῖς τε λίθοις καὶ τοξεύμασι διεφθείρετο.

XLI. Κομισθέντων δὲ τῶν ἀνδρῶν οἱ Ἀθηναῖοι ἐβούλευσαν δεσμοῖς μὲν αὐτοὺς φυλάσσειν μέχρι οὗ τι ξυμβῶσιν, ἢν δ' οἱ Πελοποννήσιοι πρὸ τούτου ἐς τὴν γῆν ἐσβάλλωσιν, ἐξαγαγόντες ἀποκτεῖναι. 2 Τῆς δὲ Πύλου φυλακὴν κατεστήσαντο, καὶ οἱ ἐκ τῆς Ναυπάκτου Μεσσήνιοι ὡς ἐς πατρίδα ταύτην (ἔστι γὰρ ἡ Πύλος τῆς Μεσσηνίδος ποτὲ οὔσης γῆς) πέμψαντες σφῶν αὐτῶν τοὺς ἐπιτηδειοτάτους ἐλῄζοντό τε τὴν Λακωνικὴν καὶ πλεῖστα ἔβλαπτον ὁμόφωνοι ὄντες. 3 Οἱ δὲ Λακεδαιμόνιοι ἀπαθεῖς ὄντες ἐν τῷ πρὶν χρόνῳ λῃστείας καὶ τοῦ τοιούτου πολέμου, τῶν τε Εἱλώτων αὐτομολούντων καὶ φοβούμενοι μὴ καὶ ἐπὶ μακρότερον σφίσι τι νεωτερισθῇ τῶν κατὰ τὴν χώραν, οὐ ῥᾳδίως ἔφερον, ἀλλά, καίπερ οὐ βουλόμενοι

XL. **1** 4 ὡς : ἕως legisse videtur schol. || **2** 1 ἀπιστούντων Gomme : ἠπίστουν conj. Dobrée ἀπιστοῦντας G ἀπιστοῦντες cett. || τε om. M || 4 post κἀγαθοὶ hab. [ἦσ]αν vel [εἶ]εν Π² || 5 ἂν ἄξιον : transp. M (ut cett. Π²).

XLI. **1** 2 δε[σμοῖς des. Π² || 4 ἐσβάλλωσι(ν) ABCEF : ἐσβάλωσιν MG || **2** 4 γῆς om. E || 5 ἐλῄζοντό F²K recc. : ἐλήιζόν codd. || **3** 1 ἀπαθεῖς Stephanus (marg.) : ἀμαθεῖς codd. || 2 τοῦ om. ABFM.

Athéniens, ils leur envoyaient des ambassades, et s'efforçaient de recouvrer Pylos et leurs hommes. **4** Mais les Athéniens aspiraient à avoir plus et, malgré des tentatives répétées, ils les renvoyaient sans résultat.

Tels furent donc les événements de Pylos.

Les Athéniens en Corinthie.

XLII. Le même été, aussitôt après ces événements, les Athéniens firent une expédition en Corinthie avec quatre-vingts navires et deux mille de leurs hoplites, ainsi que deux cents cavaliers dans des transports spéciaux; ils avaient avec eux des alliés de Milet, d'Andros et de Carystos; l'expédition était commandée par Nicias, fils de Nicératos, et deux collègues. **2** Ils prirent la mer et abordèrent à l'aube entre la Chersonèse et le Rheiton[1], sur la plage du pays que domine le mont Solygeios, où s'étaient jadis établis les Doriens, alors en guerre contre les Corinthiens de la ville, qui étaient Éoliens; il s'y trouve maintenant un village appelé Solygeia. De cette plage, où la flotte avait abordé, il y a douze stades jusqu'au dit village, soixante jusqu'à la ville de Corinthe, et vingt jusqu'à l'isthme. — **3** Cependant les Corinthiens, prévenus par Argos de la venue prochaine de l'expédition athénienne, s'étaient bien à l'avance portés tous jusqu'à l'isthme — sauf ceux qui habitaient au delà (cinq cents d'entre eux, également, étaient retenus sur les territoires d'Ambracie et de Leucade, en garnison); les autres, en masse, guettaient donc pour voir où aborderaient les Athéniens. **4** Mais la flotte, en traversant de nuit, échappa à leur attention : quand les signaux furent levés, laissant la moitié d'entre eux à Kenchrées, pour le cas où les Athéniens marcheraient contre Crommyon, ils se hâtèrent d'aller à l'aide. XLIII. Battos, l'un des généraux (qui étaient là à deux pour la bataille), prit une compagnie et se rendit, pour le garder, au village de Solygeia, qui n'était pas fortifié, tandis que Lyco-

1. Sans doute un cap? mais cf. II.19.2 : les « Rheitoi » ou « Courants ».

ἔνδηλοι εἶναι τοῖς Ἀθηναίοις, ἐπρεσβεύοντο παρ' αὐτοὺς καὶ ἐπειρῶντο τήν τε Πύλον καὶ τοὺς ἄνδρας κομίζεσθαι. 4 Οἱ δὲ μειζόνων τε ὠρέγοντο καὶ πολλάκις φοιτώντων αὐτοὺς ἀπράκτους ἀπέπεμπον.

Ταῦτα μὲν τὰ περὶ Πύλον γενόμενα.

XLII. Τοῦ δ' αὐτοῦ θέρους μετὰ ταῦτα εὐθὺς Ἀθηναῖοι ἐς τὴν Κορινθίαν ἐστράτευσαν ναυσὶν ὀγδοήκοντα καὶ δισχιλίοις ὁπλίταις ἑαυτῶν καὶ ἐν ἱππαγωγοῖς ναυσὶ διακοσίοις ἱππεῦσιν· ἠκολούθουν δὲ καὶ τῶν ξυμμάχων Μιλήσιοι καὶ Ἄνδριοι καὶ Καρύστιοι, ἐστρατήγει δὲ Νικίας ὁ Νικηράτου τρίτος αὐτός. 2 Πλέοντες δὲ ἅμα ἕῳ ἔσχον μεταξὺ Χερσονήσου τε καὶ Ῥείτου ἐς τὸν αἰγιαλὸν τοῦ χωρίου ὑπὲρ οὗ ὁ Σολύγειος λόφος ἐστίν, ἐφ' ὃν Δωριῆς τὸ πάλαι ἱδρυθέντες τοῖς ἐν τῇ πόλει Κορινθίοις ἐπολέμουν οὖσιν Αἰολεῦσιν· καὶ κώμη νῦν ἐπ' αὐτοῦ Σολύγεια καλουμένη ἐστίν. Ἀπὸ δὲ τοῦ αἰγιαλοῦ τούτου ἔνθα αἱ νῆες κατέσχον ἡ μὲν κώμη αὕτη δώδεκα σταδίους ἀπέχει, ἡ δὲ Κορινθίων πόλις ἑξήκοντα, ὁ δὲ ἰσθμὸς εἴκοσι. 3 Κορίνθιοι δὲ προπυθόμενοι ἐξ Ἄργους ὅτι ἡ στρατιὰ ἥξει τῶν Ἀθηναίων, ἐκ πλείονος ἐβοήθησαν ἐς ἰσθμὸν πάντες πλὴν τῶν ἔξω ἰσθμοῦ· καὶ ἐν Ἀμπρακίᾳ καὶ ἐν Λευκάδι ἀπῆσαν αὐτῶν πεντακόσιοι φρουροί· οἱ δ' ἄλλοι πανδημεὶ ἐπετήρουν τοὺς Ἀθηναίους οἷ κατασχήσουσιν. 4 Ὡς δὲ αὐτοὺς ἔλαθον νυκτὸς καταπλεύσαντες καὶ τὰ σημεῖα αὐτοῖς ἤρθη, καταλιπόντες τοὺς ἡμίσεις αὑτῶν ἐν Κεγχρειᾷ, ἢν ἄρα οἱ Ἀθηναῖοι ἐπὶ τὸν Κρομμυῶνα ἴωσιν, ἐβοήθουν κατὰ τάχος. XLIII. Καὶ Βάττος μὲν ὁ ἕτερος τῶν στρατηγῶν (δύο γὰρ ἦσαν ἐν τῇ μάχῃ οἱ παρόντες) λαβὼν λόχον ἦλθεν ἐπὶ τὴν Σολύγειαν κώμην φυλάξων ἀτείχιστον οὖ-

XLI. 3 6 ἔνδηλοι : εὔδηλοι E εὔδηλοι M.

XLII. 2 1 πλέοντες : -τος E ‖ 3 4 Λευκάδι Cobet : Λευκαδία(ι) codd. ‖ ἀπῆσαν Bauer : ἀπή(ι)εσαν codd. ‖ 4 3 αὑτῶν edd. : αὐτῶν codd.

phron attaquait avec le reste. **2** Ce fut d'abord contre l'aile droite athénienne[1], qui venait de débarquer en avant de la Chersonèse, que donnèrent les Corinthiens, puis contre toute l'armée. La lutte fut violente et le corps à corps général. **3** L'aile droite des Athéniens et des Carystiens (ces derniers se trouvant rangés à l'extrémité) soutint le choc des Corinthiens et put, avec de la peine, les repousser ; mais ceux-ci se replièrent contre un petit mur et, profitant de ce que le terrain était entièrement en pente, ils leur jetèrent des pierres depuis la position dominante qu'ils occupaient, et, après un péan, reprirent l'attaque. Les Athéniens soutinrent le choc et le corps à corps reprit. **4** Mais une compagnie corinthienne vint alors au secours de l'aile gauche, mit en fuite l'aile droite athénienne et la poursuivit jusqu'à la mer. **5** Puis, de nouveau, depuis leurs navires, les Athéniens et les Carystiens revinrent à la charge. — Cependant le reste des deux armées luttait sans relâche, surtout l'aile droite des Corinthiens, qui, sous les ordres de Lycophron, se défendait contre la gauche athénienne : on s'attendait, en effet, à une tentative des Athéniens contre le village de Solygeia. XLIV. Longtemps, ils tinrent bon, sans céder ni l'un ni l'autre. Puis, comme les Athéniens étaient efficacement soutenus par leur cavalerie, alors que l'adversaire en était dépourvu, les Corinthiens furent mis en déroute et se replièrent vers la colline ; ils y prirent leurs positions et n'en descendirent plus, restant sans bouger. **2** (C'est au cours de cette déroute sur l'aile droite que la plupart des hommes furent tués, et en particulier Lycophron, qui avait le commandement.) Le reste de l'armée agit de façon comparable* : sans grande poursuite, et sans qu'il y ait eu de fuite précipitée, une fois forcée, elle se retira vers les hauteurs et s'y établit. **3** Alors les Athéniens, que

1. Le récit distingue deux aspects de la bataille : il parle d'abord de l'aile droite athénienne, engagée dans un corps à corps obstiné, avec avances et reculs (43.2-5), puis de l'aile gauche athénienne, qui triomphe grâce à la cavalerie (43.5-44.4). Cependant, l'arrivée du renfort corinthien oblige alors les Athéniens à se retirer en hâte, malgré leur récente victoire (44.4-6).

σαν, Λυκόφρων δὲ τοῖς ἄλλοις ξυνέβαλλεν. 2 Καὶ πρῶτα μὲν τῷ δεξιῷ κέρᾳ τῶν Ἀθηναίων εὐθὺς ἀποβεβηκότι πρὸ τῆς Χερσονήσου οἱ Κορίνθιοι ἐπέκειντο, ἔπειτα δὲ καὶ τῷ ἄλλῳ στρατεύματι. Καὶ ἦν ἡ μάχη καρτερὰ καὶ ἐν χερσὶ πᾶσα. 3 Καὶ τὸ μὲν δεξιὸν κέρας τῶν Ἀθηναίων καὶ Καρυστίων (οὗτοι γὰρ παρατεταγμένοι ἦσαν ἔσχατοι) ἐδέξαντό τε τοὺς Κορινθίους καὶ ἐώσαντο μόλις· οἱ δὲ ὑποχωρήσαντες πρὸς αἱμασιάν (ἦν γὰρ τὸ χωρίον πρόσαντες πᾶν) βάλλοντες τοῖς λίθοις καθύπερθεν ὄντες καὶ παιανίσαντες ἐπῇσαν αὖθις, δεξαμένων δὲ τῶν Ἀθηναίων ἐν χερσὶν ἦν πάλιν ἡ μάχη. 4 Λόχος δέ τις τῶν Κορινθίων ἐπιβοηθήσας τῷ εὐωνύμῳ κέρᾳ ἑαυτῶν ἔτρεψε τῶν Ἀθηναίων τὸ δεξιὸν κέρας καὶ ἐπεδίωξεν ἐς τὴν θάλασσαν· 5 πάλιν δὲ ἀπὸ τῶν νεῶν ἀνέστρεψαν οἵ τε Ἀθηναῖοι καὶ οἱ Καρύστιοι. Τὸ δὲ ἄλλο στρατόπεδον ἀμφοτέρωθεν ἐμάχετο ξυνεχῶς, μάλιστα δὲ τὸ δεξιὸν κέρας τῶν Κορινθίων, ἐφ᾽ ᾧ ὁ Λυκόφρων ὢν κατὰ τὸ εὐώνυμον τῶν Ἀθηναίων ἠμύνετο· ἤλπιζον γὰρ αὐτοὺς ἐπὶ τὴν Σολύγειαν κώμην πειράσειν. XLIV. Χρόνον μὲν οὖν πολὺν ἀντεῖχον οὐκ ἐνδιδόντες ἀλλήλοις· ἔπειτα (ἦσαν γὰρ τοῖς Ἀθηναίοις οἱ ἱππῆς ὠφέλιμοι ξυμμαχόμενοι, τῶν ἑτέρων οὐκ ἐχόντων ἵππους) ἐτράποντο οἱ Κορίνθιοι καὶ ὑπεχώρησαν πρὸς τὸν λόφον καὶ ἔθεντο τὰ ὅπλα καὶ οὐκέτι κατέβαινον, ἀλλ᾽ ἡσύχαζον. 2 Ἐν δὲ τῇ τροπῇ ταύτῃ κατὰ τὸ δεξιὸν κέρας οἱ πλεῖστοί τε αὐτῶν ἀπέθανον καὶ Λυκόφρων ὁ στρατηγός. Ἡ δὲ ἄλλη στρατιὰ τοιούτῳ τρόπῳ οὐ κατὰ δίωξιν πολλὴν οὐδὲ ταχείας φυγῆς γενομένης, ἐπεὶ ἐβιάσθη, ἐπαναχωρήσασα πρὸς τὰ μετέωρα ἱδρύθη. 3 Οἱ δὲ Ἀθη-

XLIII. 1 4 ξυνέβαλλε(ν) : -αλεν C ‖ 2 1 πρῶτα : πρῶτον ABF ‖ 3 4 πρόσαντες : ἐπάναντες EHγρ ἐπάντες schol. Patm. ‖ 6 ἐπῄ(ι)εσαν : ἐπέβησαν EHγρ ‖ 4 2 ἐπιβοηθήσας C : ἐπιβοήσας ‖ ἑαυτῶν C : ἑαυτῷ ‖ 5 1 ἀνέστρεψαν : ἀντέσ- B.

XLIV. 2 3 τοιούτῳ scripsi : τούτῳ τῷ codd., verba τούτῳ τῷ τρόπῳ del. Classen, post οὐ transp. Hude, alii alia.

personne ne venait plus affronter, dépouillèrent les morts, reprirent ceux qui étaient à eux et dressèrent aussitôt un trophée. **4** Cependant l'autre moitié des Corinthiens, ceux qui étaient restés à Kenchrées pour surveiller toute tentative navale contre Crommyon, ne pouvaient, eux, distinguer clairement la bataille : le mont Oneion les en empêchait ; mais, quand ils virent la poussière et en comprirent le sens, ils vinrent aussitôt à l'aide. C'est ce que firent également les Corinthiens plus âgés, qui arrivèrent de la ville quand ils se rendirent compte des événements. **5** Mais les Athéniens, en les voyant s'avancer tous en masse, crurent que c'était un renfort envoyé par les Péloponnésiens des proches environs et ils se retirèrent en hâte vers la flotte, avec leur butin et leurs morts, sauf deux qu'ils laissèrent sans pouvoir les trouver. **6** Ils rembarquèrent et passèrent dans les îles du voisinage ; puis, de là, ils envoyèrent un héraut et reprirent à la faveur d'une convention les morts qu'ils avaient laissés. Les Corinthiens avaient perdu dans ce combat deux cent douze hommes, les Athéniens un peu moins de cinquante.

XLV. Quittant alors les îles, les Athéniens firent voile le jour même vers Crommyon en Corinthie, à cent vingt stades de la ville. Ils y abordèrent, ravagèrent le pays et bivouaquèrent pour la nuit. **2** Le lendemain, après avoir d'abord longé la côte jusqu'au territoire d'Épidaure et fait un bref débarquement, ils arrivèrent à Méthana[1], entre Épidaure et Trézène ; ils interceptèrent l'isthme qui commande la presqu'île, là où se trouve Méthana[2], et le fortifièrent ; puis ils y établirent une garnison, qui devait, dorénavant, piller le pays de Trézène, d'Haliées et d'Épidaure[3]. Et, avec la flotte, une fois la région fortifiée, ils rentrèrent chez eux.

1. Les manuscrits portent ici « Méthone » (comme la ville de Macédoine) et de même dans le traité de paix, lorsque la place est restituée aux Lacédémoniens (V.18.7). Strabon, qui appelle l'endroit Méthana, signale l'existence du texte « Méthone » dans certains manuscrits de son temps.

2. Indication assez inutile et peu exacte : cf. Notice, p. xx, n. 2.

3. C'était donc un second poste athénien dans le Péloponnèse, mais il n'était pas, comme Pylos, à côté de la Laconie.

ναῖοι, ὡς οὐκέτι αὐτοῖς ἐπῇσαν ἐς μάχην, τούς τε νεκροὺς ἐσκύλευον καὶ τοὺς ἑαυτῶν ἀνῃροῦντο, τροπαῖόν τε εὐθέως ἔστησαν. **4** Τοῖς δ' ἡμίσεσι τῶν Κορινθίων, οἳ ἐν τῇ Κεγχρειᾷ ἐκάθηντο φύλακες, μὴ ἐπὶ τὸν Κρομμυῶνα πλεύσωσι, τούτοις οὐ κατάδηλος ἡ μάχη ἦν ὑπὸ τοῦ ὄρους τοῦ 'Ονείου· κονιορτὸν δὲ ὡς εἶδον καὶ ὡς ἔγνωσαν, ἐβοήθουν εὐθύς. 'Εβοήθησαν δὲ καὶ οἱ ἐκ τῆς πόλεως πρεσβύτεροι τῶν Κορινθίων αἰσθόμενοι τὸ γεγενημένον. **5** 'Ιδόντες δὲ οἱ 'Αθηναῖοι ξύμπαντας αὐτοὺς ἐπιόντας καὶ νομίσαντες τῶν ἐγγὺς ἀστυγειτόνων Πελοποννησίων βοήθειαν ἐπιέναι, ἀνεχώρουν κατὰ τάχος ἐπὶ τὰς ναῦς, ἔχοντες τὰ σκυλεύματα καὶ τοὺς ἑαυτῶν νεκροὺς πλὴν δυοῖν, οὓς ἐγκατέλιπον οὐ δυνάμενοι εὑρεῖν. **6** Καὶ ἀναβάντες ἐπὶ τὰς ναῦς ἐπεραιώθησαν ἐς τὰς ἐπικειμένας νήσους, ἐκ δ' αὐτῶν ἐπικηρυκευσάμενοι τοὺς νεκροὺς οὓς ἐγκατέλιπον ὑποσπόνδους ἀνείλοντο. 'Απέθανον δὲ Κορινθίων μὲν ἐν τῇ μάχῃ δώδεκα καὶ διακόσιοι, 'Αθηναίων δὲ ὀλίγῳ ἐλάσσους πεντήκοντα.

XLV. Ἄραντες δὲ ἐκ τῶν νήσων οἱ 'Αθηναῖοι ἔπλευσαν αὐθημερὸν ἐς Κρομμυῶνα τῆς Κορινθίας· ἀπέχει δὲ τῆς πόλεως εἴκοσι καὶ ἑκατὸν σταδίους. Καὶ καθορμισάμενοι τήν τε γῆν ἐδῄωσαν καὶ τὴν νύκτα ηὐλίσαντο. **2** Τῇ δ' ὑστεραίᾳ παραπλεύσαντες ἐς τὴν 'Επιδαυρίαν πρῶτον καὶ ἀπόβασίν τινα ποιησάμενοι ἀφίκοντο ἐς Μέθανα τὴν μεταξὺ 'Επιδαύρου καὶ Τροζῆνος, καὶ ἀπολαβόντες τὸν τῆς χερσονήσου ἰσθμὸν ἐτείχισαν ἐν ᾧ ἡ Μέθανά ἐστιν. Καὶ φρούριον καταστησάμενοι ἐλῄστευον τὸν ἔπειτα χρόνον τήν τε Τροζηνίαν γῆν καὶ 'Αλιάδα καὶ 'Επιδαυρίαν. Ταῖς δὲ ναυσίν, ἐπειδὴ ἐξετείχισαν τὸ χωρίον, ἀπέπλευσαν ἐπ' οἴκου.

XLIV. **4** 4 *καὶ ὡς* : *καὶ* MG ‖ 5 *οἱ* om. M ‖ **5** 3 *ἐγγὺς* del. Dobrée.
XLV. **1** 2 *ἐς* : *ἐπὶ* G ‖ *ἀπέχει... σταδίους* (3) om. E ‖ **2** 3 *Μέθανα* Stahl (cf. Strabo, 374) : *Μεθώνην* codd. ‖ 5 *ᾧ* : *ᾗ* conj. Herw., verba *ἐν ᾧ... ἐστίν* del. Stahl ‖ *Μέθανά* (cf. l. 3) : *Μεθώνη* codd.

Les atrocités de Corcyre.

XLVI. Vers l'époque où se produisaient ces événements, Eurymédon et Sophocle, de leur côté, après avoir quitté Pylos pour la Sicile avec des (?) navires athéniens, arrivèrent à Corcyre et marchèrent avec les gens de la ville contre les Corcyréens établis sur la montagne d'Istoné ; ceux-ci, qui étaient passés dans l'île à l'époque, à la suite des troubles, se trouvaient maîtres du pays et causaient de grands dommages[1]. **2** Il y eut une attaque et leur retranchement fut pris ; quant aux occupants, s'étant réfugiés tous ensemble sur une hauteur, ils firent une convention par laquelle ils livraient leurs auxiliaires et acceptaient de se rendre avec leurs armes, si leur sort était remis à la décision du peuple athénien. **3** Alors les stratèges les firent passer dans l'île de Ptychia pour les y garder sous convention jusqu'à leur transfert à Athènes : au premier qui serait pris à s'enfuir, la convention était rompue pour tous. **4** Mais les chefs du parti démocratique de Corcyre, craignant que les Athéniens ne laissent la vie sauve aux prisonniers qui leur arriveraient, combinent un stratagème : **5** ils agissent sur quelques-uns des hommes qui étaient dans l'île, en leur envoyant secrètement des amis à eux, non sans leur avoir, sous couleur de bons sentiments, bien sûr, fait la leçon ; ceux-ci devaient dire à leurs amis de l'île qu'ils auraient tout intérêt à s'enfuir au plus vite et qu'eux-mêmes tiendraient une embarcation prête : les stratèges athéniens, en effet, auraient bel et bien l'intention de les livrer au parti populaire de Corcyre ! XLVII. Ces propos furent écoutés, on combina la présence de l'embarcation et, en partant, ils furent pris : la convention était donc rompue et tous passaient du coup aux mains des Corcyréens. **2** Une circonstance facilita beaucoup l'affaire, en donnant corps au prétexte fourni et en permettant aux auteurs du plan d'agir plus librement : c'est que les stratèges athéniens, de toute évidence, n'auraient pas aimé laisser les prisonniers, ramenés à Athènes par d'autres (puisque eux-

1. On reprend où l'on en était resté à III.85.

XLVI. Κατὰ δὲ τὸν αὐτὸν χρόνον, καθ' ὃν ταῦτα ἐγίγνετο, καὶ Εὐρυμέδων καὶ Σοφοκλῆς, ἐπειδὴ ἐκ τῆς Πύλου ἀπῆραν ἐς τὴν Σικελίαν [...] ναυσὶν 'Αθηναίων, ἀφικόμενοι ἐς Κέρκυραν ἐστράτευσαν μετὰ τῶν ἐκ τῆς πόλεως ἐπὶ τοὺς ἐν τῷ ὄρει τῆς 'Ιστώνης Κερκυραίων καθιδρυμένους, οἳ τότε μετὰ τὴν στάσιν διαβάντες ἐκράτουν τε τῆς γῆς καὶ πολλὰ ἔβλαπτον. 2 Προσβαλόντες δὲ τὸ μὲν τείχισμα εἷλον, οἱ δὲ ἄνδρες καταπεφευγότες ἁθρόοι πρὸς μετέωρόν τι ξυνέβησαν ὥστε τοὺς μὲν ἐπικούρους παραδοῦναι, περὶ δὲ σφῶν τὰ ὅπλα παραδόντων τὸν 'Αθηναίων δῆμον διαγνῶναι. 3 Καὶ αὐτοὺς ἐς τὴν νῆσον οἱ στρατηγοὶ τὴν Πτυχίαν ἐς φυλακὴν διεκόμισαν ὑποσπόνδους, μέχρι οὗ 'Αθήναζε πεμφθῶσιν, ὥστ' ἐάν τις ἁλῷ ἀποδιδράσκων, ἅπασι λελύσθαι τὰς σπονδάς. 4 Οἱ δὲ τοῦ δήμου προστάται τῶν Κερκυραίων, δεδιότες μὴ οἱ 'Αθηναῖοι τοὺς ἐλθόντας οὐκ ἀποκτείνωσι, μηχανῶνται τοιόνδε τι· 5 τῶν ἐν τῇ νήσῳ πείθουσί τινας ὀλίγους, ὑποπέμψαντες φίλους καὶ διδάξαντες ὡς κατ' εὔνοιαν δὴ λέγειν ὅτι κράτιστον αὐτοῖς εἴη ὡς τάχιστα ἀποδρᾶναι, πλοῖον δέ τι αὐτοὶ ἑτοιμάσειν· μέλλειν γὰρ δὴ τοὺς στρατηγοὺς τῶν 'Αθηναίων παραδώσειν αὐτοὺς τῷ δήμῳ τῶν Κερκυραίων.

XLVII. 'Ως δὲ ἔπεισαν καὶ μηχανησαμένων τὸ πλοῖον ἐκπλέοντες ἐλήφθησαν, ἐλέλυντό τε αἱ σπονδαὶ καὶ τοῖς Κερκυραίοις παρεδίδοντο οἱ πάντες. 2 Ξυνελάβοντο δὲ τοῦ τοιούτου οὐχ ἥκιστα, ὥστε ἀκριβῆ τὴν πρόφασιν γενέσθαι καὶ τοὺς τεχνησαμένους ἀδεέστερον ἐγχειρῆσαι, οἱ στρατηγοὶ τῶν 'Αθηναίων κατάδηλοι ὄντες τοὺς ἄνδρας μὴ ἂν βούλεσθαι ὑπ' ἄλλων κομισθέντας, διότι αὐτοὶ ἐς

XLVI. 1 1 καθ' ὃν om. ABEF || 3 ante ναυσὶν numerum excidisse conj. Krueger || 5 τῆς 'Ιστώνης ['Ιστ- AB] codd. : τῇ 'Ιστώνῃ conj. Dobrée || 2 4 τὸν CEMF[2] : τῶν ABF || 4 3 τούς : αὐτοὺς conj. Poppo || 5 2 δὴ om. B.

XLVII. 1 1 ἔπεισαν : ἐπείσθησαν conj. Herw. || 2 ἐκπλέοντες : πλέοντες M || 3 παρεδίδοντο CM : παρεδέδοντο ABEF.

mêmes allaient en Sicile), servir la gloire de ceux qui les y conduiraient. **3** Cependant, quand ils furent entre leurs mains, les Corcyréens les enfermèrent dans un grand édifice ; et, plus tard, les faisant sortir par groupes de vingt, ils les conduisaient entre deux files d'hoplites rangés de part et d'autre, que ceux-ci parcouraient attachés entre eux, en se faisant frapper et lacérer par les hommes de chaque file, selon que tel d'entre eux apercevait un de ses ennemis ; des gens avec des fouets, à leurs côtés, pressaient la marche de ceux qui n'avançaient pas assez vite. — XLVIII. Jusqu'à soixante hommes furent ainsi emmenés et massacrés à l'insu de ceux qui étaient dans l'édifice : ceux-ci imaginaient qu'on les transférait pour les emmener ailleurs. Mais à peine eurent-ils compris et les eut-on éclairés qu'ils en appelaient aux Athéniens, leur demandant, s'ils le voulaient, de les massacrer eux-mêmes : ils se refusaient, désormais, à sortir de l'édifice et déclaraient qu'ils emploieraient toutes leurs forces à ne laisser entrer personne. **2** Mais les Corcyréens n'avaient pas non plus l'intention de forcer la porte : étant montés sur le dessus de l'édifice et ayant pratiqué une ouverture dans le toit, ils en jetaient les tuiles sur eux et leur lançaient des flèches d'en haut. **3** Eux se gardaient comme ils pouvaient et, dans le même temps, pour la plupart, ils se donnaient eux-mêmes la mort, soit en s'enfonçant dans la gorge les traits envoyés d'en haut, soit en employant les sangles prises à des lits qu'ils avaient là, ou des bandes déchirées à leurs vêtements pour s'étrangler : de mille manières, pendant presque toute la nuit (car la nuit était survenue sur cette scène), succombant de leurs propres mains et frappés d'en haut par les autres, ils tombèrent massacrés[1]. **4** Les Corcyréens, au lever du jour, les jetèrent en piles sur des chars et les conduisirent hors de la ville. Toutes les femmes qui avaient été prises dans le retranchement devinrent

1. On a déjà eu, pour Corcyre, des scènes de massacres et de suicides, à III.81, mais rien qui atteigne en horreur le récit fait ici. Thucydide ne dissimule d'ailleurs pas que les chefs athéniens, par leur égoïsme (47.2), portaient une part de responsabilité.

Σικελίαν ἔπλεον, τὴν τιμὴν τοῖς ἄγουσι προσποιῆσαι. 3 Παραλαβόντες δὲ αὐτοὺς οἱ Κερκυραῖοι ἐς οἴκημα μέγα κατεῖρξαν, καὶ ὕστερον ἐξάγοντες κατὰ εἴκοσιν ἄνδρας διῆγον διὰ δυοῖν στοίχοιν ὁπλιτῶν ἑκατέρωθεν παρατεταγμένων, δεδεμένους τε πρὸς ἀλλήλους καὶ παιομένους καὶ κεντουμένους ὑπὸ τῶν παρατεταγμένων, εἴ πού τίς τινα ἴδοι ἐχθρὸν ἑαυτοῦ· μαστιγοφόροι τε παριόντες ἐπετάχυνον τῆς ὁδοῦ τοὺς σχολαίτερον προϊόντας. XLVIII. Καὶ ἐς μὲν ἄνδρας ἑξήκοντα ἔλαθον τοὺς ἐν τῷ οἰκήματι τούτῳ τῷ τρόπῳ ἐξαγαγόντες καὶ διαφθείραντες (ᾤοντο γὰρ αὐτοὺς μεταστήσαντάς ποι ἄλλοσ' ἐσάγειν)· ὡς δὲ ᾔσθοντο καί τις αὐτοῖς ἐδήλωσε, τούς τε Ἀθηναίους ἐπεκαλοῦντο καὶ ἐκέλευον σφᾶς, εἰ βούλονται, αὐτοὺς διαφθείρειν, ἔκ τε τοῦ οἰκήματος οὐκέτι ἤθελον ἐξιέναι, οὐδ' ἐσιέναι ἔφασαν κατὰ δύναμιν περιόψεσθαι οὐδένα. 2 Οἱ δὲ Κερκυραῖοι κατὰ μὲν τὰς θύρας οὐδ' αὐτοὶ διενοοῦντο βιάζεσθαι, ἀναβάντες δὲ ἐπὶ τὸ τέγος τοῦ οἰκήματος καὶ διελόντες τὴν ὀροφὴν ἔβαλλον τῷ κεράμῳ καὶ ἐτόξευον κάτω. 3 Οἱ δὲ ἐφυλάσσοντό τε ὡς ἐδύναντο καὶ ἅμα οἱ πολλοὶ σφᾶς αὐτοὺς διέφθειρον, οἰστούς τε οὓς ἀφίεσαν ἐκεῖνοι ἐς τὰς σφαγὰς καθιέντες καὶ ἐκ κλινῶν τινων, αἳ ἔτυχον αὐτοῖς ἐνοῦσαι, τοῖς σπάρτοις καὶ ἐκ τῶν ἱματίων παραιρήματα ποιοῦντες ἀπαγχόμενοι, παντί ⟨τε⟩ τρόπῳ τὸ πολὺ τῆς νυκτός (ἐπεγένετο γὰρ νὺξ τῷ παθήματι) ἀναλοῦντες σφᾶς αὐτοὺς καὶ βαλλόμενοι ὑπὸ τῶν ἄνω διεφθάρησαν. 4 Καὶ αὐτοὺς οἱ Κερκυραῖοι, ἐπειδὴ ἡμέρα ἐγένετο, φορμηδὸν ἐπὶ ἁμάξας ἐπιβαλόντες ἀπήγαγον ἔξω τῆς πόλεως. Τὰς δὲ γυναῖκας, ὅσαι ἐν τῷ τειχίσματι ἑάλωσαν, ἠνδρα-

XLVII. 3 7 προϊόντας Duker : προσιόντας codd.

XLVIII. 1 3 διαφθείραντες C : -ραντες || 4 μεταστήσαντάς : -σοντάς conj. Schaefer || ἐσάγειν ABEF^{ac} : ἐπάγειν C ἄγειν F^{pc}M || 3 2 ἐφυλάσσοντό τε : ἐφύλασσον τότε ABF^{ac}M || 3 διέφθειρον : -ραν M || 4 αὐτοῖς : αὐτοῦ conj. Herw. || 6 τε add. Poppo || 7 ἀναλοῦντες Souda, Zonaras : ἀναδοῦντες codd. || 4 2 ἁμάξας : -ξαις B.

leurs esclaves. **5** C'est ainsi que les Corcyréens de la montagne furent massacrés par le parti populaire, et les troubles, qui avaient eu beaucoup d'ampleur, s'arrêtèrent là, du moins pour cette guerre[1] : en effet, de l'un des deux partis, il ne restait pratiquement rien.

6 Les Athéniens, eux, firent voile vers la Sicile, but primitif de leur expédition, pour y faire la guerre en compagnie des alliés qu'ils avaient là-bas.

XLIX. Les Athéniens de Naupacte et les Acarnaniens partirent, comme l'été finissait, en expédition contre Anactorion, ville appartenant aux Corinthiens et située à l'entrée du golfe d'Ambracie ; ils s'en emparèrent en bénéficiant d'une trahison. Après en avoir chassé les Corinthiens, les Acarnaniens, grâce à de nouveaux habitants venus de tout leur pays, prirent eux-mêmes possession de la place. Et ce fut la fin de l'été.

Opérations d'hiver.

L. L'hiver suivant, Aristide, fils d'Archippos, l'un des stratèges commandant les navires de perception qui avaient été envoyés auprès des alliés, arrêta, à Éion sur le Strymon, Artaphernès, un Perse qui se rendait de la part du roi à Lacédémone[2]. **2** Il fut conduit à Athènes, où, après avoir traduit sa lettre de l'assyrien, on en prit connaissance. Parmi de nombreuses indications, l'essentiel du message adressé aux Lacédémoniens était que le roi ne comprenait pas ce qu'ils voulaient : des divers ambassadeurs qui étaient venus, aucun ne tenait le même langage ; s'ils voulaient être clairs, ils n'avaient qu'à lui envoyer des délégués qui accompagneraient le Perse. **3** Les Athéniens firent dans la suite reconduire Artaphernès à Éphèse à bord d'une trière, avec des représentants ; mais, à leur arrivée, ceux-ci apprirent la mort récente d'Artaxerxès, fils de Xerxès, qui, en effet, eut lieu à cette époque, et ils rentrèrent chez eux.

1. Sur le sens de cette indication, cf. Notice, p. XXI.
2. Les Athéniens s'étaient déjà emparés d'ambassadeurs lacédémoniens envoyés auprès du roi de Perse : II.67.

ποδίσαντο. 5 Τοιούτῳ μὲν τρόπῳ οἱ ἐκ τοῦ ὄρους Κερκυραῖοι ὑπὸ τοῦ δήμου διεφθάρησαν, καὶ ἡ στάσις πολλὴ γενομένη ἐτελεύτησεν ἐς τοῦτο, ὅσα γε κατὰ τὸν πόλεμον τόνδε· οὐ γὰρ ἔτι ἦν ὑπόλοιπον τῶν ἑτέρων ὅ τι καὶ ἀξιόλογον.

6 Οἱ δὲ Ἀθηναῖοι ἐς τὴν Σικελίαν, ἵναπερ τὸ πρῶτον ὥρμηντο, ἀποπλεύσαντες μετὰ τῶν ἐκεῖ ξυμμάχων ἐπολέμουν.

XLIX. Καὶ οἱ ἐν τῇ Ναυπάκτῳ Ἀθηναῖοι καὶ Ἀκαρνᾶνες ἅμα τελευτῶντος τοῦ θέρους στρατευσάμενοι Ἀνακτόριον Κορινθίων πόλιν, ἣ κεῖται ἐπὶ τῷ στόματι τοῦ Ἀμπρακικοῦ κόλπου, ἔλαβον προδοσίᾳ· καὶ ἐκπέμψαντες Κορινθίους αὐτοὶ Ἀκαρνᾶνες οἰκήτορες ἀπὸ πάντων ἔσχον τὸ χωρίον. Καὶ τὸ θέρος ἐτελεύτα.

L. Τοῦ δ' ἐπιγιγνομένου χειμῶνος Ἀριστείδης ὁ Ἀρχίππου, εἷς τῶν ἀργυρολόγων νεῶν Ἀθηναίων στρατηγός, αἳ ἐξεπέμφθησαν πρὸς τοὺς ξυμμάχους, Ἀρταφέρνη, ἄνδρα Πέρσην, παρὰ βασιλέως πορευόμενον ἐς Λακεδαίμονα ξυλλαμβάνει ἐν Ἠιόνι τῇ ἐπὶ Στρυμόνι. 2 Καὶ αὐτοῦ κομισθέντος οἱ Ἀθηναῖοι τὰς μὲν ἐπιστολὰς μεταγραψάμενοι ἐκ τῶν Ἀσσυρίων γραμμάτων ἀνέγνωσαν, ἐν αἷς πολλῶν ἄλλων γεγραμμένων κεφάλαιον ἦν πρὸς Λακεδαιμονίους οὐ γιγνώσκειν ὅ τι βούλονται· πολλῶν γὰρ ἐλθόντων πρέσβεων οὐδένα ταὐτὰ λέγειν· εἰ οὖν τι βούλονται σαφὲς λέγειν, πέμψαι μετὰ τοῦ Πέρσου ἄνδρας ὡς αὐτόν. 3 Τὸν δὲ Ἀρταφέρνη ὕστερον οἱ Ἀθηναῖοι ἀποστέλλουσι τριήρει ἐς Ἔφεσον καὶ πρέσβεις ἅμα· οἳ πυθόμενοι αὐτόθι βασιλέα Ἀρταξέρξην τὸν Ξέρξου νεωστὶ τεθνηκότα (κατὰ γὰρ τοῦτον τὸν χρόνον ἐτελεύτησεν) ἐπ' οἴκου ἀνεχώρησαν.

XLIX. 5 Κορινθίους del. Dobrée ‖ οἰκήτορες ABFM : -ρας CE.

L. 2 4 πρὸς Λακεδαιμονίους : del. Stahl, τοὺς Λακ- conj. Cobet ‖ 6 τι C : om. cett. ‖ 7 ἄνδρας C : ἀνδρὸς ‖ 3 2 οἱ om. M.

LI. Le même hiver, encore, les habitants de Chios abattirent leur nouveau mur, sur l'ordre des Athéniens qui les soupçonnaient de préparer des actes de rébellion. Toutefois, ils prirent par rapport à Athènes toutes les assurances et garanties qu'ils purent, qu'aucune action n'interviendrait contre eux. Par là s'achevait l'hiver et, avec lui, la septième année de cette guerre, racontée par Thucydide.

Opérations de printemps.

LII. Tout au début de l'été suivant, il y eut une éclipse partielle de soleil à l'époque de la nouvelle lune* et, dans les premiers jours du même mois, un tremblement de terre.

2 Les bannis de Mytilène et du reste de Lesbos entrèrent presque tous en action depuis une base du continent : avec un corps de Péloponnésiens pris à gages et une troupe rassemblée sur place, ils s'emparèrent de Rhoeteion ; puis, après avoir touché deux mille statères de Phocée, ils restituèrent la place sans y causer aucun dommage. **3** Après quoi ils marchèrent contre Antandros : grâce à une trahison, ils prirent la ville. Leur plan était de libérer les autres cités dites actéennes, ou « de la Côte », qui, auparavant aux mains des Mytiléniens, étaient alors aux mains d'Athènes, et, avant tout, Antandros. Une fois Antandros fortement tenue, avec les facilités qu'ils auraient pour se fournir soit de navires (grâce à l'abondance du bois sur place et à la proximité de l'Ida) soit de tout autre matériel, il leur serait aisé, en la prenant pour base, de causer des dégâts à Lesbos, qui était peu éloignée, et de soumettre les bourgs éoliens du continent. Tels étaient, quant à eux, les projets qu'ils avaient l'intention de poursuivre.

LIII. Le même été, les Athéniens prirent soixante navires et deux mille hoplites, ainsi qu'un peu de cavalerie, et, emmenant avec eux des Milésiens et quelques autres alliés, ils partirent en expédition contre Cythère ; ils étaient commandés par Nicias, fils de Nicératos,

LI. Τοῦ δ' αὐτοῦ χειμῶνος καὶ Χῖοι τὸ τεῖχος περιεῖλον τὸ καινὸν κελευσάντων Ἀθηναίων καὶ ὑποπτευσάντων ἐς αὐτούς τι νεωτεριεῖν, ποιησάμενοι μέντοι πρὸς Ἀθηναίους πίστεις καὶ βεβαιότητα ἐκ τῶν δυνατῶν μηδὲν περὶ σφᾶς νεώτερον βουλεύσειν. Καὶ ὁ χειμὼν ἐτελεύτα, καὶ ἕβδομον ἔτος τῷ πολέμῳ ἐτελεύτα τῷδε ὃν Θουκυδίδης ξυνέγραψεν.

LII. Τοῦ δ' ἐπιγιγνομένου θέρους εὐθὺς τοῦ τε ἡλίου ἐκλιπές τι ἐγένετο περὶ νουμηνίαν καὶ τοῦ αὐτοῦ μηνὸς ἱσταμένου ἔσεισεν.

2 Καὶ οἱ Μυτιληναίων φυγάδες καὶ τῶν ἄλλων Λεσβίων, ὁρμώμενοι οἱ πολλοὶ ἐκ τῆς ἠπείρου καὶ μισθωσάμενοι ἔκ τε Πελοποννήσου ἐπικουρικὸν καὶ αὐτόθεν ξυναγείραντες, αἱροῦσι Ῥοίτειον, καὶ λαβόντες δισχιλίους στατῆρας Φωκαΐτας ἀπέδοσαν πάλιν, οὐδὲν ἀδικήσαντες· **3** καὶ μετὰ τοῦτο ἐπὶ Ἄντανδρον στρατεύσαντες προδοσίας γενομένης λαμβάνουσι τὴν πόλιν. Καὶ ἦν αὐτῶν ἡ διάνοια τάς τε ἄλλας πόλεις τὰς Ἀκταίας καλουμένας, ἃς πρότερον Μυτιληναίων νεμομένων Ἀθηναῖοι εἶχον, ἐλευθεροῦν, καὶ πάντων μάλιστα τὴν Ἄντανδρον· καὶ κρατυνάμενοι αὐτήν (ναῦς τε γὰρ εὐπορία ἦν ποιεῖσθαι, αὐτόθεν ξύλων ὑπαρχόντων καὶ τῆς Ἴδης ἐπικειμένης, καὶ τὰ ἄλλα σκεύη) ῥᾳδίως ἀπ' αὐτῆς ὁρμώμενοι τήν τε Λέσβον ἐγγὺς οὖσαν κακώσειν καὶ τὰ ἐν τῇ ἠπείρῳ Αἰολικὰ πολίσματα χειρώσεσθαι. Καὶ οἱ μὲν ταῦτα παρασκευάζεσθαι ἔμελλον.

LIII. Ἀθηναῖοι δὲ ἐν τῷ αὐτῷ θέρει ἑξήκοντα ναυσὶ καὶ δισχιλίοις ὁπλίταις ἱππεῦσί τε ὀλίγοις καὶ τῶν ξυμμάχων Μιλησίους καὶ ἄλλους τινὰς ἄγοντες ἐστράτευσαν ἐπὶ Κύθηρα· ἐστρατήγει δὲ αὐτῶν Νικίας ὁ Νικηράτου καὶ

LI. 5 καὶ ἕβδομον... ἐτελεύτα (6) om. E.

LII. **2** 5 οὐδὲν : μηδὲν GH[s1] || **3** 8 τὰ ἄλλα σκεύη Rutherford : τῇ ἄλλῃ σκευῇ [παρασκευῇ H[s1]] codd. || 10 χειρώσεσθαι recc. : -σασθαι codd.

LIII. **1** 3 ἄγοντες Cobet : ἀγαγόντες codd.

Nicostratos, fils de Diitréphès, et Autoclès, fils de Tolmée. **2** Cythère est une île qui se trouve située contre la Laconie, en face du cap Malée. Les habitants sont des Lacédémoniens de la classe des périèques. Un Spartiate passait chaque année dans l'île pour y exercer la charge de « juge pour Cythère » et les Lacédémoniens y avaient en permanence un poste d'hoplites qu'ils renouvelaient, veillant sur l'île avec une attention particulière. **3** Elle constituait, en effet, un mouillage pour les navires marchands en provenance d'Égypte et de Libye, tout en protégeant la Laconie des pirates du côté de la mer, le seul par où il fût possible de l'inquiéter. Car, de partout, l'île[1] domine les mers de Sicile et de Crète. LIV. Les Athéniens y firent donc aborder leurs troupes : avec dix navires et deux mille[2] hoplites milésiens, ils s'emparèrent de la ville maritime, appelée Scandeia, tandis que le reste de leurs hommes débarquait dans la partie de l'île tournée vers le cap Malée et marchait contre la ville non maritime de Cythère. Là, ils trouvèrent la population entière aussitôt constituée en camp militaire. **2** Un combat eut lieu : les Cythériens tinrent un petit moment ; puis ils furent mis en fuite et se réfugièrent dans la ville haute. Plus tard, ils conclurent une convention avec Nicias et ses collègues et remirent leur sort à la décision d'Athènes, sous réserve d'avoir la vie sauve. **3** Il y avait d'ailleurs eu des pourparlers antérieurs entre Nicias et quelques Cythériens ; c'est ce qui rendit l'accord plus rapide et plus satisfaisant pour eux, sur le moment comme dans la suite ; car, autrement, les Athéniens auraient déporté les Cythériens, qui étaient Lacédémoniens et dont l'île est, comme on l'a vu, située contre la Laconie. **4** Après la convention, les Athéniens prirent possession de Scandeia, le bourg situé au port, organisèrent la surveillance de Cythère, et firent

1. Selon beaucoup d'interprètes (dont Gomme), le sujet serait la Laconie. Il semble pourtant que la remarque ait plus d'intérêt appliquée à l'île ; quant au mot πᾶσα, il signifie que l'île, dominant deux mers à la fois, les domine « de toutes ses côtes ».

2. Le chiffre est impossible : cf. Notice, p. xx, n. 4.

Νικόστρατος ὁ Διειτρέφους καὶ Αὐτοκλῆς ὁ Τολμαίου. 2 Τὰ δὲ Κύθηρα νῆσός ἐστιν, ἐπίκειται δὲ τῇ Λακωνικῇ κατὰ Μαλέαν· Λακεδαιμόνιοι δ' εἰσὶ τῶν περιοίκων, καὶ κυθηροδίκης ἀρχὴ ἐκ τῆς Σπάρτης διέβαινεν αὐτόσε κατὰ ἔτος, ὁπλιτῶν τε φρουρὰν διέπεμπον αἰεὶ καὶ πολλὴν ἐπιμέλειαν ἐποιοῦντο. 3 Ἦν γὰρ αὐτοῖς τῶν τε ἀπ' Αἰγύπτου καὶ Λιβύης ὁλκάδων προσβολή, καὶ λῃσταὶ ἅμα τὴν Λακωνικὴν ἧσσον ἐλύπουν ἐκ θαλάσσης, ᾗπερ μόνον οἷόν τε ἦν κακουργεῖσθαι· πᾶσα γὰρ ἀνέχει πρὸς τὸ Σικελικὸν καὶ Κρητικὸν πέλαγος. LIV. Κατασχόντες οὖν οἱ Ἀθηναῖοι τῷ στρατῷ δέκα μὲν ναυσὶ καὶ δισχιλίοις Μιλησίων ὁπλίταις τὴν ἐπὶ θαλάσσῃ πόλιν Σκάνδειαν καλουμένην αἱροῦσι, τῷ δὲ ἄλλῳ στρατεύματι ἀποβάντες τῆς νήσου ἐς τὰ πρὸς Μαλέαν τετραμμένα ἐχώρουν ἐπὶ τὴν ἀπὸ θαλάσσης πόλιν τῶν Κυθηρίων, καὶ ηὗρον εὐθὺς αὐτοὺς ἐστρατοπεδευμένους ἅπαντας. 2 Καὶ μάχης γενομένης ὀλίγον μέν τινα χρόνον ὑπέστησαν οἱ Κυθήριοι, ἔπειτα τραπόμενοι κατέφυγον ἐς τὴν ἄνω πόλιν, καὶ ὕστερον ξυνέβησαν πρὸς Νικίαν καὶ τοὺς ξυνάρχοντας Ἀθηναίοις ἐπιτρέψαι περὶ σφῶν αὐτῶν πλὴν θανάτου. 3 Ἦσαν δέ τινες καὶ γενόμενοι τῷ Νικίᾳ λόγοι πρότερον πρός τινας τῶν Κυθηρίων, δι' ὃ καὶ θᾶσσον καὶ ἐπιτηδειότερον τό τε παραυτίκα καὶ τὸ ἔπειτα τὰ τῆς ὁμολογίας ἐπράχθη αὐτοῖς· ἀνέστησαν γὰρ ⟨ἂν⟩ οἱ Ἀθηναῖοι Κυθηρίους, Λακεδαιμονίους τε ὄντας καὶ ἐπὶ τῇ Λακωνικῇ τῆς νήσου οὕτως ἐπικειμένης. 4 Μετὰ δὲ τὴν ξύμβασιν οἱ Ἀθηναῖοι τήν τε Σκάνδειαν τὸ ἐπὶ τῷ λιμένι πόλισμα παραλαβόντες καὶ τῶν Κυθήρων φυλακὴν ποιησάμενοι ἔπλευσαν ἔς τε Ἀσί-

LIII. 2 2 δ' om. C. || 3 1 αὐτοῖς C : αὐτῆς.

LIV. 1 2 δισχιλίοις codd., vix recte : πεντακοσίοις conj. Stahl, διακοσίοις Classen || Μιλησίων post ὁπλίταις (3) transp. M || 5 ἀπὸ θαλάσσης Stahl : ἐπὶ θαλάσσῃ codd., del. Krueger || 2 3 κατέφυγον : -φευγον CE || 3 3 alt. καὶ om. M, del. F[2] || 4 τὰ H[mg] recc. : om. codd. || 5 ἂν add. Heilmann || 4 3 Κυθήρων : Κυθηρίων M.

voile vers Asiné, Hélos et la plupart des villes en bordure de la mer : ils y faisaient des descentes et bivouaquaient dans les endroits qui s'y prêtaient, ravageant ainsi le pays pendant, semble-t-il, sept jours.

LV. Les Lacédémoniens, qui voyaient Athènes maîtresse de Cythère et n'étaient pas sans s'attendre de sa part à de telles descentes sur leur territoire, ne lui opposèrent nulle part leurs forces réunies : ils envoyèrent en faction de par le pays toute une masse d'hoplites répartis selon les divers besoins, et, à tous égards, ils montraient une grande vigilance ; ils avaient peur de voir se produire des soulèvements contre l'ordre établi, étant donné le désastre, aussi grave qu'imprévu, qu'ils avaient subi dans l'île, l'occupation de Pylos et de Cythère, et la menace que dressait de toutes parts contre eux une guerre aux coups rapides et impossibles à parer ; **2** par suite, ils rompirent avec leurs habitudes en équipant quatre cents cavaliers ainsi que des archers[1], et, en matière de guerre, ils devinrent, à ce moment-là, plus timides que jamais, engagés comme ils l'étaient, à l'encontre de leurs moyens normaux, dans une lutte navale, et cela contre des Athéniens, pour qui ne pas entreprendre une chose était toujours une perte par rapport au résultat qu'ils comptaient réaliser. **3** En même temps, le hasard, qui était venu souvent en peu de temps tromper leur attente, leur inspirait une frayeur extrême et ils craignaient de lui devoir encore quelque nouveau malheur comme celui de l'île. **4** Cela leur ôtait de leur audace pour aller au combat et ils ne pouvaient bouger sans croire que cela tournerait mal : leur esprit ne savait à quoi se rattacher, parce qu'ils n'avaient pas, jusque-là, été habitués à l'échec. — LVI. Vis-à-vis des Athéniens, alors en train de ravager le pays côtier, ils restèrent généralement sans rien faire : chaque fois qu'un poste de soldats voyait se produire une de ces descentes, chaque groupe à son tour se jugeait en état d'infériorité numérique et dans une situation correspondante[2] ; le seul

1. Ici, le chiffre n'est pas indispensable : le principe suffit.
2. L'expression est à dessein obscure : cf. Notes complémentaires.

νην καὶ Ἕλος καὶ τὰ πλεῖστα τῶν περὶ θάλασσαν, καὶ ἀποβάσεις ποιούμενοι καὶ ἐναυλιζόμενοι τῶν χωρίων οὗ καιρὸς εἴη ἐδῄουν τὴν γῆν ἡμέρας μάλιστα ἑπτά.

LV. Οἱ δὲ Λακεδαιμόνιοι, ἰδόντες μὲν τοὺς Ἀθηναίους τὰ Κύθηρα ἔχοντας, προσδεχόμενοι δὲ καὶ ἐς τὴν γῆν σφῶν ἀποβάσεις τοιαύτας ποιήσεσθαι, ἁθρόᾳ μὲν οὐδαμοῦ τῇ δυνάμει ἀντετάξαντο, κατὰ δὲ τὴν χώραν φρουρὰς διέπεμψαν ὁπλιτῶν πλῆθος ὡς ἑκασταχόσε ἔδει, καὶ τὰ ἄλλα ἐν φυλακῇ πολλῇ ἦσαν, φοβούμενοι μὴ σφίσι νεώτερόν τι γένηται τῶν περὶ τὴν κατάστασιν, γεγενημένου μὲν τοῦ ἐν τῇ νήσῳ πάθους ἀνελπίστου καὶ μεγάλου, Πύλου δὲ ἐχομένης καὶ Κυθήρων καὶ πανταχόθεν σφᾶς περιεστῶτος πολέμου ταχέος καὶ ἀπροφυλάκτου, **2** ὥστε παρὰ τὸ εἰωθὸς ἱππέας τετρακοσίους κατεστήσαντο καὶ τοξότας, ἔς τε τὰ πολεμικά, εἴπερ ποτέ, μάλιστα δὴ ὀκνηρότεροι ἐγένοντο ξυνεστῶτες παρὰ τὴν ὑπάρχουσαν σφῶν ἰδέαν τῆς παρασκευῆς ναυτικῷ ἀγῶνι, καὶ τούτῳ πρὸς Ἀθηναίους, οἷς τὸ μὴ ἐπιχειρούμενον αἰεὶ ἐλλιπὲς ἦν τῆς δοκήσεώς τι πράξειν· **3** καὶ ἅμα τὰ τῆς τύχης πολλὰ καὶ ἐν ὀλίγῳ ξυμβάντα παρὰ λόγον αὐτοῖς ἔκπληξιν μεγίστην παρεῖχε, καὶ ἐδέδισαν μή ποτε αὖθις ξυμφορά τις αὐτοῖς περιτύχῃ οἵα καὶ ἐν τῇ νήσῳ, **4** ἀτολμότεροί τε δι' αὐτὸ ἐς τὰς μάχας ᾖσαν καὶ πᾶν ὅ τι κινήσειαν ᾤοντο ἁμαρτήσεσθαι διὰ τὸ τὴν γνώμην ἀνεχέγγυον γεγενῆσθαι ἐκ τῆς πρὶν ἀηθείας τοῦ κακοπραγεῖν. LVI. Τοῖς δὲ Ἀθηναίοις τότε τὴν παραθαλάσσιον δῃοῦσι τὰ μὲν πολλὰ ἡσύχασαν, ὡς καθ' ἑκάστην φρουρὰν γίγνοιτό τις ἀπόβασις, πλήθει τε ἐλάσσους ἕκαστοι ἡγούμενοι εἶναι καὶ ἐν τῷ τοιούτῳ·

LIV. **4** 4 περὶ : παρὰ H.

LV. **1** 4 φρουρὰς : -ροὺς M || 6 πολλῇ om. E || 8 ἐν C : ἐπὶ || 10 πολέμου : τοῦ πολέμου B || ταχέος C^2F^2 : ταχέως cett. || **2** 3 μάλιστα δὴ del. Cobet || **3** 2 αὐτοῖς om. B || 4 οἷα BF : οἷα vel οἷα ACEM || **4** 1 τε Stahl : δὲ codd. || 2 ᾖσαν Cobet : ἦσαν codd. || 3 ἀνεχέγγυον : -γυοι conj. Herw.

poste qui, en fait, résista, aux environs de Cotyrta et d'Aphroditia, réussit bien, en fonçant, à mettre en fuite la masse des troupes légères, qui était débandée ; mais les hoplites reçurent le choc et le groupe dut reculer à son tour ; il eut un petit nombre d'hommes tués et des armes prises ; les Athéniens élevèrent un trophée et repartirent pour Cythère. **2** De là ils contournèrent le pays jusqu'à Épidaure Liméra et, après avoir ravagé une partie du pays, ils arrivèrent à Thyréa, ville de la contrée appelée Cynurie, à la limite entre l'Argolide et la Laconie. Les Lacédémoniens, qui l'occupaient, l'avaient donnée à habiter aux Éginètes, lors de leur expulsion[1], en récompense pour leur aide lors du tremblement de terre et du soulèvement des hilotes, et parce qu'ils avaient toujours, quoique sujets d'Athènes, adopté leur point de vue. LVII. Dès l'approche des Athéniens, les Éginètes abandonnèrent le mur qu'ils étaient en train de construire au bord de la mer et se retirèrent dans la ville haute qu'ils habitaient, à quelque dix stades de la côte. **2** Il y avait une des garnisons lacédémoniennes du pays qui, précisément, les aidait à le construire : elle refusa d'entrer dans les murs, comme le demandaient les Éginètes, et vit du danger à s'y trouver enfermée : elle se retira donc sur la hauteur et, ne se jugeant pas de force à combattre, resta en repos. **3** Sur quoi les Athéniens abordent, font aussitôt avancer toutes leurs troupes, et s'emparent de Thyréa. — La ville fut brûlée, tout ce qu'elle contenait saccagé, et ils ramenèrent à Athènes tous les Éginètes qu'ils n'avaient pas tués au cours de l'action, ainsi que le chef lacédémonien présent dans la place, Tantalos, fils de Patroclès, qui avait été

1. Thucydide a déjà décrit la situation de Thyréa, à II.27.2, précisément lorsqu'il rapportait l'installation des Éginètes sur ce territoire, à la suite de leur expulsion par Athènes. Ces événements n'avaient pu qu'accroître la haine des Éginètes pour Athènes. Le traitement qui leur est infligé au paragraphe suivant (57.4) fait partie des atrocités dont le débat sur Mytilène marque les débuts. Lysandre trouva cependant assez d'Éginètes encore en vie à la fin de la guerre pour pouvoir leur remettre leur île, comme il le fit aussi pour Mélos (Xénophon, *Helléniques*, II, 27).

μία δὲ φρουρά, ἥπερ καὶ ἠμύνατο περὶ Κοτύρταν καὶ Ἀφροδιτίαν, τὸν μὲν ὄχλον τῶν ψιλῶν ἐσκεδασμένον ἐφόβησεν ἐπιδρομῇ, τῶν δὲ ὁπλιτῶν δεξαμένων ὑπεχώρησε πάλιν, καὶ ἄνδρες τέ τινες ἀπέθανον αὐτῶν ὀλίγοι καὶ ὅπλα ἐλήφθη, τροπαῖόν τε στήσαντες οἱ Ἀθηναῖοι ἀπέπλευσαν ἐς Κύθηρα. **2** Ἐκ δὲ αὐτῶν περιέπλευσαν ἐς Ἐπίδαυρον τὴν Λιμηράν, καὶ δῃώσαντες μέρος τι τῆς γῆς ἀφικνοῦνται ἐπὶ Θυρέαν, ἥ ἐστι μὲν τῆς Κυνουρίας γῆς καλουμένης, μεθορία δὲ τῆς Ἀργείας καὶ Λακωνικῆς. Νεμόμενοι δὲ αὐτὴν ἔδοσαν Λακεδαιμόνιοι Αἰγινήταις ἐκπεσοῦσιν ἐνοικεῖν διά τε τὰς ὑπὸ τὸν σεισμὸν σφίσι γενομένας καὶ τῶν Εἱλώτων τὴν ἐπανάστασιν εὐεργεσίας καὶ ὅτι Ἀθηναίων ὑπακούοντες ὅμως πρὸς τὴν ἐκείνων γνώμην αἰεὶ ἕστασαν.

LVII. Προσπλεόντων οὖν ἔτι τῶν Ἀθηναίων οἱ Αἰγινῆται τὸ μὲν ἐπὶ τῇ θαλάσσῃ ὃ ἔτυχον οἰκοδομοῦντες τεῖχος ἐκλείπουσιν, ἐς δὲ τὴν ἄνω πόλιν, ἐν ᾗ ᾤκουν, ἀπεχώρησαν, ἀπέχουσαν σταδίους μάλιστα δέκα τῆς θαλάσσης. **2** Καὶ αὐτοῖς τῶν Λακεδαιμονίων φρουρὰ μία τῶν περὶ τὴν χώραν, ἥπερ καὶ ξυνετείχιζε, ξυνεσελθεῖν μὲν ἐς τὸ τεῖχος οὐκ ἠθέλησαν δεομένων τῶν Αἰγινητῶν, ἀλλ' αὐτοῖς κίνδυνος ἐφαίνετο ἐς τὸ τεῖχος κατακλῄεσθαι· ἀναχωρήσαντες δὲ ἐπὶ τὰ μετέωρα ὡς οὐκ ἐνόμιζον ἀξιόμαχοι εἶναι, ἡσύχαζον. **3** Ἐν τούτῳ δὲ οἱ Ἀθηναῖοι κατασχόντες καὶ χωρήσαντες εὐθὺς πάσῃ τῇ στρατιᾷ αἱροῦσι τὴν Θυρέαν. Καὶ τήν τε πόλιν κατέκαυσαν καὶ τὰ ἐνόντα ἐξεπόρθησαν, τούς τε Αἰγινήτας, ὅσοι μὴ ἐν χερσὶ διεφθάρησαν, ἄγοντες ἀφίκοντο ἐς τὰς Ἀθήνας καὶ τὸν ἄρχοντα ὃς παρ' αὐτοῖς ἦν τῶν Λακεδαιμονίων, Τάνταλον τὸν Πατροκλέους·

LVI. **1** 5 Κοτύρταν ABCF : Κότυραν EHγρ Κοττύραν M || Ἀφροδιτίαν Herodian. : -σίαν [-σίων M] codd. || 6 ἐσκεδασμένον : ἠμύνατο καὶ ἐσκεδασμένον ὃν M || **2** 3 Κυνουρίας : Κυνοσουρίας AB || 8 ἕστασαν (var. spir.) EFγρM : ἑστᾶσι (var. acc.) ABCF.

LVII. **1** 4 μάλιστα post δέκα transp. M || **3** 5 τὸν om. M || 6 Πατροκλέους FM : Πατοκλέους CE Παντοκλέους AB.

blessé et fait prisonnier. **4** Ils avaient aussi avec eux des hommes de Cythère, en petit nombre, qu'il semblait bon de transférer ailleurs pour des raisons de sécurité. En ce qui les concerne, les Athéniens décidèrent de les mettre en lieu sûr dans les îles, tout en laissant les autres habitants de Cythère habiter leur pays moyennant un tribut de quatre talents ; mais, pour les Éginètes, ils décidèrent de tuer tous ceux qu'ils avaient pris, à cause de la vieille hostilité qui avait toujours régné entre eux, tandis que Tantalos rejoindrait les autres prisonniers lacédémoniens pris dans l'île.

Trêve en Sicile.

LVIII. Le même été, en Sicile, une trêve intervint tout d'abord entre les gens de Camarine et de Géla ; puis les autres Siciliens, à leur tour, se réunirent à Géla, où arrivèrent des ambassadeurs de toutes les cités, qui entrèrent en pourparlers, pour tenter une réconciliation. Parmi bien des avis émis pour et contre et traduisant dissentiments et réclamations pour ce que chaque peuple jugeait lui être dû, le Syracusain Hermocrate, fils d'Hermon, qui devait, en fait, être le plus suivi, s'adressa à l'assemblée commune et leur tint un discours comme celui qui suit.

LIX. « Je vais parler au nom d'une ville, Siciliens, qui n'est ni particulièrement dénuée d'importance ni particulièrement éprouvée par la guerre, et je le ferai pour exposer ici à tous en commun ce que je crois le meilleur parti pour la Sicile entière.

2 « Sur la guerre et son caractère pénible, à quoi bon relever tout ce qu'il y aurait à dire et insister par là sur ce que chacun sait ? Il n'arrive, en effet, jamais ni que l'ignorance vous force à la faire, ni que la crainte, si l'on croit en tirer profit, vous en détourne : il se trouve seulement que, dans un cas, le bénéfice semble supérieur au péril et que, dans l'autre, on accepte de courir un risque plutôt que de subir un dommage immédiat ; **3** mais, dans l'hypothèse où ces deux attitudes seraient adoptées mal à propos, alors les conseils de récon-

ἐζωγρήθη γὰρ τετρωμένος. 4 Ἦγον δέ τινας καὶ ἐκ τῶν Κυθήρων ἄνδρας ὀλίγους, οὓς ἐδόκει ἀσφαλείας ἕνεκα μεταστῆσαι. Καὶ τούτους μὲν οἱ Ἀθηναῖοι ἐβουλεύσαντο καταθέσθαι ἐς τὰς νήσους, καὶ τοὺς ἄλλους Κυθηρίους οἰκοῦντας τὴν ἑαυτῶν φόρον τέσσαρα τάλαντα φέρειν, Αἰγινήτας δὲ ἀποκτεῖναι πάντας ὅσοι ἑάλωσαν διὰ τὴν προτέραν αἰεί ποτε ἔχθραν, Τάνταλον δὲ παρὰ τοὺς ἄλλους τοὺς ἐν τῇ νήσῳ Λακεδαιμονίους καταδῆσαι.

LVIII. Τοῦ δ' αὐτοῦ θέρους ἐν Σικελίᾳ Καμαριναίοις καὶ Γελῴοις ἐκεχειρία γίγνεται πρῶτον πρὸς ἀλλήλους· εἶτα καὶ οἱ ἄλλοι Σικελιῶται ξυνελθόντες ἐς Γέλαν, ἀπὸ πασῶν τῶν πόλεων πρέσβεις, ἐς λόγους κατέστησαν ἀλλήλοις, εἴ πως ξυναλλαγεῖεν. Καὶ ἄλλαι τε πολλαὶ γνῶμαι ἐλέγοντο ἐπ' ἀμφότερα, διαφερομένων καὶ ἀξιούντων, ὡς ἕκαστοί τι ἐλασσοῦσθαι ἐνόμιζον, καὶ Ἑρμοκράτης ὁ Ἕρμωνος Συρακόσιος, ὅσπερ καὶ ἔπεισε μάλιστα αὐτούς, ἐς τὸ κοινὸν τοιούτους δὴ λόγους εἶπεν.

LIX. « Οὔτε πόλεως ὢν ἐλαχίστης, ὦ Σικελιῶται, τοὺς λόγους ποιήσομαι οὔτε πονουμένης μάλιστα τῷ πολέμῳ, ἐς κοινὸν δὲ τὴν δοκοῦσάν μοι βελτίστην γνώμην εἶναι ἀποφαινόμενος τῇ Σικελίᾳ πάσῃ.

2 Καὶ περὶ μὲν τοῦ πολεμεῖν ὡς χαλεπὸν τί ἄν τις πᾶν τὸ ἐνὸν ἐκλέγων ἐν εἰδόσι μακρηγοροίη; οὐδεὶς γὰρ οὔτε ἀμαθίᾳ ἀναγκάζεται αὐτὸ δρᾶν, οὔτε φόβῳ, ἢν οἴηταί τι πλέον σχήσειν, ἀποτρέπεται. Ξυμβαίνει δὲ τοῖς μὲν τὰ κέρδη μείζω φαίνεσθαι τῶν δεινῶν, οἱ δὲ τοὺς κινδύνους ἐθέλουσιν ὑφίστασθαι πρὸ τοῦ αὐτίκα τι ἐλασσοῦσθαι· 3 αὐτὰ δὲ ταῦτα εἰ μὴ ἐν καιρῷ τύχοιεν ἑκάτεροι πράσσοντες, αἱ παραινέσεις τῶν ξυναλλαγῶν ὠφέλιμοι. 4 Ὃ

LVIII. 7 καὶ : καὶ ὁ B || 9 τοιούτους δὴ λόγους : -τοις δὴ -γοις M.

LIX. 2 3 τι : τις B (corr. B²) || 6 τι om. M || 3 1 ἐν M : om. cett.

ciliation sont utiles. **4** Or c'est ce que nous, à l'heure actuelle, nous aurions grand intérêt à reconnaître.

« C'est afin de régler chacun au mieux nos affaires personnelles que nous avons commencé la guerre, et que maintenant nous tâchons, par un débat, de nous réconcilier ; et si par hasard il ne peut se faire que chacun, avant de se retirer, obtienne satisfaction, nous recommencerons la guerre[1]. LX. Pourtant il faut bien voir que, si nous avons du jugement, ce n'est pas seulement de nos affaires personnelles que doit traiter cette assemblée : la Sicile tout entière se trouvant, à mon sens, menacée par les Athéniens, il s'agit de savoir si nous pourrons encore assurer son salut, et il faut penser que, pour pacifier nos différends, mes paroles ont une valeur bien moins décisive que ces Athéniens qui, possédant la plus grande puissance de la Grèce, guettent nos erreurs, avec quelques navires sur place, et, se couvrant en droit de leur titre d'alliés, exploitent ce qui est hostilité naturelle* pour servir leur intérêt sous de beaux dehors. **2** Si, en effet, nous soulevons la guerre, si nous attirons chez nous ces hommes qui interviennent spontanément même là où nul ne les appelle, si nous nous causons du tort à nos propres frais tout en leur ouvrant les voies vers la domination, il est vraisemblable que, lorsqu'ils nous verront épuisés, ils arriveront avec une flotte plus importante cette fois, pour tâcher de tout mettre, ici, sous leur contrôle. LXI. Pourtant il faut*, si nous avons du jugement, tendre à acquérir chacun pour nos pays des biens extérieurs, et non à compromettre des avantages présents, lorsque nous appelons des alliés ou bien assumons des risques ; et il faut penser que les divisions sont ce qu'il y a de plus funeste pour les villes et pour la Sicile ; nous cependant, ses habitants, bien que menacés en bloc, nous sommes divisés, ville contre ville.

2 « Voilà ce qu'il faut bien voir, afin de nous réconcilier, entre individus, entre villes, pour tâcher d'assurer en commun le salut de la Sicile tout entière. Et qu'il

1. La phrase décrit non l'avis d'Hermocrate, mais l'état de fait contre lequel il s'élève ; elle tire son sens de l'étroit rapprochement avec καίτοι .. qui suit : cf. Notes complémentaires, *ad* 61.1.

καὶ ἡμῖν ἐν τῷ παρόντι πειθομένοις πλείστου ἂν ἄξιον γένοιτο.

« Τὰ γὰρ ἴδια ἕκαστοι εὖ βουλόμενοι δὴ θέσθαι τό τε πρῶτον ἐπολεμήσαμεν καὶ νῦν πρὸς ἀλλήλους δι' ἀντιλογιῶν πειρώμεθα καταλλαγῆναι καί, ἢν ἄρα μὴ προχωρήσῃ ἴσον ἑκάστῳ ἔχοντι ἀπελθεῖν, πάλιν πολεμήσομεν. LX. Καίτοι γνῶναι χρὴ ὅτι οὐ περὶ τῶν ἰδίων μόνον, εἰ σωφρονοῦμεν, ἡ ξύνοδος ἔσται, ἀλλ' εἰ ἐπιβουλευομένην τὴν πᾶσαν Σικελίαν, ὡς ἐγὼ κρίνω, ὑπ' Ἀθηναίων δυνησόμεθα ἔτι διασῶσαι, καὶ διαλλακτὰς πολὺ τῶν ἐμῶν λόγων ἀναγκαιοτέρους περὶ τῶνδε Ἀθηναίους νομίσαι, οἳ δύναμιν ἔχοντες μεγίστην τῶν Ἑλλήνων τάς τε ἁμαρτίας ἡμῶν τηροῦσιν ὀλίγαις ναυσὶ παρόντες, καὶ ὀνόματι ἐννόμῳ ξυμμαχίας τὸ φύσει πολέμιον εὐπρεπῶς ἐς τὸ ξυμφέρον καθίστανται. 2 Πόλεμον γὰρ αἱρομένων ἡμῶν καὶ ἐπαγομένων αὐτούς, ἄνδρας οἳ καὶ τοῖς μὴ ἐπικαλουμένοις αὐτοὶ ἐπιστρατεύουσι, κακῶς τε ἡμᾶς αὐτοὺς ποιούντων τέλεσι τοῖς οἰκείοις, καὶ τῆς ἀρχῆς ἅμα προκοπτόντων ἐκείνοις, εἰκός, ὅταν γνῶσιν ἡμᾶς τετρυχωμένους, καὶ πλέονί ποτε στόλῳ ἐλθόντας αὐτοὺς τάδε πάντα πειράσασθαι ὑπὸ σφᾶς ποιεῖσθαι. LXI. Καίτοι τῇ ἑαυτῶν ἑκάστους, εἰ σωφρονοῦμεν, χρὴ τὰ μὴ προσήκοντα ἐπικτωμένους μᾶλλον ἢ τὰ ἑτοῖμα βλάπτοντας ξυμμάχους τε ἐπάγεσθαι καὶ τοὺς κινδύνους προσλαμβάνειν, νομίσαι τε στάσιν μάλιστα φθείρειν τὰς πόλεις καὶ τὴν Σικελίαν, ἧς γε οἱ ἔνοικοι ξύμπαντες μὲν ἐπιβουλευόμεθα, κατὰ πόλεις δὲ διέσταμεν.

2 « Ἃ χρὴ γνόντας καὶ ἰδιώτην ἰδιώτῃ καταλλαγῆναι καὶ πόλιν πόλει, καὶ πειρᾶσθαι κοινῇ σῴζειν τὴν πᾶσαν Σι-

LIX. 4 4 βουλόμενοι HK : βουλευόμενοι codd. (et H^{s1}).

LX. 1 8 ὀλίγαις ναυσὶ in quibusdam libris defuisse test. schol. || 2 1 αἱρομένων AF : αἰρομένων BCM αἱρουμένων E || 2 αὐτούς EMF^2G : αὖ τούς ABCF || τοῖς μὴ ἐπικαλουμένοις C : τοὺς μὴ -μένους || 6 πειράσασθαι ABFM : -σεσθαι CE.

ne vienne à l'esprit de personne que, parmi nous, les Doriens sont des ennemis des Athéniens et que l'élément chalcidien au contraire, grâce à ses attaches ioniennes, est à couvert. **3** Ce n'est pas l'opposition des deux races qui les amène ici, hostiles à l'une des deux : c'est l'attrait des richesses de la Sicile, qui sont notre propriété commune. **4** Ils viennent de le montrer pour l'appel des peuples d'origine chalcidienne : sans en avoir jamais reçu, en vertu du traité d'alliance, aucune aide, ils se sont eux-mêmes empressés de remplir leurs obligations au delà des conventions*.

5 « Au reste, chez les Athéniens, ces ambitions et ces calculs sont bien excusables, et je ne blâme point ceux qui désirent dominer, mais ceux qui sont trop disposés à obéir ; car telle est la nature de l'homme que toujours il domine lorsqu'on cède, et se garde lorsqu'on attaque. **6** Mais si, en voyant bien la situation, nous ne prenons pas les précautions qu'il faut, et si l'on n'arrive pas ici avec la notion que notre premier soin doit être de régler tous au mieux ce qui est une menace commune, alors nous sommes coupables. **7** Or, cette menace, nous pourrions bien vite l'écarter en nous entendant les uns avec les autres. Les Athéniens, en effet, n'ont pas pour base leur propre pays, mais celui qui les a appelés. **8** Aussi ne s'agit-il pas de cesser une guerre pour passer à une autre, mais de passer, sans plus aucun problème, des querelles à la paix ; et ceux qui, répondant à l'appel, étaient venus en masquant sous de beaux dehors leur manque de justice s'en retourneront en devant à de bonnes raisons leur manque de succès.

LXII. « Voilà donc, en ce qui concerne les Athéniens, tout l'avantage qui se révèle lié pour nous à une bonne décision ; **2** quant à la paix en général, dont tout le monde reconnaît le prix souverain, comment ne nous faudrait-il pas l'établir parmi nous ? Ou bien refusez-vous de croire, si l'on a soit un avantage soit l'inverse, que la tranquillité est pour chacun plus propre que la guerre à préserver l'un comme à réparer l'autre ? Ou que les honneurs et les gloires sont plus à l'abri des risques dans la paix ? Ou enfin toutes ces idées sur lesquelles, ici

κελίαν, παρεστάναι δὲ μηδενὶ ὡς οἱ μὲν Δωριῆς ἡμῶν πολέμιοι τοῖς Ἀθηναίοις, τὸ δὲ Χαλκιδικὸν τῇ Ἰάδι ξυγγενείᾳ ἀσφαλές. 3 Οὐ γὰρ τοῖς ἔθνεσιν, ὅτι δίχα πέφυκε, τοῦ ἑτέρου ἔχθει ἐπίασιν, ἀλλὰ τῶν ἐν τῇ Σικελίᾳ ἀγαθῶν ἐφιέμενοι, ἃ κοινῇ κεκτήμεθα. 4 Ἐδήλωσαν δὲ νῦν ἐν τῇ τοῦ Χαλκιδικοῦ γένους παρακλήσει· τοῖς γὰρ οὐδεπώποτε σφίσι κατὰ τὸ ξυμμαχικὸν προσβοηθήσασιν αὐτοὶ τὸ δίκαιον μᾶλλον τῆς ξυνθήκης προθύμως παρέσχοντο.

5 « Καὶ τοὺς μὲν Ἀθηναίους ταῦτα πλεονεκτεῖν τε καὶ προνοεῖσθαι πολλὴ ξυγγνώμη, καὶ οὐ τοῖς ἄρχειν βουλομένοις μέμφομαι, ἀλλὰ τοῖς ὑπακούειν ἑτοιμοτέροις οὖσιν· πέφυκε γὰρ τὸ ἀνθρώπειον διὰ παντὸς ἄρχειν μὲν τοῦ εἴκοντος, φυλάσσεσθαι δὲ τὸ ἐπιόν. 6 Ὅσοι δὲ γιγνώσκοντες αὐτὰ μὴ ὀρθῶς προσκοποῦμεν, μηδὲ τοῦτό τις πρεσβύτατον ἥκει κρίνας, τὸ κοινῶς φοβερὸν ἅπαντας εὖ θέσθαι, ἁμαρτάνομεν. 7 Τάχιστα δ' ἂν ἀπαλλαγὴ αὐτοῦ γένοιτο, εἰ πρὸς ἀλλήλους ξυμβαῖμεν· οὐ γὰρ ἀπὸ τῆς αὑτῶν ὁρμῶνται Ἀθηναῖοι, ἀλλ' ἐκ τῆς τῶν ἐπικαλεσαμένων. 8 Καὶ οὕτως οὐ πόλεμος πολέμῳ, εἰρήνῃ δὲ διαφοραὶ ἀπραγμόνως παύονται, οἵ τ' ἐπίκλητοι εὐπρεπῶς ἄδικοι ἐλθόντες εὐλόγως ἄπρακτοι ἀπίασιν.

LXII. « Καὶ τὸ μὲν πρὸς τοὺς Ἀθηναίους τοσοῦτον ἀγαθὸν εὖ βουλευομένοις εὑρίσκεται· 2 τὴν δὲ ὑπὸ πάντων ὁμολογουμένην ἄριστον εἶναι εἰρήνην πῶς οὐ χρὴ καὶ ἐν ἡμῖν αὐτοῖς ποιήσασθαι; ἢ δοκεῖτε, εἴ τῳ τι ἔστιν ἀγαθὸν ἢ εἴ τῳ τὰ ἐναντία, οὐχ ἡσυχία μᾶλλον ἢ πόλεμος τὸ μὲν παύσειεν ἂν ἑκατέρῳ, τὸ δὲ ξυνδιασώσειε, καὶ τὰς τιμὰς καὶ λαμπρότητας ἀκινδυνοτέρας ἔχειν τὴν εἰρήνην,

LXI. 7 3 αὑτῶν C : αὐτῶν ‖ 8 2 παύονται : παύσονται recc., conj. Cobet.

LXII. 2 3 δοκεῖτε ABEFM : δοκεῖται C δοκεῖ γε conj. Hude ‖ 4 ἡσυχία... πόλεμος : ἡσυχίαν... πόλεμον conj. Herw. ‖ 5 παύσειεν... ξυνδιασώσειε Steup : παῦσαι... ξυνδιασῶ(ι)σαι codd.

comme à propos de la guerre, on pourrait multiplier longuement les développements? Voilà à quoi il faut penser, afin de ne pas prendre mes paroles à la légère, mais plutôt vous en inspirer chacun et pourvoir ainsi à votre salut.

3 « Et s'il en est qui croient pouvoir compter avec certitude sur le bon droit ou sur la force, qu'ils craignent d'être durement déçus par la faillite imprévue de leurs espoirs* ; ils doivent se dire qu'il y a eu bien des cas avant eux : des peuples qui partaient venger une injustice, ou d'autres qui espéraient, grâce aux forces qu'ils avaient, satisfaire une ambition, se sont vus, les premiers, incapables non seulement de faire front, mais encore de trouver le salut, les seconds, amenés, au lieu de conquérir, à y laisser même ce qu'ils possédaient. **4** Une vengeance, en effet, ne connaît pas un juste succès du seul fait qu'elle répond à l'injustice, non plus que la force ne comporte une certitude du seul fait qu'elle donne bon espoir. L'impondérable de l'avenir commande le plus souvent, et si rien n'est plus trompeur, rien aussi ne s'avère plus utile : car, égaux dans la crainte, nous apportons mutuellement plus de prudence à nous attaquer.

LXIII. « Ainsi aujourd'hui, la crainte imprécise de cet avenir inconnu et la présence dès maintenant redoutable des Athéniens doivent nous inspirer une double frayeur ; quant à l'insuccès partiel des projets que nous imaginions chacun pouvoir réaliser, ces obstacles doivent suffire à expliquer un tel échec : renvoyons donc de notre pays l'ennemi qui nous menace, concluons entre nous, s'il se peut, un accord définitif, et, à tout le moins, faisons une trêve aussi longue que possible de manière à remettre à plus tard nos différends particuliers. **2** Enfin reconnaissons au total qu'en suivant mon avis, chacun de nous habitera une cité libre, où nous aurons toute indépendance pour pouvoir, de plain-pied, répondre noblement à qui nous sert ou bien nous nuit ; mais si, au contraire, faute de suivre cet avis, nous prêtons l'oreille à d'autres, il ne s'agira plus de punir : en mettant la fortune au mieux, nous serions les amis de nos pires

ἄλλα τε ὅσα ἐν μήκει λόγων ἄν τις διέλθοι ὥσπερ περὶ τοῦ πολεμεῖν; ἃ χρὴ σκεψαμένους μὴ τοὺς ἐμοὺς λόγους ὑπεριδεῖν, τὴν δὲ αὑτοῦ τινα σωτηρίαν μᾶλλον ἀπ' αὐτῶν προϊδεῖν.

3 « Καὶ εἴ τις βεβαίως τι ἢ τῷ δικαίῳ ἢ βίᾳ πράξειν οἴεται, τῷ παρ' ἐλπίδα μὴ χαλεπῶς σφαλλέσθω, γνοὺς ὅτι πλείους ἤδη, καὶ τιμωρίαις μετιόντες τοὺς ἀδικοῦντας καὶ ἐλπίσαντες ἕτεροι δυνάμει τι πλεονεκτήσειν, οἱ μὲν οὐχ ὅσον οὐκ ἠμύναντο ἀλλ' οὐδ' ἐσώθησαν, τοὺς δ' ἀντὶ τοῦ πλέον ἔχειν προσκαταλιπεῖν τὰ αὑτῶν ξυνέβη. 4 Τιμωρία γὰρ οὐκ εὐτυχεῖ δικαίως, ὅτι καὶ ἀδικεῖται· οὐδὲ ἰσχὺς βέβαιον, διότι καὶ εὔελπι. Τὸ δὲ ἀστάθμητον τοῦ μέλλοντος ὡς ἐπὶ πλεῖστον κρατεῖ, πάντων τε σφαλερώτατον ὂν ὅμως καὶ χρησιμώτατον φαίνεται· ἐξ ἴσου γὰρ δεδιότες προμηθίᾳ μᾶλλον ἐπ' ἀλλήλους ἐρχόμεθα.

LXIII. « Καὶ νῦν τοῦ ἀφανοῦς τε τούτου διὰ τὸ ἀτέκμαρτον δέος καὶ διὰ τὸ ἤδη φοβεροὺς παρόντας Ἀθηναίους, κατ' ἀμφότερα ἐκπλαγέντες, καὶ τὸ ἐλλιπὲς τῆς γνώμης ὧν ἕκαστός τι ᾠήθημεν πράξειν ταῖς κωλύμαις ταύταις ἱκανῶς νομίσαντες εἰρχθῆναι, τοὺς ἐφεστῶτας πολεμίους ἐκ τῆς χώρας ἀποπέμπωμεν, καὶ αὐτοὶ μάλιστα μὲν ἐς ἀίδιον ξυμβῶμεν, εἰ δὲ μή, χρόνον ὡς πλεῖστον σπεισάμενοι τὰς ἰδίας διαφορὰς ἐς αὖθις ἀναβαλώμεθα. 2 Τὸ ξύμπαν τε δὴ γνῶμεν πειθόμενοι μὲν ἐμοὶ πόλιν ἕξοντες ἕκαστος ἐλευθέραν, ἀφ' ἧς αὐτοκράτορες ὄντες τὸν εὖ καὶ κακῶς δρῶντα ἐξ ἴσου ἀρετῇ ἀμυνούμεθα, ἢν δ' ἀπιστήσαντες ἄλλοις ὑπακούσωμεν, οὐ περὶ τοῦ τιμωρήσασθαί τινα, ἀλλὰ καὶ ἄγαν εἰ τύχοιμεν, φίλοι μὲν ἂν τοῖς ἐχθίσ-

LXII. 2 7 λόγων : λέγων B ‖ διέλθοι : διεξέλθοι B ‖ ὥσπερ περὶ τοῦ πολεμεῖν del. Krueger ‖ 9 αὑτοῦ BC : αυτοῦ E αὐτοῦ AFM ‖ 3 4 τι Krueger : τινὶ codd. ‖ 5 τοὺς C : τοῖς ‖ 6 αὑτῶν BC : αὐτῶν cett. ‖ 4 3 εὔελπι : εὔελπις EF.

LXIII. 1 2 τὸ : τοὺς conj. Reiske, alii alia ‖ 4 ὧν : ὡς H (ut cett. Hγρ) ‖ τι : τις G ‖ 6 ἀποπέμπωμεν CF[2] : -πομεν cett. ‖ 2 6 ἀλλὰ καὶ ἄγαν : ἔσται ἀγών, ἀλλὰ καὶ conj. Van Leeuwen.

ennemis, et nous ne pouvons alors qu'avoir pour adversaires ceux qui ne devraient pas l'être.*

LXIV. « Pour moi qui, comme je le disais en débutant, représente une ville particulièrement puissante, et plus appelée à attaquer qu'à se défendre, je juge bon, pour mieux veiller à cette situation, de faire des concessions ; je n'entends pas porter à mes adversaires des coups dont j'aurais le premier à souffrir ni laisser l'esprit de querelle m'égarer au point de me croire un pouvoir également souverain sur mes propres sentiments et sur un sort auquel je ne commande pas : j'entends céder dans la mesure où il est normal de le faire. **2** De même, j'estime juste que les autres en fassent autant, en un sacrifice imposé non par l'ennemi mais bien par vous ;
3 car il n'y a nulle honte à céder entre soi : les Doriens à des Doriens, les Chalcidiens à des peuples de leur race, et, plus généralement, entre voisins, entre gens qui, comme nous, habitent ensemble un même pays, bordé tout autour par la mer, et portent le même nom de Siciliens ! Dans un tel cas, il nous arrivera, j'imagine, et de nous faire la guerre, à l'occasion, et de nous entendre à nouveau entre nous grâce à des pourparlers communs ;
4 mais devant l'envahisseur étranger, si nous avons du jugement, nous ferons toujours bloc pour nous défendre, s'il est vrai que le tort fait à chacun constitue un péril pour tous ; et jamais plus nous n'appellerons chez nous alliés ni pacificateurs. **5** Cette conduite nous permettra, dans l'immédiat, de ne pas priver la Sicile d'un double avantage, en la débarrassant des Athéniens ainsi que des guerres intestines et, dans l'avenir, d'habiter entre nous un pays libre, et moins exposé qu'aujourd'hui aux menaces étrangères. »

LXV. Hermocrate, en leur tenant un discours de ce genre, convainquit les Siciliens : ils commencèrent par se mettre d'accord entre eux pour en finir avec la guerre, chacun gardant les territoires qu'il occupait, et Morgantine restant aux Camarinéens, moyennant le versement d'une certaine somme d'argent à Syracuse ;
2 puis, les alliés d'Athènes firent venir les responsables

τοις, διάφοροι δὲ οἷς οὐ χρὴ κατ' ἀνάγκην γιγνόμεθα.

LXIV. « Καὶ ἐγὼ μέν, ἅπερ καὶ ἀρχόμενος εἶπον, πόλιν τε μεγίστην παρεχόμενος καὶ ἐπιὼν τῳ μᾶλλον ἢ ἀμυνούμενος ἀξιῶ προϊδόμενος αὐτῶν ξυγχωρεῖν, καὶ μὴ τοὺς ἐναντίους οὕτω κακῶς δρᾶν ὥστε αὐτὸς τὰ πλείω βλάπτεσθαι, μηδὲ μωρίᾳ φιλονικῶν ἡγεῖσθαι τῆς τε οἰκείας γνώμης ὁμοίως αὐτοκράτωρ εἶναι καὶ ἧς οὐκ ἄρχω τύχης, ἀλλ' ὅσον εἰκὸς ἡσσᾶσθαι. **2** Καὶ τοὺς ἄλλους δικαιῶ ταὐτό μοι ποιῆσαι, ὑφ' ὑμῶν αὐτῶν καὶ μὴ ὑπὸ τῶν πολεμίων τοῦτο παθεῖν· **3** οὐδὲν γὰρ αἰσχρὸν οἰκείους οἰκείων ἡσσᾶσθαι, ἢ Δωριᾶ τινα Δωριῶς ἢ Χαλκιδέα τῶν ξυγγενῶν, τὸ δὲ ξύμπαν γείτονας ὄντας καὶ ξυνοίκους μιᾶς χώρας καὶ περιρρύτου καὶ ὄνομα ἓν κεκλημένους Σικελιώτας· οἳ πολεμήσομέν τε, οἶμαι, ὅταν ξυμβῇ, καὶ ξυγχωρησόμεθά γε πάλιν καθ' ἡμᾶς αὐτοὺς λόγοις κοινοῖς χρώμενοι· **4** τοὺς δὲ ἀλλοφύλους ἐπελθόντας ἁθρόοι αἰεί, ἢν σωφρονῶμεν, ἀμυνούμεθα, εἴπερ καὶ καθ' ἑκάστους βλαπτόμενοι ξύμπαντες κινδυνεύομεν, ξυμμάχους δὲ οὐδέποτε τὸ λοιπὸν ἐπαξόμεθα οὐδὲ διαλλακτάς. **5** Τάδε γὰρ ποιοῦντες ἔν τε τῷ παρόντι δυοῖν ἀγαθοῖν οὐ στερήσομεν τὴν Σικελίαν, Ἀθηναίων τε ἀπαλλαγῆναι καὶ οἰκείου πολέμου, καὶ ἐς τὸ ἔπειτα καθ' ἡμᾶς αὐτοὺς ἐλευθέραν νεμούμεθα καὶ ὑπὸ ἄλλων ἧσσον ἐπιβουλευομένην. »

LXV. Τοιαῦτα τοῦ Ἑρμοκράτους εἰπόντος πειθόμενοι οἱ Σικελιῶται αὐτοὶ μὲν κατὰ σφᾶς αὐτοὺς ξυνηνέχθησαν γνώμῃ ὥστε ἀπαλλάσσεσθαι τοῦ πολέμου ἔχοντες ἃ ἕκαστοι ἔχουσι, τοῖς δὲ Καμαριναίοις Μοργαντίνην εἶναι ἀργύριον τακτὸν τοῖς Συρακοσίοις ἀποδοῦσιν· **2** οἱ δὲ τῶν

LXIII. **2** 7 γιγνόμεθα : γιγνοίμεθα conj. Elmsley.

LXIV. **1** 2 ἀμυνούμενος : -νόμενος conj. Hude ‖ 3 προϊδόμενος recc., Dobrée : προειδομένους codd. ‖ 4 αὐτὸς recc., Reiske : αὐτοὺς codd. ‖ **2** 1-2 ταὐτό μοι : ταὐτὸ ἐμοὶ conj. Krueger ‖ 2 ὑφ' : καὶ ὑφ' conj. Gomme ‖ **3** 3 δὲ : τε conj. Classen ‖ **4** 1 σωφρονῶμεν ABMC[2] : σωφρονοῦμεν CEF.

athéniens pour leur annoncer leur intention de conclure un accord et de les y associer. Ceux-ci donnèrent leur approbation et l'accord fut conclu ; après quoi les navires athéniens quittèrent la Sicile. **3** Mais, à leur retour, les stratèges furent punis par les gens d'Athènes, qui en condamnèrent deux, Pythodore et Sophocle, à l'exil, et le troisième, Eurymédon, à une amende : le motif était qu'au lieu de soumettre, comme ils l'auraient pu, le monde sicilien, ils s'étaient fait payer pour repartir. **4** C'est ainsi que, tout à l'heureuse fortune qui était alors la leur, les Athéniens entendaient ne plus rencontrer aucun obstacle : ils entendaient aboutir en tout état de cause — que l'entreprise fût possible ou difficile à l'excès et leurs moyens importants ou par trop réduits ; la faute en était aux succès imprévisibles qu'ils connaissaient dans tant de cas, et qui prêtaient de la force à leurs espérances.

Les Athéniens à Mégare.

LXVI. Le même été, les Mégariens de la ville, doublement éprouvés, à la fois par les Athéniens, du fait de la guerre (car ceux-ci faisaient régulièrement deux fois par an invasion en masse dans le pays), et par les exilés mégariens installés à Pèges (ces derniers avaient été bannis par le peuple à la suite de troubles politiques et les soumettaient à des razzias sévères), commençaient à envisager entre eux de recevoir les exilés pour ne pas perdre ainsi la ville sous l'effet d'un double fléau. **2** Et les amis des gens du dehors, conscients de ces rumeurs, jugeaient bon de soutenir à leur tour cette idée plus ouvertement qu'avant. **3** Mais les chefs du parti démocratique, se rendant compte que le peuple, devant tant de maux, n'aurait pas la force de les suivre dans la résistance, prirent peur et firent des propositions aux stratèges athéniens, Hippocrate, fils d'Ariphron, et Démosthène, fils d'Alkisthène : ils voulaient leur remettre la ville et jugeaient pour eux le péril moindre que de voir revenir ceux qu'ils avaient bannis. Ils convinrent donc que, d'abord, les Athéniens s'empareraient

Ἀθηναίων ξύμμαχοι παρακαλέσαντες αὐτῶν τοὺς ἐν τέλει ὄντας εἶπον ὅτι ξυμβήσονται καὶ αἱ σπονδαὶ ἔσονται κἀκείνοις κοιναί. Ἐπαινεσάντων δὲ αὐτῶν ἐποιοῦντο τὴν ὁμολογίαν, καὶ αἱ νῆες τῶν Ἀθηναίων ἀπέπλευσαν μετὰ ταῦτα ἐκ Σικελίας. 3 Ἐλθόντας δὲ τοὺς στρατηγοὺς οἱ ἐν τῇ πόλει Ἀθηναῖοι τοὺς μὲν φυγῇ ἐζημίωσαν, Πυθόδωρον καὶ Σοφοκλέα, τὸν δὲ τρίτον Εὐρυμέδοντα χρήματα ἐπράξαντο, ὡς ἐξὸν αὐτοῖς τὰ ἐν Σικελίᾳ καταστρέψασθαι δώροις πεισθέντες ἀποχωρήσειαν. 4 Οὕτω τῇ γε παρούσῃ εὐτυχίᾳ χρώμενοι ἠξίουν σφίσι μηδὲν ἐναντιοῦσθαι, ἀλλὰ καὶ τὰ δυνατὰ ἐν ἴσῳ καὶ τὰ ἀπορώτερα μεγάλῃ τε ὁμοίως καὶ ἐνδεεστέρᾳ παρασκευῇ κατεργάζεσθαι. Αἰτία δ' ἦν ἡ παρὰ λόγον τῶν πλεόνων εὐπραγία αὐτοῖς ὑποτιθεῖσα ἰσχὺν τῆς ἐλπίδος.

LXVI. Τοῦ δ' αὐτοῦ θέρους Μεγαρῆς οἱ ἐν τῇ πόλει πιεζόμενοι ὑπό τε Ἀθηναίων τῷ πολέμῳ, αἰεὶ κατὰ ἔτος ἕκαστον δὶς ἐσβαλλόντων πανστρατιᾷ ἐς τὴν χώραν, καὶ ὑπὸ τῶν σφετέρων φυγάδων τῶν ἐκ Πηγῶν, οἳ στασιασάντων ἐκπεσόντες ὑπὸ τοῦ πλήθους χαλεποὶ ἦσαν λῃστεύοντες, ἐποιοῦντο λόγους ἐν ἀλλήλοις ὡς χρὴ δεξαμένους τοὺς φεύγοντας μὴ ἀμφοτέρωθεν τὴν πόλιν φθείρειν. 2 Οἱ δὲ φίλοι τῶν ἔξω τὸν θροῦν αἰσθόμενοι φανερῶς μᾶλλον ἢ πρότερον καὶ αὐτοὶ ἠξίουν τούτου τοῦ λόγου ἔχεσθαι. 3 Γνόντες δὲ οἱ τοῦ δήμου προστάται οὐ δυνατὸν τὸν δῆμον ἐσόμενον ὑπὸ τῶν κακῶν μετὰ σφῶν καρτερεῖν, ποιοῦνται λόγους δείσαντες πρὸς τοὺς τῶν Ἀθηναίων στρατηγούς, Ἱπποκράτη τε τὸν Ἀρίφρονος καὶ Δημοσθένη τὸν Ἀλκισθένους, βουλόμενοι ἐνδοῦναι τὴν πόλιν καὶ νομίζοντες ἐλάσσω σφίσι τὸν κίνδυνον ἢ τοὺς ἐκπεσόντας ὑπὸ σφῶν κατελθεῖν. Ξυνέβησάν τε πρῶτα μὲν τὰ μακρὰ τείχη

LXV. 4 1 γε Benedict : τε codd.
LXVI. 1 3 ἐσβαλλόντων : -αλόντων M.

des Longs Murs (qui couvraient approximativement huit stades, de la ville jusqu'à Nisée, son port) : on éviterait ainsi l'arrivée de renforts envoyés de Nisée par les Péloponnésiens, qui y montaient personnellement la garde, seuls, pour veiller sur la sécurité de Mégare. Ensuite, ils s'efforceraient de livrer à son tour la ville haute ; et celle-ci viendrait plus facilement à composition, une fois le premier résultat acquis.

LXVII. Lorsque, soit mesures pratiques soit pourparlers, tout fut prêt des deux côtés, les Athéniens passèrent à la faveur de la nuit dans l'île mégarienne de Minôa[1], avec six cents hoplites, commandés par Hippocrate ; et ils s'installèrent dans un fossé, d'où l'on tirait les briques des murs et qui se trouvait à une petite distance ; **2** Démosthène, l'autre stratège, avec des troupes légères formées de Platéens et avec des péripoles, se mit en embuscade vers le temple d'Enyalios, qui est moins loin. Personne ne s'en aperçut, hormis ceux qui s'inquiétaient, cette nuit-là, d'être fixés. **3** Et au moment où l'aurore allait poindre, ces Mégariens-là — ceux qui voulaient livrer la ville — procédèrent de la façon suivante. Ils avaient une barque à rames* destinée, soi-disant, à la piraterie, et s'étaient depuis longtemps arrangés pour qu'on leur ouvrît la porte : avec l'assentiment du fonctionnaire responsable, ils avaient pris l'habitude de la faire passer de nuit sur un chariot de l'autre côté du fossé et de la porter à la mer, où ils embarquaient ; avant le jour ils la retransportaient sur le chariot jusqu'au rempart et la réintroduisaient par la porte : ne fallait-il pas laisser les Athéniens de Minôa sans repère visible pour leur surveillance, en évitant qu'aucune embarcation ne se vît dans le port ? **4** Or, cette fois, le chariot était déjà près de la porte : dès qu'on l'eut ouverte, comme on le faisait d'habitude pour la barque — toute l'affaire étant combinée — les Athéniens, à cette vue, sortirent en courant de leur cachette, voulant arriver avant que l'on n'eût refermé la porte, et profiter de ce que le chariot y était engagé, ce qui empêchait de la rabattre. En même temps, les

1. Sur son occupation par Athènes, cf. III.51.

ἑλεῖν Ἀθηναίους (ἦν δὲ σταδίων μάλιστα ὀκτὼ ἀπὸ τῆς πόλεως ἐπὶ τὴν Νίσαιαν τὸν λιμένα αὐτῶν), ὅπως μὴ ἐπιβοηθήσωσιν ἐκ τῆς Νισαίας οἱ Πελοποννήσιοι, ἐν ᾗ αὐτοὶ μόνοι ἐφρούρουν βεβαιότητος ἕνεκα τῶν Μεγάρων, ἔπειτα δὲ καὶ τὴν ἄνω πόλιν πειρᾶσθαι ἐνδοῦναι· ῥᾷον δ' ἤδη ἔμελλον προσχωρήσειν τούτου γεγενημένου.

LXVII. Οἱ οὖν Ἀθηναῖοι, ἐπειδὴ ἀπό τε τῶν ἔργων καὶ τῶν λόγων παρεσκεύαστο ἀμφοτέροις, ὑπὸ νύκτα πλεύσαντες ἐς Μινῴαν τὴν Μεγαρέων νῆσον ὁπλίταις ἑξακοσίοις, ὧν Ἱπποκράτης ἦρχεν, ἐν ὀρύγματι ἐκαθέζοντο, ὅθεν ἐπλίνθευον τὰ τείχη καὶ ἀπεῖχεν οὐ πολύ· 2 οἱ δὲ μετὰ τοῦ Δημοσθένους τοῦ ἑτέρου στρατηγοῦ Πλαταιῆς τε ψιλοὶ καὶ ἕτεροι περίπολοι ἐνήδρευσαν ἐς τὸ Ἐνυάλιον, ὅ ἐστιν ἔλασσον ἄπωθεν. Καὶ ᾔσθετο οὐδεὶς εἰ μὴ οἱ ἄνδρες οἷς ἐπιμελὲς ἦν εἰδέναι τὴν νύκτα ταύτην. 3 Καὶ ἐπειδὴ ἕως ἔμελλε γίγνεσθαι, οἱ προδιδόντες τῶν Μεγαρέων οὗτοι τοιόνδε ἐποίησαν. Ἀκάτιον ἀμφηρικὸν ὡς λῃσταί, ἐκ πολλοῦ τεθεραπευκότες τὴν ἄνοιξιν τῶν πυλῶν, εἰώθεσαν ἐπὶ ἁμάξῃ, πείθοντες τὸν ἄρχοντα, διὰ τῆς τάφρου κατακομίζειν τῆς νυκτὸς ἐπὶ τὴν θάλασσαν καὶ ἐκπλεῖν· καὶ πρὶν ἡμέραν εἶναι πάλιν αὐτὸ τῇ ἁμάξῃ κομίσαντες ἐς τὸ τεῖχος κατὰ τὰς πύλας ἐσῆγον, ὅπως τοῖς ἐκ τῆς Μινῴας Ἀθηναίοις ἀφανὴς δὴ εἴη ἡ φυλακή, μὴ ὄντος ἐν τῷ λιμένι πλοίου φανεροῦ μηδενός. 4 Καὶ τότε πρὸς ταῖς πύλαις ἤδη ἦν ἡ ἅμαξα, καὶ ἀνοιχθεισῶν κατὰ τὸ εἰωθὸς ὡς τῷ ἀκατίῳ οἱ Ἀθηναῖοι (ἐγίγνετο γὰρ ἀπὸ ξυνθήματος τὸ τοιοῦτον) ἰδόντες ἔθεον δρόμῳ ἐκ τῆς ἐνέδρας, βουλόμενοι φθάσαι πρὶν ξυγκλῃσθῆναι πάλιν τὰς πύλας καὶ ἕως ἔτι ἡ ἅμαξα ἐν αὐταῖς ἦν, κώλυμα οὖσα προσθεῖναι· καὶ αὐ-

LXVII. 1 5 ἐπλίνθευον : ἐπλινθεύοντο... Fpc?M || τὰ τείχη : ἐς τὰ τείχη conj. Gomme, del. Stahl, alii alia || 2 3 τὸ Reiske : τὸν codd. || 5 εἰδέναι om. M || 3 2 οἱ προδιδόντες τῶν Μεγαρέων del. Hude || 8 τὰς om. C || 9 ἀφανὴς : ἀσαφὴς conj. Poppo || 4 5 ἔτι om. B.

Mégariens qui étaient de connivence avec eux massacraient les gardes préposés à la porte. **5** Tout d'abord, les Platéens et les péripoles de Démosthène pénétrèrent à la course, là où se dresse actuellement le trophée ; et, aussitôt la porte franchie, il y eut combat (les Péloponnésiens les plus proches ayant été alertés) : les Platéens dominèrent bientôt les défenseurs, garantissant ainsi l'usage de la porte aux hoplites athéniens qui suivaient. LXVIII. Ensuite ce fut aux Athéniens, au fur et à mesure qu'ils étaient à l'intérieur, de courir au rempart : **2** parmi les troupes péloponnésiennes en faction, quelques hommes commencèrent bien par tenir bon et tenter de les repousser, certains d'entre eux s'y faisant tuer ; mais le plus grand nombre prit la fuite, effrayé de voir l'ennemi surgir en pleine nuit et les Mégariens qui livraient la ville lutter dans les rangs adverses : cela leur fit croire que Mégare entière les avait trahis. **3** Aussi bien y eut-il une circonstance supplémentaire : le héraut athénien, de sa propre initiative, se mit à proclamer que les Mégariens qui le voudraient n'avaient qu'à venir rejoindre en armes les Athéniens ; les Péloponnésiens, en entendant cela, cessèrent la résistance et, pensant avoir affaire en fait à une attaque conjointe des uns et des autres, ils s'enfuirent à Nisée.

4 A l'aube, alors que les murs étaient pris et que l'agitation régnait en ville parmi les Mégariens, ceux qui avaient négocié avec les Athéniens, soutenus par un groupe important de gens dans le secret, déclarèrent qu'il fallait ouvrir les portes et sortir au combat[1] : **5** les arrangements prévoyaient que, les portes une fois ouvertes, les Athéniens feraient irruption à l'intérieur, et eux-mêmes devaient être aisément reconnaissables, car ils s'enduiraient de graisse, pour éviter qu'on leur fît tort ; et il y avait pour eux une sécurité accrue à ouvrir les portes ; car les troupes envoyées d'Éleusis, conformément aux arrangements, à savoir quatre mille hoplites athéniens et six cents cavaliers, qui avaient fait route de nuit, étaient là. **6** Mais, comme nos gens, bien graissés, s'affairaient déjà aux

1. Une formule parallèle décrit l'opinion de l'autre camp à 68.6.

τοῖς ἅμα καὶ οἱ ξυμπράσσοντες Μεγαρῆς τοὺς κατὰ τὰς πύλας φύλακας κτείνουσιν. 5 Καὶ πρῶτον μὲν οἱ περὶ τὸν Δημοσθένη Πλαταιῆς τε καὶ περίπολοι ἐσέδραμον οὗ νῦν τὸ τροπαῖόν ἐστι, καὶ εὐθὺς ἐντὸς τῶν πυλῶν (ᾔσθοντο γὰρ οἱ ἐγγύτατα Πελοποννήσιοι) μαχόμενοι τοὺς προσβοηθοῦντας οἱ Πλαταιῆς ἐκράτησαν καὶ τοῖς τῶν Ἀθηναίων ὁπλίταις ἐπιφερομένοις βεβαίους τὰς πύλας παρέσχον. LXVIII. Ἔπειτα δὲ καὶ τῶν Ἀθηναίων ἤδη ὁ αἰεὶ ἐντὸς γιγνόμενος χωρεῖ ἐπὶ τὸ τεῖχος. 2 Καὶ οἱ Πελοποννήσιοι φρουροὶ τὸ μὲν πρῶτον ἀντίσχοντες ἠμύνοντο ὀλίγοι, καὶ ἀπέθανόν τινες αὐτῶν, οἱ δὲ πλείους ἐς φυγὴν κατέστησαν, φοβηθέντες ἐν νυκτί τε πολεμίων προσπεπτωκότων καὶ τῶν προδιδόντων Μεγαρέων ἀντιμαχομένων νομίσαντες τοὺς ἅπαντας σφᾶς Μεγαρέας προδεδωκέναι. 3 Ξυνέπεσε γὰρ καὶ τὸν τῶν Ἀθηναίων κήρυκα ἀφ' ἑαυτοῦ γνώμης κηρύξαι τὸν βουλόμενον ἰέναι Μεγαρέων μετὰ Ἀθηναίων θησόμενον τὰ ὅπλα. Οἱ δ' ὡς ἤκουσαν, οὐκέτι ἀνέμενον, ἀλλὰ τῷ ὄντι νομίσαντες κοινῇ πολεμεῖσθαι κατέφυγον ἐς τὴν Νίσαιαν.

4 Ἅμα δὲ ἕῳ ἑαλωκότων ἤδη τῶν τειχῶν καὶ τῶν ἐν τῇ πόλει Μεγαρέων θορυβουμένων οἱ πρὸς τοὺς Ἀθηναίους πράξαντες καὶ ἄλλο μετ' αὐτῶν πλῆθος, ὃ ξυνῄδει, ἔφασαν χρῆναι ἀνοίγειν τὰς πύλας καὶ ἐπεξιέναι ἐς μάχην. 5 Ξυνέκειτο δὲ αὐτοῖς τῶν πυλῶν ἀνοιχθεισῶν ἐσπίπτειν τοὺς Ἀθηναίους, αὐτοὶ δὲ διάδηλοι ἔμελλον ἔσεσθαι (λίπα γὰρ ἀλείψεσθαι), ὅπως μὴ ἀδικῶνται. Ἀσφάλεια δὲ αὐτοῖς μᾶλλον ἐγίγνετο τῆς ἀνοίξεως· καὶ γὰρ οἱ ἀπὸ τῆς Ἐλευσῖνος κατὰ τὸ ξυγκείμενον τετρακισχίλιοι ὁπλῖται τῶν Ἀθηναίων καὶ ἱππῆς ἑξακόσιοι [οἱ] τὴν νύκτα πορευόμενοι παρῆσαν. 6 Ἀληλιμμένων δὲ αὐτῶν καὶ ὄντων ἤδη

LXVII. 4 7 τὰς FpcMpcG : om. cett.

LXVIII. 1 2 χωρεῖ : ἐχώρει MF²G || 2 2 ἀντίσχοντες Naber : ἀντισχόντες codd. || ἠμύνοντο C : -ναντο || 3 1 τὸν om. F || 4 3 ἄλλο rec. : ἄλλοι codd. || 5 3 λίπα : λιπαρὰ E || 7 οἱ om. recc.

portes, un des hommes dans le secret dénonce le complot à ceux de l'autre parti : ces derniers alors se réunirent en masse et vinrent déclarer qu'il ne fallait ni faire une sortie (ce que, même avant, avec des forces plus grandes, on n'avait encore jamais osé faire) ni précipiter la cité dans un danger manifeste : et, si on refusait de les écouter, c'est ici que l'on se battrait[1] ! Rien, cependant, ne révélait qu'ils savaient ce qui se tramait : ils ne faisaient qu'insister pour recommander le meilleur parti ; et, en même temps, ils restaient en surveillance près des portes ; tant et si bien que les conjurés ne trouvèrent pas moyen de réaliser leur projet.

LXIX. Les stratèges athéniens, comprenant qu'il y avait eu un obstacle et qu'ils ne pourraient pas s'emparer de la ville par un coup de main, se mirent aussitôt en devoir d'investir Nisée, se disant que, s'ils emportaient la place avant l'arrivée d'un secours, Mégare à son tour viendrait plus vite à composition ; **2** pour cela, il leur était vite arrivé du fer d'Athènes, ainsi que des tailleurs de pierre et tout ce qu'il fallait. Ils partirent du mur qu'ils occupaient et fermèrent le passage du côté de Mégare ; puis, des deux côtés de Nisée, jusqu'à la mer, l'armée se répartit fossé et murailles*, et, employant des pierres et des briques provenant du faubourg, coupant les troncs et le bois, ils en faisaient des palissades là où besoin était ; en outre, les maisons du faubourg, auxquelles ils ajoutaient des créneaux, constituaient par elles-mêmes un retranchement.

3 Tout ce jour-là, ils y travaillèrent ; et le lendemain dans la soirée le mur était pour ainsi dire achevé. Alors, les occupants de Nisée prirent peur : ils étaient à court de vivres (car ils se ravitaillaient chaque jour à la ville haute) et ne croyaient pas à un secours rapide des Péloponnésiens ; enfin ils pensaient que Mégare était contre eux ; aussi conclurent-ils un accord avec les Athéniens : chacun pouvait, en rendant ses armes, se libérer moyennant une certaine somme d'argent ; quant aux Lacédémoniens — leur chef et, avec lui, tout autre Lacédémo-

1. Ils ne veulent pas la guerre civile (71.1) ; ce n'est qu'une menace.

περὶ τὰς πύλας καταγορεύει τις ξυνειδὼς τοῖς ἑτέροις τὸ ἐπιβούλευμα. Καὶ οἱ ξυστραφέντες ἀθρόοι ἦλθον καὶ οὐκ ἔφασαν χρῆναι οὔτε ἐπεξιέναι (οὐδὲ γὰρ πρότερόν πω τοῦτο ἰσχύοντες μᾶλλον τολμῆσαι) οὔτε ἐς κίνδυνον φανερὸν τὴν πόλιν καταγαγεῖν· εἴ τε μὴ πείσεταί τις, αὐτοῦ τὴν μάχην ἔσεσθαι. Ἐδήλουν δὲ οὐδὲν ὅτι ἴσασι τὰ πρασσόμενα, ἀλλὰ ὡς τὰ βέλτιστα βουλεύοντες ἰσχυρίζοντο, καὶ ἅμα περὶ τὰς πύλας παρέμενον φυλάσσοντες, ὥστε οὐκ ἐγένετο τοῖς ἐπιβουλεύουσι πρᾶξαι ὃ ἔμελλον.

LXIX. Γνόντες δὲ οἱ τῶν Ἀθηναίων στρατηγοὶ ὅτι ἐναντίωμά τι ἐγένετο καὶ τὴν πόλιν βίᾳ οὐχ οἷοί τε ἔσονται λαβεῖν, τὴν Νίσαιαν εὐθὺς περιετείχιζον, νομίζοντες, εἰ πρὶν ἐπιβοηθῆσαί τινας ἐξέλοιεν, θᾶσσον ἂν καὶ τὰ Μέγαρα προσχωρῆσαι **2** (παρεγένετο δὲ σίδηρός τε ἐκ τῶν Ἀθηνῶν ταχὺ καὶ λιθουργοὶ καὶ τἆλλα ἐπιτήδεια)· ἀρξάμενοι δ' ἀπὸ τοῦ τείχους ὃ εἶχον καὶ διοικοδομήσαντες τὸ πρὸς Μεγαρέας, ἀπ' ἐκείνου ἑκατέρωθεν ἐς θάλασσαν τῆς Νισαίας τάφρον τε καὶ τείχη διελομένη ἡ στρατιά, ἔκ τε τοῦ προαστείου λίθοις καὶ πλίνθοις χρώμενοι, καὶ κόπτοντες τὰ δένδρα καὶ ὕλην ἀπεσταύρουν εἴ πῃ δέοιτό τι· καὶ αἱ οἰκίαι τοῦ προαστείου ἐπάλξεις λαμβάνουσαι αὐταὶ ὑπῆρχον ἔρυμα.

3 Καὶ ταύτην μὲν τὴν ἡμέραν ὅλην εἰργάζοντο· τῇ δὲ ὑστεραίᾳ περὶ δείλην τὸ τεῖχος ὅσον οὐκ ἀπετετέλεστο, καὶ οἱ ἐν τῇ Νισαίᾳ δείσαντες, σίτου τε ἀπορίᾳ (ἐφ' ἡμέραν γὰρ ἐκ τῆς ἄνω πόλεως ἐχρῶντο) καὶ τοὺς Πελοποννησίους οὐ νομίζοντες ταχὺ ἐπιβοηθήσειν, τούς τε Μεγαρέας πολεμίους ἡγούμενοι, ξυνέβησαν τοῖς Ἀθηναίοις ῥητοῦ μὲν ἕκαστον ἀργυρίου ἀπολυθῆναι ὅπλα παραδόντας, τοῖς δὲ Λακεδαιμονίοις, τῷ τε ἄρχοντι καὶ εἴ τις ἄλλος

LXVIII. **6** 2 ἑτέροις : ἑταίροις ABEF^{ac} || 3 alt. καὶ om. M || 7 οὐδὲν ABFMC^2 : οὐδὲ CE || 10 ἐγένετο : ἐξεγένετο conj. Badham.

LXIX. **2** 5 ante ἡ add. ἦγεν Madvig || 7 πῃ : που M || **3** 8 δὲ Dobrée : τε codd.

nien présent — ils étaient livrés à la discrétion des Athéniens. Après s'être entendus sur ces bases, ils purent sortir de la ville ; **4** et les Athéniens, ayant pratiqué une brèche dans les Longs Murs pour couper le lien avec la ville de Mégare et ayant pris en main Nisée, poursuivirent leurs préparatifs.

LXX. Cependant le Lacédémonien Brasidas, fils de Tellis, se trouvait justement, à cette époque, dans la région de Sicyone et de Corinthe, en train de préparer une expédition pour la Thrace. Lorsqu'il sut les murs pris, il s'effraya pour les Péloponnésiens de Nisée, ainsi que de la chute possible de Mégare : il expédia alors des messagers aux Béotiens, leur demandant d'envoyer rapidement une armée le rejoindre à Tripodiscos (c'est un village de Mégaride qui porte ce nom, aux pieds des monts de Géranie) ; et il s'y rendit de son côté avec deux mille sept cents hoplites de Corinthe, quatre cents de Phlionte, six cents de Sicyone, et les hommes de ses propres troupes déjà réunis sous ses ordres : il s'imaginait trouver Nisée non encore prise. **2** Lorsqu'il apprit la nouvelle (il était justement sorti du pays de nuit, pour gagner Tripodiscos), il choisit trois cents hommes dans l'armée et, avant que ses mouvements fussent connus, il arriva aux abords de Mégare, à l'insu des Athéniens, occupés du côté de la mer. Son intention était en principe — et aussi en fait, s'il pouvait — d'essayer une tentative contre Nisée ; mais c'était essentiellement de pénétrer dans Mégare afin de raffermir la ville. Et il réclamait qu'on lui ouvrît les portes, en disant qu'il avait l'espoir de reprendre Nisée. LXXI. Mais, à Mégare, les deux partis avaient peur : pour les uns, c'était de le voir ramener les exilés et les bannir, eux, à leur tour ; pour les autres, c'était de voir le peuple, mû précisément par cette crainte, se dresser contre eux, et la ville, ainsi livrée à la guerre civile quand les Athéniens la guettaient de tout près, courir à sa perte ; aussi ne le reçurent-ils pas : tous jugeaient préférable d'attendre la suite sans bouger. **2** Chaque groupe, en effet, escomptait qu'il y aurait bataille entre les Athéniens et l'armée venue au secours

ἐνῆν, χρῆσθαι Ἀθηναίους ὅ τι ἂν βούλωνται. Ἐπὶ τούτοις ὁμολογήσαντες ἐξῆλθον. 4 Καὶ οἱ Ἀθηναῖοι τὰ μακρὰ τείχη ἀπορρήξαντες ἀπὸ τῆς τῶν Μεγαρέων πόλεως καὶ τὴν Νίσαιαν παραλαβόντες τἆλλα παρεσκευάζοντο.

LXX. Βρασίδας δὲ ὁ Τέλλιδος Λακεδαιμόνιος κατὰ τοῦτον τὸν χρόνον ἐτύγχανε περὶ Σικυῶνα καὶ Κόρινθον ὤν, ἐπὶ Θρᾴκης στρατείαν παρασκευαζόμενος. Καὶ ὡς ᾔσθετο τῶν τειχῶν τὴν ἅλωσιν, δείσας περί τε τοῖς ἐν τῇ Νισαίᾳ Πελοποννησίοις καὶ μὴ τὰ Μέγαρα ληφθῇ, πέμπει ἔς τε τοὺς Βοιωτοὺς κελεύων κατὰ τάχος στρατιᾷ ἀπαντῆσαι ἐπὶ Τριποδίσκον (ἔστι δὲ κώμη τῆς Μεγαρίδος ὄνομα τοῦτο ἔχουσα ὑπὸ τῷ ὄρει τῇ Γερανείᾳ), καὶ αὐτὸς ἔχων ἦλθεν ἑπτακοσίους μὲν καὶ δισχιλίους Κορινθίων ὁπλίτας, Φλειασίων δὲ τετρακοσίους, Σικυωνίων δὲ ἑξακοσίους καὶ τοὺς μεθ' αὑτοῦ ὅσοι ἤδη ξυνειλεγμένοι ἦσαν, οἰόμενος τὴν Νίσαιαν ἔτι καταλήψεσθαι ἀνάλωτον. 2 Ὡς δὲ ἐπύθετο, (ἔτυχε γὰρ νυκτὸς ἐπὶ τὸν Τριποδίσκον ἐξελθών) ἀπολέξας τριακοσίους τοῦ στρατοῦ, πρὶν ἔκπυστος γενέσθαι, προσῆλθε τῇ τῶν Μεγαρέων πόλει λαθὼν τοὺς Ἀθηναίους ὄντας περὶ τὴν θάλασσαν, βουλόμενος μὲν τῷ λόγῳ καὶ ἅμα εἰ δύναιτο ἔργῳ τῆς Νισαίας πειρᾶσαι, τὸ δὲ μέγιστον, τὴν τῶν Μεγαρέων πόλιν ἐσελθὼν βεβαιώσασθαι. Καὶ ἠξίου δέξασθαι σφᾶς λέγων ἐν ἐλπίδι εἶναι ἀναλαβεῖν Νίσαιαν.

LXXI. Αἱ δὲ τῶν Μεγαρέων στάσεις φοβούμεναι, οἱ μὲν μὴ τοὺς φεύγοντας σφίσιν ἐσαγαγὼν αὐτοὺς ἐκβάλῃ, οἱ δὲ μὴ αὐτὸ τοῦτο ὁ δῆμος δείσας ἐπιθῆται σφίσι καὶ ἡ πόλις ἐν μάχῃ καθ' αὑτὴν οὖσα ἐγγὺς ἐφεδρευόντων Ἀθηναίων ἀπόληται, οὐκ ἐδέξαντο, ἀλλ' ἀμφοτέροις ἐδόκει ἡσυχάσασι τὸ μέλλον περιιδεῖν. 2 Ἤλπιζον γὰρ καὶ μάχην ἑκάτεροι ἔσεσθαι τῶν τε Ἀθηναίων καὶ τῶν προσβοη-

LXX. 1 3 στρατείαν Aem. Portus : στρατιὰν [στρατίὰν J] codd. || 5 Πελοποννησίοις : Λακεδαιμονίοις M || 10 Σικυωνίων δὲ ἑξακοσίους om. C.

LXXI. 1 5 ἀπόληται CF²Hγρ : ἀπολεῖται ABFM ἀπόλεῖται E.

de la ville : il était par suite plus sûr pour eux de ne se rallier à ceux qui avaient leurs sympathies qu'une fois la victoire acquise. Brasidas, donc, ne pouvant les convaincre, s'en alla retrouver le reste de l'armée.

LXXII. Mais, dès l'aube, les Béotiens étaient là : ils avaient eu tout seuls, sans attendre le message de Brasidas, l'idée de se porter au secours de Mégare, se jugeant personnellement touchés par cette menace, et ils étaient déjà, en masse, à Platée ; sur quoi, l'arrivée du messager stimula vivement leur énergie : ils expédièrent deux mille deux cents hoplites et six cents cavaliers, tandis que le reste s'en retournait.

2 Dès lors, toute l'armée était là, soit non moins de six mille hoplites[1] : profitant de ce que, parmi les Athéniens, les hoplites se trouvaient rangés aux abords de Nisée et de la mer, et les troupes légères répandues par la plaine, la cavalerie des Béotiens chargea à l'improviste contre ces troupes légères et les chassa en direction de la mer (jusque-là elles n'avaient encore rencontré aucune troupe venant au secours des Mégariens) ; **3** puis, prenant à son tour l'offensive, la cavalerie athénienne entra en lutte, et il y eut un combat de cavalerie prolongé, au cours duquel chacun estime qu'il n'eut pas le dessous. **4** Sans doute l'hipparque des Béotiens et un petit groupe d'hommes qui avaient poussé jusqu'à Nisée même furent tués par les Athéniens, qui les dépouillèrent, puis, s'étant assuré les corps, les rendirent sous convention et dressèrent un trophée — pourtant, à prendre l'affaire dans son ensemble, nul ne termina par un résultat bien tranché : ils se séparèrent parce que les Béotiens rejoignaient les leurs, et que les autres rentraient à Nisée[2].

LXXIII. Après cela, Brasidas et son armée se rap-

1. Si l'on déduit de ce chiffre les 2.200 Béotiens mentionnés à la phrase précédente et les 3.700 Corinthiens de 70.1, il reste un chiffre bien faible pour les hoplites lacédémoniens ; mais « non moins de » est une expression élastique et signifie « plus que ».

2. Peut-être manque-t-il un verbe en grec (cf. Apparat critique). Si l'on garde le texte des manuscrits (comme on a fait ici), ce ne peut être qu'en donnant à ἀπεκρίθησαν... οἱ μὲν... οἱ δὲ... un sens fort : les deux armées se retirent ensemble, chacune de son côté.

θησάντων, καὶ οὕτω σφίσιν ἀσφαλεστέρως ἔχειν, οἷς τις εἴη εὔνους, κρατήσασι προσχωρῆσαι· ὁ δὲ Βρασίδας ὡς οὐκ ἔπειθεν, ἀνεχώρησε πάλιν ἐς τὸ ἄλλο στράτευμα.

LXXII. Ἅμα δὲ τῇ ἕῳ οἱ Βοιωτοὶ παρῆσαν, διανενοημένοι μὲν καὶ πρὶν Βρασίδαν πέμψαι βοηθεῖν ἐπὶ τὰ Μέγαρα, ὡς οὐκ ἀλλοτρίου ὄντος τοῦ κινδύνου, καὶ ἤδη ὄντες πανστρατιᾷ Πλαταιᾶσιν· ἐπειδὴ δὲ καὶ ἦλθεν ὁ ἄγγελος, πολλῷ μᾶλλον ἐρρώσθησαν, καὶ ἀποστείλαντες διακοσίους καὶ δισχιλίους ὁπλίτας καὶ ἱππέας ἑξακοσίους τοῖς πλείοσιν ἀπῆλθον πάλιν.

2 Παρόντος δὲ ἤδη ξύμπαντος τοῦ στρατεύματος, ὁπλιτῶν οὐκ ἔλασσον ἑξακισχιλίων, καὶ τῶν Ἀθηναίων τῶν μὲν ὁπλιτῶν περί τε τὴν Νίσαιαν ὄντων καὶ τὴν θάλασσαν ἐν τάξει, τῶν δὲ ψιλῶν ἀνὰ τὸ πεδίον ἐσκεδασμένων, οἱ ἱππῆς οἱ τῶν Βοιωτῶν ἀπροσδοκήτοις ἐπιπεσόντες τοῖς ψιλοῖς ἔτρεψαν ἐπὶ τὴν θάλασσαν (ἐν γὰρ τῷ πρὸ τοῦ οὐδεμία βοήθειά πω τοῖς Μεγαρεῦσιν οὐδαμόθεν ἐπῆλθεν)· 3 ἀντεπεξελάσαντες δὲ καὶ οἱ τῶν Ἀθηναίων ἐς χεῖρας ᾖσαν, καὶ ἐγένετο ἱππομαχία ἐπὶ πολύ, ἐν ᾗ ἀξιοῦσιν ἑκάτεροι οὐχ ἥσσους γενέσθαι. 4 Τὸν μὲν γὰρ ἵππαρχον τῶν Βοιωτῶν καὶ ἄλλους τινὰς οὐ πολλοὺς πρὸς αὐτὴν τὴν Νίσαιαν προσελάσαντας οἱ Ἀθηναῖοι [καὶ] ἀποκτείναντες ἐσκύλευσαν, καὶ τῶν τε νεκρῶν τούτων κρατήσαντες ὑποσπόνδους ἀπέδοσαν καὶ τροπαῖον ἔστησαν· οὐ μέντοι ἔν γε τῷ παντὶ ἔργῳ βεβαίως οὐδέτεροι τελευτήσαντες ἀπεκρίθησαν ἀλλ' οἱ μὲν Βοιωτοὶ πρὸς τοὺς ἑαυτῶν, οἱ δὲ ἐπὶ τὴν Νίσαιαν.

LXXIII. Μετὰ δὲ τοῦτο Βρασίδας καὶ τὸ στράτευμα

LXXI. 2 3 οἷς τις C : ὅστις.

LXXII. 2 3 περί τε : περὶ AB || 7 βοήθειά πω : βοήθεια C || 4 3 προσελάσαντας Aem. Portus (cf. Valla : *provectos*) : -ντες codd. || καὶ del. Aem. Portus || 6 οὐδέτεροι τελευτήσαντες : οὐδὲν οὐδέτεροι τελευτήσαντες conj. Stahl, οὐδέτεροι τέλος κρατήσαντες Krueger, alii alia || 7 post ἀλλ' Gomme ἀνεχώρουν scribendum conj.

prochèrent de la mer et de la ville de Mégare, prirent position dans un endroit favorable, s'y déployèrent et ne bougèrent plus : ils supposaient que les Athéniens les attaqueraient et savaient que les Mégariens attendaient de voir quels seraient les vainqueurs ; **2** or, ils jugeaient leur propre situation doublement satisfaisante* : d'abord, en n'engageant pas les premiers l'action et en ne prenant pas volontairement l'initiative de la bataille et de ses risques, dès l'instant qu'ils avaient clairement montré leur intention de se défendre, ils pourraient de façon légitime s'attribuer la victoire sans coup férir ; et en même temps, vis-à-vis des Mégariens, tout s'arrangeait comme il fallait : **3** car, si on ne les avait pas vus arriver, il n'y aurait pas eu pour eux la moindre chance à courir, cela aurait sans l'ombre d'un doute équivalu à une défaite, qui leur aurait fait perdre la ville aussitôt ; tandis qu'ainsi il y avait même une chance que les Athéniens, eux, ne veuillent pas les affronter, auquel cas ils pouvaient se trouver avoir atteint sans combat ce pour quoi ils étaient venus. Et c'est ce qui se produisit. **4** Les Mégariens* virent les Athéniens qui, sans doute, étaient sortis et s'étaient rangés devant les Longs Murs, mais qui, à leur tour, ne bougeaient plus sans qu'on les attaquât ; leurs stratèges, en effet, se faisaient un calcul de même ordre : les risques, jugeaient-ils, ne s'équilibraient pas, puisqu'ils devaient, après avoir déjà réussi pour le principal, prendre l'initiative d'une bataille contre des forces supérieures, avec la perspective, en cas de victoire, de prendre Mégare, mais, en cas de défaite, de voir mettre à mal le meilleur, en fait d'hoplites, qu'il y eût dans toutes les forces athéniennes*, cela alors que, chez l'adversaire, chaque élément des troupes présentes risquait normalement de consentir à payer d'audace ; ils attendirent donc un certain temps, puis, aucune action ne s'amorçant de part ni d'autre, les Athéniens, les premiers, retournèrent à Nisée et les Péloponnésiens, ensuite, là d'où ils étaient venus ; dès lors, Brasidas et les chefs alliés qui l'accompagnent deviennent, aux yeux des Mégariens amis des exilés, les vainqueurs, tandis que, pour eux, les Athéniens ont renoncé à combattre : rassurés, ils lui ouvrent

ἐχώρουν ἐγγυτέρω τῆς θαλάσσης καὶ τῆς τῶν Μεγαρέων πόλεως, καὶ καταλαβόντες χωρίον ἐπιτήδειον παραταξάμενοι ἡσύχαζον, οἰόμενοι σφίσιν ἐπιέναι τοὺς Ἀθηναίους καὶ τοὺς Μεγαρέας ἐπιστάμενοι περιορωμένους ὁποτέρων ἡ νίκη ἔσται. **2** Καλῶς δὲ ἐνόμιζον σφίσιν ἀμφότερα ἔχειν, ἅμα μὲν τὸ μὴ ἐπιχειρεῖν προτέρους μηδὲ μάχης καὶ κινδύνου ἑκόντας ἄρξαι, ἐπειδή γε ἐν φανερῷ ἔδειξαν ἑτοῖμοι ὄντες ἀμύνεσθαι, καὶ αὐτοῖς ὥσπερ ἀκονιτὶ τὴν νίκην δικαίως ἂν τίθεσθαι· ἐν τῷ αὐτῷ δὲ καὶ πρὸς τοὺς Μεγαρέας ὀρθῶς ξυμβαίνειν· **3** εἰ μὲν γὰρ μὴ ὤφθησαν ἐλθόντες, οὐκ ἂν ἐν τύχῃ γίγνεσθαι σφίσιν, ἀλλὰ σαφῶς ἂν ὥσπερ ἡσσηθέντων στερηθῆναι εὐθὺς τῆς πόλεως· νῦν δὲ κἂν τυχεῖν αὐτοὺς Ἀθηναίους μὴ βουληθέντας ἀγωνίζεσθαι, ὥστε ἀμαχητὶ ἂν περιγενέσθαι αὐτοῖς ὧν ἕνεκα ἦλθον. Ὅπερ καὶ ἐγένετο. **4** Οἱ γὰρ Μεγαρῆς, ὡς οἱ Ἀθηναῖοι ἐτάξαντο μὲν παρὰ τὰ μακρὰ τείχη ἐξελθόντες, ἡσύχαζον δὲ καὶ αὐτοὶ μὴ ἐπιόντων, λογιζόμενοι καὶ οἱ ἐκείνων στρατηγοὶ μὴ ἀντίπαλον εἶναι σφίσι τὸν κίνδυνον, ἐπειδὴ καὶ τὰ πλείω αὐτοῖς προυκεχωρήκει, ἄρξασι μάχης πρὸς πλείονας αὐτῶν ἢ λαβεῖν νικήσαντας Μέγαρα ἢ σφαλέντας τῷ βελτίστῳ τοῦ ὁπλιτικοῦ βλαφθῆναι ξυμπάσης τῆς δυνάμεως, τοῖς δὲ καὶ τῶν παρόντων μέρος ἕκαστον κινδυνεύειν εἰκότως ἐθέλειν τολμᾶν, χρόνον δὲ ἐπισχόντες καὶ ὡς οὐδὲν ἀφ' ἑκατέρων ἐπεχειρεῖτο, ἀπῆλθον πρότερον οἱ Ἀθηναῖοι ἐς τὴν Νίσαιαν καὶ αὖθις οἱ Πελοποννήσιοι ὅθενπερ ὡρμήθησαν· οὕτω δὴ τῷ μὲν Βρασίδᾳ αὐτῷ καὶ τοῖς ἀπὸ τῶν πόλεων ἄρχουσιν οἱ τῶν φευγόντων φίλοι Μεγαρῆς, ὡς ἐπικρατήσαντι καὶ τῶν Ἀθηναίων οὐκέτι ἐθελησάντων μάχεσθαι, θαρσοῦντες μᾶλλον ἀνοίγουσί τε τὰς

LXXIII. **2** 3 ἄρξαι : ἄρξασθαι M ‖ ἐπειδή... ἔδειξαν om. C ‖ ἔδειξαν : ἔδεισαν EH[s1] ‖ 5 ἂν τίθεσθαι F[pc]MG[2] : ἀντιθέσθαι codd., ἀνατίθεσθαι conj. Krueger ‖ **3** 5 ἀμαχητὶ C : -χεὶ ‖ **4** 7 ξυμπάσης τῆς δυνάμεως ante τοῖς δὲ transtuli : post τοῖς δὲ habent codd. ‖ 10 πρότερον : -ροι conj. Krueger.

les portes, l'accueillent et profitent de l'effroi où sont maintenant plongés les auteurs de la négociation avec les Athéniens pour entrer en pourparlers avec lui.

LXXIV. Plus tard, les divers contingents repartirent chacun chez eux, et lui-même retourna à son tour à Corinthe, où il préparait son expédition pour la Thrace, but primitif de son action. **2** Alors, parmi les habitants de Mégare, qui avaient vu les Athéniens, eux aussi, repartir chez eux, tous ceux qui avaient été le plus mêlés à la négociation avec les Athéniens, sachant qu'ils s'étaient fait connaître, se hâtèrent de disparaître, mais les autres s'abouchèrent avec les amis des exilés pour rappeler ceux-ci de Pèges, non sans leur faire promettre par de grands serments qu'ils ne reviendraient en rien sur le passé et ne songeraient qu'au bien de la cité. **3** Or ceux-ci, une fois admis aux fonctions officielles et chargés d'une revue en armes, firent espacer les compagnies et mirent à part une centaine d'hommes parmi leurs ennemis et les gens qui avaient le plus l'air d'avoir eu partie liée avec les Athéniens : ils obligèrent le peuple à régler leur sort par un vote à découvert, et, après condamnation, les firent exécuter ; ils établirent alors dans la ville un régime au plus haut point oligarchique. **4** Ce fut, de tous les régimes fondés à neuf par une faction, celui qui dut son existence au moins de gens et dura le plus de temps.

En Asie Mineure.

LXXV. Le même été, les Mytiléniens allaient, comme ils se l'étaient proposé, organiser la place d'Antandros, lorsque deux stratèges des navires de perception d'Athènes, Démodocos et Aristide, qui se trouvaient dans l'Hellespont (le troisième, Lamachos, avait gagné le Pont avec dix navires), se rendirent compte des préparatifs qui se faisaient sur ce point et pensèrent que l'on pouvait craindre d'y voir se produire la même chose que pour Anaia, en face de Samos : les exilés de Samos, en effet, s'y étaient établis et, de là, ils facilitaient la navigation pour les Péloponnésiens en leur envoyant des

πύλας καὶ δεξάμενοι καταπεπληγμένων ἤδη τῶν πρὸς τοὺς Ἀθηναίους πραξάντων ἐς λόγους ἔρχονται.

LXXIV. Καὶ ὕστερον ὁ μὲν διαλυθέντων τῶν ξυμμάχων κατὰ πόλεις ἐπανελθὼν καὶ αὐτὸς ἐς τὴν Κόρινθον, τὴν ἐπὶ Θρᾴκης στρατείαν παρεσκεύαζεν, ἵναπερ καὶ τὸ πρῶτον ὥρμητο· 2 οἱ δὲ ἐν τῇ πόλει Μεγαρῆς, ἀποχωρησάντων καὶ τῶν Ἀθηναίων ἐπ' οἴκου, ὅσοι μὲν τῶν πραγμάτων πρὸς τοὺς Ἀθηναίους μάλιστα μετέσχον, εἰδότες ὅτι ὤφθησαν εὐθὺς ὑπεξῆλθον, οἱ δὲ ἄλλοι κοινολογησάμενοι τοῖς τῶν φευγόντων φίλοις κατάγουσι τοὺς ἐκ Πηγῶν, ὁρκώσαντες πίστεσι μεγάλαις μηδὲν μνησικακήσειν, βουλεύσειν δὲ τῇ πόλει τὰ ἄριστα. 3 Οἱ δὲ ἐπειδὴ ἐν ταῖς ἀρχαῖς ἐγένοντο καὶ ἐξέτασιν ὅπλων ἐποιήσαντο, διαστήσαντες τοὺς λόχους ἐξελέξαντο τῶν τε ἐχθρῶν καὶ οἳ ἐδόκουν μάλιστα ξυμπρᾶξαι τὰ πρὸς τοὺς Ἀθηναίους, ἄνδρας ὡς ἑκατόν, καὶ τούτων πέρι ἀναγκάσαντες τὸν δῆμον ψῆφον φανερὰν διενεγκεῖν, ὡς κατεγνώσθησαν, ἔκτειναν, καὶ ἐς ὀλιγαρχίαν τὰ μάλιστα κατέστησαν τὴν πόλιν. 4 Καὶ πλεῖστον δὴ χρόνον αὕτη ὑπ' ἐλαχίστων γενομένη ἐκ στάσεως μετάστασις ξυνέμεινεν.

LXXV. Τοῦ δ' αὐτοῦ θέρους τῆς Ἀντάνδρου ὑπὸ τῶν Μυτιληναίων, ὥσπερ διενοοῦντο, μελλούσης κατασκευάζεσθαι, οἱ τῶν ἀργυρολόγων νεῶν Ἀθηναίων στρατηγοί, Δημόδοκος καὶ Ἀριστείδης, ὄντες περὶ Ἑλλήσποντον (ὁ γὰρ τρίτος αὐτῶν Λάμαχος δέκα ναυσὶν ἐς τὸν Πόντον ἐσεπεπλεύκει) ὡς ᾐσθάνοντο τὴν παρασκευὴν τοῦ χωρίου καὶ ἐδόκει αὐτοῖς δεινὸν εἶναι μὴ ὥσπερ τὰ Ἄναια ἐπὶ τῇ Σάμῳ γένηται, ἔνθα οἱ φεύγοντες τῶν Σαμίων καταστάντες τούς τε Πελοποννησίους ὠφέλουν ἐς τὰ ναυτικὰ κυβερνή-

LXXIV. 2 3 ante πρὸς add. τῶν Herw. || 3 2 καὶ post ἐποιήσαντο dubitanter conj. Hude || 4 1 γενομένη ABEFMC²γρ : νεμομένη CMγρA²γρF²γρ.

LXXV. 1 3 νεῶν Ἀθηναίων Jones : Ἀθηναῖοι νεῶν EH[s1] Ἀθηναίων cett.

pilotes, cependant qu'ils entretenaient le désordre chez les Samiens de la ville et accueillaient ceux qui en sortaient. Aussi ces stratèges réunirent-ils une armée parmi les alliés ; ils gagnèrent Antandros, triomphèrent des occupants sortis à leur rencontre et, par là, reprirent possession du pays comme par le passé. **2** Peu après, Lamachos, qui avait gagné le Pont avec sa flotte, alla mouiller, au pays d'Héraclée, dans le fleuve Kalès et perdit ainsi ses navires, car il tomba des pluies dans le haut pays et le fleuve prit soudain un cours précipité ; lui-même, toutefois, put, avec son armée, traverser par voie de terre le pays des Thraces bithyniens, qui habitent sur l'autre rive, en Asie : il arriva alors à Chalcédoine, la colonie de Mégare située à l'entrée du Pont.

Plan d'action en Béotie.

LXXVI. Toujours le même été, le stratège athénien Démosthène arrive avec quarante navires à Naupacte, aussitôt après son retour de Mégaride. **2** Hippocrate et lui avaient, en effet, dans les villes de Béotie, des gens qui agissaient pour eux sur les affaires du pays, où ils voulaient renverser l'ordre établi et installer à sa place la démocratie, comme à Athènes. Selon les directives fournies principalement par un banni de Thèbes*, Ptoiodoros, le plan suivant avait été dressé : **3** on devait leur livrer Siphes (une position maritime du pays de Thespies, sur le golfe de Crisa) ; Chéronée (ville tributaire d'Orchomène — autrefois Orchomène des Minyens, aujourd'hui Orchomène de Béotie) leur était également remise, par des gens, cette fois, d'Orchomène : les bannis de cette ville s'employaient tout particulièrement à servir ce projet et ils recrutaient des mercenaires dans le Péloponnèse ; d'autre part, Chéronée est à l'extrémité de la Béotie, tout contre le pays de Phanotée en Phocide[1], et il y avait des Phocidiens mêlés à l'affaire. **4** Les Athéniens, de leur côté, avaient pour tâche d'occuper

1. L'indication géographique est ici explicative.

τας πέμποντες καὶ τοὺς ἐν τῇ πόλει Σαμίους ἐς ταραχὴν καθίστασαν καὶ τοὺς ἐξιόντας ἐδέχοντο· οὕτω δὴ ξυναγείραντες ἀπὸ τῶν ξυμμάχων στρατιὰν καὶ πλεύσαντες, μάχῃ τε νικήσαντες τοὺς ἐκ τῆς Ἀντάνδρου ἐπεξελθόντας, ἀναλαμβάνουσι τὸ χωρίον πάλιν. **2** Καὶ οὐ πολὺ ὕστερον ἐς τὸν Πόντον ἐσπλεύσας Λάμαχος, ἐν τῇ Ἡρακλεώτιδι ὁρμίσας ἐς τὸν Κάλητα ποταμὸν ἀπόλλυσι τὰς ναῦς ὕδατος ἄνωθεν γενομένου καὶ κατελθόντος αἰφνιδίου τοῦ ῥεύματος· αὐτὸς δὲ καὶ ἡ στρατιὰ πεζῇ διὰ Βιθυνῶν Θρᾳκῶν, οἵ εἰσι πέραν ἐν τῇ Ἀσίᾳ, ἀφικνεῖται ἐς Καλχηδόνα, τὴν ἐπὶ τῷ στόματι τοῦ Πόντου Μεγαρέων ἀποικίαν.

LXXVI. Ἐν δὲ τῷ αὐτῷ θέρει καὶ Δημοσθένης Ἀθηναίων στρατηγὸς τεσσαράκοντα ναυσὶν ἀφικνεῖται ἐς Ναύπακτον, εὐθὺς μετὰ τὴν ἐκ τῆς Μεγαρίδος ἀναχώρησιν. **2** Τῷ γὰρ Ἱπποκράτει καὶ ἐκείνῳ τὰ Βοιώτια πράγματα ἀπό τινων ἀνδρῶν ἐν ταῖς πόλεσιν ἐπράσσετο, βουλομένων μεταστῆσαι τὸν κόσμον καὶ ἐς δημοκρατίαν ὥσπερ οἱ Ἀθηναῖοι τρέψαι· καὶ Πτοιοδώρου μάλιστ' ἀνδρὸς φυγάδος ἐκ Θηβῶν ἐσηγουμένου τάδε αὐτοῖς παρεσκευάσθη. **3** Σίφας μὲν ἔμελλόν τινες προδώσειν (αἱ δὲ Σῖφαί εἰσι τῆς Θεσπικῆς γῆς ἐν τῷ Κρισαίῳ κόλπῳ ἐπιθαλασσίδιοι). Χαιρώνειαν δέ, ἣ ἐς Ὀρχομενὸν τὸν Μινύειον πρότερον καλούμενον, νῦν δὲ Βοιώτιον, ξυντελεῖ, ἄλλοι ἐξ Ὀρχομενοῦ ἐνεδίδοσαν, καὶ οἱ Ὀρχομενίων φυγάδες ξυνέπρασσον τὰ μάλιστα καὶ ἄνδρας ἐμισθοῦντο ἐκ Πελοποννήσου· ἔστι δὲ ἡ Χαιρώνεια ἔσχατον τῆς Βοιωτίας πρὸς τῇ Φανοτίδι τῆς Φωκίδος, καὶ Φωκέων μετεῖχόν τινες. **4** Τοὺς δὲ Ἀθηναίους ἔδει Δήλιον καταλαβεῖν, τὸ ἐν τῇ Τανα-

LXXV. **1** 12 ἀπὸ... πλεύσαντες om. ABEF (hab. A^2F^2) || 13 ἐπεξελθόντας : ὑπ- B || **2** 3 ὁρμίσας C : ὁρμήσας || Κάλητα Paumier : Κάληκα codd. || 5 δὲ Classen : τε codd.

LXXVI. **2** 5 Θηβῶν : Θεσπιῶν $B^{mg}F^{mg}$ || **3** 1 προδώσειν : παραδώσειν C || 2 ἐπιθαλασσίδιοι : -λάσσιοι M || **4** 2 τὸ : τῶι E τῶν AB.

Délion, le sanctuaire d'Apollon situé dans le pays de Tanagra et regardant l'Eubée : et tout cela devait avoir lieu simultanément, à un jour dit, afin d'empêcher les Béotiens de se grouper pour aller en masse au secours de Délion, et les retenir au contraire par les mouvements qui se produiraient dans leurs pays respectifs. **5** Si la tentative réussissait et que l'on fît de Délion un poste fortifié, en admettant même qu'il n'y eût pas de changement immédiat dans le régime des villes béotiennes, ils s'attendaient à un résultat : quand ces points seraient occupés, le pays soumis au pillage et chacun en mesure de se réfugier à peu de distance, la situation ne resterait pas stationnaire et, avec le temps, les Athéniens venant en aide aux révoltés et l'adversaire n'ayant pas ses forces groupées, on lui donnerait facilement la tournure voulue.

LXXVII. Tel était le complot qui s'organisait ; et alors qu'Hippocrate devait, lui, partir de la ville avec ses troupes pour entrer, le moment venu, en Béotie, il avait envoyé Démosthène en avance à Naupacte, avec les quarante navires mentionnés, afin de recruter une armée dans la région, parmi les Acarnaniens et les autres alliés, avant de faire voile vers Siphes, qu'on s'attendait à voir livrer : un jour avait été convenu pour l'exécution simultanée de ces projets. **2** Démosthène, donc, lorsqu'il fut arrivé, puis qu'il eut, grâce à une pression de tous les Acarnaniens, reçu les Œniades dans l'alliance athénienne et*, par sa propre intervention, levé de ce côté toutes les forces alliées, commença par marcher contre Salynthios et les Agréens, qu'il s'attacha : en tout, il se mettait en mesure de se présenter, quand il faudrait, devant Siphes.

Brasidas en Thrace.

LXXVIII. Brasidas, à la même époque de l'été, était en route* avec mille sept cents hoplites vers les régions bordant la Thrace et, une fois à Héraclée Trachinienne, il avait dépêché un messager à Pharsale, auprès

γραίᾳ πρὸς Εὔβοιαν τετραμμένον Ἀπόλλωνος ἱερόν, ἅμα δὲ ταῦτα ἐν ἡμέρᾳ ῥητῇ γίγνεσθαι, ὅπως μὴ ξυμβοηθήσωσιν ἐπὶ τὸ Δήλιον οἱ Βοιωτοὶ ἀθρόοι, ἀλλ' ἐπὶ τὰ σφέτερα αὐτῶν ἕκαστοι κινούμενα. **5** Καὶ εἰ κατορθοῖτο ἡ πεῖρα καὶ τὸ Δήλιον τειχισθείη, ῥᾳδίως ἤλπιζον, εἰ καὶ μὴ παραυτίκα νεωτερίζοιτό τι τῶν κατὰ τὰς πολιτείας τοῖς Βοιωτοῖς, ἐχομένων τούτων τῶν χωρίων καὶ ληστευομένης τῆς γῆς καὶ οὔσης ἑκάστοις διὰ βραχέος ἀποστροφῆς, οὐ μενεῖν κατὰ χώραν τὰ πράγματα, ἀλλὰ χρόνῳ τῶν Ἀθηναίων μὲν προσιόντων τοῖς ἀφεστηκόσι, τοῖς δὲ οὐκ οὔσης ἀθρόας τῆς δυνάμεως, καταστήσειν αὐτὰ ἐς τὸ ἐπιτήδειον.

LXXVII. Ἡ μὲν οὖν ἐπιβουλὴ τοιαύτη παρεσκευάζετο· ὁ δὲ Ἱπποκράτης αὐτὸς μὲν ἐκ τῆς πόλεως δύναμιν ἔχων, ὁπότε καιρὸς εἴη, ἔμελλε στρατεύειν ἐς τοὺς Βοιωτούς, τὸν δὲ Δημοσθένη προαπέστειλε ταῖς τεσσαράκοντα ναυσὶν ἐς τὴν Ναύπακτον, ὅπως ἐξ ἐκείνων τῶν χωρίων στρατὸν ξυλλέξας Ἀκαρνάνων τε καὶ τῶν ἄλλων ξυμμάχων πλέοι ἐπὶ τὰς Σίφας ὡς προδοθησομένας· ἡμέρα δ' αὐτοῖς εἴρητο ᾗ ἔδει ἅμα ταῦτα πράσσειν. **2** Καὶ ὁ μὲν Δημοσθένης ἀφικόμενος, Οἰνιάδας δὲ ὑπό τε Ἀκαρνάνων πάντων κατηναγκασμένους καταλαβὼν ἐς τὴν Ἀθηναίων ξυμμαχίαν καὶ αὐτὸς ἀναστήσας τὸ ξυμμαχικὸν τὸ ἐκείνῃ πᾶν, ἐπὶ Σαλύνθιον καὶ Ἀγραίους στρατεύσας πρῶτον καὶ προσποιησάμενος τἆλλα ἡτοιμάζετο ὡς ἐπὶ τὰς Σίφας, ὅταν δέῃ, ἀπαντησόμενος.

LXXVIII. Βρασίδας δὲ κατὰ τὸν αὐτὸν χρόνον τοῦ θέρους πορευόμενος ἑπτακοσίοις καὶ χιλίοις ὁπλίταις ἐς τὰ

LXXVI. **4** 6 κινούμενα ABF : -μενοι CEMA[2] || **5** 1 καὶ om. ABF[ac] || 3 νεωτερίζοιτο F : νεωτερίζοι ABCEMF[2] || 5 μενεῖν G : μένειν cett. βαίνειν G[sl].

LXXVII. **1** 7 ὡς... Σίφας (**2.** 6) om. ABEF, hab. A[mg]B[mg]F[mg]E[2mg] || **2** 2 κατηναγκασμένους : ἠναγκ- E || 4 αὐτὸς : αὐτὸν G[2γρ] || 6 τἆλλα : πολλὰ ABF (ut cett. F[2]) || ὡς om. B || 7 post ἀπαντησόμενος add. τῶν εἰς ιγ̄ τέλος τοῦ ς̄, ἀρχὴ τοῦ ζ̄ C[mg]M[mg].

des personnes amies, leur demandant de le conduire, lui et son armée, à travers le pays : c'est ainsi qu'arrivèrent à Méliteia, en Achaïe, Panairos, Dôros, Hippolochidas, Torylaos et Strophacos, qui était proxène des Chalcidiens ; et, à ce moment, il se mit en route. **2** Il avait aussi pour le conduire d'autres Thessaliens, comme Niconidas de Larissa, qui était en relations d'amitié avec Perdiccas. La Thessalie n'était jamais facile à traverser sans guide, et encore moins en armes : en fait, tous les Grecs indistinctement tenaient pour suspect qu'on traversât le pays d'autrui sans en avoir obtenu l'autorisation ; et, avec cela, les sympathies de la masse, en Thessalie, étaient de tout temps acquises aux Athéniens. **3** De sorte que, si l'usage du pays n'avait été, en Thessalie, un régime d'autorité plus que d'égalité, jamais Brasidas n'eût pu avancer : même ainsi, alors qu'il était en route, il y eut un groupe de gens d'opinion opposée à celle de ses guides qui vinrent à sa rencontre sur le fleuve Énipée, pour l'empêcher de passer, et qui déclarèrent son attitude coupable, de faire route ainsi chez eux sans un accord donné au nom de tous par les pouvoirs communs. **4** Ses guides répondirent qu'ils ne le conduiraient pas si l'on y mettait opposition et que, l'ayant vu arriver à l'improviste, ils lui faisaient seulement escorte en qualité d'hôtes. A quoi Brasidas ajouta qu'il venait dans un esprit d'amitié pour la Thessalie et pour eux-mêmes, que c'était contre Athènes, avec qui il était en guerre, et non contre eux, qu'il portait les armes, et qu'il ne connaissait point d'inimitié entre Thessaliens et Lacédémoniens qui dût fermer aux uns le pays des autres : au cas où, aujourd'hui, il rencontrerait de leur part une opposition, il n'avancerait pas (du reste, il ne le pourrait même pas) ; pourtant, il ne voyait pas pourquoi on l'arrêterait. **5** Sur ces explications, les autres se retirèrent : quant à lui, écoutant ses guides, il n'attendit pas de voir des forces plus grandes s'amasser pour l'empêcher de passer et partit sans perdre un instant, à vive allure : le jour même où il avait quitté Méliteia, il atteignit Pharsale et campa au bord de l'Apidanos ; de là, il gagna Phakion, et ensuite le pays des Perrhaebes. **6** Dès lors, les guides

ἐπὶ Θρᾴκης ἐπειδὴ ἐγένετο ἐν Ἡρακλείᾳ τῇ ἐν Τραχῖνι καί, προπέμψαντος αὐτοῦ ἄγγελον ἐς Φάρσαλον παρὰ τοὺς ἐπιτηδείους ἀξιοῦντος διάγειν ἑαυτὸν καὶ τὴν στρατιάν, ἦλθον ἐς Μελίτειαν τῆς Ἀχαιΐας Πάναιρός τε καὶ Δῶρος καὶ Ἱππολοχίδας καὶ Τορύλαος καὶ Στρόφακος πρόξενος ὢν Χαλκιδέων, τότε δὴ ἐπορεύετο. 2 Ἦγον δὲ καὶ ἄλλοι Θεσσαλῶν αὐτὸν καὶ ἐκ Λαρίσης Νικωνίδας Περδίκκᾳ ἐπιτήδειος ὤν. Τὴν γὰρ Θεσσαλίαν ἄλλως τε οὐκ εὔπορον ἦν διιέναι ἄνευ ἀγωγοῦ καὶ μετὰ ὅπλων γε δή, καὶ τοῖς πᾶσί γε ὁμοίως Ἕλλησιν ὕποπτον καθειστήκει τὴν τῶν πέλας μὴ πείσαντας διιέναι· τοῖς τε Ἀθηναίοις αἰεί ποτε τὸ πλῆθος τῶν Θεσσαλῶν εὔνουν ὑπῆρχεν. 3 Ὥστε εἰ μὴ δυναστείᾳ μᾶλλον ἢ ἰσονομίᾳ ἐχρῶντο τὸ ἐγχώριον οἱ Θεσσαλοί, οὐκ ἄν ποτε προῆλθεν, ἐπεὶ καὶ τότε πορευομένῳ αὐτῷ ἀπαντήσαντες ἄλλοι τῶν τἀναντία τούτοις βουλομένων ἐπὶ τῷ Ἐνιπεῖ ποταμῷ ἐκώλυον καὶ ἀδικεῖν ἔφασαν ἄνευ τοῦ πάντων κοινοῦ πορευόμενον. 4 Οἱ δὲ ἄγοντες οὔτε ἀκόντων ἔφασαν διάξειν, αἰφνίδιόν τε παραγενόμενον ξένοι ὄντες κομίζειν. Ἔλεγε δὲ καὶ αὐτὸς ὁ Βρασίδας τῇ Θεσσαλῶν γῇ καὶ αὐτοῖς φίλος ὢν ἰέναι καὶ Ἀθηναίοις πολεμίοις οὖσι καὶ οὐκ ἐκείνοις ὅπλα ἐπιφέρειν, Θεσσαλοῖς τε οὐκ εἰδέναι καὶ Λακεδαιμονίοις ἔχθραν οὖσαν ὥστε τῇ ἀλλήλων γῇ μὴ χρῆσθαι, νῦν τε ἀκόντων ἐκείνων οὐκ ἂν προελθεῖν (οὐδὲ γὰρ ἂν δύνασθαι), οὐ μέντοι ἀξιοῦν γε εἴργεσθαι. 5 Καὶ οἱ μὲν ἀκούσαντες ταῦτα ἀπῆλθον· ὁ δὲ κελευόντων τῶν ἀγωγῶν, πρίν τι πλέον ξυστῆναι τὸ κωλῦσον, ἐχώρει οὐδὲν ἐπισχὼν δρόμῳ. Καὶ ταύτῃ μὲν τῇ ἡμέρᾳ, ᾗ ἐκ τῆς Μελιτείας ἀφώρμησεν, ἐς Φάρσαλόν τε ἐτέλεσε καὶ ἐστρατοπεδεύσατο ἐπὶ τῷ Ἀπιδανῷ ποταμῷ, ἐκεῖθεν δὲ ἐς Φάκιον, καὶ ἐξ αὐτοῦ ἐς Περραιβίαν. 6 Ἀπὸ

LXXVIII. 2 2 Νικωνίδας Krueger : Νικονίδας codd. || 3 2 τὸ ἐγχώριον : τῷ ἐγχωρίῳ Dion. Hal. 799 ἐγχωρίῳ conj. Hude || 4 7 τε : δὲ B* || 5 2 πρίν MF² : πλήν cett. || 6 Φάκιον : Φάσκιον G.

thessaliens le quittèrent pour rentrer chez eux, mais les Perrhaebes, sujets des Thessaliens, le firent parvenir en pays dépendant de Perdiccas, à Dion, une place de Macédoine, située au pied de l'Olympe, en face de la Thessalie.

LXXIX. C'est ainsi que Brasidas réussit à traverser en courant la Thessalie avant qu'on eût pris des mesures pour l'en empêcher, et arriva chez Perdiccas et en Chalcidique. **2** Si cette armée était venue du Péloponnèse, c'est que[1], voyant les succès d'Athènes, les peuples de la côte thrace qui s'étaient soustraits à son autorité et, avec eux, Perdiccas, s'étaient effrayés et en avaient demandé l'envoi : les Chalcidiens pensaient qu'ils subiraient les premiers l'attaque athénienne; en même temps, les villes du voisinage qui n'avaient pas fait défection les encourageaient sous main; quant à Perdiccas, sans être ouvertement en guerre avec Athènes, il avait peur, lui aussi, de ses anciens différends avec elle, et surtout il désirait soumettre Arrhabaios, le roi des Lyncestes. **3** Or, une circonstance leur avait permis d'obtenir plus facilement l'envoi d'une armée du Péloponnèse : c'était le mauvais état où se trouvaient alors les Lacédémoniens.

LXXX. En effet, comme Athènes menaçait de près le Péloponnèse et particulièrement leur territoire propre, ceux-ci espéraient que le meilleur moyen de l'en détourner serait de l'inquiéter à son tour par l'envoi d'une armée chez ses alliés, d'autant que ceux-ci étaient prêts à en assurer l'entretien et les appelaient pour faire défection. **2** En même temps, ils étaient heureux d'avoir un prétexte pour envoyer des hilotes au dehors, afin d'éviter que ceux-ci ne profitent des circonstances et de la présence de l'ennemi à Pylos[2] pour se soulever : **3** déjà ils avaient pris une autre mesure due à la crainte de leur fougue et de leur nombre (car la grande affaire pour les Lacédémoniens, par rapport aux hilotes, avait toujours été, avant tout, de les tenir en garde) : ils avaient fait

1. Sur la place de cette explication, cf. Notice, p. XVII, n. 4.
2. Cythère — une île — créait à cet égard moins de risques.

δὲ τούτου ἤδη οἱ μὲν Θεσσαλῶν ἀγωγοὶ πάλιν ἀπῆλθον, οἱ δὲ Περραιβοὶ αὐτόν, ὑπήκοοι ὄντες Θεσσαλῶν, κατέστησαν ἐς Δῖον τῆς Περδίκκου ἀρχῆς, ὃ ὑπὸ τῷ Ὀλύμπῳ Μακεδονίας πρὸς Θεσσαλοὺς πόλισμα κεῖται.

LXXIX. Τούτῳ τῷ τρόπῳ Βρασίδας Θεσσαλίαν φθάσας διέδραμε πρίν τινα κωλύειν παρασκευάσασθαι, καὶ ἀφίκετο ὡς Περδίκκαν καὶ ἐς τὴν Χαλκιδικήν. 2 Ἐκ γὰρ τῆς Πελοποννήσου, ὡς τὰ τῶν Ἀθηναίων ηὐτύχει, δείσαντες οἵ τε ἐπὶ Θρᾴκης ἀφεστῶτες Ἀθηναίων καὶ Περδίκκας ἐξήγαγον τὸν στρατόν, οἱ μὲν Χαλκιδῆς νομίζοντες ἐπὶ σφᾶς πρῶτον ὁρμήσειν τοὺς Ἀθηναίους (καὶ ἅμα αἱ πλησιόχωροι πόλεις αὐτῶν αἱ οὐκ ἀφεστηκυῖαι ξυνεπῆγον κρύφα), Περδίκκας δὲ πολέμιος μὲν οὐκ ὢν ἐκ τοῦ φανεροῦ, φοβούμενος δὲ καὶ αὐτὸς τὰ παλαιὰ διάφορα τῶν Ἀθηναίων καὶ μάλιστα βουλόμενος Ἀρράβαιον τὸν Λυγκηστῶν βασιλέα παραστήσασθαι. 3 Ξυνέβη δὲ αὐτοῖς, ὥστε ῥᾴον ἐκ τῆς Πελοποννήσου στρατὸν ἐξαγαγεῖν, ἡ τῶν Λακεδαιμονίων ἐν τῷ παρόντι κακοπραγία.

LXXX. Τῶν γὰρ Ἀθηναίων ἐγκειμένων τῇ Πελοποννήσῳ καὶ οὐχ ἥκιστα τῇ ἐκείνων γῇ, ἤλπιζον ἀποτρέψειν αὐτοὺς μάλιστα, εἰ ἀντιπαραλυποῖεν πέμψαντες ἐπὶ τοὺς ξυμμάχους αὐτῶν στρατιάν, ἄλλως τε καὶ ἑτοίμων ὄντων τρέφειν τε καὶ ἐπὶ ἀποστάσει σφᾶς ἐπικαλουμένων. 2 Καὶ ἅμα τῶν Εἱλώτων βουλομένοις ἦν ἐπὶ προφάσει ἐκπέμψαι, μή τι πρὸς τὰ παρόντα τῆς Πύλου ἐχομένης νεωτερίσωσιν· 3 ἐπεὶ καὶ τόδε ἔπραξαν φοβούμενοι αὐτῶν τὴν νεότητα καὶ τὸ πλῆθος (αἰεὶ γὰρ τὰ πολλὰ Λακεδαιμονίοις πρὸς τοὺς Εἵλωτας τῆς φυλακῆς πέρι μάλιστα καθειστή-

LXXVIII. 6 3 αὐτόν MF² : αὐτῶν cett.

LXXIX. 1 1 τούτῳ τῷ τρόπῳ : τοιούτῳ τρόπῳ M ‖ 2 9 τὸν : τῶν A (ut cett. A²) ‖ 3 3 ἐν τῷ παρόντι : om. A (hab. A²) ἐν τῷ παραυτίκα M.

LXXX. 1 2 ἀποτρέψειν G : ἀποτρέψαι CMGpc ἀποστρέψαι ABEF ‖ 5 τε om. EM ‖ ἀποστάσει : ἀποστάσεις G τῇ ἀποστάσει M ‖ 3 1 νεότητα : σκαιότητα A^{s1}B, alii alia conj. edd.

savoir que tous ceux d'entre eux qui estimaient avoir montré, devant l'ennemi, le plus de valeur en faveur de Sparte devaient faire examiner leurs titres, afin d'être affranchis ; or, c'était là une épreuve et, dans leur esprit, ceux qui auraient eu assez de fierté pour réclamer les premiers l'affranchissement étaient aussi les plus capables, éventuellement, d'une rébellion. **4** Ils en désignèrent ainsi jusqu'à deux mille, qui reçurent des couronnes et firent le tour des sanctuaires comme nouveaux affranchis, et eux-mêmes, peu après, les firent disparaître, sans que personne sût comment chacun avait péri. **5** De même alors, ils montrèrent un grand empressement à en envoyer sept cents avec Brasidas comme hoplites : pour le reste des troupes, il les avait levées dans le Péloponnèse à titre de mercenaires. LXXXI. Brasidas lui-même était particulièrement désireux de se voir ainsi attribuer cette mission par les Lacédémoniens ; et cela répondait aussi au vœu des Chalcidiens : à Sparte, l'homme avait à tous égards une réputation d'énergie et, une fois hors de son pays, il devait faire preuve des plus grandes capacités au service de celui-ci. **2** Sur le moment même, en se montrant juste et modéré envers les cités, il entraîna la plupart d'entre elles à la défection, ou encore il s'empara des places grâce à des trahisons, ce qui permettait aux Lacédémoniens, s'ils voulaient conclure un traité, comme ce fut le cas, d'échanger certaines places pour d'autres et, quant à la guerre, de soulager d'autant le Péloponnèse. Et, pour les hostilités qui reprirent plus tard, après les affaires de Sicile, le mérite et l'intelligence dont Brasidas avait alors fait preuve, soit qu'on les eût appréciés directement soit qu'on les connût par ouï-dire, contribuèrent particulièrement à donner aux alliés d'Athènes de l'empressement pour Sparte. **3** Car, comme il fut le premier que l'on vit hors de son pays et qu'il sembla pourvu de toutes les qualités, il laissa aux gens la croyance bien arrêtée que tous les autres lui ressemblaient.

LXXXII. Pour en revenir à ce moment-là, lorsqu'il arriva sur la côte thrace, les Athéniens réagirent à cette nouvelle en déclarant Perdiccas ennemi d'Athènes, car ils le tenaient pour responsable de ce voyage, et en soumet-

κει)· προεῖπον αὐτῶν ὅσοι ἀξιοῦσιν ἐν τοῖς πολεμίοις γεγενῆσθαι σφίσιν ἄριστοι, κρίνεσθαι, ὡς ἐλευθερώσοντες, πεῖραν ποιούμενοι καὶ ἡγούμενοι τούτους σφίσιν ὑπὸ φρονήματος, οἵπερ καὶ ἠξίωσαν πρῶτος ἕκαστος ἐλευθεροῦσθαι, μάλιστα ἂν καὶ ἐπιθέσθαι. 4 Καὶ προκρίναντες ἐς δισχιλίους, οἱ μὲν ἐστεφανώσαντό τε καὶ τὰ ἱερὰ περιῆλθον ὡς ἠλευθερωμένοι, οἱ δὲ οὐ πολλῷ ὕστερον ἠφάνισάν τε αὐτοὺς καὶ οὐδεὶς ᾔσθετο ὅτῳ τρόπῳ ἕκαστος διεφθάρη. 5 Καὶ τότε προθύμως τῷ Βρασίδᾳ αὐτῶν ξυνέπεμψαν ἑπτακοσίους ὁπλίτας, τοὺς δ' ἄλλους ἐκ τῆς Πελοποννήσου μισθῷ πείσας ἐξήγαγεν. LXXXI. Αὐτόν τε Βρασίδαν βουλόμενον μάλιστα Λακεδαιμόνιοι ἀπέστειλαν (προυθυμήθησαν δὲ καὶ οἱ Χαλκιδῆς), ἄνδρα ἔν τε τῇ Σπάρτῃ δοκοῦντα δραστήριον εἶναι ἐς τὰ πάντα καὶ ἐπειδὴ ἐξῆλθε πλείστου ἄξιον Λακεδαιμονίοις γενόμενον. 2 Τό τε γὰρ παραυτίκα ἑαυτὸν παρασχὼν δίκαιον καὶ μέτριον ἐς τὰς πόλεις ἀπέστησε τὰ πολλά, τὰ δὲ προδοσίᾳ εἷλε τῶν χωρίων, ὥστε τοῖς Λακεδαιμονίοις γίγνεσθαι ξυμβαίνειν τε βουλομένοις, ὅπερ ἐποίησαν, ἀνταπόδοσιν καὶ ἀποδοχὴν χωρίων καὶ τοῦ πολέμου ἀπὸ τῆς Πελοποννήσου λώφησιν· ἔς τε τὸν χρόνῳ ὕστερον μετὰ τὰ ἐκ Σικελίας πόλεμον ἡ τότε Βρασίδου ἀρετὴ καὶ ξύνεσις, τῶν μὲν πείρᾳ αἰσθομένων, τῶν δὲ ἀκοῇ νομισάντων, μάλιστα ἐπιθυμίαν ἐνεποίει τοῖς Ἀθηναίων ξυμμάχοις ἐς τοὺς Λακεδαιμονίους. 3 Πρῶτος γὰρ ἐξελθὼν καὶ δόξας εἶναι κατὰ πάντα ἀγαθὸς ἐλπίδα ἐγκατέλιπε βέβαιον ὡς καὶ οἱ ἄλλοι τοιοῦτοί εἰσιν.

LXXXII. Τότε δ' οὖν ἀφικομένου αὐτοῦ ἐς τὰ ἐπὶ Θρᾴκης οἱ Ἀθηναῖοι πυθόμενοι τόν τε Περδίκκαν πολέμιον ποιοῦνται, νομίσαντες αἴτιον εἶναι τῆς παρόδου, καὶ

LXXX. 3 4 πολεμίοις : πολέμοις J ‖ 4 1 ἐς om. M ‖ 5 1 ξυνέπεμψαν : ἐξέπεμψαν EJ.

LXXXI. 2 7 τὰ : τὸν ABF ‖ 3 2 οἱ om. C.

tant les alliés de la région à une surveillance plus étroite.

LXXXIII. Quant à Perdiccas, il prit aussitôt l'armée de Brasidas, qu'il joignit à ses propres forces, et partit en campagne contre Arrhabaios, fils de Broméros, qui était roi des Macédoniens Lyncestes et son voisin : ils étaient en différend et Perdiccas souhaitait le soumettre. **2** Mais quand, avec Brasidas, il se trouva, à la tête de ses troupes, au point d'accès en pays lynceste, Brasidas déclara qu'avant d'engager des hostilités il voulait d'abord aller trouver Arrhabaios pour le convaincre, s'il le pouvait, de s'allier à Sparte. **3** Le fait est qu'il y avait des offres officielles d'Arrhabaios, qui était prêt à prendre Brasidas comme juge pour trancher entre eux ; de plus, les délégués chalcidiens associés dans l'affaire avertissaient Brasidas de ne pas dissiper toutes les craintes que pouvait avoir Perdiccas, de manière à trouver en lui plus de zèle quand il s'agirait, cette fois, de leurs intérêts à eux ; **4** et, en même temps, les envoyés de Perdiccas à Sparte avaient précisément fait une déclaration en ce sens, en disant qu'il vaudrait à cette ville l'alliance de bien des pays du côté de chez lui. Si bien qu'en raison de cette situation Brasidas entendait plutôt traiter les affaires d'Arrhabaios par une entente commune. **5** Perdiccas, lui, déclara qu'il n'avait pas fait venir Brasidas pour l'ériger en juge de ses différends, mais pour abattre tels ennemis que lui-même désignerait, et que ce serait un geste coupable, quand lui-même était pour moitié dans l'entretien de l'armée, que d'aller s'entendre avec Arrhabaios. **6** Mais notre homme, en dépit de Perdiccas et en opposition avec lui, réalise cette entente : gagné par les raisons qu'on lui donnait, il retira ses troupes avant d'avoir pénétré dans le pays. Perdiccas, après cela, ne devait plus fournir que le tiers des subsistances, au lieu de la moitié, car il se jugeait victime d'un geste coupable.

LXXXIV. Aussitôt, le même été, Brasidas fit, avec en plus des siennes des troupes chalcidiennes, une expédition contre Acanthe, colonie d'Andros ; c'était peu avant la vendange. **2** Les habitants allaient-ils le laisser entrer ? Ils formaient à ce sujet deux partis oppo-

τῶν ταύτῃ ξυμμάχων φυλακὴν πλέονα κατεστήσαντο.

LXXXIII. Περδίκκας δὲ Βρασίδαν καὶ τὴν στρατιὰν εὐθὺς λαβὼν μετὰ τῆς ἑαυτοῦ δυνάμεως στρατεύει ἐπὶ Ἀρράβαιον τὸν Βρομεροῦ, Λυγκηστῶν Μακεδόνων βασιλέα, ὅμορον ὄντα, διαφορᾶς τε αὐτῷ οὔσης καὶ βουλόμενος καταστρέψασθαι. **2** Ἐπεὶ δὲ ἐγένετο τῷ στρατῷ μετὰ τοῦ Βρασίδου ἐπὶ τῇ ἐσβολῇ τῆς Λύγκου, Βρασίδας λόγοις ἔφη βούλεσθαι πρῶτον ἐλθὼν πρὸ πολέμου Ἀρράβαιον ξύμμαχον Λακεδαιμονίων, ἢν δύνηται, ποιῆσαι. **3** Καὶ γάρ τι καὶ Ἀρράβαιος ἐπεκηρυκεύετο, ἑτοῖμος ὢν Βρασίδᾳ μέσῳ δικαστῇ ἐπιτρέπειν· καὶ οἱ Χαλκιδέων πρέσβεις ξυμπαρόντες ἐδίδασκον αὐτὸν μὴ ὑπεξελεῖν τῷ Περδίκκᾳ τὰ δεινά, ἵνα προθυμοτέρῳ ἔχοιεν καὶ ἐς τὰ ἑαυτῶν χρῆσθαι. **4** Ἅμα δέ τι καὶ εἰρήκεσαν τοιοῦτον οἱ παρὰ τοῦ Περδίκκου ἐν τῇ Λακεδαίμονι, ὡς πολλὰ αὐτοῖς τῶν περὶ αὐτὸν χωρίων ξύμμαχα ποιήσοι, ὥστε ἐκ τοῦ τοιούτου κοινῇ μᾶλλον ὁ Βρασίδας τὰ τοῦ Ἀρραβαίου ἠξίου πράσσειν. **5** Περδίκκας δὲ οὔτε δικαστὴν ἔφη Βρασίδαν τῶν σφετέρων διαφορῶν ἀγαγεῖν, μᾶλλον δὲ καθαιρέτην ὧν ἂν αὐτὸς ἀποφαίνῃ πολεμίων, ἀδικήσειν τε εἰ αὐτοῦ τρέφοντος τὸ ἥμισυ τοῦ στρατοῦ ξυνέσται Ἀρραβαίῳ. **6** Ὁ δὲ ἄκοντος καὶ ἐκ διαφορᾶς ξυγγίγνεται, καὶ πεισθεὶς τοῖς λόγοις ἀπήγαγε τὴν στρατιὰν πρὶν ἐσβαλεῖν ἐς τὴν χώραν. Περδίκκας δὲ μετὰ τοῦτο τρίτον μέρος ἀνθ' ἡμίσεος τῆς τροφῆς ἐδίδου, νομίζων ἀδικεῖσθαι.

LXXXIV. Ἐν δὲ τῷ αὐτῷ θέρει εὐθὺς ὁ Βρασίδας ἔχων καὶ Χαλκιδέας ἐπὶ Ἄκανθον τὴν Ἀνδρίων ἀποικίαν ὀλίγον πρὸ τρυγήτου ἐστράτευσεν. **2** Οἱ δὲ περὶ τοῦ δέχεσθαι αὐτὸν κατ' ἀλλήλους ἐστασίαζον, οἵ τε μετὰ τῶν Χαλκιδέων ξυνεπάγοντες καὶ ὁ δῆμος. Ὅμως δὲ διὰ τοῦ καρποῦ τὸ δέος ἔτι ἔξω ὄντος πεισθὲν τὸ πλῆθος ὑπὸ τοῦ Βρασί-

LXXXIII. **2** 1 ἐπεὶ : ἐπειδὴ ABF (ut cett. F[2]) || 2 τῆς : τοῦ C || **3** 4 ὑπεξελεῖν : ὑπεξελθεῖν C (ut cett. Cγρ).

sés : ceux qui s'étaient mis d'accord avec les Chalcidiens pour le faire venir — et le peuple. Toutefois, craignant pour la récolte, qui était encore au dehors, la masse se laissa convaincre par Brasidas de le laisser entrer seul et de l'entendre avant de décider ; et on le laissa donc entrer. Il fut introduit devant le peuple et, comme il ne manquait pas non plus de talent oratoire, pour un Lacédémonien, il leur dit, en substance, ceci :

LXXXV. « En m'envoyant avec cette armée, citoyens d'Acanthe, Sparte a apporté une confirmation au motif indiqué au début de la guerre, quand nous avons déclaré que nous lutterions contre Athènes en tant que libérateurs de la Grèce. **2** Si nous avons mis du temps à venir, trompés dans l'opinion que nous inspirait la lutte menée là-bas et qui nous faisait espérer pouvoir rapidement, à nous seuls et sans péril pour vous, réduire les Athéniens, il ne faut pas nous en blâmer : aujourd'hui que la possibilité s'en est présentée, nous voici arrivés et, avec votre aide cette fois, nous nous efforcerons de les écraser. **3** Ce qui m'étonne, seulement, c'est que l'on m'ait fermé les portes au lieu d'accueillir avec joie mon arrivée. **4** Car nous, les gens de Sparte, nous supposions devoir trouver des hommes qui, avant même que notre arrivée en fît une réalité, seraient par le cœur des alliés, et qui souhaitaient nous voir là : c'est avec cette idée que nous avons assumé de tels risques, en faisant tant de jours de route en terre étrangère, et que nous avons apporté à l'action une ardeur entière* : **5** si vos dispositions à vous sont autres, ou si vous devez repousser la liberté, pour vous et pour le reste des Grecs, voilà qui serait grave ! **6** Car votre opposition à vous n'est pas seule en cause : quand j'irai trouver d'autres peuples, on se ralliera moins à moi ; on estimera fâcheux que, pour ma première intervention, vous qui représentez une ville d'importance et qui passez pour avisés, vous ne m'ayez pas laissé entrer ; et je n'aurai aucun motif plausible à produire, en dehors de l'idée que j'apporte une liberté dénuée de justice ou bien que je suis venu sans être assez fort ni capable d'assurer une protection efficace contre une attaque éventuelle des Athéniens.

δου δέξασθαί τε αὐτὸν μόνον καὶ ἀκούσαντας βουλεύσασθαι, δέχεται· καὶ καταστὰς ἐπὶ τὸ πλῆθος (ἦν δὲ οὐδὲ ἀδύνατος, ὡς Λακεδαιμόνιος, εἰπεῖν) ἔλεγε τοιάδε.

LXXXV. « Ἡ μὲν ἔκπεμψίς μου καὶ τῆς στρατιᾶς ὑπὸ Λακεδαιμονίων, ὦ Ἀκάνθιοι, γεγένηται τὴν αἰτίαν ἐπαληθεύουσα ἣν ἀρχόμενοι τοῦ πολέμου προείπομεν, Ἀθηναίοις ἐλευθεροῦντες τὴν Ἑλλάδα πολεμήσειν· 2 εἰ δὲ χρόνῳ ἐπήλθομεν, σφαλέντες τῆς ἀπὸ τοῦ ἐκεῖ πολέμου δόξης, ᾗ διὰ τάχους αὐτοὶ ἄνευ τοῦ ὑμετέρου κινδύνου ἠλπίσαμεν Ἀθηναίους καθαιρήσειν, μηδεὶς μεμφθῇ· νῦν γάρ, ὅτε παρέσχεν, ἀφιγμένοι καὶ μετὰ ὑμῶν πειρασόμεθα κατεργάζεσθαι αὐτούς. 3 Θαυμάζω δὲ τῇ τε ἀποκλήσει μου τῶν πυλῶν καὶ εἰ μὴ ἀσμένοις ὑμῖν ἀφῖγμαι. 4 Ἡμεῖς μὲν γὰρ οἱ Λακεδαιμόνιοι οἰόμενοί γε παρὰ ξυμμάχους, καὶ πρὶν ἔργῳ ἀφικέσθαι, τῇ γοῦν γνώμῃ ἥξειν καὶ βουλομένοις ἔσεσθαι, κίνδυνόν τε τοσόνδε ἀνερρίψαμεν διὰ τῆς ἀλλοτρίας πολλῶν ἡμερῶν ὁδὸν ἰόντες καὶ πᾶν τὸ πρόθυμον παρεσχόμεθα· 5 ὑμεῖς δὲ εἴ τι ἄλλο ἐν νῷ ἔχετε ἢ εἰ ἐναντιώσεσθε τῇ τε ὑμετέρᾳ αὐτῶν ἐλευθερίᾳ καὶ τῶν ἄλλων Ἑλλήνων, δεινὸν ἂν εἴη. 6 Καὶ γὰρ οὐχ ὅτι αὐτοὶ ἀνθίστασθε, ἀλλὰ καὶ οἷς ἂν ἐπίω, ἧσσόν τις ἐμοὶ πρόσεισι, δυσχερὲς ποιούμενοι εἰ ἐπὶ οὓς πρῶτον ἦλθον ὑμᾶς, καὶ πόλιν ἀξιόχρεων παρεχομένους καὶ ξύνεσιν δοκοῦντας ἔχειν, μὴ ἐδέξασθε. Καὶ τὴν αἰτίαν οὐχ ἕξω πιστὴν ἀποδεικνύναι ἀλλ' ἢ ἄδικον τὴν ἐλευθερίαν ἐπιφέρειν ἢ ἀσθενὴς καὶ ἀδύνατος τιμωρῆσαι τὰ πρὸς Ἀθηναίους, ἢν ἐπίωσιν, ἀφῖχθαι.

LXXIV. **2** 5 ἀκούσαντας : -ντες rec.

LXXXV. **4** 2 γε Sauppe : τε codd. ‖ 4 τε codd. : eras. J, del. Poppo ‖ ἀνερρίψαμεν ABM : ἀπερρ- CEF ‖ 6 παρεσχόμεθα Rutherford : παρεχόμενοι codd. ‖ **6** 1 οὐχ ὅτι Stahl : οὐ μόνον ὅτι codd. ‖ 3 πρῶτον : πρώτους conj. Herw. ‖ 4 παρεχομένους : παρασχομένους A ‖ 5 ἐδέξασθε EMH[gl]S : δέξασθε C ἐδέξεσθε AB [litt. post. ξ eras. F] δέξεσθε JK ‖ οὐχ ἕξω : οὐ δόξω conj. Sauppe ‖ πιστὴν : πίστιν EHγρ.

7 « Pourtant cette armée que j'ai là aujourd'hui m'a servi à marcher au secours de Nisée et les Athéniens, malgré leur supériorité numérique, n'ont pas voulu me combattre : aussi est-il peu vraisemblable qu'ils aillent, quand il s'agit d'un trajet par mer, expédier contre vous des forces aussi nombreuses que l'armée de là-bas. LXXXVI. Et, quant à moi, je ne suis pas venu pour faire du mal aux Grecs : je veux les libérer ; d'abord, j'ai reçu des autorités lacédémoniennes les serments les plus solennels, assurant l'autonomie des peuples dont j'aurais personnellement fait des alliés, et, en même temps, notre but n'est pas d'avoir votre alliance, en agissant sur vous soit par la violence soit par la ruse : nous voulons, au contraire, à vous qui êtes asservis par Athènes, vous apporter la nôtre. **2** Je ne trouve donc pas légitime ni d'être personnellement soupçonné, alors que j'offre ici les garanties les plus considérables, ni d'être jugé incapable d'assurer votre protection : il faut plutôt vous joindre à moi avec confiance.

3 « Maintenant, s'il en est qui, en proie à des appréhensions dans le domaine intérieur, craignent de me voir livrer la ville à telles ou telles personnes et manquent pour cela d'empressement, ils peuvent avoir la plus parfaite confiance ! **4** Je ne viens pas me joindre aux luttes de partis, et je tiens que je n'apporterais pas une liberté bien franche si, au mépris de vos traditions, j'asservissais la majorité au petit nombre ou la minorité à l'ensemble : **5** ce serait là une domination plus dure que celle de l'étranger et nous, les gens de Sparte, nous en tirerions non point de la reconnaissance en échange de nos peines, mais plutôt des reproches, en échange de gloire et d'honneur : on verrait les griefs au nom desquels nous menons la guerre contre Athènes se retourner contre nous, avec un degré de rancœur non atteint pour qui n'a pas prétendu au désintéressement. **6** En effet, la ruse qui agit sous de beaux dehors est, au service de l'ambition, un moyen plus déshonorant pour des gens estimés que la violence ouverte : celle-ci poursuit son but selon le droit de la force octroyée par le sort, l'autre selon les visées d'un cœur sans droiture. LXXXVII. C'est la raison pourquoi nous apportons une vigilance

7 « Καίτοι στρατιᾷ γε τῇδ' ἣν νῦν ἔχω ἐπὶ Νίσαιαν ἐμοῦ βοηθήσαντος οὐκ ἠθέλησαν Ἀθηναῖοι πλέονες ὄντες προσμεῖξαι, ὥστε οὐκ εἰκὸς νηίτῃ γε αὐτοὺς τῷ ἐκεῖ στρατῷ ἴσον πλῆθος ἐφ' ὑμᾶς ἀποστεῖλαι. LXXXVI. Αὐτός τε οὐκ ἐπὶ κακῷ, ἐπ' ἐλευθερώσει δὲ τῶν Ἑλλήνων παρελήλυθα, ὅρκοις τε Λακεδαιμονίων καταλαβὼν τὰ τέλη τοῖς μεγίστοις ἦ μὴν οὓς ἂν ἔγωγε προσαγάγωμαι ξυμμάχους ἔσεσθαι αὐτονόμους, καὶ ἅμα οὐχ ἵνα ξυμμάχους ὑμᾶς ἔχωμεν ἢ βίᾳ ἢ ἀπάτῃ προσλαβόντες, ἀλλὰ τοὐναντίον ὑμῖν δεδουλωμένοις ὑπὸ Ἀθηναίων ξυμμαχήσοντες. **2** Οὔκουν ἀξιῶ οὔτ' αὐτὸς ὑποπτεύεσθαι, πίστεις γε διδοὺς τὰς μεγίστας, οὔτε τιμωρὸς ἀδύνατος νομισθῆναι, προσχωρεῖν δὲ ὑμᾶς θαρσήσαντας.

3 « Καὶ εἴ τις ἰδίᾳ τινὰ δεδιὼς ἄρα, μὴ ἐγώ τισι προσθῶ τὴν πόλιν, ἀπρόθυμός ἐστι, πάντων μάλιστα πιστευσάτω. **4** Οὐ γὰρ ξυστασιάσων ἥκω, οὐδὲ ἂν σαφῆ τὴν ἐλευθερίαν νομίζω ἐπιφέρειν, εἰ τὸ πάτριον παρεὶς τὸ πλέον τοῖς ὀλίγοις ἢ τὸ ἔλασσον τοῖς πᾶσι δουλώσαιμι. **5** Χαλεπωτέρα γὰρ ἂν τῆς ἀλλοφύλου ἀρχῆς εἴη, καὶ ἡμῖν τοῖς Λακεδαιμονίοις οὐκ ἂν ἀντὶ πόνων χάρις καθισταῖτο, ἀντὶ δὲ τιμῆς καὶ δόξης αἰτία μᾶλλον· οἷς τε τοὺς Ἀθηναίους ἐγκλήμασι καταπολεμοῦμεν, αὐτοὶ ἂν φαινοίμεθα ἐχθίονα ἢ ὁ μὴ ὑποδείξας ἀρετὴν κατακτώμενοι. **6** Ἀπάτῃ γὰρ εὐπρεπεῖ αἴσχιον τοῖς γε ἐν ἀξιώματι πλεονεκτῆσαι ἢ βίᾳ ἐμφανεῖ· τὸ μὲν γὰρ ἰσχύος δικαιώσει, ἣν ἡ τύχη ἔδωκεν, ἐπέρχεται, τὸ δὲ γνώμης ἀδίκου ἐπιβουλῇ. LXXXVII. Οὕτω πολ-

LXXXV. **7** 1 ἔχω C : ἐγὼ ἔχω ABEF ἔχω ἐγὼ M || 3 νηίτῃ(ι) codd. : νηίτην conj. Hude || ἐκεῖ EH[s1] : ἐν Νισαίᾳ cett.

LXXXVI. **1** 4 ἔσεσθαι... ξυμμάχους (5) om. E (add. E[2]) || 7 ὑπὸ : ἀπὸ C || ξυμμαχήσοντες : -σαντες C || **2** 2 γε Reiske : τε codd. || 3 δὲ Bekker : τε codd. || **4** 1 ἂν σαφῆ Bauer (cf. schol.) : ἀσαφῆ codd. ἀσφαλῆ F[2]γρ || **5** 5 φαινοίμεθα rec. : φαινόμεθα C φαινώμεθα cett. et C[2] || **6** 2 post αἴσχιον add. τι Stobaeus et Apostolius || γε G[2], Stobaeus et Apost. : τε codd.

extrême à ce qui est pour nous d'une portée essentielle ; et, avec les serments, vous ne sauriez trouver d'assurance plus certaine que lorsque vous voyez les actes, dûment rapprochés des paroles, imposer la conclusion que l'intérêt des gens coïncide avec ce qu'ils ont dit.

2 « Peut-être, cependant, en face de ces propositions que je vous fais, allez-vous me dire que vous êtes sans forces, mais qu'au nom de vos bons sentiments vous prétendez obtenir notre départ sans subir de dommage ; que la liberté ne se présente pas à vous sans quelque péril, et que, pour être juste, quand un peuple est en état de l'accueillir, il faut alors la lui apporter, mais ne point l'imposer à personne contre son gré. S'il en est ainsi, je prendrai à témoin les dieux et les héros qui gardent ce pays, de ce que j'étais venu pour son bien et que l'on ne m'écoute pas, puis, en ravageant votre pays, j'essaierai d'agir par la force ; **3** et je ne me considérerai plus comme étant dans mon tort, mais comme ayant même deux motifs péremptoires qui rendent ma conduite bien fondée ; le premier concerne Sparte : il veut que l'effet de vos bons sentiments, si vous ne vous ralliez pas à nous, ne soit pas que l'argent versé par vous aux Athéniens serve à lui faire du tort ; l'autre touche les Grecs : il ne faut pas que vous les empêchiez de sortir d'esclavage. **4** Autrement, nous n'aurions pas de raison d'agir comme nous le faisons : nous n'avons pas le devoir, nous les gens de Sparte, s'il n'y a pas en cause quelque intérêt commun, de libérer ceux qui ne le souhaitent pas* ; **5** et nous n'aspirons pas non plus à exercer la domination ; mais, visant bien plutôt à faire cesser celle des autres, nous serions en faute envers la majorité si, dans cet effort pour apporter à tous l'indépendance, nous vous laissions, vous, y faire ainsi obstacle. **6** Voilà : prenez le bon parti et fixez-vous pour ambition de donner en Grèce, les premiers, le signal de la liberté, ce qui vous assurera une gloire éternelle, et d'obtenir, chez vous, que soient épargnés vos biens individuels, tandis que la cité entière vous devra le plus beau renom. »

LXXXVIII. Ce fut tout ce que dit Brasidas ; et les Acanthiens, après avoir au préalable entendu de nombreux orateurs dans les deux sens, rendirent un vote

λὴν περιωπὴν τῶν ἡμῖν ἐς τὰ μέγιστα διαφόρων ποιούμεθα, καὶ οὐκ ἂν μείζω πρὸς τοῖς ὅρκοις βεβαίωσιν λάβοιτε, ἢ οἷς τὰ ἔργα ἐκ τῶν λόγων ἀναθρούμενα δόκησιν ἀναγκαίαν παρέχεται ὡς καὶ ξυμφέρει ὁμοίως ὡς εἶπον.

2 « Εἰ δ' ἐμοῦ ταῦτα προϊσχομένου ἀδύνατοι μὲν φήσετε εἶναι, εὖνοι δ' ὄντες ἀξιώσετε μὴ κακούμενοι διωθεῖσθαι καὶ τὴν ἐλευθερίαν μὴ ἀκίνδυνον ὑμῖν φαίνεσθαι, δίκαιόν τε εἶναι, οἷς καὶ δυνατὸν δέχεσθαι αὐτήν, τούτοις καὶ ἐπιφέρειν, ἄκοντα δὲ μηδένα προσαναγκάζειν, μάρτυρας μὲν θεοὺς καὶ ἥρως τοὺς ἐγχωρίους ποιήσομαι ὡς ἐπ' ἀγαθῷ ἥκων οὐ πείθω, γῆν δὲ τὴν ὑμετέραν δῃῶν πειράσομαι βιάζεσθαι, 3 καὶ οὐκ ἀδικεῖν ἔτι νομιῶ, προσεῖναι δέ τί μοι καὶ κατὰ δύο ἀνάγκας τὸ εὔλογον, τῶν μὲν Λακεδαιμονίων, ὅπως μὴ τῷ ὑμετέρῳ εὔνῳ, εἰ μὴ προσαχθήσεσθε, τοῖς ἀπὸ ὑμῶν χρήμασι φερομένοις παρ' Ἀθηναίους βλάπτωνται, οἱ δὲ Ἕλληνες ἵνα μὴ κωλύωνται ὑφ' ὑμῶν δουλείας ἀπαλλαγῆναι. 4 Οὐ γὰρ δὴ εἰκότως γ' ἂν τάδε πράσσοιμεν, οὐδὲ ὀφείλομεν οἱ Λακεδαιμόνιοι μὴ κοινοῦ τινος ἀγαθοῦ αἰτίᾳ τοὺς μὴ βουλομένους ἐλευθεροῦν· 5 οὐδ' αὖ ἀρχῆς ἐφιέμεθα, παῦσαι δὲ μᾶλλον ἑτέρους σπεύδοντες τοὺς πλείους ἂν ἀδικοῖμεν, εἰ ξύμπασιν αὐτονομίαν ἐπιφέροντες ὑμᾶς τοὺς ἐναντιουμένους περιίδοιμεν. 6 Πρὸς ταῦτα βουλεύεσθε εὖ, καὶ ἀγωνίσασθε τοῖς τε Ἕλλησιν ἄρξαι πρῶτοι ἐλευθερίας καὶ ἀίδιον δόξαν καταθέσθαι, καὶ αὐτοὶ τά τε ἴδια μὴ βλαφθῆναι καὶ ξυμπάσῃ τῇ πόλει τὸ κάλλιστον ὄνομα περιθεῖναι. »

LXXXVIII. Ὁ μὲν Βρασίδας τοσαῦτα εἶπεν. Οἱ δὲ Ἀκάνθιοι, πολλῶν λεχθέντων πρότερον ἐπ' ἀμφότερα,

LXXXVII. **1** 2 ἡμῖν : ὑμῖν conj. Stahl ‖ διαφόρων edd. : διαφορων C διαφορῶν cett. ‖ **2** 3 ὑμῖν CF[2] : ἡμῖν cett. ‖ 5 καὶ om. G ‖ 7 γῆν δὲ τὴν : τὴν δὲ M ‖ **5** 1 αὖ om. M ‖ παῦσα[ι... κα[ὶ (**6**. 3, init.) Π[6] ‖ 2 πλείους : πλείονας M πλείστους Π[6] ‖ 3 ἐναντιουμένους : ἐναντίους M ‖ **6** 1 βουλεύεσθε : -σθαι Π[6] ‖ ἀγωνίσασθε : -σθαι Π[6] ‖ 2 πρῶτοι : πρῶτον Π[6] rec. ‖ ἀίδιον : ἀίμνηστον Π[6] ‖ 4 τὸ om. A, add. A[2].

secret : tant parce que les paroles de Brasidas étaient séduisantes, que parce qu'ils craignaient pour la récolte, ils décidèrent à la majorité de se détacher d'Athènes. Ils firent prêter à Brasidas les serments que les magistrats de Sparte avaient prêtés avant son départ, assurant l'autonomie des peuples dont il aurait fait des alliés : et, cela acquis, ils laissèrent entrer l'armée. **2** Peu après, Stagiros, colonie d'Andros, s'associa elle aussi à la défection.

Tels furent les événements pour cet été-là.

Campagne de Délion.

LXXXIX. Tout au début de l'hiver suivant, Hippocrate et Démosthène, tous deux stratèges à Athènes, étaient en passe de se voir livrer les affaires en Béotie et devaient se présenter, Démosthène à Siphes, avec sa flotte, et l'autre à Délion ; mais une erreur se produisit sur les jours prévus pour cette double expédition : Démosthène, qui, faisant voile vers Siphes, était arrivé avant son collègue*, et qui avait à bord les Acarnaniens et beaucoup des alliés de la région, n'obtient nul résultat, le complot ayant été dénoncé par un Phocidien de Phanotée, Nicomaque : il en avait fait part aux Lacédémoniens, et ces derniers aux Béotiens. **2** Une armée de secours était venue, envoyée par tous les Béotiens (Hippocrate n'étant pas encore dans le pays pour les gêner) : Siphes et Chéronée sont ainsi occupées à temps. Et les partisans, lorsqu'ils s'aperçurent de la faute commise, ne déclenchèrent aucun mouvement dans les cités.

XC. Quant à Hippocrate, après avoir fait à Athènes une levée en masse, portant sur les citoyens, les métèques et les étrangers présents, il se présenta devant Délion, arrivant après son collègue, quand les Béotiens étaient déjà repartis de Siphes. Il installa alors son armée et se mit à fortifier Délion, le sanctuaire d'Apollon*, de la façon suivante. **2** Les soldats creusaient un fossé circulaire autour du sanctuaire et du temple ; avec la terre

κρύφα διαψηφισάμενοι, διά τε τὸ ἐπαγωγὰ εἰπεῖν τὸν Βρασίδαν καὶ περὶ τοῦ καρποῦ φόβῳ ἔγνωσαν οἱ πλείους ἀφίστασθαι Ἀθηναίων, καὶ πιστώσαντες αὐτὸν τοῖς ὅρκοις οὓς τὰ τέλη τῶν Λακεδαιμονίων ὀμόσαντα αὐτὸν ἐξέπεμψαν, ἦ μὴν ἔσεσθαι ξυμμάχους αὐτονόμους οὓς ἂν προσαγάγηται, οὕτω δέχονται τὸν στρατόν. 2 Καὶ οὐ πολὺ ὕστερον καὶ Στάγιρος Ἀνδρίων ἀποικία ξυναπέστη.

Ταῦτα μὲν οὖν ἐν τῷ θέρει τούτῳ ἐγένετο.

LXXXIX. Τοῦ δ' ἐπιγιγνομένου χειμῶνος εὐθὺς ἀρχομένου, ὡς τῷ Ἱπποκράτει καὶ Δημοσθένει στρατηγοῖς οὖσιν Ἀθηναίων τὰ ἐν τοῖς Βοιωτοῖς ἐνεδίδοτο καὶ ἔδει τὸν μὲν Δημοσθένη ταῖς ναυσὶν ἐς τὰς Σίφας ἀπαντῆσαι, τὸν δ' ἐπὶ τὸ Δήλιον, γενομένης διαμαρτίας τῶν ἡμερῶν ἐς ἃς ἔδει ἀμφοτέρους στρατεύειν, ὁ μὲν Δημοσθένης πρότερον πλεύσας πρὸς τὰς Σίφας καὶ ἔχων ἐν ταῖς ναυσὶν Ἀκαρνᾶνας καὶ τῶν ἐκεῖ πολλοὺς ξυμμάχων, ἄπρακτος γίγνεται μηνυθέντος τοῦ ἐπιβουλεύματος ὑπὸ Νικομάχου, ἀνδρὸς Φωκέως ἐκ Φανοτέως, ὃς Λακεδαιμονίοις εἶπεν, ἐκεῖνοι δὲ Βοιωτοῖς. 2 Καὶ βοηθείας γενομένης πάντων Βοιωτῶν (οὐ γάρ πω Ἱπποκράτης παρελύπει ἐν τῇ γῇ ὤν) προκαταλαμβάνονται αἵ τε Σῖφαι καὶ ἡ Χαιρώνεια. Ὡς δὲ ᾔσθοντο οἱ πράσσοντες τὸ ἁμάρτημα, οὐδὲν ἐκίνησαν τῶν ἐν ταῖς πόλεσιν.

XC. Ὁ δὲ Ἱπποκράτης ἀναστήσας Ἀθηναίους πανδημεί, αὐτοὺς καὶ τοὺς μετοίκους καὶ ξένων ὅσοι παρῆσαν, ὕστερος ἀφικνεῖται ἐπὶ τὸ Δήλιον, ἤδη τῶν Βοιωτῶν ἀνακεχωρηκότων ἀπὸ τῶν Σιφῶν· καὶ καθίσας τὸν στρατὸν Δήλιον ἐτείχιζε τοιῷδε τρόπῳ τὸ ἱερὸν τοῦ Ἀπόλλωνος. 2 Τάφρον μὲν κύκλῳ περὶ τὸ ἱερὸν καὶ τὸν νεὼν ἔσκαπ-

LXXXVIII. 1 3 διαψηφισάμενοι : ψηφισ- M || 2 1 πολὺ C : πολλῷ.
LXXXIX. 1 5 ἐς [εἰς codd.] : om. M.
XC. 1 3 post Βοιωτῶν iterum ἐπὶ τὸ Δήλιον hab. M || 5 Δήλιον om. M || τὸ ἱερὸν τοῦ Ἀπόλλωνος del. Dobrée.

qu'ils en tiraient, ils élevaient un talus, devant tenir lieu de mur, et, tout en plantant des pieux tout du long, ils coupaient la vigne autour du sanctuaire et la jetaient à l'intérieur en même temps que des pierres et des briques qu'ils enlevaient aux aires construites du voisinage : tous les moyens étaient mis en jeu pour donner de la hauteur au rempart. Ils dressèrent aussi des tours de bois aux endroits où cela était approprié et où il n'existait aucun bâtiment appartenant au sanctuaire (l'ancien portique, en effet, s'était écroulé). **3** Ils commencèrent le troisième jour après être partis de chez eux et poursuivirent leur travail pendant le quatrième et une partie du cinquième, jusqu'au déjeuner ; **4** puis, comme l'essentiel était achevé, l'armée, prenant les devants, se retira à quelque dix stades de Délion sur le chemin du retour ; et, là, tandis que la plupart des troupes légères rentraient directement, les hoplites prirent leurs positions et ne bougèrent plus : Hippocrate, lui, était resté en arrière, car il avait encore à organiser la garde du poste et à parachever comme il fallait ce qui restait à faire pour les ouvrages défensifs.

XCI. Les Béotiens, au cours de ces journées, se rassemblaient à Tanagra. Bientôt les contingents de toutes les cités furent là et l'on sut les Athéniens sur le chemin du retour : dans l'ensemble, les béotarques[1], qui sont au nombre de onze, n'étaient pas d'accord pour combattre, du moment que l'ennemi n'était plus en Béotie (les Athéniens se trouvaient approximativement à la frontière de l'Oropie, quand ils avaient pris leurs positions) ; mais il y avait Pagondas, fils d'Aioladas : il était béotarque pour Thèbes avec Arianthidas, fils de Lysimachidas, et c'était à lui de commander ; or, il désirait engager la bataille et jugeait préférable de risquer la partie ; convoquant donc les détachements l'un après l'autre (pour éviter de leur faire abandonner leur faction tous ensemble), il s'adressa aux Béotiens pour les pousser à marcher contre les Athéniens et à engager la lutte, en leur tenant, en substance, ce discours :

1. Magistrats fédéraux ; la confédération avait aussi un conseil.

τον, ἐκ δὲ τοῦ ὀρύγματος ἀνέβαλλον ἀντὶ τείχους τὸν χοῦν, καὶ σταυροὺς παρακαταπηγνύντες ἄμπελον κόπτοντες τὴν περὶ τὸ ἱερὸν ἐσέβαλλον καὶ λίθους ἅμα καὶ πλίνθον ἐκ τῶν οἰκοπέδων τῶν ἐγγὺς καθαιροῦντες, καὶ παντὶ τρόπῳ ἐμετεώριζον τὸ ἔρυμα. Πύργους τε ξυλίνους κατέστησαν ᾗ καιρὸς ἦν καὶ τοῦ ἱεροῦ οἰκοδόμημα οὐδὲν ὑπῆρχεν· ἧπερ γὰρ ἦν στοὰ κατεπεπτώκει. 3 Ἡμέρᾳ δὲ ἀρξάμενοι τρίτῃ ὡς οἴκοθεν ὥρμησαν ταύτην τε εἰργάζοντο καὶ τὴν τετάρτην καὶ τῆς πέμπτης μέχρι ἀρίστου. 4 Ἔπειτα, ὡς τὰ πλεῖστα ἀπετετέλεστο, τὸ μὲν στρατόπεδον προαπεχώρησεν ἀπὸ τοῦ Δηλίου οἷον δέκα σταδίους ὡς ἐπ' οἴκου πορευόμενον, καὶ οἱ μὲν ψιλοὶ οἱ πλεῖστοι εὐθὺς ἐχώρουν, οἱ δ' ὁπλῖται θέμενοι τὰ ὅπλα ἡσύχαζον· Ἱπποκράτης δὲ ὑπομένων ἔτι καθίστατο φυλακάς τε καὶ τὰ περὶ τὸ προτείχισμα, ὅσα ἦν ὑπόλοιπα, ὡς χρῆν ἐπιτελέσαι.

XCI. Οἱ δὲ Βοιωτοὶ ἐν ταῖς ἡμέραις ταύταις ξυνελέγοντο ἐς τὴν Τάναγραν· καὶ ἐπειδὴ ἀπὸ πασῶν τῶν πόλεων παρῆσαν καὶ ᾐσθάνοντο τοὺς Ἀθηναίους προχωροῦντας ἐπ' οἴκου, τῶν ἄλλων βοιωταρχῶν, οἵ εἰσιν ἕνδεκα, οὐ ξυνεπαινούντων μάχεσθαι, ἐπειδὴ οὐκ ἐν τῇ Βοιωτίᾳ ἔτι εἰσί (μάλιστα γὰρ ἐν μεθορίοις τῆς Ὠρωπίας οἱ Ἀθηναῖοι ἦσαν, ὅτε ἔθεντο τὰ ὅπλα), Παγώνδας ὁ Αἰολάδου βοιωταρχῶν ἐκ Θηβῶν μετ' Ἀριανθίδου τοῦ Λυσιμαχίδου καὶ ἡγεμονίας οὔσης αὐτοῦ βουλόμενος τὴν μάχην ποιῆσαι καὶ νομίζων ἄμεινον εἶναι κινδυνεῦσαι, προσκαλῶν ἑκάστους κατὰ λόχους, ὅπως μὴ ἁθρόοι ἐκλίποιεν τὰ ὅπλα, ἔπειθε τοὺς Βοιωτοὺς ἰέναι ἐπὶ τοὺς Ἀθηναίους καὶ τὸν ἀγῶνα ποιεῖσθαι, λέγων τοιάδε.

XC. 2 2 ἀνέβαλλον : -αλον M || 3 παρακαταπηγνύντες CE : καταπηγ- ABFM || 4 ἐσέβαλλον : -αλον C || 3 2 τε om. ABF^{ac}.

XCI. 5 οὐκ : οὐκέτι M || ἔτι om. BM || 6 οἱ Ἀθηναῖοι post ἦσαν hab. M || 8 μετ' Ἀριανθίδου F^{2}G : μεταριανθίδου CEF μετὰ ῥιανθίδου AB μετ' Ἀριάνθου M || 13 τοιάδε : τάδε G.

XCII. « En principe, Béotiens, aucun de nous, chefs de l'armée, n'aurait dû être seulement effleuré par l'idée que, si nous ne trouvions plus les Athéniens en Béotie, il n'était pas légitime d'engager contre eux la bataille ; car c'est en Béotie qu'ils sont venus d'un pays limitrophe et, par l'établissement d'un fortin, s'apprêtent à semer la ruine ; si bien qu'ils sont assurément des ennemis, en quelque pays qu'on les trouve — entre autres dans celui d'où ils sont partis pour faire acte d'ennemis. **2** Mais, en fait, s'il en est à qui cette attitude ait aussi paru plus sûre, qu'ils se détrompent : il n'est pas vrai que la prudence, lorsqu'un autre vous attaque, comporte que l'on fasse des calculs, pour la défense du pays, comme on le peut lorsque, gardant ses biens, on va, par passion du plus, s'attaquer à des gens de son plein gré. **3** Et il est dans vos traditions de repousser des assaillants étrangers soit chez vous soit chez le voisin, indifféremment. Or, quand il s'agit d'Athéniens, et que par surcroît on occupe un pays limitrophe, il le faut bien plus que jamais : **4** toujours, avec des voisins, la liberté se ramène à la faculté de leur tenir tête ; et, avec ces gens-là, qui tâchent de porter l'esclavage non pas autour d'eux, mais même au loin, comment ne faudrait-il pas pousser la lutte jusqu'à l'extrême? Aussi bien avons-nous l'exemple de l'Eubée, en face de nous, et de presque toute la Grèce, dans sa condition par rapport à eux ; comment ne pas reconnaître que si, partout ailleurs, les peuples voisins se battent pour les limites territoriales, tout notre territoire à nous, en cas de défaite, sera défini par une limite unique, que l'on ne discutera plus? Ils entreront chez nous et prendront de vive force ce qui nous appartient : **5** tant il est vrai que leur voisinage est pour nous plus dangereux qu'aucun autre. Enfin c'est une règle : si, quand on est attaqué par un peuple grisé de sa force, comme les Athéniens aujourd'hui, on reste sans bouger et que l'on se défende seulement chez soi, il marche contre vous avec plus de sécurité ; mais si l'on vient à sa rencontre hors des frontières et si, quand l'occasion s'offre, on prend l'initiative de la guerre, il est moins prêt à s'imposer. **6** Aussi bien en avons-nous pour preuve

XCII. « Χρῆν μέν, ὦ ἄνδρες Βοιωτοί, μηδ' ἐς ἐπίνοιάν τινα ἡμῶν ἐλθεῖν τῶν ἀρχόντων ὡς οὐκ εἰκὸς Ἀθηναίοις, ἢν ἄρα μὴ ἐν τῇ Βοιωτίᾳ ἔτι καταλάβωμεν αὐτούς, διὰ μάχης ἐλθεῖν. Τὴν γὰρ Βοιωτίαν ἐκ τῆς ὁμόρου ἐλθόντες τεῖχος ἐνοικοδομησάμενοι μέλλουσι φθείρειν, καὶ εἰσὶ δήπου πολέμιοι ἐν ᾧ τε ἂν χωρίῳ καταληφθῶσι καὶ ὅθεν ἐπελθόντες πολέμια ἔδρασαν. **2** Νυνὶ δ' εἴ τῳ καὶ ἀσφαλέστερον ἔδοξεν εἶναι, μεταγνώτω. Οὐ γὰρ τὸ προμηθές, οἷς ἂν ἄλλος ἐπίῃ, περὶ τῆς σφετέρας ὁμοίως ἐνδέχεται λογισμὸν καὶ ὅστις τὰ μὲν ἑαυτοῦ ἔχει, τοῦ πλείονος δὲ ὀρεγόμενος ἑκών τινι ἐπέρχεται. **3** Πάτριόν τε ὑμῖν στρατὸν ἀλλόφυλον ἐπελθόντα καὶ ἐν τῇ οἰκείᾳ καὶ ἐν τῇ τῶν πέλας ὁμοίως ἀμύνεσθαι. Ἀθηναίους δὲ καὶ προσέτι ὁμόρους ὄντας πολλῷ μάλιστα δεῖ. **4** Πρός τε γὰρ τοὺς ἀστυγείτονας πᾶσι τὸ ἀντίπαλον καὶ ἐλεύθερον καθίσταται, καὶ πρὸς τούτους γε δή, οἳ καὶ μὴ τοὺς ἐγγύς, ἀλλὰ καὶ τοὺς ἄπωθεν πειρῶνται δουλοῦσθαι, πῶς οὐ χρὴ καὶ ἐπὶ τὸ ἔσχατον ἀγῶνος ἐλθεῖν (παράδειγμα δὲ ἔχομεν τούς τε ἀντιπέρας Εὐβοέας καὶ τῆς ἄλλης Ἑλλάδος τὸ πολὺ ὡς αὐτοῖς διάκειται), καὶ γνῶναι ὅτι τοῖς μὲν ἄλλοις οἱ πλησιόχωροι περὶ γῆς ὅρων τὰς μάχας ποιοῦνται, ἡμῖν δὲ ἐς πᾶσαν, ἢν νικηθῶμεν, εἷς ὅρος οὐκ ἀντίλεκτος παγήσεται; ἐσελθόντες γὰρ βίᾳ τὰ ἡμέτερα ἕξουσιν. **5** Τοσούτῳ ἐπικινδυνοτέραν ἑτέρων τὴν παροίκησιν τῶνδε ἔχομεν. Εἰώθασί τε οἱ ἰσχύος που θράσει τοῖς πέλας, ὥσπερ Ἀθηναῖοι νῦν, ἐπιόντες τὸν μὲν ἡσυχάζοντα καὶ ἐν τῇ ἑαυτοῦ μόνον ἀμυνόμενον ἀδεέστερον ἐπιστρατεύειν, τὸν δὲ ἔξω ὅρων προαπαντῶντα καί, ἢν καιρὸς ᾖ, πολέμου ἄρχοντα ἧσσον ἑτοίμως κατέχειν. **6** Πεῖραν δὲ ἔχομεν ἡμεῖς αὐτοῦ ἐς τούσδε· νικήσαντες γὰρ ἐν Κορωνείᾳ αὐτούς, ὅτε

XCII. **1** 3 τῇ om. G || **3** 3 ἀμύνεσθαι : -νασθαι G || **4** 3 τούτους rec., Duker : τούτοις codd. || 5 δὲ om. ABF || **5** 3 Ἀθηναῖοι : οἱ Ἀθηναῖοι B.

nos propres rapports avec eux : car notre victoire à Coronée, survenue au moment où, profitant de nos guerres civiles, ils s'étaient imposés dans le pays, nous a permis d'assurer jusqu'à aujourd'hui une grande sécurité à la Béotie. **7** Animés de ces souvenirs, nous devons, nous les vieux, rester à la hauteur des actes passés, et, pour les plus jeunes, en fils de ceux qui montrèrent alors leur valeur, tâcher de ne pas déshonorer les vertus dont ils peuvent se réclamer : confiants dans l'appui que nous donnera le dieu, dont ceux-ci ont fortifié le sanctuaire qu'ils occupent contre toute loi, et confiants dans les présages que nos sacrifices révèlent favorables, il faut aller les affronter : il faut montrer que, s'ils ont des convoitises, libre à eux de les satisfaire sur ceux qui ne se défendent pas, mais que ceux à qui leur sang commande de toujours combattre pour libérer leur pays, sans asservir injustement celui des autres, ne les laisseront pas repartir sans se mesurer contre eux. »

XCIII. Par de telles exhortations, Pagondas décida les Béotiens à marcher contre les Athéniens, et, sans tarder — la journée étant déjà avancée — il donna l'ordre de marche et prit la tête des troupes. Lorsqu'il fut arrivé au voisinage des forces ennemies, il s'installa sur un emplacement tel qu'une colline, placée entre les deux armées, les empêchait de s'observer l'une l'autre : il mit alors ses hommes en ligne et leur fit prendre leurs dispositions de combat. **2** Hippocrate était à Délion lorsqu'il apprit l'approche des Béotiens : il manda à son armée l'ordre de se mettre en ligne et lui-même arriva peu après, laissant à Délion quelque trois cents cavaliers, qui devaient tout à la fois veiller sur la place en cas d'attaque et guetter une occasion pour intervenir eux aussi contre les Béotiens au cours du combat. **3** Mais les Béotiens, de leur côté, disposèrent contre eux des éléments chargés de les tenir en respect, et, au moment favorable, ils firent leur apparition en haut de la colline et y prirent position dans l'ordre prévu : ils étaient là quelque sept mille hoplites, avec plus de dix mille hommes de troupes légères, ainsi que mille cavaliers et cinq cents

τὴν γῆν ἡμῶν στασιαζόντων κατέσχον, πολλὴν ἄδειαν τῇ Βοιωτίᾳ μέχρι τοῦδε κατεστήσαμεν. **7** Ὧν χρὴ μνησθέντας ἡμᾶς τούς τε πρεσβυτέρους ὁμοιωθῆναι τοῖς πρὶν ἔργοις, τούς τε νεωτέρους πατέρων τῶν τότε ἀγαθῶν γενομένων παῖδας πειρᾶσθαι μὴ αἰσχῦναι τὰς προσηκούσας ἀρετάς, πιστεύσαντας δὲ τῷ θεῷ πρὸς ἡμῶν ἔσεσθαι, οὗ τὸ ἱερὸν ἀνόμως τειχίσαντες νέμονται, καὶ τοῖς ἱεροῖς ἃ ἡμῖν θυσαμένοις καλὰ φαίνεται, ὁμόσε χωρῆσαι τοῖσδε καὶ δεῖξαι ὅτι ὧν μὲν ἐφίενται πρὸς τοὺς μὴ ἀμυνομένους ἐπιόντες κτάσθων, οἷς δὲ γενναῖον τήν τε αὑτῶν αἰεὶ ἐλευθεροῦν μάχῃ καὶ τὴν ἄλλων μὴ δουλοῦσθαι ἀδίκως, ἀνανταγώνιστοι ἀπ' αὐτῶν οὐκ ἀπίασιν. »

XCIII. Τοιαῦτα ὁ Παγώνδας τοῖς Βοιωτοῖς παραινέσας ἔπεισεν ἰέναι ἐπὶ τοὺς Ἀθηναίους. Καὶ κατὰ τάχος ἀναστήσας ἦγε τὸν στρατόν (ἤδη γὰρ καὶ τῆς ἡμέρας ὀψὲ ἦν), καὶ ἐπειδὴ προσέμειξεν ἐγγὺς τοῦ στρατεύματος αὐτῶν, ἐς χωρίον καθίσας ὅθεν λόφου ὄντος μεταξὺ οὐκ ἐθεώρουν ἀλλήλους, ἔτασσέ τε καὶ παρεσκευάζετο ὡς ἐς μάχην. **2** Τῷ δὲ Ἱπποκράτει ὄντι περὶ τὸ Δήλιον ὡς αὐτῷ ἠγγέλθη ὅτι Βοιωτοὶ ἐπέρχονται, πέμπει ἐς τὸ στράτευμα κελεύων ἐς τάξιν καθίστασθαι, καὶ αὐτὸς οὐ πολλῷ ὕστερον ἐπῆλθε, καταλιπὼν ὡς τριακοσίους ἱππέας περὶ τὸ Δήλιον, ὅπως φύλακές τε ἅμα εἶεν, εἴ τις ἐπίοι αὐτῷ, καὶ τοῖς Βοιωτοῖς καιρὸν φυλάξαντες ἐπιγένοιντο ἐν τῇ μάχῃ. **3** Βοιωτοὶ δὲ πρὸς τούτους ἀντικατέστησαν τοὺς ἀμυνουμένους, καὶ ἐπειδὴ καλῶς αὐτοῖς εἶχεν, ὑπερεφάνησαν τοῦ λόφου καὶ ἔθεντο τὰ ὅπλα τεταγμένοι ὥσπερ ἔμελλον, ὁπλῖται ἑπτακισχίλιοι μάλιστα καὶ ψιλοὶ ὑπὲρ μυρίους,

XCII. 7 8 ἀμυνομένους : -νουμένους rec. || 9 κτάσθων edd. : κτάσθωσαν codd. || αὑτῶν C : αὐτῶν || 10 ἄλλων : ἄλλην MG* || ἀνανταγώνιστοι ABFM : ἀναγώνιστοι CE.

XCIII. 1 4 ἐπειδὴ Gpc : ἐπεὶ δὲ codd. || προσέμ[ε]ιξεν : -ξαν BM || 2 1 ὄντι : ἔτι ὄντι conj. Rutherford || αὐτῷ del. Krueger || 2 ἐπέρχονται : ἔρχονται M || 5 τις : τι ABM || 3 1 ἀμυνουμένους rec. : -νομένους codd.

peltastes ; **4** l'aile droite était formée par les Thébains et les peuples associés, le centre par les gens d'Haliarte, de Coronée, de Côpes et des autres populations en bordure du lac, enfin l'aile gauche par ceux de Thespies, de Tanagra et d'Orchomène ; cavalerie et troupes légères prolongeaient les deux ailes. Les Thébains s'étaient rangés sur vingt-cinq rangs de profondeur[1], les autres chacun à leur façon. **5** Telles étaient la disposition et l'ordonnance des Béotiens.

XCIV. Chez les Athéniens, les hoplites s'étaient rangés, pour tout le front, sur huit rangs de profondeur, et leur nombre égalait celui des hoplites ennemis ; les cavaliers prolongeaient les deux ailes. Quant à des troupes légères régulièrement équipées, il n'y en avait pas en la circonstance et la ville n'en avait jamais possédé : certaines avaient pris part à l'invasion, formant un effectif qui valait plusieurs fois celui de l'ennemi ; mais les hommes le composant avaient en général suivi sans armes, répondant à la levée en masse de tous, étrangers présents ou citoyens, et, comme ils s'étaient tout de suite lancés sur la voie du retour, il n'y en eut qu'un petit groupe à se trouver là. **2** Une fois que les troupes furent en position et sur le point d'engager l'action, le stratège Hippocrate, passant devant les rangs athéniens, les exhorta et leur tint, en substance, ce discours :

XCV. « Athéniens, ma harangue peut être courte, sans avoir pour autant moins de portée pour les braves : elle leur adresse un rappel, plus qu'un appel. **2** Et que nul d'entre vous n'aille penser qu'il ne sied point pour nous d'engager une telle partie sur une terre étrangère[2] : car nous lutterons dans leur pays pour défendre le nôtre ; et, si nous sommes vainqueurs, vous ne risquez pas de voir les Péloponnésiens, sans la cavalerie de ce peuple, faire invasion chez nous : au contraire, en une seule bataille, vous gagnez un nouveau pays et affermissez la liberté de l'autre. **3** Marchez donc contre eux, comme

1. Cette profondeur est considérable (cf. 94.1) : la stratégie thébaine conservera au siècle suivant ce trait distinctif.

2. Pagondas avait envisagé le contraire ; en fait, on est à la limite.

ἱππῆς δὲ χίλιοι καὶ πελτασταὶ πεντακόσιοι. 4 Εἶχον δὲ δεξιὸν μὲν κέρας Θηβαῖοι καὶ οἱ ξύμμοροι αὐτοῖς· μέσοι δὲ Ἁλιάρτιοι καὶ Κορωναῖοι καὶ Κωπαιῆς καὶ οἱ ἄλλοι οἱ περὶ τὴν λίμνην· τὸ δὲ εὐώνυμον εἶχον Θεσπιῆς καὶ Ταναγραῖοι καὶ Ὀρχομένιοι. Ἐπὶ δὲ τῷ κέρᾳ ἑκατέρῳ οἱ ἱππῆς καὶ ψιλοὶ ἦσαν. Ἐπ' ἀσπίδας δὲ πέντε μὲν καὶ εἴκοσι Θηβαῖοι ἐτάξαντο, οἱ δὲ ἄλλοι ὡς ἕκαστοι ἔτυχον. 5 Αὕτη μὲν Βοιωτῶν παρασκευὴ καὶ διάκοσμος ἦν.

XCIV. Ἀθηναῖοι δὲ οἱ μὲν ὁπλῖται ἐπὶ ὀκτὼ πᾶν τὸ στρατόπεδον ἐτάξαντο ὄντες πλήθει ἰσοπαλεῖς τοῖς ἐναντίοις, ἱππῆς δὲ ἐφ' ἑκατέρῳ τῷ κέρᾳ. Ψιλοὶ δὲ ἐκ παρασκευῆς μὲν ὡπλισμένοι οὔτε τότε παρῆσαν οὔτε ἐγένοντο τῇ πόλει· οἵπερ δὲ ξυνεσέβαλον, ὄντες πολλαπλάσιοι τῶν ἐναντίων, ἄοπλοί τε ⟨οἱ⟩ πολλοὶ ἠκολούθησαν, ἅτε πανστρατιᾶς ξένων τῶν παρόντων καὶ ἀστῶν γενομένης, καὶ ὡς τὸ πρῶτον ὥρμησαν ἐπ' οἴκου, οὐ παρεγένοντο ὅτι μὴ ὀλίγοι. 2 Καθεστώτων δὲ ἐς τὴν τάξιν καὶ ἤδη μελλόντων ξυνιέναι, Ἱπποκράτης ὁ στρατηγὸς ἐπιπαριὼν τὸ στρατόπεδον τῶν Ἀθηναίων παρεκελεύετό τε καὶ ἔλεγε τοιάδε.

XCV. « Ὦ Ἀθηναῖοι, δι' ὀλίγου μὲν ἡ παραίνεσις γίγνεται, τὸ ἴσον δὲ πρός γε τοὺς ἀγαθοὺς ἄνδρας δύναται καὶ ὑπόμνησιν μᾶλλον ἔχει ἢ ἐπικέλευσιν. 2 Παραστῇ δὲ μηδενὶ ὑμῶν ὡς ἐν τῇ ἀλλοτρίᾳ οὐ προσῆκον τοσόνδε κίνδυνον ἀναρριπτοῦμεν. Ἐν γὰρ τῇ τούτων ὑπὲρ τῆς ἡμετέρας ὁ ἀγὼν ἔσται· καὶ ἢν νικήσωμεν, οὐ μή ποτε ὑμῖν Πελοποννήσιοι ἐς τὴν χώραν ἄνευ τῆς τῶνδε ἵππου ἐσβάλωσιν, ἐν δὲ μιᾷ μάχῃ τήνδε τε προσκτᾶσθε καὶ ἐκείνην μᾶλλον ἐλευθεροῦτε. 3 Χωρήσατε οὖν ἀξίως ἐς αὐτοὺς

XCIII. 4 2 ξύμμοροι : ξύμμαχοι EHΥP recc. || 4 εἶχον : εἶχον οἱ B.

XCIV. 1 4 τῇ : ἐν τῇ M || 6 οἱ add. Krueger || 2 1 καὶ ἤδη : ἤδη καὶ M.

XCV. 1 2 δὲ : τὲ E || γε Reiske : τε codd. || 2 4 ὑμῖν post Πελοποννήσιοι hab. B[ac].

le méritent et la cité, en qui chacun de vous se glorifie d'avoir une patrie occupant le premier rang de la Grèce, et vos pères, à qui la victoire qu'ils remportèrent sur ces gens avec Myronidès à Oinophyta, livra jadis la Béotie. »

XCVI. Hippocrate, qui prononçait ces exhortations et en était arrivé au centre de l'armée, n'eut pas le temps d'aller plus loin : les Béotiens, auxquels Pagondas, de son côté, avait, avec une brièveté de circonstance, renouvelé sur place ses exhortations, avançaient contre eux depuis la colline, au chant du péan. Les Athéniens ripostèrent en avançant aussi et l'on s'aborda au pas de course. **2** Seules les extrémités des deux armées n'en vinrent pas aux mains, car elles connurent le même sort de part et d'autre : des torrents les arrêtèrent. Mais le reste était engagé dans une lutte violente, où se heurtaient les boucliers. **3** Or, l'aile gauche des Béotiens, jusqu'au centre, avait le dessous devant les Athéniens, qui serrèrent de près les troupes ennemies de ce côté-là, surtout les gens de Thespies. Comme leurs voisins de rang avaient reculé et qu'ils étaient encerclés dans un espace réduit, ceux-ci furent massacrés dans une lutte corps à corps* ; il arriva d'ailleurs que certains Athéniens, même, déconcertés par l'encerclement, ne se reconnurent pas et s'entre-tuèrent. **4** De ce côté-là, donc, l'armée béotienne avait le dessous et les troupes se repliaient vers la partie du front qui tenait ; mais l'aile droite, où se trouvaient les Thébains, dominait les Athéniens et, après les avoir bousculés, les serrait tout d'abord pied à pied. **5** Là-dessus, il y eut un fait nouveau : comme Pagondas avait fait passer à la dérobée deux escadrons de cavalerie derrière la colline, à cause de la situation difficile où il voyait sa gauche, et comme ceux-ci s'étaient montrés soudain sur la hauteur, l'aile victorieuse athénienne, pensant voir s'avancer une nouvelle armée, fut prise de peur : **6** dès lors, des deux côtés à la fois, tant à cause de cet incident qu'à cause des Thébains qui poussaient de l'avant et rompaient le front en face d'eux, ce fut la fuite de toute l'armée athénienne. **7** Les uns se précipitèrent vers Délion et la

τῆς τε πόλεως, ἣν ἕκαστος πατρίδα ἔχων πρώτην ἐν τοῖς Ἕλλησιν ἀγάλλεται, καὶ τῶν πατέρων, οἳ τούσδε μάχῃ κρατοῦντες μετὰ Μυρωνίδου ἐν Οἰνοφύτοις τὴν Βοιωτίαν ποτὲ ἔσχον. »

XCVI. Τοιαῦτα τοῦ Ἱπποκράτους παρακελευομένου καὶ μέχρι μὲν μέσου τοῦ στρατοπέδου ἐπελθόντος, τὸ δὲ πλέον οὐκέτι φθάσαντος, οἱ Βοιωτοί, παρακελευσαμένου καὶ σφίσιν ὡς διὰ ταχέων καὶ ἐνταῦθα Παγώνδου, παιανίσαντες ἐπῇσαν ἀπὸ τοῦ λόφου. Ἀντεπῇσαν δὲ καὶ οἱ Ἀθηναῖοι καὶ προσέμειξαν δρόμῳ. 2 Καὶ ἑκατέρων τῶν στρατοπέδων τὰ ἔσχατα οὐκ ἦλθεν ἐς χεῖρας, ἀλλὰ τὸ αὐτὸ ἔπαθεν· ῥύακες γὰρ ἐκώλυσαν. Τὸ δὲ ἄλλο καρτερᾷ μάχῃ καὶ ὠθισμῷ ἀσπίδων ξυνειστήκει. 3 Καὶ τὸ μὲν εὐώνυμον τῶν Βοιωτῶν καὶ μέχρι μέσου ἡσσᾶτο ὑπὸ τῶν Ἀθηναίων, καὶ ἐπίεσαν τούς τε ἄλλους ταύτῃ καὶ οὐχ ἥκιστα τοὺς Θεσπιᾶς. Ὑποχωρησάντων γὰρ αὐτοῖς τῶν παρατεταγμένων καὶ κυκλωθέντες ἐν ὀλίγῳ, [οἵπερ διεφθάρησαν Θεσπιῶν] ἐν χερσὶν ἀμυνόμενοι κατεκόπησαν· καί τινες καὶ τῶν Ἀθηναίων διὰ τὴν κύκλωσιν ταραχθέντες ἠγνόησάν τε καὶ ἀπέκτειναν ἀλλήλους. 4 Τὸ μὲν οὖν ταύτῃ ἡσσᾶτο τῶν Βοιωτῶν καὶ πρὸς τὸ μαχόμενον κατέφυγε, τὸ δὲ δεξιόν, ᾗ οἱ Θηβαῖοι ἦσαν, ἐκράτει τῶν Ἀθηναίων καὶ ὠσάμενοι κατὰ βραχὺ τὸ πρῶτον ἐπηκολούθουν. 5 Καὶ ξυνέβη, Παγώνδου περιπέμψαντος δύο τέλη τῶν ἱππέων ἐκ τοῦ ἀφανοῦς περὶ τὸν λόφον, ὡς ἐπόνει τὸ εὐώνυμον αὐτῶν, καὶ ὑπερφανέντων αἰφνιδίως, τὸ νικῶν τῶν Ἀθηναίων κέρας, νομίσαν ἄλλο στράτευμα ἐπιέναι, ἐς φόβον καταστῆναι· 6 καὶ ἀμφοτέρωθεν ἤδη, ὑπό τε τοῦ τοιούτου καὶ ὑπὸ τῶν Θηβαίων ἐφεπομένων καὶ παραρρηγνύντων, φυγὴ καθειστήκει παντὸς τοῦ στρατοῦ τῶν Ἀθηναίων. 7 Καὶ

XCVI. 2 2 ἦλθεν : ἦλθον C || 3 3 ἐπίεσαν : ἐπήεσαν M (et C[ac]?) || 5 κυκλωθέντες Krueger : -ντων codd. || οἵπερ διεφθάρησαν Θεσπιῶν del. Krueger.

mer, les autres dans la direction d'Oropos, d'autres vers le mont Parnès, d'autres enfin selon les espoirs de salut qui s'offraient à chacun. **8** Et les Béotiens, poussant de l'avant, les massacraient, surtout avec la cavalerie, que ce fût la leur ou celle de Locres — celle-ci étant arrivée à la rescousse alors que la déroute commençait tout juste. La nuit, en venant interrompre l'affaire, facilita le salut de la masse des fuyards. **9** Le lendemain, les gens d'Oropos et ceux de Délion, laissant dans la place un poste de garde (car ils l'occupaient encore, malgré tout), furent ramenés chez eux par mer. XCVII. Les Béotiens dressèrent un trophée et enlevèrent leurs morts ; ils dépouillèrent ceux de l'ennemi[1] et, laissant un poste de garde, retournèrent à Tanagra. Ils méditaient alors l'attaque de Délion.

2 Cependant un héraut venait d'Athènes à propos des morts[2] : il croise un héraut béotien. Celui-ci lui fait rebrousser chemin et lui dit qu'il n'aboutira à rien avant son retour à lui ; sur quoi lui-même, se présentant aux Athéniens, leur transmit le message béotien : ils s'étaient, dit-il, mis dans leur tort en violant la règle reconnue en Grèce ; **3** car bien que ce fût un usage général, quand on attaquait un pays, de respecter les sanctuaires qui s'y trouvaient, les Athéniens avaient fortifié Délion et y étaient installés ; tout ce qu'on fait normalement dans un lieu profane s'y pratiquait, et l'eau à laquelle eux-mêmes s'interdisaient de toucher, sauf pour les ablutions rituelles, était puisée pour l'usage courant. **4** Aussi, au nom du Dieu comme en leur propre nom, les Béotiens réclamaient-ils formellement, en invoquant Apollon et les divinités associées à son culte, qu'ils eussent à évacuer ce sanctuaire : ils emporteraient avec eux ce qui leur appartenait.

XCVIII. Lorsque le héraut eut prononcé ces quelques paroles, les Athéniens en renvoyèrent un autre en Béotie : au sujet du sanctuaire, ils déclaraient n'avoir eu aucun

1. Diodore (XII, 70) décrit ce butin comme considérable.
2. Le débat qui s'engage pour l'ensevelissement de ces morts fait penser aux *Suppliantes* d'Euripide, pièce peut-être d'actualité.

οἱ μὲν πρὸς τὸ Δήλιόν τε καὶ τὴν θάλασσαν ὥρμησαν, οἱ δὲ ἐπὶ τοῦ Ὠρωποῦ, ἄλλοι δὲ πρὸς Πάρνηθα τὸ ὄρος, οἱ δὲ ὡς ἕκαστοί τινα εἶχον ἐλπίδα σωτηρίας. 8 Βοιωτοὶ δὲ ἐφεπόμενοι ἔκτεινον, καὶ μάλιστα οἱ ἱππῆς οἵ τε αὐτῶν καὶ οἱ Λοκροὶ βεβοηθηκότες ἄρτι τῆς τροπῆς γιγνομένης· νυκτὸς δὲ ἐπιλαβούσης τὸ ἔργον ῥᾷον τὸ πλῆθος τῶν φευγόντων διεσώθη. 9 Καὶ τῇ ὑστεραίᾳ οἵ τε ἐκ τοῦ Ὠρωποῦ καὶ οἱ ἐκ τοῦ Δηλίου φυλακὴν ἐγκαταλιπόντες (εἶχον γὰρ αὐτὸ ὅμως ἔτι) ἀπεκομίσθησαν κατὰ θάλασσαν ἐπ' οἴκου. XCVII. Καὶ οἱ Βοιωτοὶ τροπαῖον στήσαντες καὶ τοὺς ἑαυτῶν ἀνελόμενοι νεκροὺς τούς τε τῶν πολεμίων σκυλεύσαντες καὶ φυλακὴν καταλιπόντες ἀνεχώρησαν ἐς τὴν Τάναγραν, καὶ τῷ Δηλίῳ ἐπεβούλευον ὡς προσβαλοῦντες.

2 Ἐκ δὲ τῶν Ἀθηναίων κῆρυξ πορευόμενος ἐπὶ τοὺς νεκροὺς ἀπαντᾷ κήρυκι Βοιωτῷ, ὃς αὐτὸν ἀποστρέψας καὶ εἰπὼν ὅτι οὐδὲν πράξει πρὶν ἂν αὐτὸς ἀναχωρήσῃ πάλιν, καταστὰς ἐπὶ τοὺς Ἀθηναίους ἔλεγε τὰ παρὰ τῶν Βοιωτῶν, ὅτι οὐ δικαίως δράσειαν παραβαίνοντες τὰ νόμιμα τῶν Ἑλλήνων· 3 πᾶσι γὰρ εἶναι καθεστηκὸς ἰόντας ἐπὶ τὴν ἀλλήλων ἱερῶν τῶν ἐνόντων ἀπέχεσθαι, Ἀθηναίους δὲ Δήλιον τειχίσαντας ἐνοικεῖν, καὶ ὅσα ἄνθρωποι ἐν βεβήλῳ δρῶσι πάντα γίγνεσθαι αὐτόθι, ὕδωρ τε ὃ ἦν ἄψαυστον σφίσι πλὴν πρὸς τὰ ἱερὰ χέρνιβι χρῆσθαι, ἀνασπάσαντας ὑδρεύεσθαι· 4 ὥστε ὑπέρ τε τοῦ θεοῦ καὶ ἑαυτῶν Βοιωτούς, ἐπικαλουμένους τοὺς ὁμωχέτας δαίμονας καὶ τὸν Ἀπόλλω, προαγορεύειν αὐτοὺς ἐκ τοῦ ἱεροῦ ἀπιόντας ἀποφέρεσθαι τὰ σφέτερα αὐτῶν.

XCVIII. Τοσαῦτα τοῦ κήρυκος εἰπόντος οἱ Ἀθηναῖοι πέμψαντες παρὰ τοὺς Βοιωτοὺς ἑαυτῶν κήρυκα τοῦ μὲν

XCVI. 8 2 οἱ ἱππῆς οἵ τε : οἵ τε ἱππεῖς M.

XCVII. 2 1 τοὺς om. ABF || 3 2 δὲ : δὲ *καὶ* B || 4 1 ὑπέρ τε : ὑπὲρ M.

tort à se reprocher, et n'y devoir commettre à l'avenir aucun dommage volontaire ; aussi bien, à l'origine, n'y étaient-ils pas entrés à cette fin, mais pour répondre de là à ceux qui, bien plutôt, avaient des torts envers eux ; **2** quant à la règle, en Grèce, c'était que quiconque disposait en maître d'un pays déterminé, grand ou petit, disposait toujours aussi de ses sanctuaires, sous réserve de s'y conformer, dans la mesure du possible, aux rites jusque-là en usage : **3** les Béotiens ainsi que la plupart des peuples occupant un territoire après en avoir chassé les habitants par la force étaient bien ainsi arrivés d'abord en étrangers dans des sanctuaires qu'ils possédaient maintenant en propre ; **4** eux-mêmes, les Athéniens, s'ils avaient pu se rendre maîtres du pays sur une plus grande étendue, ils en resteraient aujourd'hui possesseurs ; et, de même, pour la partie où ils étaient, ils la considéraient comme à eux et ne la quitteraient pas de leur plein gré. **5** Restait l'eau ; ils n'y avaient touché que sous la pression d'une nécessité qu'ils n'avaient point eux-mêmes suscitée par esprit de démesure : les autres étaient venus les premiers les attaquer chez eux, et seul le souci de se défendre les forçait à en faire usage ; **6** or, toute conduite imposée par la guerre ou par quelque menace devait normalement mériter l'indulgence, même aux yeux du Dieu : ses autels offraient bien un refuge pour les fautes involontaires*, et l'on parlait de violation des règles pour les crimes accomplis sans nécessité, mais non quand les circonstances vous poussaient à quelque audace. **7** Enfin, il était bien plus impie de prétendre rendre des morts en échange de sanctuaires que de refuser d'employer des sanctuaires pour faire valoir des revendications appropriées. **8** Ils priaient donc les Béotiens de les inviter nettement à reprendre leurs morts, non pas à condition que les troupes athéniennes évacuent le pays béotien (de fait, elles n'étaient plus en pays béotien : elles étaient en pays conquis), mais par l'effet d'une trêve, conforme aux traditions.

XCIX. Les Béotiens firent la réponse suivante : si les Athéniens étaient en Béotie, qu'ils évacuent le territoire étranger et ils auraient ce qui était à eux ; s'ils

ἱεροῦ οὔτε ἀδικῆσαι ἔφασαν οὐδὲν οὔτε τοῦ λοιποῦ ἑκόντες βλάψειν· οὐδὲ γὰρ τὴν ἀρχὴν ἐσελθεῖν ἐπὶ τούτῳ, ἀλλ' ἵνα ἐξ αὐτοῦ τοὺς ἀδικοῦντας μᾶλλον σφᾶς ἀμύνωνται. **2** Τὸν δὲ νόμον τοῖς Ἕλλησιν εἶναι, ὧν ἂν ᾖ τὸ κράτος τῆς γῆς ἑκάστης ἤν τε πλέονος ἤν τε βραχυτέρας, τούτων καὶ τὰ ἱερὰ αἰεὶ γίγνεσθαι, τρόποις θεραπευόμενα οἷς ἂν πρὸ τοῦ εἰωθόσι καὶ δύνωνται. **3** Καὶ γὰρ Βοιωτοὺς καὶ τοὺς πολλοὺς τῶν ἄλλων, ὅσοι ἐξαναστήσαντές τινα βίᾳ νέμονται γῆν, ἀλλοτρίοις ἱεροῖς τὸ πρῶτον ἐπελθόντας οἰκεῖα νῦν κεκτῆσθαι. **4** Καὶ αὐτοί, εἰ μὲν ἐπὶ πλέον δυνηθῆναι τῆς ἐκείνων κρατῆσαι, τοῦτ' ἂν ἔχειν· νῦν δὲ ἐν ᾧ μέρει εἰσίν, ἑκόντες εἶναι ὡς ἐκ σφετέρου οὐκ ἀπιέναι. **5** Ὕδωρ τε ἐν τῇ ἀνάγκῃ κινῆσαι, ἣν οὐκ αὐτοὶ ὕβρει προσθέσθαι, ἀλλ' ἐκείνους προτέρους ἐπὶ τὴν σφετέραν ἐλθόντας ἀμυνόμενοι βιάζεσθαι χρῆσθαι. **6** Πᾶν δ' εἰκὸς εἶναι τὸ πολέμῳ καὶ δεινῷ τινι κατειργόμενον ξύγγνωμόν τι γίγνεσθαι καὶ πρὸς τοῦ θεοῦ. Καὶ γὰρ τῶν ἀκουσίων ἁμαρτημάτων καταφυγὴν εἶναι τοὺς βωμούς, παρανομίαν τε ἐπὶ τοῖς μὴ ἀνάγκῃ κακοῖς ὀνομασθῆναι καὶ οὐκ ἐπὶ τοῖς ἀπὸ τῶν ξυμφορῶν τι τολμήσασιν. **7** Τούς τε νεκροὺς πολὺ μειζόνως ἐκείνους ἀντὶ ἱερῶν ἀξιοῦντας ἀποδιδόναι ἀσεβεῖν ἢ τοὺς μὴ ἐθέλοντας ἱεροῖς τὰ πρέποντα κομίζεσθαι. **8** Σαφῶς τε ἐκέλευον σφίσιν εἰπεῖν μὴ ἀπιοῦσιν ἐκ τῆς Βοιωτῶν γῆς (οὐ γὰρ ἐν τῇ ἐκείνων ἔτι εἶναι, ἐν ᾗ δὲ δορὶ ἐκτήσαντο), ἀλλὰ κατὰ τὰ πάτρια τοὺς νεκροὺς σπένδουσιν ἀναιρεῖσθαι.

XCIX. Οἱ δὲ Βοιωτοὶ ἀπεκρίναντο, εἰ μὲν ἐν τῇ Βοιωτίᾳ εἰσίν, ἀπιόντας ἐκ τῆς ἑαυτῶν ἀποφέρεσθαι τὰ σφέτερα, εἰ δὲ ἐν τῇ ἐκείνων, αὐτοὺς γιγνώσκειν τὸ ποιητέον, νομί-

XCVIII. **1** 4 ἵνα om. ABEF[ac] || 5 ἀμύνωνται : -νονται ABEF[ac] || **2** 4 πρὸ τοῦ Stahl : πρὸς τοῖς codd. || **3** 2 τινα : τιναι E τινας conj. Hude || **6** 1 τὸ F[2] : τῷ cett. || 2 κατειργόμενον : -γομένῳ conj. Reiske || 3 ἀκουσίων CEF[2] : ἑκουσίων B ἑκουσίων AFM || 6 τι om. ABM || **7** 3 τὰ : τὰ μὴ legisse videtur schol.

étaient chez eux, qu'ils voient eux-mêmes ce qu'ils avaient à faire. Ils considéraient, en effet, que la région d'Oropos, où se trouvaient être les morts (puisque le combat avait eu lieu aux frontières), appartenait bien, par droit de suzeraineté, aux Athéniens, qui ne pouvaient guère avoir à leur reprendre les morts de force* ; mais, du coup, ils n'allaient pas non plus conclure une trêve pour le pays des autres. Ils estimaient donc respecter les formes en leur disant d'évacuer le territoire étranger et qu'ils recevraient ce qu'ils réclamaient. Le héraut athénien s'en revint avec cette réponse, sans avoir rien obtenu.

C. Et, aussitôt, les Béotiens entrèrent en action. Ils avaient fait venir du golfe Maliaque des gens de trait et des frondeurs ; en outre, ils avaient reçu en renfort, après la bataille, deux mille hoplites corinthiens et la garnison péloponnésienne — avec les Mégariens — qui avait alors évacué Nisée : ils marchèrent contre Délion et donnèrent l'assaut au fort. Après diverses tentatives, ils y appliquèrent une machine, qui en triompha. Voici ce que c'était : **2** après avoir scié en deux une longue poutre, ils l'évidèrent entièrement et rajustèrent exactement les parties pour en faire une sorte de tube ; au bout, ils suspendirent, par des chaînes, un chaudron, dans lequel descendait, depuis la poutre, un bec de soufflet en fer formant un coude ; le reste du bois était également revêtu de fer sur une bonne longueur. **3** Ils poussaient de loin cette machine, avec des chariots, contre les points du rempart comportant le plus de sarments et de bois ; puis, lorsqu'elle en était proche, ils introduisaient de grands soufflets dans l'extrémité de la poutre tournée de leur côté et les actionnaient. **4** L'air, en arrivant sous pression dans le chaudron, qui contenait des charbons incandescents, du soufre et de la poix, y allumait une grande flamme ; cela mit le feu au rempart, tant et si bien que personne ne put y rester : les hommes l'abandonnèrent en prenant la fuite, et, de cette façon, le fort fut pris. **5** Sur les hommes de garde, certains furent tués, deux cents furent faits prisonniers, le gros des autres embarqua sur les navires et fut rapatrié.

ζοντες τὴν μὲν Ὠρωπίαν, ἐν ᾗ τοὺς νεκροὺς ἐν μεθορίοις τῆς μάχης γενομένης κεῖσθαι ξυνέβη, Ἀθηναίων κατὰ τὸ ὑπήκοον εἶναι, καὶ οὐκ ἂν αὐτοὺς βίᾳ σφῶν κρατῆσαι αὐτῶν· οὐδ' αὖ ἐσπένδοντο δῆθεν ὑπὲρ τῆς ἐκείνων· τὸ δὲ « ἐκ τῆς ἑαυτῶν » εὐπρεπὲς εἶναι ἀποκρίνασθαι « ἀπιόντας καὶ ἀπολαβεῖν ἃ ἀπαιτοῦσιν ». Ὁ δὲ κῆρυξ τῶν Ἀθηναίων ἀκούσας ἀπῆλθεν ἄπρακτος.

C. Καὶ οἱ Βοιωτοὶ εὐθὺς μεταπεμψάμενοι ἔκ τε τοῦ Μηλιῶς κόλπου ἀκοντιστὰς καὶ σφενδονήτας, καὶ βεβοηθηκότων αὐτοῖς μετὰ τὴν μάχην Κορινθίων τε δισχιλίων ὁπλιτῶν καὶ τῶν ἐκ Νισαίας ἐξεληλυθότων Πελοποννησίων φρουρῶν καὶ Μεγαρέων ἅμα, ἐστράτευσαν ἐπὶ τὸ Δήλιον καὶ προσέβαλον τῷ τειχίσματι, ἄλλῳ τε τρόπῳ πειράσαντες καὶ μηχανὴν προσήγαγον, ἥπερ εἷλεν αὐτό, τοιάνδε. **2** Κεραίαν μεγάλην δίχα πρίσαντες ἐκοίλαναν ἅπασαν καὶ ξυνήρμοσαν πάλιν ἀκριβῶς ὥσπερ αὐλόν, καὶ ἐπ' ἄκραν λέβητά τε ἤρτησαν ἁλύσεσι καὶ ἀκροφύσιον ἀπὸ τῆς κεραίας σιδηροῦν ἐς αὐτὸν νεῦον καθεῖτο, καὶ ἐσεσιδήρωτο ἐπὶ μέγα καὶ τοῦ ἄλλου ξύλου. **3** Προσῆγον δὲ ἐκ πολλοῦ ἁμάξαις τῷ τείχει, ᾗ μάλιστα τῇ ἀμπέλῳ καὶ τοῖς ξύλοις ᾠκοδόμητο· καὶ ὁπότε εἴη ἐγγύς, φύσας μεγάλας ἐσθέντες ἐς τὸ πρὸς ἑαυτῶν ἄκρον τῆς κεραίας ἐφύσων. **4** Ἡ δὲ πνοὴ ἰοῦσα στεγανῶς ἐς τὸν λέβητα, ἔχοντα ἄνθρακάς τε ἡμμένους καὶ θεῖον καὶ πίσσαν, φλόγα ἐποίει μεγάλην καὶ ἧψε τοῦ τείχους, ὥστε μηδένα ἔτι ἐπ' αὐτοῦ μεῖναι, ἀλλὰ ἀπολιπόντας ἐς φυγὴν καταστῆναι καὶ τὸ τείχισμα τούτῳ τῷ τρόπῳ ἁλῶναι. **5** Τῶν δὲ φρουρῶν οἱ μὲν ἀπέθανον, διακόσιοι δὲ ἐλήφθησαν· τῶν δὲ ἄλλων τὸ πλῆθος ἐς τὰς ναῦς ἐσβὰν ἀπεκομίσθη ἐπ' οἴκου.

XCIX. 6 βίᾳ σφῶν : σφῶν βίᾳ M.

C. **1** 7 ἥπερ : ἧπερ AEG^{pc} || **2** 2 ὥσπερ αὐλόν delendum conj. Hude || 4 αὐτὸν : αὐτὸ M^{ac}G* || **4** 5 τῷ om. ABEF || **5** 3 ἐσβὰν [-ᾶν BC] : ἐμβὰν M || ἀπεκομίσθη : -σθησαν M.

CI. Délion était tombé seize jours après la bataille : le héraut envoyé par Athènes revint peu après à propos des morts, sans être au courant de rien : les Béotiens les rendirent et ne maintinrent pas leur point de vue. **2** Il était mort dans la bataille, du côté béotien, un peu moins de cinq cents hommes ; du côté athénien, un peu moins de mille, dont le stratège Hippocrate, sans compter un grand nombre de soldats des troupes légères et de valets d'armée*.

3 Peu après cette bataille, il faut ajouter que Démosthène, qui, à l'époque, quand il avait pris la mer, avait échoué dans l'affaire de Siphes, où la trahison devait jouer, disposant alors des troupes acarnaniennes et agréennes qui se trouvaient à bord et de quatre cents hoplites athéniens, fit une tentative de débarquement sur le territoire de Sicyone ; **4** mais, avant que toute la flotte n'eût abordé, les gens de Sicyone arrivèrent à la rescousse, mirent en déroute ceux qui avaient débarqué et les poursuivirent jusqu'à leurs navires, faisant et des morts et des prisonniers. Ils dressèrent un trophée et rendirent les morts sous convention.

5 Vers les mêmes jours où se passaient les événements de Délion se place aussi la mort de Sitalcès, roi des Odryses : il était parti en campagne contre les Triballes, et avait été battu. Seuthès, fils de Sparadocos, son neveu, régna dès lors sur les Odryses et sur tous les pays thraces soumis naguère à Sitalcès.

Brasidas à Amphipolis et Toroné.

CII. Le même hiver, Brasidas fit, avec ses alliés de la côte thrace, une expédition contre Amphipolis, la colonie athénienne au bord du Strymon. **2** Sur cet emplacement, où s'élève actuellement la ville, Aristagoras de Milet avait auparavant tenté de s'établir, lorsqu'il fuyait le roi Darius ; mais il avait été chassé par les Édones[1] ; ensuite, cela avait été le tour des Athéniens : trente-deux ans après, ils avaient envoyé dix mille

1. Cf. Hérodote, V, 26.

CI. Τοῦ δὲ Δηλίου ἑβδόμῃ καὶ δεκάτῃ ἡμέρᾳ ληφθέντος μετὰ τὴν μάχην καὶ τοῦ ἀπὸ τῶν Ἀθηναίων κήρυκος οὐδὲν ἐπισταμένου τῶν γεγενημένων ἐλθόντος οὐ πολὺ ὕστερον αὖθις περὶ τῶν νεκρῶν, ἀπέδοσαν οἱ Βοιωτοὶ καὶ οὐκέτι ταὐτὰ ἀπεκρίναντο. 2 Ἀπέθανον δὲ Βοιωτῶν μὲν ἐν τῇ μάχῃ ὀλίγῳ ἐλάσσους πεντακοσίων, Ἀθηναίων δὲ ὀλίγῳ ἐλάσσους χιλίων καὶ Ἱπποκράτης ὁ στρατηγός, ψιλῶν δὲ καὶ σκευοφόρων πολὺς ἀριθμός.

3 Μετὰ δὲ τὴν μάχην ταύτην καὶ ὁ Δημοσθένης ὀλίγῳ ὕστερον, ὡς αὐτῷ τότε πλεύσαντι τὰ περὶ τὰς Σίφας τῆς προδοσίας πέρι οὐ προυχώρησεν, ἔχων τὸν στρατὸν ἐπὶ τῶν νεῶν τῶν τε Ἀκαρνάνων καὶ Ἀγραίων, καὶ Ἀθηναίων τετρακοσίους ὁπλίτας, ἀπόβασιν ἐποιήσατο ἐς τὴν Σικυωνίαν. 4 Καὶ πρὶν πάσας τὰς ναῦς καταπλεῦσαι βοηθήσαντες οἱ Σικυώνιοι τοὺς ἀποβεβηκότας ἔτρεψαν καὶ κατεδίωξαν ἐς τὰς ναῦς, καὶ τοὺς μὲν ἀπέκτειναν, τοὺς δὲ ζῶντας ἔλαβον. Τροπαῖον δὲ στήσαντες τοὺς νεκροὺς ὑποσπόνδους ἀπέδοσαν.

5 Ἀπέθανε δὲ καὶ Σιτάλκης Ὀδρυσῶν βασιλεὺς ὑπὸ τὰς αὐτὰς ἡμέρας τοῖς ἐπὶ Δηλίῳ, στρατεύσας ἐπὶ Τριβαλλοὺς καὶ νικηθεὶς μάχῃ. Σεύθης δὲ ὁ Σπαραδόκου ἀδελφιδοῦς ὢν αὐτοῦ ἐβασίλευσεν Ὀδρυσῶν τε καὶ τῆς ἄλλης Θρᾴκης ἧσπερ καὶ ἐκεῖνος.

CII. Τοῦ δ' αὐτοῦ χειμῶνος Βρασίδας ἔχων τοὺς ἐπὶ Θρᾴκης ξυμμάχους ἐστράτευσεν ἐς Ἀμφίπολιν τὴν ἐπὶ Στρυμόνι ποταμῷ Ἀθηναίων ἀποικίαν. 2 Τὸ δὲ χωρίον τοῦτο ἐφ' οὗ νῦν ἡ πόλις ἐστὶν ἐπείρασε μὲν πρότερον καὶ Ἀρισταγόρας ὁ Μιλήσιος φεύγων βασιλέα Δαρεῖον κατοικίσαι, ἀλλὰ ὑπὸ Ἠδώνων ἐξεκρούσθη, ἔπειτα δὲ καὶ οἱ Ἀθηναῖοι ἔτεσι δύο καὶ τριάκοντα ὕστερον, ἐποίκους μυ-

CI. 1 1 ἑβδόμῃ καὶ δεκάτῃ Krueger : ἑπτακαιδεκάτῃ codd. ‖ 5 ταὐτὰ : ταυτα C ‖ 3 2 τὰ om. M ‖ 5 4 ἐβασίλευσεν : -λευεν M ‖ 5 ἧσπερ : ἧπερ C*.

colons, soit des Athéniens soit des volontaires d'ailleurs : ces colons avaient été massacrés par les Thraces à Drabescos[1] ; **3** et, là-dessus, les Athéniens étaient revenus, vingt-huit ans après, avec Hagnon, fils de Nicias, envoyé comme chef officiel : ils avaient chassé les Édones et s'étaient installés en cet endroit, que l'on appelait auparavant les Neuf-Routes. **4** Leur base était Éion, un comptoir maritime qu'ils occupaient personnellement à l'embouchure du fleuve, à vingt-cinq stades de la ville actuelle. C'est Hagnon qui lui donna le nom d'Amphipolis (ou la ville « de toutes parts ») : comme le Strymon l'entourait des deux côtés[2], il ferma l'intervalle en construisant un long mur du fleuve au fleuve et fonda ainsi une ville entourée de partout, vers la mer et vers la terre*.

CIII. Tel était donc l'objectif contre lequel Brasidas, parti d'Arnes en Chalcidique, marchait avec ses troupes. Arrivé vers le crépuscule à Aulon et à Bormiscos, là où le lac Bolbè se déverse dans la mer, il fit dîner ses hommes et poursuivit sa route pendant la nuit. Le temps était mauvais et il tombait un peu de neige ; **2** mais il n'en montra que plus de hâte, car il voulait éviter d'alerter les gens d'Amphipolis, en dehors de ceux qui devaient la lui livrer. **3** La ville comptait en effet parmi ses habitants des gens d'Argilos (Argilos est une colonie d'Andros) ainsi que d'autres, qui agissaient pour lui dans cette affaire, sous l'influence soit de Perdiccas soit des Chalcidiens ; **4** mais nul ne fit plus que les gens d'Argilos ; ils habitaient tout près, étaient depuis toujours en défiance avec Athènes et entretenaient des visées sur la région : à la première occasion, et à l'arrivée de Brasidas, ils avaient commencé par négocier à l'avance avec ceux des leurs qui étaient fixés là-bas pour faire livrer la ville, puis, à ce moment-là, ils l'accueillirent chez eux, firent sécession d'Athènes au cours de la nuit et menèrent l'armée, avant l'aube, au pont sur le fleuve. **5** La citadelle est assez éloignée de l'endroit où l'on

1. Cf. I.100.3.

2. Il forme une boucle et coule, au nord de la ville, vers l'ouest, au sud, vers l'est. Sur le texte corrigé qui suit, cf. Notes complémentaires.

ρίους σφῶν τε αὐτῶν καὶ τῶν ἄλλων τὸν βουλόμενον πέμψαντες, οἳ διεφθάρησαν ἐν Δραβησκῷ ὑπὸ Θρᾳκῶν. 3 Καὶ αὖθις ἑνὸς δέοντι τριακοστῷ ἔτει ἐλθόντες οἱ Ἀθηναῖοι, Ἅγνωνος τοῦ Νικίου οἰκιστοῦ ἐκπεμφθέντος, Ἠδῶνας ἐξελάσαντες ἔκτισαν τὸ χωρίον τοῦτο, ὅπερ πρότερον Ἐννέα ὁδοὶ ἐκαλοῦντο. 4 Ὡρμῶντο δὲ ἐκ τῆς Ἠιόνος, ἣν αὐτοὶ εἶχον ἐμπόριον ἐπὶ τῷ στόματι τοῦ ποταμοῦ ἐπιθαλάσσιον, πέντε καὶ εἴκοσι σταδίους ἀπέχον ἀπὸ τῆς νῦν πόλεως, ἣν Ἀμφίπολιν Ἅγνων ὠνόμασεν, ὅτι ἐπ' ἀμφότερα περιρρέοντος τοῦ Στρυμόνος [διὰ τὸ περιέχειν αὐτὴν] τείχει μακρῷ ἀπολαβὼν ἐκ ποταμοῦ ἐς ποταμὸν περιφερῆ ἐς θάλασσάν τε καὶ τὴν ἤπειρον ᾤκισεν.

CIII. Ἐπὶ ταύτην οὖν ὁ Βρασίδας ἄρας ἐξ Ἀρνῶν τῆς Χαλκιδικῆς ἐπορεύετο τῷ στρατῷ. Καὶ ἀφικόμενος περὶ δείλην ἐπὶ τὸν Αὐλῶνα καὶ Βορμίσκον, ᾗ ἡ Βόλβη λίμνη ἐξίησιν ἐς θάλασσαν, καὶ δειπνοποιησάμενος ἐχώρει τὴν νύκτα. Χειμὼν δὲ ἦν καὶ ὑπένειφεν· 2 ᾗ καὶ μᾶλλον ὥρμησε, βουλόμενος λαθεῖν τοὺς ἐν τῇ Ἀμφιπόλει πλὴν τῶν προδιδόντων. 3 Ἦσαν γὰρ Ἀργιλίων τε ἐν αὐτῇ οἰκήτορες (εἰσὶ δὲ οἱ Ἀργίλιοι Ἀνδρίων ἄποικοι) καὶ ἄλλοι οἳ ξυνέπρασσον ταῦτα, οἱ μὲν Περδίκκᾳ πειθόμενοι, οἱ δὲ Χαλκιδεῦσιν. 4 Μάλιστα δὲ οἱ Ἀργίλιοι, ἐγγύς τε προσοικοῦντες καὶ αἰεί ποτε τοῖς Ἀθηναίοις ὄντες ὕποπτοι καὶ ἐπιβουλεύοντες τῷ χωρίῳ, ἐπειδὴ παρέτυχεν ὁ καιρὸς καὶ Βρασίδας ἦλθεν, ἔπραξάν τε ἐκ πλείονος πρὸς τοὺς ἐμπολιτεύοντας σφῶν ἐκεῖ ὅπως ἐνδοθήσεται ἡ πόλις, καὶ τότε δεξάμενοι αὐτὸν τῇ πόλει καὶ ἀποστάντες τῶν Ἀθηναίων ἐκείνῃ τῇ νυκτὶ κατέστησαν τὸν στρατὸν πρὸ ἕω ἐπὶ τὴν γέφυραν τοῦ ποταμοῦ· 5 ἀπέχει δὲ τὸ πόλισμα

CII. 2 6 πέμψαντες : μεταπέμ- M || 3 2 δέοντι : δέοντος C δέον vet. || 4 3 ἀπέχον : -χων C || 5 διὰ τὸ περιέχειν αὐτὴν del. Dobrée || 7 περιφερῆ scripsi : περιφανῆ codd.

CIII. 3 2 ἄλλοι : οἱ ἄλλοι M || 4 4 ἔπραξάν τε : πράξαντες conj. Krueger || 7 πρὸ ἕω HpcS²γρ, cf. προ εωι E : πρόσω cett.

traverse, et il n'y avait pas, comme aujourd'hui, de murs allant jusque-là : il n'existait qu'un poste de garde peu important. Brasidas n'eut pas de mal à le forcer et, tant grâce aux trahisons que grâce au mauvais temps et à son apparition à l'improviste, il franchit le pont, mettant d'un coup la main sur tout ce que les gens d'Amphipolis, établis dans toute la région*, possédaient hors les murs. CIV. Comme le passage du fleuve avait constitué une surprise pour les gens de la ville et que ceux du dehors se faisaient prendre en grand nombre, ou bien alors venaient chercher refuge derrière les murs, la population d'Amphipolis connut un trouble considérable, d'autant qu'une défiance réciproque régnait. **2** On dit même que, si Brasidas avait voulu, au lieu de se livrer au pillage avec son armée, marcher aussitôt contre la ville, il l'aurait, semble-t-il, prise. **3** Mais, une fois son armée installée, ayant fait des incursions sur les territoires hors les murs sans rien voir venir de l'intérieur qui répondît à son attente, il se tenait tranquille ; **4** et les adversaires de ceux qui devaient lui livrer la ville, assez supérieurs en nombre pour empêcher l'ouverture immédiate des portes, s'entendent pendant ce temps avec le stratège Euclès, qui était là, envoyé par Athènes pour veiller sur le pays, et dépêchent un messager à l'autre stratège pour la région qui borde la Thrace, Thucydide, fils d'Oloros, l'auteur de cette histoire, alors près de Thasos[1] (cette île est une colonie de Paros, située, en gros, à une demi-journée de route d'Amphipolis) : on lui demandait du secours. **5** Lui, au reçu du message, se mit rapidement en route avec sept navires qui se trouvaient là ; il voulait arriver assez tôt pour occuper à temps, soit, bien sûr, Amphipolis, avant qu'elle ne vînt à céder, soit, au moins, Éion.

CV. Sur ces entrefaites, Brasidas, qui, à la fois, appréhendait le secours naval pouvant venir de Thasos, et qui apprenait que Thucydide possédait les droits d'exploitation des mines d'or, dans cette région de la Thrace, et avait de ce fait un certain crédit auprès des principaux

1. L'importance du port et sa situation justifient en cela Thucydide.

πλέον τῆς διαβάσεως, καὶ οὐ καθεῖτο τείχη ὥσπερ νῦν, φυλακὴ δέ τις βραχεῖα καθειστήκει, ἣν βιασάμενος ῥᾳδίως ὁ Βρασίδας, ἅμα μὲν τῆς προδοσίας οὔσης, ἅμα δὲ καὶ χειμῶνος ὄντος καὶ ἀπροσδόκητος προσπεσών, διέβη τὴν γέφυραν, καὶ τὰ ἔξω τῶν Ἀμφιπολιτῶν οἰκούντων κατὰ πᾶν τὸ χωρίον εὐθὺς εἶχεν. CIV. Τῆς δὲ διαβάσεως αὐτοῦ ἄφνω τοῖς ἐν τῇ πόλει γεγενημένης, καὶ τῶν ἔξω πολλῶν μὲν ἁλισκομένων, τῶν δὲ καὶ καταφευγόντων ἐς τὸ τεῖχος, οἱ Ἀμφιπολῖται ἐς θόρυβον μέγαν κατέστησαν, ἄλλως τε καὶ ἀλλήλοις ὕποπτοι ὄντες. **2** Καὶ λέγεται Βρασίδαν, εἰ ἠθέλησε μὴ ἐφ' ἁρπαγὴν τῷ στρατῷ τραπέσθαι, ἀλλ' εὐθὺς χωρῆσαι πρὸς τὴν πόλιν, δοκεῖν ἂν ἑλεῖν. **3** Νῦν δὲ ὁ μὲν ἱδρύσας τὸν στρατόν, ἐπεὶ τὰ ἔξω ἐπέδραμε καὶ οὐδὲν αὐτῷ ἀπὸ τῶν ἔνδον ὡς προσεδέχετο ἀπέβαινεν, ἡσύχαζεν· **4** οἱ δὲ ἐναντίοι τοῖς προδιδοῦσι, κρατοῦντες τῷ πλήθει ὥστε μὴ αὐτίκα τὰς πύλας ἀνοίγεσθαι, πέμπουσι μετὰ Εὐκλέους τοῦ στρατηγοῦ, ὃς ἐκ τῶν Ἀθηνῶν παρῆν αὐτοῖς φύλαξ τοῦ χωρίου, ἐπὶ τὸν ἕτερον στρατηγὸν τῶν ἐπὶ Θρᾴκης, Θουκυδίδην τὸν Ὀλόρου, ὃς τάδε ξυνέγραψεν, ὄντα περὶ Θάσον (ἔστι δὲ ἡ νῆσος Παρίων ἀποικία, ἀπέχουσα τῆς Ἀμφιπόλεως ἡμίσεος ἡμέρας μάλιστα πλοῦν), κελεύοντες σφίσι βοηθεῖν. **5** Καὶ ὁ μὲν ἀκούσας κατὰ τάχος ἑπτὰ ναυσὶν αἳ ἔτυχον παροῦσαι ἔπλει, καὶ ἐβούλετο φθάσαι μάλιστα μὲν οὖν τὴν Ἀμφίπολιν, πρίν τι ἐνδοῦναι, εἰ δὲ μή, τὴν Ἠιόνα προκαταλαβών.

CV. Ἐν τούτῳ δὲ ὁ Βρασίδας δεδιὼς καὶ τὴν ἀπὸ τῆς Θάσου τῶν νεῶν βοήθειαν καὶ πυνθανόμενος τὸν Θουκυδίδην κτῆσίν τε ἔχειν τῶν χρυσείων μετάλλων ἐργασίας ἐν τῇ περὶ ταῦτα Θρᾴκῃ καὶ ἀπ' αὐτοῦ δύνασθαι ἐν τοῖς πρώ-

CIV. 1 2 τοῖς : τῆς ABJ τοὺς F* ‖ **2** 2 τραπέσθαι : τρέπεσθαι C ‖ **3** 1 ἐπεὶ CpcF* : ἐπὶ ‖ 2 καὶ : καὶ ὡς C²G ‖ **4** 3 μετὰ : μετὰ τοῦ E ‖ Ἀθηνῶν Bekker : Ἀθηναίων codd. ‖ 4 χωρίου : post hoc verbum iteravit init. 4, dein sexdecim verba om. M ‖ τῶν ABEF : τὸν (F² (deest M) ‖ 5 τὸν : αὐτὸν B ‖ 7 ἡμίσεος CFM : ἡμίσεως E ἡμισείας AB.

personnages sur le continent, se pressait pour arriver, si possible, à occuper la ville à temps : il craignait qu'à l'arrivée de ce dernier, la masse, à Amphipolis, comptant sur ce nouveau chef pour grouper des forces alliées, venues par mer et levées en Thrace, qui sauveraient la situation, ne voulût plus faire son ralliement. **2** Aussi ses propositions d'accord étaient-elles modérées ; car il fit proclamer le texte suivant : tous les Amphipolitains et les Athéniens présents dans la ville pouvaient, s'ils le voulaient, y rester, en conservant leurs biens et avec pleine égalité de droits ; autrement, ils pouvaient partir en emportant leurs biens dans un délai de cinq jours. CVI. La plupart, en entendant cela, furent ébranlés dans leurs sentiments, d'autant qu'il y avait peu d'Athéniens dans la population, dont la majeure partie était d'origine mêlée, et que l'on comptait, à l'intérieur, une foule de gens apparentés aux hommes faits prisonniers au dehors ; et jugeant la proclamation d'après leurs frayeurs, ils la trouvaient équitable : les Athéniens, parce qu'ils seraient bien contents de pouvoir s'en aller (ils jugeaient leurs propres risques sans rapport avec ceux des autres et ne s'attendaient pas à un secours rapide) et toute la masse des autres, parce qu'avec les droits égaux, ils n'avaient pas à renoncer à leur cité et qu'ils échappaient au danger de façon inespérée. **2** Aussi les gens dévoués à Brasidas ne se cachaient-ils plus pour prôner cette solution, maintenant que, manifestement, le peuple lui aussi s'était orienté dans ce sens et n'écoutait plus le stratège athénien qui était là : l'accord eut donc lieu et Brasidas fut reçu, aux termes prévus par sa proclamation. **3** C'est ainsi que ces gens-là livrèrent la ville ; quant à Thucydide et à ses navires, ce jour-là, tard, ils arrivaient à Éion : **4** Brasidas venait alors d'occuper Amphipolis et il s'en fallut d'une nuit qu'il ne prît Éion ; si le secours naval n'avait été rapide, elle était occupée à l'aube.

CVII. Après cela, de ces deux hommes, l'un prenait des mesures à Éion pour assurer, non seulement dans l'immédiat en cas d'attaque de Brasidas, mais pour l'ave-

τοις τῶν ἠπειρωτῶν, ἠπείγετο προκατασχεῖν, εἰ δύναιτο, τὴν πόλιν, μὴ ἀφικνουμένου αὐτοῦ τὸ πλῆθος τῶν Ἀμφιπολιτῶν, ἐλπίσαν ἐκ θαλάσσης ξυμμαχικὸν καὶ ἀπὸ τῆς Θρᾴκης ἀγείραντα αὐτὸν περιποιήσειν σφᾶς, οὐκέτι προσχωροίη. **2** Καὶ τὴν ξύμβασιν μετρίαν ἐποιεῖτο, κήρυγμα τόδε ἀνειπών, Ἀμφιπολιτῶν καὶ Ἀθηναίων τῶν ἐνόντων τὸν μὲν βουλόμενον ἐπὶ τοῖς ἑαυτοῦ τῆς ἴσης καὶ ὁμοίας μετέχοντα μένειν, τὸν δὲ μὴ ἐθέλοντα ἀπιέναι τὰ ἑαυτοῦ ἐκφερόμενον πέντε ἡμερῶν. CVI. Οἱ δὲ πολλοὶ ἀκούσαντες ἀλλοιότεροι ἐγένοντο τὰς γνώμας, ἄλλως τε καὶ βραχὺ μὲν Ἀθηναίων ἐμπολιτεῦον, τὸ δὲ πλέον ξύμμεικτον, καὶ τῶν ἔξω ληφθέντων συχνοὶ οἰκεῖοι ἔνδον ἦσαν· καὶ τὸ κήρυγμα πρὸς τὸν φόβον δίκαιον εἶναι ἐλάμβανον, οἱ μὲν Ἀθηναῖοι διὰ τὸ ἄσμενοι ἂν ἐξελθεῖν, ἡγούμενοι οὐκ ἐν ὁμοίῳ σφίσι τὰ δεινὰ εἶναι καὶ ἅμα οὐ προσδεχόμενοι βοήθειαν ἐν τάχει, ὁ δὲ ἄλλος ὅμιλος πόλεώς τε ἐν τῷ ἴσῳ οὐ στερισκόμενοι καὶ κινδύνου παρὰ δόξαν ἀφιέμενοι. **2** Ὥστε τῶν πρασσόντων τῷ Βρασίδᾳ ἤδη καὶ ἐκ τοῦ φανεροῦ διαδικαιούντων αὐτά, ἐπειδὴ καὶ τὸ πλῆθος ἑώρων τετραμμένον καὶ τοῦ παρόντος Ἀθηναίων στρατηγοῦ οὐκέτι ἀκροώμενον, ἐγένετο ἡ ὁμολογία καὶ προσεδέξαντο ἐφ' οἷς ἐκήρυξεν. **3** Καὶ οἱ μὲν τὴν πόλιν τοιούτῳ τρόπῳ παρέδοσαν, ὁ δὲ Θουκυδίδης καὶ αἱ νῆες ταύτῃ τῇ ἡμέρᾳ ὀψὲ κατέπλεον ἐς τὴν Ἠιόνα. **4** Καὶ τὴν μὲν Ἀμφίπολιν Βρασίδας ἄρτι εἶχε, τὴν δὲ Ἠιόνα παρὰ νύκτα ἐγένετο λαβεῖν· εἰ γὰρ μὴ ἐβοήθησαν αἱ νῆες διὰ τάχους, ἅμα ἕῳ ἂν εἴχετο.

CVII. Μετὰ δὲ τοῦτο ὁ μὲν τὰ ἐν τῇ Ἠιόνι καθίστατο, ὅπως καὶ τὸ αὐτίκα, ἢν ἐπίῃ ὁ Βρασίδας, καὶ τὸ ἔπειτα

CV. **1** 8 προσχωροίη [-ροῖ MG] EMG : προχ- ABCF.

CVI. **1** 3 Ἀθηναίων : Ἀθηναῖον conj. Dobrée ‖ ἐμπολιτεῦον (var. acc.) AEFM : ἐμπολιτεύων C* ἐπολιτεύοντο B ‖ 4 συχνοὶ : συχνοῖς E ‖ 5 ἐλάμβανον : ὑπελάμβανον MG ‖ 6-7 σφίσι τὰ δεινὰ εἶναι C : σφίσιν εἶναι τὰ δεινὰ ‖ 7 καὶ ἅμα... τάχει om. M ‖ **4** 1 Βρασίδας : ὁ Βρασίδας M.

nir aussi, la sécurité de la ville, où il avait reçu ceux qui avaient voulu venir de l'arrière-pays, conformément à l'accord passé. **2** Quant à l'autre, Brasidas, il agit bien contre Éion : il descendit le fleuve par surprise avec de nombreuses embarcations, pour tenter, en s'emparant de la langue de terre qui débordait hors du rempart, de contrôler l'entrée du port ; en même temps, il faisait une tentative par terre : des deux côtés, il fut repoussé. En dehors de cela, il s'organisait à Amphipolis. **3** Il obtint le ralliement de Myrcinos, une ville des Édones, après que Pittacos, leur roi, eut été tué par les fils de Goaxis et par sa femme, Braurô. Peu après, Galepsos suivit, ainsi qu'Oisymè : ce sont là des colonies de Thasos. Perdiccas, qui était venu aussitôt après la prise de la ville, l'aidait à mettre tout cela au point.

CVIII. L'occupation d'Amphipolis[1] jeta Athènes dans des craintes très vives ; entre autres raisons, la ville lui était utile par les convois de bois qui en venaient pour les constructions navales et par le revenu financier qu'elle assurait ; de plus, jusqu'au Strymon, les Lacédémoniens pouvaient bien, avec l'accord des Thessaliens, passer jusque chez les alliés d'Athènes ; mais, tant qu'ils ne tenaient pas le pont, étant donné qu'en amont le fleuve formait un grand lac, s'étendant sur une bonne partie du pays, et que, du côté d'Éion, ils étaient guettés par la flotte[2], il ne leur aurait pas été possible d'approcher : dorénavant, au contraire, les Athéniens jugeaient que la chose était devenue facile ; et ils redoutaient de voir leurs alliés faire défection. **2** Brasidas, en effet, se montrait en tout modéré et, dans ses discours, indiquait partout que sa mission était de libérer la Grèce ; **3** et les villes, en apprenant la prise d'Amphipolis et les conditions accordées, ainsi que la douceur dont il faisait preuve, avaient été au plus haut point encouragées à la révolte : par l'envoi de messagers secrets, elles réclamaient sa venue, et c'était, entre ces peuples, à qui ferait défec-

1. Sur le parallélisme avec 55.1, cf. p. XIX, n. 1.

2. Texte rude en grec ; mais un génitif absolu se rapportant au sujet du verbe n'est pas sans exemple chez Thucydide : ainsi 73.3.

ἀσφαλῶς ἕξει, δεξάμενος τοὺς ἐθελήσαντας ἐπιχωρῆσαι ἄνωθεν κατὰ τὰς σπονδάς· **2** ὁ δὲ πρὸς μὲν τὴν Ἠιόνα κατά τε τὸν ποταμὸν πολλοῖς πλοίοις ἄφνω καταπλεύσας, εἴ πως τὴν προύχουσαν ἄκραν ἀπὸ τοῦ τείχους λαβὼν κρατοίη τοῦ ἔσπλου, καὶ κατὰ γῆν ἀποπειράσας ἅμα, ἀμφοτέρωθεν ἀπεκρούσθη, τὰ δὲ περὶ τὴν Ἀμφίπολιν ἐξηρτύετο. **3** Καὶ Μύρκινός τε αὐτῷ προσεχώρησεν, Ἠδωνικὴ πόλις, Πιττακοῦ τοῦ Ἠδώνων βασιλέως ἀποθανόντος ὑπὸ τῶν Γοάξιος παίδων καὶ Βραυροῦς τῆς γυναικὸς αὐτοῦ, καὶ Γαληψὸς οὐ πολλῷ ὕστερον καὶ Οἰσύμη· εἰσὶ δὲ αὗται Θασίων ἀποικίαι. Παρὼν δὲ καὶ Περδίκκας εὐθὺς μετὰ τὴν ἅλωσιν ξυγκαθίστη ταῦτα.

CVIII. Ἐχομένης δὲ τῆς Ἀμφιπόλεως οἱ Ἀθηναῖοι ἐς μέγα δέος κατέστησαν, ἄλλως τε καὶ ὅτι ἡ πόλις ἦν αὐτοῖς ὠφέλιμος ξύλων τε ναυπηγησίμων πομπῇ καὶ χρημάτων προσόδῳ, καὶ ὅτι μέχρι μὲν τοῦ Στρυμόνος ἦν πάροδος Θεσσαλῶν διαγόντων ἐπὶ τοὺς ξυμμάχους σφῶν τοῖς Λακεδαιμονίοις, τῆς δὲ γεφύρας μὴ κρατούντων, ἄνωθεν μὲν μεγάλης οὔσης ἐπὶ πολὺ λίμνης τοῦ ποταμοῦ, τὰ δὲ πρὸς Ἠιόνα τριήρεσι τηρουμένων, οὐκ ἂν δύνασθαι προσελθεῖν· τότε δὲ ῥᾴδια ἤδη ἐνόμιζον γεγενῆσθαι. Καὶ τοὺς ξυμμάχους ἐφοβοῦντο μὴ ἀποστῶσιν. **2** Ὁ γὰρ Βρασίδας ἔν τε τοῖς ἄλλοις μέτριον ἑαυτὸν παρεῖχε καὶ ἐν τοῖς λόγοις πανταχοῦ ἐδήλου ὡς ἐλευθερώσων τὴν Ἑλλάδα ἐκπεμφθείη. **3** Καὶ αἱ πόλεις πυνθανόμεναι [αἱ τῶν Ἀθηναίων ὑπήκοοι] τῆς τε Ἀμφιπόλεως τὴν ἅλωσιν καὶ ἃ παρέχεται, τήν τε ἐκείνου πραότητα, μάλιστα δὴ ἐπήρθησαν ἐς τὸ νεωτερίζειν, καὶ ἐπεκηρυκεύοντο πρὸς αὐτὸν κρύφα, ἐπιπαριέναι τε κελεύοντες καὶ βουλόμενοι αὐτοὶ ἕκαστοι πρῶ-

CVII. **3** 4 Γαληψὸς Steph. Byz. : Γαψηλὸς codd.

CVIII. **1** 2 ἦν αὐτοῖς : αὐτοῖς ἦν AB || 8 τηρουμένων : τηρουμένου conj. Hude || 9 ῥᾴδια Kistemaker : ῥα[ι]δία CEM ῥαιδίαι ABF || ἐνόμιζον S² : ἐνόμιζε[ν] codd. ἐνομίζετο vulg., del. Kistemaker || **2** 2 ἑαυτὸν : αὐτὸν C || **3** 1-2 αἱ τῶν Ἀθηναίων ὑπήκοοι del. Hude.

tion le premier. **4** C'est qu'aussi les gens se voyaient des perspectives d'impunité : ils méconnaissaient la puissance athénienne, se trompant dans toute la mesure où se manifesta plus tard son ampleur, et ils jugeaient d'après des souhaits incertains plutôt que des prévisions sûres — car les hommes ont coutume de s'en remettre, pour l'objet de leurs désirs, aux espoirs inconsidérés et d'écarter ce qui leur déplaît au nom d'analyses péremptoires; **5** en même temps, avec le coup que les Athéniens venaient de subir en Béotie et les propos, plus séduisants que véridiques, que tenait Brasidas, en soutenant que les Athéniens n'avaient pas consenti à venir à Nisée combattre sa seule armée, ils s'enhardissaient et étaient convaincus que personne ne saurait venir à la rescousse contre eux. **6** Enfin — et c'était l'essentiel — comme cela comportait une satisfaction dans l'immédiat et comme ils devaient pour la première fois avoir affaire à des Lacédémoniens en pleine ardeur*, ils étaient prêts à courir leur risque à tout prix. Devant cette situation, dont ils se rendaient compte, les Athéniens envoyaient, autant que le permettaient l'urgence et la saison, des hommes dans les différentes villes, pour veiller sur elles; quant à Brasidas, il s'adressait instamment à Sparte, demandant l'envoi de renforts, tandis que lui-même équipait un chantier naval sur le Strymon; **7** mais les Lacédémoniens ne lui obéirent pas, en partie à cause de la jalousie animant les principales personnalités, en partie aussi parce qu'ils souhaitaient plutôt recouvrer les hommes de l'île et terminer la guerre.

CIX. Le même hiver vit les Mégariens, après avoir pris les Longs Murs, que les Athéniens occupaient chez eux, les raser de fond en comble, et Brasidas, après la chute d'Amphipolis, faire, avec les troupes alliées dont il disposait, une campagne contre le pays appelé l'Actè (ou le Promontoire) : **2** il s'agit d'un pays qui forme une pointe en deçà du canal du Roi et qui se termine dans la mer Égée par la haute montagne qu'est l'Athos; **3** il compte, comme villes, Sanè, colonie d'Andros, située juste sur le canal et tournée en direction de la mer qui va vers l'Eubée, puis, en dehors d'elle, Thyssos,

τοι ἀποστῆναι. 4 Καὶ γὰρ καὶ ἄδεια ἐφαίνετο αὐτοῖς, ἐψευσμένοις μὲν τῆς Ἀθηναίων δυνάμεως ἐπὶ τοσοῦτον ὅση ὕστερον διεφάνη, τὸ δὲ πλέον βουλήσει κρίνοντες ἀσαφεῖ ἢ προνοίᾳ ἀσφαλεῖ, εἰωθότες οἱ ἄνθρωποι οὗ μὲν ἐπιθυμοῦσιν ἐλπίδι ἀπερισκέπτῳ διδόναι, ὃ δὲ μὴ προσίενται λογισμῷ αὐτοκράτορι διωθεῖσθαι. 5 Ἅμα δὲ τῶν Ἀθηναίων ἐν τοῖς Βοιωτοῖς νεωστὶ πεπληγμένων καὶ τοῦ Βρασίδου ἐφολκὰ καὶ οὐ τὰ ὄντα λέγοντος, ὡς αὐτῷ ἐπὶ Νίσαιαν τῇ ἑαυτοῦ μόνῃ στρατιᾷ οὐκ ἠθέλησαν οἱ Ἀθηναῖοι ξυμβαλεῖν, ἐθάρσουν καὶ ἐπίστευον μηδένα ἂν ἐπὶ σφᾶς βοηθῆσαι. 6 Τὸ δὲ μέγιστον, διὰ τὸ ἡδονὴν ἔχον ἐν τῷ αὐτίκα καὶ ὅτι τὸ πρῶτον Λακεδαιμονίων ὀργώντων ἔμελλον πειράσεσθαι, κινδυνεύειν παντὶ τρόπῳ ἑτοῖμοι ἦσαν. Ὧν αἰσθανόμενοι οἱ μὲν Ἀθηναῖοι φυλακάς, ὡς ἐξ ὀλίγου καὶ ἐν χειμῶνι, διέπεμπον ἐς τὰς πόλεις, ὁ δὲ ἐς τὴν Λακεδαίμονα ἐφιέμενος στρατιάν τε προσαποστέλλειν ἐκέλευε καὶ αὐτὸς ἐν τῷ Στρυμόνι ναυπηγίαν τριήρων παρεσκευάζετο. 7 Οἱ δὲ Λακεδαιμόνιοι τὰ μὲν καὶ φθόνῳ ἀπὸ τῶν πρώτων ἀνδρῶν οὐχ ὑπηρέτησαν αὐτῷ, τὰ δὲ καὶ βουλόμενοι μᾶλλον τούς τε ἄνδρας τοὺς ἐκ τῆς νήσου κομίσασθαι καὶ τὸν πόλεμον καταλῦσαι.

CIX. Τοῦ δ' αὐτοῦ χειμῶνος Μεγαρῆς τε τὰ μακρὰ τείχη, ἃ σφῶν οἱ Ἀθηναῖοι εἶχον, κατέσκαψαν ἑλόντες ἐς ἔδαφος, καὶ Βρασίδας μετὰ τὴν Ἀμφιπόλεως ἅλωσιν ἔχων τοὺς ξυμμάχους στρατεύει ἐπὶ τὴν Ἀκτὴν καλουμένην. 2 Ἔστι δὲ ἀπὸ τοῦ βασιλέως διορύγματος ἔσω προύχουσα, καὶ ὁ Ἄθως αὐτῆς ὄρος ὑψηλὸν τελευτᾷ ἐς τὸ Αἰγαῖον πέλαγος. 3 Πόλεις δὲ ἔχει Σάνην μὲν Ἀνδρίων ἀποικίαν παρ' αὐτὴν τὴν διώρυχα, ἐς τὸ πρὸς Εὔβοιαν πέλαγος τετραμμένην, τὰς δὲ ἄλλας Θυσσὸν καὶ Κλεωνὰς

CVIII. 4 2 ἐψευσμένοις CFM : -μένης AB -μένοι E || 5 4 post στρατιᾷ add. βοηθήσαντι Linwood || 6 4 αἰσθανόμενοι : αἰσθόμενοι B.
CIX. 1 1 τε τὰ Haacke : τά τε codd.

Cléones, Acrothôion, Olophyxos et Dion : **4** toutes villes de population composite formée de barbares bilingues. Il y a là, également, un élément chalcidien peu important, et surtout un élément pélasgique, formé de ces Tyrrhéniens qui habitèrent jadis Lemnos et Athènes ; il y a enfin des gens de la Bisaltie, de la Crestonie[1], et des Édones ; ils sont répartis en petites bourgades. **5** La plupart se rallièrent à Brasidas ; Sanè et Dion résistèrent : aussi s'installa-t-il sur leurs territoires, que ses hommes s'occupèrent à ravager.

CX. Comme elles ne cédaient pas, il marcha aussitôt contre Toronè en Chalcidique, qui était aux mains des Athéniens. Un petit groupe de personnes l'y appelaient, prêtes à lui livrer la ville. Il arriva alors qu'il faisait encore nuit, vers l'aube, et il prit position avec son armée près du sanctuaire des Dioscures, qui est, autant qu'on puisse dire, à trois stades de la ville. **2** La population de Toronè en général, de même que les Athéniens de la garnison, n'en sut rien ; mais ceux qui agissaient pour lui, sachant qu'il devait arriver et étant partis secrètement, à quelques-uns, en éclaireurs, guettaient son approche : aussitôt au fait de sa présence, ils font entrer chez eux des hommes des troupes légères, avec des poignards, au nombre de sept (sur vingt qu'on avait d'abord désignés, ce furent les seuls qui ne prirent pas peur à l'idée d'entrer dans la ville ; ils avaient à leur tête Lysistratos d'Olynthe). S'étant glissés par le mur qui donne vers la mer, sans qu'on sût rien, ils montèrent tuer les sentinelles du poste le plus élevé (car la ville est adossée à une colline) et allèrent enfoncer la petite porte du côté de Canastraion[2]. CXI. Brasidas, lui, après s'être un peu avancé, se tenait tranquille avec la masse de l'armée ; mais il détacha en avant cent peltastes, qui devaient, lorsque des portes s'ouvriraient et que le signal convenu s'élèverait, courir les premiers à l'intérieur. **2** Ceux-ci, qui voyaient le temps passer et s'étonnaient, se trouvèrent,

1. Sans doute le même pays que la Grestonie de II.99.6 et 100.4.
2. Nom du cap qui termine la presqu'île d'en face, ou Pallène. La porte est donc du côté de la mer, par où on ne les attendait pas.

καὶ Ἀκροθῴους καὶ Ὀλόφυξον καὶ Δῖον, **4** αἳ οἰκοῦνται ξυμμείκτοις ἔθνεσι βαρβάρων διγλώσσων· καί τι καὶ Χαλκιδικὸν ἔνι βραχύ, τὸ δὲ πλεῖστον Πελασγικόν, τῶν καὶ Λῆμνόν ποτε καὶ Ἀθήνας Τυρσηνῶν οἰκησάντων, καὶ Βισαλτικὸν καὶ Κρηστωνικὸν καὶ Ἠδῶνες· κατὰ δὲ μικρὰ πολίσματα οἰκοῦσιν. **5** Καὶ οἱ μὲν πλείους προσεχώρησαν τῷ Βρασίδᾳ, Σάνη δὲ καὶ Δῖον ἀντέστη, καὶ αὐτῶν τὴν χώραν ἐμμείνας τῷ στρατῷ ἐδῄου.

CX. Ὡς δ' οὐκ ἐσήκουον, εὐθὺς στρατεύει ἐπὶ Τορώνην τὴν Χαλκιδικήν, κατεχομένην ὑπὸ Ἀθηναίων· καὶ αὐτὸν ἄνδρες ὀλίγοι ἐπήγοντο, ἑτοῖμοι ὄντες τὴν πόλιν παραδοῦναι. Καὶ ἀφικόμενος νυκτὸς ἔτι καὶ περὶ ὄρθρον τῷ στρατῷ ἐκαθέζετο πρὸς τὸ Διοσκόρειον, ὃ ἀπέχει τῆς πόλεως τρεῖς μάλιστα σταδίους. **2** Τὴν μὲν οὖν ἄλλην πόλιν τῶν Τορωναίων καὶ τοὺς Ἀθηναίους τοὺς ἐμφρουροῦντας ἔλαθεν· οἱ δὲ πράσσοντες αὐτῷ εἰδότες ὅτι ἥξοι, καὶ προελθόντες τινὲς αὐτῶν λάθρᾳ ὀλίγοι ἐτήρουν τὴν πρόσοδον, καὶ ὡς ᾔσθοντο παρόντα, ἐσκομίζουσι παρ' αὐτοὺς ἐγχειρίδια ἔχοντας ἄνδρας ψιλοὺς ἑπτά (τοσοῦτοι γὰρ μόνοι ἀνδρῶν εἴκοσι τὸ πρῶτον ταχθέντων οὐ κατέδεισαν ἐσελθεῖν· ἦρχε δὲ αὐτῶν Λυσίστρατος Ὀλύνθιος), οἳ διαδύντες διὰ τοῦ πρὸς τὸ πέλαγος τείχους καὶ λαθόντες τούς τε ἐπὶ τοῦ ἀνώτατα φυλακτηρίου φρουρούς, οὔσης τῆς πόλεως πρὸς λόφον, ἀναβάντες διέφθειραν καὶ τὴν κατὰ Καναστραῖον πυλίδα διῄρουν. CXI. Ὁ δὲ Βρασίδας τῷ μὲν ἄλλῳ στρατῷ ἡσύχαζεν ὀλίγον προελθών, ἑκατὸν δὲ πελταστὰς προπέμπει, ὅπως, ὁπότε πύλαι τινὲς ἀνοιχθεῖεν καὶ τὸ σημεῖον ἀρθείη ὃ ξυνέκειτο, πρῶτοι ἐσδράμοιεν. **2** Καὶ οἱ μὲν χρόνου ἐγγιγνομένου καὶ θαυμάζοντες κατὰ

CIX. **4** 3 ἔνι : ἔνι καὶ M ‖ **5** 2 Σάνη Steph. : Σάμη codd.

CX. **2** 4 προελθόντες ABF : προσελ- CEFpcM ‖ ὀλίγοι : ὀλίγον conj. Cobet ‖ 5 αὐτοὺς cdd. : αυτοὺς EFM αὑτοὺς ABC ‖ 8 ἦρχε... Ὀλύνθιος om. ABE*F*M ‖ 10 ἀνώτατα ACEF : ἀνωτάτου BGs1J ἀνωτάτω M ‖ 11 πρὸς : πρὸς τὸν M.

de proche en proche, aux abords de la ville. De fait[1], les gens de Toronè qui préparaient l'affaire de l'intérieur avec les hommes entrés dans la ville, quand on eut enfoncé la petite porte et que l'on fut en train d'ouvrir la porte donnant sur l'agora en brisant la barre, commencèrent par faire faire le tour à quelques hommes pour les introduire par la petite porte : ils voulaient agir par surprise, en prenant les habitants de la ville à revers et de deux côtés à la fois, alors qu'ils n'étaient au courant de rien, pour ainsi les terrifier ; ensuite seulement, ils élevèrent le signal de feu comme convenu et, par la porte donnant sur l'agora, ils firent entrer le reste des troupes légères. CXII. Alors Brasidas, à la vue du signal, partit au pas de course, lançant ses troupes, qui unirent leurs cris et semèrent un grand effroi parmi les habitants. **2** Les uns fonçaient aussitôt à l'intérieur par les portes, les autres le long des poutres équarries qui se trouvaient appuyées, pour hisser des pierres, contre une partie du mur alors effondrée et faisant l'objet de travaux. **3** Puis Brasidas, avec le gros, monta aussitôt et gagna les parties supérieures de la ville, car il voulait en occuper les positions maîtresses et la tenir solidement ; le reste des hommes se répandait sans distinction de tous les côtés.

CXIII. Parmi les gens de Toronè, pendant que s'effectuait la prise de la ville, il y avait deux groupes : la masse, n'étant au courant de rien, s'affolait ; ceux, au contraire, qui y étaient mêlés, ou qui étaient favorables, s'étaient mis aussitôt aux côtés des envahisseurs. **2** En fait d'Athéniens, il se trouvait y avoir là quelque cinquante hoplites, qui couchaient à l'agora : quand ils se rendirent compte de la situation, certains d'entre eux, en petit nombre, tombèrent dans un corps à corps, et les autres durent leur salut au fait que, soit par voie de terre, soit en embarquant sur les deux navires qui se trouvaient là en faction, ils se réfugièrent à Lécythos ; c'est un poste qu'ils s'étaient assuré et occupaient personnellement : la ville y forme un promontoire qui s'avance dans la mer

1. Le signal tardait à cause de l'idée d'utiliser la petite porte : les peltastes, s'étant approchés, servent la réalisation du projet.

μικρὸν ἔτυχον ἐγγὺς τῆς πόλεως προσελθόντες· οἱ δὲ τῶν Τορωναίων ἔνδοθεν παρασκευάζοντες μετὰ τῶν ἐσεληλυθότων, ὡς αὐτοῖς ἥ τε πυλὶς διῄρητο καὶ αἱ κατὰ τὴν ἀγορὰν πύλαι τοῦ μοχλοῦ διακοπέντος ἀνεῴγοντο, πρῶτον μὲν κατὰ τὴν πυλίδα τινὰς περιαγαγόντες ἐσεκόμισαν, ὅπως κατὰ νώτου καὶ ἀμφοτέρωθεν τοὺς ἐν τῇ πόλει οὐδὲν εἰδότας ἐξαπίνης φοβήσειαν, ἔπειτα τὸ σημεῖόν τε τοῦ πυρός, ὡς εἴρητο, ἀνέσχον καὶ διὰ τῶν κατὰ τὴν ἀγορὰν πυλῶν τοὺς λοιποὺς ἤδη τῶν πελταστῶν ἐσεδέχοντο.

CXII. Καὶ ὁ Βρασίδας ἰδὼν τὸ ξύνθημα ἔθει δρόμῳ, ἀναστήσας τὸν στρατὸν ἐμβοήσαντάς τε ἁθρόον καὶ ἔκπληξιν πολλὴν τοῖς ἐν τῇ πόλει παρασχόντας. 2 Καὶ οἱ μὲν κατὰ τὰς πύλας εὐθὺς ἐσέπιπτον, οἱ δὲ κατὰ δοκοὺς τετραγώνους, αἳ ἔτυχον τῷ τείχει πεπτωκότι καὶ οἰκοδομουμένῳ πρὸς λίθων ἀνολκὴν προσκείμεναι. 3 Βρασίδας μὲν οὖν καὶ τὸ πλῆθος εὐθὺς ἄνω καὶ ἐπὶ τὰ μετέωρα τῆς πόλεως ἐτράπετο, βουλόμενος κατ' ἄκρας καὶ βεβαίως ἑλεῖν αὐτήν· ὁ δὲ ἄλλος ὅμιλος κατὰ πάντα ὁμοίως ἐσκεδάννυντο.

CXIII. Τῶν δὲ Τορωναίων γιγνομένης τῆς ἁλώσεως τὸ μὲν πολὺ οὐδὲν εἰδὸς ἐθορυβεῖτο, οἱ δὲ πράσσοντες καὶ οἷς ταῦτα ἤρεσκε μετὰ τῶν ἐσελθόντων εὐθὺς ἦσαν. 2 Οἱ δὲ Ἀθηναῖοι (ἔτυχον γὰρ ἐν τῇ ἀγορᾷ ὁπλῖται καθεύδοντες ὡς πεντήκοντα) ἐπειδὴ ᾔσθοντο, οἱ μέν τινες ὀλίγοι διαφθείρονται ἐν χερσὶν αὐτῶν, τῶν δὲ λοιπῶν οἱ μὲν πεζῇ, οἱ δὲ ἐς τὰς ναῦς, αἳ ἐφρούρουν δύο, καταφυγόντες διασῴζονται ἐς τὴν Λήκυθον τὸ φρούριον, ὃ εἶχον αὐτοὶ καταλαβόντες, ἄκρον τῆς πόλεως ἐς τὴν θάλασσαν ἀπειλημ-

CXI. 2 6 ἐσεκόμισαν rec. : ἐσεκομίσαντο E ἐξεκόμισαν cett.

CXII. 1 2 ἐμβοήσαντάς C : -σαντά ‖ 3 παρασχόντας C²G* : -σχόντα ‖ 2 2 ἐσέπιπτον ABCF : ἐσπέπιπτον E ἔπιπτον M ‖ 3 καὶ οἰκοδομουμένῳ : κἀνοικ- conj. Herwerden.

CXIII. 1 3 ταῦτα : ταὐτὰ conj. Classen.

et se trouve isolé au bout d'un isthme étroit. **3** Tous ceux qui, à Toronè, étaient leurs partisans vinrent y chercher refuge auprès d'eux.

CXIV. Une fois le jour venu et la ville solidement occupée, Brasidas fit une proclamation pour les gens de Toronè réfugiés aux côtés des Athéniens : tous ceux qui le voulaient pouvaient sortir d'où ils étaient pour retrouver leurs biens et exercer librement leurs droits politiques. Quant aux Athéniens, il leur envoya un héraut, les invitant à quitter Lécythos sous convention en emportant leurs biens, cette place appartenant aux Chalcidiens ; **2** les Athéniens refusèrent d'en sortir et lui demandèrent un jour de trêve pour reprendre les morts ; il en accorda deux ; et l'on employa ces deux jours à renforcer, lui, les maisons du voisinage, les Athéniens les positions qu'ils occupaient. **3** Enfin, il convoqua les gens de Toronè et leur répéta à peu près ce qu'il avait dit à Acanthe : que deux attitudes seraient injustes — il ne fallait pas considérer ceux qui avaient arrangé avec lui la prise de la ville comme entachés dans leur mérite ou comme traîtres : ils ne l'avaient fait ni à des fins d'asservissement ni pour de l'argent, mais pour le bien et la liberté de la cité ; et, inversement, il ne fallait pas croire que ceux qui n'avaient pas participé à l'opération n'obtiendraient pas le même traitement : il n'était venu apporter la ruine ni à aucune ville ni à aucun individu ; **4** la proclamation qu'il avait faite pour ceux qui s'étaient réfugiés auprès des Athéniens reposait sur l'idée que ceux-ci n'étaient nullement entachés par cette amitié : une fois amenés à connaître Sparte, ils ne sauraient, pensait-il, avoir une moindre sympathie pour elle, mais au contraire une bien plus grande, dans la mesure où sa conduite était plus juste ; l'inexpérience seule causait aujourd'hui leur effroi. **5** Tous réunis, donc, il les priait de se préparer à être de fermes alliés, qui auraient à répondre, à dater du moment présent, des fautes qu'ils commettraient ; pour la période antérieure, s'il y avait eu des torts, la victime n'en était pas Sparte, mais eux-mêmes, qui les avaient subis du fait d'un peuple plus fort qu'eux ; aussi était-il compréhensible qu'il ait pu y avoir quelques résistances.

μένον ἐν στενῷ ἰσθμῷ. **3** Κατέφυγον δὲ καὶ τῶν Τορωναίων ἐς αὐτοὺς ὅσοι ἦσαν σφίσιν ἐπιτήδειοι.

CXIV. Γεγενημένης δὲ ἡμέρας ἤδη καὶ βεβαίως τῆς πόλεως ἐχομένης ὁ Βρασίδας τοῖς μὲν μετὰ τῶν Ἀθηναίων Τορωναίοις καταπεφευγόσι κήρυγμα ἐποιήσατο τὸν βουλόμενον ἐπὶ τὰ ἑαυτοῦ ἐξελθόντα ἀδεῶς πολιτεύειν, τοῖς δὲ Ἀθηναίοις κήρυκα προσπέμψας ἐξιέναι ἐκέλευεν ἐκ τῆς Ληκύθου ὑποσπόνδους καὶ τὰ ἑαυτῶν ἔχοντας ὡς οὔσης Χαλκιδέων. **2** Οἱ δὲ ἐκλείψειν μὲν οὐκ ἔφασαν, σπείσασθαι δὲ σφίσιν ἐκέλευον ἡμέραν τοὺς νεκροὺς ἀνελέσθαι. Ὁ δὲ ἐσπείσατο δύο. Ἐν ταύταις δὲ αὐτός τε τὰς ἐγγὺς οἰκίας ἐκρατύνατο καὶ Ἀθηναῖοι τὰ σφέτερα. **3** Καὶ ξύλλογον τῶν Τορωναίων ποιήσας ἔλεξε τοῖς ἐν τῇ Ἀκάνθῳ παραπλήσια, ὅτι οὐ δίκαιον εἴη οὔτε τοὺς πράξαντας πρὸς αὐτὸν τὴν λῆψιν τῆς πόλεως χείρους οὐδὲ προδότας ἡγεῖσθαι (οὐ γὰρ ἐπὶ δουλείᾳ οὐδὲ χρήμασι πεισθέντας δρᾶσαι τοῦτο, ἀλλ' ἐπὶ ἀγαθῷ καὶ ἐλευθερίᾳ τῆς πόλεως), οὔτε τοὺς μὴ μετασχόντας οἴεσθαι μὴ τῶν αὐτῶν τεύξεσθαι· ἀφῖχθαι γὰρ οὐ διαφθερῶν οὔτε πόλιν οὔτε ἰδιώτην οὐδένα. **4** Τὸ δὲ κήρυγμα ποιήσασθαι τούτου ἕνεκα τοῖς παρ' Ἀθηναίους καταπεφευγόσιν, ὡς ἡγούμενος οὐδὲν χείρους τῇ ἐκείνων φιλίᾳ· οὐδ' ἂν σφῶν πειρασαμένους αὐτοὺς [τῶν Λακεδαιμονίων] δοκεῖν ἧσσον, ἀλλὰ πολλῷ μᾶλλον, ὅσῳ δικαιότερα πράσσουσιν, εὔνους ἂν σφίσι γενέσθαι, ἀπειρίᾳ δὲ νῦν πεφοβῆσθαι. **5** Τούς τε πάντας παρασκευάζεσθαι ἐκέλευεν ὡς βεβαίους τε ἐσομένους ξυμμάχους καὶ τὸ ἀπὸ τοῦδε ἤδη ὅ τι ἂν ἁμαρτάνωσιν αἰτίαν ἕξοντας· τὰ δὲ πρότερα οὐ σφεῖς ἀδικεῖσθαι, ἀλλ' ἐκείνους μᾶλλον ὑπ' ἄλλων κρεισσόνων, καὶ ξυγγνώμην εἶναι εἴ τι ἠναντιοῦντο.

CXIV. **1** 5 προσπέμψας C : προπέμψας || ἐκέλευεν CEM : ἐκέλευσεν ABF || **3** 5 οὐ C : οὐδὲ || δουλείᾳ CEMF[2] : δουλείαν ABF || χρήμασι : χρήματι C || **4** 3 τῶν Λακεδαιμονίων del. Heilmann || 6 πεφοβῆσθαι : πεφοβεῖσθαι C* || **5** 2 ἐκέλευε[ν] CEM : ἐκέλευσεν ABF || 5 εἴ [ἥ E] τι ἠναντιοῦντο : ὅτι ἠναντιοῦτο M.

CXV. Après leur avoir adressé en substance ces paroles et les avoir encouragés, Brasidas, une fois la convention arrivée à terme, commença ses attaques contre Lécythos. Les Athéniens se défendaient du haut d'un mauvais rempart ou encore depuis des maisons munies de créneaux et, pendant un jour, ils réussirent à le repousser. **2** Le lendemain une machine devait être avancée contre eux depuis les rangs ennemis, pour servir à projeter du feu sur les palissades de bois, et l'armée approchait déjà ; alors, à l'endroit où ils supposaient qu'on dirigerait de préférence la machine et qui était le plus vulnérable, ils dressèrent sur une maison une tour de bois ; ils y portèrent un grand nombre d'amphores et de jarres remplies d'eau, ainsi que de grosses pierres, et y firent monter un grand nombre d'hommes ; **3** mais la construction, qui recevait un poids trop important, s'effondra brusquement. Un grand vacarme se produisit ; ceux des Athéniens qui étaient à proximité et pouvaient voir en furent plus affligés qu'épouvantés, mais ceux qui étaient à distance, et surtout les plus éloignés, pensèrent que, de ce côté, la place était déjà prise et s'enfuirent précipitamment vers la mer et les navires. CXVI. Lorsque Brasidas comprit qu'ils abandonnaient les créneaux et quand il vit ce qui se passait, déferlant avec son armée, il s'empara aussitôt du rempart, massacrant tous ceux qu'il y prenait. **2** C'est ainsi que les Athéniens quittèrent la place avec leurs cargos et leurs navires de guerre : ils furent ramenés dans la presqu'île de Pallène. Quant à Brasidas, comme il y a à Lécythos un sanctuaire d'Athéna, et qu'il se trouvait avoir proclamé, au moment d'attaquer, qu'il donnerait trente mines d'argent[1] au premier qui escaladerait le rempart, il jugea que la prise de la ville avait eu lieu par un moyen autre qu'humain, aussi remit-il les trente mines à la déesse en les versant au trésor du sanctuaire, et, détruisant Lécythos, qui fut rasée, il fit de la place entière un lieu consacré. **3** Puis, quant à lui, il employa le reste de l'hiver à organiser les places

1 Cela fait 3.000 drachmes ; or, la solde était souvent d'une drachme par jour et par homme (III.17.3 ; VII.27.2) !

CXV. Καὶ ὁ μὲν τοιαῦτα εἰπὼν καὶ παραθαρσύνας διελθουσῶν τῶν σπονδῶν τὰς προσβολὰς ἐποιεῖτο τῇ Ληκύθῳ· οἱ δὲ Ἀθηναῖοι ἠμύνοντό τε ἐκ φαύλου τειχίσματος καὶ ἀπ' οἰκιῶν ἐπάλξεις ἐχουσῶν, καὶ μίαν μὲν ἡμέραν ἀπεκρούσαντο· 2 τῇ δ' ὑστεραίᾳ μηχανῆς μελλούσης προσάξεσθαι αὐτοῖς ἀπὸ τῶν ἐναντίων, ἀφ' ἧς πῦρ ἐνήσειν διενοοῦντο ἐς τὰ ξύλινα παραφράγματα, καὶ προσιόντος ἤδη τοῦ στρατεύματος, ᾗ ᾤοντο μάλιστα αὐτοὺς προσκομιεῖν τὴν μηχανὴν καὶ ἦν ἐπιμαχώτατον, πύργον ξύλινον ἐπ' οἴκημα ἀντέστησαν, καὶ ὕδατος ἀμφορέας πολλοὺς καὶ πίθους ἀνεφόρησαν καὶ λίθους μεγάλους, ἄνθρωποί τε πολλοὶ ἀνέβησαν. 3 Τὸ δὲ οἴκημα λαβὸν μεῖζον ἄχθος ἐξαπίνης κατερράγη καὶ ψόφου πολλοῦ γενομένου τοὺς μὲν ἐγγὺς καὶ ὁρῶντας τῶν Ἀθηναίων ἐλύπησε μᾶλλον ἢ ἐφόβησεν, οἱ δὲ ἄπωθεν, καὶ μάλιστα οἱ διὰ πλείστου, νομίσαντες ταύτῃ ἑαλωκέναι ἤδη τὸ χωρίον, φυγῇ ἐς τὴν θάλασσαν καὶ τὰς ναῦς ὥρμησαν. CXVI. Καὶ ὁ Βρασίδας ὡς ᾔσθετο αὐτοὺς ἀπολείποντάς τε τὰς ἐπάλξεις καὶ τὸ γιγνόμενον ὁρῶν, ἐπιφερόμενος τῷ στρατῷ εὐθὺς τὸ τείχισμα λαμβάνει, καὶ ὅσους ἐγκατέλαβε διέφθειρεν. 2 Καὶ οἱ μὲν Ἀθηναῖοι τοῖς τε πλοίοις καὶ ταῖς ναυσὶ τούτῳ τῷ τρόπῳ ἐκλιπόντες τὸ χωρίον ἐς Παλλήνην διεκομίσθησαν· ὁ δὲ Βρασίδας (ἔστι γὰρ ἐν τῇ Ληκύθῳ Ἀθηναίας ἱερόν, καὶ ἔτυχε κηρύξας, ὅτε ἔμελλε προσβάλλειν, τῷ ἐπιβάντι πρώτῳ τοῦ τείχους τριάκοντα μνᾶς ἀργυρίου δώσειν) νομίσας ἄλλῳ τινὶ τρόπῳ ἢ ἀνθρωπείῳ τὴν ἅλωσιν γενέσθαι, τάς τε τριάκοντα μνᾶς τῇ θεῷ ἀπέδωκεν ἐς τὸ ἱερὸν καὶ τὴν Λήκυθον καθελὼν καὶ ἀνασκευάσας τέμενος ἀνῆκεν ἅπαν. 3 Καὶ ὁ μὲν τὸ λοιπὸν τοῦ χειμῶνος ἅ τε εἶχε τῶν

CXV. 1 3 ἠμύνοντό C : -ναντό ‖ 2 5 πύργον : πύργον δὲ B ‖ 6 ἀντέστησαν : ἀντικατέστησαν H (ut cett. Hγρ) ἀντανέστησαν conj. Hude.

CXVI. 2 4 Ἀθηναίας Herwerden : Ἀθηνᾶς codd. ‖ 5 προσβάλλειν C : προσβαλεῖν E βάλλειν ABFM.

qu'il occupait et à fomenter des actions contre les autres — cependant qu'avec la fin de l'hiver s'achevait la huitième année de la guerre.

L'armistice.

CXVII. Mais Lacédémoniens et Athéniens conclurent, dès le printemps de l'été suivant, un armistice d'un an. Les Athéniens pensaient qu'ainsi Brasidas ne pourrait plus détacher d'eux d'autres pays avant qu'ils n'aient fait à loisir leurs préparatifs ; en même temps, si les conditions étaient favorables, ils envisageaient de traiter pour l'avenir. Les Lacédémoniens, eux, ne se trompaient pas sur les craintes qu'éprouvaient les Athéniens et ils pensaient que, si l'on mettait une trêve aux maux et aux souffrances, ceux-ci seraient, après cette expérience, disposés à accepter un rapprochement et à conclure, en leur rendant leurs hommes, un traité portant cette fois sur l'avenir ; **2** car leur plus grand souci était ces hommes, qu'ils voulaient recouvrer tant que la fortune souriait à Brasidas ; et, si celui-ci poursuivait son avance ou établissait un équilibre, ils devaient renoncer à ces derniers pour mener, avec les autres, une lutte à égalité, avec ses risques et ses succès*. **3** Aussi un armistice est-il conclu entre les deux peuples et leurs alliés, aux termes suivants :

CXVIII. « A propos du sanctuaire[1] et de l'oracle d'Apollon Pythien, il faut à notre avis que chacun y ait accès à son gré, en toute loyauté et liberté, selon les règles traditionnelles : **2** tel est l'avis des Lacédémoniens et de leurs alliés présents ; et ils déclarent que, par l'envoi de hérauts, ils agiront de toutes leurs forces auprès des Béotiens et des Phocidiens pour obtenir leur assentiment. **3** A propos des trésors du Dieu, il faut nous employer à découvrir les coupables, en observant, correctement et justement, les règles traditionnelles, ceci va-

1. Il n'y a pas de formule d'accord ; le texte qui suit comporte, en réalité, trois documents différents : des propositions lacédémoniennes (118.1-10), un vote athénien (118.11-fin) et la ratification (119).

χωρίων καθίστατο καὶ τοῖς ἄλλοις ἐπεβούλευεν· καὶ τοῦ χειμῶνος διελθόντος ὄγδοον ἔτος ἐτελεύτα τῷ πολέμῳ.

CXVII. Λακεδαιμόνιοι δὲ καὶ Ἀθηναῖοι ἅμα ἦρι τοῦ ἐπιγιγνομένου θέρους εὐθὺς ἐκεχειρίαν ἐποιήσαντο ἐνιαύσιον, νομίσαντες Ἀθηναῖοι μὲν οὐκ ἂν ἔτι τὸν Βρασίδαν σφῶν προσαποστῆσαι οὐδὲν πρὶν παρασκευάσαιντο καθ' ἡσυχίαν, καὶ ἅμα εἰ καλῶς σφίσιν ἔχοι, καὶ ξυμβῆναι τὰ πλείω, Λακεδαιμόνιοι δὲ ταῦτα τοὺς Ἀθηναίους ἡγούμενοι ἅπερ ἐδέδισαν φοβεῖσθαι, καὶ γενομένης ἀνοκωχῆς κακῶν καὶ ταλαιπωρίας μᾶλλον ἐπιθυμήσειν αὐτοὺς πειρασαμένους ξυναλλαγῆναί τε καὶ τοὺς ἄνδρας σφίσιν ἀποδόντας σπονδὰς ποιήσασθαι καὶ ἐς τὸν πλείω χρόνον. **2** Τοὺς γὰρ δὴ ἄνδρας περὶ πλείονος ἐποιοῦντο κομίσασθαι, ὡς ἔτι Βρασίδας ηὐτύχει. Καὶ ἔμελλον ἐπὶ μεῖζον χωρήσαντος αὐτοῦ καὶ ἀντίπαλα καταστήσαντος τῶν μὲν στέρεσθαι, τοῖς δ' ἐκ τοῦ ἴσου ἀμυνόμενοι κινδυνεύσειν καὶ κρατήσειν. **3** Γίγνεται οὖν ἐκεχειρία αὐτοῖς τε καὶ τοῖς ξυμμάχοις ἥδε.

CXVIII. « Περὶ μὲν τοῦ ἱεροῦ καὶ τοῦ μαντείου τοῦ Ἀπόλλωνος τοῦ Πυθίου δοκεῖ ἡμῖν χρῆσθαι τὸν βουλόμενον ἀδόλως καὶ ἀδεῶς κατὰ τοὺς πατρίους νόμους. **2** Τοῖς μὲν Λακεδαιμονίοις ταῦτα δοκεῖ καὶ τοῖς ξυμμάχοις τοῖς παροῦσιν· Βοιωτοὺς δὲ καὶ Φωκέας πείσειν φασὶν ἐς δύναμιν προσκηρυκευόμενοι. **3** Περὶ δὲ τῶν χρημάτων τῶν τοῦ θεοῦ ἐπιμέλεσθαι ὅπως τοὺς ἀδικοῦντας ἐξευρήσομεν, ὀρθῶς καὶ δικαίως τοῖς πατρίοις νόμοις χρώ-

CXVI. **3** 2 ἐπεβούλευε[ν] : ἐπεβούλευσε E.

CXVII. **1** 5 alt. *καὶ* : *κἂν* conj. Krueger || 6 δὲ EM : τε ABCF || ταῦτα ABFM : ταύτα E ταὐτὰ C || τοὺς Ἀθηναίους : τοῖς Ἀθηναίοις ABF* || 7 ἐδέδισαν edd. : ἐδεδίεσαν MF² ἔδεισαν cett. || **2** 2 ὡς : ἕως schol. Ar. *Pax*, 479 || 5 τοῖς δ'... κρατήσειν : locum variis modis tempt. edd. || κινδυνεύσειν CM : κινδυνεύειν ABEF.

CXVIII. **1** 3 καὶ ἀδεῶς FpcMG : om. cett. || **3** 2 τῶν τοῦ C : τοῦ || ἐπιμέλεσθαι edd. : ἐπιμελεῖσθαι codd. || 3 ἐξευρήσομεν ABEF² : -σωμεν CFM.

lant pour vous, pour nous et pour tout autre qui voudra le faire en observant les règles traditionnelles.

4 « Tel étant, sur ces points, l'avis des Lacédémoniens et des autres membres de l'alliance, voici maintenant ce qu'ont décidé les Lacédémoniens et les autres membres de l'alliance[1], si les Athéniens concluent un traité. Chacun de nos deux groupes doit rester chez lui, en occupant ce que nous occupons actuellement, à savoir : les troupes qui sont à Coryphasion[2], en ne dépassant pas Bouphras et Tomeus, celles de Cythère en évitant toutes relations avec le territoire allié (de nous à elles comme d'elles à nous), celles de Nisée et de Minôa, en ne franchissant pas la route qui mène de la porte venant du sanctuaire de Nisos à celui de Poséidon, et de celui de Poséidon directement au pont vers Minôa (cette route servant également de limite aux Mégariens et à leurs alliés) et en continuant d'occuper, d'une part, l'île qu'ont prise les Athéniens[3] (sans qu'il y ait de relations, non plus, dans un sens ni dans l'autre) et, d'autre part, sur le territoire de Trézène, la partie qu'ils occupent actuellement et ce que prévoit la convention passée avec Athènes[4] ; **5** les Lacédémoniens et leurs alliés auront l'usage de la mer en face de leurs côtes et des côtes alliées, mais non pour des vaisseaux longs : seulement pour des embarcations à rames d'autres types, admettant une charge inférieure à cinq cents talents[5]. **6** Si un héraut ou une ambassade, et autant d'attachés qu'on voudra, se rendent dans le Péloponnèse ou à Athènes pour mettre fin à la guerre et se prêter à un jugement, ils seront couverts par la trêve à l'aller et au retour, sur terre et sur mer. **7** On n'accueillera pas pendant ce temps les transfuges, libres ou esclaves, chez vous ni chez nous. **8** On se soumettra, de part et d'autre, à des jugements, conformément aux traditions, en réglant les points en litige par la voie juri-

1. Il semble s'agir de tous ; pourtant, cf. 118.2 : τοῖς παροῦσιν.
2. Autre nom pour Pylos.
3. Sans doute Minôa, mais ce n'est pas sûr : on a déjà parlé d'elle.
4. On n'assigne pas de limites aux troupes de Brasidas : le cas des pays ayant fait défection est, semble-t-il, à part.
5. Chiffre fort bas et suspect (Valla propose « deux mille »).

μενοι καὶ ὑμεῖς καὶ ἡμεῖς καὶ τῶν ἄλλων οἱ βουλόμενοι, τοῖς πατρίοις νόμοις χρώμενοι πάντες.

4 « Περὶ μὲν οὖν τούτων ἔδοξε Λακεδαιμονίοις καὶ τοῖς ἄλλοις ξυμμάχοις κατὰ ταῦτα· τάδε δὲ ἔδοξε Λακεδαιμονίοις καὶ τοῖς ἄλλοις ξυμμάχοις, ἐὰν σπονδὰς ποιῶνται οἱ Ἀθηναῖοι, ἐπὶ τῆς αὐτῶν μένειν ἑκατέρους ἔχοντας ἅπερ νῦν ἔχομεν, τοὺς μὲν ἐν τῷ Κορυφασίῳ ἐντὸς τῆς Βουφράδος καὶ τοῦ Τομέως μένοντας, τοὺς δὲ ἐν Κυθήροις μὴ ἐπιμισγομένους ἐς τὴν ξυμμαχίαν, μήτε ἡμᾶς πρὸς αὐτοὺς μήτε αὐτοὺς πρὸς ἡμᾶς, τοὺς δ' ἐν Νισαίᾳ καὶ Μινῴᾳ μὴ ὑπερβαίνοντας τὴν ὁδὸν τὴν ἀπὸ τῶν πυλῶν τῶν παρὰ τοῦ Νίσου ἐπὶ τὸ Ποσειδώνιον, ἀπὸ δὲ τοῦ Ποσειδωνίου εὐθὺς ἐπὶ τὴν γέφυραν τὴν ἐς Μινῴαν (μηδὲ Μεγαρέας καὶ τοὺς ξυμμάχους ὑπερβαίνειν τὴν ὁδὸν ταύτην), καὶ τὴν νῆσον, ἥνπερ ἔλαβον οἱ Ἀθηναῖοι, ἔχοντας, μηδὲ ἐπιμισγομένους μηδετέρους μηδετέρωσε, καὶ τὰ ἐν Τροζῆνι, ὅσαπερ νῦν ἔχουσι, καὶ οἷα ξυνέθεντο πρὸς Ἀθηναίους. 5 Καὶ τῇ θαλάσσῃ χρωμένους, ὅσα ἂν κατὰ τὴν ἑαυτῶν καὶ κατὰ τὴν ξυμμαχίαν, Λακεδαιμονίους καὶ τοὺς ξυμμάχους πλεῖν μὴ μακρᾷ νηί, ἄλλῳ δὲ κωπήρει πλοίῳ, ἐς πεντακόσια τάλαντα ἄγοντι μέτρα. 6 Κήρυκι δὲ καὶ πρεσβείᾳ καὶ ἀκολούθοις, ὁπόσοις ἂν δοκῇ, περὶ καταλύσεως τοῦ πολέμου καὶ δικῶν ἐς Πελοπόννησον καὶ Ἀθήναζε σπονδὰς εἶναι ἰοῦσι καὶ ἀπιοῦσι, καὶ κατὰ γῆν καὶ κατὰ θάλασσαν. 7 Τοὺς δὲ αὐτομόλους μὴ δέχεσθαι ἐν τούτῳ τῷ χρόνῳ, μήτε ἐλεύθερον μήτε δοῦλον, μήτε ὑμᾶς μήτε ἡμᾶς. 8 Δίκας τε διδόναι ὑμᾶς τε ἡμῖν καὶ ἡμᾶς ὑμῖν κατὰ τὰ πάτρια, τὰ ἀμφίλογα δίκῃ διαλύοντας ἄνευ πολέμου.

CXVIII. 4 2 ἄλλοις FpcMG : om. cett. || κατὰ... ξυμμάχοις (3) [δὲ om. M, ἄλλοις om. F] FpcM : om. cett. || 5 τῆς : τοῦ B || 9 παρὰ τοῦ Νίσου : ἀπὸ τοῦ Νισαίου MF²Gmg, alii alia edd. || 13 μηδὲ Poppo : μήτε codd. || 15 καὶ οἷα : καθ' ἃ conj. Kirchhoff || 5 5 τάλαντα delendum censet Wallinga (*Mnem.*, 1964), qui et πεντακοσίους conjecit || 6 2 ἂν rec. : ἐὰν codd. || 8 1 ἡμᾶς C : ὑμᾶς M om. cett. || ὑμῖν : ἡμῖν M || κατὰ τὰ : κατὰ CE.

dique, sans recourir à la guerre. **9** Tel est l'avis des Lacédémoniens et de leurs alliés : si d'autres solutions vous semblent soit plus honorables soit plus équitables, allez à Sparte vous en expliquer ; aucune proposition qui soit équitable ne sera tenue à l'écart ni par les Lacédémoniens ni par leurs alliés. **10** Mais que ceux qui viendront viennent avec pouvoir de conclure, comme vous-mêmes vous nous le demandiez. — La durée de la trêve sera d'un an. »

11 « Par décision du peuple[1], la tribu Acamantis ayant la prytanie, Phainippos étant greffier, Nikiadès étant épistate, sur proposition de Lachès, à la bonne fortune des Athéniens : on conclura l'armistice aux termes admis par les Lacédémoniens et leurs alliés et reconnus devant le peuple ; **12** l'armistice sera d'un an ; il commencera en ce jour, le 14 du mois Élaphèbolion. **13** Pendant sa durée, des ambassadeurs et des hérauts iront d'un peuple à l'autre pour négocier les conditions auxquelles on mettra fin à la guerre. **14** Quand les stratèges et les prytanes auront convoqué une assemblée, les Athéniens délibéreront[2] en premier lieu sur la paix en fonction des propositions faites par l'ambassade pour mettre fin à la guerre. Dès maintenant, les ambassades présentes ratifieront le pacte devant l'assemblée, en jurant[3] de s'y conformer pour la durée d'un an. »

CXIX. « Ces clauses ont été reconnues et acceptées sous serment par les Lacédémoniens et leurs alliés vis-à-vis des Athéniens et de leurs alliés[4], le 12 du mois lacédémonien Gérastios. **2** Les ont reconnues et ratifiées : pour les Lacédémoniens, Tauros, fils d'Échétimidas, Athénaios, fils de Péricleidas, Philocharidas, fils d'Éryxilaïdas ; pour les Corinthiens : Ainéas, fils d'Okytos,

1. Et pas du conseil? C'est là une anomalie.

2. Le changement de sujet est très rude en grec ; aussi certains ont-ils supposé une lacune.

3. L'idée de « jurer » se tire du verbe σπείσασθαι. Mais cela est inhabituel et il se peut qu'un verbe soit tombé, comme le suggère Gomme.

4. On attendrait sans aucun doute la mention d'un engagement réciproque. D'autre part, l'existence du serment n'est pas sûre : cf. Apparat critique.

9 Τοῖς μὲν Λακεδαιμονίοις καὶ τοῖς ξυμμάχοις ταῦτα δοκεῖ· εἰ δέ τι ὑμῖν εἴτε κάλλιον εἴτε δικαιότερον τούτων δοκεῖ εἶναι, ἰόντες ἐς Λακεδαίμονα διδάσκετε· οὐδενὸς γὰρ ἀποστήσονται, ὅσα ἂν δίκαια λέγητε, οὔτε οἱ Λακεδαιμόνιοι οὔτε οἱ ξύμμαχοι. 10 Οἱ δὲ ἰόντες τέλος ἔχοντες ἰόντων, ᾗπερ καὶ ὑμεῖς ἡμᾶς ἐκελεύετε. Αἱ δὲ σπονδαὶ ἐνιαυτὸν ἔσονται. »

11 « Ἔδοξεν τῷ δήμῳ. Ἀκαμαντὶς ἐπρυτάνευε, Φαίνιππος ἐγραμμάτευε, Νικιάδης ἐπεστάτει. Λάχης εἶπε, τύχῃ ἀγαθῇ τῇ Ἀθηναίων, ποιεῖσθαι τὴν ἐκεχειρίαν, καθ' ἃ ξυγχωροῦσι Λακεδαιμόνιοι καὶ οἱ ξύμμαχοι αὐτῶν καὶ ὡμολόγησαν ἐν τῷ δήμῳ· 12 τὴν ⟨δ'⟩ ἐκεχειρίαν εἶναι ἐνιαυτόν, ἄρχειν δὲ τήνδε τὴν ἡμέραν, τετράδα ἐπὶ δέκα τοῦ Ἐλαφηβολιῶνος μηνός. 13 Ἐν τούτῳ τῷ χρόνῳ ἰόντας ὡς ἀλλήλους πρέσβεις καὶ κήρυκας ποιεῖσθαι τοὺς λόγους, καθ' ὅ τι ἔσται ἡ κατάλυσις τοῦ πολέμου. 14 Ἐκκλησίαν δὲ ποιήσαντας τοὺς στρατηγοὺς καὶ τοὺς πρυτάνεις πρῶτον περὶ τῆς εἰρήνης βουλεύσασθαι Ἀθηναίους καθ' ὅ τι ἂν εἴπῃ ἡ πρεσβεία περὶ τῆς καταλύσεως τοῦ πολέμου. Σπείσασθαι δὲ αὐτίκα μάλα τὰς πρεσβείας ἐν τῷ δήμῳ τὰς παρούσας ἦ μὴν ἐμμενεῖν ἐν ταῖς σπονδαῖς τὸν ἐνιαυτόν. »

CXIX. « Ταῦτα ξυνέθεντο Λακεδαιμόνιοι καὶ ὤμοσαν καὶ οἱ ξύμμαχοι Ἀθηναίοις καὶ τοῖς ξυμμάχοις μηνὸς ἐν Λακεδαίμονι Γεραστίου δωδεκάτῃ. 2 Ξυνετίθεντο δὲ καὶ ἐσπένδοντο Λακεδαιμονίων μὲν οἵδε· Ταῦρος Ἐχετιμίδα, Ἀθήναιος Περικλείδα, Φιλοχαρίδας Ἐρυξιλαΐδα· Κοριν-

CXVIII. 9 3 διδάσκετε : διδάσκετε καὶ διδάσκεσθε M, add. (διδάσκε)σθε F²mg || 10 2 ἐκελεύετε Kirchhoff : κελεύετε codd. || 11 4 ξυγχωροῦσι : ξυγχωροῦσιν οἱ G || 12 1 δ' add. Kirchhoff || 2 ἄρχειν : ἄρχην vel ἀρχὴν BEF*Gac || 14 2 πρυτάνεις : aut post hoc verbum aut post εἰρήνης lacunam statuit Kirchhoff || 4 ἂν εἴπῃ conj. Gomme : ἂν εἰσίῃ C ἂν ἐσίῃ M ἂν ἐσίῃ ABEF εἴσιν conj. Kirchhoff.

CXIX. 1 1 καὶ ὤμοσαν ABC : καὶ ὡμολόγησαν E καὶ ὤμοσαν Λακεδαιμόνιοι FmgMG*, del. Kirchhoff || 2 2 ἐσπένδοντο : ἔσπενδον C || 3 Ἐρυξιλαΐδα Valckenaer : -ιδαΐδα codd.

Euphamidas, fils d'Aristonymos ; pour les Sicyoniens : Damotimos, fils de Naucratès, Onasimos, fils de Mégaclès ; pour les Mégariens : Nicasos, fils de Kécalos, Ménécratès, fils d'Amphidôros ; pour les Épidauriens : Amphias, fils d'Eupaïdas ; pour les Athéniens : les stratèges Nicostratos, fils de Diitréphès[1], Nicias, fils de Nicératos, Autoclès, fils de Tolmée. »

3 Tel fut l'armistice, et, pendant tout le temps qu'il dura, il y eut des entrevues relatives au traité définitif.

Suite des événements de la côte thrace.

CXX. Vers les jours où s'accomplissaient les premières formalités de l'accord, la ville de Skionè, dans la presqu'île de Pallène, se détacha d'Athènes en se ralliant à Brasidas. Les gens de Skionè prétendent qu'ils viennent de Pellène dans le Péloponnèse[2] et qu'au retour de Troie les premiers des leurs furent jetés dans cette région par la tempête qu'eurent à subir les Achéens et s'installèrent sur place. **2** Lors de leur défection, Brasidas fit la traversée de nuit pour venir à Skionè ; une trière amie le précédait et lui-même suivait à distance dans une barque : de la sorte, s'il tombait sur un cargo plus grand que sa barque, la trière devait l'écarter, et, s'il survenait une autre trière qui fût de force à lutter, il pensait qu'au lieu de se tourner vers le petit bateau, elle irait contre le navire de guerre, ce qui le mettrait lui-même à couvert. **3** La traversée une fois faite, il réunit les gens de Skionè et leur tint les mêmes propos qu'à Acanthe et Toronè, déclarant en outre qu'entre tous ils méritaient des éloges, eux qui, avec la presqu'île de Pallène coupée à l'isthme par les Athéniens qui occupaient Potidée, et avec une condition qui se trouvait, en fait, celle d'insulaires, étaient venus spontanément se ranger du côté de la liberté, au lieu d'attendre, par manque d'audace, que la contrainte dût intervenir dans une affaire dont l'intérêt les concer-

1. On attendrait le nom du dème : encore une anomalie.
2. En Achaïe, cf. II.9.2.

θίων δὲ Αἰνέας Ὠκύτου, Εὐφαμίδας Ἀριστωνύμου· Σικυωνίων δὲ Δαμότιμος Ναυκράτους, Ὀνάσιμος Μεγακλέους· Μεγαρέων δὲ Νίκασος Κεκάλου, Μενεκράτης Ἀμφιδώρου· Ἐπιδαυρίων δὲ Ἀμφίας Εὐπαΐδα· Ἀθηναίων δὲ οἱ στρατηγοὶ Νικόστρατος Διειτρέφους, Νικίας Νικηράτου, Αὐτοκλῆς Τολμαίου. »

3 Ἡ μὲν δὴ ἐκεχειρία αὕτη ἐγένετο, καὶ ξυνῇσαν ἐν αὐτῇ περὶ τῶν μειζόνων σπονδῶν διὰ παντὸς ἐς λόγους.

CXX. Περὶ δὲ τὰς ἡμέρας ταύτας αἷς ἐπήρχοντο Σκιώνη ἐν τῇ Παλλήνῃ πόλις ἀπέστη ἀπ' Ἀθηναίων πρὸς Βρασίδαν. Φασὶ δὲ οἱ Σκιωναῖοι Πελληνῆς μὲν εἶναι ἐκ Πελοποννήσου, πλέοντας δ' ἀπὸ Τροίας σφῶν τοὺς πρώτους κατενεχθῆναι ἐς τὸ χωρίον τοῦτο τῷ χειμῶνι ᾧ ἐχρήσαντο Ἀχαιοί, καὶ αὐτοῦ οἰκῆσαι. 2 Ἀποστᾶσι δ' αὐτοῖς ὁ Βρασίδας διέπλευσε νυκτὸς ἐς τὴν Σκιώνην, τριήρει μὲν φιλίᾳ προπλεούσῃ, αὐτὸς δὲ ἐν κελητίῳ ἄπωθεν ἐφεπόμενος, ὅπως, εἰ μέν τινι τοῦ κέλητος μείζονι πλοίῳ περιτυγχάνοι, ἡ τριήρης ἀμύνοι αὐτῷ, ἀντιπάλου δὲ ἄλλης τριήρους ἐπιγενομένης οὐ πρὸς τὸ ἔλασσον νομίζων τρέψεσθαι, ἀλλ' ἐπὶ τὴν ναῦν, καὶ ἐν τούτῳ αὑτὸν διασώσειν. 3 Περαιωθεὶς δὲ καὶ ξύλλογον ποιήσας τῶν Σκιωναίων ἔλεγεν ἅ τε ἐν τῇ Ἀκάνθῳ καὶ Τορώνῃ, καὶ προσέτι φάσκων ἀξιωτάτους αὐτοὺς εἶναι ἐπαίνου, οἵτινες τῆς Παλλήνης ἐν τῷ ἰσθμῷ ἀπειλημμένης ὑπὸ Ἀθηναίων Ποτείδαιαν ἐχόντων καὶ ὄντες οὐδὲν ἄλλο ἢ νησιῶται αὐτεπάγγελτοι ἐχώρησαν πρὸς τὴν ἐλευθερίαν καὶ οὐκ ἀνέμειναν ἀτολμίᾳ ἀνάγκην σφίσι προσγενέσθαι περὶ τοῦ φανερῶς οἰκείου

CXIX. 2 4 Αἰνέας E : Ἐνέας vel Ἐννέας cett. || Εὐφαμίδας Ἀριστωνύμου : om. C || 7 Εὐπαΐδα ABCFM : Εὐπλιάιδα EHγρ Εὐπαλίδα conj. Hude.

CXX. 2 3 προπλεούσῃ : προσπλ- EM || 5 ἀμύνοι C et Polyaenus I, 38 : ἀμύνῃ cett. || αὐτῷ F^2G^2 : αὐτῇ codd., om. Polyaenus, del. Poppo || 6 τρέψεσθαι G^2 rec. : τρέψασθαι cett. || 7 αὑτὸν G^2 : αὐτὸν cett. || 3 3 ἀξιωτάτους αὐτούς : αὐτοὺς ἀξιωτάτους M || 4 ὑπὸ : ὑπὸ τῶν ABF* || 7 ἀνάγκην : ἀνάγκη C.

nait manifestement : cela montrait bien qu'ils pouvaient soutenir en braves toute autre épreuve d'importance; et, s'il réglait à son gré la situation, il les regarderait pour les amis en vérité les plus sûrs de Sparte et leur marquerait en tout sa considération.

CXXI. Les gens de Skionè, à ces mots, se sentirent pleins d'exaltation; et, la confiance les gagnant tous sans distinction, même ceux qui jusque-là n'approuvaient pas ce qui se faisait, ils étaient résolus à soutenir la guerre avec ardeur, en même temps qu'ils multipliaient les égards dans l'accueil fait à Brasidas : c'est ainsi, en particulier, qu'ils le gratifièrent publiquement d'une couronne d'or en tant que libérateur de la Grèce et lui accordèrent à titre privé les bandelettes et les prémices comme on fait pour les athlètes vainqueurs. **2** Quant à lui, leur laissant pour le moment une garnison, il repassa de l'autre côté, et fit bientôt passer chez eux des troupes plus importantes, afin de se livrer avec eux à une tentative contre Mendè et Potidée : il pensait, en effet, que les Athéniens pourraient bien eux-mêmes venir à la rescousse, le pays comptant pour une île[1], et il voulait les prévenir; en outre, des pourparlers menés à l'intérieur de ces cités tendaient à les lui faire livrer.

CXXII. Au moment où il était sur le point de lancer une offensive contre ces villes, une trière arrive, avec à son bord les représentants chargés d'annoncer l'armistice : Aristonymos pour Athènes et Athénaios pour Sparte. **2** Et, tandis que l'armée repassait à Toronè, ceux-ci donnèrent à Brasidas communication de ses clauses. Tous les alliés de Sparte sur la côte thrace acceptèrent les décisions prises; **3** et Aristonymos était d'accord sur les différents cas, mais, pour Skionè, il s'aperçut, en calculant les dates, que sa défection était postérieure et refusa d'englober cette ville dans la trêve. Brasidas, lui, soutenait avec insistance qu'elle était antérieure; et il ne voulait pas renoncer à la ville. **4** Sur quoi, Aristonymos rendit compte de la situation à Athènes et aussitôt les Athéniens étaient prêts à partir en cam-

1. Les îles dépendaient normalement d'Athènes : cf. d'ailleurs 122.5.

ἀγαθοῦ· σημεῖόν τ' εἶναι τοῦ καὶ ἄλλο τι ἂν αὐτοὺς τῶν μεγίστων ἀνδρείως ὑπομεῖναι· εἴ τε θήσεται κατὰ νοῦν τὰ πράγματα, πιστοτάτους τε τῇ ἀληθείᾳ ἡγήσεσθαι αὐτοὺς Λακεδαιμονίων φίλους καὶ τἆλλα τιμήσειν.

CXXI. Καὶ οἱ μὲν Σκιωναῖοι ἐπήρθησάν τε τοῖς λόγοις καὶ θαρσήσαντες πάντες ὁμοίως, καὶ οἷς πρότερον μὴ ἤρεσκε τὰ πρασσόμενα, τόν τε πόλεμον διενοοῦντο προθύμως οἴσειν καὶ τὸν Βρασίδαν τά τ' ἄλλα καλῶς ἐδέξαντο καὶ δημοσίᾳ μὲν χρυσῷ στεφάνῳ ἀνέδησαν ὡς ἐλευθεροῦντα τὴν Ἑλλάδα, ἰδίᾳ δὲ ἐταινίουν τε καὶ προσήρχοντο ὥσπερ ἀθλητῇ. 2 Ὁ δὲ τό τε παραυτίκα φυλακήν τινα αὐτοῖς ἐγκαταλιπὼν διέβη πάλιν καὶ ὕστερον οὐ πολλῷ στρατιὰν πλείω ἐπεραίωσε, βουλόμενος μετ' αὐτῶν τῆς τε Μένδης καὶ τῆς Ποτειδαίας ἀποπειρᾶσαι, ἡγούμενος καὶ τοὺς Ἀθηναίους βοηθῆσαι ἂν ὡς ἐς νῆσον καὶ βουλόμενος φθάσαι· καί τι αὐτῷ καὶ ἐπράσσετο ἐς τὰς πόλεις ταύτας προδοσίας πέρι.

CXXII. Καὶ ὁ μὲν ἔμελλεν ἐγχειρήσειν ταῖς πόλεσι ταύταις· ἐν τούτῳ δὲ τριήρει οἱ τὴν ἐκεχειρίαν περιαγγέλλοντες ἀφικνοῦνται παρ' αὐτόν, Ἀθηναίων μὲν Ἀριστώνυμος, Λακεδαιμονίων δὲ Ἀθήναιος. 2 Καὶ ἡ μὲν στρατιὰ πάλιν διέβη ἐς Τορώνην, οἱ δὲ τῷ Βρασίδᾳ ἀνήγγελλον τὴν ξυνθήκην, καὶ ἐδέξαντο πάντες οἱ ἐπὶ Θρᾴκης ξύμμαχοι Λακεδαιμονίων τὰ πεπραγμένα. 3 Ἀριστώνυμος δὲ τοῖς μὲν ἄλλοις κατῄνει, Σκιωναίους δὲ αἰσθόμενος ἐκ λογισμοῦ τῶν ἡμερῶν ὅτι ὕστερον ἀφεστήκοιεν, οὐκ ἔφη ἐνσπόνδους ἔσεσθαι. Βρασίδας δὲ ἀντέλεγε πολλά, ὡς πρότερον, καὶ οὐκ ἀφίει τὴν πόλιν. 4 Ὡς δ' ἀπήγγελλεν ἐς τὰς Ἀθήνας ὁ Ἀριστώνυμος περὶ αὐτῶν, οἱ Ἀθηναῖοι

CXX. 3 9 εἴ τε θήσεται Argyriades (Athena, 1895) : εἰ τεθήσεται codd. εἴ τε τεθήσεται Krueger.

CXXI. 1 6 δὲ : τε M ‖ 2 1 τό τε : τὸ M ‖ 6 καί τι : καί τι καὶ M.

CXXII. 2 2 τῷ Βρασίδᾳ : del. Stahl, ξὺν τῷ Βρασίδᾳ conj. Madvig ‖ 4 1 ἀπήγγελλεν CE : ἀπήγγειλεν ABFM.

pagne contre Skionè ; les Lacédémoniens, de leur côté, envoyèrent des ambassadeurs, déclarant que ce serait enfreindre le traité : ils revendiquaient la ville, sur la foi de Brasidas, et étaient prêts à s'en remettre sur ce point à un jugement. **5** Mais les autres ne voulaient pas courir le risque d'un jugement : ils voulaient partir en campagne au plus tôt, indignés à l'idée que ceux-là mêmes qui occupaient des îles, maintenant, pussent trouver bon de faire défection, en se fiant aux forces de terre qu'avait Sparte et qui ne pouvaient leur servir à rien **6** (et le fait est que la vérité sur la défection correspondait plutôt à l'appréciation d'Athènes : Skionè l'avait faite deux jours après la date). Ils prirent même aussitôt, sur l'avis de Cléon, un décret décidant la destruction de Skionè et la mise à mort des habitants. Et, tout en restant tranquilles pour le reste, ils commencèrent leurs préparatifs à cet effet.

CXXIII. Là-dessus, Mendè fait défection (c'est une ville de la presqu'île de Pallène, colonie d'Érétrie). Brasidas l'accueillit sans estimer se mettre dans son tort du fait qu'elle s'était ralliée franchement pendant l'armistice, car il avait, de son côté, certaines infractions au traité à faire valoir contre Athènes ; **2** cette circonstance avait même contribué à enhardir les gens de Mendè ; aussi bien, ils voyaient en Brasidas un esprit de résolution, dont témoignait entre autres le cas de Skionè, qu'il ne livrait point ; de plus, les hommes qui agissaient pour lui étaient chez eux peu nombreux[1] et, après avoir été alors sur le point d'intervenir, ils ne voulurent pas renoncer : ils avaient peur de s'être fait connaître et ils brusquèrent la masse contre ses sentiments.

3 Les Athéniens, aussitôt informés, conçurent une indignation encore bien plus grande et dirigèrent leurs préparatifs contre les deux villes. **4** Et Brasidas, s'attendant bien à voir cingler leurs forces, évacua sur Olynthe, en Chalcidique, les femmes et les enfants de Skionè et de Mendè, tout en faisant passer dans ces villes

1. Leur petit nombre ne les rend pas plus hardis, mais leur fait redouter plus vivement des représailles possibles.

εὐθὺς ἑτοῖμοι ἦσαν στρατεύειν ἐπὶ τὴν Σκιώνην. Οἱ δὲ Λακεδαιμόνιοι πρέσβεις πέμψαντες παραβήσεσθαι ἔφασαν αὐτοὺς τὰς σπονδάς, καὶ τῆς πόλεως ἀντεποιοῦντο Βρασίδᾳ πιστεύοντες, δίκῃ τε ἑτοῖμοι ἦσαν περὶ αὐτῆς κρίνεσθαι. 5 Οἱ δὲ δίκῃ μὲν οὐκ ἤθελον κινδυνεύειν, στρατεύειν δὲ ὡς τάχιστα, ὀργὴν ποιούμενοι εἰ καὶ οἱ ἐν ταῖς νήσοις ἤδη ὄντες ἀξιοῦσι σφῶν ἀφίστασθαι, τῇ κατὰ γῆν Λακεδαιμονίων ἰσχύι ἀνωφελεῖ πιστεύοντες· 6 εἶχε δὲ καὶ ἡ ἀλήθεια περὶ τῆς ἀποστάσεως μᾶλλον ᾗ οἱ Ἀθηναῖοι ἐδικαίουν· δύο γὰρ ἡμέραις ὕστερον ἀπέστησαν οἱ Σκιωναῖοι. Ψήφισμά τ' εὐθὺς ἐποιήσαντο, Κλέωνος γνώμῃ πεισθέντες, Σκιωναίους ἐξελεῖν τε καὶ ἀποκτεῖναι. Καὶ τἆλλα ἡσυχάζοντες ἐς τοῦτο παρεσκευάζοντο.

CXXIII. Ἐν τούτῳ δὲ Μένδη ἀφίσταται αὐτῶν, πόλις ἐν τῇ Παλλήνῃ, Ἐρετριῶν ἀποικία. Καὶ αὐτοὺς ἐδέξατο ὁ Βρασίδας, οὐ νομίζων ἀδικεῖν, ὅτι ἐν τῇ ἐκεχειρίᾳ φανερῶς προσεχώρησαν· ἔστι γὰρ ἃ καὶ αὐτὸς ἐνεκάλει τοῖς Ἀθηναίοις παραβαίνειν τὰς σπονδάς. 2 Δι' ὃ καὶ οἱ Μενδαῖοι μᾶλλον ἐτόλμησαν, τήν τε τοῦ Βρασίδου γνώμην ὁρῶντες ἑτοίμην, τεκμαιρόμενοι καὶ ἀπὸ τῆς Σκιώνης ὅτι οὐ προυδίδου, καὶ ἅμα τῶν πρασσόντων σφίσιν ὀλίγων τε ὄντων καί, ὡς τότε ἐμέλλησαν, οὐκέτι ἀνέντων, ἀλλὰ περὶ σφίσιν αὐτοῖς φυβουμένων τὸ κατάδηλον καὶ καταβιασαμένων παρὰ γνώμην τοὺς πολλούς.

3 Οἱ δὲ Ἀθηναῖοι εὐθὺς πυθόμενοι, πολλῷ ἔτι μᾶλλον ὀργισθέντες παρεσκευάζοντο ἐπ' ἀμφοτέρας τὰς πόλεις. 4 Καὶ Βρασίδας προσδεχόμενος τὸν ἐπίπλουν αὐτῶν ὑπεκκομίζει ἐς Ὄλυνθον τὴν Χαλκιδικὴν παῖδας καὶ γυναῖκας τῶν Σκιωναίων καὶ Μενδαίων, καὶ τῶν Πελοποννη-

CXXII. **5** 3 ἤδη ὄντες : ἤδη conj. Krueger, δὴ ὄντες Gomme || **6** 2 ᾗ(ι) JK recc. : η CF ἢ ABE ἦ M.

CXXIII. **1** 4 προσεχώρησαν : -σεν B || ἃ : καὶ ἃ F || **2** 2 τοῦ : om. A || 6 καὶ del. Classen.

cinq cents hoplites péloponnésiens et trois cents peltastes de Chalcidique, avec Polydamidas pour commander à tous.

Pendant que ceux-ci organisaient en commun leur défense en prévision d'une arrivée rapide des Athéniens, CXXIV. Brasidas et Perdiccas font, ensemble, une seconde expédition contre Arrhabaios, en pays lynceste[1]. L'un emmenait les forces des territoires macédoniens qui lui étaient soumis ainsi que des hoplites fournis par les Grecs du pays, l'autre le reste de ses propres soldats[2] péloponnésiens ainsi que des hommes de Chalcidique, d'Acanthe et d'autres villes, à proportion de leurs moyens. L'ensemble des hoplites grecs formait, autant qu'on puisse dire, trois mille hommes ; la cavalerie — macédonienne et chalcidienne — qui les accompagnait faisait en tout à peu près mille hommes ; et il y avait en plus une foule de barbares considérable. **2** Ces troupes firent invasion chez Arrhabaios et trouvèrent, tout installés pour leur faire face, les Lyncestes : ils prirent donc, à leur tour, position vis-à-vis d'eux. **3** L'infanterie occupait, dans chaque camp, une éminence et l'intervalle formait une plaine : les cavaliers des deux armées y descendirent à la charge et il s'engagea d'abord un combat à cheval. Puis Brasidas et Perdiccas, voyant les hoplites lyncestes qui étaient descendus les premiers et s'avançaient avec leur cavalerie, prêts à combattre, donnèrent à leur tour l'ordre de marcher aussi à l'attaque ; ils engagèrent l'action et mirent en fuite les Lyncestes ; ils en massacrèrent un grand nombre et le reste, s'étant réfugié sur les hauteurs, ne bougea plus. **4** Après cela, ils dressèrent un trophée et demeurèrent deux à trois jours à attendre les Illyriens qui devaient justement venir pour servir Perdiccas comme mercenaires ; puis, tandis que Perdiccas voulait, plutôt que de rester inactif, avancer contre les bourgades soumises à Arrhabaios, Brasidas, lui, qui était inquiet pour Mendè, où la flotte athénienne pouvait le devancer et

1. Sur la première, cf. 83.
2. Sur l'emploi du pronom à esprit doux, cf. Notes complémentaires à IV.8.8 : le cas de la phrase suivante, où l'on a corrigé, est différent.

σίων αὐτοῖς πεντακοσίους ὁπλίτας διέπεμψε καὶ πελταστὰς τριακοσίους Χαλκιδέων, ἄρχοντά τε τῶν ἁπάντων Πολυδαμίδαν.

Καὶ οἱ μὲν τὰ περὶ σφᾶς αὐτούς, ὡς ἐν τάχει παρεσομένων τῶν Ἀθηναίων, κοινῇ ηὐτρεπίζοντο. CXXIV. Βρασίδας δὲ καὶ Περδίκκας ἐν τούτῳ στρατεύουσιν ἅμα ἐπὶ Ἀρράβαιον τὸ δεύτερον ἐς Λύγκον. Καὶ ἦγον ὁ μὲν ὧν ἐκράτει Μακεδόνων τὴν δύναμιν καὶ τῶν ἐνοικούντων Ἑλλήνων ὁπλίτας, ὁ δὲ πρὸς τοῖς αὐτοῦ περιλοίποις τῶν Πελοποννησίων Χαλκιδέας καὶ Ἀκανθίους καὶ τῶν ἄλλων κατὰ δύναμιν ἑκάστων. Ξύμπαν δὲ τὸ ὁπλιτικὸν τῶν Ἑλλήνων τρισχίλιοι μάλιστα, ἱππῆς δ' οἱ πάντες ἠκολούθουν Μακεδόνων ξὺν Χαλκιδεῦσιν ὀλίγου ἐς χιλίους, καὶ ἄλλος ὅμιλος τῶν βαρβάρων πολύς. 2 Ἐσβαλόντες δὲ ἐς τὴν Ἀρραβαίου καὶ εὑρόντες ἀντεστρατοπεδευμένους αὐτοῖς τοὺς Λυγκηστάς, ἀντεκαθέζοντο καὶ αὐτοί. 3 Καὶ ἐχόντων τῶν μὲν πεζῶν λόφον ἑκατέρωθεν, πεδίου δὲ τοῦ μέσου ὄντος, οἱ ἱππῆς ἐς αὐτὸ καταδραμόντες ἱππομάχησαν πρῶτα ἀμφοτέρων, ἔπειτα δὲ καὶ ὁ Βρασίδας καὶ ὁ Περδίκκας, προελθόντων προτέρων ἀπὸ τοῦ λόφου μετὰ τῶν ἱππέων τῶν Λυγκηστῶν ὁπλιτῶν καὶ ἑτοίμων ὄντων μάχεσθαι, ἀντεπαγαγόντες καὶ αὐτοὶ ξυνέβαλον καὶ ἔτρεψαν τοὺς Λυγκηστάς, καὶ πολλοὺς μὲν διέφθειραν, οἱ δὲ λοιποὶ διαφυγόντες πρὸς τὰ μετέωρα ἡσύχαζον. 4 Μετὰ δὲ τοῦτο τροπαῖον στήσαντες δύο μὲν ἢ τρεῖς ἡμέρας ἐπέσχον, τοὺς Ἰλλυριοὺς μένοντες, οἳ ἔτυχον τῷ Περδίκκᾳ μισθοῦ μέλλοντες ἥξειν· ἔπειτα ὁ Περδίκκας ἐβούλετο προϊέναι ἐπὶ τὰς τοῦ Ἀρραβαίου κώμας καὶ μὴ καθῆσθαι, Βρασίδας δὲ τῆς τε Μένδης περιορώ-

CXXIII. 4 4 αὐτοῖς CEM : αὐτοὺς ABF* || 5 ἁπάντων : ἀπ' αὐτῶν C.
CXXIV. 1 4 αὐτοῦ : αὑτοῦ conj. Poppo || 6 (ξ)ύμπαν : σύμπαντες M || 8 ὀλίγου rec., Priscianus (XVIII, 246) : ὀλίγω(ι) codd. || 2 3 αὐτοῖς Bekker : αὑτοῖς codd. || 3 2 πεδίου : πεδίον AB || 4 προτέρων C : πρότερον || 8 διαφυγόντες recc. : διαφεύγοντες codd. || 4 4 προϊέναι : προσιέναι M.

amener un malheur, et qui, avec cela, ne voyait pas les Illyriens se présenter, marquait peu d'empressement, et souhaitait plutôt s'en retourner. CXXV. Alors qu'ils étaient ainsi en désaccord, on apprit que, de surcroît, les Illyriens avaient trahi Perdiccas et rallié Arrhabaios. Sur quoi, comme les deux chefs étaient maintenant d'avis de faire retraite, par crainte de ce peuple belliqueux, mais que, du fait de leur différend, rien n'avait été réglé pour l'heure du départ, et que la nuit était arrivée, les Macédoniens et la masse des barbares, en ce qui les concernait, furent soudain saisis d'effroi, comme cela arrive volontiers à de grands groupements de troupes obscurément pris de panique ; ils imaginèrent des forces bien plus nombreuses que dans la réalité, en route pour les attaquer et pour ainsi dire déjà là ; si bien qu'ils s'enfuirent précipitamment pour rentrer chez eux ; et Perdiccas, qui, au début, ne s'en était pas rendu compte, eut, lorsqu'il le sut, la main forcée par eux : il dut, avant d'avoir vu Brasidas (car leurs deux camps étaient à une grande distance l'un de l'autre), s'en aller sans l'attendre. **2** Brasidas, lui, à l'aube, quand il vit que les Macédoniens étaient partis sans l'attendre et que les Illyriens allaient l'attaquer ainsi qu'Arrhabaios, réunit ses hoplites en carré, avec les troupes légères au centre, se proposant de faire, lui aussi, retraite. **3** Il désigna les plus jeunes pour lancer des pointes contre l'ennemi là où il attaquerait ; et lui-même, avec trois cents soldats d'élite, avait l'intention de fermer la marche pour faire face aux premiers adversaires qui les presseraient et les repousser. **4** Et, avant que l'ennemi ne fût proche, il adressa à ses troupes, avec une rapidité de circonstance, une exhortation leur disant en substance ce qui suit.

CXXVI. « Si je ne soupçonnais pas, Péloponnésiens, que de vous trouver isolés et d'avoir pour vous attaquer des soldats barbares et nombreux est pour vous une source d'effroi, je ne chercherais pas comme aujourd'hui à vous donner un enseignement tout en vous exhortant. Mais, en fait, il faut distinguer. Pour l'abandon des nôtres et le nombre des adversaires, quelques mots de rappel et d'exhortation suffiront pour tenter de vous inspirer les plus grands sentiments. **2** Oui, il vous sied d'être

μενος, μὴ τῶν Ἀθηναίων πρότερον ἐπιπλευσάντων τι πάθῃ, καὶ ἅμα τῶν Ἰλλυριῶν οὐ παρόντων, οὐ πρόθυμος ἦν, ἀλλὰ ἀναχωρεῖν μᾶλλον. CXXV. Καὶ ἐν τούτῳ διαφερομένων αὐτῶν ἠγγέλθη ὅτι καὶ οἱ Ἰλλυριοὶ μετ' Ἀρραβαίου, προδόντες Περδίκκαν, γεγένηνται· ὥστε ἤδη ἀμφοτέροις μὲν δοκοῦν ἀναχωρεῖν διὰ τὸ δέος αὐτῶν, ὄντων ἀνθρώπων μαχίμων, κυρωθὲν δὲ οὐδὲν ἐκ τῆς διαφορᾶς ὁπηνίκα χρὴ ὁρμᾶσθαι, νυκτός τε ἐπιγενομένης, οἱ μὲν Μακεδόνες καὶ τὸ πλῆθος τῶν βαρβάρων εὐθὺς φοβηθέντες, ὅπερ φιλεῖ μεγάλα στρατόπεδα ἀσαφῶς ἐκπλήγνυσθαι, καὶ νομίσαντες πολλαπλασίους μὲν ἢ ἦλθον ἐπιέναι, ὅσον δὲ οὔπω παρεῖναι, καταστάντες ἐς αἰφνίδιον φυγὴν ἐχώρουν ἐπ' οἴκου, καὶ τὸν Περδίκκαν τὸ πρῶτον οὐκ αἰσθανόμενον, ὡς ἔγνω, ἠνάγκασαν πρὶν τὸν Βρασίδαν ἰδεῖν (ἄπωθεν γὰρ πολὺ ἀλλήλων ἐστρατοπεδεύοντο) προαπελθεῖν. **2** Βρασίδας δὲ ἅμα τῇ ἕῳ ὡς εἶδε τοὺς Μακεδόνας προκεχωρηκότας, τούς τε Ἰλλυριοὺς καὶ τὸν Ἀρράβαιον μέλλοντας ἐπιέναι, ξυναγαγὼν καὶ αὐτὸς ἐς τετράγωνον τάξιν τοὺς ὁπλίτας καὶ τὸν ψιλὸν ὅμιλον ἐς μέσον λαβών, διενοεῖτο ἀναχωρεῖν. **3** Ἐκδρόμους δέ, εἴ πῃ προσβάλλοιεν αὐτοῖς, ἔταξε τοὺς νεωτάτους, καὶ αὐτὸς λογάδας ἔχων τριακοσίους τελευταῖος γνώμην εἶχεν ὑποχωρῶν τοῖς τῶν ἐναντίων πρώτοις προσκειμένοις ἀνθιστάμενος ἀμύνεσθαι. **4** Καὶ πρὶν τοὺς πολεμίους ἐγγὺς εἶναι, ὡς διὰ ταχέων παρεκελεύσατο τοῖς στρατιώταις τοιάδε.

CXXVI. « Εἰ μὲν μὴ ὑπώπτευον, ἄνδρες Πελοποννήσιοι, ὑμᾶς τῷ τε μεμονῶσθαι καὶ ὅτι βάρβαροι οἱ ἐπιόντες καὶ πολλοὶ ἔκπληξιν ἔχειν, οὐκ ἂν ὁμοίως διδαχὴν ἅμα τῇ παρακελεύσει ἐποιούμην· νῦν δὲ πρὸς μὲν τὴν ἀπόλειψιν τῶν ἡμετέρων καὶ τὸ πλῆθος τῶν ἐναντίων βραχεῖ ὑπομνήματι καὶ παραινέσει τὰ μέγιστα πειράσομαι πείθειν.

CXXV. 1 2 καὶ : om. B ‖ 8 ἀσαφῶς MF²G² : σαφῶς cett. ‖ 10 οὔπω : οὐδέπω M.

braves à la guerre, mais non pas parce que des alliés sont, dans tel ou tel cas, à vos côtés : à cause de votre valeur à vous ; de même, il vous sied de n'avoir jamais peur devant le nombre de l'autre camp : vous n'avez pas non plus chez vous des régimes qui vous y portent, car, chez vous, ce n'est pas la masse qui commande au petit nombre, mais une minorité à la majorité, sans que rien lui ait assuré ce pouvoir de fait, sinon le succès au combat*.
3 Quant à ces barbares qu'aujourd'hui vous craignez faute d'expérience, il vous faut tirer la leçon et de vos combats antérieurs contre certains d'entre eux — il s'agit des Macédoniens — et des connaissances que je dois, moi, soit à mes conjectures, soit à mes informations : tout indique qu'ils ne seront pas à craindre. **4** En effet, pour tout ce qui, chez un ennemi, est en réalité faible, mais peut suggérer la force, l'intervention d'un enseignement exact donne une confiance plus grande pour résister (au contraire, quand un mérite est solidement attaché à l'adversaire, on risque fort, en n'étant pas instruit au préalable, de se comporter alors avec une audace accrue !).
5 Or ces gens-là représentent bien pour qui ne les connaît pas une perspective qui fait peur : leur nombre à l'œil les rend effrayants et l'intensité de leurs cris se supporte mal ; de plus, leur façon d'agiter gratuitement leurs armes crée un certain effet de menace ; mais, pour se mesurer contre qui supporte ces manifestations, ils ne font plus si bien : ils n'ont pas de formation rangée qui puisse les faire rougir d'abandonner une place par la force et, comme fuir ou attaquer est jugé chez eux également honorable, le courage ne comporte pas davantage de critère — sans compter qu'un combat sans direction d'ensemble est particulièrement propre à fournir des prétextes pour se mettre à l'abri honorablement ; enfin, ils jugent plus sûr, au lieu d'en venir aux mains, de vous faire peur sans s'exposer eux-mêmes : autrement c'est par la première attitude qu'ils commenceraient.
6 Vous voyez donc clairement que tout ce qui en eux est à l'avance effrayant ne constitue, en fait, que peu de chose et ne frappe que le regard et l'ouïe : si vous en supportez l'assaut et que, le moment venu, vous repreniez

2 Ἀγαθοῖς γὰρ εἶναι ὑμῖν προσήκει τὰ πολέμια οὐ διὰ ξυμμάχων παρουσίαν ἑκάστοτε, ἀλλὰ δι' οἰκείαν ἀρετήν, καὶ μηδὲν πλῆθος πεφοβῆσθαι ἑτέρων, οἵ γε μηδὲ ἀπὸ πολιτειῶν τοιούτων ἥκετε, ἐν αἷς οὐ πολλοὶ ὀλίγων ἄρχουσιν, ἀλλὰ πλειόνων μᾶλλον ἐλάσσους, οὐκ ἄλλῳ τινὶ κτησάμενοι τὴν δυναστείαν ἢ τῷ μαχόμενοι κρατεῖν. 3 Βαρβάρους δὲ οὓς νῦν ἀπειρίᾳ δέδιτε, μαθεῖν χρή, ἐξ ὧν τε προηγώνισθε τοῖς Μακεδόσιν αὐτῶν καὶ ἀφ' ὧν ἐγὼ εἰκάζων τε καὶ ἄλλων ἀκοῇ ἐπίσταμαι, οὐ δεινοὺς ἐσομένους.
4 Καὶ γὰρ ὅσα μὲν τῷ ὄντι ἀσθενῆ ὄντα τῶν πολεμίων δόκησιν ἔχει ἰσχύος, διδαχὴ ἀληθὴς προσγενομένη περὶ αὐτῶν ἐθάρσυνε μᾶλλον τοὺς ἀμυνομένους· οἷς δὲ βεβαίως τι πρόσεστιν ἀγαθόν, μὴ προειδώς τις ἂν αὐτοῖς τολμηρότερον προσφέροιτο. 5 Οὗτοι δὲ τὴν μέλλησιν μὲν ἔχουσι τοῖς ἀπείροις φοβεράν· καὶ γὰρ πλήθει ὄψεως δεινοὶ καὶ βοῆς μεγέθει ἀφόρητοι, ἥ τε διὰ κενῆς ἐπανάσεισις τῶν ὅπλων ἔχει τινὰ δήλωσιν ἀπειλῆς. Προσμεῖξαι δὲ τοῖς ὑπομένουσιν αὐτὰ οὐχ ὁμοῖοι· οὔτε γὰρ τάξιν ἔχοντες αἰσχυνθεῖεν ἂν λιπεῖν τινα χώραν βιαζόμενοι, ἥ τε φυγὴ καὶ ἡ ἔφοδος αὐτῶν ἴσην ἔχουσα δόξαν τοῦ καλοῦ ἀνεξέλεγκτον καὶ τὸ ἀνδρεῖον ἔχει (αὐτοκράτωρ δὲ μάχη μάλιστ' ἂν καὶ πρόφασιν τοῦ σῴζεσθαί τινι πρεπόντως πορίσειε), τοῦ τε ἐς χεῖρας ἐλθεῖν πιστότερον τὸ ἐκφοβῆσαι ὑμᾶς ἀκινδύνως ἡγοῦνται· ἐκείνῳ γὰρ ἂν πρὸ τούτου ἐχρῶντο. 6 Σαφῶς τε πᾶν τὸ προϋπάρχον δεινὸν ἀπ' αὐτῶν ὁρᾶτε ἔργῳ μὲν βραχὺ ὄν, ὄψει δὲ καὶ ἀκοῇ κατασπέρχον. Ὃ ὑπομείναντες ἐπιφερόμενον καί, ὅταν καιρὸς ᾖ, κόσμῳ καὶ τάξει αὖθις ὑπαγαγόντες, ἔς τε τὸ ἀσφαλὲς θᾶσσον ἀφίξεσθε καὶ γνώσεσθε τὸ λοιπὸν ὅτι οἱ τοιοῦτοι ὄχλοι τοῖς μὲν τὴν πρώτην ἔφοδον δεξαμένοις ἄπωθεν ἀπειλαῖς τὸ ἀνδρεῖον μελλήσει ἐπικομποῦσιν, οἳ

CXXVI. 2 4 οὐ : οἱ Stephanus ‖ 3 3 εἰκάζων : εἰκάζω M ‖ 4 2 προσγενομένη : προγεν- conj. Bekker ‖ 5 10 ἐκφοβῆσαι Torstrick : ἐκφοβήσειν codd.

votre mouvement de repli en bon ordre et à vos rangs, vous arriverez plus vite en lieu sûr, et vous saurez à l'avenir ceci : que les hordes de ce genre, quand on soutient leur première attaque, se contentent de faire de loin, par des menaces, parade d'un courage alors en perspective ; inversement, leur cède-t-on, elles s'empressent de venir sur vos pas montrer leur vaillance en toute sécurité. »

CXXVII. Après avoir donné ces conseils, Brasidas fit procéder au repli de ses troupes. Les barbares, à cette vue, les pressèrent avec force cris et en tumulte, le croyant en fuite et s'attendant à le massacrer sitôt rattrapé. **2** Or*, ils s'aperçurent que des éléments de pointe venaient, partout où ils donnaient, leur faire face, que lui-même, avec ses hommes d'élite, soutenait leur poussée, et qu'enfin les troupes, après avoir résisté de façon imprévue à leur premier assaut, s'étaient mises, en cas d'attaque de leur part, à les repousser de pied ferme, et, sitôt tranquilles, à poursuivre leur propre repli ; alors, la plupart des barbares cessèrent de s'en prendre aux Grecs de Brasidas en terrain découvert : ils laissèrent un petit groupe sur ses pas pour le harceler, et le reste partit à la course, d'une part contre les fuyards macédoniens, qu'ils tuaient quand ils les rencontraient, et, d'autre part, vers le défilé, resserré entre deux hauteurs, qui menait chez Arrhabaios ; ils y arrivèrent à l'avance et l'occupèrent, sachant que Brasidas n'avait pas d'autre retraite possible ; et, comme il approchait, s'engageant précisément dans la partie difficile de la route, ils l'encerclèrent, prêts à lui couper le passage.

CXXVIII. Mais lui s'en rendit compte : il avertit ses trois cents hommes, en leur désignant la colline qu'ils pourraient le mieux prendre, de s'y rendre au pas de course, aussi vite que chacun pourrait, sans souci de l'ordre, pour tâcher d'en déloger les barbares qui s'y trouvaient déjà, avant que le gros des troupes d'encerclement n'y intervînt. **2** Ceux-ci foncèrent, maîtrisèrent les hommes qui occupaient la colline, et le gros de l'armée grecque put dès lors poursuivre plus aisément sa route de ce côté : en premier lieu, en effet, les barbares avaient pris peur, avec cette déroute qui les avait chassés de la

δ' ἂν εἴξωσιν αὐτοῖς, κατὰ πόδας τὸ εὔψυχον ἐν τῷ ἀσφαλεῖ ὀξεῖς ἐνδείκνυνται. »

CXXVII. Τοιαῦτα ὁ Βρασίδας παραινέσας ὑπῆγε τὸ στράτευμα. Οἱ δὲ βάρβαροι ἰδόντες πολλῇ βοῇ καὶ θορύβῳ προσέκειντο, νομίσαντες φεύγειν τε αὐτὸν καὶ καταλαβόντες διαφθερεῖν. 2 Καὶ ὡς αὐτοῖς αἵ τε ἐκδρομαὶ ὅπῃ προσπίπτοιεν ἀπήντων καὶ αὐτὸς ἔχων τοὺς λογάδας ἐπικειμένους ὑφίστατο, τῇ τε πρώτῃ ὁρμῇ παρὰ γνώμην ἀντέστησαν καὶ τὸ λοιπὸν ἐπιφερομένους μὲν δεχόμενοι ἠμύνοντο, ἡσυχαζόντων δὲ αὐτοὶ ὑπεχώρουν, τότε δὴ τῶν μετὰ τοῦ Βρασίδου Ἑλλήνων ἐν τῇ εὐρυχωρίᾳ οἱ πολλοὶ τῶν βαρβάρων ἀπέσχοντο, μέρος δέ τι καταλιπόντες αὐτοῖς ἐπακολουθοῦν προσβάλλειν, οἱ λοιποὶ χωρήσαντες δρόμῳ ἐπί τε τοὺς φεύγοντας τῶν Μακεδόνων οἷς ἐντύχοιεν ἔκτεινον καὶ τὴν ἐσβολήν, ἥ ἐστι μεταξὺ δυοῖν λόφοιν στενὴ ἐς τὴν Ἀρραβαίου, φθάσαντες προκατέλαβον, εἰδότες οὐκ οὖσαν ἄλλην τῷ Βρασίδᾳ ἀναχώρησιν. Καὶ προσιόντος αὐτοῦ ἐς αὐτὸ ἤδη τὸ ἄπορον τῆς ὁδοῦ κυκλοῦνται ὡς ἀποληψόμενοι.

CXXVIII. Ὁ δὲ γνοὺς προεῖπε τοῖς μεθ' αὐτοῦ τριακοσίοις, ὃν ᾤετο μᾶλλον ἂν ἑλεῖν τῶν λόφων, χωρήσαντας πρὸς αὐτὸν δρόμῳ ὡς τάχιστα ἕκαστος δύναται ἄνευ τάξεως, πειρᾶσαι ἀπ' αὐτοῦ ἐκκροῦσαι τοὺς ἤδη ἐπόντας βαρβάρους, πρὶν καὶ τὴν πλείονα κύκλωσιν σφῶν αὐτόσε προσμεῖξαι. 2 Καὶ οἱ μὲν προσπεσόντες ἐκράτησάν τε τῶν ἐπὶ τοῦ λόφου, καὶ ἡ πλείων ἤδη στρατιὰ τῶν Ἑλλήνων ῥᾷον πρὸς αὐτὸν ἐπορεύοντο· οἱ γὰρ βάρβαροι καὶ ἐφοβήθησαν, τῆς τροπῆς αὐτοῖς ἐνταῦθα γενομένης σφῶν

CXXVI. 6 8 εἴξωσιν AFM : ἥξωσι C ἕξωσιν B ἕξωσιν E.

CXXVII. 1 4 διαφθερεῖν Cobet : διαφθείρειν codd. || 2 2 ἐπικειμένους : -μένοις conj. Hude || 5 αὐτοὶ : αὐτῶν M.

CXXVIII. 1 1 μεθ' αὐτοῦ C : μετ' αὐτοῦ || 2 τῶν λόφων : τὸν λόφον MG* || 3 ἕκαστος : ὡς ἕκαστος C || 4 ἐπόντας Poppo : ἐπιόντας codd.

hauteur, et, en outre, ils n'entendaient pas poursuivre plus loin l'armée, qu'ils jugeaient maintenant arrivée aux frontières et hors de leur atteinte. **3** Quant à Brasidas, après s'être assuré les hauteurs, il marchait avec plus de sécurité : il arriva le jour même à Arnisa, où il atteignait pour la première fois l'empire de Perdiccas. **4** Là, les soldats eurent une réaction spontanée : indignés que les Macédoniens fussent partis sans attendre, ils s'en prirent à tout ce qu'ils trouvaient en route en fait d'attelages de bœufs ou d'objets abandonnés par la troupe, comme cela pouvait être le cas dans une retraite opérée de nuit et en pleine terreur : ils dételaient les premiers pour les abattre et s'appropriaient les seconds. **5** De là date l'attitude de Perdiccas consistant à tenir Brasidas pour un ennemi ; et, depuis lors, si ses sentiments envers les Péloponnésiens ne pouvaient, à cause des Athéniens, constituer une haine bien endurcie, néanmoins, passant outre à des intérêts impérieux, il chercha tous les moyens de traiter au plus tôt avec ces derniers et de se débarrasser des autres[1].

CXXIX. Brasidas, ayant quitté la Macédoine, arriva à Toronè pour trouver les Athéniens déjà maîtres de Mendè : restant alors sur place, il se jugea hors d'état de passer dans la Pallène pour secourir la ville et se contenta de veiller sur Toronè.

2 En effet, vers l'époque où se plaçait l'affaire lynceste, les Athéniens avaient cinglé contre Mendè et Skionè comme ils se préparaient à le faire : ils avaient cinquante navires, dont dix de Chios, mille hoplites de chez eux, six cents archers, mille mercenaires thraces et enfin des peltastes fournis par leurs alliés de la région ; le commandement était assuré par Nicias, fils de Nicératos, et Nicostratos, fils de Diitréphès. **3** Leur flotte partit de Potidée, mit à l'ancre à la hauteur du sanctuaire de Poséidon, et ils marchèrent contre Mendè. Les habitants, avec un renfort de trois cents hommes de Skionè, plus les troupes de secours péloponnésiennes, le tout

1. La phrase est difficile — peut-être parce qu'elle veut faire apparaître les diverses contradictions où est pris Perdiccas.

ἀπὸ τοῦ μετεώρου, καὶ ἐς τὸ πλέον οὐκέτ' ἐπηκολούθουν, νομίζοντες καὶ ἐν μεθορίοις εἶναι αὐτοὺς ἤδη καὶ διαπεφευγέναι. 3 Βρασίδας δὲ ὡς ἀντελάβετο τῶν μετεώρων, κατὰ ἀσφάλειαν μᾶλλον ἰὼν αὐθημερὸν ἀφικνεῖται ἐς Ἄρνισαν πρῶτον τῆς Περδίκκου ἀρχῆς. 4 Καὶ αὐτοὶ ὀργιζόμενοι οἱ στρατιῶται τῇ προαναχωρήσει τῶν Μακεδόνων, ὅσοις ἐνέτυχον κατὰ τὴν ὁδὸν ζεύγεσιν αὐτῶν βοεικοῖς ἢ εἴ τινι σκεύει ἐκπεπτωκότι, οἷα ἐν νυκτερινῇ καὶ φοβερᾷ ἀναχωρήσει εἰκὸς ἦν ξυμβῆναι, τὰ μὲν ὑπολύοντες κατέκοπτον, τῶν δὲ οἰκείωσιν ἐποιοῦντο. 5 Ἀπὸ τούτου τε πρῶτον Περδίκκας Βρασίδαν τε πολέμιον ἐνόμισε καὶ ἐς τὸ λοιπὸν Πελοποννησίων τῇ μὲν γνώμῃ δι' Ἀθηναίους οὐ ξύνηθες μῖσος εἶχε, τῶν δὲ ἀναγκαίων ξυμφόρων διαναστὰς ἔπρασσεν ὅτῳ τρόπῳ τάχιστα τοῖς μὲν ξυμβήσεται, τῶν δὲ ἀπαλλάξεται.

CXXIX. Βρασίδας δὲ ἀναχωρήσας ἐκ Μακεδονίας ἐς Τορώνην καταλαμβάνει Ἀθηναίους Μένδην ἤδη ἔχοντας, καὶ αὐτοῦ ἡσυχάζων ἐς μὲν τὴν Παλλήνην ἀδύνατος ἤδη ἐνόμιζεν εἶναι διαβὰς τιμωρεῖν, τὴν δὲ Τορώνην ἐν φυλακῇ εἶχεν.

2 Ὑπὸ γὰρ τὸν αὐτὸν χρόνον τοῖς ἐν τῇ Λύγκῳ ἐξέπλευσαν ἐπί τε τὴν Μένδην καὶ τὴν Σκιώνην οἱ Ἀθηναῖοι, ὥσπερ παρεσκευάζοντο, ναυσὶ μὲν πεντήκοντα, ὧν ἦσαν δέκα Χῖαι, ὁπλίταις δὲ χιλίοις ἑαυτῶν καὶ τοξόταις ἑξακοσίοις καὶ Θρᾳξὶ μισθωτοῖς χιλίοις καὶ ἄλλοις τῶν αὐτόθεν ξυμμάχων πελτασταῖς· ἐστρατήγει δὲ Νικίας ὁ Νικηράτου καὶ Νικόστρατος ὁ Διειτρέφους. 3 Ἄραντες δὲ ἐκ Ποτειδαίας ταῖς ναυσὶ καὶ σχόντες κατὰ τὸ Ποσειδώνιον ἐχώρουν ἐς τοὺς Μενδαίους. Οἱ δὲ αὐτοί τε καὶ Σκιωναίων τριακόσιοι βεβοηθηκότες Πελοποννησίων τε οἱ ἐπίκουροι,

CXXVIII. 4 4 νυκτερινῇ : νυκτὶ M ‖ 5 2 alt. τε om. M ‖ 4-5 τῶν δὲ... διαναστὰς : τῷ δὲ ἀναγκαίῳ ξυμφόρῳ διαστὰς Madvig (coll. schol.).

CXXIX. 1 4 δὲ FpcMC²G : om. cett.

formant sept cents hoplites[1], avec Polydamidas pour les commander, se trouvaient justement installés hors de la ville, sur une hauteur solidement défendue. **4** Ils furent attaqués d'abord par Nicias : prenant cent vingt hommes de Méthone, appartenant aux troupes légères, soixante hoplites triés parmi les Athéniens et tous les archers, il s'efforça de s'ouvrir un accès par un des sentiers de la colline et, atteint par leurs coups, ne put forcer le passage. Nicostratos, cependant, prenait avec tout le reste des troupes un autre chemin, plus long, pour attaquer la colline, qui était d'accès difficile : il fut complètement désorganisé et peu s'en fallut que toute l'armée athénienne ne fût vaincue. **5** Donc, pour ce jour-là, les gens de Mendè et leurs alliés n'ayant point cédé, les Athéniens se retirèrent pour former un camp et les gens de Mendè, la nuit venue, rentrèrent dans leur ville.

CXXX. Le lendemain, pour ce qui est des Athéniens, après avoir fait contourner la ville à leur flotte pour gagner la partie située vers Skionè[2], ils s'emparèrent du faubourg et, pendant toute la journée, ravagèrent la région, sans qu'il se fît de sortie contre eux ; car il y avait dans la ville quelques mouvements de guerre civile ; les trois cents hommes de Skionè, eux, regagnèrent leur pays la nuit d'après. **2** Puis, le jour suivant, Nicias prit la moitié des troupes et, tout en s'avançant sur les confins du territoire de Skionè, il poursuivait les ravages, tandis que Nicostratos, avec le reste, s'installait devant la ville, du côté des portes d'en haut, par où l'on va à Potidée. **3** Alors, comme les gens de Mendè et les troupes de secours avaient justement leur camp, à l'intérieur du mur, de ce côté-là, Polydamidas les range en ordre de bataille et commence à exhorter les gens de Mendè pour leur faire faire une sortie. **4** Mais un homme du parti populaire proteste, animé par la lutte civile, qu'il ne fera pas de sortie et qu'il ne voit pas le besoin de se battre ; sur cette protestation, l'autre le

1. Le chiffre des hoplites (le seul qui soit donné) semble fort bas (sur les troupes de secours péloponnésiennes, cf. 123.4).

2. Soit : au sud-est de Mendè ; ils n'agissent pas contre Skionè.

ξύμπαντες [δὲ] ἑπτακόσιοι ὁπλῖται, καὶ Πολυδαμίδας ὁ ἄρχων αὐτῶν, ἔτυχον ἐξεστρατοπεδευμένοι ἔξω τῆς πόλεως ἐπὶ λόφου καρτεροῦ. **4** Καὶ αὐτοῖς Νικίας μέν, Μεθωναίους τε ἔχων εἴκοσι καὶ ἑκατὸν ψιλοὺς καὶ λογάδας τῶν Ἀθηναίων ὁπλιτῶν ἑξήκοντα καὶ τοὺς τοξότας ἅπαντας, κατὰ ἀτραπόν τινα τοῦ λόφου πειρώμενος προσβῆναι καὶ τραυματιζόμενος ὑπ' αὐτῶν οὐκ ἐδυνήθη βιάσασθαι· Νικόστρατος δὲ ἄλλῃ ἐφόδῳ ἐκ πλείονος παντὶ τῷ ἄλλῳ στρατοπέδῳ ἐπιὼν τῷ λόφῳ ὄντι δυσπροσβάτῳ καὶ πάνυ ἐθορυβήθη, καὶ ἐς ὀλίγον ἀφίκετο πᾶν τὸ στράτευμα τῶν Ἀθηναίων νικηθῆναι. **5** Καὶ ταύτῃ μὲν τῇ ἡμέρᾳ, ὡς οὐκ ἐνέδοσαν οἱ Μενδαῖοι καὶ οἱ ξύμμαχοι, οἱ Ἀθηναῖοι ἀναχωρήσαντες ἐστρατοπεδεύσαντο, καὶ οἱ Μενδαῖοι νυκτὸς ἐπελθούσης ἐς τὴν πόλιν ἀπῆλθον.

CXXX. Τῇ δ' ὑστεραίᾳ οἱ μὲν Ἀθηναῖοι περιπλεύσαντες ἐς τὸ πρὸς Σκιώνης τό τε προάστειον εἷλον καὶ τὴν ἡμέραν ἅπασαν ἐδῄουν τὴν γῆν οὐδενὸς ἐπεξιόντος (ἦν γάρ τι καὶ στασιασμοῦ ἐν τῇ πόλει), οἱ δὲ τριακόσιοι τῶν Σκιωναίων τῆς ἐπιούσης νυκτὸς ἀπεχώρησαν ἐπ' οἴκου. **2** Καὶ τῇ ἐπιγιγνομένῃ ἡμέρᾳ Νικίας μὲν τῷ ἡμίσει τοῦ στρατοῦ προϊὼν ἅμα ἐς τὰ μεθόρια τῶν Σκιωναίων τὴν γῆν ἐδῄου, Νικόστρατος δὲ τοῖς λοιποῖς κατὰ τὰς ἄνω πύλας, ᾗ ἐπὶ Ποτειδαίας ἔρχονται, προσεκάθητο τῇ πόλει. **3** Ὁ δὲ Πολυδαμίδας (ἔτυχε γὰρ ταύτῃ τοῖς Μενδαίοις καὶ ἐπικούροις ἐντὸς τοῦ τείχους τὰ ὅπλα κείμενα) διατάσσει τε ὡς ἐς μάχην καὶ παρῄνει τοῖς Μενδαίοις ἐπεξιέναι. **4** Καί τινος αὐτῷ τῶν ἀπὸ τοῦ δήμου ἀντειπόντος κατὰ τὸ στασιωτικὸν ὅτι οὐκ ἐπέξεισιν οὐδὲ δέοιτο πολεμεῖν, καὶ ὡς ἀντεῖπεν ἐπισπασθέντος τε τῇ χειρὶ ὑπ'

CXXIX. **3** 5 δὲ del. Krueger || 6 ἐξεστρατ- : ἐστρατ- BE || **4** 7 δυσπροσβάτῳ : δυσπροβάτῳ F* δυσβάτῳ C || **5** 1-2 ὡς οὐκ... Ἀθηναῖοι om. E* || 2 Ἀθηναῖοι : Ἀθηναῖοι οἱ E*.

CXXX. **1** 2 πρὸς : πρὸ AEFM || **4** 2 δέοιτο : δέοι E || 3 τε om. ABEF.

saisit par le bras et le malmène ; et le peuple, prenant aussitôt les armes, marche avec fureur contre les Péloponnésiens et contre ceux qui soutenaient avec eux la faction adverse. **5** Se jetant sur eux, il les mit en déroute, à cause de l'effroi que leur inspirèrent à la fois ce combat inattendu et les portes que l'on ouvrait alors aux Athéniens : ils se crurent, en effet, l'objet d'un coup monté. **6** Ceux d'entre eux qui ne furent pas immédiatement massacrés se réfugièrent dans la ville haute, qu'auparavant déjà ils occupaient personnellement ; quant aux Athéniens (Nicias, revenu sur ses pas, se trouvait déjà dans le voisinage) ils firent irruption dans la ville et, profitant de ce qu'aucun accord n'avait présidé à l'ouverture des portes, ils la ravagèrent avec l'armée entière comme pays conquis : c'est tout juste si les stratèges purent empêcher le massacre des habitants. **7** Après cela, ils dirent aux gens de Mendè de se gouverner comme ils en avaient l'habitude, en jugeant eux-mêmes, entre eux, ceux qu'ils considéraient comme responsables de la sécession[1] ; quant aux soldats de la ville haute, ils les isolèrent des deux côtés par un mur allant jusqu'à la mer, qu'ils garnirent de sentinelles. Puis, une fois la situation bien en main à Mendè, ils marchèrent contre Skionè.

CXXXI. Les habitants sortirent à leur rencontre avec les Péloponnésiens et s'établirent en avant de la ville sur une hauteur solidement défendue, qui, si elle ne tombait pas aux mains de l'ennemi, empêchait l'investissement de la ville : **2** les Athéniens lui donnèrent un assaut violent, en délogèrent par les armes les occupants, puis ils établirent leur camp et, après avoir dressé un trophée, ils se mirent en devoir d'investir la ville ; **3** peu après, comme ils étaient déjà à l'œuvre, les troupes de secours assiégées dans la ville haute, à Mendè, s'étant, malgré les sentinelles, ouvert un passage près de la mer,

1. Les Athéniens ne devaient pas se comporter avec la même modération dans les deux autres grandes villes de la côte thrace qu'ils reprirent ensuite : Toronè, à V.3.4, et Skionè, à V. 32.1. Mais Thucydide précise que le massacre fut évité de peu.

αὐτοῦ καὶ ⟨κατα⟩θορυβηθέντος, ὁ δῆμος εὐθὺς ἀναλαβὼν τὰ ὅπλα περιοργὴς ἐχώρει ἐπί τε Πελοποννησίους καὶ τοὺς τὰ ἐναντία σφίσι μετ' αὐτῶν πράξαντας. **5** Καὶ προσπεσόντες τρέπουσιν ἅμα μὲν μάχῃ αἰφνιδίῳ, ἅμα δὲ τοῖς Ἀθηναίοις τῶν πυλῶν ἀνοιγομένων φοβηθέντων· ᾠήθησαν γὰρ ἀπὸ προειρημένου τινὸς αὐτοῖς τὴν ἐπιχείρησιν γενέσθαι. **6** Καὶ οἱ μὲν ἐς τὴν ἀκρόπολιν, ὅσοι μὴ αὐτίκα διεφθάρησαν, κατέφυγον, ἥνπερ καὶ τὸ πρότερον αὐτοὶ εἶχον· οἱ δὲ Ἀθηναῖοι (ἤδη γὰρ καὶ ὁ Νικίας ἐπαναστρέψας πρὸς τῇ πόλει ἦν) ἐσπεσόντες ἐς τὴν [Μένδην] πόλιν, ἅτε οὐκ ἀπὸ ξυμβάσεως ἀνοιχθεῖσαν, ἁπάσῃ τῇ στρατιᾷ ὡς κατὰ κράτος ἑλόντες διήρπασαν, καὶ μόλις οἱ στρατηγοὶ κατέσχον ὥστε μὴ καὶ τοὺς ἀνθρώπους διαφθείρεσθαι. **7** Καὶ τοὺς μὲν Μενδαίους μετὰ ταῦτα πολιτεύειν ἐκέλευον ὥσπερ εἰώθεσαν, αὐτοὺς κρίναντας ἐν σφίσιν αὐτοῖς εἴ τινας ἡγοῦνται αἰτίους εἶναι τῆς ἀποστάσεως· τοὺς δ' ἐν τῇ ἀκροπόλει ἀπετείχισαν ἑκατέρωθεν τείχει ἐς θάλασσαν καὶ φυλακὴν ἐπικαθίσταντο. Ἐπειδὴ δὲ τὰ περὶ τὴν Μένδην κατέσχον, ἐπὶ τὴν Σκιώνην ἐχώρουν.

CXXXI. Οἱ δὲ ἀντεπεξελθόντες αὐτοὶ καὶ Πελοποννήσιοι ἱδρύθησαν ἐπὶ λόφου καρτεροῦ πρὸ τῆς πόλεως, ὃν εἰ μὴ ἕλοιεν οἱ ἐναντίοι, οὐκ ἐγίγνετο σφῶν περιτείχισις. **2** Προσβαλόντες δ' αὐτῷ κατὰ κράτος οἱ Ἀθηναῖοι καὶ μάχῃ ἐκκρούσαντες τοὺς ἐπόντας ἐστρατοπεδεύσαντό τε καὶ ἐς τὸν περιτειχισμὸν τροπαῖον στήσαντες παρεσκευάζοντο. **3** Καὶ αὐτῶν οὐ πολὺ ὕστερον ἤδη ἐν ἔργῳ ὄντων οἱ ἐκ τῆς ἀκροπόλεως ἐν τῇ Μένδῃ πολιορκούμενοι ἐπίκουροι βιασάμενοι παρὰ θάλασσαν τὴν φυλακὴν νυκτὸς

CXXX. **4** 4 καταθορυβηθέντος Hude : θορυβηθέντος codd. || **5** 3 φοβηθέντων : -ντας J^2 (cf. schol.) || 4 τὴν om. B || **6** 4 Μένδην del. Dobrée || **7** 2 κρίναντας $F^{pc}G^{s1}$: -ντες cett. || 5 ἐπικαθίσταντο Poppo : ἐπεκαθίσταντο E^2 ἐπεκαθίσαντο codd.

CXXXI. **2** 2 ἐπόντας Dobrée : ἐπιόντας codd.

arrivèrent de nuit et échappant, pour la plupart, aux forces cantonnées devant Skionè, réussirent à y pénétrer.

CXXXII. L'investissement de Skionè était en cours lorsque Perdiccas, envoyant un héraut aux stratèges athéniens, conclut une entente avec Athènes : il obéissait à l'hostilité que la retraite du pays lynceste lui avait inspirée contre Brasidas et qui s'était dès ce moment-là traduite dans son action. **2** Et, comme le Lacédémonien Ischagoras était alors justement sur le point de conduire des troupes à Brasidas par voie de terre, Perdiccas obéit tout ensemble aux avis de Nicias, qui l'invitait, après cet accord, à donner à Athènes quelque marque évidente de loyalisme, et à son propre désir de ne plus voir arriver chez lui de Péloponnésiens : il agit sur ses hôtes en Thessalie, qui ne manquaient jamais d'être de très hauts personnages, et il s'opposa si bien au passage de l'armée et à la poursuite du projet qu'il n'y eut même pas de tentative faite auprès des Thessaliens. **3** Toutefois, Ischagoras, Ameinias et Aristeus rejoignirent personnellement Brasidas, pour exercer, sur l'ordre des Lacédémoniens, un contrôle sur la situation, et, contrairement à toute règle[1], ils lui amenaient de Sparte, avec eux, de jeunes hommes, que l'on devait placer à la tête des cités, au lieu d'y laisser comme chefs les premiers venus. C'est ainsi qu'il établit à Amphipolis Cléaridas, fils de Cléonymos, et à Toronè Pasitélidas, fils d'Hégésandros.

Incidents divers en Grèce.

CXXXIII. Au cours du même été, les Thébains démolirent tout le mur d'enceinte de Thespies, à qui ils reprochaient son attitude pro-athénienne : tel avait toujours été leur désir et les conditions s'étaient trouvées facilitées depuis que, dans le combat contre les Athéniens, la fleur de la cité avait péri.

2 Le même été, encore, le temple d'Héra brûla à

1. Sparte n'avait pas l'habitude d'envoyer d'hommes au dehors pour autre chose que la guerre ; cette infraction à ses usages et à sa politique est une nouveauté, qui tranche avec les promesses de Brasidas.

ἀφικνοῦνται, καὶ διαφυγόντες οἱ πλεῖστοι τὸ ἐπὶ τῇ Σκιώνῃ στρατόπεδον ἐσῆλθον ἐς αὐτήν.

CXXXII. Περιτειχιζομένης δὲ τῆς Σκιώνης Περδίκκας τοῖς τῶν Ἀθηναίων στρατηγοῖς ἐπικηρυκευσάμενος ὁμολογίαν ποιεῖται πρὸς τοὺς Ἀθηναίους διὰ τὴν τοῦ Βρασίδου ἔχθραν περὶ τῆς ἐκ τῆς Λύγκου ἀναχωρήσεως, εὐθὺς τότε ἀρξάμενος πράσσειν. 2 Καὶ ἐτύγχανε γὰρ τότε Ἰσχαγόρας ὁ Λακεδαιμόνιος στρατιὰν μέλλων πεζῇ πορεύσειν ὡς Βρασίδαν, ὁ [δὲ] Περδίκκας, ἅμα μὲν κελεύοντος τοῦ Νικίου, ἐπειδὴ ξυνεβεβήκει, ἔνδηλόν τι ποιεῖν τοῖς Ἀθηναίοις βεβαιότητος πέρι, ἅμα δ' αὐτὸς οὐκέτι βουλόμενος Πελοποννησίους ἐς τὴν αὑτοῦ ἀφικνεῖσθαι, παρασκευάσας τοὺς ἐν Θεσσαλίᾳ ξένους, χρώμενος αἰεὶ τοῖς πρώτοις, διεκώλυσε τὸ στράτευμα καὶ τὴν παρασκευήν, ὥστε μηδὲ πειρᾶσθαι Θεσσαλῶν. 3 Ἰσχαγόρας μέντοι καὶ Ἀμεινίας καὶ Ἀριστεὺς αὐτοί τε ὡς Βρασίδαν ἀφίκοντο, ἐπιδεῖν πεμψάντων Λακεδαιμονίων τὰ πράγματα, καὶ τῶν ἡβώντων αὐτῷ παρανόμως ἄνδρας ἐξῆγον ἐκ Σπάρτης, ὥστε τῶν πόλεων ἄρχοντας καθιστάναι καὶ μὴ τοῖς ἐντυχοῦσιν ἐπιτρέπειν. Καὶ Κλεαρίδαν μὲν τὸν Κλεωνύμου καθίστησιν ἐν Ἀμφιπόλει, Πασιτελίδαν δὲ τὸν Ἡγησάνδρου ἐν Τορώνῃ.

CXXXIII. Ἐν δὲ τῷ αὐτῷ θέρει Θηβαῖοι Θεσπιῶν τεῖχος περιεῖλον ἐπικαλέσαντες ἀττικισμόν, βουλόμενοι μὲν καὶ αἰεί, παρεσχηκὸς δὲ ῥᾷον ἐπειδὴ καὶ ἐν τῇ πρὸς Ἀθηναίους μάχῃ ὅ τι ἦν αὐτῶν ἄνθος ἀπολώλει. 2 Καὶ ὁ νεὼς τῆς Ἥρας τοῦ αὐτοῦ θέρους ἐν Ἄργει

CXXXI. 3 4 διαφυγόντες C : διαφεύγοντες.

CXXXII. 1 4 ἐκ τῆς : ἐκ M ‖ 2 2 Ἰσχαγόρας (hic et 3,1) : Ἰσαγόρας M ‖ 3 δὲ del. Dobrée ‖ 3 4 αὐτῷ Stahl : αὐτῶν codd. ‖ 5 ἐντυχοῦσι[ν] : εὐτυχοῦσιν M ‖ 7 Πασιτελίδαν Dobrée (coll. lib. V. III) : Ἐπιτελίδαν codd.

CXXXIII. 1 2 περιεῖλον : διεῖλον E ‖ 3 παρεσχηκὸς Krueger : παρεστηκὸς codd. ‖ 4 ἀπολώλει CE : ἀπωλώλει ABFC²G διεφθάρη M.

Argos : la prêtresse Chrysis avait placé une lampe allumée près des bandelettes et, là-dessus, s'était endormie, si bien que le feu gagna et consuma tout sans que l'éveil fût donné. **3** Chrysis alors, en pleine nuit, eut peur de ce que feraient les Argiens et s'enfuit aussitôt à Phlionte[1] ; quant à eux, appliquant la règle antérieurement établie, ils désignèrent une autre prêtresse, nommée Phaeinis. Chrysis avait connu huit ans et demi de cette guerre, lorsqu'elle s'enfuit d'Argos.

4 A la fin de l'été, Skionè se trouvait complètement investie : les Athéniens laissèrent contre elle des troupes de surveillance, tandis que le reste de l'armée s'en retournait.

CXXXIV. Au cours de l'hiver suivant, alors qu'il n'y avait aucune action du côté athénien ou lacédémonien, à cause de l'armistice, les Mantinéens et les Tégéates, ainsi que leurs alliés respectifs, se rencontrèrent à Laodokeion, sur le territoire d'Orestheion ; il y eut une victoire contestée, puisque chacun des deux adversaires mit en déroute une aile de ceux d'en face et que tous deux dressèrent des trophées et envoyèrent du butin à Delphes. **2** En fait, après un grand massacre réciproque et un combat incertain, qu'interrompit la venue de la nuit, les Tégéates, eux, avaient campé sur le terrain et dressé aussitôt un trophée, tandis que les Mantinéens s'étaient retirés à Boucolion et ne dressèrent le leur que plus tard[2].

CXXXV. Il y eut une tentative faite le même hiver — à la fin de l'hiver et déjà vers le printemps — par Brasidas contre Potidée. Il s'approcha de nuit et appuya une échelle, sans, jusque-là, attirer l'attention : la cloche venait d'être transmise et c'est ainsi dans l'intervalle, avant le retour du porteur, qu'eut lieu l'application de

1. Pausanias rapporte qu'elle alla à Tégée, où elle se constitua suppliante d'Athéna Aléa (II, 17, 7 ; cf. III, 5, 6). On se rappellera qu'à II.2, Thucydide s'était servi du nom de Chrysis pour fournir un premier repère chronologique permettant de dater le début des hostilités ; elle exerçait alors les fonctions de prêtresse d'Héra à Argos depuis déjà quarante-huit ans.

2. On voit ici un prélude à ces guerres entre cités du Péloponnèse, qui se développeront au cours du livre V.

κατεκαύθη, Χρυσίδος τῆς ἱερείας λύχνον τινὰ θείσης ἡμμένον πρὸς τὰ στέμματα καὶ ἐπικαταδαρθούσης, ὥστε ἔλαθεν ἀφθέντα πάντα καὶ καταφλεχθέντα. 3 Καὶ ἡ Χρυσὶς μὲν εὐθὺς τῆς νυκτὸς δείσασα τοὺς Ἀργείους ἐς Φλειοῦντα φεύγει· οἱ δὲ ἄλλην ἱέρειαν ἐκ τοῦ νόμου τοῦ προκειμένου κατεστήσαντο Φαεινίδα ὄνομα. Ἔτη δὲ ἡ Χρυσὶς τοῦ πολέμου τοῦδε ἐπέλαβεν ὀκτὼ καὶ ἔνατον ἐκ μέσου, ὅτε ἀπέφυγεν.

4 Καὶ ἡ Σκιώνη τοῦ θέρους ἤδη τελευτῶντος περιετετείχιστό τε παντελῶς, καὶ οἱ Ἀθηναῖοι ἐπ' αὐτῇ φυλακὴν καταλιπόντες ἀνεχώρησαν τῷ ἄλλῳ στρατῷ.

CXXXIV. Ἐν δὲ τῷ ἐπιόντι χειμῶνι τὰ μὲν Ἀθηναίων καὶ Λακεδαιμονίων ἡσύχαζε διὰ τὴν ἐκεχειρίαν, Μαντινῆς δὲ καὶ Τεγεᾶται καὶ οἱ ξύμμαχοι ἑκατέρων ξυνέβαλον ἐν Λαοδοκείῳ τῆς Ὀρεσθίδος, καὶ νίκη ἀμφιδήριτος ἐγένετο· κέρας γὰρ ἑκάτεροι τρέψαντες τὸ καθ' αὑτοὺς τροπαῖά τε ἀμφότεροι ἔστησαν καὶ σκῦλα ἐς Δελφοὺς ἀπέπεμψαν. 2 Διαφθαρέντων μέντοι πολλῶν ἑκατέροις καὶ ἀγχωμάλου τῆς μάχης γενομένης καὶ ἀφελομένης νυκτὸς τὸ ἔργον οἱ Τεγεᾶται μὲν ἐπηυλίσαντό τε καὶ εὐθὺς ἔστησαν τροπαῖον, Μαντινῆς δὲ ἀπεχώρησάν τε ἐς Βουκολιῶνα καὶ ὕστερον ἀντέστησαν.

CXXXV. Ἀπεπείρασε δὲ τοῦ αὐτοῦ χειμῶνος καὶ ὁ Βρασίδας τελευτῶντος καὶ πρὸς ἔαρ ἤδη Ποτειδαίας. Προσελθὼν γὰρ νυκτὸς καὶ κλίμακα προσθεὶς μέχρι μὲν τούτου ἔλαθεν· τοῦ γὰρ κώδωνος παρενεχθέντος οὕτως ἐς τὸ διάκενον, πρὶν ἐπανελθεῖν τὸν παραδιδόντα αὐτόν, ἡ πρόσθεσις ἐγένετο· ἔπειτα μέντοι εὐθὺς αἰσθομένων, πρὶν προσ-

CXXXIII. 3 4 ἡ B : om. cett. || 6 ἀπέφυγεν Hude : ἐπεφεύγει codd.

CXXXIV. 1 4 Λαοδοκείῳ Bursian : Λαοδικίῳ codd.

CXXXV. 1 3 κλίμακα : κλίμακας conj. Hude || 5 πρόσθεσις : πρόθεσις ABEF || 6 post ἐγένετο hab. τῆς κλίμακος E (ex schol.).

l'échelle. Mais, ensuite, l'affaire étant aussitôt éventée, il renonça à monter et ramena promptement ses troupes, sans attendre le jour.

2 Par là s'achevait l'hiver et, avec lui, la neuvième année de cette guerre, racontée par Thucydide.

βῆναι, ἀπήγαγε πάλιν κατὰ τάχος τὴν στρατιὰν καὶ οὐκ ἀνέμεινεν ἡμέραν γενέσθαι.

2 Καὶ ὁ χειμὼν ἐτελεύτα, καὶ ἔνατον ἔτος τῷ πολέμῳ ἐτελεύτα τῷδε ὃν Θουκυδίδης ξυνέγραψεν.

CXXXV. 2 1 finem libri variis modis not. CEM, τῶν εἰς ῑγ̄ τέλος τῆς ζ̄ add. C, habet H.

LIVRE V

LIVRE V

La dixième année.

I. L'été suivant, la trêve d'un an se trouvait arrivée à expiration, mais on en conclut une nouvelle jusqu'aux jeux Pythiques. Pendant l'armistice, les Athéniens firent partir les Déliens de leur île : ils estimaient que ceux-ci, en raison de quelque tort ancien, n'étaient pas purs lors de leur consécration et que, d'autre part, une telle mesure avait manqué à la purification dont j'ai parlé plus haut, rapportant comment ils avaient fait disparaître les sépultures et cru ainsi agir comme il fallait. Les Déliens, grâce à un don de Pharnace, allèrent habiter Atramytteion, en Asie, dans les conditions où chacun était lors de son départ*.

Cléon et Brasidas sur la côte de Thrace.

II. Cléon, ayant amené les Athéniens à son avis, s'embarqua, à l'issue de l'armistice, pour la côte thrace, avec mille deux cents hoplites et trois cents cavaliers d'Athènes ainsi que des forces alliées plus nombreuses, et trente navires. **2** Il s'arrêta d'abord à Skionè, qui était toujours assiégée, et s'adjoignit sur place des hoplites pris parmi les troupes postées là ; puis il gagna le port de Côphos, qui dépend de Toronè et se trouve à peu de distance de la ville. **3** De là, instruit par des transfuges que Brasidas n'était pas à Toronè et que les forces occupant la ville n'étaient pas en mesure de lutter, il marcha avec ses troupes de terre contre la ville, tout en envoyant dix navires faire le tour jusqu'au port. **4** Il atteignit d'abord le mur d'enceinte que Brasidas avait adjoint aux remparts de la ville pour y inclure le faubourg, et, grâce à l'ouverture d'une brèche dans l'ancien

ΘΟΥΚΥΔΙΔΟΥ ΙΣΤΟΡΙΩΝ Ε

I. Τοῦ δ' ἐπιγιγνομένου θέρους αἱ μὲν ἐνιαύσιοι σπονδαὶ διελέλυντο, ⟨ἄλλαι δ' ἐγένοντο⟩ μέχρι Πυθίων· καὶ ἐν τῇ ἐκεχειρίᾳ 'Αθηναῖοι Δηλίους ἀνέστησαν ἐκ Δήλου, ἡγησάμενοι κατὰ παλαιάν τινα αἰτίαν οὐ καθαροὺς ὄντας ἱερῶσθαι, καὶ ἅμα ἐλλιπὲς σφίσιν εἶναι τοῦτο τῆς καθάρσεως, ᾗ πρότερόν μοι δεδήλωται ὡς ἀνελόντες τὰς θήκας τῶν τεθνεώτων ὀρθῶς ἐνόμισαν ποιῆσαι. Καὶ οἱ μὲν Δήλιοι 'Ατραμύττειον Φαρνάκου δόντος αὐτοῖς ἐν τῇ 'Ασίᾳ ᾤκησαν, οὕτως ὡς ἕκαστος ὥρμητο.

II. Κλέων δὲ 'Αθηναίους πείσας ἐς τὰ ἐπὶ Θρᾴκης χωρία ἐξέπλευσε μετὰ τὴν ἐκεχειρίαν, 'Αθηναίων μὲν ὁπλίτας ἔχων διακοσίους καὶ χιλίους καὶ ἱππέας τριακοσίους, τῶν δὲ ξυμμάχων πλείους, ναῦς δὲ τριάκοντα. **2** Σχὼν δὲ ἐς Σκιώνην πρῶτον ἔτι πολιορκουμένην καὶ προσλαβὼν αὐτόθεν ὁπλίτας τῶν φρουρῶν, κατέπλευσεν ἐς τὸν Κωφὸν λιμένα τῶν Τορωναίων ἀπέχοντα οὐ πολὺ τῆς πόλεως. **3** 'Εκ δ' αὐτοῦ, αἰσθόμενος ὑπ' αὐτομόλων ὅτι οὔτε Βρασίδας ἐν τῇ Τορώνῃ οὔτε οἱ ἐνόντες ἀξιόμαχοι εἶεν, τῇ μὲν στρατιᾷ τῇ πεζῇ ἐχώρει ἐς τὴν πόλιν, ναῦς δὲ περιέπεμψε δέκα ⟨ἐς⟩ τὸν λιμένα περιπλεῖν. **4** Καὶ πρὸς τὸ περιτείχισμα πρῶτον ἀφικνεῖται, ὃ προσπεριέβαλε τῇ πόλει ὁ Βρασίδας ἐντὸς βουλόμενος ποιῆσαι τὸ προάστειον καὶ διελὼν τοῦ παλαιοῦ τείχους μίαν αὐτὴν ἐποίησε πό-

Θουκυδίδου ἱστοριῶν ε ex libris aliis edd. : Θουκυδίδου συγγραφῆς ε ABEFM, om. C.

I. 2 ἄλλαι δ' ἐγένοντο add. Gomme (cf. Steup) ‖ 3 'Αθηναῖοι : οἱ 'Αθηναῖοι B.

II. **2** 3 Κωφὸν Pluygers : Κολοφωνίων codd. ‖ **3** 1 ὑπ' : ἀπ' conj. Krueger ‖ ὅτι οὔτε Poppo : ὅτι οὐδὲ codd. ‖ 3 περιέπεμψε[ν] E[s1]F[pc]M : -μψαν cett. ‖ 4 ἐς add. Bekker.

mur, constituer ainsi une ville unique. III. Pasitélidas, le commandant lacédémonien, s'y porta avec la garnison dont il disposait et entreprit de repousser les assauts athéniens. Puis, comme ces troupes cédaient et qu'en même temps les navires envoyés à cet effet faisaient le tour pour entrer dans le port, Pasitélidas conçut une double crainte : les navires pouvaient avoir le temps de prendre la ville sans défenseurs, et il pouvait, si le rempart était emporté, se faire surprendre là ; aussi l'abandonna-t-il pour regagner la ville au pas de course.
2 Mais les Athéniens eurent le temps d'agir — les hommes des navires s'emparant de Toronè tandis que les troupes de terre se ruaient sur ses talons par la brèche de l'ancien mur et faisaient irruption dans la ville[1]. Parmi les Péloponnésiens et les gens de Toronè, ils en tuèrent certains au cours même de l'action et firent les autres prisonniers, dont Pasitélidas qui les commandait. **3** Brasidas, cependant, marchait au secours de Toronè ; mais, apprenant en route la prise de la ville, il battit en retraite ; il s'en était fallu de quelque quarante stades qu'il n'eût le temps d'arriver. **4** Cléon et les Athéniens dressèrent deux trophées, l'un vers le port, l'autre près du rempart ; ils réduisirent en esclavage les femmes et les enfants de Toronè ; quant aux hommes de Toronè, aux Péloponnésiens et aux Chalcidiens qui pouvaient être là, c'est-à-dire, en tout, quelque sept cents hommes, ils les envoyèrent à Athènes : tout ce qui était péloponnésien fut plus tard libéré lors du traité, le reste fut récupéré par Olynthe, moyennant un échange à nombre égal.

5 Il faut placer aussi vers la même époque la prise de Panacton, une forteresse située aux confins de l'Attique, et dont les Béotiens s'emparèrent grâce à des trahisons.

6 Puis Cléon, ayant installé une garnison à Toronè, en partit pour contourner l'Athos, en direction d'Amphipolis.

IV. Phéax, fils d'Érasistratos, prit la mer vers la même époque, accompagné de deux collègues : Athènes l'envoyait comme ambassadeur en Italie et en Sicile,

1. Le caractère double de l'attaque se reflète dans chaque phrase.

λιν. III. Βοηθήσαντες δὲ ἐς αὐτὸ Πασιτελίδας τε ὁ Λακεδαιμόνιος ἄρχων καὶ ἡ παροῦσα φυλακὴ προσβαλόντων τῶν Ἀθηναίων ἠμύνοντο. Καὶ ὡς ἐβιάζοντο καὶ αἱ νῆες ἅμα περιέπλεον ⟨αἱ⟩ ἐς τὸν λιμένα περιπεμφθεῖσαι, δείσας ὁ Πασιτελίδας μὴ αἵ τε νῆες φθάσωσι λαβοῦσαι ἐρῆμον τὴν πόλιν καὶ τοῦ τειχίσματος ἁλισκομένου ἐγκαταληφθῇ, ἀπολιπὼν αὐτὸ δρόμῳ ἐχώρει ἐς τὴν πόλιν. 2 Οἱ δὲ Ἀθηναῖοι φθάνουσιν οἵ τε ἀπὸ τῶν νεῶν ἑλόντες τὴν Τορώνην καὶ ὁ πεζὸς ἐπισπόμενος αὐτοβοεὶ κατὰ τὸ διῃρημένον τοῦ παλαιοῦ τείχους ξυνεσπεσών. Καὶ τοὺς μὲν ἀπέκτειναν τῶν Πελοποννησίων καὶ Τορωναίων εὐθὺς ἐν χερσί, τοὺς δὲ ζῶντας ἔλαβον καὶ Πασιτελίδαν τὸν ἄρχοντα. 3 Βρασίδας δὲ ἐβοήθει μὲν τῇ Τορώνῃ, αἰσθόμενος δὲ καθ' ὁδὸν ἑαλωκυῖαν ἀνεχώρησεν, ἀποσχὼν τεσσαράκοντα μάλιστα σταδίους μὴ φθάσαι ἐλθών. 4 Ὁ δὲ Κλέων καὶ οἱ Ἀθηναῖοι τροπαῖά τε ἔστησαν δύο, τὸ μὲν κατὰ τὸν λιμένα, τὸ δὲ πρὸς τῷ τειχίσματι, καὶ τῶν Τορωναίων γυναῖκας μὲν καὶ παῖδας ἠνδραπόδισαν, αὐτοὺς δὲ καὶ Πελοποννησίους, καὶ εἴ τις ἄλλος Χαλκιδέων ἦν, ξύμπαντας ἐς ἑπτακοσίους, ἀπέπεμψαν ἐς τὰς Ἀθήνας· καὶ αὐτοῖς τὸ μὲν Πελοποννήσιον ὕστερον ἐν ταῖς γενομέναις σπονδαῖς ἀπῆλθε, τὸ δὲ ἄλλο ἐκομίσθη ὑπ' Ὀλυνθίων, ἀνὴρ ἀντ' ἀνδρὸς λυθείς.

5 Εἷλον δὲ καὶ Πάνακτον Ἀθηναίων ἐν μεθορίοις τεῖχος Βοιωτοὶ ὑπὸ τὸν αὐτὸν χρόνον προδοσίᾳ.

6 Καὶ ὁ μὲν Κλέων φυλακὴν καταστησάμενος τῆς Τορώνης ἄρας περιέπλει τὸν Ἄθων ὡς ἐπὶ τὴν Ἀμφίπολιν.

IV. Φαίαξ δὲ ὁ Ἐρασιστράτου τρίτος αὐτὸς Ἀθηναίων πεμπόντων ναυσὶ δύο ἐς Ἰταλίαν καὶ Σικελίαν πρεσβευ-

III. 1 1 Λακεδαιμόνιος : -μονίων G[ac] || 3 καὶ αἱ : καὶ B || 4 αἱ ἐς J[2], conj. Haacke : ἐς cett. || 7 ἐς : in lit. B, πρὸς A[2] || 2 4 τοῦ παλαιοῦ τείχους CF[pc]M : τείχους τοῦ παλαιοῦ ABEF[ac] || ξυνεσπεσών : ξυνέπεσον E ξυμπεσών J || 4 5 ἄλλος : ἄλλος τῶν B || 5 1 εἷλον : εἶχον M || 6 2 περιέπλει C : περιπλεῖ.

avec deux navires. **2** En effet, lorsque les Athéniens eurent quitté la Sicile à la suite de l'accord[1], les Léontins admirent beaucoup de nouveaux citoyens et le parti populaire projeta un partage des terres. **3** Ceux qui avaient des moyens, comprenant cela, appelèrent chez eux les Syracusains et expulsèrent les gens du peuple ; ceux-ci se dispersèrent à l'aventure ; quant à ceux qui avaient des moyens, ils s'entendirent avec les Syracusains, quittèrent la ville, désormais inhabitée, et s'installèrent à Syracuse, avec droit de cité. **4** Mais, dans la suite, certains d'entre eux, mécontents, quittèrent Syracuse et revinrent occuper un endroit appelé Phocée, qui fait partie du territoire de Léontinoi, et Brikinniai, une place forte du pays. Alors, la plupart des gens du peuple, qui avaient, à l'époque, été chassés, vinrent les rejoindre ; et, établis là, ils faisaient la guerre depuis leurs deux forts. **5** La connaissance de cette situation détermina l'envoi de Phéax par les Athéniens : ils voulaient tenter d'entraîner leurs alliés de là-bas, et, si possible, les autres Siciliens, dans une expédition commune contre Syracuse, qui, disaient-ils, amassait des forces, et, par là, sauver le parti populaire de Léontinoi. **6** Une fois arrivé, Phéax réussit bien à décider les gens de Camarine et d'Agrigente, mais, s'étant heurté à un échec à Géla, il renonça à poursuivre ses démarches ailleurs, se rendant compte qu'il ne saurait s'y faire écouter : il revint à Catane, en passant par chez les Sikèles ; sur son chemin, il poussa jusqu'à Brikinniai, y prodigua des encouragements, puis rembarqua.

V. Au cours du trajet pour aller en Sicile et en revenir, il négocia aussi avec certaines villes d'Italie à propos de liens d'amitié à établir avec Athènes ; et il rencontra des Locriens chassés de Messine où ils étaient établis : après l'accord entre Siciliens, Messine s'était trouvée divisée et un des deux partis avait appelé les Locriens ; ces hommes avaient alors été envoyés comme nouveaux colons, et Messine avait appartenu quelque temps aux Locriens. **2** Lorsque Phéax rencontra ce groupe de

1. Cet accord est celui de IV.65.1.

τῆς ὑπὸ τὸν αὐτὸν χρόνον ἐξέπλευσεν. 2 Λεοντῖνοι γὰρ ἀπελθόντων Ἀθηναίων ἐκ Σικελίας μετὰ τὴν ξύμβασιν πολίτας τε ἐπεγράψαντο πολλοὺς καὶ ὁ δῆμος τὴν γῆν ἐπενόει ἀναδάσασθαι. 3 Οἱ δὲ δυνατοὶ αἰσθόμενοι Συρακοσίους τε ἐπάγονται καὶ ἐκβάλλουσι τὸν δῆμον. Καὶ οἱ μὲν ἐπλανήθησαν ὡς ἕκαστοι· οἱ δὲ δυνατοὶ ὁμολογήσαντες Συρακοσίοις καὶ τὴν πόλιν ἐκλιπόντες καὶ ἐρημώσαντες Συρακούσας ἐπὶ πολιτείᾳ ᾤκησαν. 4 Καὶ ὕστερον πάλιν αὐτῶν τινες διὰ τὸ μὴ ἀρέσκεσθαι ἀπολιπόντες ἐκ τῶν Συρακουσῶν Φωκέας τε, τῆς πόλεώς τι τῆς Λεοντίνων χωρίον καλούμενον, καταλαμβάνουσι καὶ Βρικιννίας, ὂν ἔρυμα ἐν τῇ Λεοντίνῃ. Καὶ τῶν τοῦ δήμου τότε ἐκπεσόντων οἱ πολλοὶ ἦλθον ὡς αὐτούς, καὶ καταστάντες ἐκ τῶν τειχῶν ἐπολέμουν. 5 Ἃ πυνθανόμενοι οἱ Ἀθηναῖοι τὸν Φαίακα πέμπουσιν, εἴ πως πείσαντες τοὺς σφίσιν ὄντας αὐτόθι ξυμμάχους καὶ τοὺς ἄλλους, ἢν δύνωνται, Σικελιώτας κοινῇ, ὡς Συρακοσίων δύναμιν περιποιουμένων, ἐπιστρατεῦσαι, διασώσειαν τὸν δῆμον τῶν Λεοντίνων. 6 Ὁ δὲ Φαίαξ ἀφικόμενος τοὺς μὲν Καμαριναίους πείθει καὶ Ἀκραγαντίνους, ἐν δὲ Γέλᾳ ἀντιστάντος αὐτῷ τοῦ πράγματος οὐκέτι ἐπὶ τοὺς ἄλλους ἔρχεται, αἰσθόμενος οὐκ ἂν πείθειν αὐτούς, ἀλλ' ἀναχωρήσας διὰ τῶν Σικελῶν ἐς Κατάνην, καὶ ἅμα ἐν τῇ παρόδῳ καὶ ἐς τὰς Βρικιννίας ἐλθὼν καὶ παραθαρσύνας, ἀπέπλει.

V. Ἐν δὲ τῇ παρακομιδῇ τῇ ἐς τὴν Σικελίαν καὶ πάλιν ἀναχωρήσει καὶ ἐν τῇ Ἰταλίᾳ τισὶ πόλεσιν ἐχρημάτισε περὶ φιλίας τοῖς Ἀθηναίοις, καὶ Λοκρῶν ἐντυγχάνει τοῖς ἐκ Μεσσήνης ἐποίκοις ἐκπεπτωκόσιν, οἳ μετὰ τὴν Σικελιωτῶν ὁμολογίαν στασιασάντων Μεσσηνίων καὶ ἐπαγαγομένων τῶν ἑτέρων Λοκροὺς ἔποικοι ἐξεπέμφθησαν καὶ ἐγένετο Μεσσήνη Λοκρῶν τινα χρόνον. 2 Τούτοις οὖν ὁ Φαίαξ

IV. 4 4 3 Φωκέας : -καίας AB ‖ καταλ[αμβάνουσι incip., τ[ῶν (6) des. Π^{24} ‖ ὂν om. Π^{24}.

V. 1 4 τὴν : τὴν τῶν J.

gens en train d'être déplacés, il ne leur fit aucun mal. Car il avait conclu avec Locres une convention pour un accord entre elle et Athènes : **3** seuls parmi les peuples alliés, lors de la réconciliation des Siciliens, ils n'avaient pas traité avec Athènes ; et ils ne l'auraient pas fait au moment en question, si la guerre contre les gens d'Hippônion et de Medma, leurs proches voisins et leurs colons, ne leur avait lié les mains.

Phéax, donc, revint, à quelque temps de là, à Athènes.

VI. Quant à Cléon, une fois qu'il eut fait le tour, depuis Toronè, comme on a vu, pour aller attaquer Amphipolis, il prit pour base Éion ; de là il attaqua d'abord Stagiros, colonie d'Andros, qu'il ne prit pas, puis Galèpsos, la colonie de Thasos, dont il s'empara de vive force[1]. **2** Et, après avoir envoyé des messagers à Perdiccas, pour obtenir son appui militaire conformément au pacte d'alliance[2], et d'autres en Thrace, chez Pollès, le roi des Odomantes, pour en ramener le plus grand nombre possible de mercenaires thraces, il attendait lui-même à Éion en se tenant tranquille.

3 Brasidas, cependant, au reçu de ces nouvelles, était venu en réponse prendre position sur la hauteur de Kerdylion : l'endroit, qui appartient aux gens d'Argilos, occupe une éminence de l'autre côté du fleuve, à peu de distance d'Amphipolis ; de là, tout se voyait, et Cléon n'aurait pu faire avancer ses troupes sans que lui-même le sût ; or, c'était bien ce qu'il prévoyait de la part de Cléon, pensant que, plein de dédain pour le nombre des troupes de défense, il monterait à l'assaut d'Amphipolis avec les effectifs dont il disposait. **4** En même temps, Brasidas se préparait, appelant à l'aide mille cinq cents mercenaires thraces et tous les Édones, peltastes et cavaliers. Il avait aussi mille peltastes de Myrkinos[3] et de Chalci-

1. La défection de Stagiros a été rapportée à IV.88.2, celle de Galèpsos à IV.107.3. Il semble, d'après les listes de paiement du tribut, que d'autres villes aient été récupérées vers la même époque.

2. Celui de IV.132.1.

3. Myrkinos s'était ralliée à lui en même temps que Galèpsos : IV.107.3. On découvre plus loin, à V.10.9, que Brasidas avait également des cavaliers de cette ville.

ἐντυχὼν [τοῖς] κομιζομένοις οὐκ ἠδίκησεν· ἐγεγένητο γὰρ τοῖς Λοκροῖς πρὸς αὐτὸν ὁμολογία ξυμβάσεως πέρι πρὸς τοὺς Ἀθηναίους. 3 Μόνοι γὰρ τῶν ξυμμάχων, ὅτε Σικελιῶται ξυνηλλάσσοντο, οὐκ ἐσπείσαντο Ἀθηναίοις, οὐδ' ἂν τότε, εἰ μὴ αὐτοὺς κατεῖχεν ὁ πρὸς Ἱππωνιᾶς καὶ Μεδμαίους πόλεμος, ὁμόρους τε ὄντας καὶ ἀποίκους.

Καὶ ὁ μὲν Φαίαξ ἐς τὰς Ἀθήνας χρόνῳ ὕστερον ἀφίκετο.

VI. Ὁ δὲ Κλέων ὡς ἀπὸ τῆς Τορώνης τότε περιέπλευσεν ἐπὶ τὴν Ἀμφίπολιν, ὁρμώμενος ἐκ τῆς Ἠιόνος Σταγίρῳ μὲν προσβάλλει Ἀνδρίων ἀποικίᾳ καὶ οὐχ εἷλε, Γαληψὸν δὲ τὴν Θασίων ἀποικίαν λαμβάνει κατὰ κράτος. 2 Καὶ πέμψας ὡς Περδίκκαν πρέσβεις, ὅπως παραγένοιτο στρατιᾷ κατὰ τὸ ξυμμαχικόν, καὶ ἐς τὴν Θρᾴκην ἄλλους παρὰ Πολλῆν τὸν Ὀδομάντων βασιλέα, ἄξοντας μισθοῦ Θρᾷκας ὡς πλείστους, αὐτὸς ἡσύχαζε περιμένων ἐν τῇ Ἠιόνι.

3 Βρασίδας δὲ πυνθανόμενος ταῦτα ἀντεκάθητο καὶ αὐτὸς ἐπὶ τῷ Κερδυλίῳ· ἔστι δὲ τὸ χωρίον τοῦτο Ἀργιλίων ἐπὶ μετεώρου πέραν τοῦ ποταμοῦ οὐ πολὺ ἀπέχον τῆς Ἀμφιπόλεως, καὶ κατεφαίνετο πάντα αὐτόθεν, ὥστε οὐκ ἂν ἔλαθεν αὐτὸν ὁρμώμενος ὁ Κλέων τῷ στρατῷ· ὅπερ προσεδέχετο ποιήσειν αὐτόν, ἐπὶ τὴν Ἀμφίπολιν ὑπεριδόντα σφῶν τὸ πλῆθος τῇ παρούσῃ στρατιᾷ ἀναβήσεσθαι. 4 Ἅμα δὲ καὶ παρεσκευάζετο Θρᾷκάς τε μισθωτοὺς πεντακοσίους καὶ χιλίους καὶ τοὺς Ἠδῶνας πάντας παρακαλῶν, πελταστὰς καὶ ἱππέας· καὶ Μυρκινίων καὶ Χαλκιδέων

V. 2 2 τοῖς del. Dobrée [τοῖς κομιζομένοις del. Classen] : προς Fpc, τότε conj. Meineke ‖ 3 1 ὅτε CF² : οἵ τε cett. ‖ 3 Ἱππωνιᾶς Beloch (Ἰπωνιέας scrib.) : Ἰτωνέας codd. ‖ Μεδμαίους Weidner : Μελαίους codd.

VI. 1 1 ὡς: ὃς C ‖ ἀπὸ τῆς Τορώνης τότε ABEFMG² : τότε ἀπὸ τῆς Τορώνης C ἀπὸ τῆς τότε Τορώνης G ‖ 2 3 ἄξοντας Linwood : ἄξαντα ABCFM ἄξαντα E ἄξοντα F²JK ‖ 3 5 αὐτὸν JK : αὐτόθεν cett. (et Z) ‖ 6 ὑπεριδόντα ACF² : ὑπεριδόντας BEFZ ὑπερδόντας M ‖ 4 1 τε om. B ‖ 3-4 καὶ ἱππέας... πελταστὰς om. AB.

dique, en plus de ceux d'Amphipolis. **5** L'ensemble des hoplites faisait, au total, à peu près deux mille hommes, avec trois cents cavaliers grecs. Sur ces effectifs, Brasidas avait quelque mille cinq cents hommes en position à Kerdylion : les autres étaient en position à Amphipolis, sous les ordres de Cléaridas.

VII. Cléon, lui, se tint tranquille un certain temps ; mais, ensuite, il fut forcé de faire ce que prévoyait Brasidas[1]. **2** Ses soldats, en effet, supportaient mal leur inaction ; ils supputaient la valeur de son commandement, qui allait opposer à tant d'expérience et d'audace tant d'ignorance et de mollesse, et qui leur avait inspiré tant de répugnance quand ils avaient dû partir avec lui ; aussi Cléon, percevant ces murmures et ne voulant pas voir ses hommes trop abattus à force de rester sur place, les prit et se mit en marche[2]. **3** Et il montra le même tour de caractère que lors de ce coup de chance de Pylos, où s'était affirmée sa foi dans ses capacités ; il ne pensa même pas qu'on pût sortir lui livrer combat ; il disait qu'en montant vers la ville, il voulait plutôt observer les lieux[3], et, s'il attendait des effectifs plus importants, c'était non pas pour pouvoir, en cas de nécessité, l'emporter sans risques, mais pour encercler la ville et la prendre ainsi par la force. **4** Il vint donc établir son armée sur une hauteur solidement défendue devant Amphipolis, et alla lui-même observer la région marécageuse du Strymon et la façon dont se présentait la situation de la ville du côté de la Thrace. **5** Et il pensait s'en retourner quand il le voudrait, sans avoir à livrer combat : le fait est qu'on ne voyait personne ni sur le rempart ni sortant par les portes de la ville, qui étaient toutes fermées. Si bien qu'il lui semblait même avoir eu tort de monter vers la ville sans machines de siège : il aurait, croyait-il, pris celle-ci faute de défenseurs.

VIII. Brasidas, lui, sitôt qu'il vit le mouvement

1. C'est-à-dire d'attaquer Amphipolis sans attendre les renforts : cf. 6.3.
2. Sur l'hostilité à Cléon dans ce passage, cf. Notice, p. xxv et p. xiii.
3. Ce but assez mince souligne l'imprudence : cf. 4 : αὐτὸς ἐθεᾶτο.

χιλίους πελταστὰς εἶχε πρὸς τοῖς ἐν Ἀμφιπόλει. **5** Τὸ δ' ὁπλιτικὸν ξύμπαν ἠθροίσθη δισχίλιοι μάλιστα καὶ ἱππῆς Ἕλληνες τριακόσιοι. Τούτων Βρασίδας μὲν ἔχων ἐπὶ Κερδυλίῳ ἐκάθητο ἐς πεντακοσίους καὶ χιλίους, οἱ δ' ἄλλοι ἐν Ἀμφιπόλει μετὰ Κλεαρίδου ἐτετάχατο.

VII. Ὁ δὲ Κλέων τέως μὲν ἡσύχαζεν, ἔπειτα ἠναγκάσθη ποιῆσαι ὅπερ ὁ Βρασίδας προσεδέχετο. **2** Τῶν γὰρ στρατιωτῶν ἀχθομένων μὲν τῇ ἕδρᾳ, ἀναλογιζομένων δὲ τὴν ἐκείνου ἡγεμονίαν πρὸς οἵαν ἐμπειρίαν καὶ τόλμαν μετὰ οἵας ἀνεπιστημοσύνης καὶ μαλακίας γενήσοιτο καὶ οἴκοθεν ὡς ἄκοντες αὐτῷ ξυνεξῆλθον, αἰσθόμενος τὸν θροῦν καὶ οὐ βουλόμενος αὐτοὺς διὰ τὸ ἐν τῷ αὐτῷ καθημένους βαρύνεσθαι, ἀναλαβὼν ἦγεν. **3** Καὶ ἐχρήσατο τῷ τρόπῳ ᾧπερ καὶ ἐς τὴν Πύλον εὐτυχήσας ἐπίστευσέ τι φρονεῖν· ἐς μάχην μὲν γὰρ οὐδὲ ἤλπισέν οἱ ἐπεξιέναι οὐδένα, κατὰ θέαν δὲ μᾶλλον ἔφη ἀναβαίνειν τοῦ χωρίου, καὶ τὴν μείζω παρασκευὴν περιέμενεν, οὐχ ὡς τῷ ἀσφαλεῖ, ἢν ἀναγκάζηται, περισχήσων, ἀλλ' ὡς κύκλῳ περιστὰς βίᾳ αἱρήσων τὴν πόλιν. **4** Ἐλθών τε καὶ καθίσας ἐπὶ λόφου καρτεροῦ πρὸ τῆς Ἀμφιπόλεως τὸν στρατόν, αὐτὸς ἐθεᾶτο τὸ λιμνῶδες τοῦ Στρυμόνος καὶ τὴν θέσιν τῆς πόλεως ἐπὶ τῇ Θρᾴκῃ ὡς ἔχοι. **5** Ἀπιέναι τε ἐνόμιζεν, ὁπόταν βούληται, ἀμαχεί· καὶ γὰρ οὐδὲ ἐφαίνετο οὔτ' ἐπὶ τοῦ τείχους οὐδεὶς οὔτε κατὰ πύλας ἐξῄει, κεκλῃμέναι τε ἦσαν πᾶσαι. Ὥστε καὶ μηχανὰς ὅτι οὐκ ἀνῆλθεν ἔχων, ἁμαρτεῖν ἐδόκει· ἑλεῖν γὰρ ἂν τὴν πόλιν διὰ τὸ ἐρῆμον.

VIII. Ὁ δὲ Βρασίδας εὐθὺς ὡς εἶδε κινουμένους τοὺς

VI. **4** 4 τοῖς : τοὺς C || **5** 3 ἔχων om. Z.

VII. **2** 5 ξυνεξῆλθον Dobrée : ξυνῆλθον codd. || 6 καθημένους : καθημενος F[ac] καθήμενον dubitanter conj. Gomme || **3** 2 τι : τε C, om. J || 5 περιέμενεν : περιέμεινεν C || **4** 2 ἐθεᾶτο : ἐθεάσατο E || 3-4 τῇ Θρᾴκῃ : τὴν Θράκῃ C τὴν Θράκην C[2]G || **5** 1 ὁπόταν : ὁπότε (τε in ras.) Z || 4 οὐκ ἀνῆλθεν Haacke : οὐκ ἀπῆλθεν K recc. οὐ κατῆλθεν cett. || ἁμαρτεῖν : ἁμαρτάνειν C.

athénien, descendit à son tour de Kerdylion et rentra dans Amphipolis. **2** Là, il ne fit pas contre les Athéniens une sortie avec bataille rangée ; il envisageait avec crainte ses propres effectifs et les jugeait inférieurs, non par le nombre (car il y avait pratiquement équilibre), mais par la valeur (car les forces athéniennes en campagne étaient purement faites d'Athéniens[1], avec les meilleures troupes de Lemnos et d'Imbros) ; il se préparait donc plutôt à lutter par l'adresse. **3** En effet, s'il montrait à l'adversaire le nombre de ses hommes et leur armement réduit au minimum, il ne pensait pas s'en tirer aussi bien que s'il lui ôtait la faculté de les jauger d'emblée et d'en tirer un mépris qui ne serait pas sans justification*. **4** Aussi choisit-il cent cinquante hoplites pour lui-même* et confia-t-il le reste à Cléaridas ; son projet était de lancer une action immédiate, avant le départ des Athéniens ; car il se disait qu'il ne les trouverait plus si bien isolés, s'il advenait que le renfort qu'ils attendaient fût là[2]. **5** Et, convoquant l'ensemble des soldats, il voulut à la fois les encourager et leur expliquer ses intentions, en leur disant, en substance, ce qui suit.

IX. « Soldats du Péloponnèse, pour évoquer le pays d'où nous venons et dire que sa vaillance l'a toujours fait libre, pour dire que vous allez, vous Doriens, combattre des Ioniens, dont vous avez l'habitude de triompher, cette brève indication doit suffire. **2** Notre offensive, en revanche, je vais vous expliquer de quelle façon je compte la mener : il ne faut pas que le fait de vous risquer par petits groupes et non tous ensemble ait l'air d'une faiblesse et ôte à personne son audace. **3** A ce que je suppose, en effet, l'adversaire est monté là où il est parce qu'il nous méprise et n'aurait jamais pensé qu'on pût sortir pour le combattre : maintenant il doit

1. L'armée de Brasidas, même sans parler des nombreux alliés régionaux (V.6.4), comptait des hilotes et des mercenaires (V.80.2 et 5).

2. Le sentiment d'une occasion à ne pas laisser passer n'est pas en contradiction avec l'impression d'infériorité dégagée dans la phrase 8.2 : si Cléon reçoit des renforts, cette infériorité sera pire ; en attendant, on peut la pallier en manœuvrant avec ruse.

Ἀθηναίους, καταβὰς καὶ αὐτὸς ἀπὸ τοῦ Κερδυλίου ἐσέρχεται ἐς τὴν Ἀμφίπολιν. 2 Καὶ ἐπέξοδον μὲν καὶ ἀντίταξιν οὐκ ἐποιήσατο πρὸς τοὺς Ἀθηναίους, δεδιὼς τὴν αὑτοῦ παρασκευὴν καὶ νομίζων ὑποδεεστέρους εἶναι, οὐ τῷ πλήθει (ἀντίπαλα γάρ πως ἦν), ἀλλὰ τῷ ἀξιώματι (τῶν γὰρ Ἀθηναίων ὅπερ ἐστράτευε καθαρὸν ἐξῆλθε, καὶ Λημνίων καὶ Ἰμβρίων τὸ κράτιστον), τέχνῃ δὲ παρεσκευάζετο ἐπιθησόμενος. 3 Εἰ γὰρ δείξειε τοῖς ἐναντίοις τό τε πλῆθος καὶ τὴν ὅπλισιν ἀναγκαίαν οὖσαν τῶν μεθ' ἑαυτοῦ, οὐκ ἂν ἡγεῖτο μᾶλλον περιγενέσθαι ἢ ἄνευ προόψεώς τε αὐτῶν καὶ μὴ ἀπὸ τοῦ ὄντος καταφρονήσεως. 4 Ἀπολεξάμενος οὖν αὐτὸς πεντήκοντα καὶ ἑκατὸν ὁπλίτας, καὶ τοὺς ἄλλους Κλεαρίδᾳ προστάξας, ἐβουλεύετο ἐπιχειρεῖν αἰφνιδίως, πρὶν ἀπελθεῖν τοὺς Ἀθηναίους, οὐκ ἂν νομίζων αὐτοὺς ὁμοίως ἀπολαβεῖν αὖθις μεμονωμένους, εἰ τύχοι ἐλθοῦσα αὐτοῖς ἡ βοήθεια. 5 Ξυγκαλέσας δὲ τοὺς πάντας στρατιώτας καὶ βουλόμενος παραθαρσῦναί τε καὶ τὴν ἐπίνοιαν φράσαι ἔλεγε τοιάδε.

IX. « Ἄνδρες Πελοποννήσιοι, ἀπὸ μὲν οἵας χώρας ἥκομεν, ὅτι αἰεὶ διὰ τὸ εὔψυχον ἐλευθέρας, καὶ ὅτι Δωριῆς μέλλετε Ἴωσι μάχεσθαι, ὧν εἰώθατε κρείσσους εἶναι, ἀρκείτω βραχέως δεδηλωμένον· 2 τὴν δὲ ἐπιχείρησιν ᾧ τρόπῳ διανοοῦμαι ποιεῖσθαι διδάξω, ἵνα μή τῳ τὸ κατ' ὀλίγον καὶ μὴ ἅπαντας κινδυνεύειν ἐνδεὲς φαινόμενον ἀτολμίαν παράσχῃ. 3 Τοὺς γὰρ ἐναντίους εἰκάζω καταφρονήσει τε ἡμῶν καὶ οὐκ ἂν ἐλπίσαντας ὡς ἂν ἐπεξέλθοι τις αὐτοῖς ἐς μάχην, ἀναβῆναί τε πρὸς τὸ χωρίον καὶ

VIII. 1 2 καταβὰς : καὶ καταβὰς M ‖ 2 3 αὑτοῦ : αυτοῦ E αὐτοῦ F² ‖ 3 1 δείξειε(ν) C : δείξοιε(ν) ABEFMZ δείξοι H* ‖ 2 ἑαυτοῦ : ἑαυτῶν ABF* ‖ 4 4 ἀπελθεῖν : ἐπελθεῖν A* ‖ 4-5 αὐτοὺς ὁμοίως : ὁμοίως αὐτοὺς C ‖ 5 ἀπολαβεῖν CMF²G : ἀποβαλεῖν AEFZ (ras. B) ‖ αὖθις recc. : αὖτις codd.

IX. 1 4 ἀρκείτω CE²F²G* : ἀρκεῖτο F ἀρκεῖ τὸ cett. ‖ δεδηλωμένον : -μένων C ‖ 2 1 ᾧ : ὅτω M ‖ 2 τῳ τὸ Poppo : τῷ τε ABCEFMZ τό τε C²E²F² ‖ 3 ὀλίγον : ὀλίγους conj. Hude.

être en désordre, occupé à observer sans s'inquiéter. **4** Or bien discerner ce genre de fautes de la part de l'adversaire[1] tout en tenant compte de ses propres forces, et engager ainsi l'offensive, moins à découvert et en bataille rangée que selon l'intérêt du moment, c'est se donner les plus grandes chances de succès[2]. **5** Et tels subterfuges sont tenus pour très nobles, qui permettent de mieux tromper l'ennemi pour procurer aux siens un plus grand avantage. **6** Donc, tant que leur confiance les empêche d'être sur leurs gardes, et que leurs dispositions, d'après ce que j'en peux voir, vont plutôt à se retirer qu'elles n'impliquent de tenir, profitant du flottement dans leurs sentiments et avant qu'ils n'aient raffermi leur jugement, je vais, moi, avec mes hommes, sans leur laisser aucun temps, si je puis, me jeter à la course en plein milieu de leur armée. **7** Toi, Cléaridas, plus tard, quand tu verras que je les presse et que, selon toute vraisemblance, je mets chez eux le désarroi, alors prends tes hommes, les gens d'Amphipolis et les autres alliés*, ouvre soudain les portes pour t'élancer au dehors et courir le plus tôt possible à la mêlée : **8** on peut penser que ce sera le meilleur moyen de les mettre en plein désarroi ; car qui attaque en second effraie plus l'ennemi que les troupes déjà là et en train de combattre[3]. **9** Montre toi toi-même un brave — comme doit l'être un Spartiate, et vous, alliés, suivez avec courage ; dites-vous que bien faire la guerre exige trois qualités — la résolution, le sentiment de l'honneur et l'obéissance aux chefs — et que ce jour vous réserve de deux choses l'une : ou bien, si vous êtes braves, vous aurez la liberté et le titre d'alliés de Sparte, ou bien vous aurez celui de sujets d'Athènes — dans l'hypothèse heureuse où vous éviteriez d'être vendus comme esclaves ou mis à mort — et un assujettissement pire que celui d'avant, avec, vis-à-vis du reste des Grecs,

1. Cléon ne s'est pas assez inquiété et n'a pas assuré la protection de ses troupes contre une éventuelle surprise : l'effet de surprise sera doublé par la manœuvre en deux temps de Brasidas.

2. On comparera la maxime parallèle de III.30.4.

3. Maxime reprise par Énée le Tacticien (*Poliorc.*, 38). Le discours contient tout un exposé théorique (cf. 8.5 : φράσαι ; 9.2 : διδάξω).

νῦν ἀτάκτως κατὰ θέαν τετραμμένους ὀλιγωρεῖν. 4 Ὅστις δὲ τὰς τοιαύτας ἁμαρτίας τῶν ἐναντίων κάλλιστα ἰδὼν καὶ ἅμα πρὸς τὴν ἑαυτοῦ δύναμιν τὴν ἐπιχείρησιν ποιεῖται μὴ ἀπὸ τοῦ προφανοῦς μᾶλλον καὶ ἀντιπαραταχθέντος ἢ ἐκ τοῦ πρὸς τὸ παρὸν ξυμφέροντος, πλεῖστ' ἂν ὀρθοῖτο· 5 καὶ τὰ κλέμματα ταῦτα καλλίστην δόξαν ἔχει ἃ τὸν πολέμιον μάλιστ' ἄν τις ἀπατήσας τοὺς φίλους μέγιστ' ἂν ὠφελήσειεν. 6 Ἕως οὖν ἔτι ἀπαράσκευοι θαρσοῦσι καὶ τοῦ ὑπαπιέναι πλέον ἢ τοῦ μένοντος, ἐξ ὧν ἐμοὶ φαίνονται, τὴν διάνοιαν ἔχουσιν, ἐν τῷ ἀνειμένῳ αὐτῶν τῆς γνώμης καὶ πρὶν ξυνταθῆναι μᾶλλον τὴν δόξαν, ἐγὼ μὲν ἔχων τοὺς μετ' ἐμαυτοῦ καὶ φθάσας, ἢν δύνωμαι, προσπεσοῦμαι δρόμῳ κατὰ μέσον τὸ στράτευμα· 7 σὺ δέ, Κλεαρίδα, ὕστερον, ὅταν ἐμὲ ὁρᾷς ἤδη προσκείμενον καὶ κατὰ τὸ εἰκὸς φοβοῦντα αὐτούς, τοὺς μετὰ σεαυτοῦ τούς τ' Ἀμφιπολίτας καὶ τοὺς ἄλλους ξυμμάχους ἄγων αἰφνιδίως τὰς πύλας ἀνοίξας ἐπεκθεῖν καὶ ἐπείγεσθαι ὡς τάχιστα ξυμμεῖξαι. 8 Ἐλπὶς γὰρ μάλιστα αὐτοὺς οὕτω φοβηθῆναι· τὸ γὰρ ἐπιὸν ὕστερον δεινότερον τοῖς πολεμίοις τοῦ παρόντος καὶ μαχομένου. 9 Καὶ αὐτός τε ἀνὴρ ἀγαθὸς γίγνου, ὥσπερ σε εἰκὸς ὄντα Σπαρτιάτην, καὶ ὑμεῖς, ὦ ἄνδρες ξύμμαχοι, ἀκολουθήσατε ἀνδρείως, καὶ νομίσατε ⟨τρία⟩ εἶναι τοῦ καλῶς πολεμεῖν, τὸ ἐθέλειν καὶ τὸ αἰσχύνεσθαι καὶ ⟨τὸ⟩ τοῖς ἄρχουσι πείθεσθαι, καὶ τῇδε ὑμῖν τῇ ἡμέρᾳ ἢ ἀγαθοῖς γενομένοις ἐλευθερίαν τε ὑπάρχειν καὶ Λακεδαιμονίων ξυμμάχοις κεκλῆσθαι, ἢ Ἀθηναίων τε δούλοις, ἢν τὰ ἄριστα ἄνευ ἀνδραποδισμοῦ ἢ θανατώσεως πράξητε, καὶ δουλείαν χαλεπωτέραν ἢ πρὶν εἴχετε, τοῖς δὲ λοιποῖς Ἕλλησι κωλυταῖς γενέσθαι ἐλευ-

IX. 5 2 πολέμιον : πόλεμον ABE*F*M ‖ 6 4 ξυνταθῆναι Krueger : συνταχθῆναι codd. ‖ 7 2 ἐμὲ ὁρᾷς : ὁρᾷς ἐμὲ G ‖ 6 ξυμμεῖξαι... μάλιστα om. E* ‖ 8 1 μάλιστα : μάλιστ' ἂν conj. Herwerden ‖ 9 4 τρία Stobaeus (cf. schol.) : om. codd. ‖ 5 τὸ Krueger : om. codd. ‖ 7 ξυμμάχοις... Ἀθηναίων om. C ‖ 9 ἢ : ἧι EZ.

le fait d'avoir empêché leur libération. **10** Ne faiblissez donc pas, quant à vous : voyez combien l'enjeu est grand ; et moi je vous montrerai que je ne suis pas seulement bon à donner des conseils aux autres, mais que je sais également, quand il faut agir, donner moi aussi l'assaut. »

X. Voilà tout ce que dit Brasidas ; après quoi, il préparait personnellement sa sortie et rangeait les autres, avec Cléaridas, devant la porte appelée porte de Thrace, en vue de la sortie prescrite.

2 Mais revenons à Cléon. Comme on avait pu voir que Brasidas était descendu de Kerdylion, qu'il était dans la ville — offerte aux regards de l'extérieur — en train d'offrir un sacrifice au sanctuaire d'Athéna et de prendre ces diverses mesures, on apporta les nouvelles à Cléon (il était alors parti plus loin, pour observer) : on voyait, lui dit-on, toute l'armée ennemie dans la ville et, sous les portes, on percevait un piétinement de chevaux et d'hommes en grand nombre, qui suggérait une sortie. **3** A ces mots, il vint. Et, constatant les faits, comme il ne voulait pas d'une bataille qui trancherait entre eux avant l'arrivée de ses renforts et qu'il croyait avoir le temps de repartir, il fit donner le signal de la retraite, transmettant, à ce moment-là, aux troupes qui partaient, l'ordre de se replier vers Éion en défilant par l'aile gauche — ce qui était la seule façon possible*. **4** Puis, jugeant que rien ne pressait, il fit en personne opérer une conversion à l'aile droite, et ramena l'armée en exposant son flanc nu à l'ennemi. **5** A ce moment, Brasidas, qui voit l'occasion offerte et l'armée athénienne en mouvement, dit à ses hommes et aux autres : « Ces troupes ne tiennent pas devant nous : le mouvement des lances et des têtes ne trompe pas, une troupe qui procède ainsi n'a pas coutume de tenir devant une attaque. Allons ! que l'on m'ouvre les portes que j'ai dites et sortons au plus tôt, avec confiance ! » **6** Alors lui-même, sortant par la porte qui donnait sur la palissade et par la première porte du grand mur d'alors*, se lança au pas de course tout droit par la route où, aujourd'hui, quand on suit

θερώσεως. **10** Ἀλλὰ μήτε ὑμεῖς μαλακισθῆτε, ὁρῶντες περὶ ὅσων ὁ ἀγών ἐστιν, ἐγώ τε δείξω οὐ παραινέσαι οἷός τε ὢν μᾶλλον τοῖς πέλας ἢ καὶ αὐτὸς ἔργῳ ἐπεξελθεῖν. »

X. Ὁ μὲν Βρασίδας τοσαῦτα εἰπὼν τήν τε ἔξοδον παρεσκευάζετο αὐτὸς καὶ τοὺς ἄλλους μετὰ τοῦ Κλεαρίδα καθίστη ἐπὶ τὰς Θρᾳκίας καλουμένας τῶν πυλῶν, ὅπως ὥσπερ εἴρητο ἐπεξίοιεν.

2 Τῷ δὲ Κλέωνι, φανεροῦ γενομένου αὐτοῦ ἀπὸ τοῦ Κερδυλίου καταβάντος καὶ ἐν τῇ πόλει, ἐπιφανεῖ οὔσῃ ἔξωθεν, περὶ τὸ ἱερὸν τῆς Ἀθηναίας θυομένου καὶ ταῦτα πράσσοντος, ἀγγέλλεται (προυκεχωρήκει γὰρ τότε κατὰ τὴν θέαν) ὅτι ἥ τε στρατιὰ ἅπασα φανερὰ τῶν πολεμίων ἐν τῇ πόλει καὶ ὑπὸ τὰς πύλας ἵππων τε πόδες πολλοὶ καὶ ἀνθρώπων ὡς ἐξιόντων ὑποφαίνονται. **3** Ὁ δὲ ἀκούσας ἐπῆλθε, καὶ ὡς εἶδεν, οὐ βουλόμενος μάχῃ διαγωνίσασθαι πρίν οἱ καὶ τοὺς βοηθοὺς ἥκειν καὶ οἰόμενος φθήσεσθαι ἀπελθών, σημαίνειν τε ἅμα ἐκέλευεν ἀναχώρησιν καὶ παρήγγελλε τοῖς ἀπιοῦσιν ἐπὶ τὸ εὐώνυμον κέρας, ὥσπερ μόνον οἷόν τ' ἦν, ὑπάγειν ἐπὶ τῆς Ἠιόνος. **4** Ὡς δ' αὐτῷ ἐδόκει σχολὴ γίγνεσθαι, αὐτὸς ἐπιστρέψας τὸ δεξιὸν καὶ τὰ γυμνὰ πρὸς τοὺς πολεμίους δοὺς ἀπῆγε τὴν στρατιάν. **5** Κἀν τούτῳ Βρασίδας ὡς ὁρᾷ τὸν καιρὸν καὶ τὸ στράτευμα τῶν Ἀθηναίων κινούμενον, λέγει τοῖς μεθ' ἑαυτοῦ καὶ τοῖς ἄλλοις ὅτι « Οἱ ἄνδρες ἡμᾶς οὐ μένουσιν· δῆλοι δὲ τῶν τε δοράτων τῇ κινήσει καὶ τῶν κεφαλῶν· οἷς γὰρ ἂν τοῦτο γίγνηται, οὐκ εἰώθασι μένειν τοὺς ἐπιόντας. Ἀλλὰ τάς τε πύλας τις ἀνοιγέτω ἐμοὶ ἃς εἴρηται, καὶ ἐπεξίωμεν ὡς τάχιστα θαρσοῦντες. » **6** Καὶ ὁ μὲν κατὰ τὰς ἐπὶ τὸ σταύρωμα πύλας καὶ τὰς πρώτας τοῦ μακροῦ τείχους τότε ὄντος ἐξελθὼν ἔθει δρόμῳ τὴν ὁδὸν ταύτην εὐθεῖαν ᾗπερ

X. **2** 3 Ἀθηναίας edd. : Ἀθηνᾶς codd. ‖ **3** 3 φθήσεσθαι MF²G² : ὀφθήσεσθαι cett. ‖ 4 παρήγγελλε CE : παρήγγειλε ABFMZ* ‖ 5 τοῖς : del. Krueger ‖ **4** 2 σχολὴ : ἡ σχολὴ M σχολῇ E σχολῇ Krueger ‖ **5** 3 ἡμᾶς : ὑμᾶς C^ac.

la partie la mieux défendue du terrain, on voit se dresser un trophée ; et, fonçant en plein milieu de l'armée athénienne, contre des gens pris à la fois de désarroi à cause de leur désordre et de stupeur devant son audace, il les met en déroute. **7** En même temps, Cléaridas sortait, comme prescrit, par la porte de Thrace et se portait contre eux. Le résultat fut que, victimes de l'imprévu et de la soudaineté, les Athéniens furent, de deux côtés différents, jetés dans la confusion. **8** Vers Éion, leur aile gauche, dans la mesure même où elle avait progressé, avait aussitôt été tranchée du reste et s'enfuyait : Brasidas, alors qu'elle battait déjà en retraite et qu'il remontait vers l'aile droite, se fait alors blesser ; les Athéniens ne s'aperçoivent pas qu'il est tombé : les soldats qui l'entouraient le ramassèrent et l'emportèrent. **9** Quant à l'aile droite athénienne, elle tenait mieux ; sans doute Cléon, conformément à son projet initial qui ne prévoyait pas de tenir, avait-il pris aussitôt la fuite[1], pour être rejoint et tué par un peltaste de Myrkinos, mais les hoplites, se reformant sur place, avaient occupé la hauteur, d'où ils repoussaient Cléaridas, qui répéta pourtant son attaque deux ou trois fois : ils ne cédèrent que lorsque la cavalerie de Myrkinos et celle de Chalcidique, avec les peltastes, les entourèrent et, à force de traits, les mirent en déroute. **10** Dès lors, donc, toute l'armée athénienne était en fuite : avec peine, en empruntant bien des chemins de montagne, ceux qui n'avaient pas été tués soit au début dans le corps à corps, soit par la cavalerie chalcidienne et les peltastes, furent les seuls survivants qui regagnèrent Éion. **11** Dans l'autre camp, ceux qui avaient retiré Brasidas de la mêlée et l'avaient mis à l'abri le ramenèrent dans la ville respirant encore : il put se rendre compte que ses troupes étaient victorieuses[2] et, peu après, il mourut. **12** Le reste de l'armée revint avec Cléaridas, après la poursuite ; ils dépouillèrent les morts et dressèrent un trophée.

1. *Cf.* Notice, p. xxv, et n. 1.
2. Il s'agit évidemment ici de l'ensemble des troupes. On notera la différence d'importance entre les morts des deux chefs.

νῦν κατὰ τὸ καρτερώτατον τοῦ χωρίου ἰόντι τροπαῖον ἕστηκε, καὶ προσβαλὼν τοῖς Ἀθηναίοις, πεφοβημένοις τε ἅμα τῇ σφετέρᾳ ἀταξίᾳ καὶ τὴν τόλμαν αὐτοῦ ἐκπεπληγμένοις, κατὰ μέσον τὸ στράτευμα, τρέπει· **7** καὶ ὁ Κλεαρίδας, ὥσπερ εἴρητο, ἅμα κατὰ τὰς Θρᾳκίας πύλας ἐπεξελθὼν τῷ στρατῷ ἐπεφέρετο. Ξυνέβη τε τῷ ἀδοκήτῳ καὶ ἐξαπίνης ἀμφοτέρωθεν τοὺς Ἀθηναίους θορυβηθῆναι· **8** καὶ τὸ μὲν εὐώνυμον κέρας αὐτῶν, τὸ πρὸς τὴν Ἠιόνα, ὅπερ δὴ καὶ προυκεχωρήκει, εὐθὺς ἀπορραγὲν ἔφευγε (καὶ ὁ Βρασίδας ὑποχωροῦντος ἤδη αὐτοῦ ἐπιπαριὼν τῷ δεξιῷ τιτρώσκεται, καὶ πεσόντα αὐτὸν οἱ μὲν Ἀθηναῖοι οὐκ αἰσθάνονται, οἱ δὲ πλησίον ἄραντες ἀπήνεγκαν). **9** Τὸ δὲ δεξιὸν τῶν Ἀθηναίων ἔμενέ τε μᾶλλον· καὶ ὁ μὲν Κλέων, ὡς τὸ πρῶτον οὐ διενοεῖτο μένειν, εὐθὺς φεύγων καὶ καταληφθεὶς ὑπὸ Μυρκινίου πελταστοῦ ἀποθνῄσκει, οἱ δὲ αὐτοῦ ξυστραφέντες ὁπλῖται ἐπὶ τὸν λόφον τόν τε Κλεαρίδαν ἠμύνοντο καὶ δὶς ἢ τρὶς προσβαλόντα, καὶ οὐ πρότερον ἐνέδοσαν πρὶν ἥ τε Μυρκινία καὶ ἡ Χαλκιδικὴ ἵππος καὶ οἱ πελτασταὶ περιστάντες καὶ ἐσακοντίζοντες αὐτοὺς ἔτρεψαν. **10** Οὕτω δὴ τὸ στράτευμα πᾶν ἤδη τῶν Ἀθηναίων φυγὸν χαλεπῶς καὶ πολλὰς ὁδοὺς τραπόμενοι κατὰ ὄρη, ὅσοι μὴ διεφθάρησαν ἢ αὐτίκα ἐν χερσὶν ἢ ὑπὸ τῆς Χαλκιδικῆς ἵππου καὶ τῶν πελταστῶν, οἱ λοιποὶ ἀπεκομίσθησαν ἐς τὴν Ἠιόνα. **11** Οἱ δὲ τὸν Βρασίδαν ἄραντες ἐκ τῆς μάχης καὶ διασώσαντες ἐς τὴν πόλιν ἔτι ἔμπνουν ἐσεκόμισαν· καὶ ᾔσθετο μὲν ὅτι νικῶσιν οἱ μεθ' αὐτοῦ, οὐ πολὺ δὲ διαλιπὼν ἐτελεύτησεν· **12** καὶ ἡ ἄλλη στρατιὰ ἀναχωρήσασα μετὰ τοῦ Κλεαρίδου ἐκ τῆς διώξεως νεκρούς τε ἐσκύλευσε καὶ τροπαῖον ἔστησεν.

X. 8 2 ἔφευγε(ν) : ἔφυγε AB ‖ **9** 2 δεξιὸν : δεξιων C* ‖ τε : om. F² ‖ **10** 1 δὴ Krueger : δὲ codd. ‖ 2 κατὰ : κατὰ τὰ conj. Hude ‖ **11** 2 καὶ διασώσαντες : om. E ‖ 3 μεθ' αὐτοῦ (var. spir.) : μεθ' ἑαυτοῦ AB μετ' αὐτοῦ C²G.

XI. Après cela les alliés firent à Brasidas des obsèques officielles, auxquelles ils prirent part tous en armes : ils l'ensevelirent dans la ville, à l'entrée de la place actuelle ; depuis ce jour, les gens d'Amphipolis, ayant mis une enceinte autour du monument, égorgent des victimes, qu'ils lui offrent en tant que héros, et ils lui ont accordé, à titre d'honneurs, des jeux avec des sacrifices annuels ; ils lui dédièrent aussi la ville, le désignant comme fondateur de la colonie, après avoir abattu les monuments d'Hagnon et fait disparaître tout ce qui pouvait être destiné à préserver le souvenir de son rôle comme fondateur : ils jugeaient que Brasidas avait été leur sauveur, sans compter que, par crainte d'Athènes, ils cultivaient, dans la circonstance, l'alliance lacédémonienne ; quant à Hagnon, ils jugeaient qu'étant donné l'état d'hostilité régnant avec Athènes, il ne saurait recevoir leurs honneurs de façon aussi profitable pour eux ni avec plaisir. **2** Ils rendirent leurs morts aux Athéniens. On avait perdu chez les Athéniens quelque six cents hommes et, chez leurs adversaires, sept — cela parce que l'on n'avait pas combattu en bataille rangée, mais plutôt à la faveur — on l'a vu — d'un concours de circonstances et de mesures semant à l'avance le désarroi. **3** Après que l'on eut ramassé les morts, les uns se rembarquèrent pour rentrer chez eux, tandis que les autres, avec Cléaridas, s'organisaient à Amphipolis.

XII. Vers la même époque, à la fin de l'été, les Lacédémoniens Rhamphias, Autocharidas et Épikydidas conduisaient un renfort de neuf cents hoplites vers la côte de Thrace : arrivés à Héraclée Trachinienne, ils y organisaient tout ce qui leur semblait défectueux ; **2** et il se trouva qu'ils s'y attardaient lorsqu'eut lieu la bataille rapportée. Ainsi s'achevait l'été.

Négociation de la paix.

XIII. L'hiver suivant, aussitôt, Rhamphias et ses troupes poussèrent jusqu'à Piérion en Thessalie ; puis, vu l'opposition des Thessaliens et vu aussi la mort de Brasidas, à qui précisément ils conduisaient ce renfort,

XI. Μετὰ δὲ ταῦτα τὸν Βρασίδαν οἱ ξύμμαχοι πάντες ξὺν ὅπλοις ἐπισπόμενοι δημοσίᾳ ἔθαψαν ἐν τῇ πόλει πρὸ τῆς νῦν ἀγορᾶς οὔσης· καὶ τὸ λοιπὸν οἱ Ἀμφιπολῖται περιείρξαντες αὐτοῦ τὸ μνημεῖον ὡς ἥρῳ τε ἐντέμνουσι καὶ τιμὰς δεδώκασιν ἀγῶνας καὶ ἐτησίους θυσίας, καὶ τὴν ἀποικίαν ὡς οἰκιστῇ προσέθεσαν καταβαλόντες τὰ Ἁγνώνεια οἰκοδομήματα καὶ ἀφανίσαντες εἴ τι μνημόσυνόν που ἔμελλεν αὐτοῦ τῆς οἰκίσεως περιέσεσθαι, νομίσαντες τὸν μὲν Βρασίδαν σωτῆρά τε σφῶν γεγενῆσθαι καὶ ἐν τῷ παρόντι ἅμα τὴν τῶν Λακεδαιμονίων ξυμμαχίαν φόβῳ τῶν Ἀθηναίων θεραπεύοντες, τὸν δὲ Ἅγνωνα κατὰ τὸ πολέμιον τῶν Ἀθηναίων οὐκ ἂν ὁμοίως σφίσι ξυμφόρως οὐδ' ἂν ἡδέως τὰς τιμὰς ἔχειν. 2 Καὶ τοὺς νεκροὺς τοῖς Ἀθηναίοις ἀπέδοσαν. Ἀπέθανον δὲ Ἀθηναίων μὲν περὶ ἑξακοσίους, τῶν δ' ἐναντίων ἑπτά, διὰ τὸ μὴ ἐκ παρατάξεως, ἀπὸ δὲ τοιαύτης ξυντυχίας καὶ προεκφοβήσεως τὴν μάχην μᾶλλον γενέσθαι. 3 Μετὰ δὲ τὴν ἀναίρεσιν οἱ μὲν ἐπ' οἴκου ἀπέπλευσαν, οἱ δὲ μετὰ τοῦ Κλεαρίδου τὰ περὶ τὴν Ἀμφίπολιν καθίσταντο.

XII. Καὶ ὑπὸ τοὺς αὐτοὺς χρόνους τοῦ θέρους τελευτῶντος Ῥαμφίας καὶ Αὐτοχαρίδας καὶ Ἐπικυδίδας Λακεδαιμόνιοι ἐς τὰ ἐπὶ Θρᾴκης χωρία βοήθειαν ἦγον ἐνακοσίων ὁπλιτῶν, καὶ ἀφικόμενοι ἐς Ἡράκλειαν τὴν ἐν Τραχῖνι καθίσταντο ὅ τι αὐτοῖς ἐδόκει μὴ καλῶς ἔχειν. 2 Ἐνδιατριβόντων δὲ αὐτῶν ἔτυχεν ἡ μάχη αὕτη γενομένη, καὶ τὸ θέρος ἐτελεύτα.

XIII. Τοῦ δ' ἐπιγιγνομένου χειμῶνος εὐθὺς μέχρι μὲν Πιερίου τῆς Θεσσαλίας διῆλθον οἱ περὶ τὸν Ῥαμφίαν, κωλυόντων δὲ τῶν Θεσσαλῶν καὶ ἅμα Βρασίδου τεθνεῶτος,

XI. 1 1 τὸν om. Z ‖ 4 περιείρξαντες recc. : περιέρξαντες codd. ‖ 8 οἰκίσεως C*EZ : οἰκήσεως ABFM ‖ 2 4 ξυντυχίας : ξυμμαχίας ABF*.

XII. 2 2 ἔτυχεν : ἐτύγχανεν A*.

ils prirent le chemin du retour, jugeant écartée toute occasion d'agir, puisque les Athéniens étaient repartis vaincus et qu'eux-mêmes n'étaient pas en mesure de réaliser à sa place les projets de Brasidas; **2** mais leur principale raison de rentrer était ce qu'ils savaient des Lacédémoniens, qui, lors du départ des troupes, avaient plutôt l'esprit à la paix.

XIV. On aboutit donc à ce qu'aussitôt après la bataille d'Amphipolis et le retour de Rhamphias, rentrant de Thessalie, les deux peuples ne se livrèrent plus à aucun acte de guerre, et eurent plutôt l'esprit à la paix[1]. Les Athéniens, eux, avaient subi de durs coups à Délion, puis, peu après, à Amphipolis; et ils n'avaient plus dans leur force l'espoir confiant qui leur avait fait, auparavant, écarter la trêve, avec l'idée, fondée sur leur chance du moment, qu'ils l'emporteraient; **2** en même temps, leurs alliés les inquiétaient : ils craignaient de voir ceux-ci, exaltés par ces échecs, étendre leurs défections; et ils regrettaient leur conduite quand, après Pylos, ils avaient eu une bonne occasion de traiter et ne l'avaient pas fait[2]. **3** Les Lacédémoniens, d'autre part, voyaient la guerre tourner à leur surprise (car ils avaient imaginé pouvoir en peu d'années détruire la puissance d'Athènes en ravageant son territoire); ils avaient subi le malheur de l'île (malheur sans précédent pour Sparte), et leur territoire était mis au pillage depuis Pylos et Cythère, tandis que les hilotes ou bien désertaient ou bien faisaient l'objet d'une crainte continuelle, car on s'attendait à voir ceux qui restaient, s'appuyant sur ceux du dehors, profiter des circonstances pour se soulever comme avant[3]. **4** Il s'ajoutait à cela que le pacte de trente ans qu'ils avaient avec Argos arrivait à expiration, et les Argiens refusaient d'en conclure un autre à moins qu'on ne leur restituât le territoire de Cynurie[4]; si bien qu'il apparaissait impossible de faire la guerre à la fois contre Argos et Athènes;

1. Sur la structure de l'exposé, ici, cf. Notice, p. XXVI.
2. Thucydide a surtout parlé de l'ambassade qui a précédé la prise de l'île; pour la raison, cf. notre *Thucydide et l'imp. athénien*, p. 153.
3. Sur ce sentiment, cf. déjà IV.41.3 et IV.80.2-3.
4. Cf. IV.56.2.

ᾧπερ ἦγον τὴν στρατιάν, ἀπετράποντο ἐπ' οἴκου, νομίσαντες οὐδένα καιρὸν ἔτι εἶναι, τῶν τε 'Αθηναίων ἥσσῃ ἀπεληλυθότων καὶ οὐκ ἀξιόχρεων αὐτῶν ὄντων δρᾶν τι ὧν κἀκεῖνος ἐπενόει. **2** Μάλιστα δὲ ἀπῆλθον εἰδότες τοὺς Λακεδαιμονίους, ὅτε ἐξῄσαν, πρὸς τὴν εἰρήνην μᾶλλον τὴν γνώμην ἔχοντας.

XIV. Ξυνέβη τε εὐθὺς μετὰ τὴν ἐν 'Αμφιπόλει μάχην καὶ τὴν 'Ραμφίου ἀναχώρησιν ἐκ Θεσσαλίας ὥστε πολέμου μὲν μηδὲν ἔτι ἅψασθαι μηδετέρους, πρὸς δὲ τὴν εἰρήνην μᾶλλον τὴν γνώμην εἶχον, οἱ μὲν 'Αθηναῖοι πληγέντες ἐπί τε τῷ Δηλίῳ καὶ δι' ὀλίγου αὖθις ἐν 'Αμφιπόλει, καὶ οὐκ ἔχοντες τὴν ἐλπίδα τῆς ῥώμης πιστὴν ἔτι, ᾗπερ οὐ προσεδέχοντο πρότερον τὰς σπονδάς, δοκοῦντες τῇ παρούσῃ εὐτυχίᾳ καθυπέρτεροι γενήσεσθαι. **2** Καὶ τοὺς ξυμμάχους ἅμα ἐδέδισαν σφῶν μὴ διὰ τὰ σφάλματα ἐπαιρόμενοι ἐπὶ πλέον ἀποστῶσι, μετεμέλοντό τε ὅτι μετὰ τὰ ἐν Πύλῳ καλῶς παρασχὸν οὐ ξυνέβησαν. **3** Οἱ δ' αὖ Λακεδαιμόνιοι παρὰ γνώμην μὲν ἀποβαίνοντος σφίσι τοῦ πολέμου, ἐν ᾧ ᾤοντο ὀλίγων ἐτῶν καθαιρήσειν τὴν τῶν 'Αθηναίων δύναμιν εἰ τὴν γῆν τέμνοιεν, περιπεσόντες δὲ τῇ ἐν τῇ νήσῳ ξυμφορᾷ, οἵα οὔπω ἐγεγένητο τῇ Σπάρτῃ, καὶ λῃστευομένης τῆς χώρας ἐκ τῆς Πύλου καὶ Κυθήρων, αὐτομολούντων τε τῶν Εἱλώτων καὶ αἰεὶ προσδοκίας οὔσης μή τι καὶ οἱ ὑπομένοντες τοῖς ἔξω πίσυνοι πρὸς τὰ παρόντα σφίσιν, ὥσπερ καὶ πρότερον, νεωτερίσωσιν· **4** ξυνέβαινε δὲ καὶ πρὸς τοὺς 'Αργείους αὐτοῖς τὰς τριακοντούτεις σπονδὰς ἐπ' ἐξόδῳ εἶναι, καὶ ἄλλας οὐκ ἤθελον σπένδεσθαι οἱ 'Αργεῖοι, εἰ μή τις αὐτοῖς τὴν Κυνουρίαν γῆν ἀποδώσει, ὥστ' ἀδύνατα εἶναι ἐφαίνετο 'Αργείοις καὶ 'Αθη-

XIII. **1** 5 ἔτι εἶναι : εἶναι ἔτι AB.

XIV. **1** 3 μηδὲν : οὐδὲν B ‖ 5 ἐπί τε CZ : ἐπὶ ABEFM ‖ **2** 4 παρασχὸν A*BC²E²F² : παρασχὼν A^pcCEFMZ ‖ **3** 5 ἐγεγένητο Stahl : γεγένητο codd. ‖ **4** 2 τριακοντούτεις recc. : τριακονταέτεις (var. acc.) codd. ‖ 4 οἱ : om. Z ‖ Κυνουρίαν CEFZ : Κινουρίαν M Κυνοσουρίαν AB ‖ 5 ὥστ' ἀδύνατα : ἀδύνατα δ' conj. Herwerden.

enfin, ils soupçonnaient que certaines villes du Péloponnèse se détacheraient d'eux au profit d'Argos — comme cela devait, en effet, arriver. XV. En vertu de ces réflexions, les deux partis pensaient donc qu'il fallait conclure un accord, et, plus spécialement, les Lacédémoniens, qui désiraient se faire rendre les hommes de l'île (les Spartiates, parmi eux, étaient des hommes de premier rang et comptaient des parents qui étaient leurs égaux*) ;
2 aussi avaient-ils commencé à négocier dès leur capture ; mais les Athéniens, devant le cours favorable des événements, n'étaient pas encore disposés à traiter sur un pied d'égalité. Vint l'échec de Délion : aussitôt[1] les Lacédémoniens, comprenant qu'on leur ferait maintenant meilleur accueil, négocient l'armistice d'un an, au cours duquel les deux peuples devaient se rencontrer et prendre des décisions de plus longue portée. XVI. Or, par là-dessus, il y avait eu encore la défaite d'Amphipolis, pour les Athéniens, et la double mort de Cléon et de Brasidas, qui étaient, de part et d'autre, les principaux adversaires de la paix (celui-ci parce qu'il réussissait à la guerre et en tirait de la gloire, l'autre parce qu'il pensait que le retour au calme rendrait plus manifestes ses méfaits et moins convaincantes ses calomnies) : à ce moment-là, dans les deux villes, les plus ardents à prendre la direction des affaires*, Pleistoanax, fils de Pausanias, roi de Sparte, et Nicias, fils de Nicératos, qui rencontrait alors plus de succès que personne dans le rôle de stratège, montrèrent un empressement beaucoup plus grand[2] : Nicias, lui, voulait profiter de ce qu'il était invaincu et bien considéré pour assurer sa chance[3] ; il désirait, dans l'immédiat, voir finies pour lui les épreuves tout en y mettant fin pour ses concitoyens et, à l'avenir, laisser le renom d'un homme qui a passé sa vie sans jamais faire de tort à l'État ; il pensait que

1. En fait, il s'écoula un hiver avant la conclusion de l'armistice : le verbe englobe ici l'ensemble des négociations.

2. Sur la sévérité de Thucydide envers ces chefs, cf. Notice, p. XXVII.

3. La chance de Nicias est souvent mentionnée : on la retrouve à VI.17.1 et VII.77.2. Mais il ne voulait pas pour autant s'abandonner à elle : il le dit lui-même à VI.23, avec les mots employés ici.

ναίοις ἅμα πολεμεῖν, τῶν τε ἐν Πελοποννήσῳ πόλεων ὑπώπτευόν τινας ἀποστήσεσθαι πρὸς τοὺς Ἀργείους, ὅπερ καὶ ἐγένετο. XV. Ταῦτ' οὖν ἀμφοτέροις αὐτοῖς λογιζομένοις ἐδόκει ποιητέα εἶναι ἡ ξύμβασις, καὶ οὐχ ἧσσον τοῖς Λακεδαιμονίοις, ἐπιθυμίᾳ τῶν ἀνδρῶν τῶν ἐκ τῆς νήσου κομίσασθαι· ἦσαν γὰρ οἱ Σπαρτιᾶται αὐτῶν πρῶτοί τε καὶ ὁμοίοις σφίσι ξυγγενεῖς. 2 Ἤρξαντο μὲν οὖν καὶ εὐθὺς μετὰ τὴν ἅλωσιν αὐτῶν πράσσειν, ἀλλ' οἱ Ἀθηναῖοι οὔπω ἤθελον, εὖ φερόμενοι, ἐπὶ τῇ ἴσῃ καταλύεσθαι. Σφαλέντων δὲ αὐτῶν ἐπὶ τῷ Δηλίῳ παραχρῆμα οἱ Λακεδαιμόνιοι γνόντες νῦν μᾶλλον ἂν ἐνδεξαμένους ποιοῦνται τὴν ἐνιαύσιον ἐκεχειρίαν, ἐν ᾗ ἔδει ξυνιόντας καὶ περὶ τοῦ πλείονος χρόνου βουλεύεσθαι. XVI. Ἐπειδὴ δὲ καὶ ἡ ἐν Ἀμφιπόλει ἧσσα τοῖς Ἀθηναίοις ἐγεγένητο καὶ ἐτεθνήκει Κλέων τε καὶ Βρασίδας, οἵπερ ἀμφοτέρωθεν μάλιστα ἠναντιοῦντο τῇ εἰρήνῃ, ὁ μὲν διὰ τὸ εὐτυχεῖν τε καὶ τιμᾶσθαι ἐκ τοῦ πολεμεῖν, ὁ δὲ γενομένης ἡσυχίας καταφανέστερος νομίζων ἂν εἶναι κακουργῶν καὶ ἀπιστότερος διαβάλλων, τότε δὴ ἑκατέρᾳ τῇ πόλει σπεύδοντες τὰ μάλιστα τὴν ἡγεμονίαν Πλειστοάναξ τε ὁ Παυσανίου, βασιλεὺς Λακεδαιμονίων, καὶ Νικίας ὁ Νικηράτου, πλεῖστα τῶν τότε εὖ φερόμενος ἐν στρατηγίαις, πολλῷ δὴ μᾶλλον προυθυμοῦντο, Νικίας μὲν βουλόμενος, ἐν ᾧ ἀπαθὴς ἦν καὶ ἠξιοῦτο, διασώσασθαι τὴν εὐτυχίαν, καὶ ἔς τε τὸ αὐτίκα πόνων πεπαῦσθαι καὶ αὐτὸς καὶ τοὺς πολίτας παῦσαι, καὶ τῷ μέλλοντι χρόνῳ καταλιπεῖν ὄνομα ὡς οὐδὲν σφήλας τὴν πό-

XIV. 4 7 ὅπερ : ὥσπερ G*.

XV. 1 5 ὁμοίοις Bekker : ὁμοίως codd., alii alia edd. || 2 3 οὔπω EZGpc : οὔπως ABFMC² vett. οὕτως C || εὖ φερόμενοι : εὐφορούμενοι EZ || 5 ἐνδεξαμένους Gpc et Thom. Mag. 116, 5 : ἐνδεξομένους cett. || ποιοῦνται : ποιεῖται B.

XVI. 1 6 ἂν om. B || διαβάλλων MTC²F²G : διαβαλων (var. acc.) cett. || 7 δὴ recc. : δὲ codd. δὲ οἱ ἐν K || μάλιστα τὴν ἡγεμονίαν : μάλιστ' αὐτὴν conj. Stahl, μάλιστα τὴν εἰρήνην J² || 10 πολλῶι F : πολλῶν cett.

l'on y arrive en évitant les risques et quand on s'abandonne le moins possible à la fortune : or, on évite les risques grâce à la paix. Quant à Pleistoanax, il était en butte aux attaques de ses ennemis à propos de son retour d'exil et à leurs commentaires qui suggéraient toujours aux Lacédémoniens, lors de chaque échec, que ce retour d'exil illégal en était la cause. **2** Ils l'accusaient en effet d'avoir, avec son frère Aristoclès, agi auprès de la prêtresse de Delphes pour qu'elle répétât indéfiniment aux consultants envoyés par Sparte le conseil de ramener de l'étranger chez eux la race du demi-dieu, fils de Zeus : sinon ils laboureraient avec un soc d'argent[1] ; **3** avec le temps, elle avait décidé les Lacédémoniens : alors qu'il était exilé au Lycaion[2] à cause de la façon dont il avait, autrefois, évacué l'Attique avec les apparences de s'être fait payer[3], et alors que, par crainte des Lacédémoniens, il habitait une maison faisant pour moitié partie du sanctuaire de Zeus, ils l'avaient ramené dix-huit ans après, avec les mêmes chœurs et les mêmes sacrifices qui avaient servi à l'origine, lors de la fondation de Sparte, pour installer les rois. XVII. Souffrant, donc, de ces attaques, il se disait qu'avec la paix, aucun échec n'intervenant et les Lacédémoniens, en même temps, se faisant rendre leurs hommes, il cesserait du même coup d'offrir une prise à ses ennemis, tandis qu'avec la guerre, c'était toujours une règle que les dirigeants, en cas de malheur, fussent attaqués ; aussi fut-il plein d'empressement pour conclure un accord.

2 Pendant cet hiver-là, donc, des négociations avaient lieu ; et, quand approcha le printemps, on vit brandir, du côté lacédémonien, l'annonce de préparatifs de-

1. Cet épisode rappelle l'attitude de la Pythie, gagnée par les Alcméonides et engageant de façon répétée Sparte à libérer Athènes (Hérodote, V, 63). — La race du demi-dieu est celle d'Héraclès, de qui descendaient les rois de Sparte. Quant à l'oracle, il signifiait, apparemment, que le blé serait hors de prix et qu'il y aurait famine.

2. En Arcadie. Le sanctuaire de Zeus Lycaios était bien connu ; il avait ses légendes : cf. Platon, *République*, 565 d.

3. Cette affaire a déjà été évoquée à deux reprises par Thucydide : à I.114.2 et II.21.1.

λιν διεγένετο, νομίζων ἐκ τοῦ ἀκινδύνου τοῦτο ξυμβαίνειν καὶ ὅστις ἐλάχιστα τύχῃ αὑτὸν παραδίδωσι, τὸ δὲ ἀκίνδυνον τὴν εἰρήνην παρέχειν, Πλειστοάναξ δὲ ὑπὸ τῶν ἐχθρῶν διαβαλλόμενος περὶ τῆς καθόδου καὶ ἐς ἐνθυμίαν τοῖς Λακεδαιμονίοις αἰεὶ προβαλλόμενος ὑπ' αὐτῶν, ὁπότε τι πταίσειαν, ὡς διὰ τὴν ἐκείνου κάθοδον παρανομηθεῖσαν ταῦτα ξυμβαίνοι. **2** Τὴν γὰρ πρόμαντιν τὴν ἐν Δελφοῖς ἐπῃτιῶντο αὐτὸν πεῖσαι μετ' Ἀριστοκλέους τοῦ ἀδελφοῦ ὥστε χρῆσαι Λακεδαιμονίοις ἐπὶ πολὺ τάδε θεωροῖς ἀφικνουμένοις, Διὸς υἱοῦ ἡμιθέου τὸ σπέρμα ἐκ τῆς ἀλλοτρίας ἐς τὴν ἑαυτῶν ἀναφέρειν· εἰ δὲ μή, ἀργυρέᾳ εὐλάκᾳ εὐλαξεῖν· **3** χρόνῳ δὲ προτρέψαι τοὺς Λακεδαιμονίους φεύγοντα αὐτὸν ἐς Λύκαιον διὰ τὴν ἐκ τῆς Ἀττικῆς ποτε μετὰ δώρων δοκήσεως ἀναχώρησιν καὶ ἥμισυ τῆς οἰκίας τοῦ ἱεροῦ τότε τοῦ Διὸς οἰκοῦντα φόβῳ τῷ Λακεδαιμονίων, ἔτει ἑνὸς δέοντι εἰκοστῷ τοῖς ὁμοίοις χοροῖς καὶ θυσίαις καταγαγεῖν ὥσπερ ὅτε τὸ πρῶτον Λακεδαίμονα κτίζοντες τοὺς βασιλέας καθίσταντο. XVII. Ἀχθόμενος οὖν τῇ διαβολῇ ταύτῃ καὶ νομίζων ἐν εἰρήνῃ μὲν οὐδενὸς σφάλματος γιγνομένου καὶ ἅμα τῶν Λακεδαιμονίων τοὺς ἄνδρας κομιζομένων κἂν αὐτὸς τοῖς ἐχθροῖς ἀνεπίληπτος εἶναι, πολέμου δὲ καθεστῶτος αἰεὶ ἀνάγκην εἶναι τοὺς προύχοντας ἀπὸ τῶν ξυμφορῶν διαβάλλεσθαι, προυθυμήθη τὴν ξύμβασιν.

2 Καὶ τόν τε χειμῶνα τοῦτον ᾖσαν ἐς λόγους, καὶ πρὸς τὸ ἔαρ ἤδη παρασκευή τε προεπανεσείσθη ἀπὸ τῶν Λακε-

XVI. **1** 16 αὑτὸν C : αὐτὸν cett. ‖ 18 ἐνθυμίαν : εὐθυμίαν A*B ‖ **2** 2 ἐπῃτιῶντο... Λακεδαιμονίοις (3) om. M ‖ ἀδελφοῦ : Δελφοῦ conj. Cobet ‖ 3 ἀφικνουμένοις : -ούμενος ABCF* ‖ 5 ἀργυρέᾳ [vel. -ραιε vel -ραία] εὐλάκᾳ [-κα F^{pc}] CEFMZ : ἀργυραίευλα [vel -ιέευλα] καὶ AB ‖ **3** 3 δοκήσεως recc.^{mg} : δοκοῦσαν ἕως (var. acc.) ABCEFZ δόκησιν MF^2 (et schol.) δοκοῦσαν T, recc. δόκησιν ἐς G ‖ 4 τῷ : τῶν A.

XVII. **1** 5 ἀνάγκην εἶναι : ἀνάγκη εἶναι AB ἀνάγκην M ‖ **2** 1 καὶ πρὸς : πρὸς C.

mandés dans les cités en vue d'aller établir des fortifications de contrôle — annonce qui devait rendre Athènes plus accommodante ; puis, à la suite d'entretiens où furent présentées côte à côte quantité de revendications, ils tombèrent d'accord pour conclure la paix en restituant, de part et d'autre, les territoires occupés au cours de la guerre, sauf qu'Athènes gardait Nisée (lors des réclamations réciproques, les Thébains avaient déclaré, à propos de Platée, que c'était en vertu non pas de la force, mais d'un accord accepté par la population, sans intervention de trahison, qu'ils occupaient la place ; et de même Athènes pour Nisée[1]) : dès lors les Lacédémoniens convoquèrent leurs alliés ; à l'exception des Béotiens, des Corinthiens, des Éléens et des Mégariens, qui désapprouvaient la négociation, tous votèrent la paix ; ils conclurent donc l'accord, s'engageant envers les Athéniens, et réciproquement, par des libations et des serments, sous la forme suivante.

XVIII. « Une paix a été conclue entre les Athéniens et les Lacédémoniens ainsi que leurs alliés, aux conditions suivantes, qu'ils ont, cité par cité, juré d'observer*.

2 « Relativement aux sanctuaires communs, on pourra à son gré y offrir des sacrifices, y consulter les oracles et y envoyer des délégations selon les traditions en usage ; et l'on pourra y aller, aussi bien par terre ou par mer, en toute liberté. Le sanctuaire et le temple d'Apollon à Delphes, ainsi que Delphes même, seront autonomes, avec leurs lois, leurs impôts et leur justice, pour les personnes et pour les terres, conformément aux traditions en usage.

3 « La paix restera en vigueur cinquante ans pour les Athéniens et leurs alliés d'une part, les Lacédémoniens et leurs alliés d'autre part, qui l'observeront sans se tromper ni se nuire, sur terre et sur mer. **4** Il devra être interdit de prendre les armes avec des intentions hostiles, qu'il s'agisse des Lacédémoniens et de leurs

1. Le traité ne parle pas de Nisée ni de Platée : la distinction hypocrite faite ici permettait de passer ces exceptions sous silence ; mais Thucydide devait, lui, parler de Nisée, citée dans l'armistice.

δαιμονίων, περιαγγελλομένη κατὰ πόλεις ὡς ⟨ἐς⟩ ἐπιτειχισμόν, ὅπως οἱ Ἀθηναῖοι μᾶλλον ἐσακούοιεν, καὶ ἐπειδὴ ἐκ τῶν ξυνόδων ἅμα πολλὰς δικαιώσεις προενεγκόντων ἀλλήλοις ξυνεχωρεῖτο ὥστε ἃ ἑκάτεροι πολέμῳ ἔσχον ἀποδόντας τὴν εἰρήνην ποιεῖσθαι, Νίσαιαν δ' ἔχειν Ἀθηναίους (ἀνταπαιτούντων γὰρ Πλάταιαν οἱ Θηβαῖοι ἔφασαν οὐ βίᾳ, ἀλλ' ὁμολογίᾳ αὐτῶν προσχωρησάντων καὶ οὐ προδόντων ἔχειν τὸ χωρίον, καὶ οἱ Ἀθηναῖοι τῷ αὐτῷ τρόπῳ τὴν Νίσαιαν), τότε δὴ παρακαλέσαντες τοὺς ἑαυτῶν ξυμμάχους οἱ Λακεδαιμόνιοι καὶ ψηφισαμένων πλὴν Βοιωτῶν καὶ Κορινθίων καὶ Ἠλείων καὶ Μεγαρέων τῶν ἄλλων ὥστε καταλύεσθαι (τούτοις δὲ οὐκ ἤρεσκε τὰ πρασσόμενα), ποιοῦνται τὴν ξύμβασιν καὶ ἐσπείσαντο πρὸς τοὺς Ἀθηναίους καὶ ὤμοσαν, ἐκεῖνοί τε πρὸς τοὺς Λακεδαιμονίους, τάδε.

XVIII. « Σπονδὰς ἐποιήσαντο Ἀθηναῖοι καὶ Λακεδαιμόνιοι καὶ οἱ ξύμμαχοι κατὰ τάδε, καὶ ὤμοσαν κατὰ πόλεις.

2 « Περὶ μὲν τῶν ἱερῶν τῶν κοινῶν, θύειν [καὶ ἰέναι] καὶ μαντεύεσθαι καὶ θεωρεῖν κατὰ τὰ πάτρια τὸν βουλόμενον ⟨καὶ ἰέναι⟩ καὶ κατὰ γῆν καὶ κατὰ θάλασσαν ἀδεῶς. Τὸ δ' ἱερὸν καὶ τὸν νεὼν τὸν ἐν Δελφοῖς τοῦ Ἀπόλλωνος καὶ Δελφοὺς αὐτονόμους εἶναι καὶ αὐτοτελεῖς καὶ αὐτοδίκους καὶ αὐτῶν καὶ τῆς γῆς τῆς ἑαυτῶν κατὰ τὰ πάτρια.

3 « Ἔτη δὲ εἶναι τὰς σπονδὰς πεντήκοντα Ἀθηναίοις καὶ τοῖς ξυμμάχοις τοῖς Ἀθηναίων καὶ Λακεδαιμονίοις καὶ τοῖς ξυμμάχοις τοῖς Λακεδαιμονίων ἀδόλους καὶ ἀβλαβεῖς καὶ κατὰ γῆν καὶ κατὰ θάλασσαν. 4 Ὅπλα δὲ μὴ ἐξέστω ἐπιφέρειν ἐπὶ πημονῇ μήτε Λακεδαιμονίους καὶ τοὺς ξυμ-

XVII. 2 3 ἐς add. Poppo : om. codd., quorum aliqui ἐπὶ τειχισμόν mox habent || 4 μᾶλλον om. AB || 5 ἅμα : post δικαιώσεις hab. Z || 8 Θηβαῖοι : Θιβαῖοι C* Ἀθηναῖοι ZK*.

XVIII. 2 1 καὶ ἰέναι : ad 3 transp. Steup, ἐξεῖναι conj. Kirchhoff || 6 καὶ αὐτῶν : om. E* || 3 1 ἔτη : ἔτι E*Z* || 2 Ἀθηναίων... τοῖς (3) om. B* || 3 τοῖς Λακεδαιμονίων : τῶν Λακεδαιμονίων C || 4 2 ἐπιφέρειν om. AB.

alliés envers les Athéniens et leurs alliés, ou des Athéniens et de leurs alliés envers les Lacédémoniens et leurs alliés, que ce soit par la ruse ou par tout autre procédé. S'ils ont un différend entre eux, ils devront se conformer à des règlements de justice et à des serments ratifiant leurs accords.

5 « Les Lacédémoniens et leurs alliés rendront aux Athéniens Amphipolis[1]. Pour les villes remises par les Lacédémoniens aux Athéniens[2], il devra être permis aux habitants de s'en aller où ils voudront, corps et biens ; les villes auront l'autonomie, en payant le tribut de l'époque d'Aristide. Il devra être interdit aux Athéniens et à leurs alliés de prendre les armes contre elles avec l'intention de leur nuire, pourvu qu'elles s'acquittent du tribut, une fois la paix conclue. Ces villes sont Argilos, Stagiros, Acanthe, Skôlos[3], Olynthe, Spartôlos. Elles ne seront les alliées de personne, ni des Lacédémoniens ni des Athéniens. Mais, si les Athéniens obtiennent l'assentiment des cités, il devra être permis aux Athéniens d'en faire des alliés consentants. **6** Les gens de Mèkyberna, de Sanè et de Siggos auront leurs villes à eux, tout comme ceux d'Olynthe et d'Acanthe[4]. **7** Les Lacédémoniens et leurs alliés rendront aussi aux Athéniens Panacton. — Les Athéniens, eux, rendront aux Lacédémoniens Coryphasion, Cythère, Méthana, Ptéléon et Atalante, ainsi que les soldats lacédémoniens actuellement en prison à Athènes ou en prison dans quelque autre endroit placé sous la domination athénienne. De même on libérera les Péloponnésiens assiégés à Skionè, ainsi que tous les autres alliés de Sparte actuellement à Skionè,

1. La ville est mise à part de toutes, et en tête !

2. Nous avons admis que le passé παρέδοσαν, comme plus loin ἐγένοντο, pouvait représenter un futur antérieur. Ceux qui s'y refusent et voient ici une allusion à des restitutions déjà faites sont amenés à distinguer dans le texte des catégories diverses : cf. Gomme, *ad loc.*

3. Skôlos n'a pas été mentionnée dans l'œuvre et il en va de même, plus loin, pour Mèkyberna, Siggos et Ptéléon. Mais Thucydide ne prétend nullement tout dire ; et le silence du récit n'implique pas qu'il ait, en l'écrivant, ignoré le texte du traité.

4. Ils ne seront pas groupés avec Olynthe ou Acanthe, contre qui cette clause les protège.

μάχους ἐπ' Ἀθηναίους καὶ τοὺς ξυμμάχους μήτε Ἀθηναίους καὶ τοὺς ξυμμάχους ἐπὶ Λακεδαιμονίους καὶ τοὺς ξυμμάχους, μήτε τέχνῃ μήτε μηχανῇ μηδεμιᾷ. Ἢν δέ τι διάφορον ᾖ πρὸς ἀλλήλους, δίκαις χρήσθων καὶ ὅρκοις, καθ' ὅ τι ἂν ξυνθῶνται.

5 « Ἀποδόντων δὲ Ἀθηναίοις Λακεδαιμόνιοι καὶ οἱ ξύμμαχοι Ἀμφίπολιν. Ὅσας δὲ πόλεις παρέδοσαν Λακεδαιμόνιοι Ἀθηναίοις ἐξέστω ἀπιέναι ὅποι ἂν βούλωνται αὐτοὺς καὶ τὰ ἑαυτῶν ἔχοντας. Τὰς δὲ πόλεις φερούσας τὸν φόρον τὸν ἐπ' Ἀριστείδου αὐτονόμους εἶναι. Ὅπλα δὲ μὴ ἐξέστω ἐπιφέρειν Ἀθηναίους μηδὲ τοὺς ξυμμάχους ἐπὶ κακῷ, ἀποδιδόντων τὸν φόρον, ἐπειδὴ αἱ σπονδαὶ ἐγένοντο. Εἰσὶ δὲ Ἄργιλος, Στάγιρος, Ἄκανθος, Σκῶλος, Ὄλυνθος, Σπάρτωλος. Ξυμμάχους δ' εἶναι μηδετέρων, μήτε Λακεδαιμονίων μήτε Ἀθηναίων· ἢν δὲ Ἀθηναῖοι πείθωσι τὰς πόλεις, βουλομένας ταύτας ἐξέστω ξυμμάχους ποιεῖσθαι αὐτοὺς Ἀθηναίοις. **6** Μηκυβερναίους δὲ καὶ Σαναίους καὶ Σιγγίους οἰκεῖν τὰς πόλεις τὰς ἑαυτῶν, καθάπερ Ὀλύνθιοι καὶ Ἀκάνθιοι. **7** Ἀποδόντων δὲ Ἀθηναίοις Λακεδαιμόνιοι καὶ οἱ ξύμμαχοι Πάνακτον. Ἀποδόντων δὲ καὶ Ἀθηναῖοι Λακεδαιμονίοις Κορυφάσιον καὶ Κύθηρα καὶ Μέθανα καὶ Πτελεὸν καὶ Ἀταλάντην, καὶ τοὺς ἄνδρας ὅσοι εἰσὶ Λακεδαιμονίων ἐν τῷ δημοσίῳ τῷ Ἀθηναίων ἢ ἄλλοθί που ὅσης Ἀθηναῖοι ἄρχουσιν ἐν δημοσίῳ· καὶ τοὺς ἐν Σκιώνῃ πολιορκουμένους Πελοποννησίων ἀφεῖναι, καὶ τοὺς ἄλλους ὅσοι Λακεδαιμονίων ξύμμαχοι ἐν Σκιώνῃ εἰσὶ καὶ

XVIII. **4** 3 ἐπ' Ἀθηναίους καὶ τοὺς ξυμμάχους om. C ‖ μήτε Ἀθηναίους : μήτε Ἀθηναίοις B ‖ 4 Λακεδαιμονίους : Λακεδαιμονίοις Z ‖ 6 δίκαις JK recc. : δικαιο C δικαίω(ι) cett. ‖ **5** 1 Ἀθηναίοις : Ἀθηναίους M ‖ 2 ὅσας δὲ : ὅσας E*, ante haec verba lacunam stat. Stahl ‖ 8 Σκῶλος [Σκώλος Z] codd. : Στῶλος conj. Kirchhoff ‖ 12 αὐτοὺς : αὐτοῖς conj. Hude ‖ Ἀθηναίοις : Ἀθηναίους EZH[81] ‖ **6** 2 Σιγγίους Kirchhoff : Σιγγέους E Σιγγαίους cett. ‖ **7** 3 post Λακεδαιμονίοις add. καὶ τοῖς ξυμμάχοις Kirchhoff ‖ 5 τῷ Ἀθηναίων : τῶν Ἀθηναίων MGJ.

les hommes envoyés là par Brasidas, et tous les alliés de Sparte pouvant se trouver prisonniers à Athènes, ou prisonniers dans quelque autre endroit soumis à la domination athénienne. Dans les mêmes conditions, les Lacédémoniens et leurs alliés rendront ceux des Athéniens et de leurs alliés actuellement entre leurs mains.
8 Quant à la population de Skionè[1], de Toronè, de Sermylion et de toute autre cité actuellement aux mains des Athéniens, les Athéniens décideront à son sujet comme au sujet des autres cités[2] ce qu'ils jugeront bon.

9 « Les Athéniens prêteront serment envers les Lacédémoniens et leurs alliés, cité par cité. Le serment devra être prêté de part et d'autre sous la forme dans chaque pays la plus solennelle, par dix-sept personnes de chaque ville. La formule même devra être la suivante : « J'observerai cet accord et ce traité en toute loyauté et sans « tromperie. » Un serment devra être prêté dans les mêmes conditions par les Lacédémoniens et leurs alliés envers les Athéniens. Les deux parties renouvelleront leur serment chaque année. **10** On dressera des stèles à Olympie, à Pythô, à l'Isthme, à Athènes sur l'acropole et en territoire lacédémonien à l'Amyclaion. **11** En cas d'omission par l'une ou l'autre des deux parties et sur quelque sujet que ce soit, il devra être compatible avec les serments de recourir à de justes raisons et d'apporter, ensemble, une modification dans le sens qui conviendra conjointement aux Athéniens et aux Lacédémoniens[3].

XIX. « Le traité entre en vigueur sous l'éphorat de Pleistolas, le quatrième jour avant la fin du mois Artémision, et sous l'archontat, à Athènes, d'Alcaios, le sixième jour avant la fin du mois Élaphèbolion*. Ceux qui s'engagèrent par les serments et les libations furent :
2 pour Sparte, Pleistoanax, Agis, Pleistolas, Damagètos,

1. Skionè, en fait, n'était pas encore aux mains des Athéniens.

2. Par cette petite clause, où se reflète la gêne, Sparte reconnaissait les droits d'Athènes dans l'empire et renonçait ainsi à son rôle de libératrice.

3. Cette clause, ne parlant pas des alliés, devait soulever de vives irritations dans le Péloponnèse : cf. 29.2.

ὅσους Βρασίδας ἐσέπεμψε, καὶ εἴ τις τῶν ξυμμάχων τῶν Λακεδαιμονίων ἐν Ἀθήναις ἐστὶν ἐν τῷ δημοσίῳ ἢ ἄλλοθί που ἧς Ἀθηναῖοι ἄρχουσιν ἐν δημοσίῳ. Ἀποδόντων δὲ καὶ Λακεδαιμόνιοι καὶ οἱ ξύμμαχοι οὕστινας ἔχουσιν Ἀθηναίων καὶ τῶν ξυμμάχων κατὰ ταὐτά. **8** Σκιωναίων δὲ καὶ Τορωναίων καὶ Σερμυλιῶν καὶ εἴ τινα ἄλλην πόλιν ἔχουσιν Ἀθηναῖοι, Ἀθηναίους βουλεύεσθαι περὶ αὐτῶν καὶ τῶν ἄλλων πόλεων ὅ τι ἂν δοκῇ αὐτοῖς.

9 « Ὅρκους δὲ ποιήσασθαι Ἀθηναίους πρὸς Λακεδαιμονίους καὶ τοὺς ξυμμάχους κατὰ πόλεις· ὀμνύντων δὲ τὸν ἐπιχώριον ὅρκον ἑκάτεροι τὸν μέγιστον, ⟨ἑπτὰ καὶ δέκα⟩ ἐξ ἑκάστης πόλεως. Ὁ δ' ὅρκος ἔστω ὅδε· « ἐμμενῶ ταῖς ξυνθήκαις καὶ ταῖς σπονδαῖς ταῖσδε δικαίως καὶ ἀδόλως. » Ἔστω δὲ Λακεδαιμονίοις καὶ τοῖς ξυμμάχοις κατὰ ταὐτὰ ὅρκος πρὸς Ἀθηναίους. Τὸν δὲ ὅρκον ἀνανεοῦσθαι κατ' ἐνιαυτὸν ἀμφοτέρους. **10** Στήλας δὲ στῆσαι Ὀλυμπίασι καὶ Πυθοῖ καὶ Ἰσθμοῖ καὶ Ἀθήνησιν ἐν πόλει καὶ ἐν Λακεδαίμονι ἐν Ἀμυκλαίῳ. **11** Εἰ δέ τι ἀμνημονοῦσιν ὁποτεροιοῦν καὶ ὅτου πέρι, λόγοις δικαίοις χρωμένοις εὔορκον εἶναι ἀμφοτέροις ταύτῃ μεταθεῖναι ὅπῃ ἂν δοκῇ ἀμφοτέροις, Ἀθηναίοις καὶ Λακεδαιμονίοις. »

XIX. « Ἄρχει δὲ τῶν σπονδῶν ἔφορος Πλειστόλας, Ἀρτεμισίου μηνὸς τετάρτῃ φθίνοντος, ἐν δὲ Ἀθήναις ἄρχων Ἀλκαῖος, Ἐλαφηβολιῶνος μηνὸς ἕκτῃ φθίνοντος. Ὤμνυον δὲ οἵδε καὶ ἐσπένδοντο. **2** Λακεδαιμονίων μὲν ⟨Πλεισ-

XVIII. **7** 9 ἐσέπ]ε[μψε incip., Ἀθη[ναίων (12) des. Π^{24} || 10-11 ἢ... δημοσίῳ om. F* (hab. Π^{24}) || 12 pr. καὶ : καὶ οἱ B (ut cett. Π^{24}) || 13 ταὐτά ABFM : ταυτὰ Z ταῦτὰ E ταῦτα C || **8** 3-4 αὐτῶν καὶ τῶν ἄλλων πόλεων : del. Kirchhoff || **9** 3 ἑπτὰ καὶ δέκα ἐξ Stahl : ἑπτὰ καὶ δέκα Ullrich ἐξ codd. || 4 ἐμμενῶ F. Portus : ἐμμενω E ἐμμένω cett. || 6 κατὰ CEZ : καὶ κατὰ cett. || ταὐτὰ edd. : ταυτὰ Z ταυτα E ταῦτα cett. || **10** 2 Ἀθήνησιν recc. : Ἀθήναις codd. || **11** 2 ὅτου recc. : οἵ του C οἱ τοῦ ABEFMZ εἴ του C^2GJK τοῦ H.

XIX. **1** 1 σπονδῶν : post hoc verbum add. ἐν μὲν Λακεδαίμονι Kirchhoff || 4 οἵδε : οἵδε Λακεδαιμονίων AB || **2** 1 Πλειστοάναξ, Ἆγις add. Arnold (coll. XXIV).

Chionis, Métagénès, Acanthos, Daithos, Ischagoras, Philocharidas, Zeuxidas, Antippos, Tellis, Alkinadas, Empédias, Mènas, Laphilos ; pour Athènes, Lampon, Isthmionicos, Nicias, Lachès, Euthydème, Proclès, Pythodore, Hagnon, Myrtilos, Thrasyclès, Théagénès, Aristocratès, Iolkios, Timocrate, Léon, Lamachos, Démosthène. »

XX. Ce traité fut conclu sur la fin de l'hiver, avec le printemps, tout de suite après les Dionysies urbaines : il s'était écoulé juste dix ans, plus quelques jours de différence, depuis le début de cette guerre, amenant la première invasion de l'Attique[1]. **2** On doit compter d'après les époques de l'année : on ne doit pas se reporter, comme étant plus sûr, à un calcul fondé sur les noms de ceux qui, en chaque endroit, comme magistrats ou comme dignitaires quelconques, servent à désigner les événements passés* : ce procédé n'est, en effet, pas rigoureux, puisque c'est aussi bien au début de leur temps, ou au milieu, ou n'importe quand qu'un événement est survenu. **3** Tandis qu'en comptant par étés et par hivers, comme dans mon récit, on trouvera, chacun entrant par moitié avec l'autre dans la composition d'une année[2], qu'il y a eu, pour cette première guerre, dix étés et autant d'hivers.

XXI. Les Lacédémoniens, que le sort avait désignés pour restituer les premiers les territoires qu'ils occupaient, libérèrent aussitôt les prisonniers de guerre qu'ils avaient et envoyèrent comme ambassadeurs dans les régions de la côte thrace Ischagoras, Mènas et Philocharidas, pour dire à Cléaridas de remettre Amphipolis aux Athéniens et aux autres d'accepter le traité, dans les conditions prévues pour chacun. **2** Mais ils s'y refusèrent, jugeant celui-ci peu satisfaisant ; et Cléaridas, lui non plus, ne remit pas la ville, par égard pour les

1. L'entrée en Attique a eu lieu vers la fin de mai, quatre-vingts jours après l'entrée à Platée : par un artifice de style, Thucydide télescope ici les deux événements. Son attitude se comprend (cf. Notice au livre II, p. XIV-XV) et il n'est pas raisonnable de supprimer le second terme, comme l'ont fait divers éditeurs. La traduction adoptée rend compte de ce glissement.

2. Le texte suggère des saisons égales ; mais elles ne l'étaient pas.

τοάναξ, Ἆγις,⟩ Πλειστόλας, Δαμάγητος, Χίονις, Μεταγένης, Ἄκανθος, Δάιθος, Ἰσχαγόρας, Φιλοχαρίδας, Ζευξίδας, Ἄντιππος, Τέλλις, Ἀλκινάδας, Ἐμπεδίας, Μηνᾶς, Λάφιλος· Ἀθηναίων δὲ οἵδε· Λάμπων, Ἰσθμιόνικος, Νικίας, Λάχης, Εὐθύδημος, Προκλῆς, Πυθόδωρος, Ἅγνων, Μυρτίλος, Θρασυκλῆς, Θεαγένης, Ἀριστοκράτης, Ἰώλκιος, Τιμοκράτης, Λέων, Λάμαχος, Δημοσθένης. »

XX. Αὗται αἱ σπονδαὶ ἐγένοντο τελευτῶντος τοῦ χειμῶνος ἅμα ἦρι ἐκ Διονυσίων εὐθὺς τῶν ἀστικῶν, αὐτόδεκα ἐτῶν διελθόντων καὶ ἡμερῶν ὀλίγων παρενεγκουσῶν ἢ ὡς τὸ πρῶτον ἡ ἐσβολὴ ἐς τὴν Ἀττικὴν καὶ ἡ ἀρχὴ τοῦ πολέμου τοῦδε ἐγένετο. 2 Σκοπείτω δέ τις κατὰ τοὺς χρόνους καὶ μὴ τῶν ἑκασταχοῦ ἢ ἀρχόντων ἢ ἀπὸ τιμῆς τινος ἐς τὴν ἀπαρίθμησιν τῶν ὀνομάτων τὰ προγεγενημένα σημαινόντων πιστεύσας μᾶλλον. Οὐ γὰρ ἀκριβές ἐστιν, οἷς καὶ ἀρχομένοις καὶ μεσοῦσι καὶ ὅπως ἔτυχέ τῳ ἐπεγένετό τι. 3 Κατὰ θέρη δὲ καὶ χειμῶνας ἀριθμῶν, ὥσπερ γέγραπται, εὑρήσει, ἐξ ἡμισείας ἑκατέρου τοῦ ἐνιαυτοῦ τὴν δύναμιν ἔχοντος, δέκα μὲν θέρη, ἴσους δὲ χειμῶνας τῷ πρώτῳ πολέμῳ τῷδε γεγενημένους.

XXI. Λακεδαιμόνιοι δέ (ἔλαχον γὰρ πρότεροι ἀποδιδόναι ἃ εἶχον) τούς τε ἄνδρας εὐθὺς τοὺς παρὰ σφίσιν αἰχμαλώτους ἀφίεσαν καὶ πέμψαντες ἐς τὰ ἐπὶ Θρᾴκης πρέσβεις Ἰσχαγόραν καὶ Μηνᾶν καὶ Φιλοχαρίδαν ἐκέλευον τὸν Κλεαρίδαν τὴν Ἀμφίπολιν παραδιδόναι τοῖς Ἀθηναίοις καὶ τοὺς ἄλλους τὰς σπονδάς, ὡς εἴρητο ἑκάστοις, δέχεσθαι. 2 Οἱ δ' οὐκ ἤθελον, νομίζοντες οὐκ ἐπιτηδείας εἶναι· οὐδὲ ὁ Κλεαρίδας παρέδωκε τὴν πόλιν χαριζόμενος τοῖς

XIX. 2 4 Ἀλκινάδας et mox Λάφιλος, Θεαγένης, Ἀριστοκράτης edd. (cf. XXIV) : Ἀλκινίδας, Λάμφιλος, Θεογένης, Ἀριστοκίτης codd.

XX. 1 1 τοῦ χειμῶνος om. E* ‖ 4 ἐς C : ἡ ἐς cett. ‖ 2 3 ἐς ante τὴν ἀπαρίθμησιν τῶν ὀνομάτων transposui, quae verba post σημαινόντων transp. Arnold, alii alia.

Chalcidiens, se déclarant hors d'état de la remettre contre leur gré. **3** Lui-même partit au plus tôt avec des envoyés nommés par eux, pour se justifier, à Sparte, des accusations que pourraient formuler Ischagoras et ses collègues sur ce refus d'obéissance, et aussi dans le désir de savoir si les termes de l'accord pouvaient encore être modifiés ; mais il vit qu'ils avaient les mains liées et dut, quant à lui, repartir au plus tôt sur l'ordre des Lacédémoniens, qui le chargeaient, si possible, de remettre bel et bien la place, et, sinon, d'en ramener tous les Péloponnésiens qui s'y trouvaient.

XXII. Les alliés, eux, étaient justement encore sur place, à Sparte[1], et les Lacédémoniens dirent à ceux d'entre eux qui n'avaient pas encore adhéré au traité de le faire. Eux, mettant en avant les mêmes raisons au nom desquelles ils l'avaient, à l'origine, refusé, déclarèrent qu'ils ne donneraient pas leur acceptation tant que l'on n'en conclurait pas un qui fût plus juste. **2** Alors, voyant qu'ils ne se faisaient pas écouter, les Lacédémoniens les congédièrent, et négocièrent, de leur côté, une alliance avec Athènes[2] : dans leur esprit* c'était le meilleur moyen pour éviter qu'Argos, qui, en fait, avait refusé, lors de la venue d'Ampélidas et de Lichas, le renouvellement de la trêve, n'agît contre eux (or, sans l'aide athénienne, elle n'était pas à craindre), et le meilleur moyen pour obtenir que le reste du Péloponnèse se tînt tranquille (car c'est du côté athénien, que, si elles le pouvaient, les cités se seraient tournées). **3** Aussi, des représentants athéniens se trouvant là[3] et des pourparlers ayant été engagés, ils conclurent un accord : ils échangèrent des serments et ratifièrent une alliance aux termes suivants.

XXIII. « Les Lacédémoniens et les Athéniens seront alliés conformément aux conditions suivantes, pour une durée de cinquante ans. Si un ennemi* envahit le territoire

1. Les Lacédémoniens profitent d'une circonstance fortuite : d'où l'insistance du texte corrigé que l'on a admis ici (avec αὐτοῦ et ἔτι).

2. L'explication de l'alliance, donnée dans une seule proposition participiale, reste évidemment assez sommaire.

3. Eux aussi sont restés (ou bien revenus), car ce sont les mêmes noms : on attendrait, en grec, l'article.

Χαλκιδεῦσι, λέγων ὡς οὐ δυνατὸς εἴη βίᾳ ἐκείνων παραδιδόναι. **3** Ἐλθὼν δὲ αὐτὸς κατὰ τάχος μετὰ πρέσβεων αὐτόθεν ἀπολογησόμενός τε ἐς τὴν Λακεδαίμονα, ἢν κατηγορῶσιν οἱ περὶ τὸν Ἰσχαγόραν ὅτι οὐκ ἐπείθετο, καὶ ἅμα βουλόμενος εἰδέναι εἰ ἔτι μετακινητὴ εἴη ἡ ὁμολογία, ἐπειδὴ ηὗρε κατειλημμένους, αὐτὸς μὲν πάλιν πεμπόντων τῶν Λακεδαιμονίων καὶ κελευόντων μάλιστα μὲν καὶ τὸ χωρίον παραδοῦναι, εἰ δὲ μή, ὁπόσοι Πελοποννησίων ἔνεισιν ἐξαγαγεῖν, κατὰ τάχος ἐπορεύετο.

XXII. Οἱ δὲ ξύμμαχοι ἐν τῇ Λακεδαίμονι αὐτοῦ ⟨ἔτι⟩ ἔτυχον ὄντες, καὶ αὐτῶν τοὺς μὴ δεξαμένους τὰς σπονδὰς ἐκέλευον οἱ Λακεδαιμόνιοι ποιεῖσθαι. Οἱ δὲ τῇ αὐτῇ προφάσει, ᾗπερ καὶ τὸ πρῶτον ἀπεώσαντο, οὐκ ἔφασαν δέξεσθαι, ἢν μή τινας δικαιοτέρας τούτων ποιῶνται. **2** Ὡς δ' αὐτῶν οὐκ ἐσήκουον, ἐκείνους μὲν ἀπέπεμψαν, αὐτοὶ δὲ πρὸς τοὺς Ἀθηναίους ξυμμαχίαν ἐποιοῦντο, νομίζοντες ἥκιστα ἂν σφίσι τούς τε Ἀργείους, ἐπειδὴ οὐκ ἤθελον Ἀμπελίδου καὶ Λίχου ἐλθόντων ἐπισπένδεσθαι, ⟨ἐπιτίθεσθαι⟩ (καὶ αὐτοὺς ἄνευ Ἀθηναίων οὐ δεινοὺς εἶναι) καὶ τὴν ἄλλην Πελοπόννησον μάλιστ' ἂν ἡσυχάζειν (πρὸς γὰρ ἂν τοὺς Ἀθηναίους, εἰ ἐξῆν, χωρεῖν). **3** Παρόντων οὖν πρέσβεων ἀπὸ τῶν Ἀθηναίων καὶ γενομένων λόγων ξυνέβησαν, καὶ ἐγένοντο ὅρκοι καὶ ξυμμαχία ἥδε.

XXIII. « Κατὰ τάδε ξύμμαχοι ἔσονται Λακεδαιμόνιοι ⟨καὶ Ἀθηναῖοι⟩ πεντήκοντα ἔτη· ἢν δέ τινες ἴωσιν ἐς τὴν

XXI. **3** 2 ἀπολογησόμενός MF²GJ^ac : -σάμενός cett. || κατηγορῶσι(ν) : κατηγοροῦσιν B || 5 κατειλημμένους Krueger : -μένας codd.

XXII. **1** 1 αὐτοῦ Krueger : αὐτοὶ codd. || ἔτι add. Stahl || 2 μὴ : μὲν E || 4 οὐκ : καὶ οὐκ M || δέξεσθαι Markland : δέξασθαι codd. || **2** 3 ἐποιοῦντο : ἐποιήσαντο C || 5 ἐπιτίθεσθαι post ἐπισπένδεσθαι addidi, post Ἀργείους add. Madvig (ἐπιθέσθαι K^mg, ut post σφίσι supplendum) || 6 pr. καὶ Gomme : νομίσαντες codd. (verba νομίσαντες... οὐ del. Heilmann).

XXIII. **1** 2 καὶ Ἀθηναῖοι add. F. Portus || δὲ del. Krueger.

lacédémonien et cause du tort aux Lacédémoniens, les Athéniens apporteront aux Lacédémoniens l'aide la plus grande qu'il leur sera possible dans la mesure de leurs moyens ; si l'envahisseur repart après avoir exercé des ravages, son pays sera en état de guerre avec les Lacédémoniens et les Athéniens et exposé aux représailles des deux cités ; toutes deux traiteront en même temps. Cela se fera en toute justice, ardeur et loyauté. **2** De même, si un ennemi envahit le territoire athénien et cause du tort aux Athéniens, les Lacédémoniens apporteront aux Athéniens l'aide la plus grande qu'il leur sera possible dans la mesure de leurs moyens ; si l'envahisseur repart après avoir exercé des ravages, son pays sera en état de guerre avec les Lacédémoniens et les Athéniens et exposé aux représailles des deux cités ; toutes deux traiteront en même temps. Cela se fera en toute justice, ardeur et loyauté. **3** Si la classe servile se soulève[1], les Athéniens soutiendront les Lacédémoniens de toutes leurs forces dans la mesure de leurs moyens. **4** Ces clauses seront ratifiées par un serment que prêteront les hommes qui l'ont fait, au nom de chacune des deux cités, pour l'autre traité. Celui-ci sera renouvelé chaque année ; pour cela, les Lacédémoniens se rendront à Athènes au moment des Dionysies, et les Athéniens à Sparte au moment des Hyacinthies. **5** Chaque peuple dressera une stèle : l'une, à Sparte, près du temple d'Apollon d'Amyclées, l'autre, à Athènes, près de celui d'Athéna sur l'Acropole. **6** Si les Lacédémoniens et les Athéniens jugent bon d'ajouter ou de retrancher quelque chose au traité d'alliance, ce qu'ils décideront sera compatible, pour tous deux, avec leurs serments.

XXIV. « Ceux qui s'engagèrent par serment furent[2] : pour les Lacédémoniens, Pleistoanax, Agis, Pleistolas, Damagètos, Chionis, Métagénès, Acanthos, Daithos, Ischagoras, Philocharidas, Zeuxidas, Antippos, Alki-

1. Cette clause est unilatérale : sur l'importance d'une telle considération pour Sparte, cf. 14.3.

2. Les noms sont les mêmes qu'à 19.2, sauf les deux premiers, que l'on rétablit à 19.2 : on relève seulement deux légères différences d'ordre, qu'il n'y a aucune raison de corriger.

γῆν πολέμιοι τὴν Λακεδαιμονίων καὶ κακῶς ποιῶσι Λακεδαιμονίους, ὠφελεῖν Ἀθηναίους Λακεδαιμονίους τρόπῳ ὁποίῳ ἂν δύνωνται ἰσχυροτάτῳ κατὰ τὸ δυνατόν· ἢν δὲ δῃώσαντες οἴχωνται, πολεμίαν εἶναι ταύτην τὴν πόλιν Λακεδαιμονίοις καὶ Ἀθηναίοις καὶ κακῶς πάσχειν ὑπὸ ἀμφοτέρων, καταλύειν δὲ ἅμα ἄμφω τὼ πόλει. Ταῦτα δ' εἶναι δικαίως καὶ προθύμως καὶ ἀδόλως. 2 Καὶ ἤν τινες ἐς τὴν τῶν Ἀθηναίων γῆν ἴωσι πολέμιοι καὶ κακῶς ποιῶσιν Ἀθηναίους, ὠφελεῖν Λακεδαιμονίους ⟨Ἀθηναίους⟩ τρόπῳ ὅτῳ ἂν δύνωνται ἰσχυροτάτῳ κατὰ τὸ δυνατόν. Ἢν δὲ δῃώσαντες οἴχωνται, πολεμίαν εἶναι ταύτην τὴν πόλιν Λακεδαιμονίοις καὶ Ἀθηναίοις καὶ κακῶς πάσχειν ὑπ' ἀμφοτέρων, καταλύειν δὲ ἅμα ἄμφω τὼ πόλει. Ταῦτα δ' εἶναι δικαίως καὶ προθύμως καὶ ἀδόλως. 3 Ἢν δὲ ἡ δουλεία ἐπανιστῆται, ἐπικουρεῖν Ἀθηναίους Λακεδαιμονίοις παντὶ σθένει κατὰ τὸ δυνατόν. 4 Ὀμοῦνται δὲ ταῦτα οἵπερ καὶ τὰς ἄλλας σπονδὰς ὤμνυον ἑκατέρων. Ἀνανεοῦσθαι δὲ κατ' ἐνιαυτὸν Λακεδαιμονίους μὲν ἰόντας ἐς Ἀθήνας πρὸς τὰ Διονύσια, Ἀθηναίους δὲ ἰόντας ἐς Λακεδαίμονα πρὸς τὰ Ὑακίνθια. 5 Στήλην δὲ ἑκατέρους στῆσαι, τὴν μὲν ἐν Λακεδαίμονι παρ' Ἀπόλλωνι ἐν Ἀμυκλαίῳ, τὴν δὲ ἐν Ἀθήναις ἐν πόλει παρ' Ἀθηναίᾳ. 6 Ἢν δέ τι δοκῇ Λακεδαιμονίοις καὶ Ἀθηναίοις προσθεῖναι καὶ ἀφελεῖν περὶ τῆς ξυμμαχίας, ὅ τι ἂν δοκῇ, εὔορκον ἀμφοτέροις εἶναι. »

XXIV. « Τὸν δὲ ὅρκον ὤμνυον Λακεδαιμονίων μὲν οἵδε· Πλειστοάναξ, Ἆγις, Πλειστόλας, Δαμάγητος, Χίονις, Μεταγένης, Ἄκανθος, Δάιθος, Ἰσχαγόρας, Φιλοχαρίδας, Ζευξίδας, Ἄντιππος, Ἀλκινάδας, Τέλλις, Ἐμπεδίας, Μηνᾶς, Λάφιλος· Ἀθηναίων δὲ Λάμπων, Ἰσθμιόνικος, Λάχης,

XXIII. 1 4 Λακεδαιμονίους : Λακεδαιμονίοις F[2]G, om. Z ‖ **2** 2 τῶν om. BZG ‖ 3 Ἀθηναίους add. Ullrich ‖ 7 ἅμα om. EZ ‖ **3** 2 Ἀθηναίους : Ἀθηναίοις M ‖ **4** 2 δὲ : καὶ Z δὲ ταῦτα G δὲ τὸν ὅρκον conj. Kirchhoff ‖ **5** 3 Ἀθηναίᾳ edd. : Ἀθηνᾷ (ι) codd. ‖ **6** 2 καὶ Ἀθηναίοις om. E.

nadas, Tellis, Empédias, Mènas, Laphilos ; pour les Athéniens, Lampon, Isthmionicos, Lachès, Nicias, Euthydème, Proclès, Pythodore, Hagnon, Myrtilos, Thrasyclès, Théagénès, Aristocratès, Iolkios, Timocrate, Léon, Lamachos, Démosthène. »

2 Cette alliance fut conclue peu après la paix. Les Athéniens rendirent alors aux Péloponnésiens les hommes de l'île* : on entrait dans l'été de la onzième année. Et ici s'achève le récit de la première guerre, qui avait occupé de façon continue les dix ans précédents.

Νικίας, Εὐθύδημος, Προκλῆς, Πυθόδωρος, Ἅγνων, Μυρτίλος, Θρασυκλῆς, Θεαγένης, Ἀριστοκράτης, Ἰώλκιος, Τιμοκράτης, Λέων, Λάμαχος, Δημοσθένης. »

2 Αὕτη ἡ ξυμμαχία ἐγένετο μετὰ τὰς σπονδὰς οὐ πολλῷ ὕστερον, καὶ τοὺς ἄνδρας τοὺς ἐκ τῆς νήσου ἀπέδοσαν οἱ Ἀθηναῖοι τοῖς Λακεδαιμονίοις, καὶ τὸ θέρος ἦρχε τοῦ ἑνδεκάτου ἔτους. Ταῦτα δὲ τὰ δέκα ἔτη ὁ πρῶτος πόλεμος ξυνεχῶς γενόμενος γέγραπται.

XXIV. 2 2 οἱ om. M ‖ 5 γέγραπται : ἐπιγέγραπται M.

NOTICE

L'ENTRE DEUX GUERRES

V.25-116

Après la paix et l'alliance qui mettent fin à la guerre de dix ans, le livre V s'ouvre sur ce qui pourrait être un nouvel ouvrage. On trouve en effet une nouvelle préface, annonçant, comme en tête du livre I, le sujet et le nom de l'auteur, et fournissant, comme dans le chapitre I.22, des garanties d'exactitude dans la méthode et l'information[1]. Puis le livre V rapporte une période de paix fourrée qui est, comme l'ensemble du livre I, une préparation à la guerre (26.6 : ξύγχυσιν τῶν σπονδῶν ; cf. I.146 : σπονδῶν γὰρ ξύγχυσις).

Dans cette paix fourrée, ce qui compte surtout est l'ensemble des négociations et des pressions par où s'opèrent de perpétuels retournements d'alliances. Tout d'abord, les alliés de Sparte, mécontents de la paix, s'éloignent d'elle et, fondant une nouvelle alliance, centrée sur Argos, se rapprochent d'Athènes (47). Puis des intrigues diverses ramènent provisoirement Argos et Mantinée du côté de Sparte (79 ; 81). En dehors de quelques incidents mentionnés en passant, de façon brève[2], les

1. Cette seconde préface représente les paragraphes 25 et 26. Le paragraphe 25, qui précise le contenu des années à venir, ne peut, en effet, être séparé de 26, comme le voudrait Steup.

2. Le paragraphe 32 groupe trois de ces incidents, avec une remarquable sécheresse : la prise de Skionè, la réinstallation des Déliens à

seules véritables opérations militaires sont : la bataille de Mantinée, à laquelle participent les Athéniens d'une part et les Lacédémoniens de l'autre, puis, en fin de livre, la prise de Mélos par Athènes. Encore la première de ces opérations s'inscrit-elle dans la suite des négociations et des pressions diplomatiques, qui lui donnent son vrai sens.

La nature de la matière traitée explique probablement le tour très particulier que prend ici l'exposé. D'abord, comme il traite d'années de paix, il se déroule selon un rythme bien plus rapide que celui des autres livres : en quatre-vingt-dix paragraphes, on trouve le contenu de cinq années[1]. Et, pour les mêmes raisons peut-être, il ne contient aucun discours, en dehors du dialogue de Mélos, à la fin du livre. Mais il faut reconnaître aussi que cette sécheresse ne relève pas de la seule sobriété : dans l'ensemble, le livre est rempli d'obscurités, de maladresses, et, en fait, mal dominé.

A cela on peut trouver des explications tenant aux conditions de la rédaction. Bien que le livre implique une idée nette de l'unité de la guerre et contienne, dans la seconde préface, une allusion formelle à 404, il se pourrait que le récit en général y ait été peu travaillé et non revu. Les différences de ton et d'inspiration avec les livres VI et VII s'expliqueraient ainsi. Et c'est ce que nous avons suggéré ailleurs[2].

Mais, de toute manière, il est certain que la matière même de ces livres est de nature à justifier plus d'une obscurité. Car le livre V est consacré à une histoire où règnent l'hésitation, l'hypocrisie et l'incohérence.

La pression et l'urgence de la guerre ont, en effet,

Délos, la guerre entre Phocidiens et Locriens. Cf. à 35.1 la prise de Thyssos par les gens de Dion.

1. Année 421-420 = paragraphes 27-39 ; année 420-419 = paragraphes 40-51 ; année 419-418 = paragraphes 52-56 ; année 418-417 = paragraphes 57-81 ; année 417-416 = paragraphes 82-83 ; le livre finit au début de l'hiver 416.

2. *Thucydide et l'impérialisme athénien*, p. 191-193. Pour le dialogue des Athéniens et des Méliens, voir ci-dessous, p. XI*.

disparu. En revanche, personne n'est content : les alliés de Sparte sont irrités de ses abandons, inquiets d'avoir été tenus à l'écart[1] ; Sparte se heurte à leurs résistances ; à cause d'eux, elle ne peut exécuter le traité ni, par conséquent, obtenir elle-même satisfaction. Dans chaque ville, on hésite donc sur le parti à prendre. D'où des négociations, que la prudence oblige à garder secrètes : Argos désigne ainsi quelques individus avec qui l'on pourra traiter sans se compromettre (27.2 : « pour éviter à ceux d'entre eux qui n'auraient pas l'accord de la majorité de se voir découverts »). Parfois, des gens agissent à titre privé (c'est le cas des deux éphores du paragraphe 36) et les négociations sont si officieuses qu'elles finissent par échouer faute d'explications suffisantes (38.3). Chacun soupçonne l'autre ; et les chefs politiques rivalisent de subtilité[2]. Ajoutons à cela que les divisions intérieures, dont les villes avaient pris l'habitude, favorisent les trahisons, les actions doubles, les retournements[3]. L'on comprendra, dans ces conditions, que le récit soit nécessairement obscur, rempli de lacunes, peu cohérent lui-même.

On voit une ville comme Corinthe[4] lancer une négociation, puis remettre à plus tard son adhésion (30) et soudain la donner (31.6) : mais comment affirmer, avec Steup, qu'une revision eût rendu cela clair? Trop d'élé-

1. L'alliance entre Sparte et Athènes fait que l'on accuse même Sparte de songer à s'asservir le Péloponnèse (27.2 ; cf. Diodore, XII.75) !

2. Le projet plein de duplicité des éphores pour s'attacher indirectement les Béotiens (36) vaut bien, en complication, celui d'Alcibiade pour déconsidérer les Lacédémoniens (43-45).

3. Même à Sparte, il se fait des retournements, avec le changement de personnel politique (36.1) ; le cas le plus net de changements politiques est celui d'Argos qui passe d'Athènes à Sparte, puis de Sparte à Athènes, au gré de ses luttes intérieures (76 sqq. ; 81-82).

4. Les renseignements fournis sur la politique corinthienne sont particulièrement décevants. Cf., sur cette politique, H. D. Westlake, *Corinth and the Argive Coalition*, *Am. J. Phil.*, LXI, 1940, surtout aux p. 413-421, et D. Kagan, *Corinthian Diplomacy after the Peace of Nicias*, *Ibid.*, 1960, p. 291-310.

ments obscurs étaient en jeu pour que le récit ne s'en ressentît pas. Bien d'autres passages sont étranges ou déroutants : comment ne pas citer l'impression de ballet que donnent les paragraphes 53-56, tout remplis d'actions avortées : deux fois, les Lacédémoniens se mettent en route, puis renoncent, devant des présages défavorables ; les Épidauriens appellent des alliés, qui ne font rien ; des ambassadeurs se réunissent, mais ne concluent rien, etc... On sent que chacun hésite, guette l'autre, se méfie. La même impression se dégage des paragraphes 61-62[1].

De telles circonstances expliquent assez les obscurités inhérentes au récit[2]. Mais elles pourraient expliquer aussi que, dans certains cas, Thucydide lui-même y ait été trompé et que ses interprétations soient erronées.

C'est ce que l'on a fréquemment soutenu pour deux épisodes particulièrement importants : la négociation, à Athènes, avec les Lacédémoniens (43-45) et la bataille de Mantinée (58-75). Ces deux épisodes méritent donc d'être étudiés à part. Et il faut y joindre, toujours au chapitre des difficultés, la question des textes de traités. En revanche, c'est pour ses beautés et sa profondeur que le dialogue de Mélos doit retenir l'attention.

Alcibiade et les Lacédémoniens (43-45).

De toute manière, le rôle d'Alcibiade au livre V n'est pas très bien dégagé. Il agit tantôt à titre privé, tantôt officiellement, sans que tout cela soit commenté. Et sa politique d'alliance avec Argos, malgré les précédents et les justifications dont elle pouvait se réclamer, ne fait l'objet d'aucune analyse systématique — comme si Thu-

1. Même pour Athènes, on est souvent surpris d'une action parfois énergique et parfois bien faible.

2. Il faut ajouter que la subtilité des desseins, ou leur imprécision, constituent parfois soit des pièges à copistes (qui s'y perdent), soit des invitations à des corrections abusives (on veut simplifier) : on trouverait des exemples des uns et des autres avec les subtilités du paragraphe 36.

cydide, trop fidèle à la tradition de Périclès, en avait méconnu la portée[1].

Mais la partie la moins satisfaisante est celle où il intervient dans la négociation au cours de laquelle Athènes doit choisir entre Sparte et Argos. Alcibiade, craignant l'influence des ambassadeurs lacédémoniens, leur promet son appui s'ils n'admettent pas avoir pleins pouvoirs ; et ceux-ci se laissent duper : ils se contredisent devant le peuple et, par là, se déconsidèrent. Or, tout cela paraît étrange : pourquoi les Lacédémoniens ont-ils suivi l'étonnant conseil de leur ennemi ? Pourquoi ne lui en ont-ils pas voulu plus tard d'une si criante duperie ? De là à penser que quelque chose échappe à Thucydide, il n'y a qu'un pas. Et l'on a supposé que ces fameux pleins pouvoirs n'avaient pas existé : Alcibiade aurait fait avouer la vérité aux ambassadeurs lacédémoniens, qui, pratiquement, n'avaient rien à offrir[2].

Toutefois, la situation d'alors était si confuse, si instable, qu'il ne faut pas trop se hâter de condamner Thucydide. Les pleins pouvoirs peuvent avoir existé, sans signifier beaucoup. Les Lacédémoniens peuvent avoir fait confiance à Alcibiade en désespoir de cause et lui avoir pardonné son abandon parce qu'ils n'avaient rien perdu qu'ils n'eussent perdu en tout cas. Devant l'obscurité des faits, il serait imprudent de croire mieux comprendre que ne fit Thucydide.

Il en est de même pour la bataille de Mantinée.

La bataille de Mantinée (58-75).

L'exposé de la campagne d'Agis contre Argos et de la bataille de Mantinée est, en un sens, très soigné. Le récit en est détaillé. Thucydide donne de nombreuses précisions sur l'ordre de bataille ; il semble même saisir l'occasion de ce grand combat de terre pour analyser les pro-

1. Cf. la sévérité avec laquelle ses mobiles sont analysés à 43.2.
2. Cf. Hatzfeld, *Alcibiade*, p. 89-95.

blèmes du combat sur terre (71.1) et indiquer le dispositif de l'armée lacédémonienne (66.3 ; 67.1 ; 68 ; 70), ainsi que les faiblesses ou les mérites de sa façon de combattre (66.2 ; 72.2 ; 73.4).

Naturellement, un tel récit est parfois assez technique. Il soulève, à cet égard, un certain nombre de difficultés de type normal, portant sur des données géographiques ou stratégiques : elles ne dépassent pas la moyenne normale des difficultés qui surgissent chaque fois que des données concrètes sont en cause[1].

En revanche, on a cru possible d'établir que tout un aspect des faits avait échappé à Thucydide, ce qui serait à la fois plus exceptionnel et plus grave.

Cette thèse a été soutenue pour la première fois de façon systématique par A. J. Woodhouse en 1933, pour ce qui concerne les opérations militaires, et étendue au domaine politique par D. Gillis en 1963[2].

En effet, certains détails surprennent, dans le récit de ces opérations. Agis lance d'abord une attaque, puis, pour une raison inexpliquée, il y renonce (65.3). Il va alors procéder à des travaux de détournement des eaux, dont le but est, nous dit-on, d'obliger les confédérés à quitter les hauteurs où ils se trouvent (65.4). Sur quoi ceux-ci en descendent, mais pour d'autres raisons (65.6) ; et le résultat est que les Lacédémoniens, en les trouvant descen-

1. Thucydide semble d'ailleurs avoir été bien renseigné par des témoins visuels ; cf. 68.1 : ἐφάνη. Mais notre ignorance de certaines données anciennes, jointe au caractère très général de ses indications, fait que beaucoup de localisations sont encore discutées. Sur ces difficultés et d'autres également techniques, cf. *ad loc.*

2. A. J. Woodhouse, *King Agis of Sparta and his campaign in Arkadia in 418 B. C., A Chapter in the history of the art of war among the Greeks*, Oxford, 1933, 161 p. ; D. Gillis, *Collusion at Mantineia, Retroscena politici della situazione peloponnesiaca nel 418 AC*, *Rendiconti del Istituto Lombardo*, 97, 1963, p. 199-226 ; cf. aussi D. Kagan, *Argive Politics and Policy after the Peace of Nicias*, *Class. Phil.*, LVII, 1962. Gomme, déjà, avait critiqué de façon précise l'hypothèse de Woodhouse dans *Thucydides and the battle of Mantineia*, *Essays in Greek History and Literature*, Oxford, 1937, p. 132-155.

dus, sont pris d'un effroi sans précédent (66.2). Pourtant, les confédérés n'en profitent pas. La bataille s'engage normalement. Dans l'ordre de bataille, on remarque que les meilleurs éléments sont, contrairement à l'habitude, placés au centre, les troupes les plus précieuses n'étant pas pour autant en face les unes des autres. Autre curiosité, voici qu'au dernier moment Agis décide d'étendre sa ligne et, pour cela, crée une brèche dans ses troupes, en prévoyant, pour la combler, un mouvement quasi impossible : le résultat en est que, si Sparte triomphe en général, les mille Argiens d'élite placés face à cette brèche remportent un succès facile.

Toutes ces circonstances peuvent, plus ou moins, s'expliquer[1] ; mais il faut reconnaître qu'elles laissent un sentiment de gêne.

C'est pourquoi on a d'abord échafaudé l'hypothèse d'une manœuvre délibérée d'Agis, qui aurait eu, du commencement à la fin, un plan savant et n'aurait songé qu'à tromper l'ennemi ; sa ruse aurait trompé Thucydide lui-même.

Mais de là on passe bientôt à une hypothèse plus complexe. Puisqu'on juge du plan d'après le résultat, on peut aussi bien penser à un double plan, de la part des deux adversaires. En effet, l'on peut songer à rapprocher ces faits de la première retraite d'Agis, quand, à 59-60, il renonce à attaquer, à la suite de certains conciliabules avec deux Argiens, qui lui font à titre privé des promesses d'accord ; on est alors amené à supposer que, dans la suite des opérations, également, le roi aurait été mû par une secrète entente avec les oligarques argiens : cela expliquerait l'ordre de bataille inhabituel et l'apparente imprudence du commandement. Celle-ci a, en effet, pour

1. On peut ainsi comprendre, bien que Thucydide ne l'explique pas, la surprise lacédémonienne : les travaux entrepris ne pouvaient encore avoir eu d'effet ; aussi sont-ils surpris de voir l'ennemi prêt au combat bien plus tôt que prévu. Et Thucydide signale d'autant plus cette surprise que les Lacédémoniens savent la dominer.

résultat pratique d'éviter un heurt entre les meilleures troupes de Sparte et le régiment d'élite argien ; et elle permet à ce dernier de s'en tirer sans dommages[1] — ce qui le laisse libre de travailler, dès lors, à retourner la politique argienne, en rapprochant Argos et Sparte[2].

En fait, il semble bien qu'il y ait dans ces hypothèses divers aspects fort incertains et il paraît difficilement croyable que des négociations, quelles qu'elles fussent, aient pu pousser un chef d'armée à fausser ainsi les données d'une bataille, en épargnant exprès certains des contingents ennemis. L'admettre serait lui prêter, au lieu d'une imprudence technique, une imprudence morale autrement grave et surprenante.

Mais l'existence même de telles hypothèses peut du moins comporter un enseignement. Car il est bon de rappeler que ces opérations se déroulent dans un climat de double jeu et de méfiance. Dans chaque camp, il se trouve même que les troupes et leurs chefs se surveillent avec inquiétude. Et l'on comprend que, dans ce climat, tous les mobiles ne soient pas clairs. Au lieu d'en restituer, après coup, qui seraient censément évidents, mieux vaut reconnaître la part de l'incertain, la marge d'obscurité[3]. Elle laisse dans le récit des ombres légères, sans pour autant permettre de croire que la teneur en est défigurée.

Toutes les difficultés signalées jusqu'ici sont donc réelles ; mais elles ont toutes une excuse commune : la difficulté de se faire alors une idée claire sur des mobiles complexes, instables et secrets.

La même excuse ne vaut pas pour la dernière des dif-

1. Les Lacédémoniens victorieux ne reviennent pas contre eux : Thucydide l'explique par une habitude lacédémonienne (73.4), Diodore par une anecdote (XII, 79, 6), M. Gillis par une combinaison délibérée.

2. Cf. Diodore, XII, 80, 2-3, et Plutarque, *Alcibiade*, 15 ; mais ce sont là des témoignages douteux, qu'écarte Gomme.

3. Thucydide « préfère le vague à la conjecture » : nous empruntons cette remarque à un mémoire de Mlle C. Vial sur ce récit.

ficultés relevées dans le livre V et qui concerne, au contraire, des faits bien précis, consignés dans des traités.

Les textes de traités.

A vrai dire, cette difficulté n'est pas propre à la partie de l'œuvre étudiée ici. Elle concerne déjà l'armistice entre Sparte et Athènes (IV.118), puis la paix (V.18-19) et, enfin, l'alliance (V.23-24). Mais, dans la partie du livre V qui nous occupe, ces textes se multiplient : on a, au paragraphe 47, le traité entre Athènes, Argos, Élis et Mantinée ; au paragraphe 77, l'accord entre Sparte et Argos, suivi, au paragraphe 79, de l'alliance entre ces deux cités.

La présence de ces textes de traités pose d'abord des problèmes à l'éditeur : car on se demande dans quelle mesure il faut tenter de restituer un texte parfait ou admettre que la copie relevée par Thucydide pouvait comporter des variantes, voire des erreurs. Le problème se pose de façon particulièrement difficile pour les trois derniers. L'alliance du paragraphe 47 nous a, en effet, été conservée sur pierre, avec quelques lacunes, sous forme de l'inscription *I. G.* I², 86. Ce document contemporain des événements est, évidemment, bien préférable au texte des manuscrits médiévaux. Devra-t-on donc corriger ce dernier en toute circonstance ? Certains l'ont pensé ; d'autres y ont renoncé, en se rappelant qu'un même traité peut être copié avec des variantes dès le moment même. C'est la solution que nous avons adoptée ; mais on conçoit qu'elle ne permet pas, dans l'application, une sûreté aussi grande qu'une règle plus mécanique : par souci de prudence, elle ouvre la porte au subjectif. Et il en est de même en ce qui concerne les deux derniers traités, qui sont en dialecte dorien. Là, on ne possède pas le modèle ; mais on sait quelles seraient les formes souhaitables. Faut-il les restituer partout ? Peut-on être sûr soit de la pureté du dialecte employé, soit de la qualité de la transmission à l'origine ? Ici encore un souci de prudence

aboutit à une cote mal taillée dont le détail est plus difficile à justifier que le principe.

Mais ces embarras ne sont rien auprès de ceux que la présence de ces textes a suscités aux interprètes de Thucydide. Pour tous, en effet, on s'est étonné de deux circonstances. D'abord, ces textes rompent, de façon bien inhabituelle, l'unité de style de l'œuvre. En outre, ils mentionnent beaucoup de menus faits pour lesquels le récit n'apporte aucun éclaircissement. Kirchhoff[1] et d'autres en ont conclu, soit que ces documents étaient inconnus de Thucydide à l'époque où il écrivait le récit et n'y ont été insérés qu'après coup, soit qu'ils n'étaient nullement destinés à y figurer.

A vrai dire, on est beaucoup revenu, récemment, de ces hypothèses extrêmes. On a étudié — entre autres, Carl Meyer[2] — les difficultés signalées par Kirchhoff. Et, s'il est malaisé de prouver que ces textes de traités, avec tous leurs détails, sont nécessaires au récit et impliqués par lui, une analyse prudente permet de penser qu'il n'y a pas de désaccord inadmissible. Simplement, Thucydide a pu ne pas être aussi exigeant pour ces documents qu'il l'était pour les discours : ce n'étaient à ses yeux que des preuves à l'appui et il ne s'est pas plus soucié d'en accorder le détail avec son récit qu'il ne pouvait se soucier d'en accorder le style. D'où de petits problèmes, de légères obscurités, des désaccords de-ci de-là, que l'on peut signaler au passage ; une revision soigneuse eût pu en diminuer le nombre, mais sans atteindre pour autant à la claire rigueur des autres parties de l'œuvre. Et c'est là une raison de plus expliquant l'impression de flottement et d'imperfection que laisse le livre V.

Elle n'est corrigée que vers la fin, par l'étonnant dialogue de Mélos.

1. *Thukydides und sein Urkundenmaterial, Ein Beitrag zur Entstehungsgeschichte seines Werkes*, Berlin, 1895, 180 p.

2. *Die Urkunden im Geschichtswerk des Thukydides*, *Zetemata*, 10, Munich, 1955, 102 p.

Le dialogue des Athéniens et des Méliens.

En fait, le dialogue des Athéniens et des Méliens, par sa matière et sa teneur, se détache tout à fait du reste du livre V. A propos de l'expédition tentée par Athènes contre la petite île neutre de Mélos — expédition qui devait se heurter à une longue résistance et se terminer par une victoire suivie d'une répression cruelle — Thucydide a choisi d'instruire ici le procès de l'impérialisme athénien. Le dialogue regarde plutôt, par delà le livre V, vers l'expédition de Sicile, qui allait suivre immédiatement, et vers les désastres à venir[1].

A cet égard, une question préalable doit être posée. C'est la seule réserve qu'ait suscitée le dialogue ; et elle porte plutôt sur l'occasion qui lui a donné naissance : d'après un document épigraphique, on en est venu à se demander, en effet, si cette grande analyse de l'impérialisme athénien était ici bien à sa place[2]. On a jugé que Mélos avait, dans les années précédentes, payé un tribut à Athènes, ce qui donnerait à l'expédition un caractère beaucoup moins gratuit que ne le suggère Thucydide. En réalité, l'hypothèse a été discutée et ne semble pas très assurée. Même si elle contenait une part de vérité, elle ne ferait que montrer avec quelle autoritaire clairvoyance Thucydide écarte tout ce qui est de l'ordre du prétexte pour aller droit à ce qui lui semble constituer la vérité profonde des faits[3].

Indiscutablement, il a tout mis en œuvre pour donner à l'attaque de cette petite île un sens révélateur et frappant.

1. Pour cette raison, et à cause de diverses réflexions où se profile l'idée du désastre à venir, nous le croyons d'inspiration tardive, c'est-à-dire postérieur à 404. Mais il n'existe aucune preuve sûre.

2. M. Treu, *Athen und Melos und der Melierdialog des Thukydides*, *Historia*, 2 (1953), p. 253-273, et 3 (1954), p. 58-59.

3. Les contemporains semblent d'ailleurs avoir jugé comme lui à propos de Mélos. L'affaire souleva un scandale en Grèce. Ceux qui défendirent Athènes n'évoquent aucun prétexte comme celui qui est exposé ici.

Il lui a consacré un dialogue. Et cette forme, unique dans l'œuvre, suffit déjà à donner à l'affaire un éclat exceptionnel. Bien plus, il semble qu'elle ait ici pour but de permettre une rigueur plus grande dans l'analyse, de tout peser, de tout examiner, de creuser jusqu'aux principes les plus profonds que met en cause la politique d'Athènes.

L'analyse politique proprement dite va plus loin que jamais. Les raisons de l'impérialisme athénien y sont précisées sans ambages. Et ce sont celles qu'exposaient ailleurs les Athéniens du livre I, ou Périclès, ou Alcibiade, mais on les trouve, ici, dépourvues de tout revêtement idéaliste ; d'emblée, les Athéniens se sont placés sur le plan de l'intérêt ; or leur intérêt est non seulement de dominer, mais de rappeler leur force par de perpétuels exemples (95 : « Votre hostilité nous fait moins de tort que votre amitié : celle-ci ferait paraître aux yeux des peuples de l'empire une preuve de faiblesse, votre haine, une de puissance... » ; 97 : « Aussi, en dehors même d'une domination accrue, est-ce la sécurité qu'en pliant devant nous vous nous apporteriez... »). Mais, de plus, les chances des uns et des autres sont calculées. Car, si les Athéniens montrent aux Méliens, de façon impitoyable, la vanité des espérances qui les pousseraient à résister, les Méliens n'exposent pas moins clairement le risque qu'une politique comme la sienne fait, en définitive, courir à Athènes même (98 : « Prenez les peuples actuellement sans alliance d'un côté ni de l'autre : comment n'en ferez-vous pas des ennemis, lorsque, considérant ce qui se passe ici, ils se diront qu'un jour vous irez les attaquer à leur tour?... »). La défaite imminente des Méliens ne fait que rapprocher la défaite lointaine d'Athènes.

Mais ce qui est plus remarquable encore est que la politique athénienne est ici analysée dans ses implications morales, avec encore plus de profondeur que dans le discours des Athéniens au livre I : ici, l'on croirait lire un dialogue de philosophe. Plus précisément, on songe aux

recherches des sophistes sur le droit et la nature[1], à toutes ces thèses comme celles de Calliclès ou de Thrasymaque, sur la force et la justice, que discute Platon dans le *Gorgias* ou la *République*[2]. En effet, le réalisme des Athéniens est ramené ici à une doctrine d'ordre moral (89 : « Car, vous le savez comme nous : si le droit intervient dans les appréciations humaines pour inspirer un jugement lorsque les pressions s'équivalent, le possible règle, en revanche, l'action des plus forts et l'acceptation des faibles » ; cf. 105.2 : « Une loi de nature fait que toujours, si l'on est le plus fort, on commande »). Et ce réalisme s'étend non seulement à des considérations de morale pratique (103), mais à des réflexions sur le rôle des dieux (105) : c'est un système du monde qui est ici en cause.

Cette profondeur, jointe à l'extraordinaire force tragique du dialogue, qui oppose réplique à réplique avec une cruauté lucide, à laquelle le sort imminent de Mélos donne un relief accru, explique l'intérêt que n'a jamais cessé de susciter ce texte[3], qui est un de ceux que retiennent les lecteurs les moins spécialistes[4]. Au milieu de l'œuvre telle qu'elle aurait dû être, à la veille de la grande péripétie que constitue l'expédition de Sicile, il est comme le sommet de l'histoire de Thucydide.

Le livre V, qui présente tant d'imperfections et laisse, au total, tant de doutes, s'achève donc sur un morceau de choix, qui suffit à tout compenser.

1. Cf. Heinimann, *Nomos und Physis*, Bâle, 1945.

2. On trouvera une comparaison de ces diverses thèses dans notre *Thucydide et l'impérialisme athénien*, p. 250-257.

3. Depuis 1939, citons, parmi d'autres, les études de G. Deininger, *Der Melier-Dialog (Thuk., V, 85-113)*, In. diss. Erlangen, 1939, 3, 144 p. ; V. Bartoletti, *Il dialogo degli Ateniesi e dei Meli nella Storia di Tuc.*, *R. F. I. C.*, 1939, p. 301-308 ; F. Wassermann, *The Melian dialogue*, *T. A. Ph. A.*, 78 (1947), p. 18-36 ; M. A. Levi, *Il dialogo dei Meli*, *Par. del Pass.*, 8, 1953, p. 5-16 ; E. Braun, *Nachlese zum Melierdialog*, *Iahreshefte*, XL, 1953, p. 232-242 ; H. Herter, *Pylos und Melos. Ein Beitrag zur Thuk. Interpretationen*, *Rh. M.*, 1954, p. 316-343.

4. Cf., par exemple, Nietzsche, *Humain trop humain*, I.92.

LIVRE V (25-*fin*)

Introduction à la suite du récit.

XXV. Après la paix et l'alliance conclues entre Sparte et Athènes à l'issue de la guerre de dix ans, sous l'éphorat de Pleistolas à Sparte et sous l'archontat d'Alcaios à Athènes, les peuples qui avaient accepté le traité se trouvaient en paix. Mais les Corinthiens et certains États du Péloponnèse cherchaient à secouer le nouvel état de choses et d'autres troubles ne tardèrent pas à se manifester, mettant Sparte aux prises avec ses alliés. **2** En outre, avec le temps, les Lacédémoniens devinrent également suspects aux Athéniens, en n'exécutant pas, sur certains points, les clauses prévues par les accords. **3** Pendant sept ans et dix mois*, ils s'abstinrent tous deux de faire campagne contre leurs pays à chacun, mais, au dehors, ils s'arrangeaient, avec une trêve instable, pour se faire réciproquement le plus grand mal ; puis, contraints enfin de rompre le traité conclu après les dix années, ils se trouvèrent de nouveau ouvertement en guerre.

XXVI. Thucydide d'Athènes a écrit le récit de ces faits comme de ceux qui précédaient, en rapportant dans l'ordre, par étés et par hivers, le détail des événements, jusqu'au moment où les Lacédémoniens et leurs alliés mirent fin à la domination athénienne et s'emparèrent des Longs Murs ainsi que du Pirée. La durée totale de la guerre jusqu'à ce moment fut de vingt-sept ans. **2** Pour la période de trêve qui se place dans l'entre-temps, quiconque se refusera à l'inclure dans la guerre commettra une erreur d'appréciation. Que l'on observe dans la pratique ses caractères distinctifs et l'on s'apercevra qu'il n'est pas légitime d'y voir une période de paix : les deux cités, en effet, ne procédèrent ni à toutes les restitutions ni à tous les recouvrements convenus ; en dehors de cela, elles furent l'une et l'autre en faute dans la guerre de

XXV. Μετὰ δὲ τὰς σπονδὰς καὶ τὴν ξυμμαχίαν τῶν Λακεδαιμονίων καὶ τῶν Ἀθηναίων, αἳ ἐγένοντο μετὰ τὸν δεκέτη πόλεμον ἐπὶ Πλειστόλα μὲν ἐν Λακεδαίμονι ἐφόρου, Ἀλκαίου δ' ἄρχοντος Ἀθήνησι, τοῖς μὲν δεξαμένοις αὐτὰς εἰρήνη ἦν, οἱ δὲ Κορίνθιοι καὶ τῶν ἐν Πελοποννήσῳ πόλεών τινες διεκίνουν τὰ πεπραγμένα, καὶ εὐθὺς ἄλλη ταραχὴ καθίστατο τῶν ξυμμάχων πρὸς τὴν Λακεδαίμονα. 2 Καὶ ἅμα καὶ τοῖς Ἀθηναίοις οἱ Λακεδαιμόνιοι προϊόντος τοῦ χρόνου ὕποπτοι ἐγένοντο ἔστιν ἐν οἷς οὐ ποιοῦντες ἐκ τῶν ξυγκειμένων ἃ εἴρητο. 3 Καὶ ἐπὶ ἑπτὰ ἔτη μὲν καὶ δέκα μῆνας ἀπέσχοντο μὴ ἐπὶ τὴν ἑκατέρων γῆν στρατεῦσαι, ἔξωθεν δὲ μετ' ἀνοκωχῆς οὐ βεβαίου ἔβλαπτον ἀλλήλους τὰ μάλιστα· ἔπειτα μέντοι καὶ ἀναγκασθέντες λῦσαι τὰς μετὰ τὰ δέκα ἔτη σπονδὰς αὖθις ἐς πόλεμον φανερὸν κατέστησαν.

XXVI. Γέγραφε δὲ καὶ ταῦτα ὁ αὐτὸς Θουκυδίδης Ἀθηναῖος ἑξῆς, ὡς ἕκαστα ἐγένετο, κατὰ θέρη καὶ χειμῶνας, μέχρι οὗ τήν τε ἀρχὴν κατέπαυσαν τῶν Ἀθηναίων Λακεδαιμόνιοι καὶ οἱ ξύμμαχοι καὶ τὰ μακρὰ τείχη καὶ τὸν Πειραιᾶ κατέλαβον. Ἔτη δὲ ἐς τοῦτο τὰ ξύμπαντα ἐγένετο τῷ πολέμῳ ἑπτὰ καὶ εἴκοσι. 2 Καὶ τὴν διὰ μέσου ξύμβασιν εἴ τις μὴ ἀξιώσει πόλεμον νομίζειν, οὐκ ὀρθῶς δικαιώσει. Τοῖς τε γὰρ ἔργοις ὡς διῄρηται ἀθρείτω καὶ εὑρήσει οὐκ εἰκὸς ὂν εἰρήνην αὐτὴν κριθῆναι, ἐν ᾗ οὔτε ἀπέδοσαν πάντα οὔτ' ἀπεδέξαντο ἃ ξυνέθεντο, ἔξω τε τούτων πρὸς τὸν Μαντινικὸν καὶ Ἐπιδαύριον πόλεμον καὶ ἐς ἄλλα ἀμφοτέ-

XXV. **1** 3 δεκέτη edd. : δεκαετῆ (vel -αέτη) codd. || 5 αὐτὰς : αὐτὰ M || 6 διεκίνουν : διενόουν B* || ἄλλη : ἄλλη τε conj. Stahl || **3** 1 ἑπτὰ Acacius et Krueger : ἓξ codd. || 2 ἑκατέρων CM : ἑκατέραν A*BEF[ac]Z || 6 κατέστησαν : καθίσταντο B.

XXVI. **1** 2 ἐγένετο : ἐγένοντο C || **2** 3 τε del. Stahl.

Mantinée et d'Épidaure et dans d'autres occasions ; avec les alliés de la côte thrace régnait le même état d'hostilité qu'avant, et les Béotiens n'observaient qu'un armistice à renouveler tous les dix jours. **3** Si bien qu'avec la première guerre, qui dura dix ans, la trêve pleine de réserves qui suivit et la guerre qui en sortit ensuite, on trouvera, si l'on calcule d'après les époques de l'année, le nombre d'années indiqué, plus quelques jours de différence ; pour ceux qui se fondent sur les oracles, on trouvera là le seul cas sûr les confirmant. **4** En effet j'ai le souvenir personnel que toujours — dès le début de la guerre et jusqu'à la fin — beaucoup affirmaient qu'elle devait durer trois fois neuf ans. — **5** Je l'ai vécue d'un bout à l'autre, étant d'un âge à me rendre bien compte et m'occupant attentivement d'obtenir des renseignements exacts. Il m'est, en plus, arrivé de me trouver exilé pendant vingt ans, après mon commandement d'Amphipolis, et d'assister aux affaires dans les deux camps — surtout du côté péloponnésien, grâce à mon exil — ce qui m'a donné tout loisir de me rendre un peu mieux compte des choses[1]. **6** Je rapporterai donc la période qui suivit les dix ans, avec ses différends et ce qui devait mener au renversement des traités, puis la période d'hostilités qui suivit.

Regroupement autour d'Argos.

XXVII. Après la conclusion de la paix de cinquante ans, puis de l'alliance, les ambassades péloponnésiennes convoquées à cet effet quittèrent Sparte. **2** En général, elles s'en retournèrent dans leurs pays, mais les Corinthiens passèrent d'abord par Argos, où ils entrèrent en pourparlers avec certains des dirigeants argiens : puisque Sparte, loin de viser au bien du Péloponnèse, avait, à des fins d'asservissement, conclu paix et alliance avec Athènes, naguère sa pire ennemie, Argos devait, selon eux, veiller au salut du Péloponnèse : elle devait décréter

1. Cf. II.48, sur le parti qu'il sut tirer de la peste.

ροις ἁμαρτήματα ἐγένοντο, καὶ οἱ ἐπὶ Θρᾴκης ξύμμαχοι οὐδὲν ἧσσον πολέμιοι ἦσαν, Βοιωτοί τε ἐκεχειρίαν δεχήμερον ἦγον. **3** Ὥστε ξὺν τῷ πρώτῳ πολέμῳ τῷ δεκέτει καὶ τῇ μετ' αὐτὸν ὑπόπτῳ ἀνοκωχῇ καὶ τῷ ὕστερον ἐξ αὐτῆς πολέμῳ εὑρήσει τις τοσαῦτα ἔτη, λογιζόμενος κατὰ τοὺς χρόνους, καὶ ἡμέρας οὐ πολλὰς παρενεγκούσας, καὶ τοῖς ἀπὸ χρησμῶν τι ἰσχυρισαμένοις μόνον δὴ τοῦτο ἐχυρῶς ξυμβάν. **4** Αἰεὶ γὰρ ἔγωγε μέμνημαι, καὶ ἀρχομένου τοῦ πολέμου καὶ μέχρι οὗ ἐτελεύτησε, προφερόμενον ὑπὸ πολλῶν ὅτι τρὶς ἐννέα ἔτη δέοι γενέσθαι αὐτόν. **5** Ἐπεβίων δὲ διὰ παντὸς αὐτοῦ, αἰσθανόμενός τε τῇ ἡλικίᾳ καὶ προσέχων τὴν γνώμην ὅπως ἀκριβές τι εἴσομαι· καὶ ξυνέβη μοι φεύγειν τὴν ἐμαυτοῦ ἔτη εἴκοσι μετὰ τὴν ἐς Ἀμφίπολιν στρατηγίαν, καὶ γενομένῳ παρ' ἀμφοτέροις τοῖς πράγμασι, καὶ οὐχ ἧσσον τοῖς Πελοποννησίων διὰ τὴν φυγήν, καθ' ἡσυχίαν τι αὐτῶν μᾶλλον αἰσθέσθαι. **6** Τὴν οὖν μετὰ τὰ δέκα ἔτη διαφοράν τε καὶ ξύγχυσιν τῶν σπονδῶν καὶ τὰ ἔπειτα ὡς ἐπολεμήθη ἐξηγήσομαι.

XXVII. Ἐπειδὴ γὰρ αἱ πεντηκοντούτεις σπονδαὶ ἐγένοντο καὶ ὕστερον ἡ ξυμμαχία, καὶ αἱ ἀπὸ τῆς Πελοποννήσου πρεσβεῖαι, αἵπερ παρεκλήθησαν ἐς αὐτά, ἀνεχώρουν ἐκ τῆς Λακεδαίμονος. **2** Καὶ οἱ μὲν ἄλλοι ἐπ' οἴκου ἀπῆλθον, Κορίνθιοι δὲ ἐς Ἄργος τραπόμενοι πρῶτον λόγους ποιοῦνται πρός τινας τῶν ἐν τέλει ὄντων Ἀργείων ὡς χρή, ἐπειδὴ Λακεδαιμόνιοι οὐκ ἐπ' ἀγαθῷ ἀλλ' ἐπὶ καταδουλώσει τῆς Πελοποννήσου σπονδὰς καὶ ξυμμαχίαν πρὸς Ἀθηναίους τοὺς πρὶν ἐχθίστους πεποίηνται, ὁρᾶν τοὺς Ἀργείους ὅπως σωθήσεται ἡ Πελοπόννησος, καὶ ψηφίσα-

XXVI. **3** 1 δεκέτει edd. : δεκαέτει (var. acc.) codd. ‖ **5** 2 αἰσθανόμενός : αἰσθόμενός E ‖ 6 Πελοποννησίων C²G : Πελοποννησίοις cett. ‖ **6** 3 τὰ om. M.

XXVII. **1** 2 ἡ ξυμμαχία Cobet : αἱ ξυμμαχίαι codd. (αἱ om. JK) ‖ καὶ αἱ EMZ : αἱ καὶ ABCF ‖ 3 αἵπερ : αἵσπερ F ‖ ἐς αὐτά : ἐς αὐτάς conj. Stahl, del. Kirchhoff ‖ **2** 6 τοὺς : τὸ Z.

que toute ville grecque autonome et respectueuse de l'égalité des droits pouvait, si elle le voulait, s'allier aux Argiens en une entente défensive ; d'autre part, elle devait désigner un groupe de quelques magistrats munis de pleins pouvoirs et les négociations ne devaient pas se faire avec le peuple, pour éviter à ceux qui n'obtiendraient pas l'accord de la majorité de se voir découverts. Les Corinthiens déclaraient que beaucoup se rallieraient, par hostilité contre Sparte. **3** Une fois ces recommandations faites, ils rentrèrent, eux, dans leur pays.

XXVIII. Quant aux personnes d'Argos à qui ils s'étaient adressés, elles rapportèrent ces propos aux autorités et au peuple : les Argiens prirent un décret et désignèrent douze citoyens, avec qui n'importe quels Grecs pouvaient, s'ils le voulaient, conclure une alliance — à l'exclusion des Athéniens et des Lacédémoniens : ces deux peuples ne pouvaient traiter sans l'accord du peuple argien. **2** Les Argiens avaient d'autant mieux accueilli cette idée qu'ils avaient la perspective de la guerre prochaine avec Sparte (car leur traité avec cette ville arrivait à expiration[1]) et qu'ils avaient, au surplus, conçu l'espoir de prendre l'hégémonie dans le Péloponnèse. A cette époque, en effet, Sparte était particulièrement décriée et méprisée à cause de ses revers, et Argos était dans une situation particulièrement bonne à tous égards, pour n'avoir pas été mêlée à la guerre contre Athènes et avoir bien plutôt mis à profit sa qualité de neutre, ayant des accords des deux côtés. Ainsi donc les Argiens accueillaient dans leur alliance les Grecs qui le désiraient.

XXIX. Les Mantinéens et leurs alliés furent les premiers à se rallier à eux : ils le firent par crainte de Sparte. Les Mantinéens avaient, en effet, soumis à leur autorité une partie de l'Arcadie, alors que la guerre contre Athènes durait encore, et ils pensaient que Sparte ne voudrait pas leur laisser cette domination, maintenant qu'elle avait les mains libres ; aussi étaient-ils heureux de se tourner

1. Le fait a été mentionné à 14.4 et 22.2, mais du point de vue des Lacédémoniens. Ici, il explique les perspectives de guerre : tout traité ancien n'était qu'une trêve, limitée dans le temps.

σθαι τὴν βουλομένην πόλιν τῶν Ἑλλήνων, ἥτις αὐτόνομός τέ ἐστι καὶ δίκας ἴσας καὶ ὁμοίας δίδωσι, πρὸς Ἀργείους ξυμμαχίαν ποιεῖσθαι ὥστε τῇ ἀλλήλων ἐπιμαχεῖν, ἀποδεῖξαι δὲ ἄνδρας ὀλίγους ἀρχὴν αὐτοκράτορας καὶ μὴ πρὸς τὸν δῆμον τοὺς λόγους εἶναι, τοῦ μὴ καταφανεῖς γίγνεσθαι τοὺς μὴ πείσαντας τὸ πλῆθος. Ἔφασαν δὲ πολλοὺς προσχωρήσεσθαι μίσει τῶν Λακεδαιμονίων. 3 Καὶ οἱ μὲν Κορίνθιοι διδάξαντες ταῦτα ἀνεχώρησαν ἐπ᾽ οἴκου.

XXVIII. Οἱ δὲ τῶν Ἀργείων ἄνδρες ἀκούσαντες ἐπειδὴ ἀνήνεγκαν τοὺς λόγους ἔς τε τὰς ἀρχὰς καὶ τὸν δῆμον, ἐψηφίσαντο Ἀργεῖοι, καὶ ἄνδρας εἵλοντο δώδεκα πρὸς οὓς τὸν βουλόμενον τῶν Ἑλλήνων ξυμμαχίαν ποιεῖσθαι πλὴν Ἀθηναίων καὶ Λακεδαιμονίων· τούτων δὲ μηδετέροις ἐξεῖναι ἄνευ τοῦ δήμου τοῦ Ἀργείων σπείσασθαι. 2 Ἐδέξαντο δὲ ταῦτα οἱ Ἀργεῖοι μᾶλλον, ὁρῶντες τόν τε Λακεδαιμονίων σφίσι πόλεμον ἐσόμενον (ἐπ᾽ ἐξόδῳ γὰρ πρὸς αὐτοὺς αἱ σπονδαὶ ἦσαν) καὶ ἅμα ἐλπίσαντες τῆς Πελοποννήσου ἡγήσεσθαι. Κατὰ γὰρ τὸν χρόνον τοῦτον ἥ τε Λακεδαίμων μάλιστα δὴ κακῶς ἤκουσε καὶ ὑπερώφθη διὰ τὰς ξυμφοράς, οἵ τε Ἀργεῖοι ἄριστα ἔσχον τοῖς πᾶσιν, οὐ ξυναράμενοι τοῦ Ἀττικοῦ πολέμου, ἀμφοτέροις δὲ μᾶλλον ἔνσπονδοι ὄντες ἐκκαρπωσάμενοι. Οἱ μὲν οὖν Ἀργεῖοι οὕτως ἐς τὴν ξυμμαχίαν προσεδέχοντο τοὺς ἐθέλοντας τῶν Ἑλλήνων.

XXIX. Μαντινῆς δ᾽ αὐτοῖς καὶ οἱ ξύμμαχοι αὐτῶν πρῶτοι προσεχώρησαν δεδιότες τοὺς Λακεδαιμονίους. Τοῖς γὰρ Μαντινεῦσι μέρος τι τῆς Ἀρκαδίας κατέστραπτο ὑπήκοον, ἔτι τοῦ πρὸς Ἀθηναίους πολέμου ὄντος, καὶ ἐνόμιζον οὐ περιόψεσθαι σφᾶς τοὺς Λακεδαιμονίους ἄρχειν, ἐπειδὴ καὶ σχολὴν ἦγον· ὥστε ἄσμενοι πρὸς τοὺς Ἀρ-

XXVIII. 1 6 alt. τοῦ : τῶν MGJK || σπείσασθαι : ποιήσασθαι B || 2 2 δὲ Classen : τε codd. || τόν τε C : τόν τε τῶν cett. (τῶν τε G) || 5 ἡγήσεσθαι : ἡγήσασθαι EG* || 6 δὴ κακῶς : κακῶς δὴ Z || 10 προσεδέχοντο : οὐ προσεδέχοντο B.

vers Argos, en qui ils voyaient une cité puissante, qui avait été, de tout temps, en différend avec Sparte, et qui vivait, comme eux, en démocratie.

2 Après la défection de Mantinée, une vague d'opinion se répandit dans le reste du Péloponnèse, comme quoi il fallait l'imiter : les gens se dirent que, si elle changeait ainsi, c'est qu'elle en savait plus long, et en même temps ils en voulaient à Sparte, parce que, entre autres choses, le traité avec Athènes disait qu'il était compatible avec les serments d'ajouter ou retrancher ce qui conviendrait aux deux cités — Sparte et Athènes. **3** Cette formule agitait plus que tout le Péloponnèse et y éveillait des soupçons contre Sparte, suspecte de vouloir asservir les cités avec l'aide d'Athènes[1] ; car la justice eût été de reconnaître le droit de modification à tous les alliés. **4** Si bien que, pris de peur, la plupart ne songeaient qu'à conclure, chacun de son côté, alliance avec Argos.

XXX. Les Lacédémoniens se rendirent compte que cette vague d'opinion existait dans le Péloponnèse et que les Corinthiens, qui avaient été les instigateurs de l'affaire, allaient eux-mêmes traiter avec Argos : ils envoient donc des ambassadeurs aux Corinthiens, afin de prévenir leurs intentions, protestent contre le fait qu'ils aient été à l'origine de tout et contre l'idée qu'ils puissent se séparer de Sparte pour s'allier à Argos, enfin déclarent qu'ils violeront par là leurs serments : déjà, ils sont en faute pour n'avoir pas accepté le traité avec Athènes, alors qu'il était prévu que ce qui serait voté par la majorité des alliés serait exécutoire, à moins d'empêchement venant des dieux ou des héros. **2** Les Corinthiens avaient chez eux tous les alliés qui, comme eux, n'avaient pas accepté le traité (ils les avaient eux-mêmes convoqués au préalable) : ils répondirent devant eux aux Lacédémoniens, sans formuler franchement les torts subis (à savoir le fait que Sparte ne leur avait fait rendre par Athènes ni Sollion ni Anactorion[2], et les autres raisons qu'ils pou-

1. Cf. 27.2 ; cette crainte est présentée comme raisonnable dans Diodore, XII, 75.

2. Deux villes d'Acarnanie, prises l'une à II.30.1, l'autre à IV.49.

γείους ἐτράποντο, πόλιν τε μεγάλην νομίζοντες καὶ Λακεδαιμονίοις αἰεὶ διάφορον δημοκρατουμένην τε ὥσπερ καὶ αὐτοί.

2 Ἀποστάντων δὲ τῶν Μαντινέων καὶ ἡ ἄλλη Πελοπόννησος ἐς θροῦν καθίστατο ὡς καὶ σφίσι ποιητέον τοῦτο, νομίσαντες πλέον τέ τι εἰδότας μεταστῆναι αὐτοὺς καὶ τοὺς Λακεδαιμονίους ἅμα δι' ὀργῆς ἔχοντες ἐπ' ἄλλοις τε καὶ ὅτι ἐν ταῖς σπονδαῖς ταῖς Ἀττικαῖς ἐγέγραπτο εὔορκον εἶναι προσθεῖναι καὶ ἀφελεῖν ὅ τι ἂν ἀμφοῖν τοῖν πολέοιν δοκῇ, Λακεδαιμονίοις καὶ Ἀθηναίοις. 3 Τοῦτο γὰρ τὸ γράμμα μάλιστα τὴν Πελοπόννησον διεθορύβει καὶ ἐς ὑποψίαν καθίστη μὴ μετὰ Ἀθηναίων σφᾶς βούλωνται Λακεδαιμόνιοι δουλώσασθαι· δίκαιον γὰρ εἶναι πᾶσι τοῖς ξυμμάχοις γεγράφθαι τὴν μετάθεσιν. 4 Ὥστε φοβούμενοι οἱ πολλοὶ ὥρμηντο πρὸς τοὺς Ἀργείους καὶ αὐτοὶ ἕκαστοι ξυμμαχίαν ποιεῖσθαι.

XXX. Λακεδαιμόνιοι δὲ αἰσθόμενοι τὸν θροῦν τοῦτον ἐν τῇ Πελοποννήσῳ καθεστῶτα καὶ τοὺς Κορινθίους διδασκάλους τε γενομένους καὶ αὐτοὺς μέλλοντας σπείσεσθαι πρὸς τὸ Ἄργος, πέμπουσι πρέσβεις ἐς τὴν Κόρινθον, βουλόμενοι προκαταλαβεῖν τὸ μέλλον, καὶ ᾐτιῶντο τήν τε ἐσήγησιν τοῦ παντὸς καὶ εἰ Ἀργείοις σφῶν ἀποστάντες ξύμμαχοι ἔσονται, παραβήσεσθαί τε ἔφασαν αὐτοὺς τοὺς ὅρκους, καὶ ἤδη ἀδικεῖν ὅτι οὐ δέχονται τὰς Ἀθηναίων σπονδάς, εἰρημένον κύριον εἶναι ὅ τι ἂν τὸ πλῆθος τῶν ξυμμάχων ψηφίσηται, ἢν μή τι θεῶν ἢ ἡρώων κώλυμα ᾖ. 2 Κορίνθιοι δὲ παρόντων σφίσι τῶν ξυμμάχων, ὅσοι οὐδ' αὐτοὶ ἐδέξαντο τὰς σπονδάς (παρεκάλεσαν δὲ αὐτοὺς αὐτοὶ πρότερον), ἀντέλεγον τοῖς Λακεδαιμονίοις, ἃ μὲν ἠδικοῦντο, οὐ δηλοῦντες ἄντικρυς, ὅτι οὔτε Σόλλιον σφίσιν

XXIX. 1 8 τε om. M ‖ 2 4 ἐπ' Cobet : ἐν codd. ‖ 3 4 εἶναι : αὐτῶι B.

XXX. 1 1 τοῦτον : τὸν M ‖ 3 σπείσεσθαι ZG²J² : σπείσασθαι cett. ‖ 7 τε : τι ABF* ‖ αὐτοὺς om. B ‖ 10 ᾖ : ἦν C.

vaient avoir de se juger lésés), mais en mettant en avant leur désir de ne pas trahir les villes de la côte thrace : ils s'étaient, disaient-ils, liés à elles par serment, d'abord à titre personnel, dès le moment où elles avaient fait défection avec Potidée, puis à nouveau par la suite ; **3** ils ne violaient donc pas leurs serments d'alliés en ne s'associant pas au traité avec Athènes ; car, après s'être liés à ces villes en attestant les dieux, ils ne sauraient sans parjure les abandonner ; or, la formule disait : « à moins d'empêchement venu des dieux ou des héros » ; et ils voyaient là un empêchement d'ordre divin. **4** Voilà ce qu'ils dirent sur leurs anciens serments ; quant à l'alliance argienne, ils dirent qu'ils en discuteraient avec leurs amis et feraient ce qui serait juste. **5** Sur quoi les ambassadeurs lacédémoniens s'en retournèrent chez eux.

D'autre part, il y avait justement aussi à Corinthe des ambassadeurs argiens, qui invitaient Corinthe à entrer dans l'alliance sans tarder : elle les pria de revenir pour le prochain congrès qui se tiendrait chez elle[1].

XXXI. Il arriva également, aussitôt après, une ambassade éléenne ; elle commença par conclure une alliance avec Corinthe, puis les Éléens se rendirent de là à Argos et devinrent, dans les conditions prévues, les alliés des Argiens. Ils se trouvaient en différend avec Sparte à propos de Lépréon. **2** En effet, il y avait eu, dans le temps, une guerre entre Lépréon et certains peuples d'Arcadie ; les Éléens avaient été appelés comme alliés par Lépréon en échange de la moitié de son territoire[2] ; et, la guerre finie, les Éléens avaient laissé aux gens de Lépréon la jouissance du pays moyennant le versement d'un tribut d'un talent à Zeus Olympien ; **3** jusqu'à la guerre contre Athènes, ceux-ci l'avaient versé ; puis ils avaient cessé, sous le prétexte de la guerre, et les Éléens avaient recouru à la contrainte : sur quoi, Lépréon s'était tournée

1. Cette attitude évasive est surprenante et en contradiction avec la suite (31.6). Le texte serait plus clair si la phrase s'appliquait aux Argiens (οἱ δὲ à prendre dans le sens de οὗτοι δὲ, ou à corriger en οὗτοι δὲ?). Pourtant, on peut supposer que Corinthe voulait d'abord s'assurer l'accord des Éléens : 31.1.

2. Sur cet arrangement, cf. III.50.2.

ἀπέλαβον παρ' Ἀθηναίων οὔτε Ἀνακτόριον, εἴ τέ τι ἄλλο ἐνόμιζον ἐλασσοῦσθαι, πρόσχημα δὲ ποιούμενοι τοὺς ἐπὶ Θρᾴκης μὴ προδώσειν· ὀμόσαι γὰρ αὐτοῖς ὅρκους ἰδίᾳ τε, ὅτε μετὰ Ποτειδεατῶν τὸ πρῶτον ἀφίσταντο, καὶ ἄλλους ὕστερον. 3 Οὔκουν παραβαίνειν τοὺς τῶν ξυμμάχων ὅρκους ἔφασαν οὐκ ἐσιόντες ἐς τὰς τῶν Ἀθηναίων σπονδάς· θεῶν γὰρ πίστεις ὀμόσαντες ἐκείνοις οὐκ ἂν εὐορκεῖν προδιδόντες αὐτούς. Εἰρῆσθαι δ' ὅτι « ἢν μὴ θεῶν ἢ ἡρώων κώλυμα ᾖ »· φαίνεσθαι οὖν σφίσι κώλυμα θεῖον τοῦτο. 4 Καὶ περὶ μὲν τῶν παλαιῶν ὅρκων τοσαῦτα εἶπον, περὶ δὲ τῆς Ἀργείων ξυμμαχίας μετὰ τῶν φίλων βουλευσάμενοι ποιήσειν ὅ τι ἂν δίκαιον ᾖ. 5 Καὶ οἱ μὲν Λακεδαιμονίων πρέσβεις ἀνεχώρησαν ἐπ' οἴκου.

Ἔτυχον δὲ παρόντες ἐν Κορίνθῳ καὶ Ἀργείων πρέσβεις, οἳ ἐκέλευον τοὺς Κορινθίους ἰέναι ἐς τὴν ξυμμαχίαν καὶ μὴ μέλλειν· οἱ δὲ ἐς τὸν ὕστερον ξύλλογον αὐτοῖς τὸν παρὰ σφίσι προεῖπον ἥκειν.

XXXI. Ἦλθε δὲ καὶ Ἠλείων πρεσβεία εὐθὺς καὶ ἐποιήσατο πρὸς Κορινθίους ξυμμαχίαν πρῶτον, ἔπειτα ἐκεῖθεν ἐς Ἄργος ἐλθόντες, καθάπερ προείρητο, Ἀργείων ξύμμαχοι ἐγένοντο· διαφερόμενοι γὰρ ἐτύγχανον τοῖς Λακεδαιμονίοις περὶ Λεπρέου. 2 Πολέμου γὰρ γενομένου ποτὲ πρὸς Ἀρκάδων τινὰς Λεπρεάταις καὶ Ἠλείων παρακληθέντων ὑπὸ Λεπρεατῶν ἐς ξυμμαχίαν ἐπὶ τῇ ἡμισείᾳ τῆς γῆς καὶ καταλυσάντων τὸν πόλεμον, Ἠλεῖοι τὴν γῆν νεμομένοις αὐτοῖς τοῖς Λεπρεάταις τάλαντον ἔταξαν τῷ Διὶ τῷ Ὀλυμπίῳ ἀποφέρειν. 3 Καὶ μέχρι τοῦ Ἀττικοῦ πολέμου ἀπέφερον, ἔπειτα παυσαμένων διὰ πρόφασιν τοῦ πολέμου οἱ Ἠλεῖοι ἐπηνάγκαζον, οἱ δ' ἐτράποντο πρὸς τοὺς Λα-

XXX. **2** 6 τούς : τῆς B ‖ 7 ὅρκους : ὅρκοις F[ac]Z ‖ 8 μετὰ om. C ‖ **4** 2 Ἀργείων C : Ἀργείας.

XXXI. **1** 4 γὰρ : γὰρ οἱ Ἠλεῖοι (var. acc.) EZ ‖ τοῖς om. A ‖ **2** 4 καταλυσάντων Krueger : λυσάντων ‖ 5 τῷ Διὶ : Διὶ M ‖ **3** 1 μέχρι : μέχρι μὲν M.

vers Sparte ; un arbitrage lacédémonien avait été décidé, mais les Éléens, soupçonnant qu'ils ne seraient pas traités équitablement, laissèrent là cette décision pour ravager le pays de Lépréon ; **4** les Lacédémoniens n'en rendirent pas moins leur sentence, déclarant Lépréon autonome et Élis en faute ; et, alléguant la non-observance des décisions prises, ils envoyèrent à Lépréon une garnison d'hoplites. **5** Alors les Éléens, jugeant que Sparte avait accueilli une cité détachée d'eux par défection et invoquant l'accord dans lequel il était dit que ce qu'un État avait en entrant en guerre contre Athènes, il le retrouverait au sortir de la guerre[1], se jugèrent traités sans équité et se détachèrent de Sparte pour rejoindre Argos : ils conclurent donc à leur tour l'alliance dans les conditions prévues. **6** Aussitôt après, les Corinthiens et les Chalcidiens de la côte thrace devinrent également les alliés d'Argos. Les Béotiens et les Mégariens, d'accord entre eux, se tenaient tranquilles, guettant ce que ferait Sparte* et jugeant la démocratie argienne moins bien adaptée à eux, pays oligarchique, que le régime lacédémonien.

XXXII. Vers la même époque, cet été-là, les Athéniens prirent Skionè qu'ils assiégeaient : ils mirent à mort les hommes mobilisables, réduisirent en esclavage les enfants et les femmes[2] et donnèrent le pays à exploiter aux Platéens. — Ils réinstallèrent les Déliens à Délos, impressionnés qu'ils étaient par leurs revers militaires et obéissant à un oracle du dieu de Delphes. — **2** Enfin, les Phocidiens et les Locriens entrèrent en guerre.

3 Les Corinthiens et les Argiens, désormais alliés, se rendent alors à Tégée, pour la détacher de Sparte : ils voyaient qu'elle constituait une partie importante du Péloponnèse et jugeaient que son rattachement pourrait le

1. De quel accord s'agit-il? Un accord constitutif de la ligue n'aurait pas parlé de la guerre contre Athènes. Inversement, le traité de paix n'avait pas été ratifié par les Éléens. Il peut cependant s'agir de lui, ou d'accords préalables : les Éléens avaient même là une raison de plus pour ne pas adhérer.

2. Décision portant sur peu de personnes, car les femmes et les enfants avaient été, en principe, évacués sur Olynthe (IV.123.4).

κεδαιμονίους. Καὶ δίκης Λακεδαιμονίοις ἐπιτραπείσης, ὑποτοπήσαντες οἱ Ἠλεῖοι μὴ ἴσον ἕξειν, ἀνέντες τὴν ἐπιτροπὴν Λεπρεατῶν τὴν γῆν ἔτεμον. 4 Οἱ δὲ Λακεδαιμόνιοι οὐδὲν ἧσσον ἐδίκασαν αὐτονόμους εἶναι Λεπρεάτας καὶ ἀδικεῖν Ἠλείους, καὶ ὡς οὐκ ἐμμεινάντων τῇ ἐπιτροπῇ φρουρὰν ὁπλιτῶν ἐσέπεμψαν ἐς Λέπρεον. 5 Οἱ δὲ Ἠλεῖοι νομίζοντες πόλιν σφῶν ἀφεστηκυῖαν δέξασθαι τοὺς Λακεδαιμονίους καὶ τὴν ξυνθήκην προφέροντες ἐν ᾗ εἴρητο, ἃ ἔχοντες ἐς τὸν Ἀττικὸν πόλεμον καθίσταντό τινες, ταῦτα ἔχοντας καὶ ἐξελθεῖν, ὡς οὐκ ἴσον ἔχοντες ἀφίστανται πρὸς τοὺς Ἀργείους, καὶ τὴν ξυμμαχίαν, ὥσπερ προείρητο, καὶ οὗτοι ἐποιήσαντο. 6 Ἐγένοντο δὲ καὶ οἱ Κορίνθιοι εὐθὺς μετ' ἐκείνους καὶ οἱ ἐπὶ Θρᾴκης Χαλκιδῆς Ἀργείων ξύμμαχοι. Βοιωτοὶ δὲ καὶ Μεγαρῆς τὸ αὐτὸ λέγοντες ἡσύχαζον, περιορώμενοι ⟨τὰ⟩ ἀπὸ τῶν Λακεδαιμονίων καὶ νομίζοντες σφίσι τὴν Ἀργείων δημοκρατίαν, αὐτοῖς ὀλιγαρχουμένοις, ἧσσον ξύμφορον εἶναι τῆς Λακεδαιμονίων πολιτείας.

XXXII. Περὶ δὲ τοὺς αὐτοὺς χρόνους τοῦ θέρους τούτου Σκιωναίους μὲν Ἀθηναῖοι ἐκπολιορκήσαντες ἀπέκτειναν τοὺς ἡβῶντας, παῖδας δὲ καὶ γυναῖκας ἠνδραπόδισαν καὶ τὴν γῆν Πλαταιεῦσιν ἔδοσαν νέμεσθαι· Δηλίους δὲ κατήγαγον πάλιν ἐς Δῆλον, ἐνθυμούμενοι τάς τε ἐν ταῖς μάχαις ξυμφορὰς καὶ τοῦ ἐν Δελφοῖς θεοῦ χρήσαντος. 2 Καὶ Φωκῆς καὶ Λοκροὶ ἤρξαντο πολεμεῖν.

3 Καὶ Κορίνθιοι καὶ Ἀργεῖοι ἤδη ξύμμαχοι ὄντες ἔρχονται ἐς Τεγέαν ἀποστήσοντες Λακεδαιμονίων, ὁρῶντες μέγα μέρος ὄν, καί, εἰ σφίσι προσγένοιτο, νομίζοντες ἅπασαν

XXXI. 3 6 ἔτεμον : ἔτεμνον B (cf. schol. : ἐδῄουν) ‖ 5 5 ἔχοντας : ἔχοντες M ‖ 6 3 δὲ om. B ‖ 4 ⟨τὰ⟩ ἀπὸ Haase : ὑπὸ codd. ‖ 5 αὐτοῖς om. G.

XXXII. 1 1 τοὺ]ς incip., τά[ς τε (5) des. Π[11] ‖ τοῦ θέρους om. Π[11], Dion. Hal. 845 ‖ 4 ἔδοσαν : ἔδωσαν C* ἔδωκαν MJ ‖ 4-5 κατήγαγον πάλιν : πάλιν κατήγαγον Z.

leur donner tout entier. **4** Aussi, quand Tégée répondit qu'elle ne saurait en rien s'opposer à Sparte[1], les Corinthiens, jusque-là pleins de zèle dans leurs négociations, rabattirent de leur ardeur et eurent bien peur que personne d'autre ne voulût plus se rallier à eux. **5** Pourtant, ils allèrent demander aux Béotiens de devenir leurs alliés, à eux et aux Argiens, et de faire, dans l'ensemble, cause commune avec eux ; évoquant la trêve additionnelle de dix jours[2], que les Béotiens avaient avec les Athéniens et qui avait suivi de peu la paix de cinquante ans, les Corinthiens leur demandaient de les accompagner à Athènes et d'en négocier une pour eux comme celle des Béotiens : si Athènes s'y refusait, ils leur demandaient de dénoncer la leur et de ne plus traiter sans eux à l'avenir. **6** En réponse aux demandes des Corinthiens, les Béotiens leur dirent, pour l'alliance argienne, d'attendre ; et ils se rendirent bien à Athènes avec des Corinthiens ; mais, là, ils n'obtinrent pas de trêve de dix jours : les Athéniens répondirent qu'ils avaient déjà un traité avec Corinthe, si celle-ci était alliée de Sparte[3] ; **7** et les Béotiens ne dénoncèrent pas pour autant leur trêve de dix jours, malgré les réclamations des Corinthiens, qui leur reprochaient de s'y être engagés. Les Corinthiens, eux, avaient avec Athènes un armistice non suivi de traité.

XXXIII. Les Lacédémoniens, le même été, firent sous la conduite de Pleistoanax, fils de Pausanias, roi de Sparte, une expédition en masse contre un peuple d'Arcadie, celui de Parrhasia, qui était sujet de Mantinée : on les avait appelés à la faveur de troubles civils et, en même temps, ils voulaient, si possible, abattre le fort de Kypsèles ; c'était un fort construit par les Mantinéens et gardé directement par eux, qui s'élevait en territoire parrhasien, menaçant la Skiritide, en Laconie. **2** Tandis que les Lacédémoniens ravageaient le pays des Parrhasiens, les Mantinéens remirent la défense de leur

1. Il y avait hostilité entre Tégée et Mantinée.
2. Le terme est plus précis qu'à 26.2. Sur l'existence d'accords aussi précaires, cf. encore VI.7.4 et 10.3.
3. C'était aussi le cas des Béotiens, mais hors du Péloponnèse.

ἂν ἔχειν Πελοπόννησον. 4 Ὡς δὲ οὐδὲν ἂν ἔφασαν ἐναντιωθῆναι οἱ Τεγεᾶται Λακεδαιμονίοις, οἱ Κορίνθιοι μέχρι τούτου προθύμως πράσσοντες ἀνεῖσαν τῆς φιλονικίας καὶ ὠρρώδησαν μὴ οὐδεὶς σφίσιν ἔτι τῶν ἄλλων προσχωρῇ. 5 Ὅμως δὲ ἐλθόντες ἐς τοὺς Βοιωτοὺς ἐδέοντο σφῶν τε καὶ Ἀργείων γίγνεσθαι ξυμμάχους καὶ τἆλλα κοινῇ πράσσειν· τάς τε δεχημέρους ἐπισπονδάς, αἳ ἦσαν Ἀθηναίοις καὶ Βοιωτοῖς πρὸς ἀλλήλους οὐ πολλῷ ὕστερον γενόμεναι [τούτων] τῶν πεντηκοντουτίδων σπονδῶν, ἐκέλευον οἱ Κορίνθιοι τοὺς Βοιωτοὺς ἀκολουθήσαντας Ἀθήναζε καὶ σφίσι ποιῆσαι, ὥσπερ Βοιωτοὶ εἶχον, μὴ δεχομένων δὲ Ἀθηναίων ἀπειπεῖν τὴν ἐκεχειρίαν καὶ τὸ λοιπὸν μὴ σπένδεσθαι ἄνευ αὐτῶν. 6 Βοιωτοὶ δὲ δεομένων τῶν Κορινθίων περὶ μὲν τῆς Ἀργείων ξυμμαχίας ἐπισχεῖν αὐτοὺς ἐκέλευον, ἐλθόντες δὲ Ἀθήναζε μετὰ Κορινθίων οὐχ ηὕροντο τὰς δεχημέρους σπονδάς, ἀλλ' ἀπεκρίναντο οἱ Ἀθηναῖοι Κορινθίοις εἶναι σπονδάς, εἴπερ Λακεδαιμονίων εἰσὶ ξύμμαχοι. 7 Βοιωτοὶ μὲν οὖν οὐδὲν μᾶλλον ἀπεῖπον τὰς δεχημέρους, ἀξιούντων καὶ αἰτιωμένων Κορινθίων ξυνθέσθαι σφίσι· Κορινθίοις δὲ ἀνοκωχὴ ἄσπονδος ἦν πρὸς Ἀθηναίους.

XXXIII. Λακεδαιμόνιοι δὲ τοῦ αὐτοῦ θέρους πανδημεὶ ἐστράτευσαν, Πλειστοάνακτος τοῦ Παυσανίου Λακεδαιμονίων βασιλέως ἡγουμένου, τῆς Ἀρκαδίας ἐς Παρρασίους Μαντινέων ὑπηκόους ὄντας, κατὰ στάσιν ἐπικαλεσαμένων σφᾶς, ἅμα δὲ καὶ τὸ ἐν Κυψέλοις τεῖχος ἀναιρήσοντες, ἢν δύνωνται, ὃ ἐτείχισαν Μαντινῆς καὶ αὐτοὶ ἐφρούρουν, ἐν τῇ Παρρασικῇ κείμενον ἐπὶ τῇ Σκιρίτιδι τῆς Λακωνικῆς. 2 Καὶ οἱ μὲν Λακεδαιμόνιοι τὴν γῆν τῶν Παρρασίων ἐδῄουν, οἱ δὲ Μαντινῆς τὴν πόλιν Ἀργείοις φύλαξι παρα-

XXXII. 4 4 ἔτι om. Z ‖ προσχωρῇ CZ : προσχωρεῖ ABEFM ‖ 5 5 τούτων del. Dobrée, αὐτῶν conj. Hude ‖ 7 ὥσπερ Βοιωτοὶ εἶχον om. Valla, delendum cens. Stahl.

XXXIII. 1 5 ἀναιρήσοντες : -σαντες C.

ville à des Argiens pour monter eux-mêmes la garde en territoire allié ; mais, incapables de préserver à la fois le fort de Kypsèles et les villes des Parrhasiens, ils se retirèrent. 3 Les Lacédémoniens déclarèrent les Parrhasiens autonomes et détruisirent le fort, puis retournèrent chez eux.

XXXIV. Toujours le même été, une fois de retour les soldats partis avec Brasidas sur la côte thrace et ramenés par Cléaridas après le traité, les Lacédémoniens votèrent deux décisions : les hilotes qui avaient combattu avec Brasidas seraient libres et résideraient où ils voudraient (peu après, ils les installèrent avec les néodamodes à Lépréon, aux confins de la Laconie et de l'Élide, car ils étaient dès lors en différend avec cette dernière). 2 Inversement, pour ceux des leurs qui avaient été faits prisonniers dans l'île et s'étaient rendus, ils craignirent de les voir, à cause de leur malheur, s'attendre à un traitement de défaveur et, s'ils avaient tous leurs droits, faire de l'agitation : par suite, alors qu'ils occupaient déjà certaines fonctions publiques, ils les privèrent de leurs droits, en leur donnant un statut qui ne leur laissait ni l'exercice des fonctions publiques ni l'autorité pour conclure aucune transaction — tous droits qu'ils retrouvèrent ultérieurement.

XXXV. Le même été, les gens de Dion prirent Thyssos, une ville de l'alliance athénienne[1], sur le promontoire de l'Athos.

2 Pendant tout cet été, il y avait eu échange de relations entre Athéniens et Péloponnésiens, mais des soupçons réciproques naquirent aussitôt après le traité, tant chez les Athéniens que chez les Lacédémoniens, à cause des restitutions de pays non effectuées. 3 Il y avait Amphipolis : les Lacédémoniens, désignés par le sort pour faire leurs restitutions les premiers[2], ne l'avaient pas ren-

1. Thyssos s'était ralliée à Brasidas (IV.109.3). Était-elle rentrée dans l'alliance? Ou bien la formule est-elle à supprimer? Nous pensons plutôt qu'elle indique le statut officiel de la ville.

2. Cf. 21.1. On raconta que Nicias avait, à prix d'argent, influencé le sort (Plutarque, *Nicias*, 10, 1, citant Théophraste).

δόντες αὐτοὶ τὴν ξυμμαχίαν ἐφρούρουν· ἀδύνατοι δ' ὄντες διασῶσαι τό τε ἐν Κυψέλοις τεῖχος καὶ τὰς ἐν Παρρασίοις πόλεις ἀπῆλθον. 3 Λακεδαιμόνιοι δὲ τούς τε Παρρασίους αὐτονόμους ποιήσαντες καὶ τὸ τεῖχος καθελόντες ἀνεχώρησαν ἐπ' οἴκου.

XXXIV. Καὶ τοῦ αὐτοῦ θέρους, ἤδη ἡκόντων αὐτοῖς τῶν ἐπὶ Θρᾴκης μετὰ Βρασίδου ἐξελθόντων στρατιωτῶν, οὓς ὁ Κλεαρίδας μετὰ τὰς σπονδὰς ἐκόμισεν, οἱ Λακεδαιμόνιοι ἐψηφίσαντο τοὺς μὲν μετὰ Βρασίδου Εἵλωτας μαχεσαμένους ἐλευθέρους εἶναι καὶ οἰκεῖν ὅπου ἂν βούλωνται· καὶ ὕστερον οὐ πολλῷ αὐτοὺς μετὰ τῶν νεοδαμώδων ἐς Λέπρεον κατέστησαν, κείμενον ἐπὶ τῆς Λακωνικῆς καὶ τῆς Ἠλείας, ὄντες ἤδη διάφοροι Ἠλείοις· 2 τοὺς δὲ ἐκ τῆς νήσου ληφθέντας σφῶν καὶ τὰ ὅπλα παραδόντας, δείσαντες μή τι διὰ τὴν ξυμφορὰν νομίσαντες ἐλασσωθήσεσθαι καὶ ὄντες ἐπίτιμοι νεωτερίσωσιν, ἤδη καὶ ἀρχάς τινας ἔχοντας ἀτίμους ἐποίησαν, ἀτιμίαν δὲ τοιάνδε ὥστε μήτε ἄρχειν μήτε πριαμένους τι ἢ πωλοῦντας κυρίους εἶναι. Ὕστερον δὲ αὖθις χρόνῳ ἐπίτιμοι ἐγένοντο.

XXXV. Τοῦ δ' αὐτοῦ θέρους καὶ Θυσσὸν τὴν ἐν τῇ Ἄθω Ἀκτῇ Διῆς εἷλον, Ἀθηναίων οὖσαν ξύμμαχον.
2 Καὶ τὸ θέρος τοῦτο πᾶν ἐπιμειξίαι μὲν ἦσαν τοῖς Ἀθηναίοις καὶ Πελοποννησίοις, ὑπώπτευον δὲ ἀλλήλους εὐθὺς μετὰ τὰς σπονδὰς οἵ τε Ἀθηναῖοι καὶ οἱ Λακεδαιμόνιοι κατὰ τὴν τῶν χωρίων ἀλλήλοις οὐκ ἀπόδοσιν. 3 Τὴν γὰρ Ἀμφίπολιν πρότεροι λαχόντες οἱ Λακεδαιμόνιοι ἀποδιδόναι καὶ τὰ ἄλλα οὐκ ἀπεδεδώκεσαν, οὐδὲ τοὺς

XXXIII. 2 3 ἀδύ]να[τοι incip., κ[υρίους (XXXIV. 2.6) des. Π[11].

XXXIV. 1 2 τῶν ἐπὶ Hude : τῶν ἀπὸ codd., ἀπὸ conj. Krueger (τῶν ἀ]πὸ Π[11]) || 7-8 τῆς Λακωνικῆς καὶ τῆς Ἠλείας : τῇ Λακωνικ[ῇ καὶ τῇ Ἠλ]είᾳ Π[11].

XXXV. 1 2 Ἄθω Didot : Ἄθω(ι) codd. Ἀθωίδι conj. Meineke || Ἀκτῇ Διῆς Didot : Δεικτηιδιῆς A Δικτηδιῆς BEFMZ Δικτιδιεῖς C || 2 3 καὶ οἱ : καὶ C || 4 τῶν om. C || 3 1 πρότεροι : -ρον M.

due non plus que le reste ; de plus, ils ne pouvaient justifier d'une acceptation du traité par leurs alliés de la côte thrace, non plus que par les Béotiens ni les Corinthiens : pourtant, ils répétaient toujours que, si ceux-ci ne voulaient pas l'accepter, ils les y contraindraient par une action commune avec l'aide d'Athènes ; et ils avaient fixé des délais, mais sans convention écrite, au bout desquels les réfractaires seraient tenus pour ennemis des deux peuples. **4** Les Athéniens, voyant que rien de tout cela ne se réalisait, soupçonnaient Sparte de n'avoir point des intentions justes : par suite, lorsqu'elle réclamait Pylos, ils ne la restituaient pas (au contraire, ils regrettaient même d'avoir rendu les prisonniers de l'île), et ils gardaient les autres places, attendant qu'elle eût, elle, exécuté les conventions. **5** En réponse, les Lacédémoniens disaient qu'ils avaient fait leur possible : ils avaient rendu les prisonniers athéniens qui se trouvaient entre leurs mains, rapatrié leurs troupes de la côte thrace, et de même pour tout ce qui était en leur pouvoir ; pour Amphipolis, en revanche, ils déclaraient n'avoir pas le pouvoir de la remettre ; quant aux Béotiens, ils essaieraient de les associer, eux et les Corinthiens, au traité, de récupérer Panacton, et de faire parvenir à destination les prisonniers de guerre athéniens en Béotie ; **6** mais ils réclamaient Pylos ; ou, au moins, que l'on retirât les Messéniens et les hilotes comme ils avaient, eux, retiré leurs troupes de Thrace ; les Athéniens n'avaient qu'à y monter eux-mêmes la garde, s'ils voulaient. **7** Bref, après de nombreuses et fréquentes discussions qui eurent lieu cet été-là, ils obtinrent des Athéniens le retrait de Pylos des Messéniens et des hilotes, entre autres ceux qui étaient passés comme transfuges de Laconie* : Athènes les installa à Cranies, dans l'île de Céphallénie. **8** Et c'est ainsi que cet été se passa dans le calme et les rencontres d'un peuple à l'autre.

Efforts lacédémoniens dans le Péloponnèse.

XXXVI. L'hiver suivant, il se trouva que de nou-

ἐπὶ Θρᾴκης παρεῖχον ξυμμάχους τὰς σπονδὰς δεχομένους οὐδὲ Βοιωτοὺς οὐδὲ Κορινθίους, λέγοντες αἰεὶ ὡς μετ' Ἀθηναίων τούτους, ἢν μὴ θέλωσι, κοινῇ ἀναγκάσουσιν· χρόνους τε προύθεντο ἄνευ ξυγγραφῆς ἐν οἷς χρῆν τοὺς μὴ ἐσιόντας ἀμφοτέροις πολεμίους εἶναι. 4 Τούτων οὖν ὁρῶντες οἱ Ἀθηναῖοι οὐδὲν ἔργῳ γιγνόμενον, ὑπώπτευον τοὺς Λακεδαιμονίους μηδὲν δίκαιον διανοεῖσθαι, ὥστε οὔτε Πύλον ἀπαιτούντων αὐτῶν ἀπεδίδοσαν, ἀλλὰ καὶ τοὺς ἐκ τῆς νήσου δεσμώτας μετεμέλοντο ἀποδεδωκότες, τά τε ἄλλα χωρία εἶχον, μένοντες ἕως σφίσι κἀκεῖνοι ποιήσειαν τὰ εἰρημένα. 5 Λακεδαιμόνιοι δὲ τὰ μὲν δυνατὰ ἔφασαν πεποιηκέναι· τοὺς γὰρ παρὰ σφίσι δεσμώτας ὄντας Ἀθηναίων ἀποδοῦναι καὶ τοὺς ἐπὶ Θρᾴκης στρατιώτας ἀπαγαγεῖν καὶ εἴ του ἄλλου ἐγκρατεῖς ἦσαν· Ἀμφιπόλεως δὲ οὐκ ἔφασαν κρατεῖν ὥστε παραδοῦναι, Βοιωτοὺς δὲ πειράσεσθαι καὶ Κορινθίους ἐς τὰς σπονδὰς ἐσαγαγεῖν καὶ Πάνακτον ἀπολαβεῖν, καὶ Ἀθηναίων ὅσοι ἦσαν ἐν Βοιωτοῖς αἰχμάλωτοι κομιεῖν. 6 Πύλον μέντοι ἠξίουν σφίσιν ἀποδοῦναι· εἰ δὲ μή, Μεσσηνίους τε καὶ τοὺς Εἵλωτας ἐξαγαγεῖν, ὥσπερ καὶ αὐτοὶ τοὺς ἀπὸ Θρᾴκης, Ἀθηναίους δὲ φρουρεῖν τὸ χωρίον αὐτούς, εἰ βούλονται. 7 Πολλάκις δὲ καὶ πολλῶν λόγων γενομένων ἐν τῷ θέρει τούτῳ ἔπεισαν τοὺς Ἀθηναίους ὥστε ἐξαγαγεῖν ἐκ Πύλου Μεσσηνίους καὶ τοὺς ἄλλους Εἵλωτάς τε καὶ ὅσοι ηὐτομολήκεσαν ἐκ τῆς Λακωνικῆς· καὶ κατῴκισαν αὐτοὺς ἐν Κρανίοις τῆς Κεφαλληνίας. 8 Τὸ μὲν οὖν θέρος τοῦτο ἡσυχία ἦν καὶ ἔφοδοι παρ' ἀλλήλους.

XXXVI. Τοῦ δ' ἐπιγιγνομένου χειμῶνος (ἔτυχον γὰρ

XXXV. 3 5 ἀναγκάσουσιν K : -σωσι codd. || 4 2 ὑπώπτευον Aldina : ὑπετόπτευον C ὑπετόπευον cett. || 5 1 δὲ : μὲν B || 5 δὲ : om. AB || 6 2 τε : γε conj. Reiske || τοὺς : τὰ B || 4 αὐτούς C : αὐτοῖς || 7 4 Εἵλωτάς τε codd. : τε Εἵλωτας forte scribendum, τε del. Classen, verba τε καὶ del. Krueger || 5 κατῴκισαν : -κησαν F*M || 8 2 ἀλλήλους : ἀλλήλοις ABF*.

veaux éphores étaient en fonction, différents de ceux sous la gestion de qui s'était conclu le traité, et parfois même opposés au traité : avec des ambassades envoyées par les membres de l'alliance, et avec des Athéniens, des Béotiens et des Corinthiens présents à Sparte, on discuta beaucoup sans arriver à un accord ; et, au moment où les ambassadeurs repartaient chez eux, les Béotiens et les Corinthiens reçoivent de Cléoboulos et de Xénarès, ceux-là mêmes qui, parmi les éphores, souhaitaient le plus la rupture du traité, des propositions privées[1] : celles-ci les invitaient à se mettre autant que possible d'accord et à tâcher que les Béotiens, après s'être, d'abord, alliés eux-mêmes aux Argiens, fissent alors conclure une autre alliance, liant Argiens et Béotiens aux Lacédémoniens : c'était en effet le meilleur moyen[2] pour les Béotiens de ne pas être obligés de s'associer au traité athénien ; car Sparte accepterait volontiers l'hostilité athénienne et la rupture du traité pour obtenir l'amitié et l'alliance argiennes : ils savaient, en effet, que Sparte désirait depuis toujours s'attacher Argos comme une vraie amie, avec l'idée que cela lui faciliterait la conduite d'opérations au dehors du Péloponnèse. **2** Toutefois, les Béotiens étaient priés de veiller à remettre Panacton aux Lacédémoniens, pour leur permettre, si possible, de récupérer Pylos en échange — ce qui leur faciliterait une éventuelle entrée en guerre contre Athènes[3]. XXXVII. Béotiens et Corinthiens, donc, chacun de leur côté, se retirèrent avec ces instructions venant de Xénarès et de Cléoboulos, ainsi que de ceux qui, à Sparte, étaient leurs amis, instructions à rapporter aux organismes publics. **2** Mais deux Argiens des plus haut placés les guettaient sur le chemin du retour ; ils les abordèrent et entrèrent en pour-

1. Le texte qui suit est confus et contesté : la subtilité des calculs politiques a encombré la phrase, puis dérouté les copistes ; inversement, les éditeurs se sont crus un peu trop autorisés à multiplier les corrections : l'apparat critique ne les signale pas toutes.

2. Sur le texte adopté, sans ἄν, cf. ad II.3.2.

3. Les deux phrases concluent sur l'unification du Péloponnèse en vue d'une guerre éventuelle : mettre fin à la double menace d'Argos et de Pylos constituait une politique cohérente, donc convaincante.

ἔφοροι ἕτεροι καὶ οὐκ ἐφ' ὧν αἱ σπονδαὶ ἐγένοντο ἄρχοντες ἤδη καί τινες αὐτῶν καὶ ἐναντίοι ⟨ταῖς⟩ σπονδαῖς) ἐλθουσῶν πρεσβειῶν ἀπὸ τῆς ξυμμαχίδος καὶ παρόντων Ἀθηναίων καὶ Βοιωτῶν καὶ Κορινθίων καὶ πολλὰ ἐν ἀλλήλοις εἰπόντων καὶ οὐδὲν ξυμβάντων, ὡς ἀπῇσαν ἐπ' οἴκου, τοῖς Βοιωτοῖς καὶ Κορινθίοις Κλεόβουλος καὶ Ξενάρης, οὗτοι οἵπερ τῶν ἐφόρων ἐβούλοντο μάλιστα διαλῦσαι τὰς σπονδάς, λόγους ποιοῦνται ἰδίους, παραινοῦντες ὅτι μάλιστα ταὐτά τε γιγνώσκειν καὶ πειρᾶσθαι Βοιωτούς, Ἀργείων γενομένους πρῶτον αὐτοὺς ξυμμάχους, αὖθις μετὰ Βοιωτῶν Ἀργείους Λακεδαιμονίοις ποιῆσαι ξυμμάχους (οὕτω γὰρ ἥκιστα ἀναγκασθῆναι Βοιωτοὺς ἐς τὰς Ἀττικὰς σπονδὰς ἐσελθεῖν)· ἑλέσθαι γὰρ Λακεδαιμονίους πρὸ τῆς Ἀθηναίων ἔχθρας καὶ διαλύσεως τῶν σπονδῶν Ἀργείους σφίσι φίλους καὶ ξυμμάχους γενέσθαι. Τὸ γὰρ Ἄργος αἰεὶ ἠπίσταντο ἐπιθυμοῦντας τοὺς Λακεδαιμονίους καλῶς σφίσι φίλιον γενέσθαι, ἡγουμένους τὸν ἔξω Πελοποννήσου πόλεμον ῥᾴω ἂν εἶναι. 2 Τὸ μέντοι Πάνακτον ἐδέοντο Βοιωτοὺς ⟨ὁρᾶν⟩ ὅπως παραδώσουσι Λακεδαιμονίοις, ἵνα ἀντ' αὐτοῦ Πύλον, ἢν δύνωνται, ἀπολαβόντες ῥᾷον καθιστῶνται Ἀθηναίοις ἐς πόλεμον. XXXVII. Καὶ οἱ μὲν Βοιωτοὶ καὶ Κορίνθιοι ταῦτα ἐπεσταλμένοι ἀπό τε τοῦ Ξενάρους καὶ Κλεοβούλου καὶ ὅσοι φίλοι ἦσαν αὐτοῖς τῶν Λακεδαιμονίων ὥστε ἀπαγγεῖλαι ἐπὶ τὰ κοινά, ἑκάτεροι ἀνεχώρουν. 2 Ἀργείων δὲ δύο ἄνδρες τῆς ἀρχῆς τῆς μεγίστης ἐπετήρουν ἀπιόντας αὐτοὺς καθ' ὁδὸν καὶ ξυγ-

XXXVI. 1 3 αὐτῶν καὶ : καὶ αὐτῶν M ‖ ἐναντίοι ⟨ταῖς⟩ J² recc. : ἐναντίοι CEMZ ἐναντίοις A*BF* ‖ 4 πρεσβειῶν ABG* : πρέσβεων CEFMZ ‖ 10 ταὐτά Reiske : ταῦτά codd. ‖ τε : γε A ‖ 11 Βοιωτῶν : Κορινθίων conj. Ullrich ‖ 13 ἥκιστα : ἥκιστ' ἂν conj. Poppo ‖ 14 ἐσελθεῖν CF² : ἐπελθεῖν ABEFZ ἐλθεῖν M ‖ 18 ἡγουμένους rec., Krueger : ἡγούμενοι codd. ‖ 2 2 ὁρᾶν addidi, παρασκευάζειν addendum conj. Stahl (cf. schol.) ‖ παραδώσουσι CEZF²G : παραδώσωσι FM παραδῶσι AB.

XXXVII. 1 2 Κορίνθιοι : οἱ Κορίνθιοι M ‖ 3 ὅσοι : ὅσα B.

parlers, pour voir si les Béotiens ne s'allieraient pas à eux, comme les Corinthiens, les Éléens et les Mantinéens : à leur avis, disaient-ils, ce point une fois acquis, il leur serait facile soit d'être en guerre, soit d'être en paix, à leur gré, aussi bien avec Sparte, s'ils le décidaient en commun, qu'avec tout autre, en cas de besoin. **3** Les ambassadeurs béotiens se félicitèrent de ce qu'ils entendaient : ce qu'on leur demandait coïncidait justement avec les instructions de leurs amis à Sparte ! Et les deux Argiens, se rendant compte que leurs propositions étaient bien accueillies, les quittèrent en disant qu'ils enverraient des délégués en Béotie. **4** Arrivés chez eux, nos Béotiens rapportèrent aux béotarques[1] les messages recueillis tant à Sparte qu'auprès des Argiens rencontrés au retour : les béotarques s'en félicitèrent et se montrèrent bien plus empressés, du fait de cette rencontre entre les deux, faisant que leurs amis lacédémoniens leur demandaient exactement ce vers quoi les poussaient les Argiens. **5** Peu après, des délégués argiens se présentèrent, avec les offres déjà mentionnées ; et les béotarques, avant de les renvoyer chez eux, approuvèrent leur langage et promirent de dépêcher une ambassade à Argos au sujet de l'alliance.

XXXVIII. En attendant, les béotarques étaient d'accord avec les Corinthiens, les Mégariens et les représentants venus de Thrace pour prendre d'abord des engagements mutuels comportant de se soutenir éventuellement en cas de besoin et de ne pas entrer en guerre ni conclure d'accord sans une décision collective : cela fait, les Béotiens et les Mégariens (qui faisaient cause commune) traiteraient avec Argos. **2** Avant l'échange des serments les béotarques en communiquèrent le projet aux quatre conseils de Béotie, qui sont seuls souverains, et recom-

1. Les onze béotarques exerçaient le pouvoir exécutif sous le contrôle du conseil fédéral, divisé en quatre sections. Celles-ci correspondaient au même principe que pour chaque ville : elles expédiaient et préparaient les affaires à tour de rôle, chacune pendant trois mois ; mais les séances plénières réunissaient les quatre : cf. *Helléniques* d'Oxyrhynchos, XI. On voit ici que le conseil pouvait ne pas ratifier les décisions des béotarques.

γενόμενοι ἐς λόγους ἦλθον, εἴ πως οἱ Βοιωτοὶ σφίσι ξύμμαχοι γένοιντο, ὥσπερ Κορίνθιοι καὶ Ἠλεῖοι καὶ Μαντινῆς· νομίζειν γὰρ ἂν τούτου προχωρήσαντος ῥᾳδίως ἤδη καὶ πολεμεῖν καὶ σπένδεσθαι καὶ πρὸς Λακεδαιμονίους, εἰ βούλοιντο, κοινῷ λόγῳ χρωμένους, καὶ εἴ τινα πρὸς ἄλλον δέοι. 3 Τοῖς δὲ τῶν Βοιωτῶν πρέσβεσιν ἀκούουσιν ἤρεσκεν· κατὰ τύχην γὰρ ἐδέοντο τούτων ὧνπερ καὶ οἱ ἐκ τῆς Λακεδαίμονος αὐτοῖς φίλοι ἐπεστάλκεσαν. Καὶ οἱ τῶν Ἀργείων ἄνδρες ὡς ᾔσθοντο αὐτοὺς δεχομένους τὸν λόγον, εἰπόντες ὅτι πρέσβεις πέμψουσιν ἐς Βοιωτούς, ἀπῆλθον. 4 Ἀφικόμενοι δὲ οἱ Βοιωτοὶ ἀπήγγειλαν τοῖς βοιωτάρχαις τά τε ἐκ τῆς Λακεδαίμονος καὶ τὰ ἀπὸ τῶν ξυγγενομένων Ἀργείων· καὶ οἱ βοιωτάρχαι ἠρέσκοντό τε καὶ πολλῷ προθυμότεροι ἦσαν, ὅτι ἀμφοτέρωθεν ξυνεβεβήκει αὐτοῖς τούς τε φίλους τῶν Λακεδαιμονίων τῶν αὐτῶν δεῖσθαι καὶ τοὺς Ἀργείους ἐς τὰ ὁμοῖα σπεύδειν. 5 Καὶ οὐ πολλῷ ὕστερον πρέσβεις παρῆσαν Ἀργείων τὰ εἰρημένα προκαλούμενοι· καὶ αὐτοὺς ἀπέπεμψαν ἐπαινέσαντες τοὺς λόγους οἱ βοιωτάρχαι καὶ πρέσβεις ὑποσχόμενοι ἀποστελεῖν περὶ τῆς ξυμμαχίας ἐς Ἄργος.

XXXVIII. Ἐν δὲ τούτῳ ἐδόκει πρῶτον τοῖς βοιωτάρχαις καὶ Κορινθίοις καὶ Μεγαρεῦσι καὶ τοῖς ἀπὸ Θρᾴκης πρέσβεσιν ὀμόσαι ὅρκους ἀλλήλοις ἦ μὴν ἔν τε τῷ παρατυχόντι ἀμυνεῖν τῷ δεομένῳ καὶ μὴ πολεμήσειν τῳ μηδὲ ξυμβήσεσθαι ἄνευ κοινῆς γνώμης, καὶ οὕτως ἤδη τοὺς Βοιωτοὺς καὶ Μεγαρέας (τὸ γὰρ αὐτὸ ἐποίουν) πρὸς τοὺς Ἀργείους σπένδεσθαι. 2 Πρὶν δὲ τοὺς ὅρκους γενέσθαι οἱ βοιωτάρχαι ἐκοίνωσαν ταῖς τέσσαρσι βουλαῖς τῶν Βοιωτῶν ταῦτα, αἵπερ ἅπαν τὸ κῦρος ἔχουσι, καὶ παρῄνουν

XXXVII. 2 5 ἂν : αὖ E ‖ 3 3 φίλοι : post hoc verb. habet οἱ περὶ τὸν Κλεόβουλον (ex schol.) E ‖ 4 6 ἐς del. Krueger ‖ 5 2 προκαλούμενοι : παρακαλούμενοι C ‖ 4 ἀποστελεῖν : ἀποστέλλειν M.

XXXVIII. 1 4 ἀμυνεῖν J^ac recc. : ἀμύνειν ‖ τῳ FMG² : τῷ(ι) cett.

mandèrent de se lier par serment avec toutes les cités qui voudraient, pour sauvegarder leurs intérêts, s'associer à eux. **3** Mais voici que les membres des conseils de Béotie n'adoptent pas le projet ! Ils craignaient d'aller contre Sparte, s'ils s'engageaient avec Corinthe, qui s'était détachée d'elle ; car les béotarques ne leur avaient pas rapporté les nouvelles de Sparte ni dit que les éphores Cléoboulos et Xénarès, ainsi que leurs amis là-bas, les poussaient à devenir d'abord les alliés des Argiens et des Corinthiens, pour pouvoir ensuite devenir, avec eux*, ceux de Sparte : ils s'imaginaient que le conseil, même sans qu'on lui dît rien, n'irait pas voter à l'encontre des résolutions préalables qu'ils lui recommanderaient. **4** L'affaire ayant mal tourné, les Corinthiens et les représentants venus de Thrace repartirent sans avoir rien conclu ; et les béotarques, qui devaient primitivement, si leur proposition avait été adoptée, s'efforcer de conclure après cela l'alliance avec Argos, renoncèrent à porter la question argienne devant les conseils et n'envoyèrent pas à Argos les ambassadeurs promis : on laissa toute l'affaire dormir et le temps passer.

XXXIX. Au cours de ce même hiver, les Olynthiens firent un coup de main contre Mèkyberna, où se trouvait une garnison athénienne, et s'en emparèrent.

2 Après cela, comme des pourparlers continuels opposaient Athéniens et Lacédémoniens à propos des territoires qu'ils occupaient réciproquement, les Lacédémoniens, espérant que, si Athènes récupérait Panacton, restitué par les Béotiens, eux-mêmes rentreraient en possession de Pylos, allèrent en délégation trouver les Béotiens ; ils leur demandaient de leur remettre Panacton, ainsi que les prisonniers athéniens, pour qu'ils pussent, en échange, ravoir Pylos. **3** Mais les Béotiens refusèrent cette restitution à moins que Sparte ne conclût avec eux une alliance directe, comme avec Athènes. Les Lacédémoniens, eux, savaient qu'ils feraient ainsi tort aux Athéniens, puisqu'il était prévu[1] que ni les uns ni les autres ne traiteraient ou ne feraient la guerre séparément* ; mais ils voulaient se faire remettre Panacton pour ravoir Pylos en

1. Cf. 46.2, et note complémentaire.

γενέσθαι ὅρκους ταῖς πόλεσιν, ὅσαι βούλονται ἐπ' ὠφελίᾳ σφίσι ξυνομνύναι. 3 Οἱ δ' ἐν ταῖς βουλαῖς τῶν Βοιωτῶν ὄντες οὐ προσδέχονται τὸν λόγον, δεδιότες μὴ ἐναντία Λακεδαιμονίοις ποιήσωσι τοῖς ἐκείνων ἀφεστῶσι Κορινθίοις ξυνομνύντες· οὐ γὰρ εἶπον αὐτοῖς οἱ βοιωτάρχαι τὰ ἐκ τῆς Λακεδαίμονος, ὅτι τῶν τε ἐφόρων Κλεόβουλος καὶ Ξενάρης καὶ οἱ φίλοι παραινοῦσιν 'Αργείων πρῶτον καὶ Κορινθίων γενομένους ξυμμάχους ὕστερον μετ' αὐτῶν γίγνεσθαι, οἰόμενοι τὴν βουλήν, κἂν μὴ εἴπωσιν, οὐκ ἄλλα ψηφιεῖσθαι ἢ ἃ σφίσι προδιαγνόντες παραινοῦσιν. 4 'Ως δὲ ἀντέστη τὸ πρᾶγμα, οἱ μὲν Κορίνθιοι καὶ οἱ ἀπὸ Θρᾴκης πρέσβεις ἄπρακτοι ἀπῆλθον, οἱ δὲ βοιωτάρχαι, μέλλοντες πρότερον, εἰ ταῦτα ἔπεισαν, καὶ τὴν ξυμμαχίαν πειράσεσθαι πρὸς 'Αργείους ποιεῖν, οὐκέτι ἐσήνεγκαν περὶ 'Αργείων ἐς τὰς βουλάς, οὐδὲ ἐς τὸ Ἄργος τοὺς πρέσβεις οὓς ὑπέσχοντο ἔπεμπον, ἀμέλεια δέ τις ἐνῆν καὶ διατριβὴ τῶν πάντων.

XXXIX. Καὶ ἐν τῷ αὐτῷ χειμῶνι τούτῳ Μηκύβερναν 'Ολύνθιοι 'Αθηναίων φρουρούντων ἐπιδραμόντες εἷλον.

2 Μετὰ δὲ ταῦτα (ἐγίγνοντο γὰρ αἰεὶ λόγοι τοῖς τε 'Αθηναίοις καὶ Λακεδαιμονίοις περὶ ὧν εἶχον ἀλλήλων) ἐλπίζοντες οἱ Λακεδαιμόνιοι, εἰ Πάνακτον 'Αθηναῖοι παρὰ Βοιωτῶν ἀπολάβοιεν, κομίσασθαι ἂν αὐτοὶ Πύλον, ἦλθον ἐς τοὺς Βοιωτοὺς πρεσβευόμενοι καὶ ἐδέοντο σφίσι Πάνακτόν τε καὶ τοὺς 'Αθηναίων δεσμώτας παραδοῦναι, ἵνα ἀντ' αὐτῶν Πύλον κομίσωνται. 3 Οἱ δὲ Βοιωτοὶ οὐκ ἔφασαν ἀποδώσειν, ἢν μὴ σφίσι ξυμμαχίαν ἰδίαν ποιήσωνται ὥσπερ 'Αθηναίοις. Λακεδαιμόνιοι δὲ εἰδότες μὲν ὅτι ἀδικήσουσιν 'Αθηναίους, εἰρημένον ἄνευ ἀλλήλων μήτε σπένδεσθαί τῳ μήτε πολεμεῖν, βουλόμενοι δὲ τὸ Πάνακτον

XXXVIII. 3 5 τὰ om. B || 7 μετ' αὐτῶν Stahl : μετὰ τῶν Λακεδαιμονίων codd. || 4 6 βουλάς desinit Z.

XXXIX. 3 4 ἄνευ ἀλλήλων : ἀλλήλων ἄνευ C || 4-5 μήτε... μήτε : μή... μηδὲ M.

échange ; et en même temps les gens qui voulaient saper le traité poussaient au rapprochement avec la Béotie : aussi conclurent-ils cette alliance, alors que l'hiver se terminait et que l'on arrivait au printemps. Sur quoi l'on procédait bientôt à la destruction de Panacton[1]. Ainsi se terminait la onzième année de la guerre.

Rôle d'Athènes dans les négociations.

XL. L'été suivant, dès le printemps, les Argiens, ne voyant pas arriver les ambassadeurs béotiens qui devaient leur être envoyés et apprenant les travaux de destruction en cours à Panacton ainsi que l'alliance directe conclue entre Béotiens et Lacédémoniens, craignirent de se trouver isolés, pendant que toute l'alliance passerait du côté de Sparte ; **2** ils imaginaient, en effet, que les avis de Sparte avaient décidé les Béotiens à raser Panacton tout en adhérant au traité avec Athènes, qu'Athènes était au courant, et que, par suite, ils ne pourraient même plus conclure alliance avec les Athéniens : pourtant ils comptaient bien, auparavant, mettre à profit les différends existants et, si le traité avec Sparte venait à leur manquer, s'allier au moins avec Athènes. **3** En proie, donc, à cette inquiétude et craignant d'avoir à combattre à la fois les Lacédémoniens, les Tégéates, les Béotiens et les Athéniens, les Argiens, qui, auparavant, refusaient de traiter avec Sparte et ne prétendaient à rien moins qu'à l'hégémonie dans le Péloponnèse, envoyaient maintenant le plus vite possible comme ambassadeurs à Sparte Eustrophos et Éson, qui passaient pour les mieux vus là-bas : ils se disaient que, dans la situation présente, le mieux était de conclure un traité avec Sparte, en s'accordant comme on pourrait, et de se tenir tranquilles. XLI. Leurs ambassadeurs, une fois arrivés, entrèrent en pourparlers avec les Lacédémoniens sur les conditions éventuelles du traité. **2** Au début, les Argiens réclamaient qu'il y eût un arbitrage, confié

1. Solution moyenne, mal vue d'Argos comme d'Athènes (40.1 ; 42.2).

παραλαβεῖν ὡς τὴν Πύλον ἀντ' αὐτοῦ κομιούμενοι, καὶ ἅμα τῶν ξυγχέαι σπευδόντων τὰς σπονδὰς προθυμουμένων τὰ ἐς Βοιωτούς, ἐποιήσαντο τὴν ξυμμαχίαν, τοῦ χειμῶνος τελευτῶντος ἤδη καὶ πρὸς ἔαρ· καὶ τὸ Πάνακτον εὐθὺς καθῃρεῖτο. Καὶ ἑνδέκατον ἔτος τῷ πολέμῳ ἐτελεύτα.

XL. Ἅμα δὲ τῷ ἦρι εὐθὺς τοῦ ἐπιγιγνομένου θέρους οἱ Ἀργεῖοι, ὡς οἵ τε πρέσβεις τῶν Βοιωτῶν οὓς ἔφασαν πέμψειν οὐχ ἧκον, τό τε Πάνακτον ᾔσθοντο καθαιρούμενον καὶ ξυμμαχίαν ἰδίαν γεγενημένην τοῖς Βοιωτοῖς πρὸς τοὺς Λακεδαιμονίους, ἔδεισαν μὴ μονωθῶσι καὶ ἐς Λακεδαιμονίους πᾶσα ἡ ξυμμαχία χωρήσῃ· 2 τοὺς γὰρ Βοιωτοὺς ᾤοντο πεπεῖσθαι ὑπὸ Λακεδαιμονίων τό τε Πάνακτον καθελεῖν καὶ ἐς τὰς Ἀθηναίων σπονδὰς ἐσιέναι, τούς τε Ἀθηναίους εἰδέναι ταῦτα, ὥστε οὐδὲ πρὸς Ἀθηναίους ἔτι σφίσιν εἶναι ξυμμαχίαν ποιήσασθαι, πρότερον ἐλπίζοντες ἐκ τῶν διαφορῶν, εἰ μὴ μείνειαν αὐτοῖς αἱ πρὸς Λακεδαιμονίους σπονδαί, τοῖς γοῦν Ἀθηναίοις ξύμμαχοι ἔσεσθαι. 3 Ἀποροῦντες οὖν ταῦτα οἱ Ἀργεῖοι καὶ φοβούμενοι μὴ Λακεδαιμονίοις καὶ Τεγεάταις ⟨καὶ⟩ Βοιωτοῖς καὶ Ἀθηναίοις ἅμα πολεμῶσι, πρότερον οὐ δεχόμενοι τὰς Λακεδαιμονίων σπονδάς, ἀλλ' ἐν φρονήματι ὄντες τῆς Πελοποννήσου ἡγήσεσθαι, ἔπεμπον ὡς ἐδύναντο τάχιστα ἐς τὴν Λακεδαίμονα πρέσβεις Εὔστροφον καὶ Αἴσωνα, οἳ ἐδόκουν προσφιλέστατοι αὐτοῖς εἶναι, ἡγούμενοι ἐκ τῶν παρόντων κράτιστα, πρὸς Λακεδαιμονίους σπονδὰς ποιησάμενοι ὅπῃ ἂν ξυγχωρῇ, ἡσυχίαν ἔχειν. XLI. Καὶ οἱ πρέσβεις ἀφικόμενοι αὐτῶν λόγους ἐποιοῦντο πρὸς τοὺς Λακεδαιμονίους ἐφ' ᾧ ἂν σφίσιν αἱ σπονδαὶ γίγνοιντο. 2 Καὶ τὸ μὲν πρῶτον οἱ Ἀργεῖοι ἠξίουν δίκης ἐπιτροπὴν

XXXIX. 3 8 τὰ : τὰς C ‖ 10 ἔτος incipit, τοῖς (XL. 1.4) des. Π^{11}.

XL. 1 3 ἧκον Krueger (et Π^{11}?) : ἥκοντο (var. spir.) BCEFM ἵκοντο AC^2F^2G ‖ 3 2 καὶ add. Krueger ‖ 9 ξυγχωρῇ : ἐγχωρῇ conj. Krueger.

soit à une ville soit à un particulier, à propos du territoire de Cynurie, qui est, à la limite de leurs deux pays, l'objet de différends constants (il comporte, outre Thyréa, la ville d'Anthènè et est exploité par des Lacédémoniens); puis, comme les Lacédémoniens refusaient d'en entendre parler, mais se déclaraient prêts, si les autres le voulaient, à conclure un traité comme celui d'avant, les ambassadeurs argiens invitèrent du moins les Lacédémoniens à l'accord suivant : on conclurait pour le moment un traité de cinquante ans, mais, sauf en cas d'épidémie ou de guerre soit à Sparte soit à Argos, il serait permis, sur proposition d'une des deux parties, de régler par les armes le sort de ce territoire (comme on l'avait fait auparavant la fois où chacun des deux s'était attribué la victoire[1]) à condition de ne pas poursuivre l'adversaire au delà des limites d'Argos ou de Sparte. **3** Quant aux Lacédémoniens, au début, ils trouvaient cela de la folie; puis, comme ils voulaient à tout prix l'amitié d'Argos, ils donnèrent leur accord à cette requête et le texte fut rédigé. Les Lacédémoniens demandèrent seulement aux ambassadeurs, avant qu'il entrât en vigueur, de retourner d'abord à Argos pour le communiquer au peuple, et, s'il avait son approbation, de revenir aux Hyacinthies pour prêter serment. Sur quoi ceux-ci se retirèrent.

XLII. Pendant ce temps-là, tandis que les Argiens poursuivaient ces négociations, les ambassadeurs lacédémoniens Andromédès, Phaidimos et Antiménidas, qui devaient se faire remettre Panacton et les prisonniers qu'avaient les Béotiens pour les rendre aux Athéniens, trouvèrent Panacton rasé par les Béotiens eux-mêmes, sous le prétexte d'anciens serments jadis échangés à propos de cette place par Athènes et la Béotie, à la suite d'un différend, et prévoyant qu'aucun des deux peuples n'y vivrait, tous deux s'en partageant l'exploitation; restaient les prisonniers athéniens alors aux mains des Béotiens : Andromédès et ses collègues se les firent remettre, les amenèrent aux Athéniens et les leur rendirent, leur

1. Vers 550 : cf. Hérodote, I, 82. Un combat entre trois cents hommes de chaque camp avait laissé deux survivants contre un.

σφίσι γενέσθαι ἢ ἐς πόλιν τινὰ ἢ ἰδιώτην περὶ τῆς Κυνουρίας γῆς, ἧς αἰεὶ πέρι διαφέρονται μεθορίας οὔσης (ἔχει δὲ ἐν αὐτῇ Θυρέαν καὶ Ἀνθήνην πόλιν, νέμονται δ' αὐτὴν Λακεδαιμόνιοι)· ἔπειτα δ' οὐκ ἐώντων Λακεδαιμονίων μεμνῆσθαι περὶ αὐτῆς, ἀλλ' εἰ βούλονται σπένδεσθαι ὥσπερ πρότερον, ἑτοῖμοι εἶναι, οἱ Ἀργεῖοι πρέσβεις τάδε ὅμως ἐπηγάγοντο τοὺς Λακεδαιμονίους ξυγχωρῆσαι, ἐν μὲν τῷ παρόντι σπονδὰς ποιήσασθαι ἔτη πεντήκοντα, ἐξεῖναι δ' ὁποτεροισοῦν προκαλεσαμένοις, μήτε νόσου οὔσης μήτε πολέμου Λακεδαίμονι καὶ Ἄργει, διαμάχεσθαι περὶ τῆς γῆς ταύτης, ὥσπερ καὶ πρότερόν ποτε, ὅτε αὐτοὶ ἑκάτεροι ἠξίωσαν νικᾶν, διώκειν δὲ μὴ ἐξεῖναι περαιτέρω τῶν πρὸς Ἄργος καὶ Λακεδαίμονα ὅρων. **3** Τοῖς δὲ Λακεδαιμονίοις τὸ μὲν πρῶτον ἐδόκει μωρία εἶναι ταῦτα, ἔπειτα (ἐπεθύμουν γὰρ τὸ Ἄργος πάντως φίλον ἔχειν) ξυνεχώρησαν ἐφ' οἷς ἠξίουν καὶ ξυνεγράψαντο. Ἐκέλευον δ' οἱ Λακεδαιμόνιοι, πρὶν τέλος τι αὐτῶν ἔχειν, ἐς τὸ Ἄργος πρῶτον ἐπαναχωρήσαντας αὐτοὺς δεῖξαι τῷ πλήθει, καὶ ἢν ἀρέσκοντα ᾖ, ἥκειν ἐς τὰ Ὑακίνθια τοὺς ὅρκους ποιησομένους. Καὶ οἱ μὲν ἀνεχώρησαν.

XLII. Ἐν δὲ τῷ χρόνῳ τούτῳ ᾧ οἱ Ἀργεῖοι ταῦτα ἔπρασσον, οἱ πρέσβεις τῶν Λακεδαιμονίων Ἀνδρομέδης καὶ Φαίδιμος καὶ Ἀντιμενίδας, οὓς ἔδει τὸ Πάνακτον καὶ τοὺς ἄνδρας τοὺς παρὰ Βοιωτῶν παραλαβόντας Ἀθηναίοις ἀποδοῦναι, τὸ μὲν Πάνακτον ὑπὸ τῶν Βοιωτῶν αὐτῶν καθῃρημένον ηὗρον, ἐπὶ προφάσει ὡς ἦσάν ποτε Ἀθηναίοις καὶ Βοιωτοῖς ἐκ διαφορᾶς περὶ αὐτοῦ ὅρκοι παλαιοὶ μηδετέρους οἰκεῖν τὸ χωρίον ἀλλὰ κοινῇ νέμειν, τοὺς δ' ἄνδρας οὓς εἶχον αἰχμαλώτους Βοιωτοὶ Ἀθηναίων παραλα-

XLI. **2** 2 Κυνουρίας CEF : Κινουρίας M Κυνοσουρίας AB ‖ 4 αὐτῇ Stephanus : αυτῇ C αὐτῆι cett. ‖ Ἀνθήνην C : Ἀθήνην ‖ 7 ἑτοῖμοι... πρότερόν (12) om. M ‖ **3** 8 ποιησομένους : -σαμένους C.

XLII. **1** 2 Ἀνδρομέδης : Ἀνδρομένης C ‖ 9 αἰχμαλώτους Βοιωτοὶ : οἱ Βοιωτοὶ αἰχμαλώτους M.

expliquant que Panacton était rasé, ce qui, à leurs yeux, équivalait à une restitution, puisqu'il n'y vivrait plus personne d'hostile à Athènes. **2** Ces propos furent très mal pris des Athéniens ; ils se jugeaient lésés par Sparte, d'abord avec la destruction de Panacton, qui devait leur être remis en état, ensuite avec la nouvelle que, de surcroît, Sparte avait conclu avec la Béotie une alliance directe, cela malgré ses déclarations antérieures disant que les peuples n'acceptant pas le traité y seraient contraints par une action commune ; enfin, les Athéniens prenaient en considération tous les autres manquements aux conventions et se jugeaient trompés : aussi renvoyèrent-ils les ambassadeurs avec une réponse sévère.

XLIII. Alors qu'un tel différend opposait les Lacédémoniens aux Athéniens, ceux qui, à Athènes, étaient pour la rupture du traité montrèrent à leur tour une soudaine insistance. **2** Parmi eux, il y avait, entre autres, Alcibiade, fils de Clinias[1] ; son âge faisait de lui encore un jeune homme, selon les critères admis ailleurs, mais le renom de ses ancêtres lui valait de la considération. Et sans doute était-ce bel et bien son avis qu'il valait mieux se rapprocher d'Argos ; mais une ambition, due à l'orgueil, lui dictait aussi son opposition : car les Lacédémoniens avaient négocié le traité en passant par Nicias et Lachès : ils l'avaient négligé, lui, à cause de sa jeunesse, et ne lui avaient pas accordé une considération en rapport avec l'ancienne proxénie du passé, à laquelle son grand-père avait renoncé, mais que lui-même songeait à renouveler en s'occupant des Lacédémoniens faits prisonniers dans l'île. **3** Jugeant donc, à tous égards, sa place méconnue, il avait dès le début émis des protestations, déclarant que Sparte n'était pas sûre : elle voulait, grâce à son traité avec eux, abattre Argos, pour

1. Première mention d'Alcibiade dans l'œuvre. Il était né vers 451. La proxénie dont il est question plus loin avait été exercée par ses ancêtres, membres de la grande famille des Eupatrides. Son grand-père, Alcibiade l'Ancien, y avait renoncé, peut-être à la suite de l'affront infligé par Sparte à Athènes, en 462 ; mais cette renonciation n'avait pas eu le caractère d'un acte officiel : cf. Daux, *Alcibiade proxène de Lacédémone, Mélanges Desrousseaux*, p. 117-122.

βόντες οἱ περὶ τὸν Ἀνδρομέδη ἐκόμισαν τοῖς Ἀθηναίοις καὶ ἀπέδοσαν, τοῦ τε Πανάκτου τὴν καθαίρεσιν ἔλεγον αὐτοῖς, νομίζοντες καὶ τοῦτο ἀποδιδόναι· πολέμιον γὰρ οὐκέτι ἐν αὐτῷ Ἀθηναίοις οἰκήσειν οὐδένα. **2** Λεγομένων δὲ τούτων οἱ Ἀθηναῖοι δεινὰ ἐποίουν, νομίζοντες ἀδικεῖσθαι ὑπὸ Λακεδαιμονίων τοῦ τε Πανάκτου τῇ καθαιρέσει, ὃ ἔδει ὀρθὸν παραδοῦναι, καὶ πυνθανόμενοι ὅτι καὶ Βοιωτοῖς ἰδίᾳ ξυμμαχίαν πεποίηνται φάσκοντες πρότερον κοινῇ τοὺς μὴ δεχομένους τὰς σπονδὰς προσαναγκάσειν. Τά τε ἄλλα ἐσκόπουν ὅσα ἐξελελοίπεσαν τῆς ξυνθήκης καὶ ἐνόμιζον ἐξηπατῆσθαι, ὥστε χαλεπῶς πρὸς τοὺς πρέσβεις ἀποκρινάμενοι ἀπέπεμψαν.

XLIII. Κατὰ τοιαύτην δὴ διαφορὰν ὄντων τῶν Λακεδαιμονίων πρὸς τοὺς Ἀθηναίους οἱ ἐν ταῖς Ἀθήναις αὖ βουλόμενοι λῦσαι τὰς σπονδὰς εὐθὺς ἐνέκειντο. **2** Ἦσαν δὲ ἄλλοι τε καὶ Ἀλκιβιάδης ὁ Κλεινίου, ἀνὴρ ἡλικίᾳ μὲν ἔτι τότε ὢν νέος ὡς ἐν ἄλλῃ πόλει, ἀξιώματι δὲ προγόνων τιμώμενος· ᾧ ἐδόκει μὲν καὶ ἄμεινον εἶναι πρὸς τοὺς Ἀργείους μᾶλλον χωρεῖν, οὐ μέντοι ἀλλὰ καὶ φρονήματι φιλονικῶν ἠναντιοῦτο, ὅτι Λακεδαιμόνιοι διὰ Νικίου καὶ Λάχητος ἔπραξαν τὰς σπονδάς, ἑαυτὸν κατά τε τὴν νεότητα ὑπεριδόντες καὶ κατὰ τὴν παλαιὰν προξενίαν ποτὲ οὖσαν οὐ τιμήσαντες, ἣν τοῦ πάππου ἀπειπόντος αὐτὸς τοὺς ἐκ τῆς νήσου αὐτῶν αἰχμαλώτους θεραπεύων διενοεῖτο ἀνανεώσασθαι. **3** Πανταχόθεν τε νομίζων ἐλασσοῦσθαι τό τε πρῶτον ἀντεῖπεν, οὐ βεβαίους φάσκων εἶναι Λακεδαιμονίους, ἀλλ' ἵνα Ἀργείους σφίσι σπεισάμενοι ἐξέλωσι

XLII. **1** 10 Ἀνδρομέδη edd. : Ἀνδρομέδην F^{pc} M Ἀνδρομένην ABCEF^{ac} || 13 ἐν om. B || **2** 5 ἰδίᾳ : ἰδία καὶ C || 7 ὅ]σα incip., μ[α]λ[ισ]τα (XLIII, fin.) des. Π^{11}.

XLIII. **1** 1 δὴ : ἤδη M (ut cett. Π^{11}) || **2** 2 δὲ ἄλλοι τε (δὲ punctis del. Π^{11}) : τε ἄλλοι δὲ B ἄλλοι δέκα H (τε H^{sl}) || 3 ἔτι τότε ὢν CEFMT : ὢν ἔτι τότε AB (ut cett. Π^{11}) || 4 ᾧ : ὧν E* || 7 ἑαυτὸν CFMA^{2} : ἑαυτῶν ABE || κατά τε τὴν : κατά τινὰ H^{pc} τε κατά τε τὴν K || **3** 1 τε : δὲ G || 2 οὐ om. B.

se retourner ensuite contre une Athènes isolée, et ne traitait, selon lui, que pour cela ; de même alors, une fois le différend intervenu, il s'empressa d'envoyer un message privé à Argos, invitant les gens de cette ville à se présenter au plus tôt avec des Mantinéens et des Éléens pour offrir leur alliance : le moment, disait-il, était bon et lui-même servirait leur cause de toutes ses forces.

XLIV. Quand les Argiens reçurent cette information, et lorsqu'ils comprirent que l'alliance béotienne s'était négociée en dehors des Athéniens, qui, au contraire, avaient un différend grave avec Sparte, ils ne s'occupèrent plus de leurs ambassadeurs qui se trouvaient partis là-bas pour s'occuper du traité : leurs sentiments penchèrent du côté d'Athènes. Ils se disaient qu'ainsi une cité amie de longue date, vivant comme eux en démocratie[1] et possédant une puissance maritime considérable serait à leurs côtés en cas d'hostilités. **2** Ils envoyèrent donc aussitôt des délégués à Athènes à propos de l'alliance ; des gens d'Élis et de Mantinée s'associèrent à cette ambassade. **3** Il arriva aussi des ambassadeurs lacédémoniens, envoyés en hâte, et passant pour être en bons termes avec Athènes — Philocharidas, Léon et Endios[2] : ils redoutaient de voir celle-ci, sous l'effet de la colère, conclure l'alliance avec Argos, et, en même temps, ils devaient réclamer Pylos en échange de Panacton et s'excuser pour l'alliance béotienne, en montrant qu'elle n'avait pas pour but de nuire à Athènes. XLV. En traitant ces thèmes devant le conseil, et en ajoutant qu'ils étaient venus avec les pleins pouvoirs pour trancher tous les points en litige, ces ambassadeurs firent peur à Alcibiade : s'ils tenaient le même langage devant le peuple, ils risquaient de se concilier la foule, si bien que l'alliance argienne serait écartée ! **2** Alors Alcibiade combine à leur égard un stratagème : il fait croire aux Lacédémo-

1. Cette raison d'affinité politique a déjà joué pour rapprocher Mantinée d'Argos. D'ailleurs, lorsque Argos changera de camp, cela se liera à un changement de régime : V.81.2 ; 82.5.

2. Cet Endios devait, malgré l'épisode qui suit, rester en bons termes avec Alcibiade et l'aider lors de son séjour à Sparte, car les deux familles entretenaient des liens d'hospitalité (VIII.6.3).

καὶ αὖθις ἐπ᾽ Ἀθηναίους μόνους ἴωσι, τούτου ἕνεκα σπένδεσθαι αὐτούς, καὶ τότε, ἐπειδὴ ἡ διαφορὰ ἐγεγένητο, πέμπει εὐθὺς ἐς Ἄργος ἰδίᾳ, κελεύων ὡς τάχιστα ἐπὶ τὴν ξυμμαχίαν προκαλουμένους ἥκειν μετὰ Μαντινέων καὶ Ἠλείων, ὡς καιροῦ ὄντος καὶ αὐτὸς ξυμπράξων τὰ μάλιστα.

XLIV. Οἱ δὲ Ἀργεῖοι ἀκούσαντες τῆς τε ἀγγελίας καὶ ἐπειδὴ ἔγνωσαν οὐ μετ᾽ Ἀθηναίων πραχθεῖσαν τὴν τῶν Βοιωτῶν ξυμμαχίαν, ἀλλ᾽ ἐς διαφορὰν μεγάλην καθεστῶτας αὐτοὺς πρὸς τοὺς Λακεδαιμονίους, τῶν μὲν ἐν Λακεδαίμονι πρέσβεων, οἵ σφίσι περὶ τῶν σπονδῶν ἔτυχον ἀπόντες, ἠμέλουν, πρὸς δὲ τοὺς Ἀθηναίους μᾶλλον τὴν γνώμην εἶχον, νομίζοντες πόλιν τε σφίσι φιλίαν ἀπὸ παλαιοῦ καὶ δημοκρατουμένην ὥσπερ καὶ αὐτοὶ καὶ δύναμιν μεγάλην ἔχουσαν τὴν κατὰ θάλασσαν ξυμπολεμήσειν σφίσιν, ἢν καθιστῶνται ἐς πόλεμον. **2** Ἔπεμπον οὖν εὐθὺς πρέσβεις ὡς τοὺς Ἀθηναίους περὶ τῆς ξυμμαχίας· ξυνεπρεσβεύοντο δὲ καὶ Ἠλεῖοι καὶ Μαντινῆς. **3** Ἀφίκοντο δὲ καὶ Λακεδαιμονίων πρέσβεις κατὰ τάχος, δοκοῦντες ἐπιτήδειοι εἶναι τοῖς Ἀθηναίοις, Φιλοχαρίδας καὶ Λέων καὶ Ἔνδιος, δείσαντες μὴ τήν τε ξυμμαχίαν ὀργιζόμενοι πρὸς τοὺς Ἀργείους ποιήσωνται, καὶ ἅμα Πύλον ἀπαιτήσοντες ἀντὶ Πανάκτου, καὶ περὶ τῆς Βοιωτῶν ξυμμαχίας ἀπολογησόμενοι ὡς οὐκ ἐπὶ κακῷ τῶν Ἀθηναίων ἐποιήσαντο. XLV. Καὶ λέγοντες ἐν τῇ βουλῇ περί τε τούτων καὶ ὡς αὐτοκράτορες ἥκουσι περὶ πάντων ξυμβῆναι τῶν διαφόρων, τὸν Ἀλκιβιάδην ἐφόβουν μὴ καί, ἢν ἐς τὸν δῆμον ταὐτὰ λέγωσιν, ἐπαγάγωνται τὸ πλῆθος καὶ ἀπωσθῇ ἡ Ἀργείων ξυμμαχία. **2** Μηχανᾶται δὲ πρὸς αὐτοὺς τοιόνδε

XLIII. **3** 7 προκαλουμένους : -ούμενος CT.

XLIV. **3** 2 δὲ καὶ CM : δὲ καὶ οἱ ABEFMpc δὲ T ‖ 3 ἐπιτήδειοι CT : -δειον ‖ post Φιλοχαρίδας hab. δὲ C, τε conj. Hude ‖ 5 ἀπαιτήσοντες : -σαντες E.

XLV. **1** 2 ἥκουσι CTF² : ἥκασι ABEFM ‖ 3 διαφόρων CT : διαφορων E διαφορῶν ABFM ‖ 4 ταὐτὰ Stahl : ταῦτα codd. ‖ ἀπωσθῇ : ἀποσθῇ (?) C ἀποστῇ(ι) C²G.

niens, sous la foi d'un engagement, que, s'ils ne confirment pas devant le peuple l'existence de leurs pleins pouvoirs, il leur rendra Pylos (car il interviendra personnellement pour y décider les Athéniens, tout comme il le fait maintenant en sens opposé) et il réglera tout le reste. **3** Il voulait, en agissant de la sorte, les détacher de Nicias et, aussi, pouvoir les présenter sous un mauvais jour devant le peuple, comme des gens n'ayant rien de sincère à l'esprit et ne tenant jamais le même langage, ce qui lui permettrait de réaliser l'alliance avec Argos, Élis et Mantinée. **4** Et c'est bien ce qui arriva[1]. Lorsque les ambassadeurs, introduits devant le peuple et interrogés, ne déclarèrent plus comme au conseil avoir pleins pouvoirs, les Athéniens perdirent patience ; et, tandis qu'Alcibiade tonnait alors bien plus qu'avant contre Lacédémone, ils accueillaient bien ses propos et étaient prêts à introduire sur-le-champ les Argiens et leurs compagnons pour s'allier à eux. Mais un tremblement de terre survint avant que l'on eût rien ratifié et l'assemblée en cours fut remise à plus tard[2]. XLVI. A celle du lendemain[3], Nicias, bien que les Lacédémoniens, trompés les premiers, l'eussent entièrement trompé à son tour, avec ce refus de reconnaître l'existence de leurs pleins pouvoirs, déclara malgré tout qu'il fallait, de préférence, être amis avec les Lacédémoniens : il n'y avait qu'à ajourner les choses avec Argos et envoyer de nouveaux délégués à Sparte pour être fixés sur ses intentions, car, disait-il, différer la guerre prolongeait un état favorable pour eux-mêmes et peu brillant pour elle ; pour eux, en effet, dont la situation était bonne, le mieux était de préserver le plus possible leur heureuse condition ; tandis que pour elle, qui était en mauvaise passe, c'était une aubaine que de courir son risque le plus tôt possible. **2** Il les décida donc à envoyer des ambassadeurs, dont il fit partie, pour réclamer des Lacédémoniens, si leurs intentions étaient justes, la restitution de Panacton en état et celle d'Amphipolis,

1. Sur le sens de l'épisode, cf. Notice, p. v*.
2. Il survint ou bien on le supposa, avec l'aide du pieux Nicias.
3. Sur l'expression grecque, parfois corrigée, voir I.44.1.

τι ὁ Ἀλκιβιάδης· τοὺς Λακεδαιμονίους πείθει πίστιν αὐτοῖς δούς, ἢν μὴ ὁμολογήσωσιν ἐν τῷ δήμῳ αὐτοκράτορες ἥκειν, Πύλον τε αὐτοῖς ἀποδώσειν (πείσειν γὰρ αὐτὸς Ἀθηναίους, ὥσπερ καὶ νῦν ἀντιλέγειν) καὶ τἆλλα ξυναλλάξειν. 3 Βουλόμενος δὲ αὐτοὺς Νικίου τε ἀποστῆσαι ταῦτα ἔπρασσε καὶ ὅπως, ἐν τῷ δήμῳ διαβαλὼν αὐτοὺς ὡς οὐδὲν ἀληθὲς ἐν νῷ ἔχουσιν οὐδὲ λέγουσιν οὐδέποτε ταὐτά, τοὺς Ἀργείους καὶ Ἠλείους καὶ Μαντινέας ξυμμάχους ποιήσῃ. 4 Καὶ ἐγένετο οὕτως. Ἐπειδὴ γὰρ ἐς τὸν δῆμον παρελθόντες καὶ ἐπερωτώμενοι οὐκ ἔφασαν ὥσπερ ἐν τῇ βουλῇ αὐτοκράτορες ἥκειν, οἱ Ἀθηναῖοι οὐκέτι ἠνείχοντο, ἀλλὰ τοῦ Ἀλκιβιάδου πολλῷ μᾶλλον ἢ πρότερον καταβοῶντος τῶν Λακεδαιμονίων ἐσήκουόν τε καὶ ἑτοῖμοι ἦσαν εὐθὺς παραγαγόντες τοὺς Ἀργείους καὶ τοὺς μετ' αὐτῶν ξυμμάχους ποιεῖσθαι· σεισμοῦ δὲ γενομένου πρίν τι ἐπικυρωθῆναι, ἡ ἐκκλησία αὕτη ἀνεβλήθη. XLVI. Τῇ δ' ὑστεραίᾳ ἐκκλησίᾳ ὁ Νικίας, καίπερ, τῶν Λακεδαιμονίων αὐτῶν ἠπατημένων, καὶ αὐτὸς ἐξηπατημένος περὶ τοῦ μὴ αὐτοκράτορας ὁμολογῆσαι ἥκειν, ὅμως τοῖς Λακεδαιμονίοις ἔφη χρῆναι φίλους μᾶλλον γίγνεσθαι, καὶ ἐπισχόντας τὰ πρὸς Ἀργείους πέμψαι ἔτι ὡς αὐτοὺς καὶ εἰδέναι ὅ τι διανοοῦνται, λέγων ἐν μὲν τῷ σφετέρῳ καλῷ, ἐν δὲ τῷ ἐκείνων ἀπρεπεῖ τὸν πόλεμον ἀναβάλλεσθαι· σφίσι μὲν γὰρ εὖ ἑστώτων τῶν πραγμάτων ὡς ἐπὶ πλεῖστον ἄριστον εἶναι διασώσασθαι τὴν εὐπραγίαν, ἐκείνοις δὲ δυστυχοῦσιν ὅτι τάχιστα εὕρημα εἶναι διακινδυνεῦσαι. 2 Ἔπεισέ τε πέμψαι πρέσβεις, ὧν καὶ αὐτὸς ἦν, κελεύσοντας Λακεδαιμονίους, εἴ τι δίκαιον διανοοῦνται, Πάνακτόν τε ὀρθὸν ἀποδιδόναι καὶ Ἀμφίπολιν, καὶ τὴν

XLV. 2 2 τοὺς Λακεδαιμονίους : τοῖς Λακεδαιμονίοις M || 3 4 ταὐτά EFM : ταῦτα ABCT || 4 8 αὕτη ABEFMT : αὐτὴ C.

XLVI. 1 1 ἐκκλησίᾳ delendum cens. Cobet || 2 αὐτῶν : οὕτως conj. Gertz, del. Bothe || 6 ὅ τι : εἴ τι AB || 2 2 κελεύσοντας K recc. : κελεύσαντας codd.

ainsi que l'abandon de l'alliance béotienne si les Béotiens ne s'associaient pas au traité de paix — cela en vertu de la clause selon laquelle on ne traitait avec personne isolément. **3** De plus, ces ambassadeurs avaient mission de dire qu'Athènes aussi, si elle avait voulu agir injustement, se serait déjà fait des alliés des Argiens, qui, précisément, se trouvaient là tout exprès. Enfin ils donnèrent toutes instructions à Nicias et à ses collègues sur les autres griefs qu'ils pouvaient avoir et les firent partir.

4 Lorsque ceux-ci furent arrivés, qu'ils eurent présenté les divers messages dont ils étaient chargés et déclaré pour finir que, si Sparte n'abandonnait pas l'alliance avec les Béotiens à supposer qu'ils ne s'associent pas au traité de paix, Athènes, de son côté, prendrait les Argiens et leur groupe comme alliés, les Lacédémoniens, sur ce point, refusèrent : ils n'abandonneraient pas l'alliance béotienne — ce qui représentait une victoire de l'éphore Xénarès et de son entourage ainsi que des autres citoyens de mêmes sentiments ; en revanche, ils renouvelèrent leurs serments à la demande de Nicias ; celui-ci craignait, en effet, de repartir sans aucun résultat acquis et de se faire mal voir (comme cela devait arriver) dans la mesure où on lui attribuait la responsabilité du traité avec Sparte. **5** Et, à son retour, quand les Athéniens apprirent qu'on n'avait rien conclu à Sparte, ils le prirent aussitôt avec colère et, se jugeant lésés, ils profitèrent de ce que les Argiens et leurs alliés se trouvaient là, introduits par Alcibiade[1], pour conclure avec eux traité de paix et alliance, aux termes qui suivent :

XLVII. « Un traité a été conclu[2] pour cent ans entre les Athéniens, d'une part, les Argiens, les Mantinéens et les Éléens, d'autre part, agissant en leur nom et en celui des alliés auxquels ils commandent de part et d'autre ; tous l'observeront sans se tromper ni se nuire, sur terre et sur mer. **2** Il devra être interdit de prendre les armes avec des intentions hostiles, qu'il s'agisse des Argiens, des Éléens, des Mantinéens et de leurs alliés envers

1. Ou plutôt à sa demande : cf. Hatzfeld, *Alcibiade*, p. 95, n. 2.
2. Il s'agit d'un traité de paix : cf. 18.1. L'alliance elle-même va

Βοιωτῶν ξυμμαχίαν ἀνεῖναι, ἢν μὴ ἐς τὰς σπονδὰς ἐσίωσι, καθάπερ εἴρητο ἄνευ ἀλλήλων μηδενὶ ξυμβαίνειν. 3 Εἰπεῖν τε ἐκέλευον ὅτι καὶ σφεῖς, εἰ ἐβούλοντο ἀδικεῖν, ἤδη ἂν Ἀργείους ξυμμάχους πεποιῆσθαι, ὡς παρεῖναί γ' αὐτοὺς αὐτοῦ τούτου ἕνεκα· εἴ τέ τι ἄλλο ἐνεκάλουν, πάντα ἐπιστείλαντες ἀπέπεμψαν τοὺς περὶ τὸν Νικίαν πρέσβεις.

4 Καὶ ἀφικομένων αὐτῶν καὶ ἀπαγγειλάντων τά τε ἄλλα καὶ τέλος εἰπόντων ὅτι, εἰ μὴ τὴν ξυμμαχίαν ἀνήσουσι Βοιωτοῖς μὴ ἐσιοῦσιν ἐς τὰς σπονδάς, ποιήσονται καὶ αὐτοὶ Ἀργείους καὶ τοὺς μετ' αὐτῶν ξυμμάχους, τὴν μὲν ξυμμαχίαν οἱ Λακεδαιμόνιοι Βοιωτοῖς οὐκ ἔφασαν ἀνήσειν, ἐπικρατούντων τῶν περὶ τὸν Ξενάρη τὸν ἔφορον ταῦτα γίγνεσθαι καὶ ὅσοι ἄλλοι τῆς αὐτῆς γνώμης ἦσαν, τοὺς δὲ ὅρκους δεομένου Νικίου ἀνενεώσαντο· ἐφοβεῖτο γὰρ μὴ πάντα ἀτελῆ ἔχων ἀπέλθῃ καὶ διαβληθῇ, ὅπερ καὶ ἐγένετο, αἴτιος δοκῶν εἶναι τῶν πρὸς Λακεδαιμονίους σπονδῶν. 5 Ἀναχωρήσαντός τε αὐτοῦ ὡς ἤκουσαν οἱ Ἀθηναῖοι οὐδὲν ἐκ τῆς Λακεδαίμονος πεπραγμένον, εὐθὺς δι' ὀργῆς εἶχον, καὶ νομίζοντες ἀδικεῖσθαι (ἔτυχον γὰρ παρόντες οἱ Ἀργεῖοι καὶ οἱ ξύμμαχοι, παραγαγόντος Ἀλκιβιάδου) ἐποιήσαντο σπονδὰς καὶ ξυμμαχίαν πρὸς αὐτοὺς τήνδε.

XLVII. « Σπονδὰς ἐποιήσαντο ἑκατὸν Ἀθηναῖοι ἔτη καὶ Ἀργεῖοι καὶ Μαντινῆς καὶ Ἠλεῖοι, ὑπὲρ σφῶν αὐτῶν καὶ τῶν ξυμμάχων ὧν ἄρχουσιν ἑκάτεροι, ἀδόλους καὶ ἀβλαβεῖς καὶ κατὰ γῆν καὶ κατὰ θάλασσαν. 2 Ὅπλα δὲ μὴ ἐξέστω ἐπιφέρειν ἐπὶ πημονῇ μήτε Ἀργείους καὶ Ἠλείους καὶ Μαντινέας καὶ τοὺς ξυμμάχους ἐπὶ Ἀθηναίους

XLVI. 2 4 Βοιωτῶν ξυμμαχίαν : ξυμμαχίαν Βοιωτῶν M ‖ 4 5 Βοιωτοῖς ABEFMT : Βοιωτοὺς C ‖ 6 τῶν ABEFMT : τὸν C ‖ 5 1 οἱ om. M.

XLVII. 1 2 Ἠλεῖοι codd. : Ἠλεῖοι πρὸς ἀλλήλους insc. ‖ 2 3 ἐπὶ... ξυμμάχους (4) om. ABF, ἐπὶ... ξυμμάχους (6) om. C.

les Athéniens et les alliés auxquels ils commandent, ou des Athéniens et de leurs alliés envers les Argiens, les Éléens, les Mantinéens et leurs alliés, que ce soit par la ruse ou par aucun moyen.

3 « Les Athéniens, les Argiens, les Éléens et les Mantinéens seront alliés pour cent ans, aux conditions suivantes. Si des ennemis envahissent le territoire athénien, les Argiens, les Éléens et les Mantinéens enverront des secours à Athènes, conformément à ce que leur notifieront les Athéniens, en leur donnant toute l'importance possible dans la mesure de leurs moyens. Si l'envahisseur repart après avoir exercé des ravages, son pays sera en état de guerre avec les Argiens, les Mantinéens, les Éléens et les Athéniens, et exposé aux représailles de tous ces peuples. Il ne sera permis à aucun d'entre eux d'arrêter les hostilités envers ce pays sans une décision de tous[1]. **4** De même, les Athéniens enverront du secours à Argos, Mantinée et Élis, si des ennemis envahissent le territoire des Éléens, des Mantinéens ou des Argiens, conformément à ce que leur notifieront ces peuples et en donnant à ce secours toute l'importance possible dans la mesure de leurs moyens. Si l'envahisseur repart après avoir exercé des ravages, son pays sera en état de guerre avec les Athéniens, les Argiens, les Mantinéens et les Éléens, et exposé aux représailles de tous ces peuples. Il ne sera pas permis d'arrêter les hostilités envers ce pays, sans une décision de tous ces peuples. **5** Ils ne laisseront pas passer des gens en armes, à des fins guerrières, ni sur leur propre pays ni sur celui des alliés auxquels ils

suivre, à partir de la phrase 3. L'on retrouve ainsi les deux termes annoncés à 46.5 : σπονδὰς καὶ ξυμμαχίαν. C'est bien pourquoi Kirchhoff a voulu (sans nécessité) rétablir les deux notions dans le texte du serment (8) et les rapprocher dans les clauses d'affichage (11) : cf. Apparat critique. — On a indiqué dans la Notice (p. IX*) les problèmes posés à l'éditeur par l'existence d'un témoignage épigraphique (I. G. I², 86), qui nous transmet le texte jusqu'à 8.

1. Pour les formules employées, on comparera avec celles de l'alliance entre Athènes et Sparte, à 23. A partir de la phrase 47.5, on a des clauses que l'on ne trouvait pas à 23 : elles sont adaptées à la situation particulière, comme l'était, à 23, celle sur la répression des révoltes d'esclaves.

καὶ τοὺς ξυμμάχους ὧν ἄρχουσιν Ἀθηναῖοι, μήτε Ἀθηναίους καὶ τοὺς ξυμμάχους ἐπὶ Ἀργείους καὶ Ἠλείους καὶ Μαντινέας καὶ τοὺς ξυμμάχους, τέχνῃ μηδὲ μηχανῇ μηδεμιᾷ.

3 « Κατὰ τάδε ξυμμάχους εἶναι Ἀθηναίους καὶ Ἀργείους καὶ Ἠλείους καὶ Μαντινέας ἑκατὸν ἔτη· ἢν πολέμιοι ἴωσιν ἐς τὴν γῆν τὴν Ἀθηναίων, βοηθεῖν Ἀργείους καὶ Ἠλείους καὶ Μαντινέας Ἀθήναζε, καθ' ὅ τι ἂν ἐπαγγέλλωσιν Ἀθηναῖοι, τρόπῳ ὁποίῳ ἂν δύνωνται ἰσχυροτάτῳ κατὰ τὸ δυνατόν· ἢν δὲ δῃώσαντες οἴχωνται, πολεμίαν εἶναι ταύτην τὴν πόλιν Ἀργείοις καὶ Μαντινεῦσι καὶ Ἠλείοις καὶ Ἀθηναίοις καὶ κακῶς πάσχειν ὑπὸ ἁπασῶν τῶν πόλεων τούτων· καταλύειν δὲ μὴ ἐξεῖναι τὸν πόλεμον πρὸς ταύτην τὴν πόλιν μηδεμιᾷ τῶν πόλεων, ἢν μὴ ἁπάσαις δοκῇ. 4 Βοηθεῖν δὲ καὶ Ἀθηναίους ἐς Ἄργος καὶ Μαντίνειαν καὶ Ἦλιν, ἢν πολέμιοι ἴωσιν ἐπὶ τὴν γῆν τὴν Ἠλείων ἢ τὴν Μαντινέων ἢ τὴν Ἀργείων, καθ' ὅ τι ἂν ἐπαγγέλλωσιν αἱ πόλεις αὗται, τρόπῳ ὁποίῳ ἂν δύνωνται ἰσχυροτάτῳ κατὰ τὸ δυνατόν· ἢν δὲ δῃώσαντες οἴχωνται, πολεμίαν εἶναι ταύτην τὴν πόλιν Ἀθηναίοις καὶ Ἀργείοις καὶ Μαντινεῦσι καὶ Ἠλείοις καὶ κακῶς πάσχειν ὑπὸ ἁπασῶν τούτων τῶν πόλεων· καταλύειν δὲ μὴ ἐξεῖναι τὸν πόλεμον πρὸς ταύτην τὴν πόλιν, ἢν μὴ ἁπάσαις δοκῇ ταῖς πόλεσιν. 5 Ὅπλα δὲ μὴ ἐᾶν ἔχοντας διιέναι ἐπὶ πολέμῳ διὰ τῆς γῆς τῆς σφετέρας αὐτῶν καὶ τῶν ξυμμάχων ὧν

XLVII. 2 5 ξυμμάχους codd. : ξυμμάχους ὧν ἄρχουσιν Ἀθηναῖοι insc. || 3 2 Ἠλείους καὶ Μαντινέας codd. : Μαντινέας καὶ Ἠλείους insc. || ἢν : καὶ ἢν G || 3 ἐς : ἐπὶ conj. Kirchhoff || γῆν τὴν : γῆν τῶν B || 3-4 Ἠλείους καὶ Μαντινέας codd. : Μαντινέας καὶ Ἠλείους insc. || 8 ἁπασῶν insc. : πασῶν codd. || 4 1 alt. καὶ codd. : καὶ ἐς (ut vid.) insc. || 2 καὶ codd. : καὶ ἐς (ut vid.) insc. || γῆν τὴν : γῆν τῶν M || 2-3 Ἠλείων... Ἀργείων codd. : Ἀργείων... Ἠλείων insc. || 3 ἐπαγγέλλωσιν : ἐπαγγείλωσιν B || 6 τὴν πόλιν om. M || 7 ἁπασῶν insc. : πασῶν codd. || 7-8 τούτων τῶν πόλεων : τῶν πόλεων τούτων B (ut cett. insc.) || 9 πόλιν codd. : πόλιν μηδεμιᾷ τῶν πόλεων insc. || ταῖς πόλεσιν codd. : om. insc. || 5 1 ἐπὶ : ἐν MG[s1] || 2 ὧν E insc. : ὧν ἂν cett.

commandent respectivement, non plus que par mer, sans que le passage ait été accordé par un vote de tous : Athéniens, Argiens, Mantinéens et Éléens. **6** Pour les troupes envoyées comme secours, la cité qui les enverra devra fournir des vivres pour une période allant jusqu'à trente jours après leur arrivée dans le pays ayant notifié leur appel ; et de même lors de leur retour ; mais, si elle veut employer ces troupes plus longtemps, la cité qui les aura appelées devra leur fournir des vivres : soit, chaque jour, trois oboles éginétiques par hoplite, par soldat des troupes légères et par archer, une drachme éginétique par cavalier[1]. **7** La cité qui l'aura appelée devra avoir le commandement de l'armée en campagne, quand la guerre se déroulera sur son territoire ; si toutes les cités décident une expédition commune quelque part, le commandement sera partagé également entre elles toutes.

8 « Les serments ratifiant le traité seront prêtés par les Athéniens en leur nom et en celui de leurs alliés ; les Argiens, les Mantinéens, les Éléens et les alliés de ces divers peuples devront s'engager cité par cité. Le serment devra être prêté sous la forme dans chaque pays la plus solennelle, avec immolation de victimes parfaites. La formule devra en être la suivante : « J'observerai l'alliance comme il a été convenu, en toute loyauté, sans nuire ni tromper, et je ne la transgresserai pas par la ruse ni par aucun moyen. » **9** Le serment devra être prêté, à Athènes, par le conseil et les autorités locales, avec pour répondants les prytanes ; à Argos, par le conseil, les quatre-vingts et les artynes, avec pour répondants les quatre-vingts ; à Mantinée par les démiurges, le conseil et les autres autorités, avec pour répondants les théores et les polémarques ; à Élis, par les démiurges, les gens en fonction[2] et les six cents, avec pour répondants

1. La drachme éginétique était employée dans le Péloponnèse et servait souvent de monnaie internationale. Elle était un peu plus lourde que la drachme athénienne (environ 6 grammes pour 4,37).

2. Parmi ces divers noms de magistrats locaux, dont plusieurs nous sont inconnus, celui-ci est vague et inhabituel : on a parfois supposé qu'il pouvait provenir d'une glose.

ἄρχουσιν ἕκαστοι, μηδὲ κατὰ θάλασσαν, ἢν μὴ ψηφισαμένων τῶν πόλεων ἁπασῶν τὴν δίοδον εἶναι, Ἀθηναίων καὶ Ἀργείων καὶ Μαντινέων καὶ Ἠλείων. 6 Τοῖς δὲ βοηθοῦσιν ἡ πόλις ἡ πέμπουσα παρεχέτω μέχρι μὲν τριάκοντα ἡμερῶν σῖτον ἐπὴν ἔλθωσιν ἐς τὴν πόλιν τὴν ἐπαγγείλασαν βοηθεῖν, καὶ ἀπιοῦσι κατὰ ταὐτά· ἢν δὲ πλέονα βούληται χρόνον τῇ στρατιᾷ χρῆσθαι, ἡ πόλις ἡ μεταπεμψαμένη διδότω σῖτον, τῷ μὲν ὁπλίτῃ καὶ ψιλῷ καὶ τοξότῃ τρεῖς ὀβολοὺς Αἰγιναίους τῆς ἡμέρας ἑκάστης, τῷ δ' ἱππεῖ δραχμὴν Αἰγιναίαν. 7 Ἡ δὲ πόλις ἡ μεταπεμψαμένη ⟨τῇ στρατιᾷ⟩ τὴν ἡγεμονίαν ἐχέτω, ὅταν ἐν τῇ αὐτῆς ὁ πόλεμος ᾖ. Ἢν δέ ποι δόξῃ ⟨ἁπάσαις⟩ ταῖς πόλεσι κοινῇ στρατεύεσθαι, τὸ ἴσον τῆς ἡγεμονίας μετεῖναι ἁπάσαις ταῖς πόλεσιν.

8 « Ὀμόσαι δὲ τὰς σπονδὰς Ἀθηναίους μὲν ὑπέρ τε σφῶν αὐτῶν καὶ τῶν ξυμμάχων, Ἀργεῖοι δὲ καὶ Μαντινῆς καὶ Ἠλεῖοι καὶ οἱ ξύμμαχοι τούτων κατὰ πόλεις ὀμνύντων. Ὀμνύντων δὲ τὸν ἐπιχώριον ὅρκον ἕκαστοι τὸν μέγιστον κατὰ ἱερῶν τελείων. Ὁ δὲ ὅρκος ἔστω ὅδε· « ἐμμενῶ τῇ ξυμμαχίᾳ κατὰ τὰ ξυγκείμενα δικαίως καὶ ἀβλαβῶς καὶ ἀδόλως, καὶ οὐ παραβήσομαι τέχνῃ οὐδὲ μηχανῇ οὐδεμιᾷ. » 9 Ὀμνύντων δὲ Ἀθήνησι μὲν ἡ βουλὴ καὶ αἱ ἔνδημοι ἀρχαί, ἐξορκούντων δὲ οἱ πρυτάνεις· ἐν Ἄργει δὲ ἡ βουλὴ καὶ οἱ ὀγδοήκοντα καὶ οἱ ἀρτῦναι, ἐξορκούντων δὲ οἱ ὀγδοήκοντα· ἐν δὲ Μαντινείᾳ οἱ δημιουργοὶ καὶ ἡ βουλὴ καὶ αἱ ἄλλαι ἀρχαί, ἐξορκούντων δὲ οἱ θεωροὶ καὶ οἱ πολέμαρχοι· ἐν δὲ Ἤλιδι οἱ δημιουργοὶ καὶ οἱ τὰ τέλη

XLVII. 5 3 ἄρχουσιν B : ἄρχωσι(ν) cett. (ἄρχοσι insc.) ‖ 6 3 ἔλθωσιν Kirchhoff (ex insc.) : ἔλθῃ codd. ‖ 4 ἀπιοῦσι : ἀπιοῦσιν ἔσται AB ‖ ταὐτά Aldina : ταῦτα codd. ‖ 5 βούληται Kirchhoff : βούλωνται codd. ‖ στρατιᾷ E : στρατείᾳ cett. ‖ 7 2 τῇ στρατιᾷ insc. : om. codd. ‖ αὐτῆς Duker : αὐτῇ(ι) codd. ‖ 3 ἁπάσαις insc. : om. codd. ‖ 4 ἁπάσαις CE insc. : πάσαις cett. ‖ 8 3 καὶ οἱ ξύμμαχοι τούτων om. AB ‖ 5 ἐμμενῶ F. Portus : ἐμμένω codd. ‖ τῇ codd. : ταῖς σπονδαῖς καὶ τῇ conj. Kirchhoff ‖ 9 3 alt. οἱ Göller : αἱ codd.

les démiurges et les gardiens des lois. **10** Ces serments seront renouvelés : pour cela, les Athéniens iront à Élis, à Mantinée et à Argos, trente jours avant les jeux olympiques ; les Argiens, les Éléens et les Mantinéens iront à Athènes dix jours avant les grandes Panathénées. **11** Les conventions relatives au traité, aux serments et à l'alliance seront gravées sur une stèle de marbre placée, pour Athènes, sur l'acropole, pour Argos, dans le sanctuaire d'Apollon à l'agora, pour Mantinée, dans le sanctuaire de Zeus à l'agora. Une stèle de bronze sera également installée en commun à Olympie[1], aux jeux olympiques de cette année. **12** S'il paraît souhaitable aux cités mentionnées d'ajouter quelque chose aux conventions, les décisions prises dans une délibération commune par elles toutes auront valeur exécutoire. »

XLVIII. Ainsi furent conclus le traité de paix et l'alliance, sans que les accords entre Athènes et Sparte fussent dénoncés pour autant, d'aucun des deux côtés. **2** Quant aux Corinthiens, bien qu'alliés aux Argiens, ils n'y adhérèrent pas ; et même, lorsque avait été conclue, avant cela, une alliance défensive et offensive entre Éléens, Argiens et Mantinéens, prévoyant que ces derniers seraient soit en guerre soit en paix avec les mêmes peuples, ils ne s'y étaient pas associés : ils avaient déclaré se contenter de l'alliance défensive conclue primitivement et prévoyant l'envoi de secours mutuels, mais pas d'entreprises communes contre personne[2] ; **3** c'est ainsi que les Corinthiens s'étaient détachés de leurs alliés ; et ils inclinaient de nouveau vers Sparte.

XLIX. Au cours de cet été-là eurent lieu les jeux olympiques où Androsthénès d'Arcadie fut, pour la première fois, vainqueur au pancrace ; et les Lacédémoniens se virent interdire le sanctuaire par les Éléens, ce qui les excluait et des sacrifices et des jeux ; la raison était qu'ils

1. Donc en territoire éléen, ce qui explique pourquoi les Éléens eux-mêmes n'ont pas à en dresser une.

2. L'alliance conclue à 31.6 était donc bien l'ἐπιμαχία prévue à 27.2. Mais, à 31.6, Thucydide n'a pas cru devoir entrer dans les détails ni distinguer entre les deux formes d'accords. La complication des faits l'oblige à procéder par parenthèses et allusions.

ἔχοντες καὶ οἱ ἑξακόσιοι, ἐξορκούντων δὲ οἱ δημιουργοὶ καὶ οἱ θεσμοφύλακες. 10 Ἀνανεοῦσθαι δὲ τοὺς ὅρκους Ἀθηναίους μὲν ἰόντας ἐς Ἦλιν καὶ ἐς Μαντίνειαν καὶ ἐς Ἄργος τριάκοντα ἡμέραις πρὸ Ὀλυμπίων, Ἀργείους δὲ καὶ Ἠλείους καὶ Μαντινέας ἰόντας Ἀθήναζε δέκα ἡμέραις πρὸ Παναθηναίων τῶν μεγάλων. 11 Τὰς δὲ ξυνθήκας τὰς περὶ τῶν σπονδῶν καὶ τῶν ὅρκων καὶ τῆς ξυμμαχίας ἀναγράψαι ἐν στήλῃ λιθίνῃ Ἀθηναίους μὲν ἐν πόλει, Ἀργείους δὲ ἐν ἀγορᾷ ἐν τοῦ Ἀπόλλωνος τῷ ἱερῷ, Μαντινέας δὲ ἐν τοῦ Διὸς τῷ ἱερῷ ἐν τῇ ἀγορᾷ· καταθέντων δὲ καὶ Ὀλυμπίασι στήλην χαλκῆν κοινῇ Ὀλυμπίοις τοῖς νυνί. 12 Ἐὰν δέ τι δοκῇ ἄμεινον εἶναι ταῖς πόλεσι ταύταις προσθεῖναι πρὸς τοῖς ξυγκειμένοις, ὅ τι [δ'] ἂν δόξῃ ταῖς πόλεσιν ἁπάσαις κοινῇ βουλευομέναις, τοῦτο κύριον εἶναι. »

XLVIII. Αἱ μὲν σπονδαὶ καὶ ἡ ξυμμαχία οὕτως ἐγένοντο. Καὶ αἱ τῶν Λακεδαιμονίων καὶ Ἀθηναίων οὐκ ἀπείρηντο τούτου ἕνεκα οὐδ' ὑφ' ἑτέρων. 2 Κορίνθιοι δὲ Ἀργείων ὄντες ξύμμαχοι οὐκ ἐσῆλθον ἐς αὐτάς, ἀλλὰ καὶ γενομένης πρὸ τούτου Ἠλείοις καὶ Ἀργείοις καὶ Μαντινεῦσι ξυμμαχίας, τοῖς αὐτοῖς πολεμεῖν καὶ εἰρήνην ἄγειν, οὐ ξυνώμοσαν, ἀρκεῖν δ' ἔφασαν σφίσι τὴν πρώτην γενομένην ἐπιμαχίαν, ἀλλήλοις βοηθεῖν, ξυνεπιστρατεύειν δὲ μηδενί. 3 Οἱ μὲν Κορίνθιοι οὕτως ἀπέστησαν τῶν ξυμμάχων καὶ πρὸς τοὺς Λακεδαιμονίους πάλιν τὴν γνώμην εἶχον.

XLIX. Ὀλύμπια δ' ἐγένετο τοῦ θέρους τούτου, οἷς Ἀνδροσθένης Ἀρκὰς παγκράτιον τὸ πρῶτον ἐνίκα· καὶ Λακεδαιμόνιοι τοῦ ἱεροῦ ὑπὸ Ἠλείων εἴρχθησαν ὥστε μὴ θύειν μηδ' ἀγωνίζεσθαι, οὐκ ἐκτίνοντες τὴν δίκην αὐτοῖς

XLVII. 11 2 καὶ τῶν ὅρκων del. Kirchhoff ‖ 4 ἐν τοῦ... ἀγορᾷ (5) om. C ‖ 12 1 ἐάν... ταύταις om. M ‖ 2 δ' non vertit Valla, del. Bekker ‖ 3 βουλευομέναις : βουλευσαμέναις M.

XLVIII. 1 1 ἡ ξυμμαχία Herwerden : αἱ ξυμμαχίαι codd.

ne payaient pas aux Éléens l'amende à laquelle ceux-ci les avaient fait condamner, de par la loi olympique, en se plaignant qu'ils eussent porté les armes contre eux[1] par l'attaque du fort de Phyrcos et envoyé, au cours de la trêve olympique, des hoplites à eux à Lépréon; l'amende était de deux mille mines — soit deux mines par hoplite, comme le prévoit la loi. **2** Les Lacédémoniens, par l'intermédiaire de représentants, objectaient que la sentence n'était pas juste, car, disaient-ils, la trêve n'avait pas encore été annoncée à Sparte quand ils avaient envoyé ces hoplites. **3** Mais les Éléens déclaraient que, chez eux, la suspension d'armes existait déjà (ils commencent, en effet, par l'annoncer chez eux) : ils étaient donc tranquilles et sans s'attendre à rien, comme on est en période de trêve, ce qui avait permis aux autres d'exercer leur action coupable sans attirer l'attention. **4** A cela les Lacédémoniens rétorquaient que les Éléens n'avaient plus alors besoin d'annoncer la trêve à Sparte, si d'ores et déjà ils la jugeaient coupable : l'avoir fait excluait, de leur part, ce jugement; et, depuis, Sparte n'avait en aucun lieu porté les armes contre eux. **5** Mais les Éléens s'en tenaient à leur version : ils ne sauraient être convaincus par Sparte qu'elle n'était pas coupable; mais, si celle-ci voulait leur restituer Lépréon, ils renonceraient à leur part de la somme et verseraient eux-mêmes à la place de Sparte la part revenant au dieu.

L. Comme cette proposition n'était pas écoutée, ils en firent une nouvelle : que les Lacédémoniens ne leur restituent pas Lépréon, s'ils ne voulaient pas le faire, mais qu'ils montent à l'autel de Zeus à Olympie, puisqu'ils tenaient tant à avoir accès au sanctuaire, et qu'ils jurent devant les Grecs qu'ils acquitteraient plus tard leur amende. **2** Mais, comme cela non plus n'était pas agréé, le résultat fut que les Lacédémoniens se trouvaient exclus du sanctuaire et faisaient leurs sacrifices chez eux, tandis que les autres Grecs envoyaient des théores, sauf les gens de Lépréon. **3** Néanmoins les Éléens, craignant de voir Sparte venir sacrifier de force, montaient

1. Pour la correction adoptée en grec, cf. VI.61.5.

ἣν ἐν τῷ Ὀλυμπικῷ νόμῳ Ἠλεῖοι κατεδικάσαντο αὐτῶν, φάσκοντες σφίσιν ἐπὶ Φύρκον τε τεῖχος ὅπλα ἐπενεγκεῖν καὶ ἐς Λέπρεον αὐτῶν ὁπλίτας ἐν ταῖς Ὀλυμπικαῖς σπονδαῖς ἐσπέμψαι. Ἡ δὲ καταδίκη δισχίλιαι μναῖ ἦσαν, κατὰ τὸν ὁπλίτην ἕκαστον δύο μναῖ, ὥσπερ ὁ νόμος ἔχει. **2** Λακεδαιμόνιοι δὲ πρέσβεις πέμψαντες ἀντέλεγον μὴ δικαίως σφῶν καταδεδικάσθαι, λέγοντες μὴ ἐπηγγέλθαι πω ἐς Λακεδαίμονα τὰς σπονδάς, ὅτ' ἐσέπεμψαν τοὺς ὁπλίτας. **3** Ἠλεῖοι δὲ τὴν παρ' αὐτοῖς ἐκεχειρίαν ἤδη ἔφασαν εἶναι (πρώτοις γὰρ σφίσιν αὐτοῖς ἐπαγγέλλουσι), καὶ ἡσυχαζόντων σφῶν καὶ οὐ προσδεχομένων ὡς ἐν σπονδαῖς, αὐτοὺς λαθεῖν ἀδικήσαντας. **4** Οἱ δὲ Λακεδαιμόνιοι ὑπελάμβανον οὐ χρεὼν εἶναι αὐτοὺς ἐπαγγεῖλαι ἔτι ἐς Λακεδαίμονα, εἰ ἀδικεῖν γε ἤδη ἐνόμιζον αὐτούς, ἀλλ' οὐχ ὡς νομίζοντας τοῦτο δρᾶσαι, καὶ ὅπλα οὐδαμόσε ἔτι αὐτοῖς ἐπενεγκεῖν. **5** Ἠλεῖοι δὲ τοῦ αὐτοῦ λόγου εἴχοντο, ὡς μὲν οὐκ ἀδικοῦσι μὴ ἂν πεισθῆναι, εἰ δὲ βούλονται σφίσι Λέπρεον ἀποδοῦναι, τό τε αὐτῶν μέρος ἀφιέναι τοῦ ἀργυρίου καὶ ὃ τῷ θεῷ γίγνεται αὐτοὶ ὑπὲρ ἐκείνων ἐκτείσειν. L. Ὡς δ' οὐκ ἐσήκουον, αὖθις τάδε ἠξίουν, Λέπρεον μὲν μὴ ἀποδοῦναι, εἰ μὴ βούλονται, ἀναβάντας δὲ ἐπὶ τὸν βωμὸν τοῦ Διὸς τοῦ Ὀλυμπίου, ἐπειδὴ προθυμοῦνται χρῆσθαι τῷ ἱερῷ, ἐπομόσαι ἐναντίον τῶν Ἑλλήνων ἦ μὴν ἀποδώσειν ὕστερον τὴν καταδίκην. **2** Ὡς δὲ οὐδὲ ταῦτα ἤθελον, Λακεδαιμόνιοι μὲν εἴργοντο τοῦ ἱεροῦ [θυσίας καὶ ἀγώνων] καὶ οἴκοι ἔθυον, οἱ δὲ ἄλλοι Ἕλληνες ἐθεώρουν πλὴν Λεπρεατῶν. **3** Ὅμως δὲ οἱ Ἠλεῖοι δεδιότες μὴ βίᾳ θύσωσι, ξὺν ὅπλοις τῶν νεωτερισ-

XLIX. **1** 6 σφίσιν Stahl : σφᾶς codd. σφῶν conj. Goeller ⟨ἐς⟩ σφᾶς Shilleto ‖ 7 αὐτῶν : αὐτῶν codd., αὐτῶν χιλίους conj. Classen ‖ 8 ἐσπέμψαι : ἐκπέμψαι (ut vid.) C* ‖ **2** 3 πω : ποτε C ‖ **3** 3 ὡς om. C.

L. **1** 2 ἀναβάντας recc. : ἀναβάντες codd. ‖ 4 ἐπομόσαι Stahl : ἀπομόσαι codd. ‖ ἐναντίον : ἐναντίων EF ‖ **2** 2 εἴργοντο (var. spir.) CMF[2] : εἶργον (var. spir.) ABEF ‖ 3 θυσίας καὶ ἀγώνων del. Krueger ‖ **3** 2 νεωτερισμῶν scripsi : νεωτέρων codd.

la garde en armes pour veiller aux désordres*. Il leur était arrivé aussi des Argiens et des Mantinéens, à raison de mille pour chaque peuple, ainsi que des cavaliers athéniens : ils attendaient la fête à Harpina. **4** Une grande appréhension s'était répandue chez les Grecs assemblés : on craignait de voir les Lacédémoniens arriver en armes, surtout depuis que le Lacédémonien Lichas, fils d'Arcésilas, avait reçu des coups des porte-baguette sur le terrain des jeux : son attelage étant victorieux, on avait proclamé vainqueur l'État béotien en vertu du fait que lui n'avait pas le droit de concourir ; or, s'étant avancé sur le terrain, il avait couronné le cocher, voulant ainsi montrer que le char était à lui[1]. L'incident avait encore beaucoup contribué à la frayeur générale et l'on croyait à du désordre. Toutefois les Lacédémoniens se tinrent tranquilles et la fête se passa comme cela.

5 Après les jeux olympiques, les Argiens et leurs alliés arrivèrent à Corinthe pour lui demander de se joindre à eux. Il y avait justement là, aussi, des ambassadeurs de Sparte. Après bien des discussions, on n'arriva à rien : un tremblement de terre étant survenu, chacun rentra chez lui. Ainsi s'achevait l'été.

LI. L'hiver suivant, un combat opposa les habitants d'Héraclée Trachinienne aux Énianes, aux Dolopes, aux Maliens et à un certain nombre de Thessaliens : **2** ces peuples, vivant au voisinage de cette ville, étaient à son égard en état d'hostilité, car la transformation de l'endroit en place forte s'était bel et bien faite contre eux[2] ; dès l'époque de sa fondation, ils s'étaient opposés à la ville, en lui faisant tout le mal possible, et, cette fois, ils livrèrent une bataille victorieuse contre ses habitants ; le Lacédémonien Xénarès, fils de Cnidis, qui les commandait, fut tué, et il y eut également d'autres morts parmi les gens d'Héraclée. Ainsi se terminait l'hiver, et, avec lui, la douzième année de la guerre.

1. Xénophon (*Helléniques*, III, 2, 21) rapporte les mêmes faits, avec quelques détails supplémentaires (« ils l'avaient, lui, un vieillard, expulsé à coups de fouet ») ; cf. encore Pausanias, VI, 2, 1.

2. Sur les circonstances de la fondation de la colonie par les Lacédémoniens, cf. III.92, où l'on trouve un exposé détaillé.

μῶν φυλακὴν εἶχον· ἦλθον δὲ αὐτοῖς καὶ Ἀργεῖοι καὶ Μαντινῆς, χίλιοι ἑκατέρων, καὶ Ἀθηναίων ἱππῆς, οἳ ἐν Ἁρπίνῃ ὑπέμενον τὴν ἑορτήν. **4** Δέος δ' ἐγένετο τῇ πανηγύρει μέγα μὴ ξὺν ὅπλοις ἔλθωσιν οἱ Λακεδαιμόνιοι, ἄλλως τε καὶ ἐπειδὴ καὶ Λίχας ὁ Ἀρκεσιλάου, Λακεδαιμόνιος, ἐν τῷ ἀγῶνι ὑπὸ τῶν ῥαβδούχων πληγὰς ἔλαβεν, ὅτι νικῶντος τοῦ ἑαυτοῦ ζεύγους καὶ ἀνακηρυχθέντος Βοιωτῶν δημοσίου κατὰ τὴν οὐκ ἐξουσίαν τῆς ἀγωνίσεως, προελθὼν ἐς τὸν ἀγῶνα ἀνέδησε τὸν ἡνίοχον, βουλόμενος δηλῶσαι ὅτι ἑαυτοῦ ἦν τὸ ἅρμα· ὥστε πολλῷ δὴ μᾶλλον ἐπεφόβηντο πάντες καὶ ἐδόκει τι νέον ἔσεσθαι. Οἱ μέντοι Λακεδαιμόνιοι ἡσύχασάν τε καὶ ἡ ἑορτὴ αὐτοῖς οὕτω διῆλθεν.

5 Ἐς δὲ Κόρινθον μετὰ τὰ Ὀλύμπια Ἀργεῖοί τε καὶ οἱ ξύμμαχοι ἀφίκοντο δεησόμενοι αὐτῶν παρὰ σφᾶς ἐλθεῖν (καὶ Λακεδαιμονίων πρέσβεις ἔτυχον παρόντες)· καὶ πολλῶν λόγων γενομένων τέλος οὐδὲν ἐπράχθη, ἀλλὰ σεισμοῦ γενομένου διελύθησαν ἕκαστοι ἐπ' οἴκου. Καὶ τὸ θέρος ἐτελεύτα.

LI. Τοῦ δ' ἐπιγιγνομένου χειμῶνος Ἡρακλεώταις τοῖς ἐν Τραχῖνι μάχη ἐγένετο πρὸς Αἰνιᾶνας καὶ Δόλοπας καὶ Μηλιᾶς καὶ Θεσσαλῶν τινας· **2** προσοικοῦντα γὰρ τὰ ἔθνη ταῦτα τῇ πόλει πολέμια ἦν· οὐ γὰρ ἐπ' ἄλλῃ τινὶ γῇ ἢ τῇ τούτων τὸ χωρίον ἐτειχίσθη. Καὶ εὐθύς τε καθισταμένῃ τῇ πόλει ἠναντιοῦντο, ἐς ὅσον ἐδύναντο φθείροντες, καὶ τότε τῇ μάχῃ ἐνίκησαν τοὺς Ἡρακλεώτας, καὶ Ξενάρης ὁ Κνίδιος, Λακεδαιμόνιος, ἄρχων αὐτῶν ἀπέθανε, διεφθάρησαν δὲ καὶ ἄλλοι τῶν Ἡρακλεωτῶν. Καὶ ὁ χειμὼν ἐτελεύτα, καὶ δωδέκατον ἔτος τῷ πολέμῳ ἐτελεύτα.

L. **3** 5 Ἁρπίνῃ Michaelis : Ἄργει codd. || **4** 6 οὐχ om. C* || 7 προελθὼν CMF^2 : προσελθὼν ABEF παρελθὼν H^{2sl} || 10 ἡσύχασάν τε : ἡσύχαζάν τε C ἡσύχαζόν τε C^2 ἡσυχάσαντε AB.

LI. **2** 2 ταῦτα : ταύτῃ M || 4 ἠναντιοῦντο : ἠναντιοῦτο M || 7 ἄλλοι : ἄλλοι πολλοὶ conj. Gertz.

LII. Dès le début de l'été suivant, comme Héraclée, après la bataille, était sévèrement éprouvée, les Béotiens la prirent en charge et expulsèrent Hégésippidas, le Lacédémonien, dont le commandement était jugé peu satisfaisant. Cette prise en charge de la place s'expliquait par la crainte de voir Athènes profiter du trouble semé à Sparte par les affaires péloponnésiennes et s'en emparer. Pourtant, les Lacédémoniens en montrèrent de l'irritation.

2 Le même été, également, Alcibiade, fils de Clinias, qui était stratège à Athènes, agissant en liaison avec les Argiens et leurs alliés, passa dans le Péloponnèse avec quelques hoplites et archers athéniens auxquels il joignit des troupes fournies sur place par les alliés, et prit diverses mesures d'organisation pour l'alliance, en parcourant le Péloponnèse avec son armée[1] ; entre autres, il décida les gens de Patrai à construire des murs menant à la mer[2], et lui-même méditait de dresser d'autres fortifications sur le Rhion d'Achaïe ; mais les Corinthiens, les Sicyoniens et tous ceux à qui de tels travaux de fortification portaient préjudice vinrent l'en empêcher.

Heurts entre Argos et Épidaure.

LIII. Le même été, la guerre mit aux prises Épidaure et Argos. Officiellement, il s'agissait de la victime d'Apollon Pythaeus, que les Épidauriens auraient dû prélever chez eux pour leur droit de pâture* et qu'ils n'avaient point envoyée (les Argiens avaient la haute main sur le sanctuaire) ; mais, en dehors même de ce grief, Alcibiade et les Argiens avaient l'idée de s'adjoindre, si possible, Épidaure : ainsi, tout à la fois, Corinthe resterait tranquille et les secours athéniens venant d'Égine auraient moins de chemin à faire qu'en contournant le cap Skyllaion. Les Argiens se préparaient donc à envahir seuls le territoire d'Épidaure, en réclamation de la victime due.

1. Isocrate (*Sur l'Attelage*, 15) exalte en rhéteur le succès de cette campagne, menée, dit-il, avec deux cents hommes.

2. Sur le mot d'Alcibiade, montrant aux gens de Patrai le danger que leur faisait courir Sparte, cf. Plutarque, *Alc.*, 15,6.

LII. Τοῦ δ' ἐπιγιγνομένου θέρους εὐθὺς ἀρχομένου τὴν Ἡράκλειαν, ὡς μετὰ τὴν μάχην κακῶς ἐφθείρετο, Βοιωτοὶ παρέλαβον, καὶ Ἡγησιππίδαν τὸν Λακεδαιμόνιον ὡς οὐ καλῶς ἄρχοντα ἐξέπεμψαν. Δείσαντες δὲ παρέλαβον τὸ χωρίον μὴ Λακεδαιμονίων τὰ κατὰ Πελοπόννησον θορυβουμένων Ἀθηναῖοι λάβωσιν· Λακεδαιμόνιοι μέντοι ὠργίζοντο αὐτοῖς.

2 Καὶ τοῦ αὐτοῦ θέρους Ἀλκιβιάδης ὁ Κλεινίου, στρατηγὸς ὢν Ἀθηναίων, Ἀργείων καὶ τῶν ξυμμάχων ξυμπρασσόντων ἐλθὼν ἐς Πελοπόννησον μετ' ὀλίγων Ἀθηναίων ὁπλιτῶν καὶ τοξοτῶν καὶ τῶν αὐτόθεν ξυμμάχων παραλαβὼν τά τε ἄλλα ξυγκαθίστη περὶ τὴν ξυμμαχίαν διαπορευόμενος Πελοπόννησον τῇ στρατιᾷ καὶ Πατρέας τε τείχη καθεῖναι ἔπεισεν ἐς θάλασσαν καὶ αὐτὸς ἕτερον διενοεῖτο τειχίσαι ἐπὶ τῷ Ῥίῳ τῷ Ἀχαϊκῷ. Κορίνθιοι δὲ καὶ Σικυώνιοι καὶ οἷς ἦν ἐν βλάβῃ τειχισθὲν βοηθήσαντες διεκώλυσαν.

LIII. Τοῦ δ' αὐτοῦ θέρους Ἐπιδαυρίοις καὶ Ἀργείοις πόλεμος ἐγένετο, προφάσει μὲν περὶ τοῦ θύματος τοῦ Ἀπόλλωνος τοῦ Πυθαέως, ὃ δέον ἀπαγαγεῖν οὐκ ἀπέπεμπον ὑπὲρ βοταμίων Ἐπιδαύριοι (κυριώτατοι δὲ τοῦ ἱεροῦ ἦσαν Ἀργεῖοι)· ἐδόκει δὲ καὶ ἄνευ τῆς αἰτίας τὴν Ἐπίδαυρον τῷ τε Ἀλκιβιάδῃ καὶ τοῖς Ἀργείοις προσλαβεῖν, ἢν δύνωνται, τῆς τε Κορίνθου ἕνεκα ἡσυχίας καὶ ἐκ τῆς Αἰγίνης βραχυτέραν ἔσεσθαι τὴν βοήθειαν ἢ Σκύλλαιον περιπλεῖν τοῖς Ἀθηναίοις. Παρεσκευάζοντο οὖν οἱ Ἀργεῖοι ὡς αὐτοὶ ἐς τὴν Ἐπίδαυρον διὰ τοῦ θύματος τὴν ἔσπραξιν ἐσβαλοῦντες.

LII. **1** 3 Ἡγησιππίδαν : Ἀγησιππίδαν conj. Dindorf || **2** 5 παραλαβὼν : καὶ παραλαβὼν C[2] (ras. G).

LIII. **1** 3 Πυθαέως Wesseling : Πυθαίως Cpc Πυθέως AEFM Πιθέως B || ἀπαγαγεῖν : ἐπαγ- E || ἀπέπεμπον : ἔπεμπον E || 4 βοταμίων : βοτανῶν conj. Stahl παραποταμίων JK || 5 τῆς : ταύτης τῆς conj. Hude || 9 οἱ om. M || 11 ἐσβαλοῦντες CF[2] : ἐσβαλόντες ABEFM.

LIV. Les Lacédémoniens partirent également en campagne, en masse, vers la même époque : ils gagnèrent Leuctra[1], sur leur frontière, en direction du Lycaion, sous la conduite du roi Agis, fils d'Archidamos ; et personne ne savait leur destination, même pas les villes ayant fourni les troupes. **2** Mais, les sacrifices offerts pour le passage de la frontière n'étant pas favorables, ils s'en retournèrent eux-mêmes chez eux et firent dire à leurs alliés de se préparer à faire campagne après le mois à venir : car c'était le mois Carneios, mois sacré pour les Doriens.

3 Ils s'étaient déjà retirés quand les Argiens, le quatrième jour avant la fin du mois précédant le mois Carneios, sortirent de chez eux et, faisant durer ce jour-là pendant tout le temps[2], envahirent le territoire d'Épidaure, où ils exercèrent des ravages. **4** Les Épidauriens, eux, appelèrent leurs alliés : parmi ceux-ci, il y en eut qui ou bien invoquèrent l'excuse du mois, ou encore s'avancèrent jusqu'aux frontières du territoire d'Épidaure, puis ne bougèrent plus.

LV. Pendant que les Argiens se trouvaient sur le territoire d'Épidaure, des ambassades des diverses cités s'étaient réunies à Mantinée, sur l'invitation des Athéniens. Et, au cours de la discussion, Euphamidas le Corinthien déclara qu'il y avait désaccord entre leurs paroles et leurs actes : eux, ils étaient installés là, à traiter de la paix ; mais les Épidauriens et leurs alliés formaient avec les Argiens deux armées affrontées ; il fallait donc d'abord que des envoyés des deux camps fissent séparer les troupes : après cela, on pourrait se remettre à parler de la paix. **2** Les ambassadeurs se laissèrent convaincre, partirent, et firent retirer les Argiens du territoire d'Épidaure. Ils se réunirent ensuite au même endroit, mais ne purent, même alors, s'entendre ; les Argiens envahirent donc à nouveau le territoire d'Épidaure, où ils exercèrent des ravages.

1. Nous avons adopté cette forme, pour distinguer la ville d'Arcadie, désignée ici, de sa célèbre homonyme, Leuctres de Béotie.
2. Plutarque (*Alex.*, 16) cite un expédient semblable (mois doublé).

LIV. Ἐξεστράτευσαν δὲ καὶ οἱ Λακεδαιμόνιοι κατὰ τοὺς αὐτοὺς χρόνους πανδημεὶ ἐς Λεῦκτρα τῆς ἑαυτῶν μεθορίας πρὸς τὸ Λύκαιον, Ἄγιδος τοῦ Ἀρχιδάμου βασιλέως ἡγουμένου· ᾔδει δὲ οὐδεὶς ὅποι στρατεύουσιν, οὐδὲ αἱ πόλεις ἐξ ὧν ἐπέμφθησαν. **2** Ὡς δ' αὐτοῖς τὰ διαβατήρια θυομένοις οὐ προυχώρει, αὐτοί τε ἀπῆλθον ἐπ' οἴκου καὶ τοῖς ξυμμάχοις περιήγγειλαν μετὰ τὸν μέλλοντα (Καρνεῖος δ' ἦν μήν, ἱερομηνία Δωριεῦσι) παρασκευάζεσθαι ὡς στρατευσομένους.

3 Ἀργεῖοι δ' ἀναχωρησάντων αὐτῶν, τοῦ πρὸ τοῦ Καρνείου μηνὸς ἐξελθόντες τετράδι φθίνοντος καὶ ἄγοντες τὴν ἡμέραν ταύτην πάντα τὸν χρόνον, ἐσέβαλον ἐς τὴν Ἐπιδαυρίαν καὶ ἐδῄουν. **4** Ἐπιδαύριοι δὲ τοὺς ξυμμάχους ἐπεκαλοῦντο· ὧν τινες οἱ μὲν τὸν μῆνα προυφασίσαντο, οἱ δὲ καὶ ἐς μεθορίαν τῆς Ἐπιδαυρίας ἐλθόντες ἡσύχαζον.

LV. Καὶ καθ' ὃν χρόνον ἐν τῇ Ἐπιδαύρῳ οἱ Ἀργεῖοι ἦσαν, ἐς Μαντίνειαν πρεσβεῖαι ἀπὸ τῶν πόλεων ξυνῆλθον, Ἀθηναίων παρακαλεσάντων. Καὶ γενομένων λόγων Εὐφαμίδας ὁ Κορίνθιος οὐκ ἔφη τοὺς λόγους τοῖς ἔργοις ὁμολογεῖν· σφεῖς μὲν γὰρ περὶ εἰρήνης ξυγκαθῆσθαι, τοὺς δ' Ἐπιδαυρίους καὶ τοὺς ξυμμάχους καὶ τοὺς Ἀργείους μεθ' ὅπλων ἀντιτετάχθαι· διαλῦσαι οὖν πρῶτον χρῆναι ἀφ' ἑκατέρων ἐλθόντας τὰ στρατόπεδα, καὶ οὕτω πάλιν λέγειν περὶ τῆς εἰρήνης. **2** Καὶ πεισθέντες ᾤχοντο καὶ τοὺς Ἀργείους ἀπήγαγον ἐκ τῆς Ἐπιδαυρίας. Ὕστερον δὲ ἐς τὸ αὐτὸ ξυνελθόντες οὐδ' ὣς ἐδυνήθησαν ξυμβῆναι, ἀλλ' οἱ Ἀργεῖοι πάλιν ἐς τὴν Ἐπιδαυρίαν ἐσέβαλον καὶ ἐδῄουν.

LIV. **2** 3 τοῖς ξυμμάχοις : τοὺς ξυμμάχους G ‖ περιήγγειλαν : -ήγγειλον AB ‖ **3** 1 δ' om. ABF[ac] ‖ 2 ἐξελθόντες : -θόντος C ‖ 3 ἐσέβαλον : ἐσέβαλλον BC ‖ **4** 2 προυφασίσαντο : προυφασίσαντες C προφασίσαντες C[2] (cf. schol.).

LV. **1** 1 οἱ om. M ‖ 3 παρακαλεσάντων : παρακελευσάντων M ‖ γενομένων Hude : γινομένων codd. ‖ 5 ὁμολογεῖν : ὁμιλεῖν M ‖ σφεῖς : σφᾶς M ‖ 6 τοὺς ξυμμάχους : ξυμμάχους M ‖ 7 ἀφ' : ἐφ' G[2sl]S[ac] ‖ 8 ἐλθόντας : ἐλθόντα E.

3 Les Lacédémoniens partirent également en campagne et gagnèrent Caryai ; puis, comme, cette fois encore, les présages pour le passage de la frontière ne se manifestaient pas, ils prirent le chemin du retour. **4** Les Argiens, après avoir mis au pillage environ le tiers du territoire d'Épidaure, rentrèrent chez eux. Mille hoplites athéniens étaient venus les soutenir, avec Alcibiade comme stratège : c'était lorsqu'il avait su les Lacédémoniens partis en campagne ; puis, comme on n'avait plus besoin d'eux, ils s'étaient retirés. Et l'été passa comme cela.

LVI. L'hiver suivant, les Lacédémoniens, trompant l'attention des Athéniens, firent passer par mer à Épidaure une garnison de trois cents hommes, avec Agésippidas* pour les commander. **2** Les Argiens allèrent alors trouver les Athéniens, pour se plaindre : le traité disait que les divers peuples ne laisseraient pas d'ennemis passer par chez eux, et voilà qu'Athènes laissait, sur mer, longer ses côtes* ? Si elle ne répondait pas en installant à Pylos, pour menacer Sparte, les Messéniens et les hilotes, les Argiens seraient lésés. **3** Aussi les Athéniens, sur l'avis d'Alcibiade, inscrivirent-ils au bas de la stèle du traité avec Sparte que celle-ci n'avait pas respecté ses serments ; et ils réinstallèrent les hilotes* de Cranies à Pylos, pour mettre le pays au pillage. Mais, autrement, ils ne bougèrent pas. **4** Pendant cet hiver-là, bien qu'il y eût guerre entre Argos et Épidaure, il n'y eut aucune bataille rangée : ce n'était qu'embuscades et coups de main, au cours desquels il y eut diverses pertes dans l'un et l'autre camp. **5** A la fin de l'hiver, comme on approchait déjà du printemps, les Argiens s'avancèrent contre Épidaure avec des échelles, pensant la trouver sans défenseurs du fait de la guerre et s'en emparer de vive force : ils repartirent sans être arrivés à rien. Ainsi finissait l'hiver et, avec lui, la treizième année de la guerre.

Expédition lacédémonienne contre Argos.

LVII. Au milieu de l'été suivant, les Lacédémoniens,

3 Ἐξεστράτευσαν δὲ καὶ οἱ Λακεδαιμόνιοι ἐς Καρύας· καὶ ὡς οὐδ' ἐνταῦθα τὰ διαβατήρια αὐτοῖς ἐγένετο, ἐπανεχώρησαν. 4 Ἀργεῖοι δὲ τεμόντες τῆς Ἐπιδαυρίας ὡς τὸ τρίτον μέρος ἀπῆλθον ἐπ' οἴκου. Καὶ Ἀθηναίων αὐτοῖς χίλιοι ἐβοήθησαν ὁπλῖται καὶ Ἀλκιβιάδης στρατηγός, πυθόμενος δὴ τοὺς Λακεδαιμονίους ἐξεστρατεῦσθαι· καὶ ὡς οὐδὲν ἔτι αὐτῶν ἔδει, ἀπῆλθον. Καὶ τὸ θέρος οὕτω διῆλθεν.

LVI. Τοῦ δ' ἐπιγιγνομένου χειμῶνος Λακεδαιμόνιοι λαθόντες Ἀθηναίους φρουρούς τε τριακοσίους καὶ Ἀγησιππίδαν ἄρχοντα κατὰ θάλασσαν ἐς Ἐπίδαυρον ἐσέπεμψαν. 2 Ἀργεῖοι δ' ἐλθόντες παρ' Ἀθηναίους ἐπεκάλουν ὅτι, γεγραμμένον ἐν ταῖς σπονδαῖς διὰ τῆς ἑαυτῶν ἑκάστους μὴ ἐᾶν πολεμίους διιέναι, ἐάσειαν κατὰ θάλασσαν παραπλεῦσαι· καὶ εἰ μὴ κἀκεῖνοι ἐς Πύλον κομιοῦσιν ἐπὶ Λακεδαιμονίους τοὺς Μεσσηνίους καὶ Εἵλωτας, ἀδικήσεσθαι αὐτοί. 3 Ἀθηναῖοι δὲ Ἀλκιβιάδου πείσαντος τῇ μὲν Λακωνικῇ στήλῃ ὑπέγραψαν ὅτι οὐκ ἐνέμειναν οἱ Λακεδαιμόνιοι τοῖς ὅρκοις, ἐς δὲ Πύλον ἐκόμισαν τοὺς ἐκ Κρανίων Εἵλωτας λῄζεσθαι, τὰ δ' ἄλλα ἡσύχαζον. 4 Τὸν δὲ χειμῶνα τοῦτον πολεμούντων Ἀργείων καὶ Ἐπιδαυρίων μάχη μὲν οὐδεμία ἐγένετο ἐκ παρασκευῆς, ἐνέδραι δὲ καὶ καταδρομαί, ἐν αἷς ὡς τύχοιεν ἑκατέρων τινὲς διεφθείροντο. 5 Καὶ τελευτῶντος τοῦ χειμῶνος πρὸς ἔαρ ἤδη κλίμακας ἔχοντες οἱ Ἀργεῖοι ἦλθον ἐπὶ τὴν Ἐπίδαυρον ὡς ἐρήμου οὔσης διὰ τὸν πόλεμον βίᾳ αἱρήσοντες· καὶ ἄπρακτοι ἀπῆλθον. Καὶ ὁ χειμὼν ἐτελεύτα, καὶ τρίτον καὶ δέκατον ἔτος τῷ πολέμῳ ἐτελεύτα.

LVII. Τοῦ δ' ἐπιγιγνομένου θέρους μεσοῦντος Λακεδαι-

LV. 4 1 ὡς om. B || 3 πυθόμενος : πυθόμενοι recc. || 4 δὴ Hude : δὲ codd. || 5 ἀπῆλθον : ἀπῆλθεν recc. || διῆλθε(ν) : ἀπῆλθεν C.

LVI. 1 2 τε τριακοσίους : τετρακοσίους K || 2 5 ἀδικήσεσθαι : -σασθαι B^ac?C || 4 2 Ἀργείων : τῶν Ἀργείων B || 5 2 ἦλθον : ἐλθόντες B.

voyant que leurs alliés d'Épidaure étaient en difficulté et que les autres pays du Péloponnèse ou bien avaient fait défection ou bien n'allaient pas comme il fallait, se dirent que s'ils ne se hâtaient pas de prévenir les événements, les choses empireraient, et ils se mirent en campagne, eux-mêmes et les hilotes, en masse, contre Argos. Ils avaient à leur tête Agis, fils d'Archidamos, roi de Lacédémone. **2** Avec eux marchaient les Tégéates et les autres peuples d'Arcadie alliés à Sparte. Quant aux alliés du reste du Péloponnèse et à ceux du dehors, ils se rassemblaient à Phlionte ; il y avait là : pour les Béotiens, cinq mille hoplites, autant d'hommes des troupes légères, et cinq cents cavaliers avec un nombre égal d'auxiliaires à pied[1] ; pour les Corinthiens, deux mille hoplites ; pour les autres, des contingents divers, et les forces de Phlionte au complet, puisque les troupes étaient sur son territoire.

LVIII. Les Argiens savaient tout au fur et à mesure : d'abord les préparatifs des Lacédémoniens, ensuite, quand ceux-ci se mirent en route pour Phlionte afin d'y rejoindre les autres ; et, dès ce moment*, ils entrèrent en campagne de leur côté. Ils avaient avec eux des renforts composés de Mantinéens avec leurs alliés, et de trois mille hoplites éléens. **2** Ils avancent et se trouvent face aux Lacédémoniens à Méthydrion, en Arcadie : chacune des deux armées occupe alors une colline. Là, tandis que les Argiens, jugeant les Lacédémoniens isolés, s'apprêtaient à livrer combat, Agis fait en pleine nuit lever le camp et, trompant l'attention de l'ennemi, gagne Phlionte où se trouvent ses alliés. **3** Les Argiens, à l'aube*, s'en avisent et se mettent en route, d'abord en direction d'Argos, ensuite du côté où ils prévoyaient que les Lacédémoniens et leurs alliés descendraient des hauteurs, sur la route de Némée. **4** Mais Agis n'avait pas pris la route qu'ils prévoyaient : après avoir transmis les consignes[2], il avait emprunté avec les Lacédémoniens, les Arcadiens et les

1. Cf. Xénophon, *Helléniques*, VII, 5, 23-24.
2. Le verbe est à prendre absolument (cf. Hérodote, VII, 147) ; cette indication générale se justifie par le fait que l'armée se divise.

μόνιοι, ὡς αὐτοῖς οἵ τε Ἐπιδαύριοι ξύμμαχοι ὄντες ἐταλαιπώρουν καὶ τἆλλα ἐν τῇ Πελοποννήσῳ τὰ μὲν ἀφειστήκει, τὰ δ' οὐ καλῶς εἶχε, νομίσαντες, εἰ μὴ προκαταλήψονται ἐν τάχει, ἐπὶ πλέον χωρήσεσθαι αὐτά, ἐστράτευον αὐτοὶ καὶ οἱ Εἵλωτες πανδημεὶ ἐπ' Ἄργος· ἡγεῖτο δὲ Ἆγις ὁ Ἀρχιδάμου, Λακεδαιμονίων βασιλεύς. 2 Ξυνεστράτευον δ' αὐτοῖς Τεγεᾶταί τε καὶ ὅσοι ἄλλοι Ἀρκάδων Λακεδαιμονίοις ξύμμαχοι ἦσαν. Οἱ δ' ἐκ τῆς ἄλλης Πελοποννήσου ξύμμαχοι καὶ οἱ ἔξωθεν ἐς Φλειοῦντα ξυνελέγοντο, Βοιωτοὶ μὲν πεντακισχίλιοι ὁπλῖται καὶ τοσοῦτοι ψιλοὶ καὶ ἱππῆς πεντακόσιοι καὶ ἅμιπποι ἴσοι, Κορίνθιοι δὲ δισχίλιοι ὁπλῖται, οἱ δ' ἄλλοι ὡς ἕκαστοι, Φλειάσιοι δὲ πανστρατιᾷ, ὅτι ἐν τῇ ἐκείνων ἦν τὸ στράτευμα.

LVIII. Ἀργεῖοι δὲ προαισθόμενοι τό τε πρῶτον τὴν παρασκευὴν τῶν Λακεδαιμονίων καὶ ἐπειδὴ ἐς τὸν Φλειοῦντα βουλόμενοι τοῖς ἄλλοις προσμεῖξαι ἐχώρουν, τότε δὴ ἐξεστράτευσαν καὶ αὐτοί. Ἐβοήθησαν δ' αὐτοῖς καὶ Μαντινῆς ἔχοντες τοὺς σφετέρους ξυμμάχους καὶ Ἠλείων τρισχίλιοι ὁπλῖται. 2 Καὶ προϊόντες ἀπαντῶσι τοῖς Λακεδαιμονίοις ἐν Μεθυδρίῳ τῆς Ἀρκαδίας. Καὶ καταλαμβάνουσιν ἑκάτεροι λόφον· καὶ οἱ μὲν Ἀργεῖοι ὡς μεμονωμένοις τοῖς Λακεδαιμονίοις παρεσκευάζοντο μάχεσθαι, ὁ δὲ Ἆγις τῆς νυκτὸς ἀναστήσας τὸν στρατὸν καὶ λαθὼν ἐπορεύετο ἐς Φλειοῦντα παρὰ τοὺς ἄλλους ξυμμάχους. 3 Καὶ οἱ Ἀργεῖοι αἰσθόμενοι ἅμα ἕῳ ἐχώρουν, πρῶτον μὲν ἐς Ἄργος, ἔπειτα δὲ ᾗ προσεδέχοντο τοὺς Λακεδαιμονίους μετὰ τῶν ξυμμάχων καταβήσεσθαι, τὴν κατὰ Νεμέαν ὁδόν. 4 Ἆγις δὲ ταύτην μὲν ἣν προσεδέχοντο οὐκ ἐτράπετο, παραγγείλας δὲ τοῖς Λακεδαιμονίοις καὶ

LVII. 1 4 προκαταλήψονται : καταλήψ- ABF* || 2 2 τε om. ABFM || 6 πεντακόσιοι : τετρακόσιοι M || ἅμιπποι lexx. : ἄνιπποι codd., καὶ ἅμιπποι ἴσοι om. M || ἴσοι : ὅσοι AB (om. M).

LVIII. 3 2 δὲ om. AB || 2-3 τοὺς Λακεδαιμονίους : post ξυμμάχων hab. ABF[ac]

Épidauriens un autre chemin, accidenté, par lequel il était descendu dans la plaine d'Argos. Les Corinthiens, les gens de Pellène et de Phlionte en suivaient un également raide. Quant aux Béotiens, aux Mégariens et aux Sicyoniens, ils avaient reçu l'ordre de descendre par la route de Némée, où étaient postés les Argiens : de la sorte, si les forces argiennes marchaient contre ses troupes à lui et venaient à la rescousse dans la plaine, ils pourraient menacer leurs arrières avec la cavalerie.

5 Agis, donc, ayant ainsi réparti ses forces, était entré dans la plaine, où il ravageait Saminthos et autres lieux ; **LIX** mais les Argiens s'en rendirent compte et, le jour une fois venu, ils quittèrent Némée pour venir à la rescousse : ils tombèrent sur l'armée des gens de Phlionte et de Corinthe, firent quelques morts parmi ceux de Phlionte et subirent eux-mêmes des pertes à peine plus importantes contre les Corinthiens. **2** Là-dessus, Béotiens, Mégariens et Sicyoniens avançaient selon l'ordre reçu, en direction de Némée : ils n'y trouvèrent plus les Argiens, qui étaient descendus, à la vue de leurs terres ravagées*, et qui prenaient alors leurs positions de combat. Il y avait mêmes préparatifs du côté lacédémonien. **3** Les Argiens se trouvaient, là, pris entre divers ennemis : du côté de la plaine, les Lacédémoniens et ceux qui étaient avec eux les coupaient de la ville ; vers les hauteurs, c'étaient les gens de Corinthe, Phlionte et Pellène ; du côté de Némée, les Béotiens, Sicyoniens et Mégariens. D'autre part, ils n'avaient pas de cavalerie ; car les Athéniens se trouvaient les seuls d'entre les alliés à n'être pas encore là[1].

4 Cela étant, la masse des Argiens et de leurs alliés ne jugeaient pas les choses si fâcheuses : il leur semblait que la bataille se livrerait dans de bonnes conditions, avec l'armée lacédémonienne prise là chez eux, près de leur ville ; **5** mais il y avait parmi les Argiens deux personnages, Thrasyllos*, un des cinq stratèges, et Alciphron, un proxène de Sparte, qui, au moment où les deux armées entraient déjà presque en action, allèrent

1. Probablement pas par hasard : cf. Hatzfeld, *Alcibiade*, p. 104.

Ἀρκάσι καὶ Ἐπιδαυρίοις ἄλλην ἐχώρησε χαλεπὴν καὶ κατέβη ἐς τὸ Ἀργείων πεδίον· καὶ Κορίνθιοι καὶ Πελληνῆς καὶ Φλειάσιοι ὄρθιον ἑτέραν ἐπορεύοντο· τοῖς δὲ Βοιωτοῖς καὶ Μεγαρεῦσι καὶ Σικυωνίοις εἴρητο τὴν ἐπὶ Νεμέας ὁδὸν καταβαίνειν, ᾗ οἱ Ἀργεῖοι ἐκάθηντο, ὅπως, εἰ οἱ Ἀργεῖοι ἐπὶ σφᾶς ἰόντες ἐς τὸ πεδίον βοηθοῖεν, ἐφεπόμενοι τοῖς ἵπποις χρῷντο.

5 Καὶ ὁ μὲν οὕτω διατάξας καὶ ἐσβαλὼν ἐς τὸ πεδίον ἐδῄου Σάμινθόν τε καὶ ἄλλα. LIX. Οἱ δὲ Ἀργεῖοι γνόντες ἐβοήθουν ἡμέρας ἤδη ἐκ τῆς Νεμέας, καὶ περιτυχόντες τῷ Φλειασίων καὶ Κορινθίων στρατοπέδῳ τῶν μὲν Φλειασίων ὀλίγους ἀπέκτειναν, ὑπὸ δὲ τῶν Κορινθίων αὐτοὶ οὐ πολλῷ πλείους διεφθάρησαν. 2 Καὶ οἱ Βοιωτοὶ καὶ οἱ Μεγαρῆς καὶ οἱ Σικυώνιοι ἐχώρουν, ὥσπερ εἴρητο αὐτοῖς, ἐπὶ τῆς Νεμέας, καὶ τοὺς Ἀργείους οὐκέτι κατέλαβον, ἀλλὰ καταβάντες, ὡς ἑώρων τὰ ἑαυτῶν δῃούμενα, ἐς μάχην παρετάσσοντο. Ἀντιπαρεσκευάζοντο δὲ καὶ οἱ Λακεδαιμόνιοι. 3 Ἐν μέσῳ δὲ ἀπειλημμένοι ἦσαν οἱ Ἀργεῖοι· ἐκ μὲν γὰρ τοῦ πεδίου οἱ Λακεδαιμόνιοι εἶργον τῆς πόλεως καὶ οἱ μετ' αὐτῶν, καθύπερθεν δὲ Κορίνθιοι καὶ Φλειάσιοι καὶ Πελληνῆς, τὸ δὲ πρὸς Νεμέας Βοιωτοὶ καὶ Σικυώνιοι καὶ Μεγαρῆς. Ἵπποι δὲ αὐτοῖς οὐ παρῆσαν· οὐ γάρ πω οἱ Ἀθηναῖοι, μόνοι τῶν ξυμμάχων, ἧκον.

4 Τὸ μὲν οὖν πλῆθος τῶν Ἀργείων καὶ τῶν ξυμμάχων οὐχ οὕτω δεινὸν τὸ παρὸν ἐνόμιζον, ἀλλ' ἐν καλῷ ἐδόκει ἡ μάχη ἔσεσθαι, καὶ τοὺς Λακεδαιμονίους ἀπειληφέναι ἐν τῇ αὐτῶν τε καὶ πρὸς τῇ πόλει 5 Τῶν δὲ Ἀργείων δύο ἄνδρες, Θράσυλλός τε, τῶν πέντε στρατηγῶν εἷς ὤν, καὶ Ἀλκίφρων, πρόξενος Λακεδαιμονίων, ἤδη τῶν στρατοπέ-

LXVIII. 4 5 ὄρθιον rec. : ὄρθριον codd. ὁδὸν K ‖ 7 εἰ οἱ : εἰ CM οἱ G*.

LIX. 2 1 alt. οἱ om. C ‖ 3 1-2 ἐν... Λακεδαιμόνιοι om. C ‖ 2 τῆς : ἀπὸ τῆς G ‖ 3 καθύπερθε(ν) : καθύπερ EF ‖ 4 4 αὐτῶν ABEM : αυτῶν F αὑτῶν C ‖ 5 2 Θράσυλλός : Θράσυλός EM.

parler à Agis en lui disant de ne pas livrer bataille : les Argiens, selon eux, étaient prêts à se conformer à un arbitrage respectant l'égalité des droits, si Sparte avait quelque grief envers Argos, puis à rester en paix dorénavant, après conclusion d'un traité. LX. Les deux Argiens, auteurs de ces déclarations, les avaient faites d'eux-mêmes, et non sur des instructions du peuple. De même, Agis se rendit à leurs avis tout seul, et non avec l'appui de la majorité, ni même après une délibération : il ne s'en ouvrit qu'à un seul homme parmi les hautes autorités participant à l'expédition ; et il conclut ainsi une trêve de quatre mois, pendant laquelle les autres devaient tenir ce qu'ils avaient dit*. Sur quoi il remmena l'armée aussitôt, sans fournir d'explications à aucun des alliés en dehors de lui. **2** Mais les Lacédémoniens et leurs alliés, tout en obéissant à son commandement comme le voulait la règle, nourrissaient, entre eux, de forts griefs contre Agis : ils jugeaient que l'on avait la chance d'engager l'action dans de bonnes conditions, que l'ennemi était pris là de tous les côtés, tant par la cavalerie que par les troupes à pied, et que, malgré cela, on repartait sans avoir rien accompli qui fût à la hauteur des moyens mis en œuvre. **3** De fait, ce fut là le plus beau groupement de forces grecques jusqu'à ce jour : on ne le vit jamais aussi bien que lorsqu'elles étaient encore toutes ensemble à Némée* ; il y avait là les Lacédémoniens en masse, avec les Arcadiens, les Béotiens, les Corinthiens, les Sicyoniens, les gens de Pellène, de Phlionte et de Mégare[1], tous représentés par des hommes d'élite de chaque pays, et paraissant de taille à combattre non seulement l'alliance argienne, mais encore une autre en plus. **4** Aussi est-ce avec un sentiment de grief contre Agis que l'armée faisait retraite et que les hommes se séparèrent pour rentrer chacun chez eux.

5 Mais les Argiens, eux aussi, nourrissaient des griefs encore bien pires contre ceux qui avaient traité sans l'aveu du peuple : ils jugeaient également qu'il n'aurait

1. Les Épidauriens ont été oubliés, par Thucydide ou par un copiste.

δων ὅσον οὐ ξυνιόντων προσελθόντε Ἄγιδι διελεγέσθην μὴ ποιεῖν μάχην· ἑτοίμους γὰρ εἶναι Ἀργείους δίκας δοῦναι καὶ δέξασθαι ἴσας καὶ ὁμοίας, εἴ τι ἐπικαλοῦσιν Ἀργείοις Λακεδαιμόνιοι, καὶ τὸ λοιπὸν εἰρήνην ἄγειν σπονδὰς ποιησαμένους. LX. Καὶ οἱ μὲν ταῦτα εἰπόντες τῶν Ἀργείων ἀφ' ἑαυτῶν καὶ οὐ τοῦ πλήθους κελεύσαντος εἶπον· καὶ ὁ Ἆγις δεξάμενος τοὺς λόγους αὐτός, καὶ οὐ μετὰ τῶν πλειόνων οὐδὲ αὐτὸς βουλευσάμενος ἀλλ' ἢ ἑνὶ ἀνδρὶ κοινώσας τῶν ἐν τέλει ξυστρατευομένων, σπένδεται τέσσαρας μῆνας ἐν οἷς ἔδει ἐπιτελέσαι αὐτοὺς τὰ ῥηθέντα. Καὶ ἀπήγαγε τὸν στρατὸν εὐθύς, οὐδενὶ φράσας τῶν ἄλλων ξυμμάχων. 2 Οἱ δὲ Λακεδαιμόνιοι καὶ οἱ ξύμμαχοι εἵποντο μὲν ὡς ἡγεῖτο διὰ τὸν νόμον, ἐν αἰτίᾳ δ' εἶχον κατ' ἀλλήλους πολλῇ τὸν Ἆγιν, νομίζοντες, ἐν καλῷ παρατυχὸν σφίσι ξυμβαλεῖν καὶ πανταχόθεν αὐτῶν ἀποκεκλημένων καὶ ὑπὸ ἱππέων καὶ πεζῶν, οὐδὲν δράσαντες ἄξιον τῆς παρασκευῆς ἀπιέναι. 3 Στρατόπεδον γὰρ δὴ τοῦτο κάλλιστον Ἑλληνικὸν τῶν μέχρι τοῦδε ξυνῆλθεν· ὤφθη δὲ μάλιστα ἕως ἔτι ἦν ἁθρόον ἐν Νεμέᾳ, ἐν ᾧ Λακεδαιμόνιοί τε πανστρατιᾷ ἦσαν καὶ Ἀρκάδες καὶ Βοιωτοὶ καὶ Κορίνθιοι καὶ Σικυώνιοι καὶ Πελληνῆς καὶ Φλειάσιοι καὶ Μεγαρῆς, καὶ οὗτοι πάντες λογάδες ἀφ' ἑκάστων, ἀξιόμαχοι δοκοῦντες εἶναι οὐ τῇ Ἀργείων μόνον ξυμμαχίᾳ, ἀλλὰ καὶ ἄλλῃ ἔτι προσγενομένῃ. 4 Τὸ μὲν οὖν στρατόπεδον οὕτως ἐν αἰτίᾳ ἔχοντες τὸν Ἆγιν ἀνεχώρουν τε καὶ διελύθησαν ἐπ' οἴκου ἕκαστοι.

5 Ἀργεῖοι δὲ καὶ αὐτοὶ ἔτι ἐν πολλῷ πλείονι αἰτίᾳ εἶχον τοὺς σπεισαμένους ἄνευ τοῦ πλήθους, νομίζοντες κἀκεῖνοι

LIX. 5 4 οὐ ξυνιόντων : οὐκ ἐξιόντων AB ‖ προσελθόντε CE : προσελθόντες ABFMG.

LX. 1 3 οὐ : οὐδὲ M ‖ 5 κοινώσας CE : κοινῶσθαι B κοινώσασθαι AFM ‖ 8 ξυμμάχων delendum cens. Krueger ‖ 2 4 ἀποκεκλημένων F : -κεκλιμένων C -κεκλειμένων ABEM ‖ 3 8 καὶ : κἂν conj. Bekker.

pu y avoir plus belle occasion pour eux et que, malgré cela, l'armée lacédémonienne avait pu réchapper : car l'engagement aurait eu lieu près de leur ville, avec auprès d'eux beaucoup de bons alliés. **6** Si bien qu'au retour, au Charadros, qui est l'endroit où ils jugent, avant de rentrer en ville, les délits commis en campagne, ils commencèrent à lapider Thrasyllos : celui-ci sauva ses jours en se réfugiant auprès de l'autel ; toutefois, on confisqua ses biens.

LXI. Après cela, il arriva un renfort athénien de mille hoplites et trois cents cavaliers[1], avec à sa tête Lachès et Nicostratos : les Argiens, qui, malgré tout, hésitaient à rompre la trêve avec Sparte, leur dirent de repartir et leur refusèrent l'accès devant le peuple avec qui ceux-ci voulaient négocier, cela jusqu'au moment où les Mantinéens et les Éléens, qui étaient encore là, les obligèrent, par leur intervention, à céder. **2** Les Athéniens, eux, avec Alcibiade qui se trouvait là comme ambassadeur, faisaient aux Argiens et aux alliés les mêmes déclarations[2] : il n'était pas correct d'avoir, avant, conclu la trêve sans les autres membres de l'alliance et il fallait, maintenant, puisque eux-mêmes étaient là si à propos, se mettre vraiment à la guerre. **3** Ayant, grâce à ces propos, persuadé leurs alliés, ils marchèrent[3] aussitôt contre Orchomène d'Arcadie, tous sauf les Argiens : ceux-ci, bien que persuadés, restaient d'abord en arrière ; dans la suite, ils vinrent aussi, après les autres. **4** Prenant donc position devant Orchomène, tous s'employaient à l'assiéger et à lui donner l'assaut, souhaitant d'autant plus se l'adjoindre qu'il y avait des otages arcadiens installés là par Sparte[4]. **5** Les gens d'Orchomène, eux, craignirent la faiblesse de leurs remparts ainsi que l'importance des troupes ennemies ; et, comme personne n'arrivait à leur secours, redoutant de succomber s'ils attendaient, ils trai-

1. Effectif bien faible, comparé à ceux de 57.2 et 58.1.
2. Il s'adresse aussi aux alliés et ce sont eux qu'il décidera.
3. On a gardé en français le tour grec, dans lequel le sujet s'élargit de façon très libre ; mais la rudesse n'est pas telle qu'il faille, comme on l'a cru, supposer une lacune.
4. Pour la rudesse du tour, en grec, cf. I.110.2.

μὴ ἂν σφίσι ποτὲ κάλλιον παρασχὸν Λακεδαιμονίους διαπεφευγέναι· πρός τε γὰρ τῇ σφετέρᾳ πόλει καὶ μετὰ πολλῶν καὶ ἀγαθῶν ξυμμάχων τὸν ἀγῶνα ἂν γίγνεσθαι. **6** Τόν τε Θράσυλλον ἀναχωρήσαντες ἐν τῷ Χαράδρῳ, οὗπερ τὰς ἀπὸ στρατείας δίκας πρὶν ἐσιέναι κρίνουσιν, ἤρξαντο λεύειν. Ὁ δὲ καταφυγὼν ἐπὶ τὸν βωμὸν περιγίγνεται· τὰ μέντοι χρήματα ἐδήμευσαν αὐτοῦ.

LXI. Μετὰ δὲ τοῦτο Ἀθηναίων βοηθησάντων χιλίων ὁπλιτῶν καὶ τριακοσίων ἱππέων, ὧν ἐστρατήγουν Λάχης καὶ Νικόστρατος, οἱ Ἀργεῖοι (ὅμως γὰρ τὰς σπονδὰς ὤκνουν λῦσαι πρὸς τοὺς Λακεδαιμονίους) ἀπιέναι ἐκέλευον αὐτοὺς καὶ πρὸς τὸν δῆμον οὐ προσῆγον βουλομένους χρηματίσαι, πρὶν δὴ Μαντινῆς καὶ Ἠλεῖοι (ἔτι γὰρ παρῆσαν) κατηνάγκασαν δεόμενοι. **2** Καὶ ἔλεγον οἱ Ἀθηναῖοι Ἀλκιβιάδου πρεσβευτοῦ παρόντος ἔν τε τοῖς Ἀργείοις καὶ ξυμμάχοις ταὐτά, ὅτι οὐκ ὀρθῶς αἱ σπονδαὶ ἄνευ τῶν ἄλλων ξυμμάχων καὶ γένοιντο, καὶ νῦν (ἐν καιρῷ γὰρ παρεῖναι σφεῖς) ἅπτεσθαι χρῆναι τοῦ πολέμου. **3** Καὶ πείσαντες ἐκ τῶν λόγων τοὺς ξυμμάχους εὐθὺς ἐχώρουν ἐπὶ Ὀρχομενὸν τὸν Ἀρκαδικὸν πάντες πλὴν Ἀργείων· οὗτοι δὲ ὅμως καὶ πεισθέντες ὑπελείποντο πρῶτον, ἔπειτα δ' ὕστερον καὶ οὗτοι ἦλθον. **4** Καὶ προσκαθεζόμενοι τὸν Ὀρχομενὸν πάντες ἐπολιόρκουν καὶ προσβολὰς ἐποιοῦντο, βουλόμενοι ἄλλως τε προσγενέσθαι σφίσι καὶ ὅμηροι ἐκ τῆς Ἀρκαδίας ἦσαν αὐτόθι ὑπὸ Λακεδαιμονίων κείμενοι. **5** Οἱ δὲ Ὀρχομένιοι δείσαντες τήν τε τοῦ τείχους ἀσθένειαν καὶ τοῦ στρατοῦ τὸ πλῆθος, καὶ ὡς οὐδεὶς αὐτοῖς ἐβοήθει, μὴ προαπόλωνται, ξυνέβησαν ὥστε ξύμ-

LX. **6** 1 Θράσυλλον : Θράσυλον E ‖ 2 στρατείας F^2J^2 : στρατιας EF στρατιᾶς ABCM.

LXI. **1** 2 ὁπλιτῶν : ἱππέων B ‖ ἱππέων : ὁπλιτῶν B ‖ 3 σ[π]ον-[δ]ὰς incip., ο[ὗτοι (**3**. 3) des. Π^{13} ‖ 6 δὴ Haase : ἢ codd. Π^{13} ‖ ἔτι γὰρ παρῆσαν : ἐπ[ι]παρῆσ[αν Π^{13} ‖ **2** 1 οἱ om. Π^{13} ‖ 3 καὶ : καὶ τοῖς Π^{13} ‖ ταὐτά Classen : ταῦτα codd. ‖ 4 pr. καὶ om. Π^{13} recc. ‖ **3** 3 πρῶτον : τὸ πρῶτον Π^{13}.

tèrent, promettant leur alliance, la remise aux Mantinéens d'otages pris parmi eux, et la restitution de ceux que Sparte avait installés là. LXII. Après cela, les alliés, désormais en possession d'Orchomène, discutèrent sur la ville à attaquer en premier parmi les autres. Les Éléens demandaient que ce fût Lépréon, les Mantinéens Tégée ; les Argiens et les Athéniens se rallièrent au souhait des Mantinéens. **2** Alors les Éléens, irrités que le vote n'eût pas désigné Lépréon, rentrèrent chez eux. Quant aux autres membres de l'alliance, ils faisaient, à Mantinée, leurs préparatifs pour une marche contre Tégée ; et il y avait aussi des gens, parmi les habitants mêmes de cette ville, qui travaillaient à mettre les choses entre leurs mains.

LXIII. Cependant les Lacédémoniens, une fois rentrés d'Argos après la conclusion de la trêve de quatre mois, entretenaient de puissants griefs contre Agis, qui ne leur avait pas soumis Argos, malgré une occasion si belle qu'eux-mêmes la jugeaient sans précédent : car il n'était pas facile de trouver réunis tant d'alliés d'une telle qualité[1]. **2** Et quand arrivèrent là-dessus les nouvelles d'Orchomène, annonçant sa chute, ils furent encore bien plus mécontents et, par une décision immédiate due à la colère, en dépit de leur caractère, ils entendaient raser sa maison et lui imposer une amende de cent mille drachmes. **3** Lui les conjurait de n'en rien faire : qu'il mène une fois campagne, et il effacerait leurs griefs par un bel exploit ; sinon, ils pourraient alors agir comme ils voudraient. **4** Ils remirent donc à plus tard l'amende et la destruction de sa maison, mais édictèrent pour tout de suite une règle sans précédent chez eux : ils désignèrent dix Spartiates qui devaient être ses conseillers et sans lesquels il ne serait pas habilité à emmener une armée hors de la ville.

Bataille de Mantinée.

LXIV. Sur ces entrefaites, ils reçoivent de leurs amis

1. Ces doléances sont parallèles à celles des Argiens : 60.5.

μαχοί τε εἶναι καὶ ὁμήρους σφῶν τε αὐτῶν δοῦναι Μαντινεῦσι καὶ οὓς κατέθεντο Λακεδαιμόνιοι παραδοῦναι. LXII. Μετὰ δὲ τοῦτο ἔχοντες ἤδη τὸν Ὀρχομενὸν ἐβουλεύοντο οἱ ξύμμαχοι ἐφ' ὅ τι χρὴ πρῶτον ἰέναι τῶν λοιπῶν. Καὶ Ἠλεῖοι μὲν ἐπὶ Λέπρεον ἐκέλευον, Μαντινῆς δὲ ἐπὶ Τεγέαν· καὶ προσέθεντο οἱ Ἀργεῖοι καὶ Ἀθηναῖοι τοῖς Μαντινεῦσιν. 2 Καὶ οἱ μὲν Ἠλεῖοι ὀργισθέντες ὅτι οὐκ ἐπὶ Λέπρεον ἐψηφίσαντο, ἀνεχώρησαν ἐπ' οἴκου· οἱ δὲ ἄλλοι ξύμμαχοι παρεσκευάζοντο ἐν τῇ Μαντινείᾳ ὡς ἐπὶ Τεγέαν ἰόντες, καί τινες αὐτοῖς καὶ αὐτῶν τῶν ἐν τῇ πόλει ἐνεδίδοσαν τὰ πράγματα.

LXIII. Λακεδαιμόνιοι δὲ ἐπειδὴ ἀνεχώρησαν ἐξ Ἄργους τὰς τετραμήνους σπονδὰς ποιησάμενοι, Ἆγιν ἐν μεγάλῃ αἰτίᾳ εἶχον οὐ χειρωσάμενον σφίσιν Ἄργος, παρασχὸν καλῶς ὡς οὔπω πρότερον αὐτοὶ ἐνόμιζον· ἀθρόους γὰρ τοσούτους ξυμμάχους καὶ τοιούτους οὐ ῥᾴδιον εἶναι λαβεῖν. 2 Ἐπειδὴ δὲ καὶ περὶ Ὀρχομενοῦ ἠγγέλλετο ἑαλωκέναι, πολλῷ δὴ μᾶλλον ἐχαλέπαινον καὶ ἐβούλευον εὐθὺς ὑπ' ὀργῆς παρὰ τὸν τρόπον τὸν ἑαυτῶν ὡς χρὴ τήν τε οἰκίαν αὐτοῦ κατασκάψαι καὶ δέκα μυριάσι δραχμῶν ζημιῶσαι. 3 Ὁ δὲ παρῃτεῖτο μηδὲν τούτων δρᾶν· ἔργῳ γὰρ ἀγαθῷ ῥύσεσθαι τὰς αἰτίας στρατευσάμενος, ἢ τότε ποιεῖν αὐτοὺς ὅ τι βούλονται. 4 Οἱ δὲ τὴν μὲν ζημίαν καὶ τὴν κατασκαφὴν ἐπέσχον, νόμον δὲ ἔθεντο ἐν τῷ παρόντι, ὃς οὔπω πρότερον ἐγένετο αὐτοῖς· δέκα γὰρ ἄνδρας Σπαρτιατῶν προσείλοντο αὐτῷ ξυμβούλους, ἄνευ ὧν μὴ κύριον εἶναι ἀπάγειν στρατιὰν ἐκ τῆς πόλεως.

LXIV. Ἐν τούτῳ δ' ἀφικνεῖται αὐτοῖς ἀγγελία παρὰ

LXI. 5 4 δοῦναι : δοῦναι καὶ C.

LXII. 1 4 προσέθεντο : προέθεντο M || καὶ Ἀθηναῖοι : Ἀθηναίων E || 2 4 ἰόντες : ἰόντας B || τινες : τινες καὶ M || τῶν Stahl : Τεγεατῶν.

LXIII. 2 3 alt. τὸν : τῶν C || 3 2 στρατευσάμενος C : στρατευσόμενος.

à Tégée la nouvelle qu'à moins d'une prompte arrivée de leur part, Tégée se détacherait d'eux pour passer aux Argiens et à leurs alliés : la chose, selon ces rapports, était pour ainsi dire faite. **2** Du coup, les Lacédémoniens envoient une expédition de secours, qui, groupant les citoyens et les hilotes, en masse, est rapide et sans précédent ; **3** ils marchent en direction d'Orestheion, dans la région du Mainalos. Ils avaient averti leurs alliés d'Arcadie de se réunir et de venir à leur suite à Tégée ; cependant, eux-mêmes, étant allés avec toutes leurs forces jusqu'à Orestheion, une fois là, renvoient chez eux un sixième des citoyens, constitué des classes les plus âgées et les plus jeunes, qui devaient garder le pays ; avec le reste de l'armée, ils arrivent dans le territoire de Tégée ; peu après, leurs alliés d'Arcadie y étaient. **4** De même, ils dépêchent des gens à Corinthe, chez les Béotiens, chez les Phocidiens et chez les Locriens, pour leur demander de leur envoyer un soutien rapide à Mantinée ; mais, pour ces peuples, les délais manquèrent, et il n'était pas facile, sans être réunis et s'attendre les uns les autres, de traverser le pays ennemi, qui leur barrait le passage ; malgré cela, ils se hâtaient ; **5** quant aux Lacédémoniens, prenant avec eux leurs alliés d'Arcadie qui étaient là, ils envahirent le territoire de Mantinée, installèrent leur camp près du sanctuaire d'Héraclès, et exercèrent des ravages dans le pays[1].

LXV. Les Argiens et leurs alliés, lorsqu'ils les virent, occupèrent une position forte et peu accessible*, où ils se rangèrent en bataille. **2** Les Lacédémoniens marchèrent aussitôt contre eux : ils avancèrent jusqu'à portée de pierre ou de javelot, mais, là-dessus, un des anciens, voyant la position solide vers laquelle on se dirigeait, interpella Agis ; il s'écria qu'il se proposait de remédier à un mal par un autre, ce qui signifiait que ce zèle intempestif voulait être une réparation pour sa retraite

1. La hâte de Sparte se reflète dans le mouvement du récit ; car celui-ci décrit l'avance des Lacédémoniens en les opposant, à chaque fois, aux alliés qu'ils n'attendent pas : 64.3 = Καὶ τοῖς μὲν... αὐτοὶ δὲ ; 64.4 : Ἀλλὰ τοῖς μὲν... Λακεδαιμόνιοι δέ.

τῶν ἐπιτηδείων ἐκ Τεγέας ὅτι, εἰ μὴ παρέσονται ἐν τάχει, ἀποστήσεται αὐτῶν Τεγέα πρὸς Ἀργείους καὶ τοὺς ξυμμάχους καὶ ὅσον οὐκ ἀφέστηκεν. 2 Ἐνταῦθα δὴ βοήθεια τῶν Λακεδαιμονίων γίγνεται αὐτῶν τε καὶ τῶν Εἱλώτων πανδημεὶ ὀξεῖα καὶ οἵα οὔπω πρότερον. 3 Ἐχώρουν δὲ ἐς Ὀρέσθειον τῆς Μαιναλίας. Καὶ τοῖς μὲν Ἀρκάδων σφετέροις οὖσι ξυμμάχοις προεῖπον ἀθροισθεῖσιν ἰέναι κατὰ πόδας αὐτῶν ἐς Τεγέαν, αὐτοὶ δὲ μέχρι μὲν τοῦ Ὀρεσθείου πάντες ἐλθόντες, ἐκεῖθεν δὲ τὸ ἕκτον μέρος σφῶν αὐτῶν ἀποπέμψαντες ἐπ' οἴκου, ἐν ᾧ τὸ πρεσβύτερόν τε καὶ τὸ νεώτερον ἦν, ὥστε τὰ οἴκοι φρουρεῖν, τῷ λοιπῷ στρατεύματι ἀφικνοῦνται ἐς Τεγέαν. Καὶ οὐ πολλῷ ὕστερον οἱ ξύμμαχοι ἀπ' Ἀρκάδων παρῆσαν. 4 Πέμπουσι δὲ καὶ ἐς τὴν Κόρινθον καὶ Βοιωτοὺς καὶ Φωκέας καὶ Λοκρούς, βοηθεῖν κελεύοντες κατὰ τάχος ἐς Μαντίνειαν. Ἀλλὰ τοῖς μὲν ἐξ ὀλίγου τε ἐγίγνετο καὶ οὐ ῥᾴδιον ἦν μὴ ἀθρόοις καὶ ἀλλήλους περιμείνασι διελθεῖν τὴν πολεμίαν (ξυνέκληε γὰρ διὰ μέσου), ὅμως δὲ ἠπείγοντο· 5 Λακεδαιμόνιοι δὲ ἀναλαβόντες τοὺς παρόντας Ἀρκάδων ξυμμάχους ἐσέβαλον ἐς τὴν Μαντινικήν, καὶ στρατοπεδευσάμενοι πρὸς τῷ Ἡρακλείῳ ἐδῄουν τὴν γῆν.

LXV. Οἱ δ' Ἀργεῖοι καὶ οἱ ξύμμαχοι ὡς εἶδον αὐτούς, καταλαβόντες χωρίον ἐρυμνὸν καὶ δυσπρόσοδον παρετάξαντο ὡς ἐς μάχην. 2 Καὶ οἱ Λακεδαιμόνιοι εὐθὺς αὐτοῖς ἐπῆσαν· καὶ μέχρι μὲν λίθου καὶ ἀκοντίου βολῆς ἐχώρησαν· ἔπειτα τῶν πρεσβυτέρων τις Ἄγιδι ἐπεβόησεν, ὁρῶν πρὸς χωρίον καρτερὸν ἰόντας σφᾶς, ὅτι διανοεῖται κακὸν κακῷ ἰᾶσθαι, δηλῶν τῆς ἐξ Ἄργους ἐπαιτίου ἀναχωρήσεως τὴν παροῦσαν ἄκαιρον προθυμίαν ἀνάληψιν βουλομένην εἶναι.

LXIV. 3 6 καὶ τὸ : καὶ M || 4 5 τὴν πολεμίαν om., marg. add. ABF.

LXV. 1 2 χωρίον : τὸ χωρίον AB || 2 3 ἐπεβόησεν : ἐβόησε B || 5 τῆς : τὴν F || 6 βουλομένην : βουλόμενον Plut. 797 c.

si critiquée devant Argos. **3** Et le roi, soit à cause de cette interpellation, soit en vertu d'une inspiration soudaine, différente ou même semblable, remmena rapidement son armée en arrière, avant tout engagement[1]. **4** Il arriva près du territoire de Tégée et, là, entreprit de détourner les eaux vers celui de Mantinée. Ces eaux, qui causent des dégâts chez l'un ou chez l'autre, selon le côté où elles se déversent, provoquent presque constamment la guerre entre Tégée et Mantinée. Or, il voulait que les hommes de la colline, soucieux de parer aux mesures prises pour les détourner, fussent, dès qu'ils recevraient la nouvelle, obligés de descendre, ce qui lui permettrait de livrer la bataille en plaine.

5 Lui, donc, resta sur place ce jour-là, occupé à détourner l'eau. Quant aux Argiens et à leurs alliés, ils avaient d'abord été saisis par cette brusque retraite opérée de tout près et n'avaient pas su que penser. Puis, constatant que l'adversaire, faisant retraite, s'était dérobé à leurs yeux, et qu'eux-mêmes restaient sans rien faire, au lieu de le suivre, ils se reprirent alors à incriminer leurs stratèges, pour avoir une première fois laissé partir l'armée lacédémonienne que l'on tenait si bien près d'Argos, et maintenant parce que personne ne la poursuivait quand elle se retirait : on les laissait bien tranquillement, elle, assurer son salut, et, eux, succomber à la trahison. **6** Les stratèges, sur le moment, furent déconcertés ; mais, ensuite, ils firent quitter la colline aux troupes, et, s'avançant dans la plaine, ils y établirent un camp, en gens qui vont à l'ennemi.

LXVI. Et le lendemain, tandis que les Argiens et leurs alliés avaient adopté la formation dans laquelle ils devaient combattre s'ils tombaient sur l'ennemi, les Lacédémoniens, revenant, après s'être occupés de l'eau, à leur camp précédent, près de l'Héracleion, voient à proximité leurs adversaires déjà tous en ligne et avancés en

1. Plutarque (*An seni sit ger. resp.*, 797 c) ne voit là qu'une soumission édifiante ; sur les raisons plus subtiles que l'on a voulu donner à la brusque retraite d'Agis, cf. Notice, p. vi*. L'hésitation des stratèges, du côté argien, n'est d'ailleurs pas plus claire.

3 Ὁ δέ, εἴτε καὶ διὰ τὸ ἐπιβόημα εἴτε καὶ αὐτῷ ἄλλο τι ἢ καὶ τὸ αὐτὸ δόξαν ἐξαίφνης, πάλιν τὸ στράτευμα κατὰ τάχος πρὶν ξυμμεῖξαι ἀπῆγεν. 4 Καὶ ἀφικόμενος πρὸς τὴν Τεγεᾶτιν τὸ ὕδωρ ἐξέτρεπεν ἐς τὴν Μαντινικήν, περὶ οὗπερ ὡς τὰ πολλὰ βλάπτοντος ὁποτέρωσε ἂν ἐσπίπτῃ Μαντινῆς καὶ Τεγεᾶται πολεμοῦσιν· ἐβούλετο δὲ τοὺς ἀπὸ τοῦ λόφου βοηθοῦντας ἐπὶ τὴν τοῦ ὕδατος ἐκτροπήν, ἐπειδὰν πύθωνται, καταβιβάσαι [τοὺς Ἀργείους καὶ τοὺς ξυμμάχους] καὶ ἐν τῷ ὁμαλῷ τὴν μάχην ποιεῖσθαι.

5 Καὶ ὁ μὲν τὴν ἡμέραν ταύτην μείνας αὐτοῦ περὶ τὸ ὕδωρ ἐξέτρεπεν· οἱ δ' Ἀργεῖοι καὶ οἱ ξύμμαχοι τὸ μὲν πρῶτον καταπλαγέντες τῇ ἐξ ὀλίγου αἰφνιδίῳ αὐτῶν ἀναχωρήσει οὐκ εἶχον ὅ τι εἰκάσωσιν· εἶτ' ἐπειδὴ ἀναχωροῦντες ἐκεῖνοί τε ἀπέκρυψαν καὶ σφεῖς ἡσύχαζον καὶ οὐκ ἐπηκολούθουν, ἐνταῦθα τοὺς ἑαυτῶν στρατηγοὺς αὖθις ἐν αἰτίᾳ εἶχον τό τε πρότερον καλῶς ληφθέντας πρὸς Ἄργει Λακεδαιμονίους ἀφεθῆναι καὶ νῦν ὅτι ἀποδιδράσκοντας οὐδεὶς ἐπιδιώκει, ἀλλὰ καθ' ἡσυχίαν οἱ μὲν σῴζονται, σφεῖς δὲ προδίδονται. 6 Οἱ δὲ στρατηγοὶ ἐθορυβήθησαν μὲν τὸ παραυτίκα, ὕστερον δὲ ἀπάγουσιν αὐτοὺς ἀπὸ τοῦ λόφου καὶ προελθόντες ἐς τὸ ὁμαλὸν ἐστρατοπεδεύσαντο ὡς ἰόντες ἐπὶ τοὺς πολεμίους.

LXVI. Τῇ δ' ὑστεραίᾳ οἵ τε Ἀργεῖοι καὶ οἱ ξύμμαχοι ξυνετάξαντο, ὡς ἔμελλον μαχεῖσθαι, ἢν περιτύχωσιν· οἵ τε Λακεδαιμόνιοι ἀπὸ τοῦ ὕδατος πρὸς τὸ Ἡράκλειον πάλιν ἐς τὸ αὐτὸ στρατόπεδον ἰόντες ὁρῶσι δι' ὀλίγου τοὺς ἐναντίους ἐν τάξει τε ἤδη πάντας καὶ ἀπὸ τοῦ λόφου προελη-

LXV. 3 1 δέ, εἴτε : δέ, B ‖ 2 ἢ καὶ H : ἢ κατὰ codd. [ἢ] κατὰ conj. Stahl (ἢ κατὰ τὸ αὐτὸ del. Dobrée) ‖ 3 ξυμμεῖξαι (ξυμμίξαι codd.) : ξυμβῆναι B ‖ 4 2 ἐς : πρὸς M ‖ 3 ὡς : ὡς ἐς G ‖ ὁποτέρωσε ἂν C : ὁποτέρως ἐὰν AEFM ὁποτέρων ἐὰν B ‖ ἐσπίπτῃ : ἐσπίπτει C* ‖ 6 πύθωνται MF²G² : πείθωνται cett. ‖ τοὺς Ἀργείους καὶ τοὺς ξυμμάχους del. Herwerden ‖ 5 1 περὶ : παρὰ H (ut cett. H^{s1}) ‖ 6 αὖθις : εὐθὺς Hγρ ‖ 7 πρότερον : πρῶτον M ‖ 6 1 ἐθορυβήθησαν : ἐθορύβησαν AB ‖ 3 προελθόντες : προσελθόντες ABF*.

bas de la colline : **2** les Lacédémoniens éprouvèrent en cette occasion le plus grand effroi dont ils eussent mémoire ; le délai était bref pour leurs préparatifs, et aussitôt, dans un élan de zèle, ils retrouvaient leur bon ordre*, le roi Agis dirigeant tout selon la règle. **3** Quand un roi est à la tête des troupes, c'est de lui que partent tous les ordres : il explique lui-même aux polémarques ce qu'il faut faire, eux le disent aux lochages, ces derniers aux pentécontères, ceux-ci à leur tour aux énomotarques, qui le disent à leur énomotie[1] ; **4** et toutes les consignes que l'on veut donner suivent la même filière et arrivent à destination rapidement ; car on peut dire, en gros, que toute l'armée lacédémonienne, à peu de chose près, se compose de commandants hiérarchisés ; si bien que le soin de l'action à mener incombe à un grand nombre.

LXVII. Cette fois, donc, les Skirites se plaçaient à l'aile gauche (ils sont les seuls Lacédémoniens à détenir le privilège exclusif de ce poste[2]). A côté d'eux venaient les soldats de Brasidas, revenus de Thrace[3], et avec eux des néodamodes. Ensuite, les Lacédémoniens proprement dits formaient, en ligne, leurs bataillons ; puis, à côté d'eux, venaient les Arcadiens d'Héraia, et, après eux, les Ménaliens ; enfin, à l'aile droite, les Tégéates et un petit nombre de Lacédémoniens à l'extrémité[4] ; leurs cavaliers flanquaient les deux ailes. **2** Telle était la disposition adoptée par les Lacédémoniens. Chez leurs adversaires, l'aile droite était formée des Mantinéens, puisque l'action se plaçait chez eux ; à côté d'eux venaient leurs alliés d'Arcadie, puis le régiment d'élite des mille Argiens, à qui leur cité dispensait à ses frais un long entraînement dans la pratique guerrière, et, à leur suite, les autres Argiens ; après eux venaient leurs alliés de Cléones et

1. La signification de ces diverses divisions sera exposée par Thucydide lui-même à 68.3. On pourrait ajouter, pour une description complète, la « mora » groupant deux loches.

2. Sur un autre privilège des Skirites : Xénophon, *Rép. Lac.*, 13, 6.

3. Sans doute les hilotes affranchis : IV.80.2 et V.34.1.

4. Cf. *ad* 71.3. Si l'on met à part les Skirites et ces quelques Lacédémoniens, on voit que les meilleures troupes sont au centre, et non à droite comme d'habitude : cf. Notice, p. VII*.

λυθότας. 2 Μάλιστα δὲ Λακεδαιμόνιοι ἐς δ ἐμέμνηντο ἐν τούτῳ τῷ καιρῷ ἐξεπλάγησαν· διὰ βραχείας γὰρ μελλήσεως ἡ παρασκευὴ αὐτοῖς ἐγίγνετο, καὶ εὐθὺς ὑπὸ σπουδῆς καθίσταντο ἐς κόσμον τὸν ἑαυτῶν, Ἄγιδος τοῦ βασιλέως ἕκαστα ἐξηγουμένου κατὰ τὸν νόμον. 3 Βασιλέως γὰρ ἄγοντος ὑπ' ἐκείνου πάντα ἄρχεται, καὶ τοῖς μὲν πολεμάρχοις αὐτὸς φράζει τὸ δέον, οἱ δὲ τοῖς λοχαγοῖς, ἐκεῖνοι δὲ τοῖς πεντηκοντῆρσιν, αὖθις δ' οὗτοι τοῖς ἐνωμοτάρχοις, καὶ οὗτοι τῇ ἐνωμοτίᾳ. 4 Καὶ αἱ παραγγέλσεις, ἤν τι βούλωνται, κατὰ τὰ αὐτὰ χωροῦσι καὶ ταχεῖαι ἐπέρχονται· σχεδὸν γάρ τι πᾶν πλὴν ὀλίγου τὸ στρατόπεδον τῶν Λακεδαιμονίων ἄρχοντες ἀρχόντων εἰσί, καὶ τὸ ἐπιμελὲς τοῦ δρωμένου πολλοῖς προσήκει.

LXVII. Τότε δὲ κέρας μὲν εὐώνυμον Σκιρῖται αὐτοῖς καθίσταντο, αἰεὶ ταύτην τὴν τάξιν μόνοι Λακεδαιμονίων ἐπὶ σφῶν αὐτῶν ἔχοντες· παρὰ δ' αὐτοὺς οἱ ἀπὸ Θρᾴκης Βρασίδειοι στρατιῶται καὶ νεοδαμώδεις μετ' αὐτῶν· ἔπειτ' ἤδη Λακεδαιμόνιοι αὐτοὶ ἑξῆς καθίστασαν τοὺς λόχους καὶ παρ' αὐτοὺς Ἀρκάδων Ἡραιῆς, μετὰ δὲ τούτους Μαινάλιοι, καὶ ἐπὶ τῷ δεξιῷ κέρᾳ Τεγεᾶται καὶ Λακεδαιμονίων ὀλίγοι τὸ ἔσχατον ἔχοντες, καὶ οἱ ἱππῆς αὐτῶν ἐφ' ἑκατέρῳ τῷ κέρᾳ. 2 Λακεδαιμόνιοι μὲν οὕτως ἐτάξαντο· οἱ δ' ἐναντίοι αὐτοῖς δεξιὸν μὲν κέρας Μαντινῆς εἶχον, ὅτι ἐν τῇ ἐκείνων τὸ ἔργον ἐγίγνετο, παρὰ δ' αὐτοῖς οἱ ξύμμαχοι Ἀρκάδων ἦσαν, ἔπειτα Ἀργείων οἱ χίλιοι λογάδες, οἷς ἡ πόλις ἐκ πολλοῦ ἄσκησιν τῶν ἐς τὸν πόλεμον δημοσίᾳ παρεῖχε, καὶ ἐχόμενοι αὐτῶν οἱ ἄλλοι Ἀργεῖοι, καὶ μετ' αὐτοὺς οἱ ξύμμαχοι αὐτῶν Κλεωναῖοι καὶ Ὀρνεᾶται,

LXVI. 2 1 δὲ recc. (vel δ' οἱ) : δὴ codd. || 2 ἐξεπλάγησαν : ante hoc verb. lacunam conj. Stahl et alii || 3 4 ἐνωμοτάρχοις Stahl : -χαις codd.

LXVII. 1 2 τὴν om. ABEFM || 3 αὐτοὺς Stahl : αὐτοῖς codd. || ἀπὸ Haase : ἐπὶ codd. || 8 ἑκατέρῳ : -ρων EFMGγρ || 2 3 αὐτοῖς Mpc : αὐτοὺς cett. || 6-7 καὶ μετ'... Κλεωναῖοι om. E.

d'Ornées, et ensuite les Athéniens, qui occupaient, au bout, l'aile gauche ; leur cavalerie propre les accompagnait.

LXVIII. Telles étant, de part et d'autre, l'ordonnance et les dispositions prises, on put constater que l'armée lacédémonienne était plus grande ; **2** quant aux chiffres, soit des contingents divers de chaque côté, soit de l'ensemble, je n'aurais pas été en mesure de les donner avec exactitude : le nombre des Lacédémoniens restait inconnu à cause du secret qui marque leur régime, celui des autres était suspect à cause de la vantardise que montrent les hommes pour ce qui est à eux. Toutefois, on peut, d'après le calcul suivant, se faire une idée des effectifs lacédémoniens alors mis en ligne. **3** Il y avait au combat — en dehors des Skirites, au nombre de six cents — sept bataillons, ou loches ; chaque bataillon comptait quatre compagnies, ou pentécostyes, et la compagnie quatre groupes, ou énomoties[1]. Pour chaque groupe, quatre hommes combattaient au premier rang. En ce qui concerne la profondeur*, ils ne s'étaient pas tous rangés de la même manière : cela dépendait de chaque chef de bataillon ; mais, en règle générale, ils se mirent sur huit rangs[2]. Or, dans l'ensemble, le premier rang, sans les Skirites, faisait quatre cent quarante-huit hommes.

LXIX. Une fois les armées sur le point de marcher l'une contre l'autre, il y eut alors, pour chaque contingent, des exhortations émanant de ses chefs. Ils disaient en substance ceci : aux Mantinéens, qu'ils se battraient à la fois pour leur patrie et pour la domination ou la servitude, afin de ne pas perdre la première après y avoir goûté ni goûter à nouveau de la seconde ; aux Argiens, qu'ils le feraient à la fois pour leur ancienne hégémonie, pour cette égalité de droits qu'ils avaient connue dans le

1. Xénophon (*Rép. Lac.*, II, 4) donne des rapports assez différents (1 loche = 2 pentécostyes, 1 pentécostye = 2 énomoties) ; mais la date est plus tardive.

2. Si ce chiffre était une donnée certaine, le résultat serait clair et donnerait un total de 448 × 8 = 3.584 hommes, plus 600 Skirites ; mais c'est une simple approximation. Sur la place donnée à l'indication, cf. Notes complémentaires.

ἔπειτα Ἀθηναῖοι ἔσχατοι τὸ εὐώνυμον κέρας ἔχοντες καὶ ἱππῆς μετ' αὐτῶν οἱ οἰκεῖοι.

LXVIII. Τάξις μὲν ἥδε καὶ παρασκευὴ ἀμφοτέρων ἦν, τὸ δὲ στρατόπεδον τῶν Λακεδαιμονίων μεῖζον ἐφάνη. **2** Ἀριθμὸν δὲ γράψαι, ἢ καθ' ἑκάστους ἑκατέρων ἢ ξύμπαντας, οὐκ ἂν ἐδυνάμην ἀκριβῶς· τὸ μὲν γὰρ Λακεδαιμονίων πλῆθος διὰ τῆς πολιτείας τὸ κρυπτὸν ἠγνοεῖτο, τῶν δ' αὖ διὰ τὸ ἀνθρώπειον κομπῶδες ἐς τὰ οἰκεῖα [πλήθη] ἠπιστεῖτο. Ἐκ μέντοι τοιοῦδε λογισμοῦ ἔξεστί τῳ σκοπεῖν τὸ Λακεδαιμονίων τότε παραγενόμενον πλῆθος· **3** λόχοι μὲν γὰρ ἐμάχοντο ἑπτὰ ἄνευ Σκιριτῶν ὄντων ἑξακοσίων, ἐν δὲ ἑκάστῳ λόχῳ πεντηκοστύες ἦσαν τέσσαρες, καὶ ἐν τῇ πεντηκοστύι ἐνωμοτίαι τέσσαρες. Τῆς τε ἐνωμοτίας ἐμάχοντο ἐν τῷ πρώτῳ ζυγῷ τέσσαρες. Ἐπὶ δὲ βάθος ἐτάξαντο μὲν οὐ πάντες ὁμοίως, ἀλλ' ὡς λοχαγὸς ἕκαστος ἐβούλετο, ἐπὶ πᾶν δὲ κατέστησαν ἐπὶ ὀκτώ. Παρὰ δὲ ἅπαν πλὴν Σκιριτῶν τετρακόσιοι καὶ δυοῖν δέοντες πεντήκοντα ἄνδρες ἡ πρώτη τάξις ἦν.

LXIX. Ἐπεὶ δὲ ξυνιέναι ἔμελλον ἤδη, ἐνταῦθα καὶ παραινέσεις καθ' ἑκάστους ὑπὸ τῶν οἰκείων στρατηγῶν τοιαίδε ἐγίγνοντο, Μαντινεῦσι μὲν ὅτι ὑπέρ τε πατρίδος ἡ μάχη ἔσται καὶ ὑπὲρ ἀρχῆς ἅμα καὶ δουλείας, τὴν μὲν μὴ πειρασαμένοις ἀφαιρεθῆναι, τῆς δὲ μὴ αὖθις πειρᾶσθαι· Ἀργείοις δὲ ὑπὲρ τῆς τε παλαιᾶς ἡγεμονίας καὶ τῆς ἐν Πελοποννήσῳ ποτὲ ἰσομοιρίας μὴ διὰ παντὸς στερισκομένους ἀνέχεσθαι, καὶ ἄνδρας ἅμα ἐχθροὺς καὶ ἀστυγείτονας ὑπὲρ πολλῶν ἀδικημάτων ἀμύνασθαι· τοῖς δὲ Ἀθηναίοις, καλὸν εἶναι μετὰ πολλῶν καὶ ἀγαθῶν ξυμμάχων ἀγωνιζο-

LXVIII. **2** 2 ἂν ἐδυνάμην : ἂν δυναίμην rec., conjecerat Stahl, ἐδυνάμην conj. Steup ‖ 4 πλήθη om. rec., del. Krueger (πλήθει FS) ‖ 5 ἠπιστεῖτο : ἠπιστᾶτο E[ac] ‖ τοιοῦδε : οὐδὲ MH[ac] ‖ τῳ : τῷ EF ‖ **3** 2 ἐμάχοντο : ἐγένοντο M ‖ 3-4 καὶ... τεσσαρες om. C.

LXIX. **1** 6 τῆς τε : τε τῆς M ‖ 8 ἀνέχεσθαι : ἀμύνασθαι AB ‖ 9 ἀμύνασθαι : ἀνέχεσθαι AB.

Péloponnèse et dont ils ne devaient pas tolérer de se voir à jamais frustrés, et pour venger des torts nombreux en la personne d'ennemis qui étaient leurs voisins ; aux Athéniens, qu'il était beau, quand on avait à ses côtés dans la lutte beaucoup de braves alliés, de n'en laisser aucun vous dépasser et que, s'ils battaient les Lacédémoniens dans le Péloponnèse, ils raffermiraient et étendraient leur domination, sans plus jamais risquer de voir personne entrer chez eux. **2** En face de ces exhortations données aux Argiens et à leurs alliés, les Lacédémoniens en avaient d'autres, données à chaque contingent, et, à la faveur des chants guerriers, ils réveillaient dans leurs rangs les souvenirs bien connus à des braves* : car ils savaient qu'un entraînement pratiqué de longue date fait plus, pour vous sauver, qu'une exhortation verbale de dernière heure.

LXX. Après cela, ils se mirent en marche : les Argiens et leurs alliés avançaient avec fougue et impétueusement, les Lacédémoniens, eux, avec lenteur, au rythme de nombreux joueurs de flûte dont la règle exige la présence parmi eux, non pas pour des raisons religieuses, mais pour que, marchant en mesure, ils avancent avec ensemble, sans rompre leur ordonnance comme les grandes armées le font volontiers lorsqu'elles s'abordent. LXXI. Ils marchaient encore les uns contre les autres quand Agis décida la mesure suivante. Les armées, quelles qu'elles soient, font ceci : elles tendent à dévier, au cours de leur marche, vers leur propre aile droite ; si bien que chaque adversaire déborde avec sa droite la gauche de l'ennemi ; en effet, la crainte aidant, chacun serre le plus possible son côté non protégé contre le bouclier de son voisin de droite et pense que plus on est joint de façon étroite, plus on est à couvert ; et la responsabilité initiale revient au premier homme de l'aile droite, qui souhaite dérober toujours à l'adversaire son défaut de protection : les autres le suivent, en vertu de la même crainte[1]. **2** C'est ainsi que, cette fois, les Mantinéens

1. On a aussi proposé de ce fait des explications plus matérielles : il est caractéristique de Thucydide qu'il ait recours à une explication psychologique fondée sur la nature humaine.

μένους μηδενὸς λείπεσθαι, καὶ ὅτι ἐν Πελοποννήσῳ Λακεδαιμονίους νικήσαντες· τήν τε ἀρχὴν βεβαιοτέραν καὶ μείζω ἕξουσι, καὶ οὐ μή ποτέ τις αὐτοῖς ἄλλος ἐς τὴν γῆν ἔλθῃ.
2 Τοῖς μὲν Ἀργείοις καὶ ξυμμάχοις τοιαῦτα παρῃνέθη. Λακεδαιμόνιοι δὲ καθ' ἑκάστους τε καὶ μετὰ τῶν πολεμικῶν νόμων ἐν σφίσιν αὐτοῖς ὧν ἠπίσταντο τὴν παρακέλευσιν τῆς μνήμης ἀγαθοῖς οὖσιν ἐποιοῦντο, εἰδότες ἔργων ἐκ πολλοῦ μελέτην πλείω σῴζουσαν ἢ λόγων δι' ὀλίγου καλῶς ῥηθεῖσαν παραίνεσιν.

LXX. Καὶ μετὰ ταῦτα ἡ ξύνοδος ἦν, Ἀργεῖοι μὲν καὶ οἱ ξύμμαχοι ἐντόνως καὶ ὀργῇ χωροῦντες, Λακεδαιμόνιοι δὲ βραδέως καὶ ὑπὸ αὐλητῶν πολλῶν νόμῳ ἐγκαθεστώτων, οὐ τοῦ θείου χάριν, ἀλλ' ἵνα ὁμαλῶς μετὰ ῥυθμοῦ βαίνοντες προέλθοιεν καὶ μὴ διασπασθείη αὐτοῖς ἡ τάξις, ὅπερ φιλεῖ τὰ μεγάλα στρατόπεδα ἐν ταῖς προσόδοις ποιεῖν. LXXI. Ξυνιόντων δ' ἔτι Ἆγις ὁ βασιλεὺς τοιόνδε ἐβουλεύσατο δρᾶσαι. Τὰ στρατόπεδα ποιεῖ μὲν καὶ ἅπαντα τοῦτο· ἐπὶ τὰ δεξιὰ κέρατα αὐτῶν ἐν ταῖς ξυνόδοις μᾶλλον ἐξωθεῖται, καὶ περιίσχουσι κατὰ τὸ τῶν ἐναντίων εὐώνυμον ἀμφότεροι τῷ δεξιῷ, διὰ τὸ φοβουμένους προσστέλλειν τὰ γυμνὰ ἕκαστον ὡς μάλιστα τῇ τοῦ ἐν δεξιᾷ παρατεταγμένου ἀσπίδι καὶ νομίζειν τὴν πυκνότητα τῆς ξυγκλῄσεως εὐσκεπαστότατον εἶναι· καὶ ἡγεῖται μὲν τῆς αἰτίας ταύτης ὁ πρωτοστάτης τοῦ δεξιοῦ κέρως, προθυμούμενος ἐξαλλάσσειν αἰεὶ τῶν ἐναντίων τὴν ἑαυτοῦ γύμνωσιν, ἕπονται δὲ διὰ τὸν αὐτὸν φόβον καὶ οἱ ἄλλοι. 2 Καὶ τότε

LXIX. **1** 12 καὶ μείζω : μείζω M ‖ **2** 1 τοιαῦτα : ταῦτα M ‖ 2 πολεμικῶν : πολιτικῶν M ‖ 4 ἀγαθοῖς οὖσιν : locum varie tempt. edd., nulla necess. ‖ ἔργων : ἔργον C ‖ 6 ῥηθεῖσαν : ῥηθέντων Stobaeus (639).

LXX. **1** 3 νόμῳ S², Gellius, Valla : νόμου codd. ὁμοῦ Hpc ‖ 5 προέλθοιεν : προσέλθοιεν Gellius (et schol.?) ‖ 6 μεγάλα : μέγιστα MK*.

LXXI. **1** 3 κέρατα : κέρα τὰ conj. Hude ‖ 4 περιίσχουσι : περιισχύουσι ABF* ‖ 5 προσστέλλειν Stahl (cf. recc.) : πρὸς πέλλειν E προστέλλειν cett. ‖ 10 γύμνωσιν : γνῶσιν C.

débordèrent largement l'aile où étaient les Skirites, et que les Lacédémoniens et Tégéates débordèrent plus encore les Athéniens, à proportion de la supériorité de leurs forces. **3** Alors Agis eut peur de voir sa gauche prise à revers et estima que les Mantinéens débordaient par trop : aussi fit-il savoir aux Skirites et aux troupes de Brasidas d'élargir les distances par rapport à lui, de manière à régler leur ligne sur celle des Mantinéens, et, dans la brèche ainsi ouverte, il fit dire à deux des polémarques, Hipponoïdas et Aristoclès, de faire un glissement depuis l'aile droite avec deux bataillons*, afin de s'y jeter et de la combler : il pensait que sa propre aile droite resterait encore supérieure et que les éléments opposés aux Mantinéens présenteraient ainsi un front plus solide.

LXXII. Là-dessus, qu'arriva-t-il? Comme l'ordre avait été donné en pleine avance et à la dernière minute[1], d'une part Aristoclès et Hipponoïdas refusèrent de faire ce glissement (ils devaient même être, de ce chef, exilés plus tard de Sparte pour ce que l'on estima une lâcheté) ; d'autre part, l'adversaire eut le temps d'opérer le contact : bien qu'Agis, en voyant que les deux bataillons n'avaient point fait le glissement voulu pour rejoindre les Skirites, eût donné à ces troupes l'ordre de revenir à son contact, elles ne purent plus, à leur tour, faire leur jonction avec lui.

2 Pourtant les Lacédémoniens, qui à tous égards avaient été si inférieurs pour l'expérience, firent alors paraître, pour le courage, une supériorité non moindre. **3** En effet, l'action s'engageant avec l'ennemi, l'aile droite des Mantinéens fait tourner le dos, chez eux, aux Skirites et aux troupes de Brasidas ; sur quoi, les Mantinéens et leurs alliés, avec le régiment d'élite des mille Argiens, se jetant dans la brèche ouverte où la jonction ne s'était pas faite, se mirent à massacrer les Lacédémoniens : les prenant à revers, ils les mirent en fuite, les refoulèrent jusqu'aux chariots et tuèrent quelques-uns des soldats plus âgés de garde en cet endroit. **4** Mais si, de ce côté, les Lacédémoniens avaient le dessous, sur

1. La distance à couvrir pouvait être d'environ deux kilomètres.

περιέσχον μὲν οἱ Μαντινῆς πολὺ τῷ κέρᾳ τῶν Σκιριτῶν, ἔτι δὲ πλέον οἱ Λακεδαιμόνιοι καὶ Τεγεᾶται τῶν Ἀθηναίων, ὅσῳ μεῖζον τὸ στράτευμα εἶχον. 3 Δείσας δὲ Ἆγις μὴ σφῶν κυκλωθῇ τὸ εὐώνυμον, καὶ νομίσας ἄγαν περιέχειν τοὺς Μαντινέας, τοῖς μὲν Σκιρίταις καὶ Βρασιδείοις ἐσήμηνεν ἐπεξαγαγόντας ἀπὸ σφῶν ἐξισῶσαι τοῖς Μαντινεῦσιν, ἐς δὲ τὸ διάκενον τοῦτο παρήγγελλεν ἀπὸ τοῦ δεξιοῦ κέρως δύο λόχους τῶν πολεμάρχων Ἱππονοΐδᾳ καὶ Ἀριστοκλεῖ ἔχουσι παρελθεῖν καὶ ἐσβαλόντας πληρῶσαι, νομίζων τῷ θ' ἑαυτῶν δεξιῷ ἔτι περιουσίαν ἔσεσθαι καὶ τὸ κατὰ τοὺς Μαντινέας βεβαιότερον τετάξεσθαι.

LXXII. Ξυνέβη οὖν αὐτῷ ἅτε ἐν αὐτῇ τῇ ἐφόδῳ καὶ ἐξ ὀλίγου παραγγείλαντι τόν τε Ἀριστοκλέα καὶ τὸν Ἱππονοΐδαν μὴ θελῆσαι παρελθεῖν, ἀλλὰ καὶ διὰ τοῦτο τὸ αἰτίαμα ὕστερον φεύγειν ἐκ Σπάρτης, δόξαντας μαλακισθῆναι, καὶ τοὺς πολεμίους φθάσαι τῇ προσμείξει, καὶ κελεύσαντος αὐτοῦ, ἐπὶ τοὺς Σκιρίτας ὡς οὐ παρῆλθον οἱ λόχοι, πάλιν αὖ σφίσι προσμεῖξαι, μὴ δυνηθῆναι ἔτι μηδὲ τούτους ξυγκλῆσαι.

2 Ἀλλὰ μάλιστα δὴ κατὰ πάντα τῇ ἐμπειρίᾳ Λακεδαιμόνιοι ἐλασσωθέντες τότε τῇ ἀνδρείᾳ ἔδειξαν οὐχ ἧσσον περιγιγνόμενοι. 3 Ἐπειδὴ γὰρ ἐν χερσὶν ἐγίγνοντο τοῖς ἐναντίοις, τὸ μὲν τῶν Μαντινέων δεξιὸν τρέπει αὐτῶν τοὺς Σκιρίτας καὶ τοὺς Βρασιδείους, καὶ ἐσπεσόντες οἱ Μαντινῆς καὶ οἱ ξύμμαχοι αὐτῶν καὶ τῶν Ἀργείων οἱ χίλιοι λογάδες κατὰ τὸ διάκενον καὶ οὐ ξυγκλῃσθὲν τοὺς Λακεδαιμονίους διέφθειρον καὶ κυκλωσάμενοι ἔτρεψαν καὶ ἐξέωσαν ἐς τὰς ἁμάξας καὶ τῶν πρεσβυτέρων τῶν ἐπιτεταγμένων ἀπέκτεινάν τινας. 4 Καὶ ταύτῃ μὲν ἡσσῶντο οἱ Λα-

LXXI. 2 4 μεῖζον : μείζω M.

LXXII. 1 3 τὸ om. E ‖ 4 φεύγειν : ἐν ἄλλῳ · φυγεῖν H[sl] ‖ 8 τούτους : τούτοις conj. Classen ‖ 2 1 Λακεδαι]μόν[ιοι incip., στρ[άτευμα (LXXIII, 8, 3) desin. Π[24] ‖ 3 περιγιγνόμενοι Poppo : περιγενόμενοι codd.

le reste du front et principalement au centre (où se trouvait le roi, et, avec lui, ceux que l'on appelait les « Trois cents chevaliers[1] »), se jetant contre les vieilles classes argiennes, qui forment ce que l'on nomme les « Cinq bataillons », contre les gens de Cléones et d'Ornées, et contre les éléments athéniens rangés à leur côté, ils leur firent tourner le dos, sans qu'en général ils eussent seulement attendu le choc : devant l'attaque lacédémonienne, ils avaient aussitôt lâché et certains même se firent piétiner, dans leur crainte d'être gagnés de vitesse et pris sur place. LXXIII. L'armée des Argiens et de leurs alliés ayant donc lâché de ce côté-là, deux faits en résultaient : d'abord, ses contacts étaient désormais rompus de part et d'autre ; ensuite, l'aile droite des Lacédémoniens et des Tégéates prenait à revers les Athéniens grâce aux éléments qui les débordaient ; ils étaient donc exposés à un double danger : ici, pris à revers, et là, déjà vaincus. Ils auraient même été les plus éprouvés de l'armée, si les cavaliers, par leur présence, ne leur avaient été utiles. **2** En plus, qu'arriva-t-il? Agis, se rendant compte de la difficulté où était sa gauche, en face des Mantinéens et des mille Argiens, fit ordonner à toute l'armée de se porter vers les éléments en train de se faire battre[2] : **3** grâce à l'exécution de cet ordre, les Athéniens profitèrent du glissement de l'armée qui l'éloignait d'eux pour se tirer d'affaire tranquillement, en compagnie des éléments argiens vaincus. Quant aux Mantinéens et à leurs alliés, ainsi qu'au régiment d'élite argien, ils ne se souciaient plus de presser leurs adversaires : voyant les leurs vaincus et les Lacédémoniens qui se portaient à l'assaut, ils tournèrent le dos et s'enfuirent. **4** Parmi les Mantinéens, il y eut, en fait, plus de tués ; mais, dans le régiment d'élite argien, le grand nombre s'en tira[3] : à vrai

1. Hérodote mentionne ce corps d'élite à VIII, 124.
2. On comparera avec la conduite suivie par Thésée dans les *Suppliantes* d'Euripide, 709.
3. Diodore (XII, 79, 6) rapporte l'anecdote selon laquelle Pharax, un de ses conseillers, empêcha Agis de poursuivre le corps argien des Mille ; sur le plan politique que cette abstention pourrait révéler, cf. Notice, p. VIII*. De même, les Argiens n'avaient pas attaqué Agis.

κεδαιμόνιοι· τῷ δὲ ἄλλῳ στρατοπέδῳ, καὶ μάλιστα τῷ μέσῳ, ᾗπερ ὁ βασιλεὺς [῏Αγις] ἦν καὶ περὶ αὐτὸν οἱ τριακόσιοι ἱππῆς καλούμενοι, προσπεσόντες τῶν τε Ἀργείων τοῖς πρεσβυτέροις καὶ πεντελόχοις ὠνομασμένοις καὶ Κλεωναίοις καὶ Ὀρνεάταις καὶ Ἀθηναίων τοῖς παρατεταγμένοις ἔτρεψαν οὐδὲ ἐς χεῖρας τοὺς πολλοὺς ὑπομείναντας, ἀλλ' ὡς ἐπῇσαν οἱ Λακεδαιμόνιοι, εὐθὺς ἐνδόντας καὶ ἔστιν οὓς καὶ καταπατηθέντας τοῦ μὴ φθῆναι τὴν ἐγκατάληψιν. LXXIII. Ὡς δὲ ταύτῃ ἐνεδεδώκει τὸ τῶν Ἀργείων καὶ ξυμμάχων στράτευμα, παρερρήγνυντο ἤδη ἅμα καὶ ἐφ' ἑκάτερα, καὶ ἅμα τὸ δεξιὸν τῶν Λακεδαιμονίων καὶ Τεγεατῶν ἐκυκλοῦτο τῷ περιέχοντι σφῶν τοὺς Ἀθηναίους, καὶ ἀμφοτέρωθεν αὐτοὺς κίνδυνος περιειστήκει, τῇ μὲν κυκλουμένους, τῇ δὲ ἤδη ἡσσημένους. Καὶ μάλιστ' ἂν τοῦ στρατεύματος ἐταλαιπώρησαν, εἰ μὴ οἵ γε ἱππῆς παρόντες αὐτοῖς ὠφέλιμοι ἦσαν. 2 Καὶ ξυνέβη τὸν ῏Αγιν, ὡς ᾔσθετο τὸ εὐώνυμον σφῶν πονοῦν τὸ κατὰ τοὺς Μαντινέας καὶ τῶν Ἀργείων τοὺς χιλίους, παραγγεῖλαι παντὶ τῷ στρατεύματι χωρῆσαι ἐπὶ τὸ νικώμενον. 3 Καὶ γενομένου τούτου οἱ μὲν Ἀθηναῖοι ἐν τούτῳ, ὡς παρῆλθε καὶ ἐξέκλινεν ἀπὸ σφῶν τὸ στράτευμα, καθ' ἡσυχίαν ἐσώθησαν καὶ τῶν Ἀργείων μετ' αὐτῶν τὸ ἡσσηθέν. Οἱ δὲ Μαντινῆς καὶ οἱ ξύμμαχοι καὶ τῶν Ἀργείων οἱ λογάδες οὐκέτι πρὸς τὸ ἐγκεῖσθαι τοῖς ἐναντίοις τὴν γνώμην εἶχον, ἀλλ' ὁρῶντες τούς τε σφετέρους νενικημένους καὶ τοὺς Λακεδαιμονίους ἐπιφερομένους ἐς φυγὴν ἐτράποντο. 4 Καὶ τῶν μὲν Μαντινέων καὶ πλείους διεφθάρησαν, τῶν δὲ Ἀργείων λογάδων

LXXII. 4 3 [῏Αγις] ἦν Herwerden : ῏Αγις ἦν ABEFM ἦν ῏Αγις C || τριακόσιοι : τριακόσιοι οἱ conj. Krueger || 4 τε C : om. cett. || 5 πεντελόχοις C^{2}F^{2}G et schol. : πέντε λόχοις cett. || 9 τοῦ μὴ : τοῦ μὲν μὴ Π^{24} τῷ μὴ conj. Arnold.

LXXIII. 1 2 παρερρήγνυντο : -γνυτο M (ut cett. Π^{24}) || 3 ἅμα om. Π^{24} || 4 ἐκυκλοῦτο : ἐκυκλοῦντο ABF* (ut cett. Π^{24}) || 7 οἵ γε H^{s1}Π^{24} : οἱ codd. || 4 2 καὶ πλείους : οἱ πλείους recc. καὶ οἱ πλείους conj. Stahl.

dire, la fuite loin du front n'avait pas été violente ni longue ; car les Lacédémoniens soutiennent la bataille longtemps et fermement tant qu'il s'agit de faire tourner le dos à l'ennemi, mais, cela fait, ils ne le poursuivent que peu de temps et sur un faible espace.

LXXIV. Ainsi se déroula, ou à très peu de chose près, cette bataille ; c'était la plus importante que, depuis les temps les plus lointains, se fussent livrée des Grecs et elle groupait des peuples parmi les plus considérables. **2** Les Lacédémoniens s'établirent en armes en avant des cadavres ennemis, puis ils s'occupèrent aussitôt de dresser un trophée et de dépouiller les morts ; ils ramassèrent les leurs[1] qu'ils firent parvenir à Tégée, où ils furent ensevelis, et rendirent à l'ennemi les siens à la faveur d'une convention. **3** Il était mort, chez les gens d'Argos, d'Ornées et de Cléones, sept cents hommes, chez les Mantinéens deux cents, chez les Athéniens, y compris les Éginètes, deux cents, ainsi que les deux stratèges. Du côté lacédémonien, les alliés n'avaient pas souffert de quoi justifier une mention de leurs pertes et, pour Sparte même, il était bien difficile d'apprendre la vérité, mais on parlait de quelque trois cents morts.

LXXV. Au moment où la bataille allait s'engager, Pleistoanax, l'autre roi, était venu en renfort avec les classes les plus âgées et les plus jeunes[2] : il arriva jusqu'à Tégée, puis, à la nouvelle de la victoire, il s'en retourna. **2** Les Lacédémoniens firent dire également à leurs alliés de Corinthe et d'au delà de l'isthme de rebrousser chemin ; et eux-mêmes, après avoir effectué leur retraite et donné congé à leurs alliés, purent alors, comme on se trouvait à l'époque des fêtes d'Apollon Carneios, célébrer ces fêtes. **3** Les griefs que les Grecs formulaient à l'époque contre eux, les accusant de mollesse, à cause de leur malheur dans l'île, et, d'une façon générale, d'indécision et de lenteur, avaient été effacés par cet unique exploit : seul le sort, semblait-il, leur avait valu ces blâmes, car, par les sentiments, ils restaient les mêmes.

1. Sur le pronom à esprit doux, cf. Notes complémentaires à IV.8.8.
2. Cf. 64.3. Les deux rois ne partaient jamais ensemble.

τὸ πολὺ ἐσώθη. Ἡ μέντοι φυγὴ καὶ ἀποχώρησις οὐ βίαιος οὐδὲ μακρὰ ἦν· οἱ γὰρ Λακεδαιμόνιοι μέχρι μὲν τοῦ τρέψαι χρονίους τὰς μάχας καὶ βεβαίους τῷ μένειν ποιοῦνται, τρέψαντες δὲ βραχείας καὶ οὐκ ἐπὶ πολὺ τὰς διώξεις.

LXXIV. Καὶ ἡ μὲν μάχη τοιαύτη καὶ ὅτι ἐγγύτατα τούτων ἐγένετο, πλείστου δὴ χρόνου μεγίστη δὴ τῶν Ἑλληνικῶν καὶ ὑπὸ ἀξιολογωτάτων πόλεων ξυνελθοῦσα. **2** Οἱ δὲ Λακεδαιμόνιοι προθέμενοι τῶν πολεμίων νεκρῶν τὰ ὅπλα τροπαῖον εὐθὺς ἵστασαν καὶ τοὺς νεκροὺς ἐσκύλευον καὶ τοὺς αὐτῶν ἀνείλοντο καὶ ἀπήγαγον ἐς Τεγέαν, οὗπερ ἐτάφησαν, καὶ τοὺς τῶν πολεμίων ὑποσπόνδους ἀπέδοσαν. **3** Ἀπέθανον δὲ Ἀργείων μὲν καὶ Ὀρνεατῶν καὶ Κλεωναίων ἑπτακόσιοι, Μαντινέων δὲ διακόσιοι, καὶ Ἀθηναίων ξὺν Αἰγινήταις διακόσιοι καὶ οἱ στρατηγοὶ ἀμφότεροι. Λακεδαιμονίων δὲ οἱ μὲν ξύμμαχοι οὐκ ἐταλαιπώρησαν ὥστε καὶ ἀξιόλογόν τι ἀπογενέσθαι· αὐτῶν δὲ χαλεπὸν μὲν ἦν τὴν ἀλήθειαν πυθέσθαι, ἐλέγοντο δὲ περὶ τριακοσίους ἀποθανεῖν.

LXXV. Τῆς δὲ μάχης μελλούσης ἔσεσθαι καὶ Πλειστοάναξ ὁ ἕτερος βασιλεὺς ἔχων τούς τε πρεσβυτέρους καὶ νεωτέρους ἐβοήθησε, καὶ μέχρι μὲν Τεγέας ἀφίκετο, πυθόμενος δὲ τὴν νίκην ἀπεχώρησεν. **2** Καὶ τοὺς ἀπὸ Κορίνθου καὶ ἔξω Ἰσθμοῦ ξυμμάχους ἀπέστρεψαν πέμψαντες οἱ Λακεδαιμόνιοι, καὶ αὐτοὶ ἀναχωρήσαντες καὶ τοὺς ξυμμάχους ἀφέντες (Κάρνεια γὰρ αὐτοῖς ἐτύγχανον ὄντα) τὴν ἑορτὴν ἦγον. **3** Καὶ τὴν ὑπὸ τῶν Ἑλλήνων τότε ἐπιφερομένην αἰτίαν ἔς τε μαλακίαν διὰ τὴν ἐν τῇ νήσῳ ξυμφορὰν καὶ ἐς τὴν ἄλλην ἀβουλίαν τε καὶ βραδυτῆτα ἑνὶ ἔργῳ τούτῳ ἀπελύσαντο, τύχῃ μὲν ὡς ἐδόκουν κακιζόμενοι, γνώμῃ δὲ οἱ αὐτοὶ ἔτι ὄντες.

LXXIV. **2** 2 πολεμίων : πόλεων B || 3 ἵστασαν : ἕστασαν (var. spir.) ABF* || 4 αὐτῶν : αὑτῶν Cpc recc. || **3** 6 δὲ : δ' οὖν Hpc.

LXXV. **2** 2 ἀπέστρεψαν : ἀπέτρεψαν C || πέμψαντες : πάντες M || 4 ἐτύγχανον : ἐτύγχανεν Cac et schol. || **3** 1 τῶν om. B.

4 La veille de cette bataille, il se trouva que les Épidauriens, de leur côté, avaient envahi en masse le territoire d'Argos, qu'ils jugeaient vide de défenseurs : les Argiens qui restaient pour monter la garde, en l'absence des troupes, alors au dehors, furent tués en grand nombre. 5 Aussi, avec trois mille hoplites éléens, qui étaient venus rejoindre les Mantinéens après la bataille, et avec mille Athéniens, qui s'ajoutaient aux précédents, tous les alliés ainsi réunis partirent aussitôt en campagne contre Épidaure, en profitant de ce que les Lacédémoniens célébraient les fêtes d'Apollon Carneios ; ils se partagèrent le terrain et entreprirent des travaux d'investissement. 6 A l'exception des Athéniens, ils les abandonnèrent ; ceux-ci, en revanche, achevèrent aussitôt la partie qui leur revenait, c'est-à-dire la hauteur de l'Héraion. Sur quoi, tous s'associèrent pour laisser une garnison dans cet ouvrage et les divers contingents se retirèrent, cité par cité. Ainsi s'achevait l'été.

Argos et Mantinée traitent avec Sparte

LXXVI. Dès le début de l'hiver suivant, les Lacédémoniens, lorsqu'ils eurent célébré les fêtes d'Apollon Carneios[1], partirent en campagne ; et, arrivés à Tégée, ils firent parvenir de là à Argos des propositions de conciliation. 2 Ils avaient, déjà avant, des gens qui leur étaient dévoués et qui voulaient renverser la démocratie à Argos : après la bataille, ceux-ci étaient désormais beaucoup plus en mesure de convaincre la masse pour l'amener à un accord ; ils voulaient conclure d'abord un traité de paix avec Sparte, puis, après cela, une alliance, et, cela fait, s'attaquer enfin à la démocratie. 3 C'est alors qu'arriva comme envoyé des Lacédémoniens Lichas, fils d'Arcésilas, qui était proxène des Argiens ; il apportait à Argos deux propositions : l'une prévoyant le cas où Argos voudrait la guerre, et l'autre l'hypothèse où elle voudrait la paix*. Et après bien des discussions (car Alcibiade était

1. Il y eut, en fait, un intervalle de plusieurs semaines ; mais il n'y a pas lieu de corriger : il peut s'agir d'une insistance ironique.

4 Τῇ δὲ προτεραίᾳ ἡμέρᾳ ξυνέβη τῆς μάχης ταύτης καὶ τοὺς Ἐπιδαυρίους πανδημεὶ ἐσβαλεῖν ἐς τὴν Ἀργείαν ὡς ἐρῆμον οὖσαν καὶ τοὺς ὑπολοίπους φύλακας τῶν Ἀργείων ἐξελθόντων αὐτῶν διαφθεῖραι πολλούς. 5 Καὶ Ἠλείων τρισχιλίων ὁπλιτῶν βοηθησάντων Μαντινεῦσιν ὕστερον τῆς μάχης καὶ Ἀθηναίων χιλίων πρὸς τοῖς προτέροις, ἐστράτευσαν ἅπαντες οἱ ξύμμαχοι οὗτοι εὐθὺς ἐπὶ Ἐπίδαυρον, ἕως οἱ Λακεδαιμόνιοι Κάρνεια ἦγον, καὶ διελόμενοι τὴν πόλιν περιετείχιζον. 6 Καὶ οἱ μὲν ἄλλοι ἐξεπαύσαντο, Ἀθηναῖοι δέ, ὥσπερ προσετάχθησαν, τὴν ἄκραν τὸ Ἡραιον εὐθὺς ἐξειργάσαντο. Καὶ ἐν τούτῳ ξυγκαταλιπόντες ἅπαντες τῷ τειχίσματι φρουρὰν ἀνεχώρησαν κατὰ πόλεις ἕκαστοι. Καὶ τὸ θέρος ἐτελεύτα.

LXXVI. Τοῦ δ' ἐπιγιγνομένου χειμῶνος ἀρχομένου εὐθὺς οἱ Λακεδαιμόνιοι ἐπειδὴ τὰ Κάρνεια ἤγαγον ἐξεστράτευσαν, καὶ ἀφικόμενοι ἐς Τεγέαν λόγους προύπεμπον ἐς τὸ Ἄργος ξυμβατηρίους. 2 Ἦσαν δὲ αὐτοῖς πρότερόν τε ἄνδρες ἐπιτήδειοι καὶ βουλόμενοι τὸν δῆμον τὸν ἐν Ἄργει καταλῦσαι, καὶ ἐπειδὴ ἡ μάχη ἐγεγένητο, πολλῷ μᾶλλον ἐδύναντο πείθειν τοὺς πολλοὺς ἐς τὴν ὁμολογίαν. Ἐβούλοντο δὲ πρῶτον σπονδὰς ποιήσαντες πρὸς τοὺς Λακεδαιμονίους αὖθις ὕστερον καὶ ξυμμαχίαν, καὶ οὕτως ἤδη τῷ δήμῳ ἐπιτίθεσθαι. 3 Καὶ ἀφικνεῖται πρόξενος ὢν Ἀργείων Λίχας ὁ Ἀρκεσιλάου παρὰ τῶν Λακεδαιμονίων δύο λόγω φέρων ἐς τὸ Ἄργος, τὸν μὲν καθότι εἰ βούλονται πολεμεῖν, τὸν δ' ὡς εἰ εἰρήνην ἄγειν. Καὶ γενομένης πολλῆς ἀντιλογίας (ἔτυχε γὰρ καὶ ὁ Ἀλκιβιάδης παρών) οἱ

LXXV. 4 1 προτεραίᾳ CE : προτέρᾳ cett. ‖ 2 Ἀργείαν : Ἀργείων ABM ‖ 4 αὐτῶν om. K ‖ 6 1 οἱ μὲν om. M ‖ ἄλλοι : οἱ ἄλλοι E ‖ 2 ὥσπερ : ὡς M ‖ 3 ξυγκαταλιπόντες : -λείποντες E.

LXXVI. 1 2 ἐπειδὴ τὰ Κάρνεια ἤγαγον [ἦγον M] delendum cens. Krueger ‖ 4 ἐς τὸ : ἔς τε E ‖ 3 2-3 δύο λόγω : post Ἄργος hab. G ‖ 3 καθότι εἰ : καθότι K ‖ 4 ὡς εἰ : ὡς K ὡς ἂν Hpc ‖ ἄγειν : ἄγοιεν Hpc ‖ γενομένης : post ἀντιλογίας hab. M.

justement là, lui aussi) les gens qui agissaient pour Sparte, s'enhardissant cette fois ouvertement, décidèrent les Argiens à accepter la proposition de conciliation. Le texte en est celui-ci.

LXXVII. « L'assemblée des Lacédémoniens[1] est d'avis de s'entendre avec les Argiens aux conditions suivantes : ceux-ci restituent leurs enfants[2] aux gens d'Orchomène et leurs hommes aux Ménaliens ; ils restituent aux Lacédémoniens leurs hommes qui sont à Mantinée ; ils évacuent le territoire d'Épidaure et détruisent leur ouvrage fortifié[3] : **2** si les Athéniens n'acceptent pas de quitter Épidaure, ils seront des ennemis pour les Argiens et les Lacédémoniens, ainsi que pour les alliés des Lacédémoniens et ceux des Argiens. **3** De même, si les Lacédémoniens ont entre leurs mains des enfants d'autres peuples, ils les rendront à tous ces peuples. **4** Au sujet de la victime due au dieu, on demandera aux Épidauriens un serment[4] ou alors on s'engagera pour soi. **5** Les cités du Péloponnèse, petites ou grandes, seront toutes autonomes conformément à leurs traditions. **6** Si un État extérieur au Péloponnèse marche contre le Péloponnèse avec des intentions hostiles, ces cités le repousseront d'un commun accord, de la façon qui paraîtra la plus juste aux Péloponnésiens. **7** Les alliés des Lacédémoniens en dehors du Péloponnèse seront dans le même cas que les Lacédémoniens et ceux des Argiens dans le même que les Argiens[5], avec droit souverain sur leurs territoires. **8** On soumettra ce texte aux alliés avant de

1. Sur la question des formes dialectales, cf. Notice, p. IX*. On a écarté ici, sans les signaler dans l'apparat critique, les formes manifestement fautives (comme Πελοπόννησος écrit avec η pour α, ou certains accusatifs en -ους pour -ως).

2. Les otages pouvaient être de jeunes garçons. Le mot peut aussi désigner les « fils », au sens des ressortissants. De toute manière, il s'agit d'otages, non de prisonniers ; sur leur origine, cf. 61.5.

3. Cf. 75.6.

4. Sur la victime, cf. 53. Mais le texte est ensuite corrompu. On a songé à restituer divers infinitifs doriens ; mais aucune restitution n'est vraiment satisfaisante.

5. Le texte a été complété, par comparaison avec celui de V.79.2. La faute est, paléographiquement, des plus naturelles.

ἄνδρες οἱ τοῖς Λακεδαιμονίοις πράσσοντες, ἤδη καὶ ἐκ τοῦ φανεροῦ τολμῶντες, ἔπεισαν τοὺς Ἀργείους προσδέξασθαι τὸν ξυμβατήριον λόγον. Ἔστι δὲ ὅδε.

LXXVII. « Καττάδε δοκεῖ τᾷ ἐκκλησίᾳ τῶν Λακεδαιμονίων ξυμβαλέσθαι ποττὼς Ἀργείως, ἀποδιδόντας τὼς παῖδας τοῖς Ὀρχομενίοις καὶ τὼς ἄνδρας τοῖς Μαιναλίοις, καὶ τὼς ἄνδρας τὼς ἐν Μαντινείᾳ τοῖς Λακεδαιμονίοις ἀποδιδόντας, καὶ ἐξ Ἐπιδαύρω ἐκβῶντας καὶ τὸ τεῖχος ἀναιροῦντας. **2** Αἰ δέ κα μὴ εἴκωντι τοὶ Ἀθηναῖοι ἐξ Ἐπιδαύρω, πολεμίως εἶμεν τοῖς Ἀργείοις καὶ τοῖς Λακεδαιμονίοις καὶ τοῖς τῶν Λακεδαιμονίων ξυμμάχοις καὶ τοῖς τῶν Ἀργείων ξυμμάχοις. **3** Καὶ αἴ τινα τοὶ Λακεδαιμόνιοι παῖδα ἔχοντι, ἀποδόμεν ταῖς πολίεσσι πάσαις. **4** Περὶ δὲ τῶ σιῶ σύματος, † ἐμενλῆν † τοῖς Ἐπιδαυρίοις ὅρκον δόμεν, ⟨αἰ⟩ δέ, αὐτὼς ὀμόσαι. **5** Τὰς δὲ πόλιας τὰς ἐν Πελοποννάσῳ, καὶ μικρὰς καὶ μεγάλας, αὐτονόμως εἶμεν πάσας καττὰ πάτρια. **6** Αἰ δέ κα τῶν ἐκτὸς Πελοποννάσω τις ἐπὶ τὰν Πελοπόννασον γᾶν ἴῃ ἐπὶ κακῷ, ἀλεξέμεναι ἁμόθι βουλευσαμένως, ὅπᾳ κα δικαιότατα δοκῇ τοῖς Πελοποννασίοις. **7** Ὅσσοι δ' ἐκτὸς Πελοποννάσω τῶν Λακεδαιμονίων ξύμμαχοί ἐντι, ἐν τῷ αὐτῷ ἐσσίονται ἐν τῷπερ καὶ τοὶ Λακεδαιμόνιοι, καὶ τοὶ τῶν Ἀργείων ξύμμαχοι ἐν τ⟨ῷ αὐτῷ ἐσσίονται ἐν τῷπερ καὶ τοὶ Ἀργεῖοι⟩, τὰν αὐτῶν ἔχοντες. **8** Ἐπιδείξαντας δὲ τοῖς ξυμμάχοις

LXXVII. **2** 1 εἴκωντι C : εἴκοντι ‖ 2 καὶ τοῖς Λακεδαιμονίοις C : om. cett. ‖ **3** 2 πολίεσσι A : πολίεσι cett. ‖ **4** 2 σύματος : συματῶσαι J συμβατόσαι K (dein μὲν scribentes) ‖ ἐμενλῆν (var. acc.) EFZ : ἐμέλην (var. acc.) ABM σεμε λην C μὰ τὸν σεμέλην C[2] ἔμεν λῆν GΥρ αἰ μὲν ὅλην HΥρ, locum varie tempt. edd. (αἰ μὲν λῆν Ahrens) ‖ 4 ⟨αἰ⟩ add. Ahrens ‖ **6** 2 ἀλεξέμεναι (ἀλλεξ- C*) : ἀλέξαι μὲν HΥρ ἀλέξεσθαι conj. Herwerden ‖ 3 ἁμόθι Stahl : ἀμόθι E ἀμοθεὶ (var. acc.) cett. ‖ κα : καὶ E ‖ **7** 1 ὅσσοι Ahrens : ὅσοι codd. ‖ 2 ἐσσίονται Ahrens : ἐσσοῦνται ABCFM ἐσοῦνται EZC[2]G ‖ 3 Λακεδαιμόνιοι Kirchhoff : τῶν Λακεδαιμονίων codd. ‖ 4 ἐν τῷ αὐτῷ... Ἀργεῖοι Kirchhoff : ἔντι codd.

s'entendre, pour avoir leur approbation. Si les alliés le désirent à quelque égard, on l'enverra dans leur pays[1]. »

LXXVIII. Les Argiens commencèrent par accueillir ces propositions ; et l'armée lacédémonienne quitta le territoire de Tégée pour rentrer chez elle. Après cela, les rapports étant rétablis entre les deux cités, les mêmes personnages ne tardèrent guère à négocier une nouvelle mesure : les Argiens, abandonnant leur alliance avec Mantinée et Élis ainsi qu'avec Athènes, concluaient paix et alliance avec Sparte[2]. Le texte en fut celui-ci :

LXXIX. « Les Lacédémoniens[3] et les Argiens ont décidé d'avoir, aux conditions suivantes, paix et alliance entre eux pour une durée de cinquante ans, en se prêtant à des arbitrages respectant l'égalité des droits, conformément aux traditions. Les autres cités du Péloponnèse seront associées à la paix et à l'alliance en restant autonomes et indépendantes[4], avec droit souverain sur leurs territoires, et en se prêtant, conformément aux traditions, à des arbitrages respectant l'égalité des droits. **2** Les alliés des Lacédémoniens en dehors du Péloponnèse seront dans le même cas que les Lacédémoniens ; et les alliés des Argiens dans le même que les Argiens, avec droit souverain sur leurs territoires. **3** Si besoin est d'une expédition commune, les Lacédémoniens et les Argiens en décideront et fixeront la façon qui sera la plus juste pour les alliés. **4** Si une des cités est engagée dans un différend, que ce soit une cité du Péloponnèse ou

1. Le sens de ce membre de phrase est incertain. On a souvent compris qu'il s'agissait des alliés qui renverraient le texte à Sparte, s'ils souhaitaient des modifications ; mais οἴκαδε serait alors bien étrange. Il doit plutôt s'agir de représentants des alliés qui obtiendraient le renvoi du texte devant les instances locales.

2. On réalise coup sur coup les diverses mesures projetées à 76.2. Il est bien évident, d'ailleurs, que les oligarques argiens avaient en fait pris le pouvoir, même s'ils n'avaient pas encore modifié officiellement la constitution comme ils le feront à 81.2.

3. Pour l'édition de ce texte, on a suivi les mêmes principes que pour celui de 77. En particulier, on n'a pas rétabli toutes les formes qui seraient régulières (ainsi l'infinitif ἦμεν, que beaucoup rétablissent partout pour le εἶμεν des manuscrits).

4. Seul emploi de αὐτόπολις ; mais on a αὐτοπολῖται dans Xénophon, *Helléniques*, V, 2, 14. Cf. des mots analogues à 18.2.

ξυμβαλέσθαι, αἴ κα αὐτοῖς δοκῇ. Αἰ δέ τι δοκῇ τοῖς ξυμμάχοις, οἴκαδ' ἀπιάλλην. »

LXXVIII. Τοῦτον μὲν τὸν λόγον προσεδέξαντο πρῶτον οἱ Ἀργεῖοι, καὶ τῶν Λακεδαιμονίων τὸ στράτευμα ἀνεχώρησεν ἐκ τῆς Τεγέας ἐπ' οἴκου· μετὰ δὲ τοῦτο ἐπιμειξίας οὔσης ἤδη παρ' ἀλλήλους, οὐ πολλῷ ὕστερον ἔπραξαν αὖθις οἱ αὐτοὶ ἄνδρες ὥστε τὴν Μαντινέων καὶ Ἠλείων καὶ τὴν Ἀθηναίων ξυμμαχίαν ἀφέντας Ἀργείους σπονδὰς καὶ ξυμμαχίαν ποιήσασθαι πρὸς Λακεδαιμονίους. Καὶ ἐγένοντο αἵδε.

LXXIX. « Καττάδε ἔδοξε τοῖς Λακεδαιμονίοις καὶ Ἀργείοις σπονδὰς καὶ ξυμμαχίαν εἶμεν πεντήκοντα ἔτη, ἐπὶ τοῖς ἴσοις καὶ ὁμοίοις δίκας διδόντας καττὰ πάτρια· ταὶ δὲ ἄλλαι πόλιες ταὶ ἐν Πελοποννάσῳ κοινανεόντων τᾶν σπονδᾶν καὶ τᾶς ξυμμαχίας αὐτόνομοι καὶ αὐτοπόλιες, τὰν αὐτῶν ἔχοντες, καττὰ πάτρια δίκας διδόντες τὰς ἴσας καὶ ὁμοίας. **2** Ὅσσοι δὲ ἔξω Πελοποννάσω Λακεδαιμονίοις ξύμμαχοί ἐντι, ἐν τοῖς αὐτοῖς ἐσσίονται τοῖσπερ καὶ τοὶ Λακεδαιμόνιοι· καὶ τοὶ τῶν Ἀργείων ξύμμαχοι ἐν τῷ αὐτῷ ἐσσίονται τῷπερ καὶ τοὶ Ἀργεῖοι, τὰν αὐτῶν ἔχοντες. **3** Αἰ δέ ποι στρατείας δέῃ κοινᾶς, βουλεύεσθαι Λακεδαιμονίως καὶ Ἀργείως ὅπᾳ κα δικαιότατα κρίναντας τοῖς ξυμμάχοις. **4** Αἰ δέ τινι τᾶν πολίων ᾖ ἀμφίλλογα, ἢ τᾶν

LXXVII. 8 2 τι : τι ἄλλο H[a1] || 3 ἀπιάλλην AB : ἀπιάλλειν cett. ἐπιάλλην conj. Stahl.

LXXVIII. 5-6 Ἠλείων καὶ τὴν Ἀθηναίων MG : τὴν Ἀθηναίων καὶ Ἠλείων cett.

LXXIX. 1 3 διδόντας : δόντας M || 4 κοινανεόντων C : κοινὰν (var. acc.) ἐόντων AEFMZG κοινὰν δὲ ἐόντων B κοινανεόντω conj. Ahrens || τᾶν σπονδᾶν A^2G^2 : τὰν σπονδὰν ACEFMZ σπονδὰν B || 5 τᾶς ξυμμαχίας Bekker : τᾶν ξυμμαχιᾶν A^2H^{pc} τὰν [vel ταν vel τὴν] ξυμμαχίαν codd. || **2** 1 ὅσσοι $AC^{ac}F$: ὅσοι cett. || 2 ἐσσίονται Kirchhoff : ἐσσοῦνται ABCFMZ ἐσοῦνται EC^2G || τοὶ om. M || 4 ἐσσίονται Kirchhoff : ἐσσοῦνται ABCFMZ ἐσοῦνται EC^2G || τὰν : τῶν M || **3** 1 στρατείας Aem. Portus : στρατιᾶς vel στρατιὰς codd. || δέῃ : δέει C^2G δέοι recc. || **4** 1 τᾶν G^2 (ex τῶν) H^2 : τὰν vel ταν codd. || ᾖ B : ἡ vel ἢ cett. (ἢ F^2G^2), εἴη conj. Kirchhoff || ἀμφίλλογα : ἀμφίλογα ZC^2F^2G || alt. τᾶν EFG^2H^{pc} : τὰν $ABCZF^2G$ om. M.

du dehors, et qu'il s'agisse de frontières ou d'autre chose, celui-ci sera tranché par jugement. S'il y a querelle entre une cité alliée et une autre, elles s'adresseront à un État qui semblera impartial entre elles deux. Les simples particuliers seront jugés conformément aux traditions. »

LXXX. Telles étaient la paix et l'alliance qu'ils avaient conclues ; et tout ce qu'ils détenaient réciproquement comme prise de guerre ou à quelque autre titre fit l'objet d'arrangements. Puis, réglant désormais leurs affaires en commun, ils votèrent de ne pas accepter de hérauts et d'ambassadeurs venant de chez les Athéniens, si ceux-ci ne se retiraient pas du Péloponnèse en quittant leurs ouvrages fortifiés ; et l'on ne traiterait ou ne ferait la guerre que conjointement. **2** D'une façon générale, ils prenaient tout à cœur ; entre autres, ils envoyèrent ensemble des ambassadeurs sur la côte thrace et chez Perdiccas, et ils décidèrent Perdiccas à se lier à eux par serment : celui-ci, il est vrai, ne se détacha pas tout de suite d'Athènes ; mais il y songeait, en voyant qu'Argos, elle, l'avait fait ; or, il était lui-même d'Argos par ses origines[1]. De même, ils renouvelèrent leurs anciens serments avec les peuples de Chalcidique et en échangèrent de nouveaux. **3** Les Argiens envoyèrent aussi des ambassadeurs aux Athéniens, les priant de quitter l'ouvrage fortifié d'Épidaure ; ceux-ci, se voyant en infériorité numérique par rapport aux autres occupants, envoyèrent Démosthène pour ramener leurs hommes ; mais lui, une fois arrivé, organisa, comme prétexte, des concours gymniques en dehors du fort et, quand le reste de la garnison fut sorti, il ferma la porte : dans la suite, les Athéniens, après le renouvellement du traité, rendirent personnellement l'ouvrage fortifié aux Épidauriens.

LXXXI. Après Argos, qui avait ainsi abandonné

1. C'est ce que dit déjà Thucydide à II.99.3 ; et Hérodote rapporte avec de nombreux détails les aventures des trois Téménides qui s'étaient enfuis d'Argos et connurent des difficultés en Macédoine avant de s'y fixer (l'un s'appelait déjà Perdiccas). Il existe d'autres versions expliquant la même origine ; mais cette origine même semble due à une confusion. — Perdiccas, allié toujours instable, s'était rapproché d'Athènes à IV.132.1, par haine de Brasidas.

ἐντὸς ἢ τᾶν ἐκτὸς Πελοποννάσω, αἴτε περὶ ὅρων αἴτε περὶ ἄλλω τινός, διακριθῆμεν. Αἰ δέ τις τῶν ξυμμάχων πόλις πόλι ἐρίζοι, ἐς πόλιν ἐλθῆν, ἅν τινα ἴσαν ἀμφοῖν ταῖς πολίεσσι δοκείοι. Τὼς δὲ ἔτας καττὰ πάτρια δικάζεσθαι. »

LXXX. Αἱ μὲν σπονδαὶ καὶ ἡ ξυμμαχία αὕτη ἐγεγένητο καὶ ὁπόσα ἀλλήλων πολέμῳ ἢ εἴ τι ἄλλο εἶχον, διελύσαντο. Κοινῇ δὲ ἤδη τὰ πράγματα τιθέμενοι ἐψηφίσαντο κήρυκα καὶ πρεσβείαν παρὰ Ἀθηναίων μὴ προσδέχεσθαι, ἢν μὴ ἐκ Πελοποννήσου ἐξίωσι τὰ τείχη ἐκλιπόντες, καὶ μὴ ξυμβαίνειν τῳ μηδὲ πολεμεῖν ἀλλ' ἢ ἅμα. **2** Καὶ τά τε ἄλλα θυμῷ ἔφερον καὶ ἐς τὰ ἐπὶ Θρᾴκης χωρία καὶ ὡς Περδίκκαν ἔπεμψαν ἀμφότεροι πρέσβεις. Καὶ ἀνέπεισαν Περδίκκαν ξυνομόσαι σφίσιν· οὐ μέντοι εὐθύς γε ἀπέστη τῶν Ἀθηναίων, ἀλλὰ διενοεῖτο, ὅτι καὶ τοὺς Ἀργείους ἑώρα· ἦν δὲ καὶ αὐτὸς τὸ ἀρχαῖον ἐξ Ἄργους. Καὶ τοῖς Χαλκιδεῦσι τούς τε παλαιοὺς ὅρκους ἀνενεώσαντο καὶ ἄλλους ὤμοσαν. **3** Ἔπεμψαν δὲ καὶ παρὰ τοὺς Ἀθηναίους οἱ Ἀργεῖοι πρέσβεις, τὸ ἐξ Ἐπιδαύρου τεῖχος κελεύοντες ἐκλιπεῖν. Οἱ δ' ὁρῶντες ὀλίγοι πρὸς πλείους ὄντες τοὺς ξυμφύλακας ἔπεμψαν Δημοσθένη τοὺς σφετέρους ἐξάξοντα. Ὁ δὲ ἀφικόμενος καὶ ἀγῶνά τινα πρόφασιν γυμνικὸν ἔξω τοῦ φρουρίου ποιήσας, ὡς ἐξῆλθε τὸ ἄλλο φρούριον, ἀπέκλησε τὰς πύλας. Καὶ ὕστερον Ἐπιδαυρίοις ἀνανεωσάμενοι τὰς σπονδὰς αὐτοὶ οἱ Ἀθηναῖοι ἀπέδοσαν τὸ τείχισμα.

LXXXI. Μετὰ δὲ τὴν τῶν Ἀργείων ἀπόστασιν ἐκ τῆς ξυμμαχίας καὶ οἱ Μαντινῆς, τὸ μὲν πρῶτον ἀντέχοντες,

LXXIX. **4** 2 τᾶν ἐκτὸς FZHpc : τὰν ἐκτὸς cett. ‖ 4 πόλι Ahrens : πόλει codd. ‖ ἐλθῆν Stahl : ἐλθεῖν codd. ‖ ἅν : ἀν E αν Z ἄν C*M ‖ πολίεσσι : πόλεσι C ‖ 5 δοκείοι C : δοκεῖοι ABEFMZ δοκοῖη F² δοκίοι Linde ‖ τὼς δὲ ἔτας Poppo : τοῖς δὲ ἔταις [vel ἔτταις] codd.

LXXX. **1** 1 ἐγεγένητο : ἐγένετο M ‖ **6** τῳ F² M : τῷ cett. ‖ **2** 1 καὶ τά : κατά C ‖ **3** 3 ὄντες in recc. adscriptum, conj. Abresch : ὄντας codd. ‖ 6 τοῦ φρουρίου delendum cens. Philippi ‖ φρούριον : φρουρικὸν JK ‖ 7 Ἐπιδαυρίοις delendum cens. Stahl.

l'alliance, ce fut le tour de Mantinée ; au début, elle tenait bon, puis elle n'y parvint plus sans les Argiens : elle traita elle aussi avec Sparte et renonça à sa domination sur les cités.

2 Là-dessus, Lacédémoniens et Argiens, au nombre de mille chacun, firent campagne en commun : les Lacédémoniens allèrent seuls donner à la politique de Sicyone un tour plus oligarchique ; après quoi les deux peuples, agissant alors ensemble, renversèrent, cette fois, la démocratie à Argos, où s'établit une oligarchie favorable aux intérêts de Sparte. Cela se plaçait vers le printemps, quand l'hiver tirait à sa fin ; et ainsi s'achevait la quatorzième année de la guerre.

Été 417 et hiver 417-416.

LXXXII. L'été suivant, les gens de Dion, dans la péninsule de l'Athos, se détachèrent d'Athènes pour se joindre aux Chalcidiens, et les Lacédémoniens mirent ordre à la politique intérieure en Achaïe : elle était, auparavant, peu favorable à leurs intérêts.

2 D'autre part, le parti populaire à Argos, se regroupant peu à peu et ayant repris confiance, s'attaqua aux oligarques ; il avait guetté pour cela le moment même des gymnopédies à Sparte. On se battit dans la ville et le parti populaire l'emporta : il tua ou exila ses adversaires. **3** Les Lacédémoniens, eux, n'étaient pas venus à l'avance, quand leurs amis le leur demandaient ; mais, cette fois, remettant à plus tard les gymnopédies, ils partirent en renfort : ils apprirent à Tégée la défaite des oligarques ; alors ils ne voulurent pas aller plus avant, malgré la demande des rescapés, et, se retirant chez eux, ils célébrèrent les gymnopédies. **4** Plus tard, il arriva des représentants des Argiens de la ville comme de ceux du dehors et, en présence des alliés, il y eut beaucoup d'explications fournies par les deux camps : le verdict fut bien que ceux de la ville étaient dans leur tort, en sorte que Sparte décida une expédition contre Argos, mais il y eut du temps perdu et des retards. **5** Pendant cela, le parti populaire argien, craignant les Lacédémoniens et

ἔπειτ' οὐ δυνάμενοι ἄνευ τῶν Ἀργείων, ξυνέβησαν καὶ αὐτοὶ τοῖς Λακεδαιμονίοις καὶ τὴν ἀρχὴν ἀφεῖσαν τῶν πόλεων.

2 Καὶ Λακεδαιμόνιοι καὶ Ἀργεῖοι, χίλιοι ἑκάτεροι, ξυστρατεύσαντες, τά τ' ἐν Σικυῶνι ἐς ὀλίγους μᾶλλον κατέστησαν αὐτοὶ οἱ Λακεδαιμόνιοι ἐλθόντες, καὶ μετ' ἐκεῖνα ξυναμφότεροι ἤδη καὶ τὸν ἐν Ἄργει δῆμον κατέλυσαν, καὶ ὀλιγαρχία ἐπιτηδεία τοῖς Λακεδαιμονίοις κατέστη. Καὶ πρὸς ἔαρ ἤδη ταῦτα ἦν τοῦ χειμῶνος λήγοντος, καὶ τέταρτον καὶ δέκατον ἔτος τῷ πολέμῳ ἐτελεύτα.

LXXXII. Τοῦ δ' ἐπιγιγνομένου θέρους Διῆς τε οἱ ἐν Ἄθῳ ἀπέστησαν Ἀθηναίων πρὸς Χαλκιδέας καὶ Λακεδαιμόνιοι τὰ ἐν Ἀχαΐᾳ οὐκ ἐπιτηδείως πρότερον ἔχοντα καθίσταντο.

2 Καὶ Ἀργείων ὁ δῆμος κατ' ὀλίγον ξυνιστάμενός τε καὶ ἀναθαρσήσας ἐπέθεντο τοῖς ὀλίγοις, τηρήσαντες αὐτὰς τὰς γυμνοπαιδίας τῶν Λακεδαιμονίων. Καὶ μάχης γενομένης ἐν τῇ πόλει ἐπεκράτησεν ὁ δῆμος, καὶ τοὺς μὲν ἀπέκτεινε, τοὺς δὲ ἐξήλασεν. 3 Οἱ δὲ Λακεδαιμόνιοι, ἕως μὲν αὐτοὺς μετεπέμποντο οἱ φίλοι, οὐκ ἦλθον ἐκ πλείονος, ἀναβαλόμενοι δὲ τὰς γυμνοπαιδίας ἐβοήθουν. Καὶ ἐν Τεγέᾳ πυθόμενοι ὅτι νενίκηνται οἱ ὀλίγοι, προελθεῖν μὲν οὐκέτι ἠθέλησαν δεομένων τῶν διαπεφευγότων, ἀναχωρήσαντες δὲ ἐπ' οἴκου τὰς γυμνοπαιδίας ἦγον. 4 Καὶ ὕστερον ἐλθόντων πρέσβεων ἀπό τε τῶν ἐν τῇ πόλει [ἀγγέλων] καὶ τῶν ἔξω Ἀργείων, παρόντων τε τῶν ξυμμάχων καὶ ῥηθέντων πολλῶν ἀφ' ἑκατέρων ἔγνωσαν μὲν ἀδικεῖν τοὺς ἐν τῇ πόλει καὶ ἔδοξεν αὐτοῖς στρατεύειν ἐς Ἄργος, διατριβαὶ δὲ καὶ μελλήσεις ἐγίγνοντο. 5 Ὁ δὲ δῆμος τῶν

LXXXI. 1 4 τοῖς Λακεδαιμονίοις : τὰς τῶν Λακεδαιμονίων σπονδὰς M || 2 4 ξυναμφότεροι C : ξυναμφότερα [ξαμφότερα M] cett.
LXXXII. 1 1 Διῆς [Διεῖς M] : Δικτυδιεῖς C²G || 4 2 ἀγγέλων del. F. Portus.

revenant à l'alliance athénienne, qu'il recherchait et dont rien, à ses yeux, n'aurait pu valoir l'avantage, entreprit de construire des longs murs jusqu'à la mer : au cas d'un blocus sur terre, on pourrait ainsi avantageusement, avec les Athéniens, acheminer par mer le nécessaire. **6** Certaines villes du Péloponnèse avaient été mises au courant de cette construction[1]. Les Argiens y participaient en masse, y compris les femmes et les serviteurs ; ils avaient reçu d'Athènes des charpentiers et des tailleurs de pierre[2]. Et ainsi s'achevait l'été.

LXXXIII. L'hiver suivant, les Lacédémoniens, ayant appris les travaux en cours, partirent en campagne contre Argos, avec leurs alliés moins les Corinthiens ; ils comptaient, avec cela, des éléments qui, sur place, travaillaient pour eux ; les troupes étaient sous les ordres d'Agis, fils d'Archidamos, roi de Sparte. **2** Là-dessus, ce sur quoi l'on croyait pouvoir compter dans la ville fut, finalement, inopérant ; mais ils prirent les ouvrages en cours de construction, les démolirent, s'emparèrent de la place d'Hysiai en Argolide et tuèrent tous les hommes libres qui tombèrent entre leurs mains, puis ils s'en retournèrent et les contingents des diverses cités se séparèrent.

3 Après cela, les Argiens partirent à leur tour en campagne contre Phlionte et ne repartirent qu'après avoir ravagé le pays — cela, parce que Phlionte avait accueilli les bannis de chez eux : c'était là que la plupart d'entre eux s'étaient fixés.

4 Le même hiver vit aussi la Macédoine bloquée par les Athéniens : ils reprochaient à Perdiccas d'abord les serments qu'il avait échangés avec Argos et Sparte, ensuite le fait que, lorsqu'ils s'étaient préparés à mener une armée contre la Chalcidique de Thrace et contre Amphipolis, avec Nicias, fils de Nicératos, comme stratège, il avait trahi l'alliance et que le corps expédition-

1. Entendons qu'elles étaient dans la confidence et d'accord : cette nuance peut se tirer du verbe ξυνῄδεσαν et il n'est pas nécessaire de le remplacer par un autre plus net (ξυνῄνεσαν ou ξυνήνυσαν).

2. Plutarque (*Alcibiade*, 15, 4-5) attribue à Alcibiade l'initiative de ce geste et de toute l'entreprise. Celui-ci la soutint certainement, même s'il n'alla pas à Argos avant le printemps.

Ἀργείων ἐν τούτῳ, φοβούμενος τοὺς Λακεδαιμονίους καὶ τὴν τῶν Ἀθηναίων ξυμμαχίαν πάλιν προσαγόμενός τε καὶ νομίζων μέγιστον ἂν σφᾶς ὠφελῆσαι, τειχίζει μακρὰ τείχη ἐς θάλασσαν, ὅπως, ἢν τῆς γῆς εἴργωνται, ἡ κατὰ θάλασσαν σφᾶς μετὰ τῶν Ἀθηναίων ἐπαγωγὴ τῶν ἐπιτηδείων ὠφελῇ.
6 Ξυνῄδεσαν δὲ τὸν τειχισμὸν καὶ τῶν ἐν Πελοποννήσῳ τινὲς πόλεων. Καὶ οἱ μὲν Ἀργεῖοι πανδημεί, καὶ αὐτοὶ καὶ γυναῖκες καὶ οἰκέται, ἐτείχιζον· καὶ ἐκ τῶν Ἀθηνῶν αὐτοῖς ἦλθον τέκτονες καὶ λιθουργοί. Καὶ τὸ θέρος ἐτελεύτα.

LXXXIII. Τοῦ δ' ἐπιγιγνομένου χειμῶνος Λακεδαιμόνιοι ὡς ᾔσθοντο τειχιζόντων, ἐστράτευσαν ἐς τὸ Ἄργος αὐτοί τε καὶ οἱ ξύμμαχοι πλὴν Κορινθίων· ὑπῆρχε δέ τι αὐτοῖς καὶ [ἐκ τοῦ Ἄργους] αὐτόθεν πρασσόμενον. Ἦγε δὲ τὴν στρατιὰν Ἆγις ὁ Ἀρχιδάμου, Λακεδαιμονίων βασιλεύς. 2 Καὶ τὰ μὲν ἐκ τῆς πόλεως δοκοῦντα προϋπάρχειν οὐ προυχώρησεν ἔτι· τὰ δὲ οἰκοδομούμενα τείχη ἑλόντες καὶ καταβαλόντες καὶ Ὑσιὰς χωρίον τῆς Ἀργείας λαβόντες καὶ τοὺς ἐλευθέρους ἅπαντας οὓς ἔλαβον ἀποκτείναντες ἀνεχώρησαν καὶ διελύθησαν κατὰ πόλεις.

3 Ἐστράτευσαν δὲ μετὰ τοῦτο καὶ Ἀργεῖοι ἐς τὴν Φλειασίαν, καὶ δῃώσαντες ἀπῆλθον, ὅτι σφῶν τοὺς φυγάδας ὑπεδέχοντο· οἱ γὰρ πολλοὶ αὐτῶν ἐνταῦθα κατῴκηντο.

4 Κατέκλῃσαν δὲ τοῦ αὐτοῦ χειμῶνος καὶ Μακεδόνας Ἀθηναῖοι, Περδίκκᾳ ἐπικαλοῦντες τήν τε πρὸς Ἀργείους καὶ Λακεδαιμονίους γενομένην ξυνωμοσίαν καὶ ὅτι παρασκευασαμένων αὐτῶν στρατιὰν ἄγειν ἐπὶ Χαλκιδέας τοὺς ἐπὶ Θρᾴκης καὶ Ἀμφίπολιν Νικίου τοῦ Νικηράτου στρατηγοῦντος ἔψευστο τὴν ξυμμαχίαν καὶ ἡ στρατιὰ μά-

LXXXII. **5** 4 ὠφελῆσαι G[2] : ὠφελήσειν codd. || **6** 1 ξυνῄδεσαν : ξυνήνεσαν conj. Krueger.

LXXXIII. **1** 4 ἐκ τοῦ Ἄργους non legisse vid. schol., del. Duker || **3** 3 ὑπεδέχοντο : ἀπεδέχοντο C || **4** 1-2 Μακεδόνας Ἀθηναῖοι Περδίκκᾳ Goeller (ex schol.) : Μακεδονίας Ἀθηναῖοι Περδίκκαν codd. || 3 παρασκευασαμένων : παρεσκευασμένων A[ac] παρασκευασμένων K.

naire avait été licencié par suite de cet abandon* : il devenait par là leur ennemi. Ainsi s'achevait cet hiver, et, avec lui, la quinzième année de la guerre.

Conquête de Mélos. Dialogue des Athéniens et des Méliens.

LXXXIV. L'été suivant prit place une double mesure. Alcibiade gagna Argos avec vingt navires[1] ; il s'empara des Argiens qui semblaient encore suspects et partisans de Sparte, soit trois cents personnes, que les Athéniens placèrent en résidence dans les îles voisines faisant partie de leur empire. D'autre part, les Athéniens partirent en campagne contre l'île de Mélos : la flotte comptait trente navires à eux, six de Chios et deux de Lesbos ; les troupes mille deux cents hoplites à eux, avec trois cents archers et vingt archers à cheval, et, pour les alliés des îles[2], quelque quinze cents hoplites. **2** Les Méliens sont des colons de Sparte et ne voulaient pas obéir à Athènes comme les autres insulaires : au début, ils étaient restés tranquillement neutres, puis, devant la pression des Athéniens, qui ravageaient leur pays, ils entrèrent en guerre ouverte avec eux. **3** Ayant donc pris position dans l'île avec ce dispositif militaire, les stratèges Cléomédès, fils de Lycomédès, et Tisias, fils de Tisimachos, avant de porter aucune atteinte au pays, commencèrent par envoyer des délégués pour parlementer. Mais les Méliens ne les mirent pas en présence du peuple : ils les prièrent d'exposer aux autorités et aux notables l'objet de leur venue. Les délégués athéniens, alors, dirent, en substance, ce qui suit.

LXXXV. « Nous n'avons pas affaire à la foule, et cela pour éviter l'effet d'un discours suivi, par lequel la multitude, entendant au passage des propos captieux présentés sans contre-partie, se laisserait tromper (nous com-

1. Le traité d'alliance prévu à 82.5 avait été ratifié au printemps 416 : cf. *I. G.* I², 96.

2. Il semble que les deux mots coordonnés en grec forment un tout. Par les îles, il faut naturellement entendre les Cyclades.

λιστα διελύθη ἐκείνου ἀπάραντος· πολέμιος οὖν ἦν. Καὶ ὁ χειμὼν ἐτελεύτα οὗτος, καὶ πέμπτον καὶ δέκατον ἔτος τῷ πολέμῳ ἐτελεύτα.

LXXXIV. Τοῦ δ' ἐπιγιγνομένου θέρους Ἀλκιβιάδης τε πλεύσας ἐς Ἄργος ναυσὶν εἴκοσιν Ἀργείων τοὺς δοκοῦντας ἔτι ὑπόπτους εἶναι καὶ τὰ Λακεδαιμονίων φρονεῖν ἔλαβε, τριακοσίους ἄνδρας, καὶ κατέθεντο αὐτοὺς Ἀθηναῖοι ἐς τὰς ἐγγὺς νήσους ὧν ἦρχον· καὶ ἐπὶ Μῆλον τὴν νῆσον Ἀθηναῖοι ἐστράτευσαν ναυσὶν ἑαυτῶν μὲν τριάκοντα, Χίαις δὲ ἕξ, Λεσβίαιν δὲ δυοῖν, καὶ ὁπλίταις ἑαυτῶν μὲν διακοσίοις καὶ χιλίοις καὶ τοξόταις τριακοσίοις καὶ ἱπποτοξόταις εἴκοσι, τῶν δὲ ξυμμάχων καὶ νησιωτῶν ὁπλίταις μάλιστα πεντακοσίοις καὶ χιλίοις. 2 Οἱ δὲ Μήλιοι Λακεδαιμονίων μέν εἰσιν ἄποικοι, τῶν δ' Ἀθηναίων οὐκ ἤθελον ὑπακούειν ὥσπερ οἱ ἄλλοι νησιῶται, ἀλλὰ τὸ μὲν πρῶτον οὐδετέρων ὄντες ἡσύχαζον, ἔπειτα ὡς αὐτοὺς ἠνάγκαζον οἱ Ἀθηναῖοι δῃοῦντες τὴν γῆν, ἐς πόλεμον φανερὸν κατέστησαν. 3 Στρατοπεδευσάμενοι οὖν ἐς τὴν γῆν αὐτῶν τῇ παρασκευῇ ταύτῃ οἱ στρατηγοὶ Κλεομήδης τε ὁ Λυκομήδους καὶ Τεισίας ὁ Τεισιμάχου, πρὶν ἀδικεῖν τι τῆς γῆς, λόγους πρῶτον ποιησομένους ἔπεμψαν πρέσβεις. Οὓς οἱ Μήλιοι πρὸς μὲν τὸ πλῆθος οὐκ ἤγαγον, ἐν δὲ ταῖς ἀρχαῖς καὶ τοῖς ὀλίγοις λέγειν ἐκέλευον περὶ ὧν ἥκουσιν. Οἱ δὲ τῶν Ἀθηναίων πρέσβεις ἔλεγον τοιάδε.

LXXXV. « Ἐπειδὴ οὐ πρὸς τὸ πλῆθος οἱ λόγοι γίγνονται, ὅπως δὴ μὴ ξυνεχεῖ ῥήσει οἱ πολλοὶ ἐπαγωγὰ καὶ ἀνέλεγκτα ἐς ἅπαξ ἀκούσαντες ἡμῶν ἀπατηθῶσι (γιγνώσκο-

LXXXIII. 4 7 ἀπάραντος : ἀπαυραντος EZ ἀναπεισθέντος interp. schol., alii alia, ἀπαγορεύοντος forte scribendum || 8 οὗτος MF[2] : οὕτως cett.

LXXXIV. 1 7 Χίαις δὲ B : Χίαις cett. || Λεσβίαιν C[2]G* : Λεσβίαι (ut vid.) C Λεσβίαις cett. || 2 4 οὐδετέρων : ⟨οὐδὲ⟩ μεθ' ἑτέρων schol.γρ || 5 ἐς πόλεμον... αὐτῶν (3. 2) om. C || 3 1-2 ἐς τὴν γῆν : post αὐτῶν hab. JK || 4 τι om. M.

prenons, en effet, que tel est le sens de ce conseil restreint en présence duquel on nous met) ; mais dans ce cas, vous qui y siégez, donnez-vous donc une garantie encore plus grande : prenez point par point, évitez, même vous, le principe d'un discours suivi, et, pour les arguments qui ne vous sembleront pas satisfaisants, intervenez tout de suite et jugez-les. Ainsi, pour commencer, cette proposition vous convient-elle? Dites-le. »

LXXXVI. Les Méliens en séance répondirent alors : « Le bon procédé consistant à s'expliquer tranquillement ne soulève aucune critique ; mais les conditions de guerre, qui sont déjà là et non pas simplement à venir, se trouvent apparemment en désaccord avec cette idée. Car nous vous voyons, vous, vous présenter ici comme les arbitres du débat ; et la conclusion normale qui en sortira nous réserve ceci : ou bien nous l'emportons sur le plan du droit, nous refusons pour cela de céder, et c'est la guerre, ou bien nous nous laissons convaincre, et c'est la servitude. »

LXXXVII. Les Athéniens : « Écoutez ! Si vous voulez, par des conjectures, supputer l'avenir, si vous avez, dans cette réunion, un autre but que de vous fonder sur la situation présente et sur ce que vous voyez pour aviser au salut de votre cité, autant en rester là. Si, au contraire, tel est votre but, nous pouvons parler. »

LXXXVIII. Les Méliens : « Il est normal et excusable que des gens dans notre situation orientent leurs propos et leurs réflexions dans plus d'un sens. Néanmoins, c'est bien de salut qu'il s'agit dans la rencontre actuelle, et la discussion, si vous voulez, n'a qu'à se faire comme vous le proposez. »

LXXXIX. Les Athéniens : « Eh bien, nous n'allons pas, en ce qui nous concerne, recourir à de grands mots, en disant que d'avoir vaincu le Mède nous donne le droit de dominer[1], ou que notre campagne présente vient d'une atteinte faite à nos droits, ce qui fournirait de longs développements peu convaincants ; mais vous, à votre tour, nous y comptons, ne venez pas nous dire ni que, malgré

1. Comme à I.75. Les circonstances diffèrent, l'époque aussi.

μεν γὰρ ὅτι τοῦτο φρονεῖ ἡμῶν ἡ ἐς τοὺς ὀλίγους ἀγωγή), ὑμεῖς οἱ καθήμενοι ἔτι ἀσφαλέστερον ποιήσατε. Καθ' ἕκαστον γὰρ καὶ μηδ' ὑμεῖς ἑνὶ λόγῳ, ἀλλὰ πρὸς τὸ μὴ δοκοῦν ἐπιτηδείως λέγεσθαι εὐθὺς ὑπολαμβάνοντες κρίνετε. Καὶ πρῶτον εἰ ἀρέσκει ὡς λέγομεν εἴπατε. »

LXXXVI. Οἱ δὲ τῶν Μηλίων ξύνεδροι ἀπεκρίναντο· « Ἡ μὲν ἐπιείκεια τοῦ διδάσκειν καθ' ἡσυχίαν ἀλλήλους οὐ ψέγεται, τὰ δὲ τοῦ πολέμου, παρόντα ἤδη καὶ οὐ μέλλοντα, διαφέροντα αὐτοῦ φαίνεται. Ὁρῶμεν γὰρ αὐτούς τε κριτὰς ἥκοντας ὑμᾶς τῶν λεχθησομένων, καὶ τὴν τελευτὴν ἐξ αὐτοῦ κατὰ τὸ εἰκὸς περιγενομένοις μὲν τῷ δικαίῳ καὶ δι' αὐτὸ μὴ ἐνδοῦσι πόλεμον ἡμῖν φέρουσαν, πεισθεῖσι δὲ δουλείαν. »

LXXXVII. ΑΘ. « Εἰ μὲν τοίνυν ὑπονοίας τῶν μελλόντων λογιούμενοι ἢ ἄλλο τι ξυνήκετε ἢ ἐκ τῶν παρόντων καὶ ὧν ὁρᾶτε περὶ σωτηρίας βουλεύσοντες τῇ πόλει, παυοίμεθ' ἄν· εἰ δ' ἐπὶ τοῦτο, λέγοιμεν ἄν. »

LXXXVIII. ΜΗΛ. « Εἰκὸς μὲν καὶ ξυγγνώμη ἐν τῷ τοιῷδε καθεστῶτας ἐπὶ πολλὰ καὶ λέγοντας καὶ δοκοῦντας τρέπεσθαι· ἡ μέντοι ξύνοδος καὶ περὶ σωτηρίας ἥδε πάρεστι, καὶ ὁ λόγος ᾧ προκαλεῖσθε τρόπῳ, εἰ δοκεῖ, γιγνέσθω. »

LXXXIX. ΑΘ. « Ἡμεῖς τοίνυν οὔτε αὐτοὶ μετ' ὀνομάτων καλῶν, ὡς ἢ δικαίως τὸν Μῆδον καταλύσαντες ἄρχομεν ἢ ἀδικούμενοι νῦν ἐπεξερχόμεθα, λόγων μῆκος ἄπιστον παρέξομεν, οὔθ' ὑμᾶς ἀξιοῦμεν ἢ ὅτι Λακεδαιμονίων ἄποικοι

LXXXV. 4 τοῦτο om. M || ἡμῶν rec., Dion. 907 : ὑμῶν codd. || 6 ἑνὶ λόγῳ HγPS[2] recc., cf. Valla (*perpetua oratione*) : ἐν ὀλίγῳ codd. || 7 ὑπολαμβάνοντες κρίνετε : ὑποκρούετε ex schol. conj. Hude.

LXXXVI. 1 4 φαίνεται : φαίνετε legisse vid. Dion. || ὁρῶμεν : ὁρῶ μὲν B || 7 ἐνδοῦσι : ἐνδίδουσι H[s1] || 8 δὲ om. AB.

LXXXVII. 1 1 εἰ : οἱ B || 3 βουλεύσοντες CZ : -σαντες.

LXXXVIII. 1 1 ξυγγνώμη CF[2] : ξυγγνώμην.

votre condition de colons des Lacédémoniens, vous n'avez pas rejoint leurs rangs*, ni que vous n'avez jamais attenté à nos droits, et ne croyez pas ainsi nous convaincre : il s'agit plutôt que vous réalisiez ce qui vous sera possible, en partant de nos sentiments vrais aux uns et aux autres ; car vous le savez comme nous : si le droit intervient dans les appréciations humaines pour inspirer un jugement lorsque les pressions s'équivalent, le possible règle, en revanche, l'action des plus forts et l'acceptation des faibles. »

XC. Les Méliens : « D'après notre façon de voir, l'intérêt (nous n'avons pas le choix : c'est vous qui avez posé en principe de laisser là le droit pour parler d'intérêt) veut que nous ne supprimions pas ce qui est un bien pour tous : que, chaque fois, un homme en danger obtienne le respect normal de ses droits et que, même si ses arguments ne sont pas à tous égards rigoureusement décisifs, il rencontre un appui. Et vous y avez avantage les premiers, dans la mesure où, pour l'ampleur des représailles, vous vous trouveriez, en cas d'échec, servir de modèle aux autres. »

XCI. Les Athéniens : « Pour nous, à supposer que notre empire doive cesser, sa fin ne nous donne pas d'angoisse : ce n'est pas quand on commande à d'autres, comme le font les Lacédémoniens, que l'on est redoutable envers les vaincus (aussi bien n'est-ce pas contre Lacédémone que se joue notre partie) : seuls peuvent l'être les sujets qui, dans un soulèvement spontané, en viennent à dominer leurs anciens maîtres ; **2** eh bien, que l'on nous laisse en courir le risque ! Ce que nous allons plutôt montrer c'est que, tout à la fois, notre présence ici vise à un avantage pour notre empire, et les propos que nous tiendrons maintenant au salut de votre cité ; car nous voulons une domination sur vous qui s'établisse sans nous coûter de peine, et un salut pour vous qui serve notre commun intérêt. »

XCII. Les Méliens : « Et comment notre intérêt se trouverait-il dans l'esclavage comme le vôtre dans la domination ? »

XCIII. Les Athéniens : « C'est que vous, au lieu des

ὄντες οὐ ξυνεστρατεύσατε ἢ ὡς ἡμᾶς οὐδὲν ἠδικήκατε λέγοντας οἴεσθαι πείσειν, τὰ δυνατὰ δ' ἐξ ὧν ἑκάτεροι ἀληθῶς φρονοῦμεν διαπράσσεσθαι, ἐπισταμένους πρὸς εἰδότας ὅτι δίκαια μὲν ἐν τῷ ἀνθρωπείῳ λόγῳ ἀπὸ τῆς ἴσης ἀνάγκης κρίνεται, δυνατὰ δὲ οἱ προύχοντες πράσσουσι καὶ οἱ ἀσθενεῖς ξυγχωροῦσιν. »

XC. ΜΗΛ. « Ἧι μὲν δὴ νομίζομέν γε, χρήσιμον (ἀνάγκη γάρ, ἐπειδὴ ὑμεῖς οὕτω παρὰ τὸ δίκαιον τὸ ξυμφέρον λέγειν ὑπέθεσθε) μὴ καταλύειν ἡμᾶς τὸ κοινὸν ἀγαθόν, ἀλλὰ τῷ αἰεὶ ἐν κινδύνῳ γιγνομένῳ εἶναι τὰ εἰκότα δίκαια καί τι καὶ ἐντὸς τοῦ ἀκριβοῦς πείσαντά τινα ὠφεληθῆναι. Καὶ πρὸς ὑμῶν οὐχ ἧσσον τοῦτο, ὅσῳ καὶ ἐπὶ μεγίστῃ τιμωρίᾳ σφαλέντες ἂν τοῖς ἄλλοις παράδειγμα γένοισθε. »

XCI. ΑΘ. « Ἡμεῖς δὲ τῆς ἡμετέρας ἀρχῆς, ἢν καὶ παυσθῇ, οὐκ ἀθυμοῦμεν τὴν τελευτήν· οὐ γὰρ οἱ ἄρχοντες ἄλλων, ὥσπερ καὶ Λακεδαιμόνιοι, οὗτοι δεινοὶ τοῖς νικηθεῖσιν (ἔστι δὲ οὐ πρὸς Λακεδαιμονίους ἡμῖν ὁ ἀγών), ἀλλ' ἢν οἱ ὑπήκοοί που τῶν ἀρξάντων αὐτοὶ ἐπιθέμενοι κρατήσωσιν. **2** Καὶ περὶ μὲν τούτου ἡμῖν ἀφείσθω κινδυνεύεσθαι· ὡς δὲ ἐπ' ὠφελίᾳ τε πάρεσμεν τῆς ἡμετέρας ἀρχῆς καὶ ἐπὶ σωτηρίᾳ νῦν τοὺς λόγους ἐροῦμεν τῆς ὑμετέρας πόλεως, ταῦτα δηλώσομεν, βουλόμενοι ἀπόνως μὲν ὑμῶν ἄρξαι, χρησίμως δ' ὑμᾶς ἀμφοτέροις σωθῆναι. »

XCII. ΜΗΛ. « Καὶ πῶς χρήσιμον ἂν ξυμβαίη ἡμῖν δουλεῦσαι, ὥσπερ καὶ ὑμῖν ἄρξαι; »

XCIII. ΑΘ. « Ὅτι ὑμῖν μὲν πρὸ τοῦ τὰ δεινότατα πα-

LXXXIX. 5 οὐδὲν : οὐδὲ ABF* || λέγοντας : λέγοντες B, post hoc verb. schol. hab. E || 6 δ' om. AB || 9 πράσσουσι(ν) : προστάσσουσι ex schol. conj. Dobrée.

XC. 1 Ἧ(ι) μὲν (var. spir.) codd. : ἡμεῖς $H^{s1}S^{2mg}$ || 3 ἡμᾶς ABCEFZ : ὑμᾶς MA^2F^2, cf. schol. || 4 γι(γ)νομένῳ : γιγνόμενα EZ || δίκαια ABFM : καὶ δίκαια CEZ (cf. schol.), del. G. Hermann || 5 πείσαντά $H^{s1}J$: πείσοντά codd.

XCI. 1 2 παυσθῇ CFM : παυθῇ AEZ πάθῃ B || 3 καὶ : καὶ οἱ Z || 2 5 ὑμᾶς : ἡμᾶς A^{2s1} || ἀμφοτέροις C : ἀμφοτέρους.

XCIII. 1 τὰ om. Z.

pires maux à subir, il ne vous arriverait que de vous soumettre, et que nous, en évitant de vous détruire, nous y gagnerions. »

XCIV. Les Méliens : « Par conséquent, que nous restions tranquilles, en étant vos amis au lieu de vos ennemis, et sans avoir d'alliance d'aucun des deux côtés, vous ne l'accepteriez pas? »

XCV. Les Athéniens : « Non, car votre hostilité nous fait moins de tort que votre amitié : celle-ci ferait paraître aux yeux des peuples de l'empire une preuve de faiblesse, votre haine, une de puissance. »

XCVI. Les Méliens : « L'idée qu'ont vos sujets de ce qui est normal leur fait mettre sur le même plan les gens qui ne vous sont rien et ceux qui, en général vos colons et parfois après une révolte, ont été réduits à l'obéissance? »

XCVII. Les Athéniens : « Ils pensent, en effet, que les justifications de droit ne manquent ni aux uns ni aux autres et que seule leur puissance permet à certains de réchapper et nous inspire à nous des craintes qui nous empêchent d'attaquer. Aussi, en dehors même d'une domination accrue, est-ce la sécurité qu'en pliant devant nous vous nous apporteriez, d'autant qu'il s'agit, avec vous, que l'on ne voie pas réchapper un peuple insulaire face aux maîtres de la mer, et un peuple plus faible que les autres. »

XCVIII. Les Méliens : « Et l'autre solution, à vos yeux, n'apporte pas la sécurité? (Il nous faut bien, ici encore, faire comme vous ; vous nous avez empêchés de toucher aux arguments de droit et vous voulez nous amener à céder devant votre intérêt : à nous de vous exposer notre avantage, et, dans la mesure où il se trouve vous être utile à vous aussi, de chercher à vous y amener). Prenez les peuples actuellement sans alliance d'un côté ni de l'autre : comment n'en ferez-vous pas des ennemis, lorsque, considérant ce qui se passe ici, ils se diront qu'un jour vous irez les attaquer à leur tour? Et par là que faites-vous, sinon renforcer vos ennemis actuels et pous-

θεῖν ὑπακοῦσαι ἂν γένοιτο, ἡμεῖς δὲ μὴ διαφθείραντες ὑμᾶς κερδαίνοιμεν ἄν. »

XCIV. ΜΗΛ. « Ὥστε ἡσυχίαν ἄγοντας ἡμᾶς φίλους μὲν εἶναι ἀντὶ πολεμίων, ξυμμάχους δὲ μηδετέρων, οὐκ ἂν δέξαισθε; »

XCV. ΑΘ. « Οὐ γὰρ τοσοῦτον ἡμᾶς βλάπτει ἡ ἔχθρα ὑμῶν ὅσον ἡ φιλία μὲν ἀσθενείας, τὸ δὲ μῖσος δυνάμεως παράδειγμα τοῖς ἀρχομένοις δηλούμενον. »

XCVI. ΜΗΛ. « Σκοποῦσι δ' ὑμῶν οὕτως οἱ ὑπήκοοι τὸ εἰκός, ὥστε τούς τε μὴ προσήκοντας καὶ ὅσοι ἄποικοι ὄντες οἱ πολλοὶ καὶ ἀποστάντες τινὲς κεχείρωνται ἐς τὸ αὐτὸ τιθέασιν; »

XCVII. ΑΘ. « Δικαιώματι γὰρ οὐδετέρους ἐλλείπειν ἡγοῦνται, κατὰ δύναμιν δὲ τοὺς μὲν περιγίγνεσθαι, ἡμᾶς δὲ φόβῳ οὐκ ἐπιέναι· ὥστε ἔξω καὶ τοῦ πλεόνων ἄρξαι καὶ τὸ ἀσφαλὲς ἡμῖν διὰ τὸ καταστραφῆναι ἂν παράσχοιτε, ἄλλως τε καὶ νησιῶται ναυκρατόρων, καὶ ἀσθενέστεροι ἑτέρων ὄντες, εἰ μὴ περιγένοισθε. »

XCVIII. ΜΗΛ. « Ἐν δ' ἐκείνῳ οὐ νομίζετε ἀσφάλειαν; δεῖ γὰρ αὖ καὶ ἐνταῦθα, ὥσπερ ὑμεῖς τῶν δικαίων λόγων ἡμᾶς ἐκβιβάσαντες τῷ ὑμετέρῳ ξυμφόρῳ ὑπακούειν πείθετε, καὶ ἡμᾶς τὸ ἡμῖν χρήσιμον διδάσκοντας, εἰ τυγχάνει καὶ ὑμῖν τὸ αὐτὸ ξυμβαῖνον, πειρᾶσθαι πείθειν. Ὅσοι γὰρ νῦν μηδετέροις ξυμμαχοῦσι, πῶς οὐ πολεμώσεσθε αὐτούς, ὅταν ἐς τάδε βλέψαντες ἡγήσωνταί ποτε ὑμᾶς καὶ ἐπὶ σφᾶς ἥξειν; κἀν τούτῳ τί ἄλλο ἢ τοὺς μὲν ὑπάρχοντας πολε-

XCIII. 3 κερδαίνοιμεν ACFM : κερδαίνοι μὲν B κερδανοῦμεν EZ.

XCIV. 1 ὥστε ABFM : ὥστε δὲ CEZ, Dion. 912 ‖ 3 δέξαισθε Bekker : δέξοισθε codd. δέξησθε G.

XCVI. 2 προσήκο]ντ[ας incipit, ξυμμ]αχοῦ[σι (XCVIII. 6) desinit Π[11].

XCVII. 3 δὲ : γὰρ EZ ‖ ἔξω : καὶ ἔξω M ‖ καὶ τοῦ : το]ῦ κ[αὶ Π[11] ‖ 5 ναυκρατόρων : αὐτοκρατόρων B ναυτοκρατόρων B[pc]M.

XCVIII. 3 ἐκβιβάσαντες C : ἐκβιάσαντες ‖ 6 πολεμώσεσθε : πολεμώσετε H[81] ‖ 8 κἀν : κἂν MZ κὰν E ‖ τούτῳ : τοῦτο E.

ser ceux qui n'y songeaient même pas à le devenir malgré eux? »

XCIX. Les Athéniens : « C'est qu'à nos yeux les plus redoutables ne sont pas les peuples qui vivent en quelque point du continent et qui, étant libres, seront peu empressés à se mettre en garde contre nous : ce sont plutôt les insulaires qui, ici ou là, échappent à notre empire, comme vous, et ceux que stimulent, d'ores et déjà, les contraintes de cet empire* : voilà ceux qui peuvent le plus se laisser aller à l'irrationnel pour se jeter, et nous avec, au-devant de risques visibles[1]. »

C. Les Méliens : « Mais alors, si vraiment et vous, pour ne pas voir cesser votre empire, et les peuples déjà esclaves, pour s'en affranchir, chacun prend de tels risques, nous autres, qui sommes encore libres, quelle bassesse et quelle lâcheté nous montrerions en ne tentant pas tout plutôt que d'être esclaves ! »

CI. Les Athéniens : « Non : pas si vous prenez un parti sage. Car il ne s'agit pas pour vous de chercher la palme de la valeur dans un combat à égalité, où le but est de ne pas se déshonorer : il s'agit de prendre une décision relative à votre salut, le but étant alors de ne pas s'opposer à des gens bien plus forts. »

CII. Les Méliens : « Mais nous savons qu'à la guerre le sort se présente parfois de façon mieux partagée que ne le voudrait le chiffre différent des forces de chacun ; et, pour nous, céder représente un parti d'emblée désespéré, tandis qu'avec une action en cours subsiste encore l'espoir de ne pas tomber. »

CIII. Les Athéniens : « L'espoir est un stimulant pour le risque ; lorsque l'on y a recours avec de bonnes réserves, même s'il cause du tort, il ne vous ruine pas ; mais ceux qui mettent en jeu tout ce qu'ils ont (l'espoir est, de nature, prodigue) apprennent à le connaître avec l'échec, au moment même où il ne leur laisse plus d'occasion possible pour se garder de lui une fois connaissance faite.
2 C'est ce que vous, qui êtes faibles et dont un seul

1. Cf. [Xénophon], *Const. des Athéniens*, II, 1 : νομίζουσι τὸ ὁπλιτικὸν ἄρχειν, εἰ τῶν συμμάχων κρείττονές εἰσι.

μίους μεγαλύνετε, τοὺς δὲ μηδὲ μελλήσαντας γενέσθαι ἄκοντας ἐπάγεσθε; »

XCIX. ΑΘ. « Οὐ γὰρ νομίζομεν ἡμῖν τούτους δεινοτέρους, ὅσοι ἠπειρῶταί που ὄντες τῷ ἐλευθέρῳ πολλὴν τὴν διαμέλλησιν τῆς πρὸς ἡμᾶς φυλακῆς ποιήσονται, ἀλλὰ τοὺς νησιώτας τέ που ἀνάρκτους, ὥσπερ ὑμᾶς, καὶ τοὺς ἤδη τῆς ἀρχῆς τῷ ἀναγκαίῳ παροξυνομένους. Οὗτοι γὰρ πλεῖστ' ἂν τῷ ἀλογίστῳ ἐπιτρέψαντες σφᾶς τε αὐτοὺς καὶ ἡμᾶς ἐς προῦπτον κίνδυνον καταστήσειαν. »

C. ΜΗΛ. « Ἦ που ἄρα, εἰ τοσαύτην γε ὑμεῖς τε μὴ παυσθῆναι ἀρχῆς καὶ οἱ δουλεύοντες ἤδη ἀπαλλαγῆναι τὴν παρακινδύνευσιν ποιοῦνται, ἡμῖν γε τοῖς ἔτι ἐλευθέροις πολλὴ κακότης καὶ δειλία μὴ πᾶν πρὸ τοῦ δουλεῦσαι ἐπεξελθεῖν. »

CI. ΑΘ. « Οὔκ, ἤν γε σωφρόνως βουλεύησθε· οὐ γὰρ περὶ ἀνδραγαθίας ὁ ἀγὼν ἀπὸ τοῦ ἴσου ὑμῖν, μὴ αἰσχύνην ὀφλεῖν, περὶ δὲ σωτηρίας μᾶλλον ἡ βουλή, πρὸς τοὺς κρείσσονας πολλῷ μὴ ἀνθίστασθαι. »

CII. ΜΗΛ. « Ἀλλ' ἐπιστάμεθα τὰ τῶν πολέμων ἔστιν ὅτε κοινοτέρας τὰς τύχας λαμβάνοντα ἢ κατὰ τὸ διαφέρον ἑκατέρων πλῆθος. Καὶ ἡμῖν τὸ μὲν εἶξαι εὐθὺς ἀνέλπιστον, μετὰ δὲ τοῦ δρωμένου ἔτι καὶ στῆναι ἐλπὶς ὀρθῶς. »

CIII. ΑΘ. « Ἐλπὶς δέ, κινδύνῳ παραμύθιον οὖσα, τοὺς μὲν ἀπὸ περιουσίας χρωμένους αὐτῇ, κἂν βλάψῃ, οὐ καθεῖλε, τοῖς δὲ ἐς ἅπαν τὸ ὑπάρχον ἀναρριπτοῦσι (δάπανος γὰρ φύσει) ἅμα τε γιγνώσκεται σφαλέντων καὶ ἐν ὅτῳ ἔτι φυλάξεταί τις αὐτὴν γνωρισθεῖσαν οὐκ ἐλλείπει. 2 Ὁ

XCVIII. 9 μελλήσαντας Hpc?J2sl, cf. schol. : μελλήσοντας codd.
XCIX. 2 τῷ ἐλευθέρῳ : τῶν ἐλευθέρων conj. Stahl (cf. schol.?).
C. 1 ἦ C2G : ἤ (vel ἢ vel ἡ) cett.
CII. 1 πολέμων J, rec., cf. Valla : πολεμίων cett. et Dion. 913 ‖ 3 πλῆθος : τῷ πλήθει M.
CIII. 1 1 κινδύνῳ : κινδύνου schol. unus, Stobaeus, Dion.

mouvement de la balance réglera le sort, vous devez songer à éviter ; ne vous conformez donc pas à ce que font couramment les gens : au lieu d'assurer leur salut par les moyens humains dont ils disposent encore, sitôt que, dans une situation critique, les espoirs tangibles les abandonnent, ils ont recours aux espoirs incertains — divination, oracles, et autres choses du même genre, qui se conjuguent avec l'espoir pour mener à la faillite. »

CIV. Les Méliens : « Nous estimons, nous aussi, difficile (n'en doutez pas !) de lutter contre vos forces et contre le sort, s'il n'y a pas égalité à l'origine ; cependant, nous avons confiance : pour ce qui est du sort, nous comptons que la divinité ne nous laissera pas le désavantage, car nous nous dressons en hommes pieux contre un parti sans justice, et, pour ce qui est de l'insuffisance de nos forces, nous comptons sur l'alliance lacédémonienne, qui devra nécessairement nous porter secours, quand ce ne serait qu'à cause de notre parenté et au nom de l'honneur. Notre assurance n'est donc pas tout à fait si irrationnelle que cela. »

CV. Les Athéniens : « Pour ce qui est de la bienveillance à rencontrer du côté de la divinité[1], nous ne croyons pas, nous non plus, devoir nous trouver en défaut ; car rien, dans nos jugements ni dans nos actes, ne s'écarte de ce que les hommes pensent à l'égard du divin ou veulent dans leurs rapports réciproques. **2** Nous estimons, en effet, que du côté divin comme aussi du côté humain (pour le premier, c'est une opinion, pour le second une certitude), une loi de nature fait que toujours, si l'on est le plus fort, on commande[2] ; ce n'est pas nous qui avons posé ce principe ou qui avons été les premiers à appliquer ce qu'il énonçait : il existait avant nous et existera pour toujours après nous, et c'est seulement notre tour de l'appliquer, en sachant qu'aussi bien vous ou d'autres, placés à la tête de la même puissance que nous, vous feriez de même. **3** Si bien que, pour ce qui

1. L'accusatif grec rend le rapport intellectuel et général.

2. Les Athéniens pensent surtout aux hommes ; et probablement ce qu'ils disent des dieux vaut-il surtout pour la façon dont ceux-ci interviennent dans les affaires humaines.

ὑμεῖς ἀσθενεῖς τε καὶ ἐπὶ ῥοπῆς μιᾶς ὄντες μὴ βούλεσθε παθεῖν, μηδὲ ὁμοιωθῆναι τοῖς πολλοῖς, οἷς παρὸν ἀνθρωπείως ἔτι σῴζεσθαι, ἐπειδὰν πιεζομένους αὐτοὺς ἐπιλίπωσιν αἱ φανεραὶ ἐλπίδες, ἐπὶ τὰς ἀφανεῖς καθίστανται, μαντικήν τε καὶ χρησμοὺς καὶ ὅσα τοιαῦτα μετ' ἐλπίδων λυμαίνεται. »

CIV. ΜΗΛ. « Χαλεπὸν μὲν καὶ ἡμεῖς, εὖ ἴστε, νομίζομεν πρὸς δύναμίν τε τὴν ὑμετέραν καὶ τὴν τύχην, εἰ μὴ ἀπὸ τοῦ ἴσου ἔσται, ἀγωνίζεσθαι· ὅμως δὲ πιστεύομεν τῇ μὲν τύχῃ ἐκ τοῦ θείου μὴ ἐλασσώσεσθαι, ὅτι ὅσιοι πρὸς οὐ δικαίους ἱστάμεθα, τῆς δὲ δυνάμεως τῷ ἐλλείποντι τὴν Λακεδαιμονίων ἡμῖν ξυμμαχίαν προσέσεσθαι, ἀνάγκην ἔχουσαν, καὶ εἰ μή του ἄλλου, τῆς γε ξυγγενείας ἕνεκα καὶ αἰσχύνῃ βοηθεῖν. Καὶ οὐ παντάπασιν οὕτως ἀλόγως θρασυνόμεθα. »

CV. ΑΘ. « Τῆς μὲν τοίνυν πρὸς τὸ θεῖον εὐμενείας οὐδ' ἡμεῖς οἰόμεθα λελείψεσθαι. Οὐδὲν γὰρ ἔξω τῆς ἀνθρωπείας τῶν μὲν ἐς τὸ θεῖον νομίσεως τῶν δ' ἐς σφᾶς αὐτοὺς βουλήσεως δικαιοῦμεν ἢ πράσσομεν. **2** Ἡγούμεθα γὰρ τό τε θεῖον δόξῃ, τὸ ἀνθρώπειόν τε σαφῶς διὰ παντὸς ὑπὸ φύσεως ἀναγκαίας, οὗ ἂν κρατῇ, ἄρχειν. Καὶ ἡμεῖς οὔτε θέντες τὸν νόμον οὔτε κειμένῳ πρῶτοι χρησάμενοι, ὄντα δὲ παραλαβόντες καὶ ἐσόμενον ἐς αἰεὶ καταλείψοντες χρώμεθα αὐτῷ, εἰδότες καὶ ὑμᾶς ἂν καὶ ἄλλους ἐν τῇ αὐτῇ δυνάμει ἡμῖν γενομένους δρῶντας ἂν αὐτό. **3** Καὶ πρὸς

CIII. **2** 2 ἀ]σ[θενεῖς incipit, βοη]θή[σειν (CV. **3**. 4) desin. Π^{11} ‖ ἐπὶ ῥοπῆς : ἐπικοπῆς M ἐπὶ κοπῆς C^2F^2, cf. schol. unum ‖ βούλεσθε : βούλησθε C^2G βούλεσθαι Z (litt. θε hab. Π^{11}) ‖ 4 πιεζομένους : πιεζουμένους $C\Pi^{11}$ ‖ ἐπιλίπωσιν AB : ἐπιλείπωσιν cett. et Dion.

CIV. 2 εἰ μὴ : ὅτι μὴ Hγρ (ut cett. Π^{11}) ‖ 4-5 ὅτι... ἱστάμεθα : om. M ‖ πρὸς οὐ : οὐ πρὸς Π^{11} ‖ 8 καὶ (ante αἰσχ-) : om. Π^{11}.

CV. **1** 1 τὸ θεῖον codd. et Π^{11} : τοῦ θείου conj. Krueger ‖ 4 δικαιοῦμεν ἢ : δικαιουμένης Π^{11} ‖ **2** 2 σαφῶς om. B (hab. Π^{11}) ‖ ὑπὸ : ἀπὸ Π^{11}, Dion. ‖ 4 κειμένῳ : κοινῷ Π^{11} καινῷ Hγρ ‖ 5 καταλείψοντες : -ψαντες Z (ut cett. Π^{11}) ‖ 6 ἂν om. Π^{11} ‖ 7 αὐτό codd. et Π^{11} : ταὐτό schol., cf. Valla (*idem*).

est de la divinité, il est fort naturel que nous n'ayons pas peur d'être en désavantage. Reste votre opinion sur les Lacédémoniens, et votre façon de compter que, pour des raisons d'honneur, ils viendront à votre secours : nous admirons votre candeur, mais n'envions pas votre inconscience ! **4** Les Lacédémoniens, entre eux et dans leurs institutions intérieures, pratiquent fort la vertu ; mais, vis-à-vis des autres, il y aurait beaucoup à dire sur leurs procédés, le tout se résumant essentiellement à ceci, qu'aucun peuple, à notre connaissance, n'a de façon si nette l'habitude d'estimer beau ce qui lui plaît et juste ce qui sert son intérêt[1]. Or, une telle disposition n'est guère en faveur de ce salut irrationnel que vous attendez aujourd'hui. »

CVI. Les Méliens : « Au contraire, voilà qui, cette fois, confirme mieux que tout notre confiance : au nom de leur propre intérêt, ils ne voudront pas trahir Mélos, une colonie à eux, pour ainsi devenir suspects à leurs partisans en Grèce, et rendre service à leurs ennemis. »

CVII. Les Athéniens : « Et vous ne croyez pas que l'intérêt réside là où est la sécurité, tandis que le juste et le beau ne se pratiquent qu'avec des risques, ce pour quoi les Lacédémoniens, en général, montrent fort peu d'audace ? »

CVIII. Les Méliens : « Mais devant ces risques, nous pensons que, pour nous, ils pourraient avoir plus d'allant et se sentir en terrain plus ferme qu'avec d'autres, puisque, pratiquement, nous sommes situés près du Péloponnèse et que, moralement, nos liens de parenté nous rendent plus sûrs que les autres. »

CIX. Les Athéniens : « Le meilleur garant, quand on doit soutenir quelqu'un, ne se trouve pas dans les bons sentiments du peuple qui vous appelle : il tient à ce qu'en fait on a une puissance largement supérieure ; et c'est ce que les Lacédémoniens considèrent encore plus que d'autres (en tout cas, par manque de confiance dans leurs

1. L'affirmation peut surprendre ; mais l'hypocrisie de Sparte est également relevée dans les *Acharniens*, 307, et dans *Andromaque*, 445 sqq. On peut citer à l'appui son attitude lors de l'affaire de Platée (III.68.4) ou des accords avec la Perse, au livre VIII.

μὲν τὸ θεῖον οὕτως ἐκ τοῦ εἰκότος οὐ φοβούμεθα ἐλασσώσεσθαι· τῆς δὲ ἐς Λακεδαιμονίους δόξης, ἣν διὰ τὸ αἰσχρὸν δὴ βοηθήσειν ὑμῖν πιστεύετε αὐτούς, μακαρίσαντες ὑμῶν τὸ ἀπειρόκακον οὐ ζηλοῦμεν τὸ ἄφρον. 4 Λακεδαιμόνιοι γὰρ πρὸς σφᾶς μὲν αὐτοὺς καὶ τὰ ἐπιχώρια νόμιμα πλεῖστα ἀρετῇ χρῶνται· πρὸς δὲ τοὺς ἄλλους πολλὰ ἄν τις ἔχων εἰπεῖν ὡς προσφέρονται, ξυνελὼν μάλιστα ἂν δηλώσειεν ὅτι ἐπιφανέστατα ὧν ἴσμεν τὰ μὲν ἡδέα καλὰ νομίζουσι, τὰ δὲ ξυμφέροντα δίκαια. Καίτοι οὐ πρὸς τῆς ὑμετέρας νῦν ἀλόγου σωτηρίας ἡ τοιαύτη διάνοια. »

CVI. ΜΗΛ. « Ἡμεῖς δὲ κατ' αὐτὸ τοῦτο ἤδη καὶ μάλιστα πιστεύομεν τῷ ξυμφέροντι αὐτῶν Μηλίους ἀποίκους ὄντας μὴ βουλήσεσθαι προδόντας τοῖς μὲν εὔνοις τῶν Ἑλλήνων ἀπίστους καταστῆναι, τοῖς δὲ πολεμίοις ὠφελίμους. »

CVII. ΑΘ. « Οὔκουν οἴεσθε τὸ ξυμφέρον μὲν μετὰ ἀσφαλείας εἶναι, τὸ δὲ δίκαιον καὶ καλὸν μετὰ κινδύνου δρᾶσθαι ; ὃ Λακεδαιμόνιοι ἥκιστα ὡς ἐπὶ τὸ πολὺ τολμῶσιν. »

CVIII. ΜΗΛ. « Ἀλλὰ καὶ τοὺς κινδύνους τε ἡμῶν ἕνεκα μᾶλλον ἡγούμεθ' ἂν ἐγχειρίσασθαι αὐτοὺς καὶ βεβαιοτέρους ἢ ἐς ἄλλους νομιεῖν, ὅσῳ πρὸς μὲν τὰ ἔργα τῆς Πελοποννήσου ἐγγὺς κείμεθα, τῆς δὲ γνώμης τῷ ξυγγενεῖ πιστότεροι ἑτέρων ἐσμέν. »

CIX. ΑΘ. « Τὸ δ' ἐχυρόν γε τοῖς ξυναγωνιουμένοις οὐ τὸ εὔνουν τῶν ἐπικαλεσαμένων φαίνεται, ἀλλ' ἢν τῶν ἔργων τις δυνάμει πολὺ προύχῃ· ὃ Λακεδαιμόνιοι καὶ πλέον τι τῶν ἄλλων σκοποῦσι (τῆς γοῦν οἰκείας παρασκευῆς

CV. 3 3 ἣν (var. spir.) codd. : ᾗ conj. Reiske || διὰ τὸ αἰσχρὸν : post δὴ hab. M.

CVI. 3 βουλήσεσθαι : βούλεσθαι C.

CVII. 1 οὔκουν BC : οὐκουν F οὐκοῦν cett. || 2 δρᾶσθαι Hpc, Valla : δρᾶσαι [δράσαι F] codd.

CVIII. 2 ἐγχειρίσασθαι : χειρίσασθαι E ἐγχειρήσασθαι C[2] || 3 ἐς punctis notavit H, del. Dobrée || 4 τῷ : τῶ Z τὸ C* || 5 πιστότεροι : -τερον Z.

CIX. 3 πολὺ προύχῃ ABF[2] : πολὺ προύχει CEFM προύχει πολὺ Z.

propres moyens, ils s'entourent de nombreux alliés même pour attaquer leurs voisins) ; aussi est-il peu vraisemblable qu'ils se transportent jusque dans une île, alors que nous avons la maîtrise de la mer. »

CX. Les Méliens : « Ils pourraient, en dehors d'eux, y en envoyer d'autres ; et la mer de Crète est vaste : les captures y sont plus ardues pour qui s'en trouve maître que n'est l'arrivée à bon port pour qui veut passer au travers. **2** Et, dussent-ils échouer en cela, ils pourraient encore se tourner soit contre votre pays soit contre les alliés qui vous restent, et auprès de qui Brasidas n'est pas intervenu : alors, au lieu de vous donner de la peine pour un pays qui ne vous est rien, vous le ferez pour des pays qui vous toucheront de plus près, ceux de votre alliance et le vôtre. »

CXI. Les Athéniens : « Cela ne pourrait en partie se réaliser que quand vous auriez de votre côté été instruits par l'expérience[1] : vous ne seriez pas alors sans savoir que jamais les Athéniens n'ont levé un seul siège par crainte d'un autre peuple. **2** Mais nous remarquons qu'après avoir déclaré que vous alliez délibérer sur votre salut, vous n'avez, au cours de ce long débat, pas dit une seule chose sur laquelle on puisse humainement compter pour s'attendre à trouver le salut : vos plus forts appuis relèvent d'un espoir relatif au futur, et vos ressources présentes sont minces pour résister avec succès aux forces dès maintenant rangées contre vous. Et c'est vraiment un tour bien irrationnel que présentent vos dispositions, si, une fois que vous serez entre vous, vous ne revenez pas, au dernier moment, sur votre décision, pour en prendre une plus sage. **3** Vous n'allez tout de même pas écouter ce sentiment si désastreux dans tout péril où le déshonneur menace de façon visible, à savoir le point d'honneur ! Que de fois des gens encore en état de discerner où le courant les portait ont laissé ce prétendu honneur les entraîner par l'ascendant d'un terme séduisant, et, victimes d'un mot, sont volontairement tombés dans des malheurs de fait dès lors irrémédiables, y joignant

1. Texte diversement compris et parfois corrigé : cf. Apparat critique.

ἀπιστίᾳ καὶ μετὰ ξυμμάχων πολλῶν τοῖς πέλας ἐπέρχονται), ὥστε οὐκ εἰκὸς ἐς νῆσόν γε αὐτοὺς ἡμῶν ναυκρατόρων ὄντων περαιωθῆναι. »

CX. ΜΗΛ. « Οἱ δὲ καὶ ἄλλους ἂν ἔχοιεν πέμψαι· πολὺ δὲ τὸ Κρητικὸν πέλαγος, δι' οὗ τῶν κρατούντων ἀπορώτερος ἡ λῆψις ἢ τῶν λαθεῖν βουλομένων ἡ σωτηρία. **2** Καὶ εἰ τοῦδε σφάλλοιντο, τράποιντ' ἂν καὶ ἐς τὴν γῆν ὑμῶν καὶ ἐπὶ τοὺς λοιποὺς τῶν ξυμμάχων, ὅσους μὴ Βρασίδας ἐπῆλθε, καὶ οὐ περὶ τῆς μὴ προσηκούσης μᾶλλον ἢ τῆς οἰκειοτέρας ξυμμαχίδος τε καὶ γῆς ὁ πόνος ὑμῖν ἔσται. »

CXI. ΑΘ. « Τούτων μὲν καὶ πεπειραμένοις ἄν τι γένοιτο καὶ ὑμῖν καὶ οὐκ ἀνεπιστήμοσιν ὅτι οὐδ' ἀπὸ μιᾶς πώποτε πολιορκίας Ἀθηναῖοι δι' ἄλλων φόβον ἀπεχώρησαν. **2** Ἐνθυμούμεθα δὲ ὅτι φήσαντες περὶ σωτηρίας βουλεύσειν οὐδὲν ἐν τοσούτῳ λόγῳ εἰρήκατε ᾧ ἄνθρωποι ἂν πιστεύσαντες νομίσειαν σωθήσεσθαι, ἀλλ' ὑμῶν τὰ μὲν ἰσχυρότατα ἐλπιζόμενα μέλλεται, τὰ δ' ὑπάρχοντα βραχέα πρὸς τὰ ἤδη ἀντιτεταγμένα περιγίγνεσθαι. Πολλήν τε ἀλογίαν τῆς διανοίας παρέχετε, εἰ μὴ μεταστησάμενοι ἔτι ἡμᾶς ἄλλο τι τῶνδε σωφρονέστερον γνώσεσθε. **3** Οὐ γὰρ δὴ ἐπί γε τὴν ἐν τοῖς αἰσχροῖς καὶ προύπτοις κινδύνοις πλεῖστα διαφθείρουσαν ἀνθρώπους αἰσχύνην τρέψεσθε. Πολλοῖς γὰρ προορωμένοις ἔτι ἐς οἷα φέρονται τὸ αἰσχρὸν καλούμενον ὀνόματος ἐπαγωγοῦ δυνάμει ἐπεσπάσατο, ἡσσηθεῖσι τοῦ ῥήματος, ἔργῳ ξυμφοραῖς ἀνηκέστοις ἑκόν-

CIX. 6 ναυκρατόρων : ναυτοκρατόρων BM.

CX. **1** 1 δὲ om. B || ἂν : τε ἂν H[s1] || **2** 2 ὑμῶν : ἡμῶν Z || 4 ξυμμαχίδος τε καὶ γῆς non vertit Valla, del. Stahl.

CXI. **1** 1 γένοιτο : γένοιτο ἡμῖν conj. Classen || 2 ὑμῖν καὶ : ὑμῖν M recc. || **2** 1 βουλεύσειν : βουλεύειν E || 3 ἰσχυρότατα : ἰσχυρὰ ὄντα Dion. || 4 ὑπάρχοντα : παρόντα Dion. || 5 περιγίγνεσθαι : περιγενέσθαι Dion. || ἀλογίαν : ἀντιλογίαν M || 6 παρέ[χε]τε incipit, προορ]ω[μένοις (3. 4) des. Π^{11} || ἔτι om. Dion. || **3** 3 διαφθείρουσαν : δὴ βλάψασαν Hγρ || 4 πολλοῖς : πολλούς Z || 5 ἐπαγωγοῦ : ἐπαγωγὴ E.

de la sorte un déshonneur d'autant plus honteux qu'il va avec la folie au lieu d'être l'effet du sort. **4** C'est de quoi, vous, si vous prenez le bon parti, vous devez vous garder : vous ne jugerez pas qu'il soit infamant de céder à une ville d'une puissance inégalée qui vous fait des propositions modérées, puisqu'elle vous invite à être ses alliés et à lui payer un tribut tout en gardant votre pays, ni, quand on vous offre le choix entre la guerre et la sécurité, d'éviter de vous entêter au pire. Ne pas céder envers ses égaux, agir comme il sied envers les plus forts, et se montrer modéré envers qui l'est moins, voilà ce qui permet de réussir au mieux. **5** Réfléchissez donc, même quand nous serons sortis ; redites-vous bien que vous décidez de votre patrie et qu'une résolution unique, portée sur cette patrie unique, pourra, suivant qu'elle sera heureuse ou non, en assurer le maintien*. »

CXII. Les Athéniens se retirèrent alors du débat et les Méliens, restés entre eux, prirent une décision analogue aux thèses qu'ils avaient soutenues ; ils répondirent en ces termes : **2** « Notre avis n'est pas autre qu'il n'était au début, Athéniens, et nous n'allons pas en un instant priver de sa liberté une cité qui compte sept cents ans d'existence : plaçant notre confiance à la fois dans le sort octroyé par la divinité, qui a, jusqu'à présent, assuré son salut, et dans le secours des hommes, représentés par Sparte, nous tenterons de nous en tirer. **3** Nous vous proposons d'être vos amis, sans faire la guerre d'aucun côté, et que vous vous retiriez de notre pays après avoir conclu un traité qui paraisse satisfaisant pour les deux parties. »

CXIII. Voilà tout ce que répondirent les Méliens ; et les Athéniens, mettant, dès lors, fin aux négociations, déclarèrent : « Vraiment, d'après votre décision, vous êtes bien les seuls, nous semble-t-il, à juger comme vous faites : vous tenez les choses à venir pour plus vraies que les visibles[1] et vos désirs vous font regarder ce qui n'a pas de réalité, comme déjà en train d'arriver ! Pour vous en être si complètement remis, dans votre confiance,

1. Reprise de l'opposition du § 87.

τας περιπεσεῖν καὶ αἰσχύνην αἰσχίω μετὰ ἀνοίας ἢ τύχῃ προσλαβεῖν. 4 Ὃ ὑμεῖς, ἢν εὖ βουλεύησθε, φυλάξεσθε καὶ οὐκ ἀπρεπὲς νομιεῖτε πόλεώς τε τῆς μεγίστης ἡσσᾶσθαι μέτρια προκαλουμένης, ξυμμάχους γενέσθαι ἔχοντας τὴν ὑμετέραν αὐτῶν ὑποτελεῖς, καὶ δοθείσης αἱρέσεως πολέμου πέρι καὶ ἀσφαλείας μὴ τὰ χείρω φιλονικῆσαι· ὡς οἵτινες τοῖς μὲν ἴσοις μὴ εἴκουσι, τοῖς δὲ κρείσσοσι καλῶς προσφέρονται, πρὸς δὲ τοὺς ἥσσους μέτριοί εἰσι, πλεῖστ' ἂν ὀρθοῖντο. 5 Σκοπεῖτε οὖν καὶ μεταστάντων ἡμῶν καὶ ἐνθυμεῖσθε πολλάκις ὅτι περὶ πατρίδος βουλεύεσθε, ἣν μιᾶς πέρι καὶ ἐς μίαν βουλὴν τυχοῦσάν τε καὶ μὴ κατορθῶσαι ἔσται. »

CXII. Καὶ οἱ μὲν Ἀθηναῖοι μετεχώρησαν ἐκ τῶν λόγων· οἱ δὲ Μήλιοι κατὰ σφᾶς αὐτοὺς γενόμενοι, ὡς ἔδοξεν αὐτοῖς παραπλήσια καὶ ἀντέλεγον, ἀπεκρίναντο τάδε. 2 « Οὔτε ἄλλα δοκεῖ ἡμῖν ἢ ἅπερ καὶ τὸ πρῶτον, ὦ Ἀθηναῖοι, οὔτ' ἐν ὀλίγῳ χρόνῳ πόλεως ἑπτακόσια ἔτη ἤδη οἰκουμένης τὴν ἐλευθερίαν ἀφαιρησόμεθα, ἀλλὰ τῇ τε μέχρι τοῦδε σῳζούσῃ τύχῃ ἐκ τοῦ θείου αὐτὴν καὶ τῇ ἀπὸ τῶν ἀνθρώπων καὶ Λακεδαιμονίων τιμωρίᾳ πιστεύοντες πειρασόμεθα σῴζεσθαι. 3 Προκαλούμεθα δὲ ὑμᾶς φίλοι μὲν εἶναι, πολέμιοι δὲ μηδετέροις, καὶ ἐκ τῆς γῆς ἡμῶν ἀναχωρῆσαι σπονδὰς ποιησαμένους αἵτινες δοκοῦσιν ἐπιτήδειοι εἶναι ἀμφοτέροις. »

CXIII. Οἱ μὲν δὴ Μήλιοι τοσαῦτα ἀπεκρίναντο· οἱ δὲ Ἀθηναῖοι διαλυόμενοι ἤδη ἐκ τῶν λόγων ἔφασαν· « Ἀλλ' οὖν μόνοι γε ἀπὸ τούτων τῶν βουλευμάτων, ὡς ἡμῖν δοκεῖτε, τὰ μὲν μέλλοντα τῶν ὁρωμένων σαφέστερα κρίνετε, τὰ δὲ ἀφανῆ τῷ βούλεσθαι ὡς γιγνόμενα ἤδη θεᾶσθε, καὶ Λακεδαιμονίοις καὶ τύχῃ καὶ ἐλπίσι πλεῖστον δὴ παραβε-

CXI. 3 7 τύχῃ schol. : τύχης codd. || 5 2 ἣν (var. spir.) ABCEFZ : om. M ἧς H, cf. schol.? || 3 μιᾶς πέρι om. M || καὶ μὴ : καὶ C || κατορθῶσαι scripsi : κατορθώσασαν || 4 ἔσται : ἵσταται Hγρ.

CXII. 2 5 καὶ Λακεδαιμονίων delendum cens. Stahl.

aux Lacédémoniens, au sort, et à l'espoir[1], vous connaîtrez aussi un échec complet. »

CXIV. Alors les représentants d'Athènes partirent retrouver l'armée ; là, du moment que les Méliens ne voulaient rien entendre, les généraux entamèrent sans plus tarder les hostilités et, après avoir réparti la tâche entre cités, construisirent un mur pour investir Mélos. **2** Plus tard, les Athéniens laissèrent des troupes à eux et à leurs alliés pour monter la garde, sur terre et sur mer, et retirèrent le gros des effectifs : ceux qu'ils laissaient poursuivaient sur place le siège de la ville.

CXV. Les Argiens, vers l'époque en question, envahirent le territoire de Phlionte et tombèrent dans une embuscade que leur dressèrent en commun les Phliasiens et leurs propres bannis : ils y perdirent quelque quatre-vingts hommes. — **2** Les Athéniens agissant depuis Pylos prirent aux Lacédémoniens un butin important : les Lacédémoniens, par suite, sans rompre pour autant le traité et leur faire la guerre, donnèrent seulement aux gens de chez eux l'autorisation officielle de piller à volonté les Athéniens. **3** Les Corinthiens firent, pour certains différends privés, la guerre aux Athéniens. Mais le reste du Péloponnèse ne bougeait pas.

4 Les Méliens prirent aux Athéniens la partie de leur circonvallation qui était à la hauteur de l'agora, grâce à une attaque de nuit : ils tuèrent des hommes, firent rentrer des vivres et tout ce qu'ils purent réunir d'utile, puis se retirèrent et ne bougèrent plus. Quant aux Athéniens, ils prirent des mesures pour améliorer dorénavant leur surveillance. Ainsi s'achevait l'été.

CXVI. L'hiver suivant, les Lacédémoniens esquissèrent une campagne contre Argos, mais, comme, dans les sacrifices offerts à la frontière, les présages ne se manifestaient pas, ils firent retraite. Et les Argiens, à la

1. Aux deux raisons rappelées en dernier lieu par les Méliens, les Athéniens joignent ici l'espoir, qu'ils ont déjà fortement condamné au § 103. L'espoir a mauvaise réputation dans l'œuvre de Thucydide : cf. II.62.5 (où c'est Périclès qui parle), III.45.5 (où c'est Diodote), IV.62.4, 65.4, 108.4. Sur la vogue de telles condamnations, cf. notre *Thucydide et l'impérialisme athénien*, p. 245.

βλημένοι καὶ πιστεύσαντες πλεῖστον καὶ σφαλήσεσθε. »

CXIV. Καὶ οἱ μὲν Ἀθηναίων πρέσβεις ἀνεχώρησαν ἐς τὸ στράτευμα· οἱ δὲ στρατηγοὶ αὐτῶν, ὡς οὐδὲν ὑπήκουον οἱ Μήλιοι, πρὸς πόλεμον εὐθὺς ἐτρέποντο καὶ διελόμενοι κατὰ πόλεις περιετείχισαν κύκλῳ τοὺς Μηλίους. **2** Καὶ ὕστερον φυλακὴν σφῶν τε αὐτῶν καὶ τῶν ξυμμάχων καταλιπόντες οἱ Ἀθηναῖοι καὶ κατὰ γῆν καὶ κατὰ θάλασσαν ἀνεχώρησαν τῷ πλείονι τοῦ στρατοῦ. Οἱ δὲ λειπόμενοι παραμένοντες ἐπολιόρκουν τὸ χωρίον.

CXV. Καὶ Ἀργεῖοι κατὰ τὸν χρόνον τὸν αὐτὸν ἐσβαλόντες ἐς τὴν Φλειασίαν καὶ λοχισθέντες ὑπό τε Φλειασίων καὶ τῶν σφετέρων φυγάδων διεφθάρησαν ὡς ὀγδοήκοντα. **2** Καὶ οἱ ἐκ τῆς Πύλου Ἀθηναῖοι Λακεδαιμονίων πολλὴν λείαν ἔλαβον. Καὶ Λακεδαιμόνιοι δι' αὐτὸ τὰς μὲν σπονδὰς οὐδ' ὧς ἀφέντες ἐπολέμουν αὐτοῖς, ἐκήρυξαν δέ, εἴ τις βούλεται παρὰ σφῶν, Ἀθηναίους λῄζεσθαι. **3** Καὶ Κορίνθιοι ἐπολέμησαν ἰδίων τινῶν διαφορῶν ἕνεκα τοῖς Ἀθηναίοις· οἱ δ' ἄλλοι Πελοποννήσιοι ἡσύχαζον.

4 Εἷλον δὲ καὶ οἱ Μήλιοι τῶν Ἀθηναίων τοῦ περιτειχίσματος τὸ κατὰ τὴν ἀγορὰν προσβαλόντες νυκτός, καὶ ἄνδρας τε ἀπέκτειναν καὶ ἐσενεγκάμενοι σῖτόν τε καὶ ὅσα πλεῖστα ἐδύναντο χρήσιμα ἀναχωρήσαντες ἡσύχαζον· καὶ οἱ Ἀθηναῖοι ἄμεινον τὴν φυλακὴν τὸ ἔπειτα παρεσκευάζοντο. Καὶ τὸ θέρος ἐτελεύτα.

CXVI. Τοῦ δ' ἐπιγιγνομένου χειμῶνος Λακεδαιμόνιοι μελλήσαντες ἐς τὴν Ἀργείαν στρατεύειν, ὡς αὐτοῖς τὰ διαβατήρια ἱερὰ ἐν τοῖς ὁρίοις οὐκ ἐγίγνετο, ἀνεχώρησαν.

CXIII. 7 καὶ πιστεύσαντες : del. Herwerden, πιστεύσαντες conj. Classen.

CXIV. **1** 3 ἐτρέποντο : ἐτράποντο EZK || **2** 2 φυλακὴν σφῶν τε : φυλακήν τε σφῶν Z || καταλιπόντες : καταλειπόντες E || 4 λειπόμενοι : λιπόμενοι C*.

CXV. **1** 3 φυγάδων om. B || **2** 1 πολλὴν C : πόλιν [πολὺν F²] cett. || 2 καὶ Λακ-... σπονδὰς in marg. C² || δι' αὐτὸ EMZC²F² : δι' αὐτοὶ F δ' αὐτοὶ AB || **4** 4 χρήσιμα H, Valla : χρήμασι(ν) codd.

CXVI. **1** 3 ἱερὰ ἐν τοῖς ὁρίοις : delendum cens. Cobet.

suite de la tentative ainsi esquissée, soupçonnèrent quelques personnes dans la ville : ils arrêtèrent les unes, tandis que d'autres parvenaient à leur échapper.

2 Les Méliens, vers la même époque, s'emparèrent à nouveau, sur un autre point, d'une partie de la circonvallation athénienne, où les gardes étaient peu nombreux. **3** Après quoi il arriva d'Athènes, pour répondre à de tels incidents, un nouveau corps expéditionnaire, commandé par Philocratès, fils de Déméas. Le siège contre les Méliens fut dès lors mené avec vigueur ; et, un élément de trahison s'y joignant à l'intérieur, ils traitèrent avec les Athéniens, remettant le sort de la population à leur discrétion : **4** eux mirent à mort tous les Méliens qu'ils prirent en âge de porter les armes et réduisirent en esclavage les enfants et les femmes*. Ils s'établirent eux-mêmes dans le pays, où ils envoyèrent, par la suite, cinq cents colons.

Καὶ Ἀργεῖοι διὰ τὴν ἐκείνων μέλλησιν τῶν ἐν τῇ πόλει τινὰς ὑποπτεύσαντες τοὺς μὲν ξυνέλαβον, οἱ δ' αὐτοὺς καὶ διέφυγον.

2 Καὶ οἱ Μήλιοι περὶ τοὺς αὐτοὺς χρόνους αὖθις καθ' ἕτερόν τι τοῦ περιτειχίσματος εἷλον τῶν Ἀθηναίων, παρόντων οὐ πολλῶν τῶν φυλάκων. 3 Καὶ ἐλθούσης στρατιᾶς ὕστερον ἐκ τῶν Ἀθηνῶν ἄλλης, ὡς ταῦτα ἐγίγνετο, ἧς ἦρχε Φιλοκράτης ὁ Δημέου, καὶ κατὰ κράτος ἤδη πολιορκούμενοι, γενομένης καὶ προδοσίας τινὸς ἀφ' ἑαυτῶν, ξυνεχώρησαν τοῖς Ἀθηναίοις ὥστε ἐκείνους περὶ αὐτῶν βουλεῦσαι. 4 Οἱ δὲ ἀπέκτειναν Μηλίων ὅσους ἡβῶντας ἔλαβον, παῖδας δὲ καὶ γυναῖκας ἠνδραπόδισαν. Τὸ δὲ χωρίον αὐτοὶ ᾤκισαν, ἀποίκους ὕστερον πεντακοσίους πέμψαντες.

CXVI. **1** 5 ὑποπτεύσαντες Meineke : ὑποτοπήσαντες codd. || **2** 1 τοὺς : οὗ τοὺς EZ || **3** 2 ὡς ταῦτα ἐγίγνετο : delendum cens. Poppo || 3 ὁ Δημέου : ὁ Εὐδήμου Hγρ || 5 ὥστε : οἱ Μήλιοι ὥστε H (partim marg.) || **4** 1 οἱ δὲ : οἱ δὲ Ἀθηναῖοι τὴν πόλιν ἑλόντες H (partim marg.) || 2 ἠνδραπόδισαν : post hoc verb. habet καὶ πρὸς τὰ σφέτερα ἀπεκόμισαν H^gl || 3 αὐτοὶ : αὐτῶν M || ᾤκισαν ABC² : ᾤκησαν cett. || finem libri variis modis not. CEMZ.

NOTE RELATIVE A L'APPARAT CRITIQUE

Les principes suivis pour l'établissement du texte sont ceux qu'expose l'introduction placée en tête du livre I. Il importe toutefois de préciser que, depuis sa rédaction, des découvertes et des travaux récents sont venus enrichir nos connaissances en ce domaine.

En ce qui concerne le classement des manuscrits, nous signalons pour mémoire le livre de A. Kleinlogel, *Geschichte des Thukydidestextes im Mittelalter*, Berlin, 1965, 186 p. Mais il intéresse plus l'histoire du texte que le travail pratique de l'éditeur. Et, s'il insiste sur le fait que les corrections que comporte H relèvent de mains postérieures et différentes, cette circonstance ne modifie pas sensiblement l'utilisation à en faire : de toute manière, les leçons de ce manuscrit ne sont retenues ici que pour leur éventuelle valeur intrinsèque, *non auctoritate sed judicio*.

En revanche, la rédaction de l'apparat critique doit beaucoup aux travaux de G. B. Alberti et A. Pertusi. Ce dernier a fait connaître (*Aevum*, XXXIII, 1959, 1-24) un nouveau manuscrit de Thucydide, le *Mutinensis* Z, qui apporte des passages importants de notre auteur, précisément pour le livre V (V.6.3 - 38.4 ; V.76.3 - VI.16.4), et qui date de la fin du xe siècle. C'est un proche parent du manuscrit E. L'auteur en a donné une collation ; et G. B. Alberti a publié une revision de cette collation (*Bollettino... del Comitato per la preparazione dell'Edizione Nazionale dei Classici Greci e Latini*, n. s., VIII, 1960, 81 sqq.). D'autre part, le même Alberti a également publié une série d'études permettant de rectifier d'anciennes collations (ainsi pour G : *Bollettino...*, n. s., V, 1957, 20-22, et n. s., XII, 1964, 41 sqq.) et de contrôler la position de plusieurs *recentiores*.

Précisons enfin que le manuscrit T contient, pour nos livres, quelques extraits d'inégale longueur (IV.81 ; V.16-17.1 ; 43-46) ; mais les citations sont faites avec trop peu d'exactitude pour que les variantes isolées méritent d'être retenues : on a signalé seulement, pour le principe, celles qui se rattachent à une des traditions représentées ailleurs.

Pour finir, nous tenons à remercier M. G. B. Alberti et M. J. Jouanna, qui ont bien voulu nous aider à vérifier certaines leçons.

NOTES COMPLÉMENTAIRES

LIVRE IV

Page 3 : 4.1

Nous avons admis ici deux corrections au texte des manuscrits. Tout d'abord, la mention des soldats entre les stratèges et les taxiarques ne se justifie pas ; en revanche, la rudesse du tour explique assez la faute. Gomme a proposé des corrections possibles, allant dans le même sens, mais moins franches : l'opposition avec αὐτοῖς τοῖς στρατιώταις doit être conservée. Quant au ἡσύχαζεν des manuscrits, il ne pourrait être conservé que si l'on faisait aller ὑπὸ ἀπλοίας avec la suite, ce qui serait très rude. Ἡσύχαζον implique que les soldats ne sont ni employés aux travaux de fortification souhaités par Démosthène ni acheminés vers la Sicile comme le voulaient les stratèges.

Page 5 : 8.8

Mot à mot : « leurs propres hommes ». On a gardé le pronom à esprit doux donné par les manuscrits dans tous les cas où la nuance était celle du latin *ipse* : cf. note complémentaire à I.50.1. Tel est le cas, dans ces deux livres, pour : IV.29.3, 118.4, 124.1, 132.2, V.8.2, 18.2, 47.7, 49.3, 49.5, 71.1, 74.2, 77.7, 79.1, 79.2, 106. Il faut y joindre V.59.4 (malgré C), et aussi le cas de IV.83.4, où l'emploi du réfléchi peut n'être pas indispensable.

Page 7 : 10.2

L'idée de « tenir bon » (μεῖναι) est une condition essentielle. Elle est liée à la première des circonstances favorables (cf. 3 : μενόντων μὲν ἡμῶν) et sera reprise à la conclusion (cf. 5 : ὑπομένοι, μεῖναί τε). Le récit qui suit confirme en tous points l'analyse de Démosthène : les Péloponnésiens ne peuvent débarquer, d'abord parce qu'ils se présentent en petits groupes (11.3 : κατ' ὀλίγας ναῦς διελόμενοι, cf. 10.4 : κατ' ὀλίγον), et, d'autre part, parce que la difficulté du terrain se combine avec la résistance des Athéniens qui tiennent bon (12.2 : τῶν τε χωρίων χαλεπότητι καὶ τῶν Ἀθηναίων μενόντων καὶ οὐδὲν ὑποχωρούντων).

Page 9 : 13.2

Le chiffre de quarante navires, donné par les manuscrits, est manifestement impossible ; la flotte athénienne en comportait qua-

rante à l'origine (2.2) ; sur ce nombre, il faut en retrancher trois (les cinq de 5.2 moins les deux de 8.3) ; mais, inversement, il faut ajouter les secours mentionnés à 13.2, secours qui comportent, en plus des navires athéniens, quatre navires de Chios.

D'autre part, le chiffre adopté ici (cinquante) est justifié par le fait qu'à 23.2 un renfort de vingt navires porte le chiffre de la flotte à soixante-dix.

Page 10 : 14.3

A II.90.6, on voit de même des Messéniens s'engager en armes dans la mer pour tenter de reprendre des navires que les Athéniens ont poursuivis jusqu'à la terre. Mais là, ils montent à bord (ἐπεσϐαίνοντες) : au contraire, ici, ce sont des hommes à terre qui tentent de retenir les vaisseaux ; d'où la formule de Thucydide : ἐκ γῆς ἐναυμάχουν, qui nous semble avoir été critiquée à tort.

Page 12 : 17.2

On a conservé dans le texte, ici et plus bas à 18.4, le subjonctif sans ἄν : voir note complémentaire à I.76.3.

Page 12 : 18.4

La traduction s'efforce ici de rendre le rapprochement qui s'établit en grec entre cet ἀσφαλῶς et les mots σφαλέντες à 18.2 et σφαλῆτε à 18.5. De même, τὸ τῆς τύχης fait écho à 17.4 : εὐτυχίαν puis εὐτυχῆσαι et sera repris à 18.4 : αἱ τύχαι, puis εὐτυχεῖν. Comme dans tous les discours de Thucydide, les rapports verbaux donnent de la netteté aux relations d'idées.

Page 14 : 21.2

Sur la forme du mot ἑτοίμους, on notera que Thucydide emploie ailleurs les formes du féminin (il y a une variante à VIII.26.1) : il peut s'agir ici d'une faute de scribe. Quant au sens de la phrase, il trouve son commentaire dans la phrase de la *Paix* d'Aristophane, 219 : « Ils reviendront encore, si nous tenons Pylos. »

Page 14 : 21.3

Ou « le plus écouté »? De toute manière, cf. la première présentation du personnage à III.36.6 et la Notice au livre IV, p. xx et n. 6.

Page 16 : 24.1

Mot à mot : « ceux de Sicile (*i. e.* les Grecs de Sicile), en l'occurrence Syracusains et alliés... ». De toute façon, la transition est gauche : cf. la façon dont le § 24.2 répète 1.3-4. L'île mentionnée à 24.3 est, évidemment, Sphactérie.

Page 16 : 25.1

Ils désiraient livrer combat ; on peut imaginer que l'habileté athénienne leur imposa de combattre là, en un endroit difficile.

Page 21 : 28.2

Beaucoup d'interprètes rejettent dans le passé cet état d'esprit de Cléon, ou bien corrigent le texte, pour éviter la contradiction avec la phrase précédente. Mais on peut admettre que παραδωσείοντα (qui est un hapax) marque une velléité de laisser faire et non une démission officielle : cela justifie même le tour pris par le dialogue.

Page 21 : 28.4

Comme on l'a vu depuis longtemps, le texte ne va pas : il faut ou bien supposer que des mots sont tombés après ἔκ τε Αἴνου (indiquant une autre provenance pour les peltastes), ou bien joindre καὶ ἄλλοθεν à ἔκ τε Αἴνου qui précède, mais, dans ce cas, rétablir un καὶ pour les archers, comme on l'a fait ici.

Page 22 : 30.2

'Ἀπὸ τούτου, pour marquer le point de départ de l'incendie, comme à II.77.4. Il est probable que le feu, après avoir été éteint, a repris sous l'effet du vent (faudrait-il même lire ἀπὸ ταὐτομάτου, comme à II.77?) : cette circonstance explique ἔλαθεν.

Page 22 : 30.3

Le texte des manuscrits ne se construit pas — à moins de couper avant ὡς et de donner à ce mot la valeur de ὥστε, ce qui est difficile. On a corrigé de diverses manières. Souvent, à la suite de Krueger, on a inversé l'ordre des propositions, en rejetant τότε... après οὖσαν ; mais cela nuit à la clarté de la disposition. Le plus simple paraît être de rétablir soit un δὲ (τότε δ'..., dépendant de ὑπονοῶν), soit ὥστε, comme on l'a fait ici (cf. la correction de Gomme).

Page 24 : 32.3

Nous avons cru devoir améliorer ici la correction de Cobet. Non seulement la faute s'explique mieux à partir du texte que nous restituons, mais il est plus conforme aux habitudes de Thucydide : celui-ci, en dehors de ce passage, n'emploie jamais le superlatif μετεωρότατος ; en revanche il emploie souvent le positif dans des relations stratégiques, où il s'agit de τὰ μετέωρα (III.89.2 ; IV.44.2 ; IV.57.2 ; IV.124.3) ou bien, avec un génitif partitif, de τὰ μετέωρα τῆς πόλεως (ainsi III.72.3 et IV.112.3).

Page 27 : 36.3

Après la parenthèse explicative, la soudure se fait, comme si souvent, avec une certaine maladresse : οὗτοί τε sert à la fois de pendant à ἐκεῖνοί τε et de reprise pour οἱ Λακεδαιμόνιοι du début ; mais il n'y a pas lieu de corriger.

Page 31 : 44.2

Le texte des manuscrits signifierait « de cette façon » : ce sens n'est pas possible, puisque le récit n'a pas encore parlé du reste de

l'armée : d'où les corrections proposées. Celle que nous avons adoptée (et qui rendrait assez bien compte de la faute) a l'avantage de ne pas établir une comparaison trop rigoureuse entre choses différentes, mais de faire apparaître ce qu'il y a de commun dans l'attitude de ces divers corps de troupes, qui, vaincus, se retirent les uns comme les autres sur des positions fortes : 1 = πρὸς τὸν λόφον, 2 = πρὸς τὰ μετέωρα.

Page 36 : 52.1

Cette éclipse eut lieu le 21 mars 424. Aristophane la mentionne dans les *Nuées* (584-585) et la met en relation avec la carrière de Cléon ; mais la relation est difficile à préciser : cf. Gomme, *ad loc.*

Page 38 : 56.1

A. W. Gomme a très bien vu qu'il était difficile ici de sous-entendre ὄντες. Selon lui, quelques mots ont dû tomber. Si l'on ne restitue rien, on peut hésiter devant le sens à donner à l'expression ἐν τῷ τοιούτῳ. Est-ce « dans la situation décrite », ou bien « dans le même genre de situation que les autres »? Je préférerais comprendre « dans les autres difficultés du même genre » : l'expression élargit la première indication comme dans les tours καὶ τὰ τοιαῦτα. La traduction a voulu conserver le caractère flottant de l'expression grecque. On remarquera d'ailleurs que le récit de ces paragraphes est mal écrit et mal transmis : les difficultés sont nombreuses.

Page 41 : 60.1

Probablement l'hostilité entre Athènes et la Sicile (cf. III.40.3 : ἐξ ἀνάγκης καθεστῶτας αἰεὶ πολεμίους), plutôt que l'hostilité de race entre Doriens et Ioniens (sur laquelle, cf. 61.2).

Page 41 : 61.1

La formule est rigoureusement parallèle à celle qui ouvre 60.1, et cette répétition (que Gomme critique — à tort, croyons-nous) souligne la charpente du développement : par deux fois, Hermocrate oppose à l'attitude dangereuse des Siciliens celle que commanderait la sagesse.

Page 42 : 61.4

Comme les obligations sont normalement définies par les conventions, on a souvent groupé τὸ δίκαιον τῆς ξυνθήκης ; mais, dans ce cas, on est gêné à la fois par l'insistance de l'expression (ironique?) et par le vague de μᾶλλον laissé seul. Il semble, en fait, possible de donner à μᾶλλον τῆς ξυνθήκης un sens comparable à μᾶλλον τοῦ δέοντος et de comprendre que les Athéniens ont « fait du zèle ».

Page 43 : 62.3

Traduction longue : elle cherche à rendre le sens habituel et banal de l'expression, mais aussi la notion d'espoir, qui se retrouve au début de 4, en un rapprochement volontaire.

Page 44 : 63.2

On trouve ici dans le texte grec un changement de construction assez rude, puisque ἂν annonce un optatif et que l'on a un indicatif. Or, la correction serait des plus faciles. Si elle n'a pas été adoptée dans notre texte, c'est que le changement de mode, par sa rudesse même, donne un plus grand relief à la menace formulée. — Quant à l'expression οἷς οὐ χρὴ (s'appliquant, ici, aux Siciliens), elle fait penser à la formule de Sophocle pour Œdipe (*Œd. Roi*, 1184-1185) :

ὅστις πέφασμαι φύς τ' ἀφ' ὧν οὐ χρῆν, ξὺν οἷς τ'
οὐ χρῆν ὁμιλῶν, οὕς τέ μ' οὐκ ἔδει κτανών.

Page 46 : 67.3

Les scholies hésitent entre un bateau avec un seul rameur de chaque côté et un bateau où chaque rameur rame des deux côtés : de toute façon, l'expression désigne donc un bateau de petite taille.

Page 48 : 69.2

Διελόμενοι peut se construire avec un complément indiquant la zone de travail à répartir ; ainsi II.78.1 : περιετείχιζον τὴν πόλιν κύκλῳ, διελόμενοι κατὰ πόλεις τὸ χωρίον, ou VII.19.1 : Δεκέλειαν ἐτείχιζον, κατὰ πόλεις διελόμενοι τὸ ἔργον. C'est le tour que nous avons admis ici. Toutefois, il est possible qu'un verbe soit tombé dans le texte grec : cf. Apparat critique.

Page 51 : 73.2

Les Lacédémoniens prévoient une attaque athénienne (73.1) ; mais, en l'attendant tranquillement, ils se donnent la chance de pouvoir être vainqueurs sans livrer bataille. Le développement montre cet avantage de façon rigoureuse : d'abord pour eux-mêmes, ensuite par rapport à Mégare (2 : ἀκονιτὶ = 3 : ἀμαχητὶ). D'autre part, vis-à-vis de Mégare, cet avantage d'une présence équivalant à une victoire est opposée à l'inconvénient d'une absence équivalant à une défaite (cf. 3 : ἐν τύχῃ — κἂν τυχεῖν).

Page 51 : 73.4

Rupture de construction : Οἱ γὰρ Μεγαρῆς, après tant de raisonnements, qui, de subordonnés, deviennent indépendants, devra être repris dans une nouvelle proposition à οὕτω δὴ... (l. 12).

Page 51 : 73.4

Le texte des manuscrits oppose, pour les Péloponnésiens, les forces totales et les forces présentes, d'une façon qui ne se comprend pas. Faute de mieux, nous avons adopté une correction. Par son effet, elle rejoint celle qu'avait proposée Steup, qui, sans rien déplacer, écrivait τοῖσδε pour τοῖς δὲ ; mais elle n'a pas l'inconvénient de cette dernière, qui supprime une comparaison, annoncée pourtant par μὴ ἀντίπαλον. En fait, il se pourrait qu'il manque quelque chose. La supériorité numérique des troupes péloponnésiennes a été signalée

deux lignes plus haut. Elle était écrasante, puisque les Péloponnésiens avaient 6.000 hoplites (72.2) et les Athéniens 600 (67.1) : il se pourrait qu'elle ait été rappelée ici, comme le laissent entendre les scholies.

Page 53 : 76.2

Ou bien « de Thespies », selon la variante que portent certains manuscrits, et qui donne un sens plus naturel, mais qu'il serait imprudent d'adopter.

Page 54 : 77.2

Le texte des manuscrits, avec le double lien δὲ... τε est rude, et ne serait correct que si Οἰνιάδας était en facteur commun. Nous l'avons cependant gardé, en considérant que δὲ lie l'arrivée de Démosthène et les préparatifs plus actifs qui suivent, lesquels sont liés entre eux par τε... καί.

Page 54 : 78.1

La fin de la phrase reprendra le même verbe ἐπορεύετο. Il s'agira alors d'une étape précise ; mais Thucydide a tenu à jeter dès le début un terme évoquant l'avance de Brasidas, qui se poursuit tandis qu'Athènes agit en Béotie : cf. Notice, p. XVI.

Page 59 : 85.4

Toute la phrase est assez confuse et le texte donné ici a été doublement corrigé. Il nous a semblé que, dans les deux cas, on se trouvait en face d'un même type de faute, dû à l'influence du contexte immédiat : le voisinage de καὶ, mal compris, expliquerait la faute (facile) de τε pour γε, le voisinage du participe ἰόντες expliquerait celle de παρεχόμενοι pour παρεσχόμεθα (ou plutôt, peut-être, παρέχομεθα?). — Quant à l'expression καὶ πρὶν ἔργῳ ἀφικέσθαι, elle est floue ; nous avons admis que ἔργῳ, qui porte, en strict mot à mot, sur ἀφικέσθαι, va, pour le sens, avec l'ensemble de l'expression παρὰ ξυμμάχους ἀφικέσθαι (comme d'ailleurs τῇ γνώμῃ qui suit).

Page 61 : 87.4

Gomme propose une interprétation toute différente : « Car nous ne saurions de façon légitime (vous laisser faire) et nous n'avons pas le devoir de ne pas libérer (μὴ... ἐλευθεροῦν...) ». Mais, outre que l'interprétation est fort rude (voir les parenthèses ci-dessus), le sens traditionnel est plus satisfaisant : il s'agit de montrer que seul l'intérêt commun (et non une mission particulière ou une ambition personnelle) justifie l'intervention lacédémonienne.

Page 62 : 89.1

Cette indication appelle deux remarques.

Tout d'abord, alors que l'échec s'explique par deux raisons : le décalage chronologique et la trahison, et que cette dernière constitue ici l'élément décisif, Thucydide dégage avant tout le rôle du décalage chronologique, parce qu'il se rattache à l'ensemble du plan conçu à 76-77.

Mais, d'autre part, comme il s'intéresse aux principes plus qu'aux questions de personnes, il insiste sur ce décalage chronologique sans jamais dire lequel des deux stratèges en fut responsable (d'où la nécessité d'éviter des traductions comme « en avance », « en retard », etc...).

Page 62 : 90.1

Mention inutile (cf. 76.4) et que l'on a parfois écartée du texte ; mais l'insistance de Thucydide a un sens : la gravité des choses viendra du fait qu'il s'agit d'un sanctuaire.

Page 67 : 96.3

Le texte, tel qu'il nous a été transmis, ne peut aller : il n'y a aucun sens à dire que ceux qui périrent périrent de telle ou telle façon. Mais les deux corrections adoptées ici ne sont pas pour autant certaines ; on en a proposé d'autres : ainsi, pour le premier cas : κυκλωθέντων ⟨αὐτῶν⟩ (Gomme), et, pour le second, διεκρίθησαν (Rauchenstein) ou même παρῆσαν (Steup).

Page 69 : 98.6

La leçon de certains manuscrits, moins bien attestée, donnerait un sens mieux en accord avec les faits, mais plus compliqué, en disant que les autels du dieu offrent un refuge même pour les fautes volontaires : à plus forte raison pour celles qui ne le sont pas. La distinction, reconnue par la législation de Dracon tient une grande place dans certaines tragédies du ve siècle, comme *Œdipe à Colone*, par exemple.

Page 70 : 99

L'argumentation est peu naturelle et l'interprétation en est difficile. Nous avons admis que son allure paradoxale reposait sur le principe suivant : les Athéniens se réclamaient de leurs droits de fait sur Délion : les Béotiens font mine de les prendre au pied de la lettre et dégagent ainsi la contradiction ; car les Athéniens, malgré ces prétendus droits, ne sont pas, en fait, capables de reprendre leurs morts.

Page 71 : 101.2

La campagne de Délion est souvent rappelée par Platon, car Socrate et Alcibiade y participèrent tous deux, ainsi que Lachès : cf. *Banquet*, 201 a, ainsi que *Apologie*, 28 e, et *Lachès*, 181 b.

Page 72 : 102.4

Les manuscrits portent tous περιφανῆ = « visible de partout », ce qui n'est pas dépourvu de sens, Amphipolis étant, comme beaucoup de villes grecques, construite sur une colline. Aussi avons-nous hésité à corriger. Pourtant la remarque est alors assez oiseuse et n'explique guère le nom de la ville ; au contraire, l'explication devient très claire si l'on restitue un mot désignant l'originalité de la ville, qui, grâce à un seul mur rejoignant les deux parties du fleuve, devient une sorte d'île. Le mot rare περιφερῆ, qui est attesté dans l'*Hélène* d'Euripide avec un sens de ce genre (430 : ἰδὼν δὲ δῶμα περιφερὲς θριγκοῖς

τόδε | πύλας τε σεμνὰς ἀνδρὸς ὀλβίου τινός) nous a paru offrir cet avantage. Les mots entre crochets, supprimés par presque tous les éditeurs comme venant probablement d'une glose, insistaient, précisément, sur cette espèce d'entourage que constituait le Strymon.

Page 73 : 103.5

Les mots « dans toute la région » iraient mieux avec le verbe principal, mais cette construction réclamerait une correction : cf. Gomme, *ad loc.*

Page 76 : 108.6

Il s'agit de Brasidas et de ses hommes, non des Lacédémoniens en général : le texte se prête à ce sens sans qu'il soit besoin de le corriger (comme le suggère Gomme, *ad loc.*).

Page 81 : 117.2

La phrase est rude et difficile : elle a donné lieu à de nombreuses discussions. Il semble cependant possible de garder le texte.

Tout d'abord, on a été surpris de voir l'idée d'avantage (ἐπὶ μεῖζον χωρήσαντος) liée à celle d'équilibre (ἀντίπαλα). Mais, si l'on se reporte à la description de 79.3-80.1, on comprend que tout l'espoir des Lacédémoniens se borne alors à ce rétablissement de l'équilibre ; il est donc inutile de comprendre, avec Grote et M. Jones (cf. Gomme, *ad loc.*) : « s'il tendait à plus et était ramené à une situation stationnaire ». Et ἐκ τοῦ ἴσου reprend ἀντίπαλα.

D'autre part, la solution qu'écartent les Lacédémoniens comporte une possibilité de victoire (καὶ κρατήσειν) ; on en a été surpris et l'on a cherché à éliminer ces mots (εἰ καὶ κρατήσειαν, Madvig ; [καὶ κρατήσειν], Krueger ; καὶ μὴ κρατήσειν, Koraes) ; mais il est normal que les Lacédémoniens préfèrent leurs hommes à la possibilité même du succès.

La principale difficulté reste donc (comme l'a vu Graves) le fait que l'idée principale est dans l'élément avec μέν. Mais ce tour peut être légitimé ici : en effet, ce qui est le principal aux yeux des Lacédémoniens devient, justement, accessoire, dans l'hypothèse envisagée (ἐπὶ μεῖζον χωρήσαντος αὐτοῦ).

Page 89 : 126.2

Le texte est difficile et l'interprétation même en est contestée. Gomme (cf. déjà *C. R.*, 1951, 135-136) pense que la δυναστεία, dont il s'agit ici, ne peut s'appliquer au régime de Sparte, mais évoque la situation des barbares. Pourtant, le fait que Brasidas s'adresse à des troupes moins nombreuses nous semble imposer l'interprétation traditionnelle : il montre à ses hommes que le nombre n'est pas tout. D'ailleurs, ce n'est pas le régime de Sparte qui est décrit, mais son origine. Et, s'il est vrai que Brasidas ne s'adresse pas uniquement à des Péloponnésiens, l'appellation, même conventionnelle, du début (ἄνδρες Πελοποννήσιοι) montre qu'il compte avant tout sur eux.

Ceci posé, la construction est rude. Nous avons cru pouvoir la conserver, en séparant τοιούτων de ἐν αἷς : « Vous n'avez pas des

régimes de ce genre, vous chez qui... ». La correction d'Estienne (οἱ πολλοὶ pour οὐ πολλοὶ) rendrait la phrase plus claire ; quant aux autres corrections proposées (omission de μηδὲ ou de οὐ, addition de δὲ après ἐν αἷς), elles arrivent au même résultat par des voies moins justifiables.

Page 90 : 127.2

Le récit montre la réalisation des calculs de Brasidas. Après les cris (cf. 126.5), on trouve, dans ce récit, les deux actions prévues à 125.3 : éléments de pointe et troupes d'élite, puis la résistance de l'armée en général, qui a supporté le premier assaut des barbares, comme Brasidas le lui demandait à 126.6.

LIVRE V

Page 99 : 1

Ces mots sont un peu énigmatiques. On a songé à les corriger (ainsi Steup, améliorant une conjecture de Wilamowitz : ᾤκησαν ⟨οἱ πλεῖστοι, οἱ δὲ ἄλλοι⟩ οὕτως). Un tel remède n'est pas indispensable. Thucydide veut probablement dire que ce déplacement de population n'est pas une colonisation — ceci s'appliquant soit à l'organisation sociale soit à la répartition des terres. En tout cas, la présence de οὕτως (et, d'ailleurs, le contexte historique) empêche de donner à l'expression une valeur faible et de traduire par « les uns après les autres ». — Pour la purification, cf. III.104.1.

Page 104 : 8.3

Le passage est obscur et controversé. Un des moyens, pour l'expliquer, consiste à supposer qu'il y a eu confusion dans les négations (un peu comme ce que l'on trouve dans Sophocle, *Antigone*, 4 et peut-être dans Thucydide, VII.75.4). Nous avons cru cependant pouvoir rendre compte du sens sans recourir à cette explication. Pour cela, il faut d'abord se rappeler qu'il existe deux sortes de mépris : l'une repose sur la vue directe ; elle est fondée, et fait combattre avec plus de confiance ; l'autre repose sur l'optimisme ignorant ; elle fait que l'on n'est pas préparé au combat (or, on doit lutter avec confiance, mais s'être préparé dans la crainte : II.11.5). Ici, il faut éviter que Cléon, victime de cette dernière sorte de mépris, ne passe à la première. Nous avons admis que le mépris bien fondé pouvait être décrit par l'expression μὴ ἀπὸ τοῦ ὄντος, s'il est vrai que ἀπὸ veut parfois dire, chez Thucydide, « éloigné de » : ainsi à I.76.1. Ce sens est assurément difficile, mais il a pour lui de respecter le texte.

Page 104 : 8.4

Il paraît difficile que Brasidas ait gardé avec lui un si petit nombre d'hommes. D'ailleurs, dans le discours qui suit, il semble attribuer à Cléaridas, essentiellement, les contingents alliés (9.7 : cf. note complémentaire suivante.)

Page 105 : 9.7

La répartition des troupes ne se dégage pas clairement du discours et plusieurs particularités sont à noter.

D'abord, bien que Brasidas ait réuni « l'ensemble des soldats » (8.4 : expression insistante), il s'adresse aux seuls Péloponnésiens ; et le contenu de la première phrase montre qu'il ne s'agit pas là d'une simple appellation conventionnelle.

Ceci peut s'expliquer par la structure même du discours : Brasidas commence par les Péloponnésiens, sur lesquels il compte principalement ; et, comme tous les alliés sont avec Cléaridas, il attend, pour en venir à ces derniers, d'avoir exposé la division de ses forces et d'en être arrivé aux troupes de Cléaridas (cf. 9.9 : ὦ ἄνδρες ξύμμαχοι).

Mais cette bizarrerie de composition amène ici une bizarrerie d'expression. Brasidas dit à Cléaridas de prendre τοὺς μετὰ σεαυτοῦ τούς τ' Ἀμφιπολίτας καὶ τοὺς ἄλλους ξυμμάχους. Que veut-il dire? Trois possibilités se présentent. Il peut vouloir dire :

— tes hommes (Péloponnésiens) *et* les Amphipolitains et autres alliés,

— tes hommes, *c'est-à-dire* les Amphipolitains et autres alliés,

— tes hommes, *c'est-à-dire* les Amphipolitains et les autres membres de l'alliance (Péloponnésiens et non Péloponnésiens).

La dernière interprétation nous a paru être celle qui respecte le mieux à la fois les données de fait (car Cléaridas a avec lui des Péloponnésiens, cf. 8.4) et l'équilibre du discours (puisque, en vertu de la structure indiquée ci-dessus, Brasidas va maintenant s'adresser principalement aux alliés).

Page 106 : 10.3

Dans tout ce passage, la tactique suivie et l'erreur de Cléon prêtent à discussion (cf. Notice, p. xxiv).

1° La manœuvre qu'il eût fallu faire ne nous est pas claire et notre connaissance de la tactique grecque est trop insuffisante pour nous permettre de la préciser. On sait d'ailleurs, par la *Constitution des Lacédémoniens* de Xénophon, que ces manœuvres pouvaient être compliquées. Ici, il est sûr que la protection des troupes devait être assurée par une tactique, dans laquelle l'aile droite avait un rôle important à jouer. S'agissait-il de laisser un rideau de troupes devant l'ennemi? Ou bien chaque élément opérait-il un mouvement, de telle façon que, sans cesser de faire face à l'ennemi, l'ensemble glissât vers la gauche? On ne sait. En tout cas une chose est sûre, c'est que ὑπάγειν désigne une manœuvre précise, permettant une retraite organisée : cf. IV.126.6 et 127.1. Cléon y renonce et se contente d'emmener ses hommes, en leur faisant faire demi-tour (4 : ἀπάγειν).

2° Pourquoi le fait-il? Si on lit σχολῇ, au datif, c'est parce qu'il trouve tout cela trop long. Si l'on garde σχολή, au nominatif, c'est parce qu'il croit avoir le temps. Ce dernier sens s'accorde mieux à ses dispositions (cf. 3 : οἰόμενος φθήσεσθαι ἀπελθών).

3° Qu'en résulte-t-il? Non pas la formation d'un vide au milieu de l'armée (cf. Notice, p. xxiv), mais une désorganisation des troupes, qui n'attendent pas l'ennemi en formation de combat. D'où leur désarroi.

Page 106 : 10.6

On s'interroge sur ces portes. Nous avons admis qu'elles se faisaient suite, la première menant hors de la ville, la seconde hors du fameux mur, décrit à IV.102.4. Ce dernier est appelé le long mur « d'alors », sans doute parce qu'il fut plus tard complété et renforcé près du pont, cf. 103.5 : « La citadelle est assez éloignée de l'endroit

où l'on traverse et il n'y avait pas, comme aujourd'hui, de murs allant jusque-là. »

Page 110 : 15.1

Le texte est corrigé et la formule bizarrement insistante ; mais, comme σφίσι ne peut guère renvoyer aux Spartiates en général, aucune autre solution ne semble possible. Le sens nous est d'ailleurs confirmé, non seulement par la fin d'une scholie (καὶ πρῶτοι καὶ τοῖς πρώτοις ξυγγενεῖς), mais par une paraphrase de Plutarque (*Nicias*, 10), disant que les prisonniers de Pylos étaient des premières familles de Sparte καὶ συγγενεῖς τοὺς δυνατωτάτους ἔχοντες. L'expression employée par Thucydide (ὁμοίοις σφίσι) contient sans doute une allusion à la classe des Ὁμοῖοι à Sparte.

Page 110 : 16.1

La phrase a été très discutée. Avec le texte des manuscrits, on a entendu, soit : « ceux qui, dans chaque cité visaient le plus à l'hégémonie », soit : « ceux qui visaient le plus à l'hégémonie pour chaque cité » ; mais ce dernier sens, comme l'a bien vu A. W. Gomme (qui, du reste, propose de multiples corrections), s'accorde mal avec le désir de paix qui doit apparaître ici. La correction la plus élégante : τὰ μάλιστ' αὐτὴν (i. e. : τὴν εἰρήνην) donnerait une opposition nette avec la première partie de la phrase : οἵπερ ἀμφοτέρωθεν μάλιστα ἠναντιοῦντο τῇ εἰρήνῃ. Elle ne nous paraît cependant pas nécessaire ; et le sens, assez pessimiste, que donne le texte des manuscrits correspond bien à l'esprit réaliste de tout le paragraphe.

Page 112 : 18.1

Sur les problèmes posés à l'éditeur, cf. Notice, p. IX-X.

Ici, on remarquera que 18.1 et 19.2 sont formulés par Thucydide ; il se peut que, de même, des détails de langue lui soient imputables dans le texte proprement dit. D'autre part, nous avons admis des expressions parfois ramassées, que d'autres préfèrent corriger. C'est le cas pour 18.1 (οἱ ξύμμαχοι ⟨ἑκατέρων⟩), 18.7 (Λακεδαιμονίοις ⟨καὶ τοῖς ξυμμάχοις⟩), 19.1 ("Αρχει δὲ τῶν σπονδῶν ⟨ἐν μὲν Λακεδαίμονι⟩), ou encore pour 18.5 (αὐτοὺς καὶ τὰ ἑαυτῶν ἔχοντας), où la rudesse du texte a fait croire à une lacune.

Page 114 : 19.1

Compte tenu des discussions possibles sur la façon de compter ou sur la durée du mois, on trouve une date située entre le 24 et le 26 Elaphébolion (environ le 8 avril). Cette date semble se placer à peu près une semaine après la ratification même, qui eut lieu « tout de suite après les Dionysies urbaines » (20.1), lesquelles se terminent le 13 du même mois : ce délai d'une semaine semble dû au désir d'éviter le retour de difficultés comme celles qui avaient suivi l'armistice de IV.118. En tout cas, le printemps était déjà commencé : cf. 17.2 (et cf., sur la relation entre les deux systèmes de datation, K. Pritchett, Thucydides V, 20, *Historia*, 1964, p. 21-36). Il est vrai que Thucydide dira, à 20.1, que le traité fut conclu « sur la fin de l'hiver,

avec le printemps » ; mais cette formule double (cf. III.116.1 et V.39.3) est surtout destinée à faire apparaître un compte rond en années et à terminer l'année avec la fin de la guerre : cf. 24.2.

Page 115 : 20.2

La phrase est très compliquée et le texte en a été diversement corrigé. Presque tous les éditeurs ont suivi Arnold en transposant τὴν ἀπαρίθμησιν τῶν ὀνομάτων après σημαινόντων : dans ce cas, on groupe σημαινόντων ἐς τὰ προγεγενημένα. Beaucoup améliorent encore en corrigeant πιστεύσας en ποιήσας (Hude) ou bien τὴν ἀπαρίθμησιν en τῇ ἀπαριθμήσει (Schütz, Steup, Gomme), de manière à avoir une meilleure construction. Mais la construction σημαίνειν ἐς est inquiétante et la nécessité d'une double correction ne l'est pas moins. Quitte à transposer, il est certainement plus facile de supposer que les mots, omis et récrits au-dessus de la ligne, ont été mal replacés : on peut alors écarter d'un seul coup les deux difficultés, en combinant ce ἐς, qui était si rude, et cet accusatif, qui ne se construisait pas.

Page 116 : 22.2

La phrase est confuse et presque certainement corrompue. Des corrections diverses ont été proposées, les principales étant la suppression de νομίσαντες... οὐ (Heilmann, Stahl), et la restitution d'un infinitif après ἐπισπένδεσθαι (Madvig, Gomme) — ce dernier remplaçant également νομίσαντες par καί. Nous avons adopté cette dernière solution ; elle paraît, à première vue, audacieuse ; mais elle peut se justifier paléographiquement, si l'on suppose qu'il y avait au-dessus de la ligne un mot à rétablir dans le texte (ἐπιτίθεσθαι) et une glose commençant par νομίσαντες : le rétablissement aurait été mal fait. En tout cas, il semble satisfaisant que la réflexion sur Argos et celle sur les cités péloponnésiennes, qui se font pendant, soient toutes deux suivies d'une remarque sur le danger d'un abandon dont Athènes pourrait profiter.

Page 116 : 23.1

On s'est inquiété du δὲ qui accompagne la première clause. Il a été souvent supprimé (Krueger, Hude, Jones, Classen) et d'autres, en le conservant, ont supposé qu'il manquait toute une clause (celle à laquelle semblent faire allusion V.39.3 et 46.2 (Stahl). Nous l'avons conservé, en supposant que la durée de l'alliance, mentionnée dans la première phrase, était l'équivalent d'une première clause.

Page 118 : 24.2

Cette restitution, effectuée sous l'influence de Nicias, contribua, nous dit Plutarque (*Nic.*, 10, 8), à diminuer la popularité de ce dernier à Athènes.

Page 119 : 25.3

Le chiffre a été corrigé, parce que celui des manuscrits (six ans dix mois) était impossible ; mais la correction adoptée n'est nullement certaine.

Comme six ans dix mois après l'armistice ne menait pas à une campagne d'un des deux États contre le pays de l'autre, on a hésité entre deux solutions. L'une consistait à changer le point de départ, en supposant qu'avant notre phrase il était tombé une proposition indiquant que les deux villes se tinrent d'abord tranquilles pendant quelques mois (« puis, pendant six ans et dix mois », etc...). L'autre solution consiste à corriger le chiffre ; et, dans ce cas, on a le choix, selon que l'on considère que la reprise des hostilités directes part de VI.105 ou de VII.18-19. Nous avons opté pour cette dernière interprétation. En effet VI.105 contribue à la rupture en donnant à Sparte le *sentiment* que la trêve est rompue (VII.18.2 : ἡγοῦντο) ; mais il faut encore qu'elle-même se décide. Et, pour l'Athénien Thucydide, comme dans l'ensemble pour tous les Grecs, l'événement spectaculaire et décisif était une nouvelle invasion de l'Attique. Comme celle-ci eut lieu tout au début du printemps 413 : πρωΐτατα δή, on tombe bien dans une saison située deux mois avant notre traité. Cette circonstance plaide, elle aussi, en faveur de la correction adoptée, qui est, paléographiquement, la plus simple.

Page 124 : 31.6

Le texte des manuscrits voudrait dire : « car les Lacédémoniens se montraient pleins d'égards pour eux ». Mais outre que ces « égards » restent un peu mystérieux, cet emploi de περιορᾶν au passif et dans le sens de « traiter avec considération » n'est pas attesté chez Thucydide (IV.124.4, que cite Steup, est différent et veut dire : « guetter avec inquiétude »). Certains ont voulu supprimer les mots ὑπὸ τῶν Λακεδαιμονίων (Dobrée, Stahl, Classen) ; mais leur intrusion s'explique mal. Au contraire la correction adoptée est facile et le texte obtenu s'accorde tout à la fois avec les vraisemblances politiques et avec les habitudes stylistiques de Thucydide (sur l'attitude d'expectative marquée par περιορᾶσθαι au moyen, cf. IV.73.1 et VI.103.2 ; sur le tour τὰ ἀπὸ, cf. II.64.2, et, dans le voisinage même du passage qui nous occupe, V.37.4).

Page 127 : 35.7

Le texte des manuscrits a été diversement corrigé (l'apparat critique ne signale que les principales corrections). Si on le conserve, il nous paraît impossible d'admettre avec Steup que Thucydide, à côté des Messéniens et des hilotes, avait à l'esprit une troisième catégorie, formée, par exemple, d'esclaves privés qui s'étaient enfuis. On est donc obligé de supposer que τε a été particulièrement mal placé par l'auteur. On peut aussi songer à le déplacer, pour le mettre après τοὺς (ce qui donne un texte très régulier, mais explique mal la faute), ou encore pour le mettre après ἄλλους, ce qui constitue une solution intermédiaire.

Page 130 : 38.3

Les Béotiens étaient alliés de Sparte ; il ne s'agissait donc pas pour eux « de se ranger au côté des Lacédémoniens » (sens des manuscrits), mais, par une mesure en deux temps, d'arriver à un accord collectif : cf. 36.1.

Page 130 : 39.3

La clause en question ne figure pas dans le traité et diverses explications ont été tentées pour résoudre cette contradiction (l'une d'entre elles étant que Thucydide, lorsqu'il écrivait le récit, ne connaissait pas le texte exact du traité) : on trouvera une discussion récente dans C. Meyer, *Die Urkunden im Gesch. des Thukydides*, 1955, p. 50 sqq. — On peut admettre que la formule représentait une application un peu forcée de V.23.2 et que, sur ce point comme sur d'autres, la complexité des faits explique l'obscurité de l'exposé.

Page 141 : 50.3

La construction généralement admise : ξὺν ὅπλοις τῶν νεωτέρων (*cum juventute armata*), est bizarre et non attestée. — A l'appui de la correction adoptée, on peut signaler deux traits. Tout d'abord, s'il est vrai qu'en général Thucydide emploie φυλακὴν ἔχειν τινός dans le sens de veiller sur un lieu ou une personne, on le trouve aussi dans le sens de guetter quelque chose contre quoi on veut se défendre (ainsi, VIII.13). D'autre part, on rapprochera les *Lois*, 758 c, où Platon dit que l'on établit des gardiens (φύλακας) pour diverses choses, entre autres : καὶ δὴ καὶ τῶν κατὰ πόλιν ἑκάστοτε νεωτερισμῶν ἕνεκα παντοδαπῶν εἰωθότων ἀεὶ γίγνεσθαι (on aurait pu donner le sens de « désordres » à νεώτερόν τι, mais non pas, semble-t-il, à τῶν νεωτέρων).

Page 142 : 53.1

Le terme donné par les manuscrits (et gardé ici) n'est pas attesté ailleurs ; il a été diversement corrigé. Il semble que certaines terres, affermées, devaient fournir à titre de redevance des victimes pour le sacrifice (Harpocration, s. v. βοτάνη).

Page 144 : 56.1

Sans doute le même qu'Hégésipidas à 52.1 ; mais, dans le doute, on ne saurait corriger aucune des deux formes.

Page 144 : 56.2

Entre Méthana et Égine.

Page 144 : 56.3

Le texte ne mentionne que les hilotes, alors qu'il s'agit certainement des hilotes et des Messéniens : ou bien le texte est altéré, ou, plus probablement, Thucydide ne retient que le principe.

Page 145 : 58.1

On s'attendrait à ce que καὶ ἐπειδὴ..., τότε δὴ... fasse un groupe et s'oppose à un premier verbe. Peut-être celui-ci est-il tombé ; mais ce n'est nullement sûr ; car toutes les vaines démarches qui précèdent suffisent à justifier le τότε δή.

Page 145 : 58.3

Il fera juste jour au début de 59 ; mais tout ce qui se trouve entre les deux a valeur de plus-que-parfait.

Page 146 : 59.2

Le membre de phrase n'indique pas un fait nouveau, mais établit un rapport chronologique ; il n'y a donc pas lieu de le critiquer. On remarquera que, si Agis a devancé les Argiens, ceux-ci, à leur tour, ont devancé ses prévisions.

Page 146 : 59.5

A distinguer de l'Athénien Thrasyllos (appelé parfois Thrásylos), que l'on verra au livre VIII. Celui-ci s'écrit avec un double λ dans presque tous les manuscrits, ici et à 60.6.

Page 147 : 60.1

On a suggéré (Kagan, *Am. J. Phil.*, 1960, 307-308 ; Gillis, *Ist. Lomb.*, 1963, 204) que ces deux Argiens avaient pu lui promettre un coup d'État oligarchique à Argos.

Page 147 : 60.3

Sans doute sur le chemin du retour, avant le licenciement : en effet, une seule des trois armées est passée par Némée à l'aller. La phrase aurait pu le préciser.

Page 150 : 65.1

Sur la topographie de la bataille, qui est fort discutée, voir les ouvrages cités dans la Notice. La hauteur en question a été parfois identifiée avec le Mont Alésion, ou bien avec Kapnistra. De même si les Péloponnésiens, en faisant retraite, sont « dérobés aux yeux » des confédérés (65.5), il se peut que cela ait été dû au bois de chênes que vit Pausanias (VIII, xi, 1) ; mais rien n'est certain.

Page 152 : 66.2

Cet effroi est étrange ; et il n'entraîne en fait aucun désordre, bien au contraire. Aussi beaucoup d'éditeurs ont-ils pensé que le texte était altéré : Stahl, suivi par Gomme (*Thucydides and the battle of Mantineia*, dans *Essays in Greek History and Literature*, p. 132-155) suggère une lacune avant ἐξεπλάγησαν, comme : ἐν τούτῳ τῷ καιρῷ ⟨ἐξαναγκασθέντες εὐθὺς ἐκ πορείας μάχεσθαι, οὐδ' ὣς⟩ ἐξεπλάγησαν ; Van Herwerden propose de corriger γὰρ en δὲ. Nous avons cependant conservé le texte des manuscrits, en donnant à la proposition par γὰρ une valeur qui ne soit pas descriptive et en expliquant la surprise lacédémonienne par une question de délais : cf. Notice, p. vii* et n. 1. Aussi bien l'effet des travaux d'Agis, détournant l'eau des katavothrai, ne pouvait-il se faire sentir qu'après plusieurs jours (Gomme, *op. cit.*, p. 139).

Page 153 : 68.3

La place de la remarque, au milieu des calculs portant sur la longueur de la première ligne, a paru choquante et Steup a supposé qu'il s'agissait d'une remarque ajoutée après coup, de façon maladroite. Pourtant, on peut admettre que Thucydide a voulu d'abord

donner la description des diverses unités, des deux points de vue qui l'intéressaient, avant de rien suggérer sur l'ensemble. D'ailleurs le calcul n'aurait aucun sens, sans une indication, même vague, sur la profondeur.

Page 154 : 69.2

Plusieurs points font difficulté dans cette phrase.

1° On peut hésiter sur le sens de νόμων : nous avons suivi le scholiaste qui lui donne la valeur de chants guerriers (et l'on peut alors penser à Tyrtée). Mais il serait possible de comprendre « règles de la guerre »; car Thucydide insiste beaucoup sur ces règles dans tout le passage (66.2 ; 70).

2° On peut être gêné par l'absence d'exhortation pour les alliés et par le rapprochement rude entre deux compléments de nature très différente : certains ont supposé une lacune.

3° Enfin et surtout, on a été embarrassé par la construction et par la valeur à donner à ἀγαθοῖς οὖσιν ; là aussi, on a proposé plusieurs corrections. Mais le texte peut être gardé ; et, en le rapprochant d'exhortations similaires, on comprend — soit : « ils se rappelaient entre eux qu'ils étaient des braves » (sens le plus normal), soit : « ils se rappelaient entre eux ce qu'ils savaient, puisqu'ils étaient des braves » (sens moins habituel, mais que nous avons adopté, à cause du rapprochement avec IV.95.1 : τὸ ἴσον δὲ πρός γε τοὺς ἀγαθοὺς ἄνδρας δύναται καὶ ὑπόμνησιν μᾶλλον ἔχει ἢ ἐπικέλευσιν.

Page 155 : 71.3

Il faut sans doute penser qu'il s'agit de deux bataillons de l'armée proprement lacédémonienne, c'est-à-dire appartenant non pas à la droite de la ligne péloponnésienne, mais à la droite *de son centre.* (Certains, pour expliquer l'origine de ces deux bataillons ont proposé de corriger, à 67.1, ὀλίγοι en οἱ λοιποὶ ou une expression équivalente).

Page 158 : 76.3

Le tour grec est elliptique et l'on a cru qu'il correspondait à un « blanc » laissé par Thucydide. Cette conclusion ne s'impose pas, la raideur du style officiel ayant pu faciliter l'ellipse. Les propositions lacédémoniennes prévoient des modalités ; et il faut sous-entendre avec καθότι et ὡς le verbe figurant, à chaque fois, à l'infinitif dans la subordonnée.

Page 164 : 83.4

Pris dans son acception normale, le mot voudrait dire que Perdiccas est « parti par mer » ; or, le sens réclame qu'il ait « renoncé » (cf. schol.). Ou bien l'expression employée est forcée, ou bien il faut corriger (parmi les verbes proposés : ἀποστάντος, ἀπαρνηθέντος, ἀπατήσαντος).

Page 166 : 89

Dans cette phrase et la suivante, on peut hésiter sur le pronom à

sous-entendre comme complément ou comme sujet. Ici, certains entendent : « c'est *à cause de* votre condition de colons des Lacédémoniens que vous n'avez pas rejoint *nos* rangs », et plus loin : « que *nous* réalisions (ensemble)... ». Dans ce dernier cas, le sens est, en gros, le même ; on a choisi l'interprétation de manière à simplifier la construction (cf. οὔθ' ὑμᾶς ἀξιοῦμεν).

Page 168 : 99

Il faut admettre, malgré Classen, trois catégories de peuples : continentaux libres, insulaires libres, insulaires soumis. Mais pourquoi les continentaux libres ne songeront-ils pas à se garder d'Athènes? Ici intervient une question de texte. Si, avec les manuscrits, on lit τῷ ἐλευθέρῳ, il faut entendre que les continentaux libres hésiteront à agir « à cause de la liberté (mieux assurée) dont ils jouissent » : l'interprétation suppose donc un fort raccourci (ou même, selon Steup, la chute d'un mot comme ἀκινδύνῳ ou ἀδεεῖ). C'est pourquoi il peut être tentant de corriger (après Stahl, Widmann et Hude) ; dans ce cas, on s'inspire du scholiaste qui dit : τοὺς ἐλευθέρους τῶν ἠπειρωτῶν, et l'on écrit : τῶν ἐλευθέρων. Il nous a paru possfble d'admettre le raccourci : tout le monde savait que les continentaux avaient moins à craindre d'Athènes, qui considérait les îles comme étant naturellement dans sa dépendance (cf. VII.57).

Page 172 : **111.5**

Le passage est souvent considéré comme un *locus desperatus*. Herbst, en 1892, recensait déjà une trentaine de conjectures ; les principales consistent à remplacer ἣν par ἧς et à réintroduire un infinitif avec ἔσται (autrement, on sous-entend βουλεύεσθαι, à tirer de βουλεύεσθε plus haut). La correction adoptée ici présente l'avantage de restituer cet infinitif en supposant une faute facile. Τυχεῖν καὶ μή veut, en effet, dire en grec « réussir ou non » : ainsi, Euripide, *Hécube*, 751, *Iphigénie à Aulis*, 958. Mais, pour qui n'y pense pas, il est tentant de fournir un corrélatif à τυχοῦσαν, en écrivant κατορθώσασαν pour κατορθῶσαι. La voix employée rend d'ailleurs, à elle seule, κατορθώσασαν suspect.

Page 174 : **116.4**

Plutarque prête pour une large part à Alcibiade la responsabilité de cette décision : *Alc.*, 16, 6, cf. [Andoc.], IV, 22.

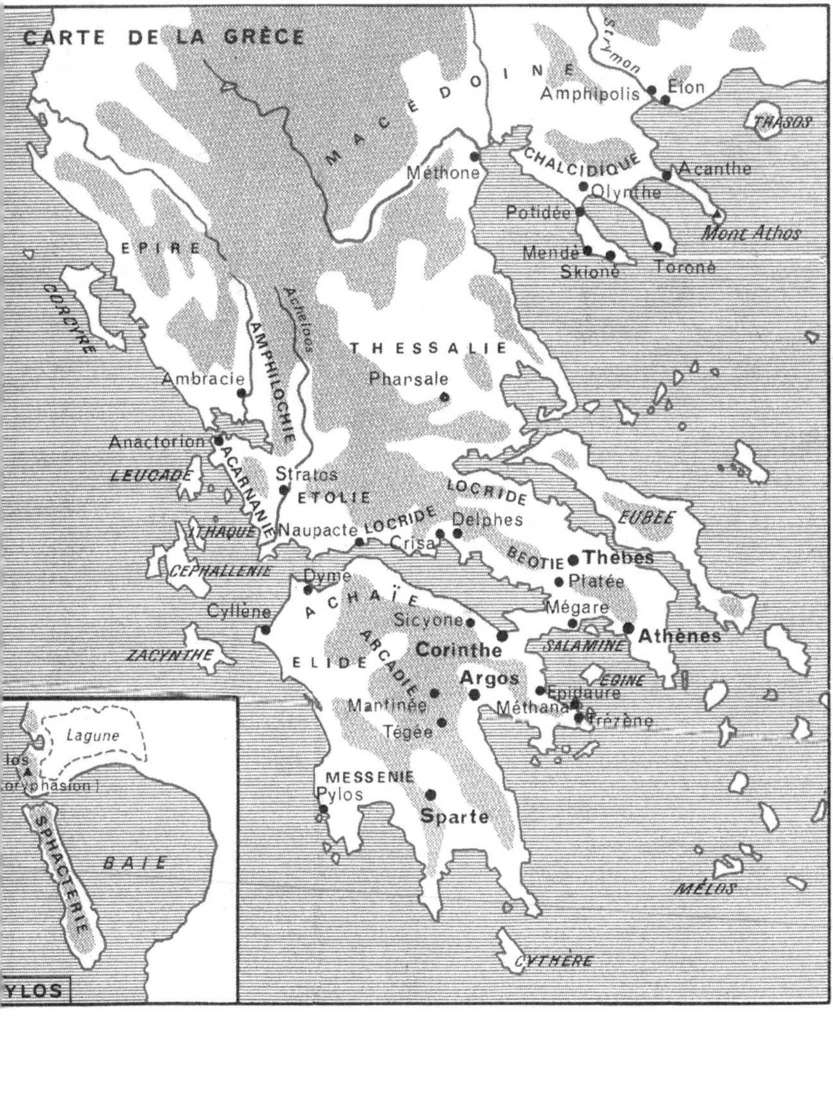
CARTE DE LA GRÈCE
MACÉDOINE
Strymon
Amphipolis
Eïon
THASOS
Méthone
CHALCIDIQUE
Acanthe
Olynthe
Potidée
Mont Athos
Mendè
Skionè
Toronè
EPIRE
CORCYRE
Acheloos
AMPHILOCHIE
THESSALIE
Ambracie
Pharsale
Anactorion
LEUCADE
ACARNANIE
Stratos
ETOLIE
LOCRIDE
ITHAQUE
Naupacte
LOCRIDE
Delphes
Crisa
EUBÉE
BEOTIE
Thèbes
CEPHALLENIE
Dyme
Platée
Cyllène
ACHAÏE
Mégare
Sicyone
ARCADIE
Athènes
SALAMINE
ZACYNTHE
Corinthe
ELIDE
Argos
EGINE
Epidaure
Mantinée
Méthana
Trézène
Tégée
MESSENIE
Pylos
Sparte
MÉLOS
CYTHÈRE
Lagune
BAIE
SPHACTÉRIE
YLOS

TABLE DES MATIÈRES

Ce volume,
le cent quatre-vingt-septième
de la série grecque
de la Collection des Universités de France,
publié aux Éditions Les Belles Lettres,
a été achevé d'imprimer
en juin 2021
sur les presses
de La Manufacture Imprimeur
52205 Langres Cedex, France

N° d'édition : 9953
N° d'impression : 210626
Dépôt légal : juillet 2021